因果推断与效应评估的计量经济学

IMPACT EVALUATION
TREATMENT EFFECTS AND CAUSAL ANALYSIS

经济学精选教材译丛

〔德〕马库斯·弗洛里奇（Markus Frölich）　〔瑞士〕斯蒂芬·斯珀利奇（Stefan Sperlich）　著

李井奎　王可倩　译

北京大学出版社
PEKING UNIVERSITY PRESS

著作权合同登记号：图字 01-2021-2754
图书在版编目(CIP)数据

因果推断与效应评估的计量经济学/(德)马库斯·弗洛里奇,(瑞士)斯蒂芬·斯珀利奇著；李井奎,王可倩译. —北京：北京大学出版社,2023.9
(经济学精选教材译丛)
ISBN 978-7-301-34406-4

Ⅰ.①因… Ⅱ.①马… ②斯… ③李… ④王… Ⅲ.①计量经济学—教材 Ⅳ.①F224.0

中国国家版本馆 CIP 数据核字(2023)第 174751 号

This is a simplified Chinese translation of the following title published by Cambridge University Press:
Impact Evaluation: Treatment Effects and Causal Analysis (ISBN 978-1-107-61606-6)
© Markus Frölich and Stefan Sperlich 2019

This simplified Chinese translation edition for the People's Republic of China (excluding Hong Kong SAR, Macau SAR and Taiwan) is published by arrangement with the Press Syndicate of the University of Cambridge, Cambridge, United Kingdom.
© Peking University Press 2023
This simplified Chinese translation edition is authorized for sale in the People's Republic of China (excluding Hong Kong SAR, Macau SAR and Taiwan) only. Unauthorized export of this simplified Chinese translation edition is a violation of the Copyright Act. No part of this publication may be reproduced or distributed by any means, or stored in a database or retrieval system, without the prior written permission of Cambridge University Press and Peking University Press. Copies of this book sold without a Cambridge University Press sticker on the cover are unauthorized and illegal.
本书封面贴有 Cambridge University Press 防伪标签,无标签者不得销售。

书　　　名	因果推断与效应评估的计量经济学
	YINGUO TUIDUAN YU XIAOYING PINGGU DE JILIANG JINGJIXUE
著作责任者	(德)马库斯·弗洛里奇(Markus Frölich)
	(瑞士)斯蒂芬·斯珀利奇(Stefan Sperlich)　著
	李井奎　王可倩　译
策 划 编 辑	王　晶
责 任 编 辑	王　晶
标 准 书 号	978-7-301-34406-4
出 版 发 行	北京大学出版社
地　　　址	北京市海淀区成府路 205 号　100871
网　　　址	http://www.pup.cn
微信公众号	北京大学经管书苑(pupembook)
电 子 邮 箱	编辑部 em@pup.cn　总编室 zpup@pup.cn
电　　　话	邮购部 010-62752015　发行部 010-62750672　编辑部 010-62752926
印 刷 者	河北滦县鑫华书刊印刷厂
经 销 者	新华书店
	787 毫米×1092 毫米　16 开本　27.25 印张　518 千字
	2023 年 9 月第 1 版　2024 年 10 月第 2 次印刷
定　　　价	86.00 元

未经许可,不得以任何方式复制或抄袭本书之部分或全部内容。
版权所有,侵权必究
举报电话: 010-62752024　电子邮箱: fd@pup.cn
图书如有印装质量问题,请与出版部联系,电话: 010-62756370

译者序

与可倩一起翻译的这本《因果推断与效应评估的计量经济学》终于要付印了!

从最初拿到这本书到现在,整整过去了4个年头。2019年春,北京大学出版社经管部的王晶编辑把此书的信息发给我,邀请我对它进行评估,问我是否值得引进。我认真地阅读了这本书,同时也分享给了我的几位学术同道。大家一致认为,这本书对于当前流行的因果推断的计量经济学方法给出了极为严谨的讲述,是一本难得的极具专业功力的效应评估方面的佳作。同时,可倩到约翰·霍普金斯大学攻读经济学硕士学位,也在修读因果推断和效应评估的课程,她对此书很感兴趣。于是,王晶编辑便邀请我和可倩来翻译这本在理论层面相对较深的计量经济学教材。

市面上关于因果推断和效应评估的教材与专著已经有了几本,但这本书可以算得上是真正"硬核"的对因果推断的计量理论进行探讨的教材。这本书的定位应该是对因果推断不仅要知其然,而且还要知其所以然的研究生和教师。就算是在因果推断应用研究方面已经卓有建树的青年学者,阅读这本书也会有很多的收获。

首先,本书不仅专注于因果识别或者效应识别问题,而且对估计问题还给与了较大的关注,毕竟在实际的经验研究中,处理效应不是被识别,而是被估计出来的。虽然识别问题是因果推断的核心主题,但这本书同时也关注估计方法,这就破除了过去只要选取一个合适的识别策略之后就万事大吉的看法。

其次,本书对工具变量方法非常强调。工具变量方法是用于确定所识别的局部平均处理效应乃是与政策相关的处理效应的重要方法。正如本书的推荐者曼努尔·埃利拉诺所说:"这是一条富有前景的康庄大道,本书提供了理解局部处理效应、边际处理效应和其他处理效应之间相互关联的基本要素。"所以,本书在这个方面有助于我们深刻地理解在对处理选择建模时因何考虑采用结构性方法。

再次,本书的另外一个特色就是讨论了动态处理评估问题,这在现有的各类因果推断和效应评估教材中尚为少见。如今有关动态处理效应估计的文献正在迅速增加,本书对此给出了直观的解释,有助于对此感兴趣的读者在这个领域的文献上继续深入。

此外，本书大量使用各类优秀论文作为教学案例，这既有助于我们开阔视野，也有助于我们深化对所学内容的理解。而每章末对计算机软件所给出的注解，也有助于我们快速学习相关的技术方法。这些都是这本书的优点所在。

此书的翻译贯穿着整个新冠疫情时期。我们在2019年接下这桩译事之时，可倩在约翰·霍普金斯大学读书，而我也于该年晚些时候到哈佛大学访学，那个时候世界还是原来的样子。之后三年，伴随着对这本书的翻译，我们也经历了一场别样的人生之旅。

人世间的自然事件或人为政策会造成很多意外的因果效应，而识别和估计这些因果效应，是我们作为社会科学工作者的天职之一。希望这本书能够在大家实现这一天职的过程中起到一点微薄的作用。

我们还要特别感谢王晶编辑，她对本书认真细致的编辑工作让我们印象极深。尤其是在这三年中，我们在精神上相互扶持，始终相信我们的工作在未来的价值和意义，这些都是十分值得纪念的。

译者谨识于浙江工商大学经济学院
2023年8月12日

推荐序

政策评估的处理效应侧重于评估一项政策执行与否所带来的影响。这种方法激发了数量庞大的经验研究,已经成为应用经济学诸多重要分支中计量工具箱的核心工具。马库斯·弗洛里奇和斯蒂芬·斯珀利奇的这本书是对处理效应的计量经济学给出完整介绍的适合研究生的著作。对于那些不止是想粗略了解处理效应估计内容的学生和研究者,这本书将很有吸引力。

本书中有许多地方值得揄扬。两位作者不仅对识别问题,而且还对估计问题给予很大关注,这一点我尤为欣赏。在应用性研究中,处理效应并不是被识别,而是被估计出来的。阅读这本书可以提醒我们,不是说给定了识别之后,估计方法就总是随之可得。不过,这没有损害本书对识别的关注。我们沿着朱迪亚·珀尔(Judea Pearl)的因果图路线讨论了有关潜在结果的正式假设。贯穿本书的因果图和诸多举例,有助于以一种有效的方式拓展我们的直觉。

从非实验数据中对处理效应进行估计(这是本书的主要关注点),常常牵涉条件性论据(conditional arguments),因为与回归和匹配方法、条件工具变量假设或条件双重差分中的情况一样,它们是条件性外生的。这种条件性通常会涉及一些并非无足轻重的选择,以及在超出那些与识别安排相联系的选择上的权衡。我们必须选择一个变量集合,从而使统计学方法及其实施以该集合为条件。在这里,弗洛里奇和斯珀利奇所提供的深入讨论具有显而易见的优点。与文献相一致,两位作者对非参数方法做了强调,给读者提供了有关局部非参数方法的独立自足的出色介绍。

工具变量方法是估计内生效应的核心工具,因此,它在本书中的地位十分突出。在识别局部平均处理效应时,要求一阶方程具有单调性。这类局部效应可能是,也可能不是政策相关的处理效应。然而,它们都可以表达为边际处理效应的加权平均这一事实,开启了由前者而了解后者的可能性。这是一条富有前景的康庄大道,本书提供了理解局部处理效应、边际处理效应和其他处理效应之间相互关联的基本要素。由文献可以得到的一个重要教训是一阶段方程在因果效应识别中发挥重要作用。如果一阶段方程不在同等程度上呈异质性,那么工具变量方法就只允许我们识别异质性处理效应的平均值。这一事实自然会让我们在对处理选择进行建模时考虑采用结构性方法。在非二元处理的情况(本书讨论的另一种情况)中尤其如此。

在明确关注的二元静态处理环境中,处理效应方法已经取得了长足的进步。但是,还有一些经济政策提出了根本上的动态方面的激励,因此,它们的效应在缺乏动态分析框架时是无法得到理解的。弗洛里奇和斯珀利奇在这一点上做得很好,他们增加了最后一章,在这一章里,他们讨论了一个动态潜在结果模型和持续时间模型。

两位作者在本书中使用统一的符号一以贯之地讨论了处理效应计量经济学的绝大部分标准工具。在可观测变量和工具变量的选择之外,本书还讨论了线性以及非线性双重差分方法、回归断点设计以及分位数模型。在处理效应的计量经济学领域,很多文献介绍了新的研究进展。高维回归、贝叶斯方法、边界方法和网络方法,是因果推断当前众多研究领域中的几种,如果本书有下卷,这些很快就可以纳入进来。

无论你是想理解自己在做什么的应用经济学家,或者你仅仅是想了解这些应用经济学家在做什么,弗洛里奇和斯珀利奇的这本书都将颇有裨益。从非实验数据中估计一项政策的因果效应是很有挑战性的。这本书将帮助我们更好地理解和使用现有的工具来应对这些挑战。我衷心地祝贺弗洛里奇和斯珀利奇取得了如此了不起的成果。

曼努尔·埃利拉诺[1]
2018 年 4 月写于马德里

---

[1] 曼努尔·埃利拉诺(Manuel Arellano)自 1991 年起担任 CEMFI(西班牙央行研究生部)的经济学教授至今。在此之前,他在牛津大学(1985—1989 年)和伦敦经济学院(1989—1991 年)任职。他毕业于巴塞罗那大学,并在伦敦经济学院获得博士学位。他曾担任《经济研究评论》(*Review of Economic Studies*)杂志的编辑(1994—1998 年)、《应用计量经济学杂志》(*Journal of Applied Econometrics*)的联合编辑(2006—2008 年)以及世界计量大会的联合主席(2010 年)。他是计量经济学会会士,美国艺术与科学院外籍荣誉院士。他还曾是西班牙经济学会主席(2003 年)和计量经济学会主席(2014 年)。他曾发表多篇有关计量经济学以及劳动经济学主题的研究论文,尤其关注于面板数据分析,被 Thompson ISI 评为高被引论文作者(2010 年)。他是《面板数据计量经济学》(*Panel Data Econometrics*)(2003 年)一书的作者。他还是 Rey Jaime I 经济学奖获得者(2012 年)。

致 谢

    本书是我们多年来在全世界多所大学和研究机构讲授效应评估课程的结晶。我们感谢在本书形成过程中参与讨论、评论，给出建议，以及哪怕仅仅是进行鼓励的同事、博士生和硕士生同学，尤其是要感谢 Michael Lechner 和 Manuel Arellano。

    特别感谢我们的家人在过去七年为我们完成这项工作而给予的支持，他们是 Lili、Yvonne、Bianca 和 Daniel，以及我们的父母们。

目录
contents

导　言 1

1 基本定义、假设和随机实验 3
   1.1 处理效应:定义、假设和问题 3
   1.2 随机对照试验 18
   1.3 关注异质性:非实验数据和分布效应 34
   1.4 文献和计算机软件注释 39
   1.5 习题 41

2 非参数识别与估计简介 43
   2.1 识别因果关系的图形方法 44
   2.2 非参数和半参数估计 61
   2.3 文献和计算机软件注释 115
   2.4 习题 117

3 基于可观测变量的选择:匹配、回归和倾向得分估计 120
   3.1 准备工作:总体思路 121
   3.2 基于 CIA 的 ATE 和 ATET 估计 130
   3.3 基于倾向得分的估计量 144
   3.4 匹配和倾向得分估计的实际问题 157
   3.5 文献和计算机软件注释 173
   3.6 习题 178

4 基于不可观测变量的选择:非参数工具变量和结构方程法 180
   4.1 准备工作:总体思路和局部平均处理效应 180
   4.2 控制了协变量后的 LATE 195
   4.3 边际处理效应 209
   4.4 非二元选择模型的单调性 219
   4.5 文献和计算机软件注释 227
   4.6 习题 231

5 DID 估计:基于可观测与不可观测变量的选择 233
   5.1 两时段 DID 估计量 234
   5.2 多组以及多时期的情形 245
   5.3 双重变化的概念 250

    5.4 文献和计算机软件注释 267

    5.5 习题 269

6 断点回归设计 271

    6.1 无协变量的断点回归设计 274

    6.2 有协变量的断点回归设计 292

    6.3 检查假设合理性和扩展 306

    6.4 文献和计算机软件注释 317

    6.5 习题 321

7 分布政策分析与分位数处理效应 322

    7.1 （条件）分位数分析简介 324

    7.2 分位数处理效应 336

    7.3 内生性下的分位数处理效应：RDD 349

    7.4 文献和计算机软件注释 357

    7.5 习题 360

8 动态处理评估 362

    8.1 动机和简介 362

    8.2 动态潜在结果模型 367

    8.3 持续时间模型和处理时机 384

    8.4 文献和计算机软件注释 403

    8.5 习题 405

参考文献 407

关键术语表 423

导　言

　　本书是一本高级计量经济学教材,它的目的是要让读者学习所谓"处理效应估计"或"效应评估或政策评估"这个计量经济学领域的技术发展。在这本书里,我们试图把识别和估计的直觉推理与计量和统计的严格性结合起来。对于完备的随机性假设和它们在实践中的含义,本书专门进行了探讨。此外,关于识别和估计,我们主要集中于非参数模型(即我们的方法不是基于已经确定好的具体模型或函数形式),目的是提供各种普遍有效的方法。为了说明外生变化的来源是如何被用来探讨把因果性与相关性分离开来的情况,我们使用了若干图表和评估研究的例子。

　　有不少计量经济学教材,如 Cameron 和 Trivedi(2005)、Greene(1997)或 Wooldridge(2002),介绍了更为传统的计量经济分析方法,那么,是什么使对处理效应的分析与这些传统的计量分析方法不一样呢？第一个重要的差异,是处理效应分析在主要参数定义、识别以及统计建模这三个步骤上截然分开。这首先有助于我们界定所感兴趣的目标,清晰地阐发对反事实结果的定义和解释。第二个重要的差异,是集中关注非参数识别和估计。即便在经济分析中最终使用了参数模型,讨论不施加函数形式限制(这种限制通常都很随意)的识别,也可以帮助我们理解识别的威力之来源。这就允许我们把识别策略与具体政策评估问题紧密联系起来。第三个差异,同样也是非常重要的差异,就是对可能的处理效应异质性的承认。即使对处理效应异质性进行建模很有意义,根据标准文献,我们也不知道它们的形式:有些个体可能从一项干预中受益颇多,而另一些个体可能受益较少,还有一些个体甚至受到了损害。虽然处理效应很可能是异质性的,但我们一般来说并不知道这种异质性的形式。尽管如此,实际操作者还是应该时时警惕这种异质性,虽然(半)参数回归模型既不容纳异质性,也不能清晰地阐发它。例如,大多数的工具变量(IV)文献只是简单地把异质性问题忽略了,人们通常并没有认识到在他们的数据分析中特定模型或特定工具变量选择的后果是什么。这很可能使他们给出的解释变得无效。

　　本书旨在介绍这一新近发展的主要支派,并强调对该领域中领军人物的原创论文的阅读。阅读本书并不是也不能取代对原创论文的阅读,但本书试图总结其中大部分论文的核心内容并统一相关格式,希望能够提供一个内在一致的路线图。与某些效应评估手册不同,本书意在传授对潜在的思想、假设和方法的更深一层的理解。它包括诸如以下这类问题:特定识别方法的应用条件是什么?所用数据的估计量是什么?有限样本中的统计性质如何?是否有渐近性?各有什么优劣?等等。我们认为,只有对这些主题(识别有关参数的经济理论,所选估计量和检验的条件以及统计方法的表现)进行深刻的理解,我们才能最终给出正确的推断和解释。

过去15年,在计量经济学文献中已经出现了大量概括理论研究进展的综述性文章。[①] 例如,Imbens(2004),Heckman 和 Vytlacil(2007a),Heckman 和 Vytlacil(2007b),Abbring 和 Heckman(2007)以及 Imbens 和 Wooldridge(2009)。也可以参看 Angrist 和 Pischke(2008)。在经济学中,经典的应用领域是对劳动力市场的研究,在这个领域,可以找到一些关于这个主题的最古老的计量经济学文献综述;参见 Angrist 和 Krueger(1999)以及 Heckman, LaLonde 和 Smith(1999)。时至今日,处理效应估计和政策评估这些主题在贫困和发展经济学领域最为流行,可以参看 Duflo, Glennerster 和 Kremer(2008)以及 Ravallion(2008)。Blundell 和 Dias(2009)试图把这些方法与结构模型方法调和起来,后者是微观计量经济学中的标准方法。可以肯定,在使用这一方法时需小心,因为学生们很容易会得到这样的一种印象,即处理效应估计量只是对结构模型中著名的参数估计问题的半参数扩展。

在正式开始之前,我们再多说几句。本书仅在第1章考虑了随机控制试验(RCT),而且还是仅仅作为一种一般性的原则来介绍,并不是非常详尽。由 Guido W. Imbens 和 Donald B. Rubin 所著的《统计学、社会科学以及生物医学中的因果推断:导论》(*Causal Inference for Statistics, Social, and Biomedical Sciences: An Introduction*)已经出版,他们对这个主题的处理相当详细。[也可以参看 Glennerster 和 Takavarasha(2013)关于随机控制试验的著作。]不过,我们增加了关于匹配的标准方法、工具变量方法、回归断点设计以及双重差分的章节,对倾向得分的讨论更为详细,而且还细致地介绍了分位数和分布效应,对于动态处理效应分析也给出了一个概览,其中包括次序处理和持续时间分析。(为了介绍因果性结构)我们从统计学文献中引入了图论,对非参数估计给出了一个简要综述,这个估计方法在本书后文将会得到应用。

[①] 统计学文献就更为丰富了。为了简略起见,我们在本书中既没有引用,也没有评述这部分文献。

1
基本定义、假设和随机实验

1.1 处理效应:定义、假设和问题

在计量经济学中,无论是政策问题还是单纯的"因果"问题,人们常常想了解一个变量对另一个变量的因果效应(causal effect)。虽然这个问题可能乍看起来微不足道,但当真正的原因被其他几个事件掩盖时,对因果关系的探究可能会变得很棘手。在本章中,我们将介绍关于因果关系模型的基本定义和假设;在接下来的章节中,您将了解回答因果关系问题的不同方法。因此,本章旨在为本书其余部分的内容建立框架。

我们假设有一个变量 D 使变量 Y 发生了变化。这里,我们的基本目标不是去找预测 Y 的最佳拟合模型,也不是去分析 Y 的协方差;我们的旨趣在于这一处理 D(treatment D)对我们所感兴趣结果的影响。你感兴趣的可能是 D 对 Y 的总体效应(total effect),或者在其他变量保持不变[所谓的其他条件不变(ceteris paribus)]的特定环境中 D 对 Y 的效应。在后一种情况下,我们必须再次细致区分条件效应(conditional effect)和局部效应(partial effect)。变量 Y 可以表示未来生活中的一种结果,例如,就业状态、收入或财富,D 可以是一个人用"受教育年限"这一变量表示的所受到的教育水平。这个分析框架来自关于处理评估的文献,其中 $D \in \{0,1\}$ 通常是二元的,表示一个个体是否接受了某一特定的处理。$D=1$ 的个体通常被称为参与者(participants)或被处理者(treated),而 $D=0$ 的个体被认为是未参与者(non-participants)或被控制者(controls)。例如,$D=1$ 可以表示打了疫苗或接受了某项治疗,参与了某个成人读写培训项目,参加了某项公共工程计划,就读的是私立中学或公立中学或者是职业中学或高中,上了大学,等等。一项处理也可以是就读私立学校的教育券项目(或获得拥有教育券的资格,或是一份有条件的现金转移支付)。例如,拉美多个国家有大量这类有条件的现金转

移支付项目。当然，D也可以是一个非二元的变量，可以表示大学学位的不同学科专业，甚至可以是一个连续变量，譬如补贴、费用或税收政策等。

例1.1 墨西哥的PROGRESA项目是1997年开始的政府社会援助方案，它自2002年以来一直以Oportunidades之名运行。它旨在通过增加人力资本来减轻贫困，一直以来都在向部分家庭提供现金援助，以实现家庭子女定期上学、增加保健诊所访问次数和加强营养，从而推动社会共同承担责任。起初，该计划严格基于地理和社会经济因素选择参与者，但到2006年年底，墨西哥有四分之一的人口参加了这一项目。人们可能希望知道这些现金援助是如何帮助到项目成员和家庭的，或者是否对改变他们的生活条件产生了积极的影响。这些都是决策者需要定期回答的常见问题。PROGRESA项目的一个关键特征是其为确保政策有效性而实施了评估和统计控制系统。鉴于这个系统和政策的成功执行，Oportunidades最近已成为许多其他国家，特别是拉丁美洲和非洲国家实施救助方案的榜样。

下面我们开始介绍本书中使用的统计设定。所有变量都将被视为是随机的。这样做可以实现符号使用上的便利，但同时也不排除确定性变量。由于测度论对理解这里讨论的计量经济学没有多大帮助，我们假设这些随机变量被定义在一个共同概率空间里。这个概率空间的总体，由某个国家、省、区的一组个人、公司、家庭和教室等组成，我们不仅考虑实际观测值，而且关心这个变量的所有可能值。类似地，我们不仅研究有限总体理论，还研究大样本理论，因此我们可能会考虑一个包含了无限个体的总体，其中个体（可能以分层或分区块进行组织）是随机分布的。此外，不像我们讨论估计问题时那样，为了更好地识别因果关系，我们通常是从一个相对大的样本出发。从这个大样本中，我们可以得到所有（可观测）变量的联合分布的估计量。但由于实际样本是有限的，我们务必明白只有将两者结合起来，即把良好的因果识别策略和良好的估计方法结合起来，才能获得良好的估计量和合理的推断。大写字母将代表随机变量或随机向量，而小写字母将代表（实际）数字或向量，或只是表示一个我们将对其进行整合的未明确指定的分量（argument）。

在大多数章节中，我们的主要目标是首先从包含独立抽样的观测值的大样本中识别D对Y的影响，然后再对其进行估计。我们将看到，在许多情况下，一旦成功识别处理效应，就立即能得到该效应的一个自然估计量（有效性和进一步的推断问题暂且不论）。我们还将研究在不同的识别假设下能估计出哪些效应，然后实证研究者必须决定最适宜的一组假设。在此之前，我们必须引入一些概念和定义。我们在（统计上可能实现的）拥有真正的实验数据的"理想"情况下进行估计，例如假设我们在实验室情况下进行估计。

1.1.1 什么是处理效应？

有很多方法可以阐释处理效应(treatment effect)，也许最简单的方式是想象两个包含相同个体的平行宇宙 A 和 B。在宇宙 A 中，个体 i 现在接受一个 $D_i=1$ 的影响，而在宇宙 B 中则没有($D_i=0$)，那么个体 i 的所有结果差异，即 $Y_i^A - Y_i^B$，就可以被视为处理效应。

我们通过考虑数据生成过程来将其公式化。为此，先设 D 和 Y 为标量随机变量(D 和 Y 为向量的情况将在后面阐释)。同时，假设每个个体都能观察到 Y，它可以是就业状况、财富收益等。[①] 我们想研究以下关系：

$$Y_i = \varphi(D_i, X_i, U_i) \tag{1.1}$$

其中，φ 是未知的(可测)函数，(X_i, U_i) 分别表示可观测和不可观测特征的向量。我们不限制 (X_i, U_i) 的维度。两者都可能是标量或更高维的；如果只有不可观测的变量是重要的，人们甚至可能想着舍弃掉 X_i。如果我们将能力或技能视为不可观测的变量，那么 U_i 就可能是多维的。尽管如此，在一个方程中，所有不可观测的变量通常被归结为一个一维变量。当我们对 φ 或 X_i 和 U_i 的分布施加条件时，它们可能变得相关。在式(1.1)中，我们假设关系 φ 适用于总体，因此右侧变量包含所有生成结果 Y_i 时的异质性。在这种情况下，U_i 的作用与回归分析中所谓的残差或误差项的作用相同。

更一般性地思考更多个体，而非仅仅考虑一个个体 i 是重要的，因为这有助于强调即使我们在式(1.1)的 φ 中省略了 i，也不意味着 D 或 X 对 Y 有同质的作用(即对所有个体都一样)。函数 φ 只是描述变量之间的一种结构关系，并且我们假设个体不能控制它，也不能选择或操纵它。例如，φ 可以是生产函数。特别地，φ 不仅描述了实际观测到的 D 和 Y 之间的关系，而且如果我们外生地将 D 更改为其他值，φ 还能捕捉到结果 Y 因此发生的变化。

事实上，我们的兴趣在于了解这个函数 φ 或它的一些特性，这样我们就可以预测如果我们外生地改变 D(即不征求 i 的同意)，会发生什么。当我们定义了潜在结果(potential outcome)的概念时，这个想法就变得更加清晰了。用数学符号来表示，我们将潜在结果表达为

[①] 相比之下，像工资这样的变量只会在那些真正工作的人身上观察到。对于那些没有工作的人来说，情况略有不同；显然它是一个潜在变量(latent variable)。这可能会引入一个(新的)选择性问题。

$$Y_i^d = \varphi(d, X_i, U_i) \tag{1.2}$$

该式表示,如果(X_i, U_i)保持不变,但D_i被外生设置为数值d(即所谓的处理)时将产生的结果。这里的重点不是要强制实施$D_i=d$的处理,而是强调我们对一个会随着个体是否接受处理的决定而变化的φ不感兴趣。更改D_i也会影响(X_i, U_i)的情况,我们将在后面对其展开讨论。

例 1.2 设Y_i表示一个人在50岁时的财富,D_i是一个虚拟变量,表示一个人是否被随机选中参加一个进修项目。此外,假设X_i是可观测到的外部(起始)条件,它不受D_i的影响,并且U_i表示(剩余的)不可观测的能力和条件。根据此人是否接受进修,D_i被外生地设置为一个数值d。我们假设D_i只能取0和1,那么对于两个值$d=1$(得到进修机会)和$d=0$(未得到进修机会),同一个人可能有两个不同的潜在结果Y_i^1和Y_i^0。但事实上我们只能观察到一种情况,我们将已实现的结果表示为Y_i。

由此我们引出反事实练习(counterfactual exercise)的概念:这意味着你观察到了实际情况$d=D_i$时的$Y_i=Y_i^d$,但使用模型$\varphi(\cdot)$可以预测选择d'时的$Y_i^{d'}$。

例 1.3 还是设Y_i为一个人在50岁时的财富,D_i是虚拟变量,表示个体i是否从大学毕业。此外,设X_i和U_i为外生的,如例1.2所示。事实上,X_i和U_i可能会对部分个体i产生影响,以至于我们可能很难对不同子总体的人进行比较。请注意,通过外部力量将D_i设置为d只存在于理论中,这未必意味着我们总可以有效地对个体i实施"处理",而是我们能够预测个体在得到处理或未得到处理时分别产生的潜在结果Y_i^1或Y_i^0。实际上,我们最终只会观察到每个个体的Y_i^1或Y_i^0,我们将之称为Y_i。

请注意,关系式(1.2)假定个体层面的环境是不变的:我们只考虑个体i的处理D的变化,而不考虑可能影响Y_i或可能产生反馈的其他个体的处理D的变化。我们将在第1.1.3小节中公式化这一假设。从这个意义上讲,该方法更侧重于微观计量经济效应:改变每个个体或许多个体的D的政策(如提高教育或计算机素养的大型活动)可能会改变整个均衡,函数φ也可能随之改变。虽然处理效应评估文献越来越多地关注宏观效应、置换效应(displacement effect)或一般均衡效应,但我们这里并不考虑这些效应。当然,i可以表示某个市、区、县甚至州。[②] 就这个

[②] 例如,Card和Krueger(1994)研究了1992年新泽西州提高最低工资所产生的影响。

意义而言，这里介绍的方法也适用于宏观经济问题。

例1.4 举个可能改变 φ 的例子：为失业工人提供就业或工资补贴的一项大型政策，可能会减少没有资格获得此类补贴的个人的劳动力市场机会。这被称为替代（substitution）效应或置换效应，这种效应可能会改变整个劳动力市场：对企业来说劳动力成本下降，对工人来说该政策使得失业后负效用的情形得以改变，进而影响效率工资、求职行为和工会的议价能力。总之，函数 φ 将被改变。

让我们回到微观世界中的因果关系问题，看看从 d 变成 d' 的外生处理将导致的不同结果。其差异为

$$Y_i^{d'} - Y_i^d$$

这明显是个体处理效应。它告诉我们，如果我们改变处理状态，个体 i 的实际结果将如何改变。这几乎是不可能估计或预测的。幸运的是，大多数时候我们更感兴趣的是期望处理效应，或许多个体的处理效应的加总。因此，我们可以关注平均处理效应（average treatment effect，ATE）。

例1.5 和前两个例子一样，设 $D_i \in \{0,1\}$ 表示某人是否完成大学学业，Y_i 表示人们50岁时的财富。那么，$Y_i^1 - Y_i^0$ 是大学学业这一变量对个体 i 的财富的影响。它表示某人若上大学将获得的财富与同一个人在没有上大学的情况下会获得的财富的差异。请注意，"同一个人"并不等同于回归分析中的控制其他变量不变假设。很明显，我们希望容许由完成大学学业所引起的其他变量的变化。这无疑是具体到这个人的私人问题，但政策制定者们可能更感兴趣的是完成大学学业与否对财富的平均影响或对部分人群的影响。

有时我们想明确两个（或更多）处理变量的影响，这时我们可以将 D 设为向量。不过对两个处理变量使用两个不同的符号是有用的，比如 D 和 X（包含在可观测向量中），原因有二。其一，有时一些处理变量 D 可能是内生的，即由 U 引起的，而其他处理变量被认为是外生的。由于对内生性问题的处理将需要更多的精力，所以，我们从其他变量中分离出 D。其二，我们有时最感兴趣的是固定 X 时外生干预带来的 D 的变化的影响，这类似于保持其他条件不变，在处理效应文献中通常被称为 D 对 Y 的局部效应或直接效应（direct effect）。

例1.6 D_i 表示某人在私立或公立中学就读，X_i 表示其后来上大学与否。此时我们想研究就读私立或公立中学对未来财富的（不经上大学来传导的）影

响。显然，读私立或公立中学(D)可能会影响上大学(X)的可能性，而X反过来又会影响财富。但人们可能就D对财富的潜在直接影响感兴趣，即X是外生给定的。从这个例子中我们不难发现，如何定义处理参数(treatment parameter)，在很大程度上取决于我们感兴趣的问题。

为了用符号明确标记上述情况中就读私立或公立中学对未来财富影响的差异，我们定义

$$Y_{i,x}^d = \varphi(d, x, U_i)$$

函数φ与之前一样，唯一的区别在于D和X是我们可能希望设置成外生的（相分离的）参数。因此D（上私立中学或公立中学）的局部或直接（即例1.6中财富未被上大学影响的部分）的处理效应为

$$Y_{i,x}^{d'} - Y_{i,x}^{d}$$

例1.6中的$Y_{i,0}^1 - Y_{i,0}^0$是不上大学时就读私立/公立中学对财富的局部效应，而$Y_{i,1}^1 - Y_{i,1}^0$是上大学（外生给定的）时就读私立/公立中学对财富的局部效应。对比之下，私立中学和公立中学的总体效应是

$$Y_i^{d'} - Y_i^{d}$$

因此，使用两个不同的符号分别表示D和X，是为了强调我们感兴趣的是当固定X或不固定X时，D的变化所带来的影响。有时这样的局部效应可以简单地通过以变量X为条件获得，有时需要更复杂的方法，后续将进行说明。

例1.7 我们来看劳动经济学中的Mincer收益函数，这些函数通常用于估计教育回报。为了确定它们，许多实证研究将对数工资对工作经验、受教育年限和能力指标（如有可能，在幼儿时期进行衡量）进行回归。这样做是因为以上这些都是工资的重要决定因素。我们对于能力对工资的影响不感兴趣，将能力这一因素纳入回归只是为了处理后面将讨论的选择问题。根据其他条件保持不变，我们可以分析如果受教育年限(D)改变而工作经验(X)不变，工资(Y)将如何变化。由于在职经验通常是在完成教育后积累的，所以受教育年限(D)可能会产生不同的影响。其一，受教育年限会影响失业或多次失业的概率和持续时间，而失业将不利于工作经验的积累。受教育年限也可能会影响退出劳动力市场的时间，而退出劳动力市场也会减少工作经验的积累。在一些国家，获得学校教育还可能有助于减少蹲监狱时间。因此，D通过X间接地影响Y。其二，受教育年限可能与工资有直接的正相关关系。因此通过在回归中加入X，我们控制了间接效应，只测量了学校教育的直接效应。因此，在回归中包含X可能是一个优良策

略,但也可能不是一个优良策略,这取决于我们要识别什么关系。有时我们只想确定总体效应,而不是直接效应,有时则正好相反。

我们对 φ 的非参数识别(non-parametric identification)或其某些特征感兴趣。非参数识别基本上是指除式(1.1)外不进一步设定模型,不进一步设定 φ。因此,识别将主要基于与因果关系结构相关的假设,而在实践中因果结构必须基于经济理论。然而大多数计量经济学教科书从假设一个线性模型(保持我们之前变量的符号)开始:

$$Y_i = \alpha + D_i\beta + X_i\gamma + U_i \tag{1.3}$$

以此讨论在某些限制条件下对 β 的识别和估计,如限制条件

$$E[U_i \mid D_i, X_i] = 0 \tag{1.4}$$

换言之,限制条件确定了式(1.3)的参数,只有在模型被正确设定的情况下,才恰好符合我们感兴趣的问题。统计文献通常讨论如何正确解释参数,把它和后面的研究问题联系起来,而不管真正的底层数据生成过程。毫无疑问,非参数方法更安全,但它对问题的解释可能并不令人满意。然而,由于线性假设几乎总是为了方便而作的,并非基于坚实的经济理论,因此更有洞见的方法是,讨论在哪些限制条件下可以识别哪些内容,而不必给 φ 施加函数形式;函数可能是线性、二次或任何其他形式;它甚至无须是连续、可微或单调的。

为了识别,我们仍将不得不施加某些限制,这些限制通常比式(1.3)和式(1.4)弱。对于 φ 的限制通常是可微性和连续性方面的限制(也可称为平滑性限制)。大量且仍在不断增加的文献试图确认识别变量关系所需的最少假设。如果我们能从一个无限大的样本中确定函数,那么函数 φ 就是非参数识别(non-parametrically identified)的。假设我们有非常多的观测值,从而知道 Y、D 和 X 的联合分布。如果没有其他函数可以产生类似分布,那么函数 φ 或它的某些特征就是非参数化识别的。换言之,如果两个不同的函数,比如 φ 和 $\tilde{\varphi}$ 可以产生可观测变量的相同联合分布,则无法识别 φ 函数。缺乏明确(参数)的模型或函数 φ 的后果是,现在我们仅能在某些区域识别出 φ,但在这些观测值的支撑区间之外不能识别出 φ。

1.1.2 公式化定义:ATE、ATET、ATEN

在本节中,我们将给出不同的"平均化"处理效应之公式化定义。我们将关

注二元变量 $D \in \{0,1\}$ 的情况，因为它有助于我们理解识别中所产生的主要问题，而不会把问题复杂化；稍后我们还将讨论一些扩展情形。回顾例 1.5，我们想估计从总体中随机抽取的某个人上大学的期望财富效应，即

$$E[Y^1 - Y^0]$$

请注意，期望运算符的含义是指对总体中的所有个体 i 求平均值。试想在一个城市，我们把每个人都送到大学（当然前提是假设我们有权这样做）。一段时间以后，我们观察他们的收入并取平均值以计算 $E[Y^1]$。现在让我们想象一下，我们回到过去，让每个人都远离大学。我们再次观察他们的收入并计算平均值以得到 $E[Y^0]$。因为期望是线性的，此差异和我们前面提到的完全一样。这就是所谓的平均处理效应。事实上，我们不能使一个人同时处于这两种情形。他们中有些人会上大学，有些人不会。所以，对于同一个人，我们只能观察一种情形。我们可以用两种方式来解释上大学的平均处理效应：它是从总体中随机抽取的个体的预期效应；同时也是在不发生一般均衡效应的前提下，每个个体的 D 从 0 变为 1 时平均结果的变化。

现实中，有些人会上大学，有些人不会，我们能做的就是分别取上大学和没有上大学的学生的平均财富。为了比较那些上大学（$D_i=1$）和没上大学（$D_i=0$）的人的平均财富，我们可以看

$$E[Y^1 \mid D=1] - E[Y^0 \mid D=0]$$

我们必须知道，这在概念上与平均处理效应完全不同。首先，我们什么也没做，是人们自发决定是否读大学，这使得这两个群体在很多方面都不同。尤其是他们可能在可观测的特征和不可观测的特征上有区别。这种区别在只检查那些真正上过大学的人的处理效应时最为突出。这就是所谓的处理组平均处理效应（average treatment effect on the treated, ATET），定义为

$$E[Y^1 - Y^0 \mid D=1]$$

需要强调的是，此时你需要做一个与上面类似的思想实验，但不是针对城市里的所有人，而是针对那些实际上无论如何都会上大学的人。这一点在政策评估方面往往特别有意义，在这种情况下，了解方案如何影响实际参与的人，可能比它如何影响其他人更能提供所需要的信息。这里更明显的是，简单地比较那些上过大学的人和那些没有上过大学的人的观测结果，通常不能提供一个一致的处理组平均处理效应评估。直觉告诉我们，两个群体在可观测和不可观测的特征上存在差异，甚至当我们现在只关注 $D=1$ 的子总体（subpopulation）时，也可能对应不同的人群。当然，如果为了将来把这项政策推广到总体上，那么研究平

均处理效应,甚至可能是非处理组平均处理效应(average treatment effect on the non-treated,ATEN),即 $E[Y^1 - Y^0 \mid D = 0]$,会更有意义。

在是否上大学的例子中,处理组平均处理效应(ATET)和平均处理效应(ATE)之间的差异通常被称为分类收益(sorting gain)。是否上大学的决定很可能取决于个人对上大学后工资收入的某种期待。这导致了总体被分成两类。那些预期从大学中获益最多的人更有可能上大学,而那些预期从中获益甚微的人很可能会放弃,这可能导致 ATET 比 ATE 高得多。因此,在经过分类的子总体中,学生的平均工资增长要高于没有经过分类的学生。ATET 和 ATE 之间的差异可能源于观察到的特征的差异,也可能源于未观察到的特征的差异。因此,在大学生和非大学生之间观察到的结果差异可以被分解为

$$E[Y \mid D = 1] - E[Y \mid D = 0] = \underbrace{学校教育的平均收益}_{\text{ATE}} + \underbrace{分类收益}_{\text{ATET} - \text{ATE}} + \underbrace{选择偏误}_{E[Y^0 \mid D = 1] - E[Y^0 \mid D = 0]}$$

例 1.8 考虑一个正式劳动力市场和非正式劳动力市场的例子。这个例子将有助于我们理解,如果一个较大的 Y_i 对 i 来说意味着某种更为积极的因素,那么通常 ATET>ATE。在发展中国家和发达国家的许多地区,存在个人在非正规经济部门(通常包括未经正式登记、无雇佣合同或未遵守所需社会保险缴款的公司)工作的现象。我们可以区分四类不同的经济活动:自主经营经正规部门登记的公司,即注册公司的所有人;未经正规部门登记的个体工商户,即没有工商注册的小店主;③在正规部门任职的职员;以及在非正规部门工作的员工。正规部门公司需纳税,有权诉诸法院和享受其他公共服务,但也必须遵守某些法律,例如遵守工人保护法、提供医疗和退休福利等。非正规部门企业无法获得公共服务,如警察和法院,必须购买私人保护或依赖社交网络。同样,正规部门的员工至少有基本的工作合同,受劳动保护法的保护,通常受益于医疗福利,如意外保险、退休福利、解雇条例等。

关于这种岗位二分法的早期文献有时将正规部门与现代工业部门相联系,将非正规部门与技术落后的地区或农村地区相联系。正规部门被认为是更优的。那些从农村迁移到城市地区寻找正规部门工作的人,如果没有找到正规工作,就接受城市非正规部门的工作,直到找到正规工作为止。正规部门的工作是

---

③ 例如,其中包括家庭企业或各类街头小贩。

有限的,在非正规部门就业是第二选择。④ 因此,正规部门和非正规部门并存,正规部门的工资更高,工作条件更好,每个人都希望在正规部门工作。

然而,一些公司和员工自愿选择非正规部门可能是有充分理由的,特别是当税收和社会保障缴款很高、注册许可证昂贵或难以获得、公共服务质量差以及企业规模回报(规模经济)较低时。经营一个大公司通常意味着转向正规部门。同样,给正式雇员的医疗和退休福利(以及工人保护)可能价值有限,因为在一些国家,如果家庭成员获得正规就业,他们就已经可以享受这些福利。此外,与工作时间、带薪假期、通知期、遣散费、产假等相关的正式劳动力市场中的限制可能没有给公司和员工提供他们所希望的灵活性。在某些条件下,工人和公司可以自愿选择非正规就业。企业也可能倾向于非正规,因为这有助于企业在面对逐渐发展壮大的工会或工人代表提案时增强守卫能力,例如(强势的)工会提出关于公司重组、遣散员工方案、面向失业或不稳定工人的社会计划时。因此,成本(税收、社会保障)和国家法令激励了一部分人维持非正规部门就业。

现在想想个体 i 在正规部门就业和非正规部门就业之间进行选择。如果他去正规部门,设 Y_i^1 是他的工资,Y_i^0 则是他在非正规部门的工资。Y 还可能包括非工资福利。如果个人自行选择自己的部门,他们会选择正规部门,当

$$D_i = 1\!\!1\{Y_i^1 > Y_i^0\}$$

即选择处理组(或非处理组)取决于其潜在结果,暂时忽略此处的不确定性。这种模型通常被称为 Roy(1951)模型。

假设选择非正规部门只是一种由于正规部门规模有限而采取的非自愿选择,那么几乎所有人的 $Y_i^1 - Y_i^0$ 都应该大于 0。在这种情况下,有些人想加入正规部门,但却以失败告终。但考虑到有效的分配,并假设正规部门的规模是给定的,我们会发现

$$\text{ATET} = E[Y^1 - Y^0 \mid D = 1] > E[Y^1 - Y^0 \mid D = 0] = \text{ATEN} \quad (1.5)$$

即与没有获得正规部门工作的人($D=0$)相比,那些获得正规部门工作的人相对于非正规就业的收益应该更大。⑤ 请注意,不等式(1.5)只是经济理论的结论,而不是统计的一般结果。此外,由于

---

④ 我们也可以回想一下效率工资理论:如果一个工人在正规部门的工作努力程度不可以被完美地监督到,或者需要相当可观的成本才可以监督到,那么,为了促使工人努力工作,就需要某些激励措施。效率工资理论的一个意涵就是,企业支付更高的工资以促使工人努力工作,这会带来一定的失业。偷懒会失业的风险可以激励工人提高努力程度。由于大多数发展中国家没有提供慷慨的失业保险计划,而且对这些失业者来说金钱的价值大于闲暇所提供的效用,因此失业者进入了低生产效率的非正规部门从事经济活动,他们要么是自营职业者,要么是所需的监督成本较低的人。

⑤ 有一个新近的应用,参见 Arias 和 Khamis(2008)。

$$\text{ATEN} = \{\text{ATE} - \text{ATET} \cdot P(D=1)\}/P(D=0)$$

关系式(1.5)相当于 ATET＞ATE。

1.1.3 个体处理稳定性假设

回想一下潜在结果的概念。当谈到处理效应时,这也许是最重要的概念。理论上,如果我们能观察到同一个体的两种不同的状态(受到处理和没有受到处理),那么我们就有可能讨论某个处理对第 i 个个体的影响。但正如我们之前所提到的,在许多情况下,这是不可行的,而且通常是几乎没有政策或经济学意义的。因此,我们定义了 ATE、ATET 和 ATEN。让我们对比一组受到处理的个体和另一组没有受到处理的个体(我们的对照组)。显然,为了在测量效应时思考和讨论特定的识别问题,我们必须有一个明确定义的对照组。我们可能可以得到一个对照组,但棘手的是如何找到一个明确定义的对照组。

思考这样一个场景,每个人都会受到某一政策的影响,那么,此时所谓的控制群体便只存在于理论中了。在这种情况下,任何实证方法都可能是徒劳的。此外,这将明显改变(局部)均衡,因此势必也会改变 φ(见例 1.4 的讨论)。即使不直接对总体进行处理,而且均衡结果也没有真正受到影响(没有真正改变 φ),我们也可能面临溢出效应(spillover effects)的问题。这可能会破坏任何分析或结论的有效性,因为这意味着个体 i 的结果不仅受其处理(或不处理)的影响,还受个体 j 的处理的影响。

例 1.9 溢出效应的典型例子是为对抗传染病所做的(医学)处理。对个体随机实施医疗处理的研究可能低估了这一处理的益处,因为这些研究通常忽略了减少疾病传播给对照组带来的外部效益。因此,我们无法估计没有经过处理的对照组的情况,毕竟这是反事实、不可能实现的。Miguel 和 Kremer(2004)评估了一个肯尼亚项目,在该项目中,以学校为基础的大规模驱虫药物处理分阶段随机进入学校,而不是随机施加给个人,从而可以评估项目的总体效应。但是,被选中的学校中的个人可以选择不参加。当计算上述溢出效应时,他们发现该项目将受试学校的旷课率减少了四分之一。不难想象,驱虫项目还大大改善了受试学校乃至邻近未受试学校的未经处理儿童的健康状况和入学率。然而,他们无法找到其他证据,例如,无法找到表明驱虫计划对学业考试成绩有积极影响的统计证据。

下面定义个体处理稳定性假设（stable-unit-treatment-value assumption，SUTVA），即某一处理对其他个体没有溢出效应或不影响总体均衡结果。

对潜在结果的定义已经隐含了"不同个体之间没有干扰"的假设（Cox，1958，第19页），即SUTVA（Rubin，1980）。假设个体i的潜在结果Y_i^0和Y_i^1不受其他个体的处理的影响。假设我们有一个样本量为n的样本。将$\mathbf{D}$正式定义为处理分配向量（treatment-allocation vector），反映所有n个个体参加的项目。将$\mathbf{Y}$定义成所有个体的观测结果的向量，维度为n。将$\mathbf{Y}(\mathbf{D})$定义为若根据分配$\mathbf{D}$将所有个体分配到政策中，将会观察到的潜在结果的向量。进一步让$Y_i(\mathbf{D})$表示该潜在结果向量的第i个元素。

个体处理稳定性假设表明，对于任意两个分配$\mathbf{D}$和$\mathbf{D}'$

$$Y_i(\mathbf{D}) = Y_i(\mathbf{D}') \qquad 如果 \qquad \mathbf{D}_i = \mathbf{D}'_i \qquad (1.6)$$

其中$\mathbf{D}_i$和$\mathbf{D}'_i$分别表示向量$\mathbf{D}$和$\mathbf{D}'$的第i个元素。换言之，我们假设观察到的结果Y_i只取决于个体i的处理，而不取决于其他个体的处理分配。如果我们改变其他人的处理，但保持第i个样本的处理固定不变，那么第i个个体的结果就不应发生变化。[6]

如果个体之间直接或通过市场相互作用，SUTVA便可能失效。请看下面这个例子。

例1.10 假设一家公司希望提供培训以培养一支熟练的员工队伍，并且希望验证培训的有效性，以便将来沿用此次培训材料。如果公司想了解这项培训对生产或产出的影响，就需要确保对照组的员工不会从培训中获益。可以从工厂的两个迥然不同的部分各抽调一个小组，使得两个小组的成员很少或根本没有机会互动，不过，这两个小组的情况存在结构性差异，因此比较他们是没有意义的。但是，如果对照组和处理组员工来自生产过程的同一部分，那么那些对照组员工（未接受培训的人）可能会对培训内容产生兴趣，从而请教受试工人并试图落实这些想法。例如，如果讲师传授某种废物管理技术，那么对照组中的一些人可能也会学着使用此技术。

市场均衡效应和一般均衡效应通常取决于政策的规模，即项目参与者的数

---

[6] 关于潜在结果和SUTVA的历史，有一个非常卓越的讨论，可以参看Imbens和Rubin（2015）的第一章和第二章。在该书中，他们提到了两个与SUTVA相关的假设：一是"无干涉"（no interference），这与我们这里的没有溢出是一个意思；二是"无隐藏的处理变化"（no hidden variations of treatment），它的意思是，对于所有的观测值，处理变化应该是一样的。

量。事实上,如果政策的实验对象数量较少,那么偏离 SUTVA 的程度可能很小,但随着参与者数量的增加,我们预计会产生更大的溢出效应(或其他外部效应)。

例 1.11 如果一项劳动力市场计划改变了熟练劳动力和非熟练劳动力的相对供应量,那么所有人都可能受到随后的工资结构变化的影响。此外,影响劳动力成本结构的方案,例如工资补贴,可能导致替代效应,即无补贴的工人被解雇并被受补贴的项目参与者取代。更进一步,由于为促进这一政策实施需要征收税收,人们可能会受到这部分征税的影响。显然,如果只关注一个小的经济部门的情况,这些相互作用或溢出效应可能非常小,例如经济结构调整时,减轻欧洲煤矿业或造船业从业者生活负担的举措就是这样的例子。

供应限制可能引致一种全新的个体之间相互干扰的形式。如果项目名额有限,那么某人是否可以参加项目就取决于已经有多少人被分配到该项目。这种相互作用不会直接影响潜在结果,因此也不会使随后讨论的微观计量经济评估方法失效。然而,这种有限供给限制了可行的分配集 **D**,并且在试图改变参与者的分配以提高政策的总体有效性时产生了影响。供应限制常常(至少部分)由项目管理者控制,必要时可以放松供应限制。

所以,今后我们将假定 SUTVA 总是成立。因此,不再需要考虑全部处理分配向量 **D**,因为个体 i 的结果仅取决于他自己受到的处理,该处理在下文中由标量变量 D_i 表示。

1.1.4 条件独立性假设和选择偏误

不幸的是,虽然 SUTVA 是必需的,但对于识别关系来说还不足够。通常,简单估计 $E[Y^d | D=d]$ 不能确定平均潜在结果,因为存在明显的选择偏误问题。有各式各样的原因可能产生这种偏误,例如自我选择或资格标准。在这两种情况下,关键问题在于处理组和对照组(或每组的随机样本)这两个子总体之间的潜在差异。因此,两个子总体都不能代表总体。简单的估计量会因此而有所偏差。

然而,我们将看到,如果我们能观察到所有影响 D 和潜在结果的协变量,那么在控制了协变量 X 的条件下,变量 D 和 Y^d 是独立的($\perp\!\!\!\perp$)。这至少让我们有望构建不同的估计量。这种所谓的条件独立性假设(conditional independence assumption,CIA)可以表示为

$$Y^d \perp\!\!\!\perp D \mid X \qquad \forall d \in \text{Supp}(D) \tag{1.7}$$

这也被称为基于可观测变量的选择(selection on observables)假设。[7]

我们在这里进一步讨论选择偏误(selection bias),因为它基本上是估计处理效应的关键问题。下面几章中介绍的所有方法都只是试图用不同的假设来纠正这种偏差。我们从处理组平均处理效应(ATET)的最朴素的估计量开始。如果你试图简单地用实际结果的样本平均值的差异来估计它,你实际上是在估计(根据大数定律)下式:

$$\begin{aligned}E[Y\mid D=1]-E[Y\mid D=0] &= E[Y^1\mid D=1]-E[Y^0\mid D=0]\\&=\underbrace{\{E[Y^1\mid D=1]-E[Y^0\mid D=1]\}}_{\text{ATET}}+\underbrace{\{E[Y^0\mid D=1]-E[Y^0\mid D=0]\}}_{\text{选择偏误}}\end{aligned} \tag{1.8}$$

对于处理组,观察结果等于潜在处理结果,对于对照组,观察结果等于潜在非处理结果,这就推导出了第一个等式。将其加上并减去 $E[Y^0\mid D=1]$ 就可以得到第二个等式,我们将式(1.8)分成两部分,第一项是 ATET,第二项是选择偏误。

例 1.12 假设你想研究增加卫生设备覆盖率是否对健康有影响这一问题。在发展中国家的许多地方,随地便溺仍然是一个大问题,政府可能有兴趣了解增加卫生设备覆盖率这项政策的影响。假设我们从一组家庭开始。我们寻找厕所条件最差或没有厕所的家庭,并给那些家庭安装卫生厕所。然后我们取那些有厕所的人和没有厕所的人的平均健康指标的差异。当我们给那些情况最差的人安装厕所时,可能出于其他原因(没有厕所的人可能很穷,而且他们的健康状况已经相当糟糕),在起始点(处理前)他们的状态已经很糟糕了。因此,即使他们没有受到处理,他们的平均健康状况也会相对较低,即 $E[Y^0\mid D=1]$ 可能比 $E[Y^0\mid D=0]$ 大得多。在这种情况下,仅仅取简单平均值的差值并不能揭示平均处理效应,因为选择偏误会掩盖实际的处理效应。

在大学教育对收入或财富的影响的例子中,这种选择偏误是实际上过大学的人和没有上过大学的人之间的并非由大学教育带来的财富差异。最重要的不是收入和学校教育之间的联系,而是如果学校教育被"外生"地改变而导致的收入的变化,这里的"外生"是指独立于潜在收入以符合条件独立性假设。大学毕业生的平均工资高于非大学毕业生,这一事实可能只是反映出能力的差异。因此,大学毕业生和非大学毕业生甚至在他们进入大学之前就有可观察的和不可

---

[7] 这个假设基本上意味着,对于同样影响结果的不可观测变量不存在选择问题。

观察的不同特征。为了识别学校教育对收入的影响，我们需要比较具有相同可观察的和不可观察的特征但拥有不同教育程度的个体。这一论点实际上与结构性回归中探讨的控制其他条件不变和外生性(exogeneity)有异曲同工之妙。不过，对处理效应的特定解释主要取决于因果关系的假设。

例 1.13 进一步思考教育的收入回报率。即使我们识别出大学教育对个人收入回报的影响，如何解释其经济含义则见仁见智，取决于人们脑海中各自的因果性渠道。当我们将人力资本理论与学校教育信号理论进行对比时，可以很容易地看出这一点。人力资本理论认为，学校教育增加了人力资本，从而增加了人们未来的工资。信号理论则认为，即使教育内容完全无用，完成高等教育(比如获得学位)向雇主释放了一个其拥有较高的不可观测能力的信号。在后一种情况下，对个人而言，学校教育依然会有回报。然而，如果每个人的受教育年限都增加了，总体回报将化为零，因为个人之间教育层次的相对排名没有发生变化。接着便出现了明显的违反 SUTVA 的情况，因为现在个体的潜在结果取决于其他个体的处理的结果。这也被称为"同侪效应"(peer effects)或"外部性"。个体层面的回归只能揭示私人的边际收益，而不能揭示社会的整体收益。

例 1.14 Beegle,Dehejia 和 Gatti(2006)利用 1991 年至 1994 年收集的坦桑尼亚西部农村家庭的面板数据，分析了短暂收入冲击对童工使用程度的影响。他们的假设是，由农作物损失造成的短暂收入冲击可能导致家庭至少是暂时性地驱使不到法定工作年龄的孩子参加工作。随着家庭财富的增长，这种效应有望减弱。换言之，对于不同的家庭财富，短暂收入冲击的影响是完全不同的。如果短暂收入冲击的(相对)程度取决于家庭财富，那么我们预计会有 ATET＞ATE＞ATEN。

其他类似的例子包括税收制度对劳动力供给以及公有和私有部门的工资差异的影响，或是班级规模对学生学业表现的影响。从不可观测特征的差异中区分出真正的因果效应，是非参数识别函数 φ 或其特征(如处理效应)的主要障碍。难点在于弄清楚允许进行非参数识别的假设。这一直是计量经济学关注的问题。近几年来，人们越来越注重如何验证这些假设并发现用于识别的更弱的假设。

1.2 随机对照试验

在相关文献中,实验经济学检视的通常是虚拟的干预措施的影响,以研究特定情况下个体的行为。一般来说,这是通过邀请一些人玩简单的博弈(比如公共物品、独裁者或最后通牒博弈)完成的。然后根据他们在博弈中的表现给他们实际的补偿。这些实验通常是在高度程式化的条件下在计算机实验室里进行的。虽然我们不是要在这里谈论实验经济学,但田野实验(field experiment)在许多方面与此想法相似。一个关键的区别是我们检测实验室之外(即现实世界中)的行为。在这些实验中,一个自然但也是基本的假设是个体被随机分配到一个组。所以如果我们有一个处理组和一个对照组,那么我们随机分配一些人去处理组,另一些人去对照组。因此,我们将之称为随机(化)实验或试验(random or randomised experiments or trials)。

对于有些研究问题,随机实验或随机化实验提供了最有说服力的解决方案。显然,原因在于:这不是一个人们选择他们自己的处理水平的自我选择过程,而是我们设计实验并控制任务安排的过程。如今随机实验已经得到广泛研究和认可。尽管随机实验的绝大多数理论贡献都是生物计量学和临床试验提供的,但在经济学中这一理念也经常被使用。

正如我们将看到的,在社会科学中,问题的关键不在于随机实验结果的可信度,而在于随机实验的可行性。它要求我们能够被允许进行随机分配处理,还能强迫人们留在他们的小组中。我们必须保证人们真正遵守他们的任务,并且最终没有(非随机分配的)数据减损。很明显,这是一个实验室环境,而非我们现实中经常遇到的情况。

1.2.1 对照实验的定义和举例

为了控制可观测和不可观测特征的差异,我们需要对照实验。对集合 D 进行随机分配确保了 D 与可观测和不可观测特征不相关。这类经济实验过去(可能现在仍然)在许多 OECD 国家相当罕见,但在发展中国家已经非常流行。有意识进行设计的实验的例子包括墨西哥的 PROGRESA、哥伦比亚的 Familias en Accion 以及其他拉丁美洲国家类似的有条件的现金转移实验。其他例子有美国田纳西州的 STAR 班级规模实验、美国的《职业培训伙伴法案》(Job Training Partnership Act, JTPA)、校园除虫计划(Miguel 和 Kremer, 2004)以及肯尼亚的学校资源随机投入实验(Glewwe, Kremer, Moulin 和 Zitzewitz, 2004)。

例 1.15 一个著名的随机实验是田纳西州的"师生效益比"或 STAR 实验。这项实验大约发生在 20 世纪 80 年代中期,目的是获得关于小班化是否有助于学生学习和提高学生成绩这一焦点问题的可信证据。减少班级规模意味着雇用更多的教师并投入更多教育资源,因此这个实验对于检测增加的收益能否合理弥补增加的成本十分重要。尽管在 STAR 实验之前也有过观测性研究,但研究结果备受争议。总体而言,非实验的研究结果表明班级规模对学生学习成绩的影响很小或几乎没有。但班级规模可能是内生变量,即实验可能存在许多可观测和不可观测的特征使得小班的学生与大班的学生大不相同。一方面,在富裕地区或父母对子女接受良好教育非常重视的地方,班级规模可能较小。另一方面,更调皮的儿童以及存在学习困难的儿童,往往被安置在小班里。随机实验有助于平衡两组可观测到的和不可观测到的变量。在 STAR 实验中,每个参与学校将孩子分配到三种类型的教室中的一种:小班的目标招生人数为 13—17 人;普通班的目标招生人数为 22—25 人;第三种班级的目标招生人数也是 22—25 人,不过还配备了一名全职教师助理。

这些实验的设计确保了处理组和对照组具有相同的可观测和不可观测特征分布,即

$$E[Y^1 \mid D=1] = E[Y^1 \mid D=0] = E[Y^1]$$

随机实验或对照试验是指我们的设计使得组间的任何差异都是纯粹偶然的,而不是系统性的。这首先确保了不可观测项与 D 不相关,即不可观测项在两组中分布相同,从而消除了不可观测变量上的选择偏误(selection on unobservables)。因此,它也保证了观测到的特征的分布在两组中几乎是相同的,特别是,它们因此有相同的支撑。这意味着,对于在一组中观测到的任何伴随特征值 X,我们也可以在另一组中找到具有基本相同特征的个体(假定我们有无穷多的样本)。[⑧] 这意味着 ATE=ATET=ATEN,且两种处理效应都可通过一个朴素的估计量(naive estimator,如样本均值的差异)进行一致估计,因为

$$E[Y \mid D=1] - E[Y \mid D=0]$$

---

⑧ 可以与下一章讨论的"共同支撑条件"(common support condition)相比较。

如果能合理地进行随机实验,它将成为最有说服力的识别因果关系的方式,因为我们后面讨论的所有其他识别策略都基于不可检验的很难令人完全信服的假设。然而,请注意,所有与随机实验相关的方法都是为了改善事前平衡。如果数据已经收集完毕,或者如果我们不能控制取样或处理分配过程,随机实验便将失去效果。

例 1.16 一些发展中国家进行了评估卫生和教育方案影响的实验,例如为提高入学率,墨西哥进行了 PROGRESA 实验,见例 1.1。由于预算限制,该方案仅在几个试点地区启动,这些地区是随机选择的(随机分阶段实施)。随机实验是在社区层面进行的,实验人员不仅收集了这些随机选择的社区的数据,还收集了几个随机选择的未参与社区的数据。事实上,有一半的社区参与了项目,另一半则没有。实验分为两个步骤:第一步,选择一些边缘化程度较高的地区,随机选择约一半的社区参与项目;第二步,在试点地区,根据家庭一级的地区贫困指数,只有贫困家庭才有资格参加该方案。研究者在实验开始之前获得基准数据,并在随后的实验阶段进一步获取数据。

除了评估不同项目的影响,随机实验还有助于确定适宜的福利政策受众。在实施不同种类的有条件现金转移支付或其他福利计划时,适当的目标受众选择是一个常见的筛选问题。为了实施项目,政府需要把穷人和富人区分开来。但正如你所猜测的,这并不是一个简单的问题,因为富人总是可以装作穷人从而偷偷摸摸地得到政策好处。避免此问题的方法之一,是建立一种自我选择(self-selection)机制,这些要求对富人来说十分苛刻,如必须完成体力劳动或者只提供低质量的食品,如此富人便可能失去兴趣。但这往往会带来低效的结果,因为仅仅为了抑制富人的积极性,穷人就不得不因痛苦的劳动或质量较差的援助而付出不必要的代价。另一种方法是"自动筛选"(automatic screening),通常通过某种资产测试或代理变量测试进行,例如,采访个人,观察他们的现状,如居住质量、是否拥有摩托车等,并询问其邻居。但这一过程也可能面临误导和过于冗长的问题。所以问题在于我们是否可以提出更好的建议,如果可以,这个替代方案又是什么。

例 1.17 Alatas,Banerjee,Hanna,Olken,Purnamasari 和 Wai-poi(2013)使用随机实验以确定是否有可能纳入一些自我锚定(self-targeting)机制来筛选穷人。他们希望观察如果人们被要求主动申请贫穷测试会发生什么结果。研究人员采用随机抽样的方法选择印度尼西亚有条件现金转移支付计划 PKH 的受益人,并用实验改变了400个村庄的住户的评选程序。他们比较了那些主动申请参与贫穷测试的家庭和PKH直接进行自动筛选或代理变量测试的家庭。在采取自我锚定评选方式的村庄中，家庭首先要到登记处登记，然后PKH才能对其进行资产评估。在自动筛选组，PKH进行了通常的代理变量测试，以确定他们是否具有资格。研究人员发现那些采取自我锚定方式的村庄筛选出的受益群体比其他村庄要贫穷得多。可能的解释是当家庭必须进行申请时，许多可能不需要援助的家庭就不再进行资产评估测试。

就像我们在例1.15中提到的STAR实验一样，许多实验设计还包括不同处理之间的相互作用。在很多情况下，你可能会想到一种特定的处理方法，但是你会发现交互的处理方法效果更好。

例1.18 撒哈拉以南国家少女面临的两大健康风险是早孕（青春期怀孕）和性传播疾病（sexually transmitted infections, STIs）（特别是艾滋病毒）。最近的世界卫生组织报告显示，50%以上的早孕发生于撒哈拉以南国家。早孕和性传播疾病对少女的健康和未来生活状况都有负面影响。通常，早孕或染上性传播疾病的小学阶段的女孩必须离开学校，在许多情况下，青少年生育可能导致进一步的健康问题。Duflo, Dupas 和 Kremer(2015)进行了一项实验研究，以了解两项重要政策工具及其相互作用对早孕和性传播疾病的影响：①教育补贴；②艾滋病毒预防（侧重于婚前禁欲）。这项实验于2003年开始，在肯尼亚西部的328所学校中平均年龄在13.5至20.5岁之间的就读于6年级的学生群体中展开。这项研究对9500名女孩和9800名男孩进行了7年的跟踪调查。学校被随机分为四组：①对照组（82所学校）；②单独教育补贴计划（83所学校）；③单独艾滋病毒教育计划（83所学校）和④联合计划（80所学校）。教育补贴计划是一个简单的补贴方案，在小学阶段最后三年免费提供两套校服（2003年年初和2004年年底分批发给同一学生）。艾滋病毒教育计划是指强调婚前禁欲的有关性传播疾病教育项目。政府在每所学校培训三名教师，让他们为肯尼亚国家提供 HIV/AIDS 课程。研究人员观察这两种方案及其相互作用对结果变量的短期、中期和长期影响，结果变量包括性行为、生育行为和是否感染艾滋病毒及另一种性传播疾病[单纯疱疹病毒Ⅱ型（HSV2）]。他们发现，只有教育补贴才能减少少女辍学、早孕和青少年结婚；预防艾滋病毒教育并不能减少早孕或性传播疾病。与单独的教育补贴相比，联合项目对减少性传播疾病的效果更大，但对减少辍学和早孕的效果更小。

1.2.2 随机化方法和统计性质

原则上,随机试验的想法非常简单易懂,尽管它的实现过程可能并非如此。假设 n 个对象被分配为 1 或 0。样本平均处理效应(sample average treatment effect)可表示为

$$\text{SATE} = \frac{1}{n}\sum_{i=1}^{n}(Y_i^1 - Y_i^0) \tag{1.9}$$

通常情况下,相较于 SATE,我们对整个总体的 ATE 更感兴趣。为了使关于 ATE=0 的检验的统计效力(statistical power)最大化,我们可以将一半的个体分配到处理组,另一半分配到对照组。因此,$\frac{n}{2}$ 的人接受处理 1,而 $\frac{n}{2}$ 的人接受处理 0。估计量将是

$$\widehat{\text{SATE}} = \frac{1}{\frac{1}{2}n}\sum_{D_i=1}Y_i - \frac{1}{\frac{1}{2}n}\sum_{D_i=0}Y_i \tag{1.10}$$

我们希望得到的数据能使 $\widehat{\text{SATE}}$ 是 SATE 的一致估计量。

推断与误差分解

如果处理组和对照组都代表相应的样本分布,那么式 $\widehat{\text{SATE}}$(1.10)是一个一致估计量。在这里,随机化起着至关重要的作用。只要符合随机分配,我们就可以认为这个条件成立。此外,若样本(作为一个整体)是我们感兴趣的总体分布的良好代表,那么式(1.10)也是 ATE 的一致估计量。用于比较这两个均值的简单 t 检验可检验这种差异是否显著异于 0。注意,这与分析单变量方差等价,或者与一个虚拟变量(处理变量)的简单线性回归也是同理的。

尽管这看起来很简单,但很不幸,事实上并非如此。在取样和构建实验设计方面会面临一些重要问题。与数据收集和报告相关的纯实际操作问题,后续再作进一步讨论;这里我们集中讨论计划抽样方案和实验设计时遇到的问题。为了更好地理解后两者在结果上的差异以便进一步推断,让我们更仔细地看一下 ATE 和一个简单的估计量如式(1.10)之间的差异。

为了简单起见,我们定义 $D \in \{0,1\}$,φ 是一个可分函数,因此通过处理,可将可观测变量和不可观测变量的影响分解为

$$\varphi(d, X, U) = m_d(X) + \varepsilon_d(U) \tag{1.11}$$

然后我们可以将 ATE 与 $\widehat{\text{SATE}}$ 之间的差异分解为

$$\text{ATE} - \widehat{\text{SATE}} = \Delta_{S(X)} + \Delta_{S(U)} + \Delta_{T(X)} + \Delta_{T(U)} \tag{1.12}$$

其中 Δ_S 指的是样本选择，而 Δ_T 指的是处理不平衡的差异。[9]

第一项涉及抽样，即如何从感兴趣的总体中抽样 n 名被试。如果从总体中随机抽取个体，并且每个个体都可以观察到 $d=0$ 或 $d=1$ 的两种状态，那么 SATE 可以作为总体平均处理效应（$\text{ATE} = E[Y^1 - Y^0]$）的无偏估计量。在随机抽样的情况下，样本中的可观测特征 X 和不可观测特征 U 的经验分布函数，与总体中 X 和 U 的分布函数一致。尽管任何给定样本的 X 和 U 的分布都可能不同于真实总体的分布，但这些差异是非系统的，并且会随着样本量的增加而消失。如果没有随机抽样，X 和 U 的样本分布通常与总体分布不同，且差异不会随着样本量的增加而消失。例如，（积极）申请参加实验的个人往往与我们希望的目标人群总体不同。这个问题通常被称为外部有效性与内部有效性的权衡（external versus internal validity）。随机对照试验具有较高的内部有效性，SATE 可以被一致地估计，因为随着样本量的增加，处理组和对照组之间的任何可观测和不可观测差异都会消失。另外，随机对照试验的外部性可能较低，因为当研究人员无法从感兴趣的总体中随机抽取实验对象（处理组和对照组），即样本可能不能很好地代表总体时，SATE 就不是总体 ATE 的一致估计量。

下面我们就来公式化地表述以上思想。为了更好地理解 SATE 和 ATE 之间的区别，就目前而言，我们最好讨论有限总体的情况（样本大小为 N）。我们以后可以通过考虑 $N \to \infty$ 来得出无限总体的结论。[10]

我们先给出抽样相关差异。利用式（1.11）中的可分解性可得

$$\Delta_{S(X)} = \frac{N-n}{N} \int \{m_1(X) - m_0(X)\} d\{\hat{F}(X \mid S=0) - \hat{F}(X \mid S=1)\} \tag{1.13}$$

$$\Delta_{S(U)} = \frac{N-n}{N} \int \{\xi_1(U) - \xi_0(U)\} d\{\hat{F}(U \mid S=0) - \hat{F}(U \mid S=1)\} \tag{1.14}$$

其中 $S=1$ 表示个体是样本内的个体，否则 $S=0$，而 $\hat{F}$ 分别表示 X 或 U 的经验累

---

[9] 也可以参看 Imai, King 和 Stuart(2008) 以及 King 和 Zeng(2006)。

[10] 你可能会认为，你心目中的总体是有限的。不过，这通常不是实际的情况，例如，一个国家的人口每一秒都在变化，而你想要的是一个更为一般化的表述。因此，抽象出一个无限的超总体，这个总体可以由一个分布来描述，而你的特定总体（比如刚才说的一个国家）只是它的一个代表性样本，这样做会非常有益。

积条件分布。

如果我们分别关注每一个部分,就可以更好地理解这些表达式。我们先解释 $\Delta_{S(X)}$。我们有两个 X 的分布,这两个分布的区别是个体是否属于调查样本中的个体。$\hat{F}(X|S=1)$ 是样本中的个体 X 的经验累积分布函数,因此,$\int \{m_1(X) - m_0(X)\} d\hat{F}(X|S=1)$ 是样本中可观测变量的 ATE。同样,可以用 $\hat{F}(X|S=0)$ 表示不在样本中的个体的分布。抽样潜在偏误是由两个样本空间中 X 的分布的差异造成的。你可以把 $\frac{N-n}{N}$ 看作有限总体的修正项。对于无限总体,由于 $N \to \infty$,所以 $\frac{N-n}{N}$ 趋于 0。利用经验累积分布函数的定义,式(1.13)也可以写成

$$\frac{N-n}{N}\left[\frac{1}{N-n}\sum_{i:S_i=0}\{m_1(X_i)-m_0(X_i)\} - \frac{1}{n}\sum_{i:S_i=1}\{m_1(X_i)-m_0(X_i)\}\right]$$

同理,你也可以解释 $\Delta_{S(U)}$。但这部分处理效应与不可观测变量相关。

还要注意,随机样本量增加时,$\hat{F}(X|S=0)$ 应该趋于 $\hat{F}(X|S=1)$,而 $\hat{F}(U|S=0)$ 应该趋于 $\hat{F}(U|S=1)$。所以,在极限下 $\Delta_{S(X)}$ 和 $\Delta_{S(U)}$ 都将接近零。

随机化方法

第二个问题涉及随机处理分配本身。最简单的随机分配策略就是将每个个体按 50% 的概率设定为 1 或 0,这通常在必须立即做出随机分配时使用。虽然这是一个有效的随机设计,但通常伴随着一个相当高的方差。原因很直观,可以从下面的例子看出。

例 1.19 假设 $n=100$,其中 50 名男性,50 名女性。我们随机将其中 50 人分为处理组,另 50 人为对照组。碰巧有 40 名男性和 10 名女性被分到处理组,剩下的 10 名男性和 40 名女性在对照组。在这种情况下,男性在处理组中的比例非常高,这当然会影响估计的处理效应:

$$\frac{1}{50}\sum_{D_i=1}Y_i - \frac{1}{50}\sum_{D_i=0}Y_i$$

虽然当样本量足够大时,处理组和对照组的性别是平衡的,但在任何给定的样本中,性别通常不平衡。我们来定量思考一下,考虑一个只有 $0.3n$ 个女性的样

本,[11]一半样本被随机分配给处理组,另一半随机分配给对照组。当 $n=50$ 时,38%的实验中,处理组和对照组之间女性比例的差异将大于 0.1。当 $n=100$ 时,只有 27%的实验发生这种情况。幸运的是,当 $n=400$ 时,如此大的差异只出现于极少的实验,即 2%的实验中。

接下来,我们将平衡问题予以形式化。类似于式(1.13)和(1.14),我们从估计偏误式(1.12)的可分解性式(1.11)中得到

$$\Delta_{T(X)} = \int \frac{1}{2} \{m_1(X) + m_0(X)\} d\{\hat{F}(X \mid D=0, S=1) - \hat{F}(X \mid D=1, S=1)\}$$
(1.15)

$$\Delta_{T(U)} = \int \frac{1}{2} \{\varepsilon_1(U) + \varepsilon_0(U)\} d\{\hat{F}(U \mid D=0, S=1) - \hat{F}(U \mid D=1, S=1)\}$$
(1.16)

注意,我们只观察样本内部的经验分布。再看一下每个公式末尾的分布差异,很明显处理组和对照组在 X(和 U)上有一个渐近平衡,即随着样本增加,$\Delta_{T(X)}$(和 $\Delta_{T(U)}$)将消失。

综上所述,如果我们能够同时实现随机抽样和随机处理分配,我们可以通过适当地取均值估计 ATE。否则,如果无法从总体中随机取样,我们可以尝试纠正 X 的差异。例如,如果我们有关于 X 在总体中分布情况的人口普查信息,我们可以通过相应的加权来纠正这些差异。[12] 显然,纠正不可观测特征 U 的差异会困难得多,甚至不可行。

当处理组之间发生不平衡时,例如性别分配不平衡(例 1.19),我们可以通过加权来修正它们。此类调整发生在实验分配之后和/或后续数据收集期间。在随机化阶段,即实验开始之前,可以通过使用分区块或分层来获得较小的方差。在这里,我们指的是在分配处理 D 时对 X 的分区块和分层,而不是在从总体中抽样(即分配 S)时这样做。

分区块和分层

随机化阶段的分区块(blocking)或分层(stratification)应在处理组之间实现事前平衡。即使我们得到的是所谓的随机分配,这也能增加估计的有效性和假设

---

[11] 下面这个例子改编自 Kernan, Viscoli, Makuch, Brass 和 Horwitz(1999)。
[12] 或者进行像匹配这样的相应归因,参看下一章的内容。也可以参看习题 3。

检验的效力,从而减少固定精度或效力的假设检验所需的样本量。回想一下例1.19,如果我们知道50名女性和50名男性参与了实验,我们可以选择随机指定25名女性和25名男性进处理组,其他人则进对照组。这就是分区块或分层的概念:在随机化开始前,已知整个被试池中一些X的信息。我们需要形成具有相同X值的层,并且在每个层中,50%被分配至处理组,另一半则分配至对照组。很明显,如果有四个处理组,则每个处理组各分配25%的层对象,以此类推。这确保了这些协变量的精确平衡(exact balance)。

"精确随机"(randomly exactly)似乎是矛盾或奇怪的,"随机"是指对U随机,而"精确"是指对X精确,于是我们便得到$\Delta_{T(X)}=0$,同时$\Delta_{T(U)}$仍然是收敛到零,即变量X在样本中是完全平衡的,而非仅仅在期望中平衡,而U只在期望中是平衡的。此过程有时被称为理想设计(ideal design):对X进行分区块指定处理但对U则完全随机分配处理的随机抽样。因此,可以得到样本的$\Delta_{T(X)}=0$,而式(1.12)中的所有其他Δ项期望为零,方差渐近消失。例如,当我们对X进行分区块时,$\Delta_{T(U)}$实际上变成

$$\tilde{\Delta}_{T(U)} = \sum_x w_x \int \frac{1}{2}\{\varepsilon_1(U)+\varepsilon_0(U)\}\{d\hat{F}(U\mid D=0,X=x,S=1)$$
$$-d\hat{F}(U\mid D=1,X=x,S=1)\}$$

由于每个区块内部是随机分配的,因此有望实现$d\hat{F}(U|D=0,X=x,S=1)\approx d\hat{F}(U|D=1,X=x,S=1)$。权重$w_x$是观测到值$x$的概率。总和是有限数,因为它代表$X$的所有可观测值。

通常,人们希望对与结果变量Y(或几个感兴趣的结果变量之一)密切相关的一些变量X,以及分析子组(Subgroup)时所需的变量进行分层(例如,分别评估男性和女性的处理效应)。当Y的未来值可以从基准数据中合理地预测出来时,分层是最有帮助的。重要的预测量通常包括结果变量的滞后值$Y_{t=0}$,其应被视作基准数据的一部分进行收集。当Y具有高度持续性时,这些变量最为相关,例如学校考试分数、教育程度、身高和财富等。另外,对于非常不稳定的结果变量,如企业利润,滞后项可能无法很好地给出预测。

在进行推断时,必须考虑随机化的执行方式。大量的生物统计学文献已经检视了临床试验中的这个问题。习题3和习题4研究适当的权重如何修正SATE,以使其成为ATE的一致估计量,以及加权如何改变估计量的方差。在估计标准误时,必须考虑后者。对于给定的权重w_x(x出现在感兴趣的总体中的比例)和独立的观测值,这很简单:习题4中的方差表达式(1.22)可由

$\frac{2}{n}\sum_{x \in X} w_x \{\widehat{\text{Var}}(Y^1 \mid X = x) + \widehat{\text{Var}}(Y^0 \mid X = x)\}$ 进行估计,其中分别从处理组和对照组样本中估计条件方差。这里可以使用参数化或非参数估计方法。[13] 请注意,由于我们对随机样本进行 X 上的分层(或分区块),因此样本不能代表总体,然而,知道总体权重 w_x 后我们便能纠正这种分层(或分区块)带来的偏误。

为了能够事后修正估计量的偏误,应始终选择给定的或至少可努力获得总体权重 w_x 的 X 进行分层或分区块。[14] 然后,ATE 估计值、标准误及其估计值便如上所示。在使用参数估计标准误时,与 Bruhn 和 McKenzie(2009)相比,许多学者建议根据使用的层或区块的数量修正自由度(d.o.f.)。在简单的线性回归模型中,这一过程很显著,例如 Duflo,Glennerster 和 Kremer(2008)指出:对于 J 个区块[15] B_j,$X = \cup_{j=1}^{J} B_j$,区块 j 中有 n_j 个样本,其中一半属于处理组(假设 n_j 为偶数),可得

$$Y_{ij} = \beta_0 + \beta D_i + \gamma_j + \epsilon_{ij}, j = 1, \cdots, J \tag{1.17}$$

其中 γ_j 为固定效应。设 w_j 为总体区块权重,$w_j = \sum_{x \in B_j} w_x$。如果样本能够代表研究所感兴趣的总体,那么 β 的 OLS 估计应该与 ATE 一致。否则,必须使用权重为 $w_j \cdot n/n_j$ 的 GLS 估计。进一步推断需要为自由度自动修正标准误;是否使用分区块稳健标准误来假设同方差性,一直是一个亟待解决的问题。

显然,对于持续变化的收入或财富等变量,精确分层是不可能实现的。只有对这些变量进行粗略定义的分层是可能的(例如,低收入、中等收入和高收入)。这其实就是构成了 χ 的支撑区间的定义层或区块。如果 X 是多维的,包含一些连续的变量,那么分层这个过程就会显得十分笨拙。此时另一种随机化方法更合适,它允许在许多变量上接近平衡,而不是在极少数变量上实现精确平衡。这种流行的方法就是所谓的匹配对(matched pairs)。

匹配对

如果事先不仅知道性别分布信息,还知道其他协变量,这些信息就应该在随机化方案中体现出来。观察到的协变量 X 越多,区块中包含的协变量 X 越多,

---

[13] 虽然我们通常建议采用非参数方法,但实际上这将取决于样本量和 X 的性质或维度性质等因素。

[14] 在上述程序中,每个层或区块内部的处理是平衡的,但我们没有说必须沿着层进行采样,因此很容易得到 $w_x = 1$。

[15] 你可能想要为 X 可以取的每个潜在值 x 都定义一个区块,或者为 X 的一个取值区间定义一个稍大的区块。

所估计处理效应的方差就越小。因此，人们希望根据许多协变量进行分层，然后随机分配每个层或区块内部的处理。当 X 包含不止一个或两个随机变量时，我们便可以采用更复杂的随机化路线。这些方法的基本思想是对匹配的使用。假设一个处理是二元的，且可以观察到多个处理前协变量 X。一种方法是对个体进行成对匹配，这两个个体需要拥有非常相似的 X 变量，随机选择其中的一个放入处理组。如果处理是三元的，我们就可构建三人对而不是二人对。

比较困难的是如何配对。假设有 $2n$ 个个体，并通过 Mahalanobis 距离[16]定义个体 i 和 j 之间的距离

$$(X_i - X_j)'\Omega^{-1}(X_i - X_j) \tag{1.18}$$

其中 Ω 是可以从样本中估计的 X 的协方差矩阵。人们希望所构造的配对能够使得所有配对的内部距离的总和最小。这使得 $2n$ 个对象组成最佳的两两匹配的 n 对。如 Greevy, Lu, Silver 和 Rosenbaum(2004) 中所述，匹配模式的序列是一大问题。简单的"贪婪"(greedy)算法首先配对距离最小的两个个体，然后配对距离第二小的两个个体，以此类推，完成所有配对。然而，这种贪婪算法通常不会产生最佳匹配。

例 1.20 考虑一个简单的数值例子，假设特定变量 X（比如"年龄"）是唯一的协变量。假设我们有 8 个个体的年龄：$\{24,35,39,40,40,41,45,56\}$。贪婪算法会选择 40:40 作为第一对，然后是 39:41，以此类推。所有配对内部差值的总和为 $0+2+10+32=44$。然而，如果我们匹配相邻的值，即 24:35、39:40、40:41、45:56，则差值之和为 $11+1+1+11=24$，这也是最佳配对。寻找多元变量的最佳配对要复杂得多。因此，有必要使用距离测量工具将其投影到一维问题上。

Mahalanobis 距离可能是最常用的距离度量，但我们也可以使用其他距离度量。Mahalanobis 距离可以并不是应用于协变量本身，而是被应用到协变量的顺序中来限制个别极端值的影响。Mahalanobis 距离有其优势，即只需要 X 的协方差矩阵，而不需要任何关于这些 X 如何与我们关心的结果变量 Y 相联系的知识或猜想。这在实验后期测量多个且完全不同的结果变量 Y 时可能是合适的方

---

[16] 这是欧几里得距离的自然延伸，后者可能是人们能够想象和理解的在多维空间中描述距离的最直观的数字。然而，在欧几里得空间中，人们下意识地假定轴是正交的(90度和相同的比例)。由于包含在 X 中的社会经济指标通常并非如此，因此在计算欧几里得距离之前，Mahalanobis 变换将首先把这些指标设置为这样的形状。

法。但是，如果主要对一个特定的结果指标感兴趣，例如收入或消费，并且对预测因子 X 协变量与 Y 的相关性预先有主观认知，那么就可能希望在距离度量中给那些更重要的协变量更大的权重。[17]

在对估计出的处理效应进行推断和假设检验时，应将随机化方法纳入考量，即自由度。如果不考虑自由度的问题，标准误就会被低估。再次，最简单的解决方案是将层虚拟变量或匹配虚拟变量纳入回归模型(1.17)中。因此，如果使用 Mahalanobis 匹配来构造配对，则应在线性回归中包含每个配对的虚拟变量。显然，这些匹配对的虚拟变量取代了式(1.17)中的区块虚拟变量。换言之，为了做出推论，我们可以使用在分区块和分层部分中所学的知识。

一种替代方法如下所示，这种替代方法既可以被称为分区块也可以被称为配对。为了避免引入更多的标记，我们现在把区块 J 重新定义为不同的匹配对或区块，其中 n_{1j} 表示处理组的成员，n_{0j} 表示对照组成员，$j=1,\cdots,J$，以此类推。显然，ATE 的一个直接的估计量是

$$\hat{\alpha}_d = \sum_{j=1}^{J} w_j \left\{ \sum_{i=1}^{n_{1j}} \frac{Y_{ij}^1}{n_{1j}} - \sum_{i=1}^{n_{0j}} \frac{Y_{ij}^0}{n_{0j}} \right\} \tag{1.19}$$

在这里我们简单地比较处理组结果与对照组结果的差异，并调整每个匹配对的总体权重。

有多种 $\hat{\alpha}_d$ 的方差估计量的表示方法；弱条件下一个最合乎直觉且一致的估计量是(详见 Imai,King 和 Nall,2009)

$$\frac{J}{(J-1)} \sum_{j=1}^{J} \left[w_j \left\{ \sum_{i=1}^{n_{1j}} \frac{Y_{ij}^1}{n_{1j}} - \sum_{i=1}^{n_{0j}} \frac{Y_{ij}^0}{n_{0j}} \right\} - \frac{\hat{\alpha}_d}{J} \right]^2 \tag{1.20}$$

很明显，由于加权，如果权重是精确的，我们再次得到 $\Delta_{S(X)}$ 为零；而如果权重是估计得来的或者如果我们获得的是一个随机（即有代表性的）样本，则 $\Delta_{S(X)}$ 期望为零，方差趋于零。后者也适用于 $\Delta_{S(U)}$。对区块的随机处理分配是为了获得渐近 $\Delta_{T(X)}=0$ 和 $\Delta_{T(U)}=0$。于是，$\hat{\alpha}_d$ 便是渐近无偏的。

1.2.3 实践中的困难和补救措施

从上述部分可以得出一些建议：

---

[17] 例如，如果一个人认为性别是一个非常重要的变量，那么可以要求在性别上进行精确匹配，方法是修改距离度量，使其在任何两个异性个体之间的值为无穷大。同样，如果要确保匹配的个体最多相差 4 岁，可以简单地将年龄相差超过 4 岁的个体之间的距离定义为无穷大。

第一，在干预开始之前，尝试在协变量中实现事前平衡：这要求我们能够获得一些基准协变量，理想情况下最好也能获得我们感兴趣的结果变量的滞后值。Mahalanobis 配对是一个能达到多个协变量平衡的有效方法。这种方法可以形成（在 X 特征上）有相似观察结果的组或对，每一组或每对中选择一半随机分配至处理组。第二个随机化步骤可以重复进行，以选择形成最佳事前平衡的分配方式。[18]

第二，在 X 中达到平衡后，检查结果 Y 并计算平均处理效应。只有在控制了 X 之后才查看结果数据，这样做的好处是最小化数据挖掘的风险和检验前偏误。换言之，这一程序排除了处理效应本身影响模型选择从而产生有偏估计的可能性。

第三，进行推断时需要说明所使用的随机化方法。修正自由度是对推断进行校正的较好办法，因其简单易操作。随机推断（见"进一步的阅读材料"）是一种精确的有限样本推断。

Bruhn 和 McKenzie(2009) 研究了其他经济学家最近在进行的一些实验，并对用于评估儿童教育、童工、营养、小企业利润上的处理效应的一系列数据集进行了模拟分析。不出所料，他们发现，在很小的样本量中，分层和其他调整方法是有效的，但在增加样本量时却失去了优势。他们的模拟发现，在各种分层方法中，当 X 是高维变量时，通过 Mahalanobis 距离进行配对相较于其他分层方法更好。一个可能的原因是，在经济分析中，仅对一个、两个或三个基准协变量进行分层不太可能解释 Y 的大部分变化。最后，他们还研究了在极少或相当多的变量上进行分层或匹配之间的权衡。他们的模拟结果表明，人们可能希望在分层/匹配中包含更多而不是更少的协变量，只要人们认为这些协变量有助于增强对未来结果的解释效力。但尚无明确理论证实这一点，因为虽然增加更多的协变量可能会增加样本的解释效力，但在回归中添加更多的层虚拟变量会降低自由度。

注意，不应在两组之间进行 X 的数值相等测试（test of equality），而是应该检验 X 的标准化差值。等均值检验是样本量的函数，足够小的样本量（几乎）总是意味着 X 中不存在显著的不平衡。由于样本量问题，匹配对的重点是减少 X 的相对差异，而不是绝对差异。[19] 通常建议采用以下标准。[20] 取倾向得分函数 $\Pr(D=1|X=$

---

[18] 本书后面的倾向得分匹配部分将讨论评估整体平衡的各种诊断方法。

[19] Rosenbaum 和 Rubin 的早期研究强调显著性检验。然而，显著性检验误将低阶数的匹配视作成功的平衡配对。对配对匹配而言重要的是不平衡的大小，而非置信区间的大小。

[20] 例如，见 Lechner(1999)、Imai,King 和 Stuart(2008)、Rubin(2001)以及 Imbens 和 Rubin(2015)。

x），通常需首先估计：

①两组之间平均倾向得分的标准差应接近于零。

②两组倾向得分的方差之比应接近于1。

③X的标准化差值应接近于零。

④两组间X的方差之比应接近于1。

如果使用参数倾向得分（估计），则重复取倾向得分并重新设定模型。注意，在这个阶段，我们还没有查看结果数据Y，这些不同的诊断并不依赖于结果数据。因此，这里的预先设定不会受到真实处理效应的影响。

理想情况下，在估计任何结果数据之前，应详细说明所有计划的分析，以避免在评估结果阶段仍需挖掘数据。然而，在实践中，数据缺失、部分或完全不服从（如中途退出）可能导致我们还需要大量的其他计量经济模型。

此外，组织与落实一项实验可能是很昂贵的，而且可能会受到很多阻力。Heckman和Smith(1995)讨论了执行美国JTPA培训项目时在随机分配过程中产生的各种问题，他们还讨论了许多其他可能导致实验评估结果无效的情况。如果参与该项目是自愿的，则只能随机处理申请该项目的个人。然而，这些申请人可能不同于实验所感兴趣的研究人群。如果随机化只覆盖部分人群，实验结果可能无法推广到更广泛的总体。换言之，尽管内部有效性貌似可信，但如果所选单位不能代表总体，则外部有效性可能会受到限制。我们可以称之为样本偏误(sample bias)。

即使一项政策是强制性的，总体中的所有个体都可以随机分配到处理组中，但如果参与者在参与过程中必须付出一定的努力，并且可能拒绝合作，则通常也很难实现完全服从处理。

随机化偏误(randomisation bias)是指人们对随机分配的前景的预期改变了潜在参与者池，这是因为出于预期，个人可能根本不愿意申请参加实验，或者因害怕被分配至对照组（不提供服务）而减少（或增加）实验前准备活动，如培训等。

如果对照组的成员获得了某种处理，或者参加了类似处理组的项目，例如从私人提供者那里获得相同或类似的培训，那么就会产生替代偏误(substitution bias)。在这种情况下，对照实验只能衡量该政策相对于其他可用方案的增量价值。

如果被分配到某个特定项目的个人没有或只是部分参与实验，那么就会产生所谓的中途退出偏误(drop-out bias)。这种偏误类似替代偏误，是对象不服从实验的结果。

由于随机实验成本高昂,而且面临一些政治障碍,人们通常建议在实施实际研究之前先进行试点研究。但是,实验的试点研究性质可能会改变参与者的行为,他们可能付出额外的努力以证明试点研究有效(或无效)。这就是霍桑效应(Hawthorne effect)。

如果随机化不是在个体层面而是在更高层面进行,则可能出现内生的样本选择(endogenous sample selection)问题。例如,如果参与项目的学校获得额外的资源,那么这可能会吸引更多的家长把他们的孩子从对照组学校转送到这些学校。因此,随机分配便不再具有代表性。

例 1.21 肯尼亚的少数学校收到了额外的教育投入,如校服和教科书。这降低了处理组学校的中途退出率。此外,几名来自附近对照组学校的学生被转移至这些处理组学校。这两方面导致处理组学校的班级规模大幅度增加。班级规模的大幅度增加会导致向下偏倚的处理效应。因此,处理效应估计会受到额外的学校投入和扩大的班级规模的影响。在成本收益计算中必须考虑到这一点,例如班级规模扩大可能不利于节约成本,毕竟教师工资通常是教育投入中最昂贵的部分。

然而,在这种情况下,随机化仍然可以用来估计处理意向(intention to treat, ITT)效应。即使人们后来可能会退出(或偷偷溜进)实验,对于项目评估来说,随机分配通常仍是个好主意。例如,是否允许参与某一特定项目可能存在随机性,这通常可以作为本书后面将讨论的工具变量策略中的一个可靠的工具变量。

例 1.22 在越南战争期间,年轻的美国男子被根据出生月和出生日征召入伍,部分日期出生的人被随机确定为有参军资格,见 Angrist(1998)。因此,以是否在符合条件的日期出生作为征兵指标符合上述随机分配的要求,并将产生ITT 效应。但是该研究的主要兴趣是参军对日后结果的影响。我们将在后面看到,出生日期抽签可以作为一种工具变量。然而,纯粹的参军行为不是随机的,因为人们可以通过各种方式自愿参军或逃避参军。

显然,潜在处理本身可能会导致处理组和/或对照组的数据减损(attrition)或无响应(non-response)。举个学业表现的例子:如果只能获得考试当天在学校的孩子的考试成绩,那么这些数据将受到选择偏误的影响。研究者应该尽量通过追踪所有学生以避免数据减损或无响应。获取全面的数据或许并不总是可行,从而使得无响应数据(或收集长期数据时减损数据)的可能性仍然很高。对此,我们需要有应对这种选择偏误的方法。[21]

实验评估（随机对照试验）经常被认为是不道德或不公平的，因为有些人无法接受实验组的处理。然而，如果公共预算或行政能力不足以同时覆盖整个国家，那么随机选择试点项目的参与者似乎是公平的。公共或强制的项目可能会在一定程度上克服这一问题，具体如下。

随机分阶段（randomised phasing-in）实施只会暂时性地拒绝一些对象参与项目。在某些情况下，甚至可以让所有群体参与项目，但只是让每个群体的部分人参与。我们可以思考一下多余书籍的分配问题。在一部分学校，额外的书籍只能分配给三年级，而在另一部分学校，只能分配给五年级。因此，所有学校都以同样的程度参与了多余书籍的分配这一项目（这样就避免了相对其他学校被剥夺资源的感觉），第一部分学校的五年级学生可以作为第二部分学校五年级学生的对照组，同样第二部分学校的三年级学生也可以作为第一部分学校三年级学生的对照组。

当一个项目或一所学校的可用名额有限，以至于不得不从申请者中随机录取学生时，我们会使用边际随机法（marginal randomisation）。思考这种方法在某所公立学校或大学中的应用，如果申请人数过多，学校可能（被迫）随机选择申请者进入学校。在这种情况下，随机化选择至处理组或对照组的个体在可观测和不可观测特征的分布上应该是大致相似的。否则，边际群体可能只代表整个感兴趣总体的一小部分，估计的影响便不能推广到总体。

因此，随机分配在作出一个可信的效应评估上是相当有用的。但并不是所有的问题（例如宪法或制度的影响）都能通过实验来回答，而且此时实验数据也常常不可得。仅仅是实验数据也可能不足以确定整个函数 $\varphi(d,x,u)$，为此需要额外的假设。即使进行了适当的实验，处理组和对照组在特征上也可能碰巧存在巨大差异，特别是在样本量较小的情况下。尽管样本均值的差异提供了平均处理效应的无偏估计，但如下文所述，调整协变量的差异可以减少估计值的方差，见 Rubin(1974)。

实际上，随机实验几乎不可能是完美的。例如，在 STAR 实验中，跳级或复读的孩子退出了实验。另外，实验期间又有一些孩子陆续进入学校。在实验过程中发生了一些重新分配。这些都意味着在评估实验和估计处理效应时需要了解所有这些细节。我们不仅要知道实验流程，还要知道实验阶段发生的（小的和

---

[21] 例如，如果我们可以假设，在接受处理的情况下，是那些学业更差的学生仍然留在学校，但如果不接受处理的话，他们将中途退出，那么实验估计是向下有偏的。

大的)问题。

在收集后续追踪数据时,可能会出现其他问题。例如在幼儿园中施加了某教育干预,我们希望在几年后评估该干预的影响。后续调查中的数据减损和无回复可能导致样本是选定的、不完整的,例如,追踪和调查已离开幼儿园的孩子变得越来越困难。(在许多对健康的干预措施中,死亡也可能是导致数据减损的一个重要原因。)此时我们需要用非实验的方法解决这个问题。不过在设计或选择非实验方法时,保留理想的随机实验思想依然是有用的,因为运用了这一思想的部分非实验设计在某种意义上比其他设计更优越。一条经验是收集实验前的数据,收集相似但属于对照组的个体的数据,例如从同一家庭(双胞胎、兄弟姐妹)、邻里或当地劳动力市场收集数据通常是有帮助的。此外,对照组和处理组应使用相同的调查设计和相同的结果变量定义,并且研究者需要公布选择过程的详细信息。

1.3 关注异质性:非实验数据和分布效应

正如我们在前一小节中所看到的,实验对于可靠地识别平均处理效应是有效的。如果可能的话,我们应该尽量在一项干预中纳入一些随机因素。然而,在许多情况下,我们只能获得观测(非实验)数据。此外,即使是设计完美的实验,在实践中也经常会出现不服从、无回复和数据减损等问题,这就需要更复杂的计量经济学模型。因此,识别和估计可能出现问题的根源通常是个人的异质性,首先是他们的禀赋和兴趣的异质性,然后导致(结果)回报的异质性。通过观察到的禀赋 X,我们可以控制或至少解释一部分异质性,当我们进行分区块或匹配时就已经意识到了这一点。对异质性的处理更多地涉及由不可观测部分(在我们的模型中由 U 表示)引起的异质性。我们从上一小节中了解到,随机化可以避免有偏的推断。但是如果我们不能采取随机分配方法,会发生什么呢?或者,如果异质性是第一位、大到难以忽视的时候呢?显然,此时应该研究以 X 为条件的处理效应,或者,若是由 U 主导的异质性,则要研究 Y^d 的分布或分位数。

正因如此,关于非实验估计量的文献涵盖了你可能感兴趣的各种不同参数(或函数),其中一部分将在后面的章节中予以讨论。从非实验数据中估计这些参数的不同策略将在那些章节得到检视。

1.3.1 不可分离性及其后果

如前所述,为了评估政策效果,我们希望不要太依赖预先指定的模型。模型可能会有偏误,并且结论容易受到强而不可靠的模型假设的影响。因此,我们将主要寻求非参数识别方法,然后探索非参数估计和推断。此外,我们将主要考虑不可分离模型(non-separable model),并且可能具有局部效应:

$$Y = \varphi(D, X, U), \quad Y^d = \varphi(d, X, U), \quad Y^d_x = \varphi(d, x, U)$$

其中指标 d 和 x 表示这些值是外生给定的。例如,对于具有给定特征 x, u 和 $d=8$ 的个人来说,再接受一年的教育的回报是

$$\varphi(9, x, u) - \varphi(8, x, u)$$

该值很可能随着 x 和 u 的变化而变化。若 D 服从连续分布,相应的边际效应为

$$\nabla_d \varphi(d, x, u)$$

其中 ∇_d 指关于第一个参数的偏导数。该模型的误差项是不可分离的,这意味着即使所有可观测变量(即 x)相等,D 对 Y 的边际效应也可能因个体而异。

请注意此模型与包含可加可分的误差项的模型的差异:

$$Y = m(D, X) + U = m_D(X) + U$$

这意味着在该模型中,多一年学校教育的收益可以简化为 $m(9, X) - m(8, X)$。它不随 U 的变化而变化。㉒ 不可分离模型允许具有完全相同的可观测变量的个体有不同的结果。因此,Y 对 D 变化的响应将具有概率分布。这种不可分离性将使这些模型更真实,且更清晰地描绘出所使用的假设的特征。不过,这也使得识别因果关系变得更加困难。

回复的异质性本身就是一个可能引起政策关注的问题,这使得尝试识别整个函数 $\varphi(d, x, u)$ 变得更有意义。常见的线性模型 $Y=\alpha+D\beta+X\gamma+U$ 假设存在一个共同的处理效应 β。该模型不仅禁止控制 X 后出现异质性,而且也禁止存在一般的异质性。这当然符合研究者的希望,即获得一个不依赖于 U 的参数,毕竟 U 是不可观测的且其影响通常无法确定。平均处理效应把不可观测变量也进行了平均。然而,对于可观测的 X,我们可能想要研究给定一组观测特征 x 时的条件 ATE(conditional ATE)或条件 ATET(conditional ATET),即

㉒ 为了便于标记,我们将误差 U 设为等于不可观测变量产生的结果,前面称之为 $\zeta(U)$。这并不意味着模型的简化,而只是符号的简化,因为它的参数是不可观测的,所以无论如何都无法确定 $\zeta(\cdot)$。

$$\text{ATE}(x) = \int (\varphi(1,x,U) - \varphi(0,x,U)) dF_U$$

$$\text{ATET}(x) = \int (\varphi(1,x,U) - \varphi(0,x,U)) dF_{U|D=1}$$

这些也可以解释为局部处理效应,而 ATE 和 ATET 只是它们的平均值(或积分)。

有时,在计量经济学文献中,期望潜在结果(部分和全部效应)也可以被表示为平均结构函数(average structural function, ASF),参见 Blundell 和 Powell (2003)。更具体地说,我们对局部效应感兴趣,即我们将一些其他(处理)变量 X 固定在某个 x 值上:

$$\text{ASF}(d,x) = E[Y_x^d] = \int \varphi(d,x,U) dF_U$$

相比之下,以 X 为条件的期望潜在结果是

$$E[Y^d \mid X = x] = \int \varphi(d,X,U) \cdot dF_{U|X=x} = \int \varphi(d,x,U) dF_{U|X=x}$$

若 U 和 X 不相关(我们通常这样假设),$E[Y_x^d]$ 和 $E[Y^d|X=x]$ 就是相同的,否则就不相同。两者都有各自的逻辑和解释,注意不要混淆它们。另一个重要的点是,如果处理效应随 X 变化而发生较大的变化,这两个方程可能更有意义。如果结果 Y 主要依赖于 X,那么就政策而言,这个信息比在所有 U 和 X 上的平均处理效应更有用。

有了 ASF 的定义,我们就可以想象出在 d 和 x 的不同分布情况下的各种政策前景。假设某政策使 d 和 x 服从加权函数 $f^*(d,x)$,为了获得这种政策的预期结果,必须计算积分

$$\iint \text{ASF}(d,x) \cdot f^*(d,x) dx dd \quad [23]$$

1.3.2 结果的分布效应

除了想了解平均(或条件)结果,我们还可能对这些潜在结果的分布感兴趣。分析结果的分布函数的动力是显而易见的:即使由于某些可观测的 X 控制了结果的部分异质性,异质性仍然可以是首要考虑因素[当结果 $\varphi(D,X,U)$ 主要随 U 而变化时]。无论 U 和 D 之间是否存在额外的相互作用从而使处理的结果随 U 而变,还是这种异质性并不复杂,如果很大一部分异质性是不可观测变量带来的,那么 Y^d 的分布(或特定分位数)而非均值就具有政策意义。[24]

---

[23] 式中 dd 是关于连续的 d 的微分,或者想象一个在 D 支撑区间上的和。

[24] 在国际组织中,人们惯常称之为综合法(integrated approach)。

例 1.23 让我们研究一下日益严重的工资不平等。Juhn, Murphy 和 Pierce (1993) 分析了 27 年美国人口调查中的个人工资数据。从 1963 年到 1989 年，美国的实际工资增加了 20%，但分配不均。工资最低的 10% 的人（低技能工人）的工资下降了 5%，而另外 90% 的人的工资增加了 40%。当他们按受教育程度和工作经验重复上述计算时，发现组内工资不平等程度也在增加，特别是在 20 世纪 80 年代，群体间的工资差距显著增大。他们把这些变化归因为可观测或不可观测的技能（教育、经验和能力）通过提高生产率带来了更多的回报。然而，这只是猜测。显然，这种日益扩大的工资差距来自富人谈判能力的提高，但这也可能来自全球化或被削弱的贸易工会。

下面的方程是根据两个变量 D 和 X（即被包括在方程中的可观测变量）定义的，但是为了求得总体效应，我们可以假设 X 是空集。对于给定的 x 和 d，分布结构函数（distributional structural function, DSF）是 $\varphi(\cdot)$ 的分布函数：

$$\mathrm{DSF}(d,x;a) \equiv \Pr[\varphi(d,x,U) \leqslant a] = \int \mathbb{1}[\varphi(d,x,u) \leqslant a] dF_U(w)$$

分位数结构函数（quantile structural function, QSF）是 DSF 的逆函数。它是外生给定 d 和 x 时，结果的 τ 分位数：

$$\mathrm{QSF}(d,x;\tau) = Q^{\tau}[\varphi(d,x,U)] = Q^{\tau}[Y_x^d] \tag{1.21}$$

其中分位数表示 U 的边际分布。㉕ 符号 $Q^{\tau}(A)$ 表示 A 的 τ 分位数，即 $Q_A^{\tau} \equiv Q^{\tau}(A) \equiv \inf\{q: F_A(q) \geqslant \tau\}$。虽然这是假定每个个体的 D 和 X 由外生给定时 Y 的 τ 分位数，但实际上从数据中估计以下分位数更容易：

$$Q^{\tau}[Y \mid D = d, X = x] = Q^{\tau}[\varphi(D,X,U) \mid D = d, X = x]$$

因为它对应于我们在数据中观察到的 Y 的分布。这是基于条件分布 $F_{Y|D,X} = F_{U|D,X}$，而不是边际分布 F_U 的分位数，当然，如果 $U \perp\!\!\!\perp (D,X)$，条件分布和边际分布是相同的。DSF 和 QSF 包含相同的信息，且如果 DSF 是连续的，那么 $\mathrm{QSF}(d,x;\tau) = \mathrm{DSF}^{-1}(d,x;\tau)$。就分析而言，使用 DSF 通常更方便，而 QSF 更适合于经济解释。

在处理效应文献中，人们通常对介于两者之间的表达式感兴趣，即

$$Q^{\tau}[\varphi(d,X,U) \mid X = x] = Q^{\tau}[Y^d \mid X = x]$$

但在下面的讨论中，使用式 (1.21) 并假设 U 可以被压缩成一个标量更容易。我

㉕ 第 7 章将详细讨论分位数和分布效应。

们通常假设 φ 关于不可观测参数 u 严格递增。这大大简化了识别和解释。[26] 于是我们可以得到

$$Q^\tau(\varphi(d,x,U)) = \varphi(d,x,Q_U^\tau)$$

其中 Q_U^τ 代表总体中"财富"分布的分位数。因此，$\mathrm{QSF}(d,x;0.9)$ 是对于不同的 d 和 x，财富分布中 90% 分位数上的结果。另一方面，观察到的分位数是

$$Q^\tau[Y \mid D=d, X=x] = \varphi(d,x,Q_{U|D=d,X=x}^\tau)$$

其中 $Q_{U|D=d,X=x}^\tau = Q^\tau[U|D=d,X=x]$ 是那些选择了 d 年教育和特征为 x 的人的"财富"分布的分位数。

注意，由于 QSF 描述了整个分布，所以可以从 QSF 中得出 ASF：

$$\mathrm{ASF}(d,x) = E[Y_x^d] = \int_0^1 \mathrm{QSF}(d,x;\tau)d\tau$$

因此，如果能识别所有分位数 τ 处的 QSF，那么也能识别 ASF，但反之不成立。如前所述，我们将更加关注

$$E[Y^d \mid X=x] = \int_0^1 Q^\tau[\varphi(d,X,U) \mid X=x]d\tau$$

所以，在接下来的章节中，当你看到一个小写的 x 时，它仅仅是指 X 的一个已实现的实际值，即 $\cdot|X=x$，或者你正在积分的一个参数。我们将在第 7 章中详细阐述分布效应的估计。

到目前为止，我们已经讨论了我们想要估计的对象类型。下一步是检查在哪些条件下可以识别它们。这是否意味着，假设我们知道分布函数 $F_{Y,D,X,Z}$（例如通过无限多的数据），就足以识别上述参数呢？事实上，如果没有进一步的假设，答案是否定的，因为即使 D 和/或 X 对 Y 的真正影响是零，不可观测变量也可以在 Y、X 和 D 之间产生统计关联。因此，仅凭数据不足以确定处理效应。概念上的因果模型是必需的，需要用以确定关于个体被分配到处理组过程中所采用的假设。我们不能通过已观测到的数据正式地检验相应的最小识别假设的合理性，其合理性必须通过对制度细节、分配过程和行为理论的先验知识进行评估才能得到。正如我们将在下一章中讨论的，必要的假设及其含义在实践中绝不是微不足道的。

---

[26] 注意，当假设函数可加可分时，它是自动成立的。

1.4 文献和计算机软件注释

1.4.1 拓展阅读和文献注释

关于合适的抽样方案的大多数观点,显然来自抽样理论。由于有关抽样理论的文献相当丰富,我们只参考了用于构建模型的调查抽样的文献,它可能是与我们所考虑问题最相关的研究,即为确定和估计给定模型中某个特定的感兴趣的参数而进行的抽样调查;见 Särndal,Swensson 和 Wretman(1992)。基本上关于实验设计的文献也是如此。因此,我们只提最近的一本手册,它与这里讨论的问题最相关:Bailey(2008)。对于经济学和社会科学,在 Duflo,Glennerster 和 Kremer(2008)以及 Inbens 和 Rubin(2015)中,可以找到此处讨论的用抽样方案、分层或分区块、随机化和匹配来估计处理效应的更多详细信息。Bruhn 和 McKenzie(2009)在模拟研究基础之上而非理论层面比较了其中几个实施流程。Imai, King 和 Stuart(2008)以及 Imai,King 和 Nall(2009)的研究及其参考文献呈现、讨论和比较了不同的估计方法、渐近性质和方差估计方法。

Kasy(2013)依靠最小化处理效应估计量的预期平方误差,在一份工作论文中提出了一个完整的确定性抽样方案。作者认为,在估计中加入噪声永远不能降低风险,并且如果至少存在一个连续协变量,则必定存在唯一的最优非随机处理分配。这种方法不能使潜在结果趋于相等,而是使各组至少在可得的基准协变量方面尽可能相似。Kasy(2013)中平衡方法的推导基于贝叶斯观点。他明确地描述了贝叶斯推断和频率推断,并提供了在 MATLAB 中实现风险计算和离散优化的代码。Barrios(2013)的一份工作论文也提出了类似的想法。作者指出,在给定一些基准变量的情况下,可以计算结果的条件期望值,然后使用指定值进行一维匹配,而非使用类似 Mahalanobis 距离的距离度量进行匹配。由于该方法基于第一阶段的估计方法,因此这种方法可以是半参数或非参数的,并且在基准结果方面实现了良好的平衡。Barrios(2013)指出,他的方法允许实现大量变量的平衡,同时保持简单的推断技术,因为对于合适的推断只需使用成对的虚拟变量。作者证明了他的方法能得出最优结果,因为它最小化了平均值之差的方差。因为研究人员必须在实验前决定他们对"感兴趣的结果"的定义,这种随机化方法可能因此显得更可信了。Barrios(2013)进一步指出,他只定义了关于均方误差准则的最优性。进一步的研究可能会集中在替代标准上，比如最小化误差的绝对平均值，如果希望估计条件分位数函数的话。

当每次新的个体进入实验，需要立即做出处理决定时，随机化方法通常不适用。然而，按顺序分配处理的算法是存在的，这些算法会考虑先前分配的个体的协变量信息，例如参见 Pocock 和 Simon(1975)。本书所讨论的配对匹配算法可在 King，Gakidou，Ravishankar，Moore，Lakin，Vargas，Tellez-Rojo 和 Avila(2007) 中找到。

在构建匹配对之后，我们可以检查处理组和对照组之间 X 的剩余平均差异。如果这些差异相对较大，可以重新开始新的随机化，看看在应用配对匹配过程后，是否会获得较小的适中的不平衡。当然，只有在处理尚未开始的情况下，才有可能重新随机化。如果时间允许，最有效的方法可能是独立抽取多个随机化向量（例如 100 次）并选择使 X 中不平衡度最小的处理向量。Bruhn 和 McKenzie(2009)也研究了一些重新随机化方法。而问题在于，我们最后的观察结果是条件抽取的结果，因此遵循了条件分布。例如，如果我们重新随机化，直到获得一个样本，在每个区块中处理对象与其对照之间的 X 均值的 Mahalanobis 距离小于给定的阈值 $\varepsilon>0$，那么我们应该意识到我们的 ATE 估计的方差也是以这个为条件的。

为了计算随机实验中的标准误差，我们提出了校正了区块或层的自由度和潜在异方差的基于回归的估计量。对估计量进行推断的另一种方法是基于随机分配进行推断。这主要是基于自抽样方法(bootstraps)，需要更复杂的编程，但具有提供精确有限样本推断的优势：参见 Carpenter，Goldstein 和 Rasbash(2003)、Field 和 Welsh(2007)、Have 和 Rosenbaum(2008)，或者 Politis，Romano 和 Wolf(1999)的一般性介绍。

最近的做法是使用假设检验来评估平衡；例如，详见 Lu，Zanuto，Hornik 和 Rosenbaum(2001)、Imai(2005)或 Haviland 和 Nagin(2005)。然而，Imai，King 和 Stuart(2008)指出，当主要是基于舍弃某些观测值和使某些观测值加倍来达到平衡时，这些匹配方法存在谬误。关于匹配抽样的进一步阅读，我们参考了 Rubin(2006)。Rosenbaum(2002)是一本关于可观测数据研究的著名综合性著作。

越来越多的文献致力于比较实验和非实验估计量的性能。早期的研究，如 LaLonde(1986)(关于持续时间模型，另见 Ham 和 LaLonde,1996)检验了非实验估计量是否可以以及哪些非实验估计量可以复制一个特定实验研究的结果，最近的研究则通过比较大量非实验和实验估计量的结果，寻求更全面的方法；例如参见 Card、Kluve 和 Weber(2010)或 Kluve(2010)。在这方面的一个有趣的研究是 Shadish、Clark 和 Steiner(2008),他们的目的是在同一研究中比较实验和非实验估计。

1.4.2 计算机软件注释

R 中的 experiment 软件包提供了设计和分析随机实验的各种统计方法。许多不同的函数能够根据研究人员对实验条件和可观察测协变量重要性而作出的假设,来估计处理对感兴趣的变量的不同"影响"。例如,ATEnocov 函数在没有使用处理前协变量(pre-treatment covariates)的情况下估计随机设置下的平均处理效应,ATEbounds 函数计算当某些结果数据丢失时平均处理效应的边界,ATEcluster 函数估计随机分区块实验中的平均处理效应。randomize 函数可用于随机实验中的随机化处理分配,它还允许随机分区块和配对设计。

所有先前的估计都适用于处理是随机的实验环境,但有些软件包也适用于非实验环境。nonrandom 软件包允许对数据进行分析,前提是已通过倾向得分完成事前分层和匹配。第 3 章将详细解释事后匹配和倾向得分方法。ps.estimate 函数可以用来估计基于倾向得分的处理效应。默认选项是在没有任何其他协变量的情况下估计处理效应,但是 ps.estimate 还允许添加解释协变量并运行传统回归(regr):*outcome~treatment+covariates*。它可以进一步调整层或匹配数据中的残差不平衡(adj)。

在下一章中我们将看到,Stata 也和 R 一样,提供了计算处理效应的不同估计的可能性。在本章中,我们只比较简单的方法。这里要提及的最有趣的检验是各种各样的比较两个样本(对照组和处理组)的检验,如 ttest、oneway、ranksum、kwallis(指 Kruskal-Wallis 检验)等。目前我们还没有明确的建议,因为选择主要取决于可用的数据和研究者倾向作的假设。针对本章的内容,还有一些检验可以检测样本之间的平衡,请参考 tbalance。

1.5 习题

1. 证明第 2 章中的式(2.1)、(2.2)和(2.3)。
2. 用你自己的话解释 SUTVA 和 CIA,并给出:①这些假设成立的例子;

②这些假设不成立的例子。

3. 假设我们有一组随机田野实验的数据。我们知道样本不具代表性,但在一些潜在混杂因素 X 上平衡。(这些可能是混杂因素的指标,例如 Y 的历史数据。)从统计局提供的一些调查数据中,我们可以估计出我们观察到的 X 的总体分布。你会如何使用这些信息修正朴素的估计量(1.10)?对你所作的估计而言,什么是合理的方差估计量?

4. 参考习题 3,w_x 是用于调整层或区块(沿 $x \in X$)的权重,$D \in \{0,1\}$,证明所要求的估计量的方差是

$$\frac{2}{n}\sum_{x \in X} w_x \{Var(Y^1 \mid X = x) + Var(Y^0 \mid X = x)\} \qquad (1.22)$$

5. 解释 ATE、ATET、ATEN 和 SATE 之间的区别。

6. 举出数据减损是一个大问题和不是大问题的例子并讨论。阐明样本选择偏误的含义及其对推断的影响。

7. 解释分区块和分层之间的区别(如果有的话)。复习关于标准回归问题中使用抽样权重的知识。

8. 讨论社会科学,特别是经济学中随机对照试验的利弊。

2
非参数识别与估计简介

数据之间要么是独立的,要么是互相依赖的,而且这种关系是完全对称的。因此,通常不可能从纯粹的数据探究分析中得出因果关系的结论。事实上,为了得出因果关系的结论,我们必须对因果链(causal chain)有一个概念。换言之,你需要一个模型。有时引入时间维度是非常有效的,这就引出了格兰杰因果性(Granger-causality)的概念。但即使这个概念也是建立在一个模型上的,这个模型假设领先序列(leading series)(先发的序列)是外生的,即"无预期"效应。你需要提醒自己青蛙的呱呱声并不会导致下雨,尽管青蛙在下雨前就开始叫,但这不是下雨的格兰杰因果关系。

在上一章随机实验中,我们会发现实际上不必规定模型的所有细节。只要 D 对于 (Y^0, Y^1) 来说是可忽略的(ignorability)就足够了,即 $(Y^0, Y^1) \perp\!\!\!\perp D$。这相当于格兰杰因果的"无预期"假设:某人是否参与实验与潜在结果无关。而且,我们不仅介绍了随机实验的基本定义、假设和直接估计量,还讨论了异质性和选择偏误的潜在问题,即违反了可忽略性假设的情形,同时也指出了控制影响选择的特征变量的意义。我们将沿着这个思路更进一步,简要介绍通过控制协变量,主要是所谓的混杂因素(confounders)或混杂变量(confounding variables)以进行非参数识别的方法。我们称那些对潜在结果 Y^d 的差异有影响的变量 X 为混杂因素,这些混杂因素通常也会影响选择过程,即影响参与实验的决策($D=1$)。此外,我们还讨论了一些关于哪些变量需要控制、哪些变量不需要控制的一般规则。我们用因果图来说明一般规则,因为它为理解非参数识别提供了一种很好的说明性方法。

经典线性回归分析和广义线性回归分析所用的控制变量通常具有两个主要目的:其一,控制混杂因素以消除选择偏误;其二,控制(过滤掉)某些协变量,以获得 D 对 Y 的局部效应而不是总体效应。事实上,在经典的计量经济学文献中,学者往往不区分这两个目的,而是以遗漏变量偏误(omitted variable bias)表示不包含变量的后果。然而,我们将看到,在识别和估计处理效应时,通常不适合纳入所有可用信息(所有潜在控制变量 X),即使它们与 Y 和/或 D 存在某种相关性。实际上,加入所有变量并不意味着能自动识别局部效应。不幸的是,在大多数情况下,人们各执一词,但无法证明,为了获得总体效应或局部效应,分别必须控制哪些变量。

第一步是形成一个你愿意相信的清晰的因果链,并思考因果链上潜在的干扰。这将指导我们建立所要分析的计量经济学模型。第二步是估计。即使在今天,大部分经济学和计量经济学研究都专注于识别因果关系,即在做第一步的时代,事实上,相较于一个不完全(即"存在较小偏误")识别参数的良好估计量,我们并没有理由认为,一个识别参数比较干净的较差估计量能包含更多(或更有用)的信息。即使这个"差"的估计量是一致的,在实践中也未必能起到多大作用。回想一下,在实证研究中,良好的估计量是那些最小化均方误差(mean squared error, MSE)的估计量,即最小化给定样本中的感兴趣参数的期望平方距离。无偏性通常被过分地强调了,但实际上这是一个糟糕的标准;甚至一致性也只是一个渐近性质,告诉我们的乃是 $n \approx \infty$ 时的情形。因此,由于我们为识别花费了大量精力,如果因为使用了一个错误的估计量导致一切变为徒劳,那将是一个莫大的遗憾。

总之,本章的第一部分致力于研究识别策略(形成关于因果链的概念),第二部分致力于估计。前者主要是通过控制混杂因素或工具变量来实现的。然而,由于这并没有告诉我们很多关于模型的函数形式的信息,因此本章的第二部分致力于在未知函数独立性或分布的情况下进行估计。这通常被称为非参数和半参数估计。

2.1 识别因果关系的图形方法

我们可能对关于潜在结果的条件独立性(conditional independence)假设有些陌生。由于类似的表述将在稍后介绍工具变量时出现,因此我们有必要先培养一个良好的直觉。这一点之所以重要,是因为"识别因果关系的表述"(identifying statements)通常代表着经济理论与实证分析之间的主要联系,因此计量经济学得以与纯粹的统计学区分开来。[①] 经济理论通常只说明哪些变量可能相互影响或

---

① 类似的表述也适用于生物计量学、技术计量学、医学统计学等。

不可能相互影响。实证分析的其他组成部分,如模型参数、估计量和推断类型的选择等,通常是由便利性和可得数据的特性(如样本大小或可观测变量的性质)决定的。

条件独立性假设(CIA)$Y^d \perp\!\!\!\perp D \mid X$,意味着我们需要观察所有能影响 D 和(潜在)结果的变量 X。条件独立性假设成立与否很大程度上取决于分配的程序和可观测的数据。如果向量 X 是空向量,即不包含可观测的控制变量,那么除非 D 是随机分配的,否则这个条件独立性假设必定失效。反之,如果选择过程或分配机制 D 所依据的整个信息集都是可观测的,那么条件独立性假设就能成立。

我们需要对因果假设与统计关联性进行区分。因果关系可以是非对称的,但随机关联通常是对称的:如果 D 在统计上依赖于 X,那么 X 在统计上也依赖于 D。关于独立性(independence)也是同理,这很容易导致混淆。

例 2.1 作为文献中此类混淆的一个例子,我们假设某些变量 X 对于潜在结果是外生的,即 D 不是形成 X 的原因。公式化表述就是,给定潜在产出 (Y^0, Y^1) 的情况下,假定 X 的分布与 D 相互独立,即 $F(X \mid Y^0, Y^1, D) = F(X \mid Y^0, Y^1)$。然而,$X \perp\!\!\!\perp D \mid (Y^0, Y^1)$ 与 $D \perp\!\!\!\perp X \mid (Y^0, Y^1)$ 是相同的,且无须任何关于 X 导致 D 或 D 导致 X 的结构假设。这些文献的想法其实是把 X 作为混杂变量。但是,是否希望假设(在以 Y^0, Y^1 为条件时)D 独立于 X,很值得质疑。作者想说的是给定潜在结果 (Y^0, Y^1),D 对 X 没有(因果)影响。但是当核心思想是将 X 作为混杂因素时,后续步骤或证据中的 $F(X \mid Y^0, Y^1, D) = F(X \mid Y^0, Y^1)$ 使得识别策略没有什么用处。

下面是关于条件依赖性(或独立性)结构的一些有用的规则:②

$$\{(Y \perp\!\!\!\perp X \mid Z) \text{ 且 } (Y \perp\!\!\!\perp Z)\} \Leftrightarrow Y \perp\!\!\!\perp (X, Z) \Leftrightarrow \{(Y \perp\!\!\!\perp Z \mid X) \text{ 且 } (Y \perp\!\!\!\perp X)\} \quad (2.1)$$

对于任何可测函数 $h(\cdot)$,有:

$$Y \perp\!\!\!\perp X \Rightarrow Y \perp\!\!\!\perp (X, h(X)) \Rightarrow Y \perp\!\!\!\perp X \mid h(X) \quad (2.2)$$

对于严格正概率分布,还有:

$$\{(Y \perp\!\!\!\perp X \mid Z) \text{ 且 } (Y \perp\!\!\!\perp Z \mid X)\} \Leftrightarrow Y \perp\!\!\!\perp (X, Z) \quad (2.3)$$

为了更直观地感受因果关系和条件独立性假设,描绘了因果关系假设的图形模型非常有用。紧跟 Pearl(2000) 的思路,我们利用一些基本的图形模型来培养直

---

② 更多规则可见 Pearl(2000, p.11)。

觉，以更好地评估识别类假设的合理性。图形模型的优点是可以很容易地显示因果结构，且更加彰显因果关系和相关关系的区别。从本质上讲，结构方程、潜在结果和因果图是描述和处理同一基本概念的不同手段。

2.1.1 因果图和条件独立性简介

下面思考变量 Y、D 和 X 之间的关系。为了方便起见，假设所有变量都是离散的，具有有限数量的质点，那么这种关系可以用概率分布来描述，比如 $\Pr(y, d, x)$。为了从共同支撑区间问题（common support problem）中提取出结论，我们假设对于 $y \in \text{Supp}(Y)$，$d \in \text{Supp}(D)$ 和 $x \in \text{Supp}(X)$ 的所有组合，$\Pr(y, d, x) > 0$。因此，我们假设 y, d, x 的所有组合都可以被观察到正的概率。请注意，此假设对因果关系识别具有相当重要的意义，尤其是当某些变量的结果可能会影响其他变量的概率分布，但不会影响其支撑区间时。换言之，这种假设所施加的限制在某些情况下可能是不容忽视的。因此，关于所谓的共同支撑区间问题的详细讨论将在后面章节具体的识别和估计部分中给出。

变量之间的关系可以用图 2.1 表示，其中 V_1、V_2 和 U 是关系较远的（不可观测的）变量，是模型以外给定的。

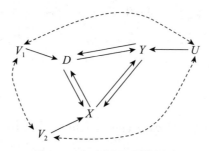

图 2.1 复杂因果图的例子

该图由一组变量（顶点）和一组（单向或双向）弧组成。变量集包括可观测和不可观测变量。单向弧表征因果关系，（双向）虚线弧表示两个变量都会受相同的不可观测因素的影响。因此后者可以代表两个相连变量之间的任何相关性。这种相关性可以通过同时影响两个变量的不可观测变量产生。在因果图中，很容易加入先验限制，于是可以应用简单的规则来确定是否可以识别一个变量对另一个变量的影响。例如，设 X 为中学考试成绩，D 为大学入学指标，Y 为 50 岁时的财富。图 2.2 包含了 Y 不影响 D、Y 不影响 X、D 也不影响 X 的限制。它还包含了表明 U、V_1 和 V_2 相互独立的限制。这一条消失的单向弧正可以用来表示

我们在识别 D 对 Y 的(总)影响时采用的先验假设。*

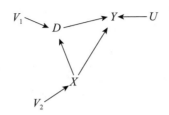

图 2.2　有向非循环图的例子

因此,因果结构的内涵比独立性(及依赖性)更丰富,因为因果结构可以表示 X 影响 Y 而不受 Y 的影响。稍后我们将估计 D 对 Y 的因果影响,即当 D 是外生给定时对结果 Y 有什么影响。在非实验世界中,D 也由因果模型中的前因决定,这里的前因就是 V_1 和 X,因此 D 间接地由外生变量 V_1 和 V_2 决定。当我们考虑外部因素将 D 设置为特定值 d 以识别 Y^d 的分布时,实际上就暗示着图中不存在指向 D 的箭头。

图 2.2 中只包含三角形结构(triangular structure)和因果链。这样的三角形结构通常不足以描述现实世界。像所有的模型一样,它是一个简化的模型。例如,在一个市场中,Q(数量)和 P(价格)这两个变量相互之间有直接效应,如图 2.3 所示。此类非三角形因果结构可以通过纳入更多变量、联立方程进行求解。然而,方便起见,在本章我们将集中讨论没有类似的反馈或(直接)反向因果关系的那些图。

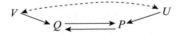

图 2.3　数量和价格的相互关系无法用三角形结构或因果链表示

所有边都是单向(即没有双向虚线弧)且不包含圆环的图被称为有向无环图(directed acyclic graph, DAG)。虽然无环性这一要求排除了许多有趣的情况,但 DAG 的一些结论对我们培养直觉很有用。注意,为了获得 DAG,通常可以通过在图中引入额外的不可观测变量以避免出现双向虚线弧。例如,图 2.4 中的左图与右图等价。事实上,在 DAG 中,你必须具体化(或"模型构建出")变量之间的所有关系。这并不总是必要的,但可以使分析过程变得更容易。③

在识别因果关系之前,我们首先需要明确条件独立性的一些基本规律,以便

---

* 即 50 岁时的财富 Y 不会影响大学入学指标 D,因而此处仅有 D 指向 Y 的单向弧。——译者注

③ 换言之,只能通过具体化来实现识别。

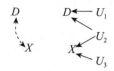

图 2.4　把一个双向虚线图表示成 DAG

更好地理解条件独立性假设(CIA)。我们从一些有用的定义开始，即我们可以用两个变量之间的路径(path)来指代单向的连续边的序列(a sequence of consecutive edges)。首先，我们检验可观测变量之间的独立性。④

定义 2.1　假定 i,j,m 是由不同随机变量描述的事件。

1. 下面情况定义为路径被一组节点(称为 Z)阻断(也称为 d 区隔)：

(a)路径要么包含传导链 $i \to m \to j$，要么包含分叉口 $i \leftarrow m \to j$，使得中间节点在 Z 里；

(b)或者路径包含一个汇聚口 $i \to m \leftarrow j$，使得中间节点不在 Z 里，并且 m 的下游变量也不在 Z 里。

2. 如果 Z 阻断了从 X 中的一个节点到 Y 中的一个节点的每条路径，那么集合 Z 就被称为 d 区隔了 X 和 Y。

定理 2.2　如果集合 X 和 Y 在 DAG 中被 Z 予以 d 区隔，那么控制 Z 后，图里的每条路径上 X 都与 Y 相互独立。

定义 2.1 条件 1 背后的直觉很简单：i 和 j 是在边际上相互依赖的，但是一旦我们只在 m 取某个特定值时比较 i 和 j，那么 i 和 j 将是相互独立的。例如，假设图 2.2 中没有连接 $D \to Y$ 的直线，且从集合 Z 中选取 X。因此定义 2.1 中的 1(a)成立，进而由定理 2.2 可得 $D \perp\!\!\!\perp Y | X$，因为 D 和 Y 之间的唯一路径被 X 阻断。此外，在图 2.4(右侧图)中，由定义 2.1 的 1(b)可得 $X \perp\!\!\!\perp D | U_2$。

定义 2.1 的条件 2 就不容易凭借直觉解释了。在这里，i 和 j 是边际独立的，只有在控制 m 后才是相互依赖的。这一条件开放(unblock)了路径。让我们暂时忽略共同支撑区间，先看一个简单的例子——抛两枚硬币。现在用变量 m 表示两个硬币是否显示相同的一面。每一次抛硬币的结果都是相互独立的，但是一旦我们以 m 为条件，它们就会变得相互依赖。以图来看，在图 2.4 中，我们有 U_2

---

④　关于公式细节，见 Pearl(2000)的定义 1.2.3 和定理 1.2.4。

$\perp\!\!\!\perp U_3$，但根据定义 2.1 的第二个条件，我们也有 $U_2 \perp\!\!\!\perp U_3 | X$。

例 2.2 让我们考虑一下某所研究生院的入学情况，进入该研究生院的学生要么具备优异成绩，要么在体育方面具备高天赋。在这种情况下，我们将发现这两个特征在学校里是负相关的，即使这两个特征在总体中是独立的。为了说明这一点，假设成绩和体育都是二元变量，并且在总体中这两个变量是相互独立的。因此，我们可以得出四个群体：体育强且成绩强、体育弱而成绩强、体育强而成绩弱，以及体育弱且成绩弱的群体。前三组人被大学录取，这意味着在学生总体中这两个特征存在负相关。在数据收集过程中，对 m 的控制可能是无意发生的。事实上，如果我们从学校注册处获得我们的数据集，那么我们就隐含了数据集中的所有观察结果均已被学校录取的条件。

这个例子有助于我们理解条件独立性 $Y \perp\!\!\!\perp D | X$ 的含义。我们还看到，边际独立性和条件独立性无法互相推出，即

$$Y \perp\!\!\!\perp D \;\not\Leftrightarrow\; Y \perp\!\!\!\perp D | X$$

请记住，联合独立性 $(A, B) \perp\!\!\!\perp C$ 意味着边际独立性 $A, B \perp\!\!\!\perp C$ 成立，但反推不成立。我们的最终目标是确定因果关系。为了达到这个目的，我们需要潜在结果的独立性（或条件独立性），即 $Y^d \perp\!\!\!\perp D | X$。不幸的是，这比上述独立性假设包含更复杂的内容。

接下来我们将区分不同的识别方法。数据的可得性和模型（或数据生成过程）的复杂性决定了在特定的实际情况下必须选择某一具体的方式。

2.1.2 后门识别

本节我们将进一步学习 $Y^d \perp\!\!\!\perp D | X$ 的含义，以及为什么当 $Y^d \perp\!\!\!\perp D$ 不成立时，这个形式有助于厘清 D 对 Y 的因果关系。为了更好地理解这个条件独立性假设的意义，我们有：[5]

定理 2.3 $G_{\overline{D}}$ 表示删除所有从 D 向外发散的箭头后得到的图，$G_{\underline{D}}$ 表示删除所有指向 D 的箭头后得到的图。那么，对于 DAG，有

---

[5] 参见 Pearl(2000)的定理 3.4.1。

$$\Pr(X^d) = \Pr(X) \qquad 如果 (X \perp\!\!\!\perp D) G_{\underline{D}} \qquad (2.4)$$

$$Y^d \perp\!\!\!\perp D \mid X^d \qquad 如果 (Y \perp\!\!\!\perp D \mid X) G_{\underline{D}} \qquad (2.5)$$

$$Y^d \perp\!\!\!\perp D \mid X \qquad 如果 (Y \perp\!\!\!\perp D \mid X) G_{\underline{D}} \quad 且 \quad X^d = X \qquad (2.6)$$

式(2.4)中我们想确保 X 不会受到 D 的因果影响,在我们所讨论的情景中,这基本上可以被理解为 $X^d = X$。式(2.5)表示,在删除所有发散自 D 的箭头之后,以 X 为条件时,变量 Y 和 D 应该相互独立,而式(2.6)是在此基础上进一步推断得出的结论。让我们再次思考图2.2。显然, $X = X^d$,因为 D 对 X 不施加因果影响。此外,如果删除发散自 D 的箭头,那么由于 X 阻断了 Y 和 D 的左侧路径,由定义2.1的1(a)和定理2.2可得 $Y^d \perp\!\!\!\perp D \mid X$。

因此,我们可以用关系图来解释潜在结果的独立性。这也应该让你相信,对于特定的数据生成过程, $Y \perp\!\!\!\perp D \mid X$ 与 $Y^d \perp\!\!\!\perp D \mid X$ 并不能严格地互相推出。如果后者成立,那么前者可能不成立,例如存在非零处理效应时就是这样。如果前者成立,后者很有可能成立。但在某些情况下,尽管 Y^d 并不独立于 D(给定 X),我们仍然观察到 $Y \perp\!\!\!\perp D \mid X$,当非零处理效应和非零选择偏误相互抵消时,会出现这种情况(尽管这不大可能发生)。总之,通常有

$$Y \perp\!\!\!\perp D \mid X \qquad \not\Leftrightarrow \qquad Y^d \perp\!\!\!\perp D \mid X$$

例2.3 在分析自愿参军对居民收入的影响时,Angrist(1998)利用了这样一个事实,即众所周知,军队会根据特定的特征 X,包括年龄、学历和考试成绩等筛选申请加入武装部队的人。因此,这些特征是决定是否接收申请者的主要因素,而且他假设,在具有相同观察特征的申请人中,最终参军了的和未能参军的申请人日后在某些结果变量 Y 方面没有系统性差异。[⑥] 类似的推理也适用于学校申请情形:当根据一些特征对申请入学的人进行筛选,但控制住这些特征后,选择是基于先到先得做出时。

定理2.3为我们识别处理 D 对结果 Y 的因果效应提供了必要的工具。例如,如果由于控制 X 或 X^d,实现了 D 与潜在结果 Y^d 的相互独立,则 D 对 Y 的因果效应就是可识别的。具体而言,我们可以通过下式得出 D 对 Y 的因果效应(即设 D 为外生给定的,要么为0,要么为1):

---

⑥ 这取决于 Y,它可以是一个很强的假设。

$$E[Y^1-Y^0] = \int E[Y^1-Y^0 \mid X]dF_X$$
$$= \int E[Y^1 \mid X, D=1]dF_X - \int E[Y^0 \mid X, D=0]dF_X$$
$$= \int E[Y \mid X, D=1]dF_X - \int E[Y \mid X, D=0]dF_X \quad (2.7)$$

也就是首先计算以 $D=d$ 和 X 为条件的预期结果,然后在 X 上进行积分。实际上,式(2.7)最后一行中的期望值可以分别根据处理组($d=1$)和对照组($d=0$)的样本计算,然后根据 X 的分布情况对这两个结果取平均值(注意:这里 X 的分布函数是指在整个总体中的分布函数,而不仅仅是 $X \mid D=d, d=0,1$ 时的条件分布函数)。下一章将详细讨论这种方法。

图 2.2 是我们在识别因果关系时会碰到的一个典型但简单的情况。让我们转向一个无法识别 D 对 Y 的影响的例子。图 2.5 给出了原图和调整后的图以便应用定理 2.3。完全不做任何条件限制会使路径 $D \dashleftarrow\dashrightarrow X_2 \longrightarrow Y$ 处于开放状态。但仅控制 X_2 会开放路径 $D \dashleftarrow\dashrightarrow X_2 \dashleftarrow\dashrightarrow X_1 \longrightarrow Y$。控制 X_1(或 X_1 和 X_2)会阻断 D 对 Y 的部分因果效应,因为 X_1 是自 D 发散出来的箭头的下游,即此时我们不能得到 $X_1^d = X_1$。

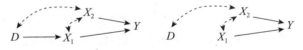

图 2.5　无法识别 D 对 Y 的总体效应的例子

通过建立基本直觉,我们已经可以想象出为了确定 D 对 Y 的因果效应,需要包括哪些变量(或不包括这些变量)。考虑这个问题最简单的方法是假设真实效应为零,并明确不可观测变量的影响是否会导致 D 和 Y 之间产生依赖关系。在你继续学习之前,试着解决本章末的习题 3。让我们用一个例子来总结这一观点。

例 2.4　取伯努利变量 D(处理"是"或"否"),概率 $p=0.5$。设结果为 $Y=D+U$,进一步设定 $X=Y+V$。假设 (U,V) 是独立的,服从联合标准正态分布,并且都独立于 D,这意味着 Y 和 X 的关系是完全线性的。由此得到 $E[Y \mid D=1] - E[Y \mid D=0] = 1$。但是,如果我们以 $X=1$ 为条件,就可以发现 $E[Y \mid X=1, D=1] - E[Y \mid X=1, D=0] = 0$(参见习题 4)。这个结果也适用于 X 的其他值,表明当控制 X 的数值时,D 对 Y 的影响的估计值(绝对值)是向下偏倚的。

在例 2.4 中,我们已经看到控制第三个变量并不总是合适的,即使它与 D 高度相关。这一点在图 2.6 中表现得很明显,其中 X 既不受 D 或 Y 的因果影响,也不影响 D 或 Y,但它仍然可以与 D 和 Y 高度相关。如果不控制 X,D 对 Y 的影响是很容易识别的,控制 X 将开放 V 和 U 的路径,从而干扰 D 对 Y 的影响。

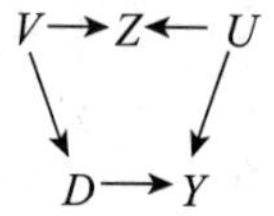

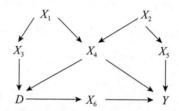

图 2.6 在识别 D 对 Y 的影响时不能以 X 为条件的例子

根据定理 2.3 和相关讨论,D 对 Y 的影响通常可以通过调整一组变量 X 来确定,此控制需要使得 X 不包含 D 的下游变量,并且 X 阻断 D 和 Y 之间指向 D 的每条路径。Pearl(2000)将此定义为后门(back-door)调整。然而,这组变量并不一定是唯一的。例如,在图 2.7 中,集合 $\{X_3, X_4\}$ 和集合 $\{X_4, X_5\}$ 一样,满足后门标准。但是集合 $\{X_4\}$ 不符合标准,因为它没有阻断从 D 出发经由 X_3, X_1, X_4, X_2, X_5 到 Y 的路径;同理,集合 $\{X_1, X_2\}$ 也不符合标准。

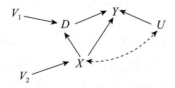

图 2.7 可以用来阻断 D 和 Y 之间路径的不同 X 集

在转向另一种识别方法之前,让我们回顾一下式(1.1)和(1.2)中引入的结构函数符号。思考一个包含响应值 Y、回归函数 (D, X) 和"误差项"U 的经典回归分析,一个有趣的问题是:如果 X 和 U 之间也有相互关联,那么会发生什么? 思考图 2.8,注意此图意味着 $U \perp\!\!\!\perp D \mid X$。

图 2.8 没有设定 X 和 U 之间关系的因果图

不难看出,尽管如此,我们还是有

$$E[Y^d] = \int \varphi(d, X, U) dF_{UX} = \iint \varphi(d, X, U) dF_{U|X} dF_X$$
$$= \iint \varphi(d, X, U) dF_{U|X,D=d} \cdot dF_X = \int E[Y^d \mid X, D=d] dF_X$$

$$= \int E[Y \mid X, D = d] dF_X = E_X[E[Y \mid X, D = d]] \qquad (2.8)$$

与式(2.7)类似,最后一个表达式中的期望值可以从每个处理组(d)的各个子样本中估计出来,然后在 X 上进行平均化处理(或积分)。因此,识别 D 对 Y 影响的方法与式(2.7)相同,这就是将在第 3 章中讨论的所谓的匹配(matching)和倾向得分(propensity score)方法。

2.1.3 前门识别

到目前为止,我们主要考虑的是 D 对 Y 有直接效应,有时也会有一些间接效应的情况。为了正确识别总体效应,通常对后门的一些变量进行调节是必要的,即所谓的混杂变量或控制变量。当然,这只有在变量可观测的情况下才有可能。如果变量 D 和 Y 由虚线弧连接(即有一个不可观测变量指向 D 和 Y),如图 2.9 的左图所示,则无法通过这种方式确定 D 对 Y 的影响。

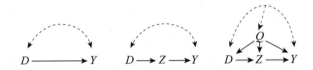

图 2.9 前门识别(左边:不可识别,中间和右边:可识别)

现在我们将了解中介变量(如图 2.9 的第二个图中的 Z)如何识别我们所感兴趣的因果关系。基本上,我们需要首先识别 D 对 Z 的影响,然后识别 Z 对 Y 的影响。如图 2.9 的右图所示,如果一些不可观测变量对中介变量有影响,且这种影响可以通过控制变量 Q 被阻断,那么这条规则依然成立。因此通常的规则,即人们不应该控制一个在因果路径上的变量,也是有例外情况的。应该注意的是,此时必须使用不同的公式进行识别。一个例子就是所谓的前门(front-door)调整。

例 2.5 Pearl(2000,第 3.3.3 节)给出了一个前门识别的示例,以估计吸烟对是否发生肺癌的影响。烟草业的拥护者把人们观察到的吸烟和肺癌之间的正相关归因于一些潜在的基因差异。根据他们的理论,一些人更喜欢吸烟或对尼古丁上瘾,同时这些人的基因差异也使他们更容易患癌症,但他们患肺癌并不是因为吸烟。如果我们要寻找一个不是由这些遗传差异引起的中介变量 Z,就可以使用前面描述的策略。如果以下假设成立,那么在人的肺中沉积的焦油量就是这样一个中介变量：①吸烟对肺癌没有影响，除非通过焦油沉积这一中介变量（即吸烟对癌症的影响完全通过中介变量传导），②未被观测到的基因型对焦油沉积没有直接效应，以及③没有其他因素影响焦油沉积，(同时)没有其他因素有另外的引致吸烟或癌症的路径。这种识别方法表明，有时控制受 D 因果影响的变量是合适的。[7] 请注意，我们设计一系列假设的目的是识别出总体效应的大小。如果只是要确认因果关系的存在与否，你可以适当放松假设。

让我们回到更一般的环境中使用这样一个中介变量来识别处理效应(D 对 Y 的影响)。思考图 2.10。为了简单起见，我们抽取协变量 X，但和往常一样，我们允许每个变量进一步受一些相互独立的不可观测变量的影响。这在图 2.10 的左图中是明确的。通常情况下，人们会控制图形中的这些独立的不可观测变量，而只显示右侧的简化图。

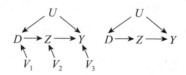

图 2.10　原始的图形和简化后的图形

该图表明

$$Z^d \perp\!\!\!\perp U \quad \text{和} \quad Z^d \perp\!\!\!\perp D \quad \text{以及} \quad U \perp\!\!\!\perp Z \mid D$$

就累积分布函数 F 而言，第一个表达式也可以写成 $F_{Z^d, U} = F_{Z^d} F_U$，而第二个表达式表明 $F_{Z^d} = F_{Z^d \mid D=d} = F_{Z \mid D=d}$。我们在用可观测变量表示潜在结果时进一步利用了这些含义。潜在结果取决于 Z 和 U

---

[7] Pearl(2000)继续以一个有见地且有趣的例子来说明这种策略所带来的各种问题和风险。为了简单起见，假设所有变量都是二元的，其中 50% 的人是烟民，另外 50% 不是烟民。假设 95% 的烟民积累了大量的焦油，而只有 5% 的非烟民有高浓度的焦油。由此，下表第二列表示各类型的人口规模。最后一列表示患肺癌的个体比例。例如，未积累焦油的非烟民中有 10% 患有肺癌。

	人口规模（%）	患肺癌率（%）
非烟民，未积累焦油	47.5	10
非烟民，高积累焦油	2.5	5
烟民，未积累焦油	2.5	90
烟民，高积累焦油	47.5	85

可以从两个方面解释这张表：总的来说，烟民的肺癌率似乎比非烟民高。但有人可能会争辩说，这种关系是虚假的，是由不可观测因素驱动的。但是，我们还发现焦油含量高似乎有保护作用。与未积累焦油的非烟民相比，高积累焦油的非烟民患肺癌的概率要低。此外，高积累焦油的烟民比未积累焦油的烟民患肺癌的概率也低。因此，焦油是一种有效的预防肺癌的方法，人们应该致力于积累焦油。同时，吸烟似乎确实是一种非常有效的积累这些具有保护作用的焦油的方法。根据第二种解释，吸烟甚至有助于减少肺癌。

$$Y^d = \varphi(Z^d, U)$$

其中 Z^d 是 Z 的潜在结果。我们有（仍然在控制 X 的同时不失一般性）

$$E[Y^d] = \iint \varphi(Z^d, U) dF_{Z^d, U} = \iint \varphi(Z^d, U) dF_{Z^d|D=d} dF_U$$

$$= \int \left(\int \varphi(Z, U) dF_{Z|D=d} \right) dF_U = \int \left(\int \varphi(Z, U) dF_U \right) dF_{Z|D=d}$$

注意这个微积分适用于连续变量和离散变量。我们可以进一步得到

$$E[Y^d] = \int E[E[Y \mid D, Z = z]] dF_{Z|D=d} \tag{2.9}$$

其中我们使用

$$E[E[Y \mid D, Z = z]] = \int E[Y \mid D, Z = z] dF_D = \int \left(\int \varphi(Z, U) dF_{U|D, Z=z} \right) dF_D$$

$$= \int \left(\int \varphi(z, U) dF_{U|D, Z=z} \right) dF_D = \iint \varphi(z, U) dF_{U|D} dF_D$$

$$= \int \varphi(z, U) dF_U, \text{因为 } U \perp\!\!\!\perp Z \mid D$$

式 (2.9) 表明，我们可以用可观测随机变量表示潜在结果的期望，因此它是可识别的。如果 D 和 Z 是离散的，式 (2.9) 可以写成

$$E[Y^d] = \sum_z \Pr(Z = z \mid D = d) \left(\sum_{d'} E[Y \mid D = d', Z = z] \Pr(D = d') \right) \tag{2.10}$$

为了获得更符合直觉的感受，回想一下我们分别识别了 D 对 Z 以及 Z 对 Y 的影响。首先，考虑 Z 对 Y 的影响，需要注意图已经暗示了 $Y^z \perp\!\!\!\perp Z \mid D$，因此

$$E[Y^z] = \int E[Y \mid D, Z = z] dF_D = E_D[E[Y \mid D, Z = z]] \tag{2.11}$$

为了得到 D 对 Z 的影响，我们需要确保没有混杂因素，即 $Z^d \perp\!\!\!\perp D$，换言之，D 对 Z 分布的处理效应直接反映在条件分布函数 $F_{Z|D}$ 中。将 $F_{Z|D}$ 与式 (2.11) 结合得出式 (2.9)。我们可以将此总结为如下定义：⑧

定义 2.4 如果对于一对有序变量 (D, Y) 而言，一组变量 Z 满足以下条件，那么就说该组变量符合前门标准：

(a) Z 拦截从 D 到 Y 的所有单向路径，以及

(b) 从 D 到 Z 没有其他后门路径，以及

(c) 从 Z 到 Y 的所有后门路径都被 D 阻断。

---

⑧ 这对应于 Pearl(2000) 中的定义 3.3.3。

总而言之，再次强调，对 Y 先在 D 和其他可观测变量（这里是 Z）基础上进行回归，然后再进行适当的平均，是一种有效的识别和估计策略。这种方法是建立在所谓的中介分析的基础上的。中介分析在当今心理学的统计方法中非常流行，但迄今为止却不被计量经济学和应用经济学重视。这种经由中介变量的识别方法当然可以与经由控制混杂变量的后门方法相结合，以便在更复杂的图形中识别因果关系。

2.1.4　总体效应与局部效应、后处理协变量和工具变量

在当前的计量经济学文献中，分析生产函数和处理效应的逻辑的一个主要区别在于是识别局部效应还是总体效应。局部效应通常可以归结为我们在本节中定义的直接效应，而总体效应由直接效应加上间接效应组成。尽管在解释生产函数和处理效应时人们都需要保持其他条件不变，但根据具体情况，控制变量的含义略有不同。最重要的区别在于，当分析生产函数时，我们控制的间接效应是后处理协变量 X 的变动引起的间接效应，而在处理效应文献中，这些间接效应被认为是 D 带来的。因此，生产函数估计方法试图纳入所有决定产量的相关因素，以便在包含了所有这些因素之后，U 成为纯随机的噪声项。根据数据生成过程的相关知识，处理效应理论只关注一个（或两个）变量 D 的影响，并出于识别因果关系的目的选择其他回归变量，因此在效率考量的基础上，可以选择包括或不包括其他协变量。

例 2.6　人们通常对一些学校的投入 D（如计算机培训）对学生未来生活的"生产力"Y（如工资）的影响感兴趣。在典型的 Mincer 型方程中，需要对工资在一个常数项、经验（X）和学校投入（D）上进行回归。此时纳入经验这一变量阻断了 D 对经验（X）的间接效应，目的是只获得 D 对 Y 的直接效应。这是一个在回归中包含额外变量可能会导致问题的典例。假设计算机培训计划是在一些随机选择的试点学校推行的。显然，由于随机性，D 对 Y 的总体效应是确定的。然而，当我们对总体效应感兴趣时，在回归中引入经验（X）这一变量可能导致识别因果关系的过程出现问题。显然，劳动力市场经验的多少取决于失业或退出劳动力市场的时间，这几乎必定与一些不可观测的个人生产力特征有关，这些特征也会影响 Y。因此，引入 X 会破坏本可以从实验中获得的优势。大多数应用劳动计量经济学家都很清楚这个问题，并使用潜在经验这一变量代替。然而，这并

不能完全区分直接效应和间接效应,这是因为存在这样一对机械关系,即如果教育增加一年,潜在经验就会自动减少一年。

我们是选择研究总体效应还是局部效应不是由计量经济学理论要求决定的,而是取决于所研究的经济问题。在识别、估计和解释效应时,理解其中的差异是很重要的。在实践中,很容易发生这样的情况:我们对整体感兴趣,但只能确定局部效应,相反的情况也可能出现。在幸运的情况下,我们可以确定这两种影响,但在不幸的情况下,我们无法确定其中任何一个。为了说明这些不同的情况,让我们抛开 DAG,在存在循环或反馈的情况下完成更复杂的分析。

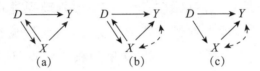

图 2.11　直接效应和间接效应

思考图 2.11 的图(a),其中 D 影响 X,X 影响 D。这可能是由于两个变量间存在反馈或两个变量同时互相决定,也可能是因为在某些(未知)子总体中,处理 D 影响 X,而对于其他个体,X 会影响 D,最后,还有可能变量之间的因果关系是单向的,只是我们不知道正确的方向,因此不想限制这个关系而画上了双向箭头。一方面,不控制变量 X 会导致混杂因素影响。另一方面,控制 X 在阻断后门路径的同时也会阻止 D 通过中介变量 X 影响 Y。通过控制 X,我们可以估计 D 对 Y 的直接效应,即总体效应减去通过 X 的间接部分。换言之,控制 X 使得我们能够估计局部(这里是直接)效应。

图(b)再次说明,控制 X 并不总是保证轻易识别出处理效应。在这种情况下,对 X 的控制通过虚线弧开放了 D 和 Y 之间的路径。因此,即使 D 对 Y 的真正直接效应为零,我们仍然可能在控制 X 后发现 D 和 Y 之间存在非零的影响。这张简单的图表明,通过控制变量识别直接效应有时可能会失败。

图(c)表明,有时虽然无法确定直接效应,但很可能可以确定总体效应。D 对 Y 的总体效应是在没有控制任何变量的情况下确定的。然而,无法获取 D 对 Y 的直接效应并不是因为控制 X 会通过虚线弧开放路径。不控制 X 显然也无法获取直接效应。换一种具有启发性的理解方式是,我们可以确定 D 对 X 的影响,但不能确定 X 对 Y 的影响,因此,我们永远无法知道总体效应中有多少是由 X 引致的。

例 2.7　考虑这样一个例子:人们怀疑避孕药增加了血栓形成的风险,同时降低了怀孕率,而人们已经知道怀孕会引起血栓形成。在这里,你对避孕药对血栓形成的总体效应不感兴趣,你想了解的是它的直接效应。假设在一个随机药物-安慰剂试验中引入避孕药,并进一步假设有一个不可观测变量影响怀孕的可能性以及血栓形成的可能性。这与图 2.11 的图(c)所示情况相同。一方面,由于这是一个随机试验,因此立即可以确定该避孕药的总体效应。另一方面,由于存在不可观测的混杂因素,分别测量避孕药对孕妇和非孕妇的影响可能得出虚假相关性。因此,需要用其他方法测量直接效应,例如,仅选择怀孕后的妇女进行随机试验或对通过其他方法避免怀孕的妇女进行随机试验。

让我们从另一个角度来看待控制其他条件不变的不同含义,这取决于我们是看处理效应文献还是看生产函数文献。在对性别歧视进行的分析中,人们经常注意到这样一种说法,即女性的工资低于男性,或女性被雇用的可能性较小。尽管女性和男性在许多方面存在差异,这里的核心观点是,即使其他条件都相同,性别对录用与否或薪酬高低也有直接效应。参考图 2.12 中的示例。此时性别除了可能对工资有直接效应,[9]还可能对教育(大学的课程和职业学校的项目类型)、劳动力市场经验或首选职业以及许多其他因素产生影响。为了真正理解生产函数逻辑中控制其他条件不变的含义,我们要把直接效应与其他因素分开。即使我们提取了很多因素,但这张图依然忽略了大量不可观测的事实,很明显,性别对工资有许多间接效应。事实证明,很难正确衡量性别对工资的间接效应和总体效应,过去人们曾提出过许多不同的模型来解决这个问题。[10]

图 2.12　性别对工资影响的图示

例 2.8　Rose 和 Betts(2004)研究了中学期间数学课程的数量和类型对未来收入的影响。数学课程可能有两个效应:第一,它们可能会影响继续深造的可能性;第二,给定总的教育年限,它们可能会直接影响收入。因此,应对工资在数学

---

⑨　参见 Moral-Arce, Sperlich, Fernandez-Sainz 和 Roca(2012)、Moral-Arce, Sperlich 和 Fernandez-Sainz(2013) 以及其中的参考文献,了解最新的对性别工资差距的非参数识别和估计。
⑩　另一个问题是,我们或许能够确定性别对工资的直接影响和间接影响,但并非所有影响都能自动被称为歧视。例如,如果女性自愿选择一导致低收入工作的教育,那么下一步就应该调查这些工作之所以收入低是否只是因为这些工作以女性为主;但我们不能想当然地下此结论。

课程、教育年限和其他控制措施上进行回归,其中"教育年限"是包括高等教育在内的总教育年限。研究者主要关心在控制了后处理变量(post-treatment variable)总教育年限的情况下,数学课程这一变量的系数。他们还考虑了另一种变体,通过控制两个后处理变量大学就读专业和职业,观察数学课程的系数。在所有的情况中,数学课程对工资都有直接的正面影响。本着同样的思路,他们研究了中学期间完成的学分对工资的影响,并控制了总教育年限这一变量。他们的研究动机是调查中学的课程是否重要。事实上,在传统的筛选模型(screening model)中,教育只是企业筛选雇员的一种手段,因此只有教育年限(或获得的学位)才应该影响工资,而课程内容则无关紧要。

从所有这些例子和讨论中我们应该清楚,识别直接(或局部)效应需要先确定 Y_x^d 的分布。这与 Y^d 不同,其中 d 是外生的,X 取观测值 x,如上面的示例所示。平均直接效应可以定义为

$$\int E[Y_x^1 - Y_x^0] dF_x$$

它可能不同于

$$\int E[Y^1 - Y^0 \mid X = x] dF_x$$

通常可以从完美的随机实验中确定第二个平均直接效应,但要确定第一个平均直接效应需要更多的假设。为了简化问题,让我们再次关注 DAG,并建立一些规则以便于识别 Y_x^d 的分布。

设 Y, D, X, V 是因果图 DAG 中任意不相交的节点集,其中每个节点集都可能是空的。设 $\Pr(Y^d)$ 表示 D 被外部给定为 d 时 Y 的分布。同样,$\Pr(Y_x^d)$ 表示如果 D 和 X 都是外生时 Y 的分布。相比之下,$\Pr(Y^d | X^d = x)$ 是当 D 被外部给定并随后观察到 x 时的结果分布。在我们之前用过的标记中,随后观察到的 x 是指 X^d,即当 D 被外部固定时 X 的潜在结果。请注意,通常 $\Pr(Y^d \mid X^d) = \dfrac{\Pr(Y^d, X^d)}{\Pr(X^d)}$。如前所述,$G_D$ 是通过删除自 D 发散出去的所有箭头而得到的子图。类似地,$G_{\underline{D}}$ 是通过删除所有指向 D 的箭头而得到的子图。因此我们可以总结如下规律:[11]

定理 2.5 对于 DAG 和上面的标记而言

---

[11] 更多细节请参见 Pearl(2000)中的定理 3.4.1。

1. 插入和删除观察值

$$\Pr(Y^d \mid X^d, V^d) = \Pr(Y^d \mid V^d) \quad 如果 \quad (Y \perp\!\!\!\perp X \mid D, V)_{G_D}$$

2. 行动（action）或观察值交换

$$\Pr(Y_x^d \mid V_x^d) = \Pr(Y^d \mid X^d, V^d) \quad 如果 \quad (Y \perp\!\!\!\perp X \mid D, V)_{G_{DX}}$$

3. 插入或删除行动

$$\Pr(Y_x^d \mid V_x^d) = \Pr(Y^d \mid V^d) \quad 如果 \quad (Y \perp\!\!\!\perp X \mid D, V)_{G_{D,\overline{X(V)}}}$$

其中 $X(V)$ 是子图 G_D 中一系列不属于任何 V 节点的上游的 X 节点的集合。

我们通过将定理 2.5 中的规则应用于图 2.13 来阐述该定理。事实上，我们可以用这个定理证明直接效应是可以识别的。在图 2.13 的图（a）中，我们可以应用两次规则 2：首先得到

$$\Pr(Y_x^d) = \Pr(Y^d \mid X^d) \quad 因为 \quad (Y \perp\!\!\!\perp X \mid D)_{G_{DX}}$$

然后证明

$$\Pr(Y^d \mid X^d) = \Pr(Y \mid D, X) \quad 因为 \quad (Y \perp\!\!\!\perp D \mid X)_{G_{\overline{D}}}$$

你可以发现图（a）满足了这两个条件，于是我们最终得到 $\Pr(Y_x^d) = \Pr(Y \mid D, X)$。在这种情况下，控制 D 和 X 明显有助于识别潜在结果。因此，在传统的回归中，X 可以作为一个额外的变量加入回归中，以确定 D 的影响中不通过 X 传递的部分。但请注意此时无法确定 D 对 Y 的总体效应。

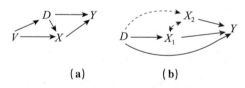

(a)   (b)

图 2.13 如何识别直接效应

继续关注图 2.13，同样在图（b）中，我们也无法确定 D 对 Y 的总体效应。但是，我们可以用定理 2.5 确定 Y_x^d 和 Y_v^d 的分布。例如，将规则 2 联合应用于 D 和 X，可以得到

$$\Pr(Y_x^d \mid V_x^d) = \Pr(Y \mid D, X, V) \quad 因为 \quad (Y \perp\!\!\!\perp (D, X) \mid V)_{G_{\overline{(D,X)}}}$$

此外，对于 $V_x^d = V$，我们有 $\Pr(Y_x^d \mid V_x^d) = \Pr(Y_x^d \mid V) = \Pr(Y \mid D, X, V)$（参见规则 3），因此

$$E[Y_x^d] = E_V[E[Y \mid V, D=d, X=x]]$$

需得承认我们在下面几章中介绍的大多数处理效应识别和估计方法都是作

为研究总体效应的方法介绍的。然而,显而易见的是,如果混杂因素 X 的变化不是纯外生的,而是与 D[回忆图 2.11 的图(a)]有相互作用或共同驱动力,那么我们可能需要转而确定 D 对 Y 的直接(或部分)效应。

在后面的章节中,我们还将考虑所谓的工具变量估计,通过图 2.14 中的因果图进行识别。变量 Z 对 D 有直接的影响,但除了通过 D 的中介路径,不允许有任何路径到达 Y 或从 Y 折返。那么问题就不仅仅是排除 Z 对 Y 的因果影响了,有必要加入更多假设。这种情况的典型例子是随机鼓励设计(randomised encouragement design)。例如,我们对吸烟(D)对健康结果(Y)的影响感兴趣。人们可能会怀疑吸烟行为并非独立于影响健康结果的不可观测变量。想完成一个关于 D 的随机实验是不可能的,因为我们不能强迫个人吸烟或不吸烟。鼓励设计实验则是给予对象不同程度的"戒烟"鼓励(Z)。例如,个人可以向医生咨询戒烟的好处,或者从医疗保险商那里获得保费折扣。这些鼓励程度的差异在理论上是可以随机化的。在最简单的设计中,Z 只包含两个值:是否进行鼓励。随机选择一半的医生为他们的病人提供戒烟鼓励,另一半医生则不然。如此一来便能将 Z 随机分配并使其独立于所有不可观测变量。结果如图 2.14 所示。我们可以立即获得 Z 对 Y 的意向处理效应(intention-to-treatment effect)。然而,识别 D 对 Y 的处理效应将需要进一步的假设,这将在后面讨论。其中一个假设是 Z 与 Y 没有其他关系,即戒烟运动只会导致吸烟量的减少(对于那些受到鼓励的人),且不能提供其他可能影响 Y 的健康信息(例如关于肥胖的危害的信息)。此外,Z 对 D 的影响还需要具备某种单调性,例如戒烟运动不会诱导任何人开始吸烟或增加吸烟量。显然,它只允许对那些获得戒烟鼓励的个人(直接或间接)产生影响,而不允许对其他任何人产生影响。

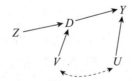

图 2.14　工具变量 Z 如何帮助识别 D 对 Y 的效应

2.2　非参数和半参数估计

与本书的其余部分不同,这一部分基本上是一个简明的总结。我们在这里介绍将在后续章节中经常使用的非参数和半参数估计方法,重点是展示主要思想和结果(统计特性),以便于读者了解不同类型的估计量及其特性。为了更深入地了解这些方法,建议读者查阅更多关于非参数和半参数推断的专门文献,这些文献现在已经相当丰富了。[12] 如果是第一次遇到这些方法,读者可能会认为本节内容过于密集和抽象。

在上一节关于非参数识别的部分中,我们通过条件期望来控制协变量,参考式(2.7)。非参数识别的关键部分是条件平均函数 $E[Y|X]$ 或 $E[Y|X,D]$ 并对其进行估计,参考式(2.8)。类似地,在进行具有中介变量 Z 的前门识别时,我们需要预测某些子总体中的条件期望,以应用式(2.9)。因此,处理效应的大小将取决于我们估计这些条件期望的方式。一旦我们成功地用非参数方法识别了处理效应,即不依赖于具体特定参数,那么如果我们也能在没有限制性设定的条件下进行估计就太好了。这是本章余下部分的主题。我们现在的重点是介绍其基本思想。已经熟悉局部多项式回归的读者可以跳过接下来的两节。尽管如此,对于硕士和博士生,我们还是建议阅读第 2.2.3 节,我们专门梳理了后面章节将讨论的半参数估计的估计量和结果。

2.2.1 非参数回归简介

预备知识

条件期望函数 $E[Y|X]$ 的非参数估计与参数回归的不同之处在于,非参数回归函数不是参数化的,例如线性或二次型,而是允许具有任意形式。当然,为了构造一个合理的估计量,非参数估计仍然需要满足一些关于可积性、连续性和可微性的条件。非参数回归有许多不同的方法,但最接近非参数回归本质的方法可能是所谓的核(kernel)和 k 近邻(k-nearest neighbour, kNN)回归方法,本节将介绍和讨论这些方法。这两种方法都是局部估计,因为它们都是通过协变量向量 x_i 接近 x 时的 y_i 的(加权)平均值,来估计 x 点处的 $m(x) := E[Y|X=x]$。在计量经济学理论中,更流行的级数估计量常常是(取决于级数)全局估计,因此不适合估计处理效应。我们将稍后说明这点。

在下面的讨论中,我们主要考虑向量 X 的所有协变量都是连续分布的情况。

---

[12] 例如,参见 Härdle, Müller, Sperlich 和 Werwatz(2004)、Henderson 和 Parmeter(2015)、Li 和 Racine(2007)、Yatchue(2003)或 Pagan 和 Ullah(1999)。

关于离散协变量的处理将在稍后明确讨论。因为对于离散协变量，(渐近)理论不成立。这一点很容易看出，特别是对于有限支撑区间的向量：如果整个向量 X 是离散的，那么条件均值 $E[Y|X=x]$ 可以简单地用 X 等于 x 时所有观测值的 Y 的平均值来表示。随着 $X=x$ 的观测数与样本量 n 成正比地增长，可以证明这个平均值是条件平均值的一个 $\sqrt{n}$—一致估计量。换言之，从计量经济学的角度来看，只有当 X 是连续分布时，情况才是复杂的，因为在这种情况下，X 正好等于 x 的观测数必然为零。估计 $E[Y|X=x]$ 则需要使用接近 x 的观测值。然而，应注意的是，在有限的样本中，一些平滑处理(smoothing)通常是有用的，即使 X 变量是离散的。[13] 尽管这可能会引入一些(所谓的平滑)偏误，但它通常会大大降低方差，从而降低均方误差(MSE)。

非参数估计量(以及使用非参数嵌入式估计量的半参数估计量)的(渐近)性质取决于真实回归曲线上的平滑性假设。通常估计量的最优收敛速度是通过平衡偏误和方差实现的。因此，如果我们在没有假设的情况下进行估计，比如没有关于函数形式的知识(允许实现无偏估计的知识)，那么估计量的偏误的消失速度将与标准误趋于零的速度相同。因此，与参数回归相比，在进行进一步的推断时，我们还必须考虑到这种偏误。为了实现一致性，$m(x)$ 需要满足某些平滑性。[14] 这种平滑性通常是指可微性条件(赫尔德或利普希茨连续性，见下文)，有时也指有界性。这个想法很好理解：如果 $m(\cdot)$ 正好在 x 前向下跳跃，则 y_i（对于接近于 x 的邻近值 x_i）的加权平均将系统性地高估 $m(x)$；而"平滑量"(smoother)就不是估计不平滑函数的正确方法。[15]

在实分析中解释平滑性是有用的。设 $m: IR^q \rightarrow IR$ 为实值函数。函数 m 满足 $X \subset IR^q$ 上的利普希茨连续(Lipschitz continuous)，如果存在一个非负常数 c，使得对于任意两个值 $x_1, x_2 \in X$

$$|m(x_1) - m(x_2)| \leq c \cdot \|x_1 - x_2\|$$

其中 $\|\cdot\|$ 是欧几里得范数。宽泛而言，满足此条件的 c 的最小值表示集合 X 中函数的"最大斜率"。如果存在一个 c 使得利普希茨条件在它的整个域上都满足，我们就说这个函数是一致利普希茨连续(uniformly Lipschitz continuous)的。

例 2.9 假设 $q=1$，则函数 $m(x) = |x|$ 在整个域上就是一致利普希茨连续

---

[13] 也即包括一些只满足 $x_i \approx x$ 但不是完全相等的观测值。
[14] 通常情况下，我们会为连续协变量的密度添加平滑条件。这样做主要是为了技术上的便利，但也避免了 x 的"左"或"右"邻域在样本中的代表性并不比另一侧多的情况。
[15] 如果知道跳跃和边缘所处的位置，自然有相应的一些调整以解释这些跳跃和边缘。

的。另外,它在零处不可微。注意,根据 Rademacher 定理,利普希茨连续函数几乎处处可微,但不一定处处可微。[16] 第二个例子是,函数 $m(x)=x^2$ 是可微的,但不是 IR 上的利普希茨连续函数。因此,满足可微性不意味着满足利普希茨连续性,反之也不成立。另见习题 6。

利普希茨连续性的一个推广是赫尔德连续(Hölder continuity),即如果存在非负常数 c,使得对于任意两个值 $x_1, x_2 \in X$

$$|m(x_1) - m(x_2)| \leqslant c \cdot \|x_1 - x_2\|^\alpha$$

对于某些 $0 < \alpha \leqslant 1$;再次参见习题 6。这个推广有多重意义:α 允许我们当 $x_1 \to x_2$ 时减慢 $m(x_1)$ 接近 $m(x_2)$ 的速度。但它也使我们能够理解平滑性为什么能作为局部多项式拟合效果的指标。这一联系实际上基于著名的泰勒展开式[参见下面的式(2.12)]。

一类实值函数 $C^{k,\alpha}$,是指 k 次可微且其所有 k 阶导数均在指数 α 上赫尔德连续的函数。[17] 对于这类函数,$m(x+u)$ 的 k 阶泰勒级数展开式的余项的阶数为 $\|u\|^{k+\alpha}$。因此,人们通常把这类函数的"平滑性"称为 $k+\alpha$。如果希望更具体,更多的标记是有必要的。设 $\lambda = (\lambda_1, \cdots, \lambda_q)$ 为 q 个非负整数组成的向量,并设 $|\lambda| = \lambda_1 + \cdots + \lambda_q$。定义 $\lambda! = \lambda_1! \cdots \lambda_q!$,$x^\lambda = x_1^{\lambda_1} \cdots x_q^{\lambda_q}$,$m(\cdot)$ 的偏导数是

$$D^\lambda m(x) = \frac{\partial^{|\lambda|}}{\partial x_1^{\lambda_1} \cdots \partial x_q^{\lambda_q}} m(x)$$

然后可以给出函数 $m(x) \in C^{k,\alpha}$ 的 k 阶的泰勒展开式:

$$m(x+u) = \sum_{0 \leqslant |\lambda| \leqslant k} \frac{1}{\lambda!} \cdot D^\lambda m(x) \cdot u^\lambda + R(x,u)$$

其中, $|R(x,u)| \leqslant c \cdot \|u\|^{k+\alpha}$ (2.12)

c 是非负的。请注意,求和贯穿于 q 元组 λ 的所有排列组合。

基于这类性质,当真实函数 $m(x)$ 在某些集 $X \subset IR^q$ 上的唯一信息或限制是它属于 $C^{k,\alpha}$ 类实值函数[18]时,我们就可以推导出非参数估计量的最优收敛的一般结果。

为了检验非参数估计量的性质,我们需要定义在集合 $X \subset IR^q$ 上估计量 $\hat{m}(x)$ 收敛于 $m(x)$ 的含义。[19] 我们可以使用不同的方法来测量两个函数之间的距

---

[16] 这意味着从支撑区间中随机选取一个点,可以确定在这一点上函数是可微的。
[17] 如果 $\alpha=1$,我们通常写成 C^k,此时的连续性是指利普希茨连续性。
[18] 请参看例子 Stone(1980,1982)。
[19] 我们谈论的是一个函数,而不仅仅是参数估计情况中的标量参数或有限维向量。

离。其中一个流行的方法[20]是 L_p 范数 $\|\cdot\|_p$

$$\|\hat{m}(x)-m(x)\|_p = \left[\int_X |\hat{m}(x)-m(x)|^p d\kappa(x)\right]^{\frac{1}{p}}, 1\leqslant p < \infty$$

其中 κ 是 X 的一个测度；为了简单起见，可将其想象成协变量 X 的同一性或累积分布函数。$p=2$ 时就是欧几里得范数。sup-范数 $\|\cdot\|_\infty$ 也相当有用：

$$\|\hat{m}(x)-m(x)\|_\infty = \sup_X |\hat{m}(x)-m(x)|$$

Sobolev 范数 $\|\cdot\|_{a,p}$ 可以用来表示导数的距离：

$$\|\hat{m}(x)-m(x)\|_{a,q} = \left[\sum_{0\leqslant |k|\leqslant a}\int_X |D^k(\hat{m}(x)-m(x))|^q d\kappa(x)\right]^{\frac{1}{q}}$$

sup Sobolev 范数 $\|\cdot\|_{a,\infty}$ 定义为：

$$\|\hat{m}(x)-m(x)\|_{a,\infty} = \max_{0\leqslant |k|\leqslant a}\sup_X |D^k(\hat{m}(x)-m(x))|$$

Sobolev 范数包括 $a=0$ 时的 L_p 范数和 sup 范数。这些范数用实数表示两个函数之间的距离，因此它们可以用于标准的收敛概念（概率极限、均方收敛、几乎处处收敛、依分布收敛）。

在经典的关于回归的文献中，我们通常指定一个参数模型并估计它的参数，假设要估计参数 θ。如果 $\hat{\theta}$ 的期望值等于 θ 或渐近无偏，即如果随着样本量 n 的增大，$E[\hat{\theta}]-\theta$ 趋于零，我们就称 $\hat{\theta}$ 为无偏估计量。事实上这不是在估计模型，而仅仅是估计给定模型的参数。现在假设我们没有具体的模型，尝试估计一个未知函数（比如在 x_0 点处的函数）。当我们试图用直方图来估计密度 $f(x_0)$ 时，就能清楚了解这一点。此时我们没有模型，只能选择一个窗口或箱图大小（bin-size），并用这些箱图覆盖所有观测值。即使 x_0 是箱图的中心，你会发现箱图越大，偏误 $E[\hat{f}(x_0)]-f(x_0)$ [由于窗口较大而产生的所谓平滑偏误（smoothing bias）]越大，而箱图越小则方差越大。当我们运用灵活的参数模型（例如正态密度的混合物）而非单一直方图模拟真实分布时，如果模型过于简单，我们将得到更大的偏误[所谓的近似偏误（approximation bias）]，但如果模型过于灵活，我们会得到数值差异相当大的估计值（即较大的方差）。当然，对于给定的模型，我们用第二种方法估计的参数也可能是无偏的，但是对真实密度函数的估计不可能无偏，除非我们选择的模型（偶然地）与真实密度函数完全对应。显然，在回归分析中，我们面临着完全相同的问题。因此，问题不在于找到一个无偏估计量（如果真实函数形式未知，就不可能找到这样的无偏估计量），而是去寻找一个最小化

---

[20] 因为它只是合乎直觉的欧几里得范数的扩展。

均方误差的估计量,从而以某种方式平衡平方偏误和方差。

当某个集合 $X \subset IR^q$ 上关于真实函数 $m(x)$ 的唯一可用信息是它属于 $C^{k,\alpha}$ 类时,就已经可以计算得出 L_p 范数的任何非参数估计量的最优收敛速度(即估计量收敛到真值的速度)了。具体地说,假设我们对估计函数的 v 阶导数感兴趣,且所有变量都是连续的,那么在 L_p 范数中对于任何 $0 < p < \infty$,从 $\hat{m}(\cdot)$ 到 $m(\cdot)$ 的最优收敛速度是

$$n^{-\frac{(k+\alpha)-v}{2(k+\alpha)+q}}$$

而 sup 范数(为得到函数整体一致收敛所必需)是

$$\left(\frac{n}{\log n}\right)^{-\frac{(k+\alpha)-v}{2(k+\alpha)+q}}$$

我们现在可以发现,收敛速度越快,函数 $m(\cdot)$ 越平滑。但我们也看到,非参数估计永远无法达到 $n^{-\frac{1}{2}}$ 的收敛速度(这是参数函数中的典型收敛速度),除非严格限制函数类别。当估计导数($v > 0$)时,收敛速度变慢;此外,随着 X 的维数 q 的增加,收敛速度变慢,这种效应被称为维数诅咒(curse of dimensionality)。

非参数平滑量

如前所述,基于核和 kNN 的非参数回归方法是建立在局部估计方法上的。通常的想法是只使用一个小的邻近区域内的数据(除了有无穷支撑区间的核)。估计条件均值 $E[Y|X = x_0]$ 的核权重是指取 x_0 周围 h 邻域中观察到的 Y 的(加权)平均值,其中 $h > 0$,h 被称为带宽(bandwidth)、平滑参数(smoothing parameter)或窗口(window)。假设 X 是标量($q = 1$),且可得独立同分布样本 $\{(Y_i, X_i)\}_{i=1}^n$。那么,一个自然的估计是取 $2h$ 邻域中观测到的 Y 的平均值,由此可得估计量

$$\hat{m}(x_0; h) = \frac{\sum_{i=1}^n Y_i \cdot \mathbb{1}\{|X_i - x_0| \leq h\}}{\sum_{i=1}^n \mathbb{1}\{|X_i - x_0| \leq h\}} \quad (2.13)$$

这里的权重只是给 x_0 的 h 邻域赋予恒定权重的一个微调值。根据 X_i 到 x_0 的距离,将不同权重分配给观测值 (Y_i, X_i) 所得的加权平均值如下所示:

$$\hat{m}(x_0; h) = \frac{\sum_{i=1}^n Y_i \cdot K\left(\frac{X_i - x_0}{h}\right)}{\sum_{i=1}^n K\left(\frac{X_i - x_0}{h}\right)} \quad (2.14)$$

其中 $K(u)$ 是加权函数,被称为核(kernel)。合乎直觉的核函数类似图 2.15 中的

Epanechnikov 核或四次核；它们赋予更接近 x_0 的观测值更多的权重，而距离较远的观测值则不被赋予权重（除了那些具有无限支撑区间的，如高斯核）。由于 $K(\cdot)$ 几乎总是与带宽 h 一起出现，因此我们通常使用标记 $K_h(u) := K(u/h)/h$。

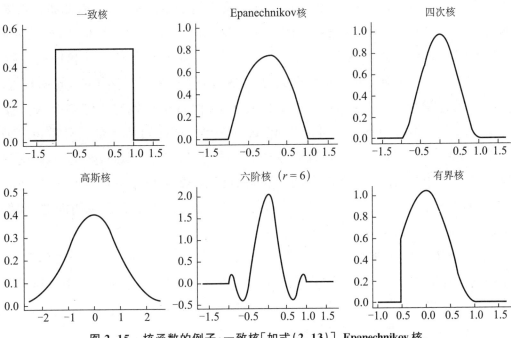

图 2.15　核函数的例子：一致核[如式(2.13)]、Epanechnikov 核、四次核、高斯核（都是二阶的）、六阶核以及有界核

K 通常是正值（但不总是正值，见六阶核函数），在 $x=0$ 时取到最大值，并且积分为 1。常用的核函数有 Epanechnikov 核函数 $K(v) = \frac{3}{4}(1-v^2)\mathbb{1}\{-1<v<1\}$ 或高斯核 $K(v) = \phi(v)$。前者的支撑区间较小，后者的支撑区间是无界的。对于高斯核，带宽 h 对应于中心为 x_0 的正态分布的标准差。另一个非常流行的函数是四次（或双重）核 $K(v) = \frac{15}{16}(1-v^2)^2 \cdot \mathbb{1}\{-1<v<1\}$，这与 Epanechnikov 核相似，但在其支撑边界上是可微的。在图 2.15 中，我们还看到式(2.13)中使用的一致核，此外我们还看到一个所谓的包含负权重的高阶核函数（higher-order kernel）$K(v) = \frac{35}{256}(15-105v^2+189v^4-99v^6)\mathbb{1}\{-1<v<1\}$（稍后讨论），最后还有一个有界核函数（boundary kernel），这是一个截断的四次核函数，X 的支撑区间（所有 $\leqslant x_0-0.5h$ 的值）之外的函数值被设置为零，同时重新设置函数使其积分为 1。

我们很容易得出这样一个结论,核的形式的选择不那么重要,带宽的选择则对估计量的性质影响较大。如果 h 无限大,式(2.14)中的 $\hat{m}(\cdot;h)$ 就是 Y 的样本平均值;如果 h 接近零,$\hat{m}$ 就是 Y_i 的插值。我们知道,插值所描绘的 $m(\cdot)$ 函数形式是相当起伏不定而粗糙的,且因其方差不趋于零而不一致,因此我们需要函数有一定的平滑性,即要包括一些邻域。事实上,为了获得一致估计,即使 $h \to 0$,这些邻域的数目也必是无限多的,$n \to \infty$。显然,确定 $E[Y|X=x_0]$ 的一个必要条件是可以得到 x_0 处(如果 X 是离散的)或其邻域(如果 X 是连续的)的观测值。对于 X 的连续密度 $f(\cdot)$,$f(x_0) > 0$,才能使 x_0 附近渐近地有无穷多个 X_i。估计量(2.14)被称为 Nadaraya(1965)-Watson(1964)核回归估计量。只需相应地定义多元核权重 $K: IR^q \to IR$,我们就能直接扩展到多元 Nadaraya-Watson 估计量。局部多项式估计量也是如此,但此时还需要使用 $q > 1$ 的泰勒展开式(2.12),这在标记上(以及计算上)显得很烦琐。因此,为了简要说明问题,我们继续用 $q=1$。[21]

如果不用简单的加权平均值,我们还可以在 x_0 的邻域内建立一个局部模型,并将其作为 $E[Y|X=x_0]$ 的局部估计量。例如,利用任何连续函数都可以用它的泰勒展开式进行任意逼近的事实,局部多项式估计量(local polynomial estimator)通过设置以下表达式获得加权最小二乘:

$$\left(\hat{m}(x_0;h), \hat{m}'(x_0;h), \cdots, \widehat{m^{(p)}}(x_0;h)\right)$$
$$:= \arg\min_{m,m',\cdots,m^{(p)}} \sum_{i=1}^{n} \left(Y_i - m - m' \cdot (X_i - x_0) - \cdots - \frac{m^{(p)}}{p!} \cdot (X_i - x_0)^p\right)^2$$
$$K\left(\frac{X_i - x_0}{h}\right) \qquad (2.15)$$

其中 p 是某个大于 0 的整数。在此表达式中,m' 表示一阶导数,$m^{(p)}$ 表示 p 阶导数。因此,局部多项式估计量同时得到函数 $m(\cdot)$ 的估计量及其导数。拟合一个局部常数估计量,即设置 $p=0$,就可以得到 Nadaraya-Watson 估计量(2.14)。根据多项式阶数 p,局部多项式估计量也称为局部线性($p=1$)、局部二次($p=2$)或局部三次($p=3$)估计量。Nadaraya-Watson 和局部线性回归是计量经济学中最常见的形式。二阶或三阶局部多项式回归更适合估计较大样本中的导数或强振荡函数,但由于每个平滑区间需要更多的数据点,二阶或三阶局部多项式在小样本下往往不稳定。当我们的主要兴趣在于 v 阶导数(包括 $v=0$,即函数本身)时,

---

[21] 请注意,这不是核方法的一个特有陷阱,而是其他非参数估计以不同方式共有的困难。

选择一个使 $p-v>0$ 且为奇数的 p，可确保边界区域与内部的平滑偏误的阶次相同。如果 $p-v$ 为偶数，则该偏误在边界处的阶数将更高，并且还将取决于 X 的密度函数。最后，已经被证明的是，在所有的线性平滑量中，局部线性估计量能达到完全渐近效率(在极小极大值意义下)，并且在所有平滑量中具有较高的效率。[22] 通过定义 $\beta = (\beta_0, \beta_1, \cdots, \beta_p)'$，$\mathbb{X}_i = (1, (X_i - x_0), \cdots, (X_i - x_0)^p)'$，$K_i = K\left(\frac{X_i - x_0}{h}\right)$，$\mathbb{X} = (\mathbb{X}_1, \mathbb{X}_2, \cdots, \mathbb{X}_n)'$，$\mathbb{K} = \mathrm{diag}(K_1, K_2, \cdots, K_n)$ 和 $\mathbb{Y} = (Y_1, \cdots, Y_n)'$，我们可以把局部多项式估计量写成

$$\hat{\beta} = \arg\min_{\beta}(\mathbb{Y} - \mathbb{X}\beta)'\mathbb{K}(\mathbb{Y} - \mathbb{X}\beta) = (\mathbb{X}'\mathbb{K}\mathbb{X})^{-1}\mathbb{X}'\mathbb{K}\mathbb{Y} \quad (2.16)$$

其中 $\hat{m}^{(l)}(x_0) := \hat{\beta}_l / (l!)$，$0 \leqslant l \leqslant p$。请注意，我们仍然设定 X 是一维的，为了便于说明，我们抑制了对 h 的依赖性。因此，我们得到

$$\hat{m}(x_0) = e'_1(\mathbb{X}'\mathbb{K}\mathbb{X})^{-1}(\mathbb{X}'\mathbb{K}\mathbb{Y})$$

其中 $e'_1 = (1, 0, 0, \cdots, 0)$，上式也可以表示为

$$\hat{m}(x_0) = e'_1 \begin{bmatrix} Q_0(x_0) & Q_1(x_0) & \cdots & Q_p(x_0) \\ Q_1(x_0) & Q_2(x_0) & \cdots & Q_{p+1}(x_0) \\ \vdots & \vdots & \ddots & \vdots \\ Q_p(x_0) & Q_{p+1}(x_0) & \cdots & Q_{2p}(x_0) \end{bmatrix}^{-1} \begin{bmatrix} T_0(x_0) \\ T_1(x_0) \\ \vdots \\ T_p(x_0) \end{bmatrix}$$

其中 $Q_l(x_0) = \sum_{i=1}^{n} K\left(\frac{X_i - x_0}{h}\right)(X_i - x_0)^l$ 和 $T_l(x_0) = \sum_{i=1}^{n} Y_i K\left(\frac{X_i - x_0}{h}\right)(X_i - x_0)^l$。

根据上述推导，我们还看到局部多项式估计量在 $\mathbb{Y}$ 上是线性的

$$\hat{m}(x_0) = \frac{1}{n}\sum_{i=1}^{n} w_i Y_i，\text{其中 } w_i = e'_1 \cdot \left(\frac{1}{n}\mathbb{X}'\mathbb{K}\mathbb{X}\right)^{-1}\mathbb{X}'_i K_i \quad (2.17)$$

$\hat{m}(x_0)$ 的三阶多项式表达式是(抑制所有 T_l 和 Q_l 对 x_0 和 h 的依赖)

$$\hat{m}_{p=0}(x_0) = \frac{T_0}{Q_0} = \frac{\sum_{i=1}^{n} Y_i K\left(\frac{X_i - x_0}{h}\right)}{\sum_{i=1}^{n} K\left(\frac{X_i - x_0}{h}\right)}$$

$$\hat{m}_{p=1}(x_0) = \frac{Q_2 T_0 - Q_1 T_1}{Q_2 Q_0 - Q_1^2} \quad (2.18)$$

$$\hat{m}_{p=2}(x_0) = \frac{(Q_2 Q_4 - Q_3^2)T_0 + (Q_2 Q_3 - Q_1 Q_4)T_1 + (Q_1 Q_3 - Q_2^2)T_2}{Q_0 Q_2 Q_4 + 2Q_1 Q_2 Q_3 - Q_2^3 - Q_0 Q_3^2 - Q_1^2 Q_4}$$

$$\hat{m}_{p=3}(x_0) = \frac{A_0 T_0 + A_1 T_1 + A_2 T_2 + A_3 T_3}{A_0 Q_0 + A_1 Q_1 + A_2 Q_2 + A_3 Q_3}$$

---

[22] 有关详细信息，请参见 Fan 和 Gijbels(1996)、Loader(1999a)或者 Seifert 和 Gasser(1996,2000)。

其中

$$A_0 = Q_2 Q_4 Q_6 + 2Q_3 Q_4 Q_5 - Q_4^3 - Q_2 Q_5^2 - Q_3^2 Q_6$$
$$A_1 = Q_3 Q_4^2 + Q_1 Q_5^2 + Q_2 Q_3 Q_6 - Q_1 Q_4 Q_6 - Q_2 Q_4 Q_5 - Q_3^2 Q_5$$
$$A_2 = Q_1 Q_3 Q_6 + Q_2 Q_4^2 + Q_2 Q_3 Q_5 - Q_3^2 Q_4 - Q_1 Q_4 Q_5 - Q_2^2 Q_6$$
$$A_3 = Q_3^3 + Q_1 Q_4^2 + Q_2^2 Q_5 - Q_1 Q_3 Q_5 - 2Q_2 Q_3 Q_4$$

利用上述公式，我们还可以将局部线性估计量（local linear estimator）表示为

$$\hat{m}_{p=1}(x_0) = \frac{\sum_{i=1}^n K_i^* Y_i}{\sum_{i=1}^n K_i^*}, \text{其中 } K_i^* = \{Q_2 - Q_1(X_i - x_0)\} K\left(\frac{X_i - x_0}{h}\right) \tag{2.19}$$

因此，局部线性估计量是一个带有核函数 K_i^* 的 Nadaraya-Watson 核估计量，这个核函数 K_i^* 在 X_i 的某些值上是负的，有时也被称为等价核（equivalent kernel）。这可能有助于我们直观理解带负值的核函数的含义。类似地，每一个局部多项式回归估计量都可以写成式（2.19）的形式，只不过带有不同的等价核 K_i^*。它们都有时能取到负值，除了 $p=0$ 的情况，即 Nadaraya-Watson 估计量。

岭回归

岭回归基本上是一种为了降低回归结果的粗糙程度，使回归更稳定（更稳健）的核回归。岭（ridge）这个名字源于这样一个事实：在简单的线性回归中计算预期矩阵时，这个惩罚项被加到 X 的相关矩阵的岭上。下面展示如何将此应用于局部线性回归。

在不同的模拟研究中，所谓的岭回归（ridge regression）表现出相当有吸引力的性能，例如对带宽选择不太敏感，具有较小的有限样本偏误，而且对非规则的数据分布（例如 X 的某些支撑区间的数据特别稀疏）也能呈现出稳健性。然而，在一维情况下（$q=1$）才能实现用简单的表达式进行回归。为了获得一个快速直观的想法，我们可以考虑一种 Nadaraya-Watson 和局部线性回归的线性组合。更具体地说，对于 $K_h(u) = \frac{1}{h} K\left(\frac{u}{h}\right)$，思考

$$\min_{\beta_0, \beta_1} \sum_{j=1}^n \{Y_j - \beta_0 - \beta_1(X_j - \bar{x}_i)\}^2 K_h(X_j - x_i) + r\beta_1^2$$

其中 $\bar{x}_i = \sum_{j=1}^n X_j K_h(X_j - x_i) / \sum_{j=1}^n K_h(X_j - x_i)$，$r$ 是所谓的岭参数。因此，$\bar{x}_i$ 是 x_i 邻域的加权平均。定义 $s_{\alpha(i,j)} = (X_j - \tilde{x}_i)^\alpha K_h(X_j - x_i)$，$\alpha = 0, 1, 2$。那么岭回归估计就是

$$\hat{m}(x_i) = \hat{\beta}_0 + \hat{\beta}_1(x_i - \tilde{x}_i) = \sum_{j=1}^{n} w(i,j) Y_j \qquad (2.20)$$

其中，$w(i,j) = s_0(i,j)/\{\sum_{j=1}^{n} s_0(i,j)\} + s_1(i,j) \cdot (x_i - \tilde{x}_i)/\{r + \sum_{j=1}^{n} s_2(i,j)\}$。定义 $S_\alpha(i) = \sum_{j=1}^{n} s_\alpha(i,j)$，$T_\alpha(i) = \sum_{j=1}^{n} s_\alpha(i,j) Y_j$ 以及 $\bar{r} = S_2(i)/\{r + S_2(i)\}$，我们发现

$$\hat{m}(x_i) = (1 - \bar{r}) \frac{T_0}{S_0} + \bar{r} \Big(\frac{T_0}{S_0} + \frac{(x_i - \tilde{x}_i) T_1}{S_2} \Big)$$

该估计量是权重为 $(1 - \bar{r})$ 的局部常数（即 Nadaraya-Watson）估计量与权重为 $\bar{r}$ 的局部线性估计量的线性组合。最小化 $\bar{r}$ 的均方误差在不知道函数形式和参数的情况下是非常复杂的。一个简单的经验法则是设置 $r = h \cdot |x_i - \tilde{x}_i| \cdot c_r$，$c_r = \max_v \{K(v)\}/\{4\bar{\kappa}_0\}$，对 Epanechnikov 核函数设置 $c_r = 5/16$，对高斯核函数设置 $c_r = 0.35$，参见式(2.23)。[23]

一维核平滑量的统计性质

一个重要的结论是局部多项式回归的精确有限样本偏误在达到 p 阶时变为零。为了证明这一点，我们提供了一些有用的初步结果。式(2.17)中的权重满足正交条件

$$\frac{1}{n} \sum_{i=1}^{n} w_i \mathbb{X}_i = \begin{pmatrix} 1 \\ 0 \\ \vdots \\ 0 \end{pmatrix} \qquad (2.21)$$

这可通过结合式(2.17)权重的定义立即推导出来；参见习题 10。之前的表达式可以重写为

$$\frac{1}{n} \sum_{i=1}^{n} (X_i - x_0)^l \cdot w_i = \begin{cases} 1, \text{如果 } l = 0 \\ 0, \text{如果 } 1 \leqslant l \leqslant p \end{cases} \qquad (2.22)$$

这些正交性条件意味着 p 阶时有限样本偏误完全为零。这也意味着，如果真实函数 $m(x)$ 确实是 p 阶或更低阶的多项式函数，那么有限样本中对于任何 $h > 0$，局部多项式的估计量都将是完全无偏的，进而局部多项式的估计量是渐近的。在这种情况下，我们希望选择带宽 $h = \infty$ 来最小化方差。此时需要考虑参数收敛速度等问题，因为 h 不再被认为是趋于零的。

现在我们把这个表达式看作(2.17)的一个线性平滑量，并推导估计量的期

---

[23] 更多详情请阅 Seifert 和 Gasser(2000) 或者 Busso, DiNardo 和 McCrary(2009)。

望值。注意,当权重分母为零时是没法定义估计量的期望值的。换言之,可能存在妨碍估计量计算的局部共线性(local collinearity)。因此,Ruppert 和 Wand(1994)建议根据观测数据 $X_1,\cdots,X_n$ 来检查期望值:

$$E[\hat{m}(x_0) \mid X_1,\cdots,X_n] = \frac{1}{n}\sum_{j=1}^{n} E[w_j Y_j \mid X_1,\cdots,X_n] = \frac{1}{n}\sum_{j=1}^{n} w_j m(X_j)$$

假设 $m \in C^{p,\alpha}$,用泰勒级数展开式可得

$$= \frac{1}{n}\sum_{i=1}^{n} w_i \left(m(x_0) + (X_i - x_0)\frac{\partial m(x_0)}{\partial x} + \cdots + \frac{1}{p!}(X_i - x_0)^p \frac{\partial^p m(x_0)}{\partial x^p} + R(X_i, x_0) \right)$$

$$= m(x_0) + \frac{1}{n}\sum_{i=1}^{n} w_i R(X_i, x_0)$$

其中由于式(2.21),其他项在 p 阶上为零。由此得到

$$E[\hat{m}(x_0) - m(x_0) \mid X_1,\cdots,X_n] = \frac{1}{n}\sum_{i=1}^{n} w_i R(X_i, x_0)$$

其中若 $m \in C^{p,\alpha}$,余项 $R(X_i, x_0)$ 的阶数为 $(X_i - x_0)^{p+\alpha}$,回忆下定义和式(2.12),代入式(2.17)可得

$$E[\hat{m}(x_0) - m(x_0) \mid X_1,\cdots,X_n] = e'_1 \left(\frac{1}{n}\mathbb{X}'\mathbb{K}\mathbb{X}\right)^{-1} \frac{1}{n}\sum_{i=1}^{n} \mathbb{X}'_i K_i R(X_i, x_0)$$

我们直观上可以发现在区间 $[-1,1]$ 之外紧核(compact kernel)为零。因此,对于每个使 $|X_i - x_0| > h$ 的 i,核函数 K_i 将为零。这意味着余项的阶数最多为 $O_p(h^{p+\alpha})$。稍后我们将证明表达式 $\frac{1}{n}\mathbb{X}'\mathbb{K}\mathbb{X}$ 的阶数是 $O_p(1)$。因此,整个表达式的阶数就是 $O_p(h^{p+\alpha})$。由于总是假设随着 $n \to \infty$,h 收敛到零,于是多项式阶数 p 越高,有限样本偏误的阶数就越低(或者说,对于 $h \to 0$,偏误趋于零的速度越快)。

在深入了解这些估计量的渐进性质之前,有必要使用一维核函数的以下定义:

$$\kappa_\lambda = \int v^\lambda K(v) dv \quad \text{和} \quad \bar{\kappa}_\lambda = \int v^\lambda K(v)^2 dv \tag{2.23}$$

如果出现以下情况,则称核 K 的阶数为 r:

$$\kappa_0 = 1$$
$$\kappa_\lambda = 0, \text{如果 } 1 \leqslant \lambda \leqslant \lambda - 1$$
$$\infty > \kappa_\lambda \neq 0, \text{如果 } \lambda = r$$

最常见的是二阶核,而 $r > 2$ 的核被称为高阶核(如图 2.15 中的六阶核),并且通常用于需要减少偏误的地方。Epanechnikov 核、四次核和高斯核都是二阶核。高阶核要求"方差" $\int v^2 K(v) dv$ 为零。因此,这些不可能是密度函数,而核函

数 $K(v)$ 必须在支撑区间的某些值中呈现负值。高阶核函数通常在理论推导时使用，特别是为了减少半参数估计量的偏误时使用。它们很少用于非参数估计，但可能在获得平均处理效应估计量上发挥巨大作用。

为了明确计算出非参数（核）回归估计量的偏误和方差，我们首先考虑具有二阶核（$r=2$）的维数 $q=1$ 的 Nadaraya-Watson 估计量，

$$\hat{m}(x_0;h) = \frac{\frac{1}{nh}\sum Y_i \cdot K\left(\frac{X_i - x_0}{h}\right)}{\frac{1}{nh}\sum K\left(\frac{X_i - x_0}{h}\right)}$$

分子的期望值可以被重新写为独立观测值（此时我们需再次利用泰勒展开式）：

$$E\left[\frac{1}{nh}\sum_{i=1}^n Y_i \cdot K\left(\frac{X_i - x_0}{h}\right)\right] = \int \frac{1}{h} m(x) \cdot K\left(\frac{x - x_0}{h}\right) f(x) dx$$

$$= \int m(x_0 + uh) f(x_0 + uh) \cdot K(u) du$$

$$= m(x_0) f(x_0) \int K(v) dv + h \cdot (m'(x_0) f(x_0) + m(x_0) f'(x_0)) \int u K(u) du$$

$$+ h^2 \cdot \left(\frac{m''(x_0)}{2} f(x_0) + m(x_0) \frac{f''(x_0)}{2} + m'(x_0) f'(x_0)\right)$$

$$\int u^2 K(u) du + O(h^3)$$

$$= m(x_0) f(x_0) + h^2 \cdot \left(\frac{m''(x_0)}{2} f(x_0) + m(x_0) \frac{f''(x_0)}{2} + m'(x_0) f'(x_0)\right)$$

$$\int u^2 K(u) du + O(h^3) \tag{2.24}$$

其中，$\kappa_0 = \int K(v) dv = 1$，$\kappa_1 = \int v K(v) dv = 0$。类似地，分母的期望值是[24]

$$E\left[\frac{1}{nh}\sum_{i=1}^n K\left(\frac{X_i - x_0}{h}\right)\right] = f(x_0) + h^2 \cdot \frac{f''(x_0)}{2}\kappa_2 + O(h^3)$$

通过证明方差收敛于零和利用切比雪夫不等式，弱大数定律给出了固定 h 和 $n \to \infty$ 时的概率极限。在 $m(\cdot)$ 或 $\text{Var}(Y|x) < \infty$ 的平滑性等正则条件下，我们可以得到

$$\text{plim}\{\hat{m}(x_0, h) - m(x_0)\} = h^2 \frac{\left(\frac{m''(x_0)}{2} f(x_0) + m'(x_0) f'(x_0)\right)\kappa_2 + O(h^3)}{f(x_0) + h^2 \frac{f''(x_0)}{2}\kappa_2 + O(h^3)}$$

---

[24] 如果使用具有紧支撑的核，分母的期望值可能为零，进而 Nadaraya-Watson 估计量的期望值可能不存在。因此，渐近分析通常是如 Ruppert 和 Wand（1994）所述，在设计点 $(X_i)_{i=1}^n$ 估计 $m(\cdot)$ 时进行的，或者如 Fan（1993）所述，通过在（当 $n \to \infty$，趋向于零的）分母上添加一个小数字完成的。

$$= h^2\left(\frac{m''(x_0)}{2} + \frac{m'(x_0)f'(x_0)}{f(x_0)}\right)\kappa_2 + O(h^3)$$

因此，偏误与 h^2 成正比。习题 11 要求你通过重温式（2.24）的计算过程，推导高阶核的偏误。不难发现，一般情况下，偏误项的阶数是 h^r，其中 r 是核的阶数。

获得条件方差是比较冗长乏味的，但并不困难，只需要计算

$$\text{Var}(\hat{m}(x_0, h)) = E[\{\hat{m}(x_0, h) - E[\hat{m}(x_0, h)]\}^2]$$

$$= E\left[\left\{\frac{1}{nh}\sum_{i=1}^{n}\{Y_i - m(X_i)\}K\left(\frac{X_i - x_0}{h}\right)\right\}^2\right]$$

就可以获得近似（即高阶项）$f(x_0)\dfrac{\text{Var}[Y \mid x_0]}{nh}\int K^2(v)dv$。

这些推导清晰地运用了 Pagan 和 Ullah（1999，第 362 页）的支配（有界）收敛定理[dominated (bounded) convergence theorem]。定理表明，如果随着 $\|x\| \to \infty$ 和 $\sup|g(x)| < \infty$，有 $\int|g(x)|dx < \infty$，$\|x\| \cdot g(x) \to 0$，那么在 IR 上的 Borel 可测函数 $g(x)$ 和符合 $\int|f(x)|dx < \infty$ 的某些函数 $f(x)$（不一定是密度函数）在 f 上的每个连续点 x_0 有

$$\frac{1}{h^q}\int g\left(\frac{x}{h}\right)f(x_0 - x)dx \to f(x_0)\int g(x)dx, \text{当 } h \to 0 \quad (2.25)$$

此外，如果 f 是一致连续的，那么收敛是一致的。对于核函数 g，这个定理给出了 $E\left[\dfrac{1}{nh}\sum K\left(\dfrac{X_i - x_0}{h}\right)\right] \to f(x_0)\int K(v)dv$ 的例子。当 $q>1$ 时，这一结果也可以推广到 $x \in IR^q$。

让我们回顾一下上文讨论过的一些假设：

（A1）我们考虑一个模型 $Y_i = m(X_i) + U_i$，其中未解释的异质性是由独立同分布误差 U_i 和模型的方差函数 $\sigma^2(X_i)$ 表示的，X_i 是独立同分布的且与 U_i 无关，$X \in IR$ 上的回归函数 $m(\cdot)$ 和密度函数 $f(\cdot)$ 在 x_0 的邻域上是两次连续可微的，且 X 的密度的二阶导数 f''_X 是连续的，并在 x_0 的邻域上有界。

估计时我们使用假设

（A2）核 K 是二阶的（$r=2$）且积分为 1，且 $n \to \infty$ 时，带宽 $h \to 0$，$nh \to \infty$。

然后我们可以总结 Nadaraya-Watson 估计量：

定理 2.6 假设我们从满足假设（A1）的模型中得到了样本 $\{X_i, Y_i\}_{i=1}^{n}$。那么，对于支撑区间 X 内部的点 x_0，满足假设（A2）中的核和带宽的 $m(x_0)$ 的 Nadaraya-Watson 估计量 $\hat{m}(x_0)$ 有如下偏误和方差：

$$\text{Bias}(\hat{m}(x_0)) = h^2 \frac{\kappa_2}{2f(x_0)}(m''(x_0)f(x_0) + 2f'(x_0)m'(x_0)) + O\left(\frac{1}{nh}\right) + o(h^2)$$

$$\text{Var}(\hat{m}(x_0)) = \frac{\sigma^2(x_0)}{nhf(x_0)}\bar{\kappa}_0 + o\left(\frac{1}{nh}\right), \bar{\kappa}_0 = \int K^2(v)dv < \infty$$

请注意，高阶核通常伴随着偏误 $\text{Bias}(\hat{m}(x_0)) = O(h^r)$ 和方差 $\text{Var}(\hat{m}(x_0)) = O\left(\frac{1}{nh}\right)$（对于 $q=1$），即核阶数直接影响一阶偏误，而不影响一阶方差。然而，回想一下，较大的 r 要求未知函数有更高的平滑性。此外，我们讨论的只是一个渐近效应，高阶核函数用于中小样本时常常表现出较差的数值性能。与 $r=2$ 的核函数相比，有时你需要大于 100000 的样本量，才能使得 $r>2$ 的核函数的均方误差有所改善。

为了应用李雅普诺夫中心极限定理（Liapunov's central limit theorem）来获得渐近正态性，且为了将估计量的收敛性写成封闭形式，我们需要额外的假设。

（A3）核 K 是一个实值函数，使得当 $v \to \infty$，$\sup |K(v)| < \infty$ 时，$\bar{\kappa}_0 = \int K^2(v)dv < \infty$，$\int |K(v)|dv < \infty$，$|v||K(v)| \to 0$。

（A4）对于某些 $\delta > 0$，$E|U_i|^{2+\delta} < \infty$ 和 $\int |K(v)|^{2+\delta}dv < \infty$。

给定（A1）、（A2）、（A3）、（A4）以及

$$\sqrt{nh}h^2 \to c < \infty \tag{2.26}$$

根据定义（2.23）可得

$$\sqrt{nh}\{\hat{m}(x_0) - m(x_0)\} \xrightarrow{D} N\left(ck_2\left(\frac{m'(x_0)f'(x_0)}{f(x_0)} + \frac{1}{2}m''(x_0)\right), \frac{\sigma^2(x_0)\bar{\kappa}_0}{f(x_0)}\right)$$

对于我们稍后将用来估计处理效应的半参数估计量，重要的是要知道在这些条件下，我们也能获得一致收敛性。

让我们转向更流行的局部线性估计量。回想一下，我们通过泰勒展开式的局部近似来生成这个线性估计量。因此，我们有机会①同时估计函数 m 及其导数，②减小偏误。例如，局部线性估计量在线性方向上不受偏误的影响，因此一个线性参数模型被完美地嵌套在局部线性估计量中。事实上，由于 p 阶的局部多项式回归也提供了到 p 阶的导数 $m^{(l)}$ 的估计，因此到 p 阶的 $\hat{m}$ 的偏误项是零。一个普遍的结果是，边界处的偏误的阶数为 h^{p+1}。对于内部点，当 p 为奇数时，偏误的阶数为 h^{p+1}；当 p 为偶数时，偏误的阶数为 h^{p+2}。另外，无论 p 值是什么，

局部多项式中的额外参数不影响渐近方差,它总是 $\frac{1}{nh}$ 阶。[25]

当我们讨论局部多项式回归的渐近性质时,我们将关注 $q=1$, p 为任意值(一维回归的高阶局部多项式)的情况,或者 $p=1$, q 为任意值(多个协变量的局部线性)的情况。本部分的主要观点可以扩展到 $p>1$ 和 $q>1$ 的情况,即多元回归量($\dim(X)=q>1$)的局部多项式估计,但届时标记的使用会变得更加烦琐。

类似式(2.16),估计量可以表示为

$$\hat{m}(x_0) = e'_1 (\mathbb{X}' \mathbb{K} \mathbb{X})^{-1} \mathbb{X}' \mathbb{K} Y$$

模型可以被改写为

$$Y_i = \mathbb{X}'_i \beta_0 + R_i + U_i$$

其中 $\mathbb{X}_i$ 的定义与式(2.16)一样,β_0 是 x_0 处泰勒多项式的所有系数的向量。例如,当 $q=1$ 时,我们有 $\beta_0 = (m(x_0), m'(x_0), \frac{1}{2}m^{(2)}(x_0), \cdots, \frac{1}{p}m^{(p)}(x_0))'$,也即 $\mathbb{X}'_i \beta_0$ 是 X_i 处的泰勒级数近似,而 $R_i = m(X_i) - \mathbb{X}'_i \beta_0$ 是该近似的余项。我们可以得出,

$$\hat{\beta}_0 = \beta_0 + \underbrace{(\mathbb{X}' \mathbb{K} \mathbb{X})^{-1} \mathbb{X}' \mathbb{K} R}_{\text{偏误项}} + \underbrace{(\mathbb{X}' \mathbb{K} \mathbb{X})^{-1} \mathbb{X}' \mathbb{K} U}_{\text{随机项}} \quad (2.27)$$

最后两项描述了局部多项式估计量的偏误和方差。为了详细说明,下面我们就把函数限制成 $p=1$ 的二阶核函数。先暂时忽略方差项,只关注偏误项:

$$\left[\frac{1}{nh} \sum_{i=1}^{n} \begin{bmatrix} K_i & (X_i - x_0) K_i \\ (X_i - x_0) K_i & (X_i - x_0)^2 K_i \end{bmatrix} \right]^{-1} \left[\frac{1}{nh} \sum_{i=1}^{n} \begin{bmatrix} K_i \\ (X_i - x_0) K_i \end{bmatrix} \{ m(X_i) - \mathbb{X}'_i \beta_0 \} \right]$$

(2.28)

可以证明第一项在概率上收敛于

$$\left[\begin{bmatrix} f(x_0) & h^2 f'(x_0) \kappa_2 \\ h^2 f'(x_0) \kappa_2 & f(x_0) h^2 \kappa_2 \end{bmatrix} \right]^{-1}, \text{其中 } \kappa_l = \int v^l K(v) dv$$

其中对二阶核函数而言,$\kappa_1 = 0$。矩阵 $[\cdots]$ 的决定因素是 $h^2 \kappa_2 f^2(x_0) - o_p(h^2)$。由此推出式(2.28)的第一项(只关注最高阶项)

$$f(x_0)^{-1} \begin{bmatrix} 1 & -\frac{f'(x_0)}{f(x_0)} \\ -\frac{f'(x_0)}{f(x_0)} & h^{-2} \kappa_2^{-1} \end{bmatrix} \{ 1 + O_p(h) \}$$

---

[25] Fan 和 Gijbels(1996)给出了综述。

现在考虑第二项。利用中值定理(the mean-value theorem),可得

$$m(X_i) - \mathbb{X}_i' \beta_0 = \frac{m''(x_0) \cdot (X_i - x_0)^2}{2} + \frac{m'''(\bar{x}_i) \cdot (X_i - x_0)^3}{3!}$$

其中,$\bar{x}_i$ 位于 X_i 和 x_0 之间。因此式(2.28)的第二项可以写成

$$\frac{1}{nh} \sum_{i=1}^{n} \begin{bmatrix} K_i \\ (X_i - x_0) K_i \end{bmatrix} \frac{m''(x_0) \cdot (X_i - x_0)^2}{2} \{1 + O_p(X_i - x_0)\}$$

如果使用有界支撑区间的二阶核函数,项 $(X_i - x_0)^2$ 的阶数就是 $O_p(h^2)$。如果二阶导数也有界,则偏误项整体的阶数就是 $O_p(h^2)$,式(2.28)变为

$$= \frac{m''(x_0)}{f(x_0)} \frac{1}{nh} \sum_{j=1}^{n} \begin{bmatrix} 1 - \frac{f'(x_0)}{f(x_0)}(X_i - x_0) \\ \frac{1}{\kappa_2} \frac{X_i - x_0}{h^2} - \frac{f'(x_0)}{f(x_0)} \end{bmatrix} K_i \frac{(X_i - x_0)^2}{2} \{1 + O_p(X_i - x_0)\} \{1 + O_p(h)\}$$

$$= \frac{m''(x_0)}{2} h^2 \begin{bmatrix} \kappa_2 \\ \kappa_3 \\ h\kappa_2 \end{bmatrix} \{1 + o_p(1)\}$$

由此我们发现,向量估计量在第二项(即因子 h^{-1} 的导数)中的收敛速度比在第一项(回归函数本身)中慢。

式(2.27)中的最后一项表示条件方差,由下式给出:

$$(\mathbb{X}' \mathbb{K} \mathbb{X})^{-1} \{\mathbb{X}' \mathbb{K} \sum \mathbb{K} \mathbb{X}\} (\mathbb{X}' \mathbb{K} \mathbb{X})^{-1} \tag{2.29}$$

这里 $\sum$ 是一个包含元素 $\sigma^2(X_i)$ 的 $n \times n$ 的对角矩阵。我们已经研究了外矩阵(除以 n)的收敛性。同样,可以证明式(2.29)中的中间项收敛于

$$\frac{1}{n} \begin{bmatrix} h^{-1} \bar{\kappa}_0 & h \bar{\kappa}_1 \\ h \bar{\kappa}_1 & \bar{\kappa}_2 \end{bmatrix} f(x_0) \sigma^2(x_0), \text{其中 } \bar{\kappa}_l = \int v^l K^2(v) dv$$

因此,表达式的偏误最小为 h^{p+1} 阶,方差的阶数则为 $\frac{1}{nh}$ (类似于高阶核的情形)。总之,我们已经看到,当 $q=1$ 时,与定理 2.6 类似的定理是

定理 2.7 假设我们从满足假设(A1)的模型中得到了样本 $\{X_i, Y_i\}_{i=1}^{n}$。那么,对于 $X \in \mathrm{IR}$ 支撑区间内部的点 x_0,具有满足假设(A2)的核和带宽的 $m(x_0)$ 的估计量 $\hat{m}(x_0)$ 的偏误和方差如下:

$$\mathrm{Bias}(\hat{m}(x_0)) = h^2 \frac{\kappa_2}{2} m''(x_0) + O\left(\frac{1}{nh}\right) + o(h^2)$$

$$\mathrm{Var}(\hat{m}(x_0)) = \frac{\sigma^2(x_0)}{nhf(x_0)} \bar{\kappa}_0 + \left(o \frac{1}{nh}\right)$$

请注意,这些结果仅适用于内部点。下表给出了内部点和边界点的偏误率。如前所述,对于奇数阶多项式,内部与边界的局部偏误阶数相同,而对于偶数阶多项式,内部的局部偏误的阶数较小。

在内部点和边界点上的偏误和方差,$\dim(X)=1$

	$p=0$	$p=1$	$p=2$	$p=3$
内部点的偏误	$O(h^2)$	$O(h^2)$	$O(h^4)$	$O(h^4)$
边界点的偏误	$O(h^1)$	$O(h^2)$	$O(h^3)$	$O(h^4)$

方差的阶数总是 $(nh)^{-1}$。为了实现均方误差的最快收敛速度,可以选择带宽 h 来平衡平方偏误和方差,从而得到以下最优收敛速度:

在内部点和边界点上的最优收敛速度,$\dim(X)=1$

收敛速度	$p=0$	$p=1$	$p=2$	$p=3$
内部	$n^{-\frac{2}{5}}$	$n^{-\frac{2}{5}}$	$n^{-\frac{4}{9}}$	$n^{-\frac{4}{9}}$
边界	$n^{-\frac{1}{3}}$	$n^{-\frac{2}{5}}$	$n^{-\frac{3}{7}}$	$n^{-\frac{4}{9}}$

有许多方案致力于减小边界上的偏误(或者说,纠正边界效应)。特别是对于密度估计和局部常数(Nadaraya-Watson)估计,边界核的使用(回想图 2.15)相当普遍。

对于一维岭回归($q=1$),在使用点 x_0 的渐近最优岭参数的情况下,可以认为该岭回归是渐近的。虽然在实践中,人们倾向于为所有点选择相同的(可能是经验法则)岭参数,但一维岭回归至少让我们了解了这种方法的统计性能。作为局部线性估计量的改进版,相对于 $\hat{m}_{\text{loc. lin.}}(x_i)$,我们给出了 $\hat{m}_{\text{ridge}}(x_i)$ 的方差和均方误差。

定理 2.8 对局部线性估计量作出与定理 2.7 相同的假设,$q=1$,使用二阶核函数 $K(\cdot)$,x_0 是 X 的内部点,f 表示密度函数,使用渐近最优岭参数可得

$$\text{Var}\left[\hat{m}_{\text{ridge}}(x_0)\right] = \text{Var}\left[\hat{m}_{\text{loc. lin}}(x_0)\right] - \frac{2\sigma^4(x_0) f'^{\,2}(x_0) \bar{\kappa}_0^2}{(nh)^2 m'^{\,2}(x_0) f^4(x_0) \kappa_0^4} + o_p((nh)^{-2})$$

$$\text{MSE}_{\text{ridge}}\left[\hat{m}_{\text{ridge}}(x_0)\right] = \text{MSE}_{\text{loc. lin.}}\left[\hat{m}_{\text{loc. lin.}}(x_0)\right]$$
$$+ \frac{h\sigma^2(x_0) m''(x_0) f'(x_0) \kappa_2 \bar{\kappa}_0}{n\, m'(x_0) f^2(x_0) \kappa_0^3} + o_p\left(\frac{h}{n}\right)$$

这个定理表明,我们确实通过使估计量更稳定改善了方差,但我们可能会牺牲偏误。渐近偏误和均方误差是否比局部线性估计大取决于潜在回归函数 $m(\cdot)$ 和(实际)密度 f 的导数。

多元核平滑量

现实问题通常包含许多协变量,因此大多数计量经济应用对一维协变量的非参数回归的兴趣有限。在应用非参数方法之前,可能存在可降低协变量的维数的情况。一个例子是用一个参量的倾向分数进行的倾向得分匹配(见第 3 章)。此外,我们通常还必须考虑 $\dim(X) = q > 1$ 的非参数回归(或者是可以有效地包括多个离散协变量的回归,如果 X 中包含一些离散协变量的话,请参见本节下文)。把局部常数和局部线性回归方法扩展至多维 X 是简单明了的,尤其是在执行上。这一点已经被人指出,但迄今为止还没有人对此进行具体说明。其性质的推导也是类似的,尽管我们需要注意一些标记上的东西。

我们需要多元核函数。研究多元回归问题时借助所谓的积核(product kernel)概念是特别简便的,其中多元核函数 $K(v) = K(v_1, \cdots, v_q)$ 被定义为单变量核函数的乘积

$$K(v_1, \cdots, v_q) = \prod_{l=1}^{q} K(v_l) \tag{2.30}$$

参见习题 8、定理 2.9 和 2.2.2 小节。对于这样的积核,很容易实施高阶核函数。

此外,$q \times q$ 带宽的矩阵 H 决定了平滑窗口的形状,使得 $K_h(v)$ 的多元近似变成 $K_H(v) = \dfrac{1}{\det(H)} K(H^{-1}v)$。此矩阵允许在不同方向上进行平滑处理,且将协变量之间的相关结构纳入了考量。用数据驱动的方式选择此 $q \times q$ 带宽矩阵既麻烦又耗时,特别是当 q 比较大时。通常,我们只使用带宽 H 的对角矩阵。这不是最优的方案,但为了方便(为了计算或解释等的便利),我们在实践中会为每个协变量选择一个带宽,甚至为所有协变量都选择相同的带宽。作为一种实用的工具,人们通常只是重新缩放(rescaling)核内的所有协变量,使其样本方差为 1,但忽略了变量之间潜在的相关性。在重新缩放之后,只需使用 $H := \text{diag}\{h, h \cdots, h\}$;详细信息请参阅第 2.2.2 节中关于带宽选择的部分。

我们将看到,在这样的设置中,如果多项式的阶数(p)是奇数,则内部点的局部多项式估计量的偏误仍然是 h^{p+1} 阶;如果 p 是偶数,其偏误的阶数则是 h^{p+2} [26]。因此,我们得出了与单变量设置相同的结论,且无论维数 q 取何值。然而,现在方差是 $\dfrac{1}{nh^q}$ 阶,即方差会随着 X 维数 q 的增加而减小。[27] 回想一下,方差的阶数

---

[26] 与前相同,在边界点上偏误的阶数是 h^{p+1}。
[27] 实际上,重要的是我们前面讨论过的连续回归项的维数。

并不依赖于 p 或 r。多元非参数回归变得困难的原因是高维空间中数据稀疏。

例 2.10 考虑一个样本数为 n 的较大样本，先假设 $X \in [0,1]$ 服从一致分布。如果我们选择一个大小为 0.01 的平滑窗口（例如 $h = \frac{0.01}{2}$ 的有界对称核函数），我们期望大约 1% 的观测值落于该平滑窗口中。然后考虑 X 是二维变量的情况，且 X 均匀分布在 $[0,1]^2$ 上。当带宽 $h = 0.005$ 时，窗口大小为 0.001，平均只包含 0.1% 的数据，以此类推。如果我们设 $\dim(X) = 10$，并且希望找到一个平均包含 1% 观察值的平滑区域，那么就需要一个长为 0.63 的 10 维向量。因此，对于每个分量 $X_l (l = 1, \cdots, q)$，平滑区间几乎超过了 X_l 支撑区间的三分之二，而在一维情况下，它仅为 0.01。

这个例子说明，预测高维向量时，我们需要 h（或者，在使用非平凡带宽矩阵 H 的情况下，一次使用它的所有元素）比单变量情况下更慢地归零来控制方差。这反过来又意味着偏误会更大。假设 $m(x)$ 具有足够的平滑性，我们可以使用高阶的局部多项式来减小偏误。但是，当 $\dim(X) = q$ 较大时，（交互）项的数量迅速增加，p 的高阶在实际应用中变得非常不方便。在小样本中这可能很快会引起局部多重共线性问题。计算上更方便的替代方法是结合高阶核函数和局部线性回归以减少偏误。

首先，我们需要确定 $q > 1$ 的核函数的性质。设 λ 为 q 个非负整数的元组，并定义 $|\lambda| = \lambda_1 + \cdots + \lambda_q$ 和 $v^\lambda = v_1^{\lambda_1} v_2^{\lambda_2} \cdots v_q^{\lambda_q}$。定义：

$$\kappa_\lambda = \int \cdots \int v^\lambda K(v_1, \cdots, v_q) \cdot dv_1 \cdots dv_q$$

和 $\quad \bar{\kappa}_\lambda = \int \cdots \int v^\lambda K^2(v_1, \cdots, v_q) \cdot dv_1 \cdots dv_q \quad$ (2.31)

重温一遍，当 $1 \leqslant |\lambda| \leqslant r-1$ 时 $\kappa_0 = 1$，$\kappa_\lambda = 0$，且当 $|\lambda| = r$ 时 $\kappa_\lambda \neq 0$，我们称核 K 的阶数为 r。我们再次将核正态化，使其积分为 1，即 $\kappa_0 = \int K(v) dv = 1$。

思考 $m(x_0)$ 的局部线性（$p = 1$）估计。与之前类似，定义回归矩阵 $\mathbb{X}_i = (1, (X_i - x_0)')'$，$\mathbb{X} = (\mathbb{X}_1, \mathbb{X}_2, \cdots, \mathbb{X}_n)'$，$\mathbb{K} = \text{diag}(K_1, K_2, \cdots, K_n)$ 其中 $K_i = K_H(X_i - x_0)$。由于我们使用加权最小二乘回归估计 $m(x_0)$，解就可以写作

$$\hat{m}(x_0) = e_1' (\mathbb{X}' \mathbb{K} \mathbb{X})^{-1} \sum_{i=1}^n \mathbb{X}_i K_i Y_i = e_1' (\mathbb{X}' \mathbb{K} \mathbb{X})^{-1} \sum_{i=1}^n \mathbb{X}_i K_i (Y_i - m(X_i) + m(X_i))$$

式中，e_1 是首值为 1、其余为 0 的列向量。级数展开式为

$$= e'_1 (\mathbb{X}' \mathbb{K} \mathbb{X})^{-1} \left\{ \sum_{i=1}^n \mathbb{X}_i K_i (Y_i - m(X_i)) \right.$$

$$\left. + \sum_{i=1}^n \mathbb{X}_i K_i \left(m(x_0) + (X_i - x_0)' \frac{\partial m(x_0)}{\partial x} + (X_i - x_0)' \frac{1}{2} \frac{\partial^2 m(x_0)}{\partial x \partial x'} (X_i - x_0) + R_i \right) \right\}$$

其中 $\frac{\partial m(x_0)}{\partial x}$ 是一阶导数的 $q \times 1$ 向量，$\frac{\partial^2 m(x_0)}{\partial x \partial x'}$ 是二阶导数的 $q \times q$ 矩阵，R_i 是所有三阶和高阶导数乘以其各自高阶（交互）项 $X_i - x_0$ 的余项。我们现在可以看到一个 r 阶核将做什么：它将传递 $m(x_0)$（因为核积分为1），但它将所有进一步的加法项都变为零，直到我们达到泰勒展开式中的第 r 阶项。假设我们使用了一个最典型的 $r=2$ 阶核。由于 K_i 的支撑区间有界，当 x_0 为内点时，余项乘以 K_i 后的阶数为 $O(h_{\max}^3)$，其中 $h_{\max}$ 是带宽矩阵 H 的最大对角元素。运算后可得

$$= e'_1 (\mathbb{X}' \mathbb{K} \mathbb{X})^{-1} \left\{ \sum_{i=1}^n \mathbb{X}_i K_i (Y_i - m(X_i)) + m(x_0) \right. \tag{2.32}$$

$$\left. + \sum_{i=1}^n \mathbb{X}_i K_i \left(\sum_{1 \leqslant |\lambda| \leqslant k} \frac{1}{k!} \mathcal{D}^\lambda m(x_0) (X_i - x_0)^\lambda + R(x_0, X_i - x_0) \right) \right\} \tag{2.33}$$

其中如果 $m \in C^{k,\alpha}$，对某些 $0 < \alpha \leqslant 1$，$r \leqslant k$，则有 $|R(x_0, X_i - x_0)| \leqslant O(\|X_i - x_0\|_2^{k+\alpha})$。方括号内的第一项 $\{\cdots\}$ 表示估计量的方差，第二项表示预期数量，两个余项表示偏误。对于一维的 r 阶核函数，并为 $O(h^r)$ 阶，并包含所有的 r 阶偏导数，但不包含更低阶的偏导数。

请注意式(2.33)除以 n 可以近似为 X_i 上的期望值。然后，通过应用核函数的特征，所有带 $(X_i - x_0)^\lambda$ 的直到 $|\lambda| = r$ 的和的积分为零（不要忘了计算 $\mathbb{X}_n$ 中的那些）。那么你就可以为式(2.33)得到

$$\hat{m}(x_0) = e'_1 (\mathbb{X}' \mathbb{K} \mathbb{X})^{-1} f^{-1}(x_0) \begin{bmatrix} \frac{\kappa_r}{r!} \sum_{l=1}^q h_l^r \frac{\delta^r m(x_0)}{\delta^r x_l} \\ o(H^r \mathbf{1}_q) \end{bmatrix} \tag{2.34}$$

其中 $\mathbf{1}_q$ 是包含 q 个 1 的向量。

为了直观了解高阶核函数与局部线性估计量乘积的分母，让我们进一步研究 $\mathbb{X}' \mathbb{K} \mathbb{X}$，但仍然假设 $H = \text{diag}\{h_1, \cdots, h_q\}$ 以简化符号。在 $n \det(H) \to \infty$ 和 $H \to 0$ 的假设下两个矩阵对应位置元素相乘，我们可以证明在 $f(\cdot)$ 是 X 的联合密度，且 $r \geqslant 2$ 时，

$$\frac{1}{n} \mathbb{X}' \mathbb{K} \mathbb{X} = \frac{1}{n} \sum_{i=1}^n \mathbb{X}_i \mathbb{X}'_i K_i$$

$$= \begin{bmatrix} f(x_0) + O_p(h_{\max}^r) & h_1^r \frac{\kappa_r}{(r-1)!} \frac{\partial^{r-1} f(x_0)}{\partial x_1^{r-1}} + o_p(h_{\max}^r) & \cdots \\ h_1^r \frac{\kappa_r}{(r-1)!} \frac{\partial^{r-1} f(x_0)}{\partial x_1^{r-1}} + o_p(h_{\max}^r) & h_1^r \frac{\kappa_r}{(r-2)!} \frac{\partial^{r-2} f(x_0)}{\partial x_1^{r-2}} + o_p(h_{\max}^r) & \cdots \\ \vdots & \vdots & \ddots \end{bmatrix}$$
(2.35)

你可以把最后一个矩阵想象成 2×2 矩阵 $\begin{bmatrix} a & b \\ b' & c \end{bmatrix}$，其中 a 主要是点 x_0 处的密度 f，b 是与其 $(r-1)$ 次偏导数和 h^r 的乘积成比例的 q 维向量，c 与它的 r（全）阶（混合）导数的对称 $q\times q$ 矩阵成比例。这个矩阵集可以通过均方收敛来表示。让我们沿着 $(2,2)$ 元素来说明这一点。其他元素的导数也是类似的。对于 $x_0 = (x_{0,1}, x_{0,2}, \cdots, x_{0,q})$，我们得到

$$\frac{1}{n}\mathbb{X}'\mathbb{K}\mathbb{X} = \frac{1}{n\det(H)} \sum_{i=1}^n (X_{i1} - x_{0,1})^2 K(H^{-1}\{X_i - x_0\})$$

它的期望值是

$$E\left[\frac{1}{n}\mathbb{X}'\mathbb{K}\mathbb{X}\right] = \frac{1}{\det(H)} \int \cdots \int (z_1 - x_{0,1})^2 K(H^{-1}\{z - x_0\}) f(z) dz, \quad z = (z_1, \cdots, z_q)$$

通过变量变换 $u = H^{-1}(z - x_0) = (u_1, \cdots, u_q)'$ 和泰勒级数展开式

$$= \int \cdots \int (h_1 u_1)^2 K(u) f(x_0 + Hu) du$$

$$= \int \cdots \int (h_1 u_1)^2 K(u) \left\{ \frac{h_1^{r-2} u_1^{r-2}}{(r-2)!} \frac{\partial^{r-2} f(x_0)}{\partial u_1^{r-2}} + \frac{h_1^{r-1} u_1^{r-1}}{(r-1)!} \frac{\partial^{r-1} f(x_0)}{\partial u_1^{r-1}} + o_p(h_{\max}^r) \right\} du$$

$$= h_1^r \frac{\kappa_r}{(r-2)!} \frac{\partial^{r-2} f(x_0)}{\partial x_1^{r-2}} + o_p(h_{\max}^r)$$

为了实现收敛性，必须证明方差收敛到零的速度比 $h_{\max}^4$ 快。这就在我们观察 $(2,2)$ 元素时，给出了 $m(\cdot)$ 的一阶导数的一致估计量。我们有

$$\text{Var}\left[\frac{1}{n}\mathbb{X}'\mathbb{K}\mathbb{X}\right] = \frac{1}{(n\det(H))^2} \sum_{i=1}^n \text{Var}\left[(X_{i1} - x_{0,1})^2 K(H^{-1}\{X_i - x_0\})\right]$$

$$= \frac{1}{n\det^2(H)} E\left[(X_{i1} - x_{0,1})^2 K^2(H^{-1}\{X_i - x_0\})\right]$$

$$- \frac{1}{n\det^2(H)} E^2\left[(X_{i1} - x_{0,1})^2 K(H^{-1}\{X_i - x_0\})\right]$$

$$= \frac{1}{n\det(H)} \int (u_1 h_1)^4 K^2(u) f(x_0 + Hu) du$$

$$- \frac{1}{n} \left\{ \int (h_1 u_1)^2 K(u) f(x_0 + Hu) du \right\}^2$$

$$= O\Big(\frac{h_1^4}{n\det(H)}\Big) - O\Big(\frac{h_{\max}^{2r}}{n}\Big)$$

正如假设得那样，当 $n \cdot \det(H) \to \infty$ 且 $r \geqslant 2$ 时，方差收敛到零的速度甚至比 h_1^4 快。总之，均方收敛性已经得到证明，这意味着可以通过切比雪夫不等式在概率上收敛。最后，回想一下

$$\begin{bmatrix} a & b \\ b' & c \end{bmatrix}^{-1} = \frac{1}{ad-b^2}\begin{bmatrix} c & -b \\ -b' & a \end{bmatrix}$$

那么不难得出，

$$e'_1\Big(\frac{1}{n}\mathbb{X}'\mathbb{K}\mathbb{X}\Big)^{-1} = \frac{1}{f(x_0)}\begin{Bmatrix} 1+o_p(h_{\max}^r) \\ -\Big(\frac{\partial^{r-1}f(x_0)}{\partial x_1^{r-1}}\Big/\frac{\partial^{r-2}f(x_0)}{\partial x_1^{r-2}}\Big)\frac{(r-2)!}{(r-1)!} \\ \vdots \\ -\Big(\frac{\partial^{r-1}f(x_0)}{\partial x_d^{r-1}}\Big/\frac{\partial^{r-2}f(x_0)}{\partial x_d^{r-2}}\Big)\frac{(r-2)!}{(r-1)!} \end{Bmatrix}' + O(h_{\max}^r)$$

将其与式(2.34)相结合，我们就能得到偏误，并且通过类似的计算我们将得到更高阶核的多元局部线性估计量的方差。我们可以总结出以下结论：

定理 2.9 假设我们从满足假设(A1) $X_i \in \mathbb{R}^q$，$m: \mathbb{R}^q \to \mathbb{R}$ 的模型中得到一个样本 $\{X_i, Y_i\}_{i=1}^n$。然后，当 $x_0 \in \mathbb{R}^q$ 是 X 区间的内点时，$m(x_0)$ 的局部线性估计量 $\hat{m}(x_0)$ 具有多元对称 r 阶核($r \geqslant 2$)和带宽矩阵 $H = \mathrm{diag}\{h_1, \cdots, h_q\}$，使得 $n \to \infty$ 时 $h_{\max} \to 0$，$n\det(H) \to \infty$，则该估计量有如下偏误和方差

$$\mathrm{Bias}(\hat{m}(x_0)) = \frac{\kappa_r}{r!}\sum_{l=1}^q h_l^r \frac{\delta^r m(x_0)}{\delta x_l} + o(h_{\max}^r)$$

$$\mathrm{Var}(\hat{m}(x_0)) = \frac{\sigma^2(x_0)}{n\det(H)f(x_0)}\bar{\kappa}_0 + o\Big(\frac{1}{n\det(H)}\Big)$$

从上面的计算中我们至少可以得到三个想法：高维变量如何增加局部多项核回归的方差、渐近性能，以及高阶核如何减小局部线性回归的偏误。当 q 较大时，带有高阶核的局部线性估计比高阶局部多项式回归更容易实现。L_2 范数下 k 次连续可微回归函数 $m(x)$($x \in \mathbb{R}^q$)的非参数估计的最优收敛速度为

$$n^{-\frac{k}{2k+q}}$$

并且在 sup 范数(即一致收敛)下为

$$\Big(\frac{n}{\log n}\Big)^{-\frac{k}{2k+q}}$$

如前所述，收敛速度总是比参数$\sqrt{n}$速度慢，且随着维度$q=\dim(X)$（精确地说是X中的连续变量个数）增加而下降。这就是维数诅咒（curse of dimensionality），它反映出高维X的非参数回归变得更加难以执行；回想例2.10。有人可能会认为，最优速度随$m(x)$的连续导数的数目而增加，但只有当人们确实利用它时，例如通过k阶局部多项式或更高阶核函数，才能达到这个速度。如果k非常大，我们几乎可以得到参数速度$n^{-1/2}$。这在实践中意味着什么？简言之，它意味着如果k阶泰勒展开式很好地近似X的整个区间上的函数，那么可以选择趋于无限大的带宽，换言之，我们可以简单地取k阶多项式而忽略非参数估计。虽然这在理论上很清楚明了，对实践却没有什么帮助，因为首先我们不知道正确的k，其次我们可能不得不选择一个特别大的k，以至于会遇到数值问题（如局部多重共线性）。对于$q>1$，简单地取k阶多项式甚至是不方便的，因为所有的交互项都必须包括在内。

2.2.2 扩展：选择带宽、减小偏误、离散协变量和估计条件分布函数

在本节中，我们将保留式(2.23)中介绍的核的矩的定义和表示法。当我们有不同的核，比如L和K时，我们通过分别写成$\kappa_j(K)$和$\kappa_j(L)$以进一步区分矩。

选择带宽

你可以将带宽选择解释为对模型的调整：你避免了选择函数的具体形式，但平滑性的问题仍然存在。正如模型选择那样，一旦选择了带宽h（或矩阵H），后续推断将视其为给定的。即使它与纯非参数分析的逻辑相矛盾，这也是一种标准的做法，因为在随机数据自适应估计带宽基础上进行任何推断都往往过于复杂。实际上，我们还不清楚如果没有关于已经获得了正确的带宽的假设，我们是否还能进行有效的推断。[28]

为了简化说明过程，我们从具有二阶核的一维局部常数回归开始：$q=1$，$p=0$，$r=2$。实际上，如果我们的目标是最小化均方误差，那么定理2.6和2.7就说明了应该如何选择最优带宽。假设我们的目标是最小化渐近均方误差MSE$(\hat{m}(x_0))$。根据定理，Nadaraya-Watson估计量的MSE的一阶近似值为

---

[28] 在参数估计中，已有大量关于模型和变量选择的文献讨论了预先选定或检验后的有效推断问题。

$$\left\{\frac{h^2}{2f(x_0)}\kappa_2(m''(x_0)f(x_0)+2f'(x_0)m'(x_0))\right\}^2+\frac{\sigma^2}{nhf(x_0)}\bar{\kappa}_0$$

将此视为固定 n 的关于 h 的函数，通过改变 h 的值，找到在上式最小化的 i，此 h 即为最优带宽。该式的一阶条件为

$$\frac{h^3}{f^2(x_0)}\left(\kappa_2\{m''(x_0)f(x_0)+2f'(x_0)m'(x_0)\}\right)^2-\frac{\sigma^2}{nh^2f(x_0)}\bar{\kappa}_0=0$$

$$\Rightarrow h_{\text{opt}}=n^{-\frac{1}{5}}\left\{\frac{\sigma^2 f(x_0)\bar{\kappa}_0}{(\kappa_2\{m''(x_0)f(x_0)+2f'(x_0)m'(x_0)\})^2}\right\}^{\frac{1}{5}} \quad (2.36)$$

因此，在定理 2.6 或 2.7 的假设下，一维回归的最优带宽与 $n^{-\frac{1}{5}}$ 成正比。

不幸的是，非参数估计量的渐近性质在实际中对于选择特定数据集的带宽通常没有什么指导意义，因为包含许多未知项，而且对于你的样本量来说，"高阶项"可能仍然占主导地位或至少是重要地位。一种更通用的带宽选择方法是目前非常流行的交叉验证（cross-validation）（Stone，1974），它的目的是最大化样本外预测能力。如果平方损失函数（$=L_2$ 误差标准）被用于评估在特定点 x_0 处的 $m(x_0)$ 的估计量的表现，应选择带宽值 h 以最小化

$$E[\{\hat{m}(x_0;h)-m(x_0)\}^2]$$

此外，当使用单个带宽值来估计整个函数 $m(\cdot)$ 上的所有点时，我们希望选择（全局）带宽使得平均积分平方误差（mean integrated squared error, MISE）最小化，通常用密度函数 f 加权：

$$\text{MISE}(h;n)=\int E[\{\hat{m}(x;h)-m(x)\}^2]f(x)dx$$

在实践中，更常见的做法是使积分平方误差（integrated squared error）最小化

$$\text{ISE}(h;n)=\int\{\hat{m}(x;h)-m(x)\}^2 f(x)dx$$

因为这能为你的样本提供最优带宽，在寻找最小化平均 ISE（即独立于样本）的带宽的同时最小化了 MISE。由于 $m(x)$ 未知，在计算过程中，可用平均平方误差（average squared error, ASE）最小化来近似替代 ISE 最小化

$$\underset{h}{\text{argmin}}\frac{1}{n}\sum_{i=1}^{n}\{Y_i-\hat{m}(X_i;h)\}^2 \quad (2.37)$$

此式收敛于 $\int\{[m(x)-\hat{m}(x)]^2+\sigma^2(x)\}dF(x)$，而 $\sigma^2(x)$ 不依赖于 h。然而，从理论上不难证明这一标准必然失败。对它进行最小化会导致最终选择了过小的带宽值。例如，假设 X 中没有一个值被多次观察到。如果使用的核函数 h 很小、即紧支撑，那么 X_i 的局部邻域将只包含观测值 (Y_i,X_i)。由于估计量 $\hat{m}(X_i)$ 是

该邻域中 Y 观测值的加权平均值，$m(X_i)$ 的估计值就是 Y_i。因此，标准(2.37)建议设置 $h=0$ 并进行插值。为了避免这种情况，在估计 $m(X_i)$ 时，必须从样本中排除观测值 (Y_i, X_i)。相应的估计值 $\hat{m}_{-i}(X_i)$ 被称为"留一估计"（leave-one-out estimate），表示在样本 $\{(Y_j, X_j)\}_{j \neq i}$ 上的样本外预测。由此产生的刀切法（jackknife）交叉验证函数是

$$\text{CV}(h; n) = \sum_{i=1}^{n} \{Y_i - \hat{m}_{-i}(X_i; h)\}^2 \quad (2.38)$$

需要选择 h 以最小化式(2.38)。[29] 有许多不同的方法可以用来选择带宽，参见 Köhler, Schindler 和 Sperlich（2014）的综述。最有希望的似乎是将式(2.38)进行调整的办法，特别是所谓的 Do 验证（Do-validation）。

除了样本外预测验证，可以通过"惩罚"非常小的带宽值，来改良平均平方误差标准(2.37)以纠正向下偏误（交叉验证往往低估 $\hat{h}$）。这在思路上类似于参数回归中的"样本内"模型选择标准，该标准通过惩罚拥有大量系数的模型来体现自由度。学者们已经提出了各种经惩罚调整的交叉验证标准。一种被广泛使用的方法是所谓的广义交叉验证（generalised cross-validation）：对于数据点 $\mathbb{Y} = (Y_1, \cdots, Y_n)'$ 的一个线性平滑量是 $(\hat{Y}_1, \cdots, \hat{Y}_n)' = \mathbf{A}\mathbb{Y}$，其中 $\mathbf{A}$ 是 $n \times n$ 的所谓平滑或估计矩阵（hat, smoothing or projection matrix），设 a_{ii} 为 $\mathbf{A}$ 中的元素 (i, i)，广义交叉验证准则是

$$\text{GCV}(h) = \frac{1}{n} \frac{\|(I_n - \mathbf{A})\mathbb{Y}\|^2}{(\text{tr}(I_n - \mathbf{A}))^2} = \frac{1}{n} \frac{\sum_{i=1}^{n} \{Y_i - \hat{m}(X_i; h)\}^2}{\left\{\sum_{i=1}^{n} (1 - a_{ii})\right\}^2}, I_n \text{ 为恒等矩阵}$$

$$(2.39)$$

这一准则无须估计留一估计值。不过，当我们转向更复杂的估计量时，这里用来估计自由度的近似方法并不总是有效的。

在估计给定样本的不同位置 x 处的 $m(\cdot)$ 时，我们通常考虑单个带宽 h。然而，如果平滑窗口适应可得数据的密度分布，通过允许带宽随 x 变化[所谓的局部带宽函数 $h(x)$]，我们可能可以得出更精确的估计。其中一种方法是 kNN 回归。在 kNN 回归中，"局部带宽" $h(x)$ 就是正好使 k 个观测值落在平滑窗口中的

---

[29] 关于交叉验证带宽选择的性质，见 Härdle 和 Marron(1987)。

带宽,也就是说,只有最靠近 x_0 的 k 个值才能用来估计 $m(x_0)$。[30]

通常当 $\dim(X)>1$ 时,我们需要在不同的维度上进行平滑处理。这就需要选择 $q\times q$ 维的带宽矩阵 H(回想我们关于多元核平滑的介绍),矩阵也定义了核的空间属性,例如核的支撑区间是椭圆形的。为了更好地理解带宽矩阵加上多元核的作用,想象一下,为了确定接近程度,我们需要一个多维距离度量。一个常见的选择是马氏距离(Mahalanobis distance):$\sqrt{(X_i-x_0)Var^{-1}[X](X_i-x_0)'}$,它是 (X_i-x_0) 的二次型,由 X 的协方差矩阵的逆加权而成。更具体地说,它是给所有变量赋予可比标度(通过正态化)后得到的欧几里得距离。[31] 换言之,处理这种情况的最简单方法是预先缩放和转换 X_i 数据,使每个回归变量都满足方差为 1 和协方差为 0。这实际上是通过 Mahalanobis 变换 $\tilde{x}:=\widehat{Var}[X]^{-1/2}X$ 实现的,其中 $\widehat{Var}[X]$ 是协方差向量(通常是样本协方差)的方差-协方差矩阵的任何合理估计量;回想一下我们讨论过的配对匹配。请注意,由此所有回归项 $\tilde{X}$ 都在同一标度(标准差=1)上且互不相关。所以基本上用 $H:=h\cdot\widehat{Var}[X]^{1/2}$。于是,与积核结合,对所有维度使用一个单一的 h 值非常方便。[32]

应该指出的是,所有已知的选择 h 的方法——参考 Köhler, Schindler 和 Sperlich(2014)——都是针对最优化 $E[Y|\cdot]=m(\cdot)$ 的估计而构建的,这对于匹配或倾向得分处理效应的估计量而言不一定是最优的。应该如何选择它们的最优带宽这一问题尚未完全解决,但是 Frölich(2004) 和 Frölich(2005) 的结果表明,已经发明的用于估计 $E[Y|X=x]$ 的带宽选择器在这两种情况下可能也不会表现得太糟糕。

减小偏误

为了减小非参数回归估计的渐近偏误,人们提出了各种方法。不幸的是,这些方法大多具有理论吸引力,但在有限的样本中似乎并不能很好地起作用。然而,正如我们稍后将看到的,许多半参数回归估计量的偏误问题与此不同,因为

---

[30] kNN 和基于核的技术的基本区别在于,后者通过在 x_0 附近的固定大小为 $2h$ 的窗口中平滑数据来估计 $m(x_0)$,而前者在正好包含 k 个最近邻的随机空间中的平滑数据。此外,kNN 向所有邻近值分配相同的权重,就像一致核一样。

[31] 通常情况下,欧几里得距离被定义为当假设维度线性独立性时,每个维度中距离平方和的平方根。在我们的例子中,我们必须考虑跨越非直角空间的回归项的相关结构。

[32] 当其中一个回归项的最优带宽为无穷大时,一个重要的例外情况适用,例如 Nadaraya-Watson 回归的情况下,其中一个回归项与条件均值函数无关。然后必须为每个回归项使用单独的带宽,这样自动带宽选择器可以通过选择无限大的带宽来平滑无关变量,参见 Li 和 Racine(2007) 的第 2.2.4 节。

可以通过取均值来减小方差,而偏误则不能。因此,减小偏误对于获得更好渐近特性是至关重要的。

介绍局部多项式和高阶核时,我们已经看到了它们的减小偏误的特性,它们的偏误是 h^δ 的倍数,h 是带宽,δ 随多项式和/或核的阶数增加而增加。通常,应该选择平衡方差和平方偏误的带宽。然而,如果带宽矩阵收敛到零,使得平方偏误比方差更快趋于零,那么在进一步的推导中就可以忽略前者。这种偏误的减小是以较大的方差和较低的收敛速度为代价的,而我们通常愿意在半参数估计中付出此代价。此策略称为低平滑(undersmoothing),因为我们不像最小均方误差要求的那样完全平滑数据。但是,请注意,如果不进一步减小偏误(通过增加 p 或 r),低平滑方法将只适用于 $q \leqslant 3$(最多)的情形。

减小偏误的另一种方法基于"刀切法"(消除一阶偏误项)的思想。$q = \dim(X) = 1$ 的刀切法核估值量为

$$\tilde{m}(x_0) = \frac{\hat{m}(x_0;h) - \frac{1}{c^2}\hat{m}(x_0;c \cdot h)}{1 - \frac{1}{c^2}}$$

其中 $c > 1$ 是常数[③],$\hat{m}(x_0;h)$ 是带宽为 h 的核估计量,$\hat{m}(x_0;c \cdot h)$ 是带宽为 $c \cdot h$ 的估计量。该估计量背后的直觉如下:核估计量期望值的一阶近似值为

$$E[\hat{m}(x_0;c \cdot h)] = m(x_0) + \frac{c^2 h^2}{2 f(x_0)} \kappa_2 (m''(x_0) f(x_0) + 2 f'(x_0) m'(x_0))$$

把这项代入上述表达式可得 $\tilde{m}(x_0)$ 的偏误项皆为 3 阶或者更高阶。这对 $q=1$ 来说很容易实现,而其他情景则在现实中很少使用。

离散和连续回归量的组合

许多计量经济学应用既包括连续解释变量也包括离散解释变量。尽管这两种类型的回归量都可以通过选择适当的函数合并到参数估计中去,但它们也需要适用于定义了局部邻域的核函数 $K(v)$ 的距离矩阵。一种常用的纳入离散回归量 $x_{q_1+1}, \cdots, x_q$ 的方法是求局部线性模型(partial linear model,PLM),其形式为 $E[Y \mid X = x] = m(x_1, \cdots, x_{q_1}) + \sum_{j=q_1+1}^{q} \beta_j x_j$,其中 $m(\cdot)$ 仍然是非参数的,但只包含连续回归量。

[③] 例如,Pagan 和 Ullah(1999)中建议 $1 < c < 1.1$。

在 Aitchison 和 Aitken(1976)的研究基础上, Racine 和 Li(2004)开发了一个结合连续和离散回归量的混合乘积核函数。他们区分了三种类型的回归量: 连续的、按自然顺序离散(诞育的孩子的个数)和非自然顺序离散(公交车、火车、汽车)的回归量。假设 X 中的变量的排列使得前 q_1 个回归量是连续的,回归量 $q_{1+1}, \cdots, q_2$ 是自然顺序的离散变量,其余 $q - q_2$ 个回归量是非自然顺序的离散变量。然后计算得到 $(X_i - x)$ 处的核权重:

$$K_{h,\delta,\lambda}(X_i - x) = \prod_{l=1}^{q_1} K\left(\frac{X_{l,i} - x_l}{h}\right) \prod_{l=q_{1+1}}^{q_2} \delta^{|X_{l,i} - x_l|} \prod_{l=q_{2+1}}^{q} \lambda^{\mathbb{I}\{X_{l,i} \neq x_l\}} \quad (2.40)$$

其中, $X_{l,i}$ 和 x_l 分别表示 X_i 和 x 的第 l 个元素, K 是一个标准(即与以前一样)核,其带宽为 h, δ 和 λ 是正的平滑参数,满足 $0 \leqslant \delta, \lambda \leqslant 1$。这个核函数 $K_{h,\delta,\lambda}(X_i - x)$ 通过三个部分测量 X_i 和 x 之间的距离:第一项是连续回归量的标准积核, h 定义了局部邻域的大小。第二项度量自然顺序离散回归量之间的距离,并给距离较窄的观测值分配几何递减权重。第三项度量非自然顺序离散回归量之间的(不)匹配度。因此, δ 控制自然顺序离散回归量的平滑度, λ 则控制非自然顺序离散回归量的平滑度。例如,如果 X_i 和 x 的最后一个元素相同,则最后一个回归量的乘法权重就为 1,如果它们不同,乘法权重就为 λ。 δ 和/或 λ 越大,离散回归量的平滑度越高。如果 δ 和 λ 均为 1,则离散回归量不会影响核权重,且非参数估计量将在离散回归量上"全局平滑"。另一方面,如果 δ 和 λ 均为零,则平滑将仅在离散回归量定义的每个单元内进行,而不是在它们之间进行。如果 X 不包含连续回归量,那么将应用频率估计量, Y 由每个单元内观测值的平均值进行估计。因此, δ 和 λ 在 0 和 1 之间的任何值都对应于离散回归量上的某种平滑。需要注意

$$\prod_{l=1}^{q} \lambda^{\mathbb{I}\{X_{l,i} \neq x_l\}} = \lambda^{\sum_{l=1}^{q} \mathbb{I}\{X_{l,i} \neq x_l\}}$$

可以发现,非自然顺序离散回归量的权重贡献仅取决于 λ 以及 X_i 和 x 之间不同的回归量的个数。Racine 和 Li(2004)基于此混合核函数分析了 Nadaraya-Watson 回归,并通过交叉验证得出了其带宽的渐近分布。

原则上不是只能对所有回归量使用三个带宽值 h、δ、λ,而是可以对每个回归量使用不同的带宽。但这将大大增加带宽选择的计算负担,并可能由于这些平滑参数的估计而导致额外的噪声。然而,如果解释变量过于迥异,就可以按相似度对回归量进行分组,然后为每组分配一个单独的平滑参数。特别是如果自然顺序离散变量的变化范围很大,则应区分变化范围很大的变量与变化范围很小的变量。换言之,不同变量应被带到同一(或可比较)标度(scale)的规则不仅适

用于连续回归量,也适用于离散回归量。这可以解释为什么对所有回归量使用相同的 h 和 $\lambda\delta$。

另一种"解决方案"是对自然顺序离散回归量和连续回归量使用相同的核函数 K,并将它们一起旋转,使它们变成正交的(通过带宽选择部分中建议的 Mahalanobis 变换)。没有数学原理能解释为什么几何递减的核权重提供了一个更好的加权函数,因此,在实践中,可以使用以下核函数代替(2.40):

$$K_{h,\lambda}(X_i - x) = \prod_{l=1}^{q_1} K\left(\frac{X_{l,i} - x_l}{h}\right) \prod_{l=q_1+1}^{q} \lambda^{\mathbb{I}\{X_{l,i} \neq x_l\}} \quad (2.41)$$

其中,回归量 $1,\cdots,q_1$ 包含连续变量和自然顺序的离散变量。实践中的一个重要问题是非自然顺序离散回归量中的信息如何进入局部模型,例如当所有变量都使用相同的 λ 值时。

例 2.11 假设我们有两个非自然顺序的离散回归量:性别和地区,其中地区取值$\{1=北方,2=南方,3=东方,4=西方,5=东北,6=西北,7=东南,8=西南\}$。虚拟变量"性别"可以用 PLM 或式(2.41)中的一个回归量表示,但地区变量的表示方法就比较困难了。首先,将地区信息包含在 PLM 的一个回归量中没有意义,因为值 1 到 8 没有逻辑意义。事实上,我们将使用七个虚拟变量来表示不同的地区。然而,当运用核函数(2.41)来表示地区时,可以只使用一个回归变量。但如果我们使用了七个虚拟变量,那么"地区"的有效核权重将是 λ^7,而性别的核权重只是 λ。原因是,如果两个人 i 和 j 住在不同的地区,那么他们在所有七个地区性虚拟变量上的值都会不同。因此,地区隐含的带宽要比性别小得多。这就要求我们对地区和性别使用单独的平滑参数 λ_1、λ_2,或者根据相应的虚拟变量的数量对其进行重新缩放。

估计条件分布函数

当然我们有很多种方法可以对密度或累积分布函数(cdf)进行非参数(核)估计。鉴于我们迄今为止对非参数回归的了解,在此阶段引入密度或累积分布函数的估计量的最简便方法是将它们当作非参数回归的特殊情况来推导。

首先回忆一下,无条件累积分布函数的标准非参数估计量是经验分布函数

$$\hat{F}(y) = \hat{E}[\mathbb{I}\{Y \leqslant y\}] = \frac{1}{n}\sum_{i=1}^{n} \mathbb{I}\{Y_i \leqslant y\} \quad (2.42)$$

如前,引入核权重以控制 x,得到

$$\hat{F}(y \mid x) = \hat{E}[\mathbb{I}\{Y \leqslant y\} \mid x] = \frac{1}{n} \sum_{i=1}^{n} \mathbb{I}\{Y_i \leqslant y\} \frac{K_h(X_i - x)}{\frac{1}{n} \sum_{j=1}^{n} K_h(X_j - x)}$$
(2.43)

这只是 $E[\mathbb{I}\{Y \leqslant y\} \mid x]$ 的 Nadaraya-Watson 估计量。或者我们也可以取 $E[\mathbb{I}\{Y \leqslant y\} \mid x]$ 的任一局部多项式估计量。按照上述相同的步骤,对于 $\dim(x)=1, r=2$ 的二阶核函数,我们将得到偏差 $h^2 \frac{\overline{\kappa}_2}{2} F''(y \mid x)$ 和方差 $\frac{\overline{\kappa}_0}{nh} \frac{(1-F(y \mid x))F(y \mid x)}{f(x)}$ 的局部线性估计量。对于 $\dim(x)>1$ 和/或 $r>2$ 阶核,这些公式必须修正到类似定理 2.9 的偏差和方差。

对于条件密度 $f(y \mid x)$,我们可以取 $\hat{F}(y \mid x)$ 相对于 y 的导数。然而,更直接的回归方法是首先注意,对于核 L 而言,$E[L_\delta(Y-y)] \xrightarrow{\delta \to 0} f(y)$ [34],相应地 $E[L(\delta(Y-y)) \mid x] \xrightarrow{\delta \to 0} f(y \mid x)$。用权重 $K_h(X_i - x)$ 对 $E[L_\delta(Y-y) \mid x]$ 进行局部线性最小二乘估计可得,

$$\min_{\beta_0, \beta_1} \frac{1}{n} \sum_{i=1}^{n} \{L_\delta(Y_i - y) - \beta_0 - \beta_1(X_i - x)\}^2 K_h(X_i - x) \quad (2.44)$$

当 $\beta_0 = \hat{f}(y \mid x)$ 时,只要 h 和 δ 趋于零,就有偏差

$$\frac{h^2 \kappa_2(K)}{2} \frac{\partial^2 f(y \mid x)}{\partial x^2} + \frac{\delta^2 \kappa_2(L)}{2} \frac{\partial^2 f(y \mid x)}{\partial y^2}$$

和方差(仍是对于 $q=1$ 和二阶核 L, K)

$$\frac{1}{nh\delta} \overline{\kappa}_0(K) \cdot \overline{\kappa}_0(L) \frac{f(y \mid x)}{f(x)}$$

更直接的方法是回忆 $f(y \mid x) = f(y,x)/f(x)$,并推导出 $f(y,x)$ 和 $f(x)$ 的标准核密度估计量。这实际上将导致估计量与 $E[L_\delta(Y-y) \mid x]$ 的局部常数估计量相同。

2.2.3 半参数回归简介

有许多不同的方法可以引入半参数模型。从纯粹统计的角度来看,显然任何统计效率的提高都依赖于模型附加信息(尤其是函数形式)的使用。人们还可以加入额外的假设和限制。然而,这些都应该能够以某种方式被证明是合理的,

---

[34] 这实际上更接近"核"的原始概念,而不是它们作为权重函数使用的含义。

而这正是经济学（或计量经济学）理论的切入点。这些可能是关于效应的可分离性、单调性或函数形式的信息。此外，如果响应变量是离散的，例如二元响应变量，那么显然，我们希望使用特定的条件分布，例如二元变量的（局部）logit 或 probit 模型以及用于计数的 Poisson 模型。任何关于可分离性或函数形式的信息都有助于减少甚至克服维数诅咒。例如，在非参数和半参数统计中，广义可加模型不受此诅咒的影响，而是允许我们以最优一维速度估计每个分离的分量。我们在这里首先从局部线性估计量推广到局部参数回归。稍后我们将看到如何通过引入半参数结构来结合局部 logit 或 probit 和降维方法以估计处理效应。

一些典型的半参数模型

如前所述，由于高维数据的稀疏性，当 $\dim(X)$ 较大时，较大带宽就是必需的。之所以产生维数诅咒是因为这些高维回归空间中的数据极为稀疏，导致基本所有的邻域都几乎是空的。即使大多数回归因子是离散的，例如是二元的，集合的数量仍然会激增，导致许多空的集合。估计 $m(x)$ 将需要对观测值进行外推，这些观测值不如低维回归中那样接近。在有限的样本中，非参数回归不是关于在小的局部邻域中取平均值的问题，而是在大邻域中对数据取不同权重的问题。因此，选择所使用的参数超平面变得更加重要，因为有限样本的回归将很大程度上依赖局部外推法。（即在位置 x_0，大多数数据点可能相对较远，因此局部模型可用于内推和外推。）

例 2.12 Nadaraya-Watson 回归表现不佳的原因是其对协变量信息的使用有限，这些信息仅包含在核函数的距离度量中，而不包含在外推平面中。考虑一个简单的例子，其中只观察到两个二元 X 特征：性别（男性/女性）和专业素质（熟练/非熟练），且两者都设定为 0—1 变量。我们的目的是估计预期工资。假设熟练男性工人集合里没有观测值。$h>1$ 时，熟练男性工人的预期工资的 Nadaraya-Watson 估计量将是非熟练男性工人、熟练女性工人和非熟练女性工人的实际工资的加权平均值，因此熟练男性工人的预期工资将低于熟练女性工人，这与理论和现实都不符。$h<1$ 时，Nadaraya-Watson 估计量不适用于熟练男性，因为单元区间是空的，并且有界核与 $h<1$ 赋予所有观测值零权重。现在，如果预先假设熟练工人的工资比非熟练工人的工资高，而男性工人的工资高于女性工人，那么单调的"加法"外推法将比简单地对邻域观测值取平均值（即使对较远的观测值赋予更低权重）更为充分。在这种情况下，线性外推法（例如局部线性回归）将更

为合适,它能够把不同性别的工资差异和由技能水平导致的工资差异相加,以估计熟练男性工人的预期工资。尽管线性形式并不能真实刻画熟练男性工人的预期工资,但它仍然比 Nadaraya-Watson 回归的外推平面更接近真实回归形状。此时经济理论中的先验假设对于选择一个合适的参数超平面是有用的,它使得我们可以更彻底地结合协变量信息以获得更好的外推。

直接将局部线性回归推广到局部参数估计量似乎是我们所困惑的问题的自然答案。此外,如果我们把局部线性(或更一般地说,局部参数)估计量看作核加权最小二乘,那么通过结合核函数与参数极大似然估计量,同样可以很好地将估计量局部化。下面我们将首先介绍这些半参数估计量。然而这样做并不一定能减轻维数诅咒,如果不在核函数内部使用设定的参数结构的话。因此,学者提出了其他模型和方法。其中,最流行的是部分线性模型(PLM),见 Speckman(1988):

$$E[Y \mid X = x] = x'_1\beta + m(x_2), x' = (x'_1, x'_2) \in I\!R^{q_1+q_2}, \beta \in I\!R^{q_1} \quad (2.45)$$

其中 x_1 包含所有的虚拟变量和那些因某种原因对最终结果产生线性影响的协变量。虽然该方法包含非参数估计,我们通常还是可以在参数收敛速度 $\sqrt{n}$ 下估计 β。[35] 此外,加法部分线性模型(additive partial linear model)也非常流行,参考 Hastie 和 Tibshirani(1990):

$$E[Y \mid X = x] = x'_1\beta + \sum_{\alpha=q_1+1}^{q} m_\alpha(x_\alpha)$$

$$x' = (x'_1, x_2, \cdots, x_q) \in I\!R^{q_1+q_2}, \beta \in I\!R^{q_1}, x_\alpha \in I\!R \, \forall \, \alpha > q_1 \quad (2.46)$$

其优点是在使用适当的估计量时,每个可加分量 m_α 都可以以最优的一维非参数收敛速度进行估计。换言之,此模型克服了维度诅咒。单指数模型(single index model)也可以实现这一点,参考 Powell, Stock 和 Stoker(1989)或者 Härdle, Hall 和 Ichimura(1993):

$$E[Y \mid X = x] = G(x'\beta), x, \beta \in I\!R^q, G: I\!R \to I\!R \, \text{未知} \quad (2.47)$$

这是广为人知的广义线性模型的一个推广,但允许联结函数 G 的形式未知。在某些正则假设下,可以在最优参数速度下估计 β,在最优一维非参数收敛速度下估计 G。参数线性模型的一个不那么流行但相当有趣的推广是变系数模型(varying coefficient model),参考 Cleveland, Grosse 和 Shyu(1991):

---

[35] 要求有关于 m 的平滑性、X 的分布、x_2 的维数等的一组假设。

$$E[Y \mid X = x] = x'_1 \beta(x_2), x' = (x'_1, x'_2) \in I\!R^{q_1+q_2}, \beta(\cdot) : I\!R^{q_2} \to I\!R^{q_1} \text{非参数}$$
(2.48)

它有多种改良形式。例如，$\beta(\cdot)$ 的所有系数可能取决于 x_2 的所有协变量，或者每个系数仅取决于某个特定的子集。某些协变量可以构成 x_1 和 x_2 的一部分。向量函数 β 中的每一个元素都可以用与其参数维数相对应的最优收敛速度来估计。

我们在这里没有列出这些模型的所有组合或参数扩展，例如在方程右侧包含 Y 的参数变换或参数（即已知形式的）联结函数。如果想了解这些扩展和相关文献，请参阅本章末尾的"进一步阅读"部分。

下面我们将详细推导局部参数估计量，然后介绍部分线性回归的主要思想，最后讨论半参数估计量的有效边界。在之后的章节中，我们将看到非参数回归、半参数估计参数以及有效边界的广泛应用。

局部参数和局部似然回归

局部参数估计首先要指定一类参数函数

$$g(x, \theta_x) \tag{2.49}$$

其中函数 g 已知，但系数 θ_x 未知，需用此局部模型对 x 的邻域上的数据进行拟合。然后，回归函数 $m(x)$ 的估计为

$$\hat{m}(x) = g(x, \hat{\theta}_x)$$

应根据经济学理论选择函数 g，并考虑结果变量 Y 的性质。

例 2.13 如果 Y 是二元变量，或 Y 只取 0 到 1 之间的值，那么就非常适合使用局部 logit 模型，即

$$g(x, \theta_x) = \frac{1}{1 + e^{\theta_{0,x} + x'\theta_{1,x}}}$$

其中 $\theta_{0,x}$ 是常数，$\theta_{1,x}$ 表示 x 中回归量的其他系数。与局部线性模型相比，这种局部 logit 设定的优势在于，所有 $\hat{m}(x)$ 值都自动介于 0 和 1 之间。此外，它还可能有助于减少有限样本中局部线性回归的高变异性（variability）。

选择函数 g 时，还应考虑到真实函数 m 的其他可预期的性质，如凸性或单调性。然而，这些性质仅当函数 g 在位置 x 处时局部成立。这些特征并不意味着 $\hat{m}(\cdot)$ 需在 x 的整个支撑区间是凸的或单调的。原因是在每个 x 的位置处都需要重新估计系数 θ_x：对于两个不同的 x_1 和 x_2，函数估计为 $g(x_1, \hat{\theta}_{x_1})$ 和

$g(x_2,\hat{\theta}_{x_2})$,其中不仅 x 发生变化,$\hat{\theta}_x$ 也发生了变化。㊟

注意,识别出的局部系数 θ_x 可能不是唯一的,尽管 $g(x,\hat{\theta}_x)$ 可能仍然是唯一的。例如,如果某些回归量是共线性的,那么 θ_x 就不唯一,但所有的解都导向相同的 $g(x,\hat{\theta}_x)$ 值。Gozalo 和 Linton(2000)对此进行了详细讨论。

有几种方法可以估计局部模型。局部最小二乘回归将局部系数 θ_x 的向量估计为

$$\hat{\theta}_x = \underset{\theta_x}{\operatorname{argmin}} \sum_{i=1}^{n} \{Y_i - g(X_i,\theta_x)\}^2 \cdot K(X_i - x) \tag{2.50}$$

用局部似然回归(参考 Tibshirani 和 Hastie,1987 以及 Staniswalis,1989)可以将 $\hat{\theta}_x$ 估计为

$$\hat{\theta}_x = \underset{\theta_x}{\operatorname{argmax}} \sum_{i=1}^{n} \ln L(Y_i, g(X_i,\theta_x)) \cdot K(X_i - x) \tag{2.51}$$

其中 $L(Y_i,g(X_i,\theta_x))$ 是观测值 (Y_i,X_i) 的似然分布。显然,应用对数似然方法时,我们必须指定一个似然函数和局部模型,其中包含了局部误差项的推测性质。与在参数估计中一样,如果误差服从正态分布,则式(2.51)中的似然函数与式(2.50)的最小二乘法的相同。如果 Y 是二元变量,使用伯努利随机变量的似然函数更合适。虽然两种方法的渐近非参数结果通常是相同的,但当模型更接近真实的数据生成过程时,有限样本的性能会得到改善。

带宽 h 决定了加权核函数的局部邻域大小。若 h 趋于无穷大,则局部邻域变宽,局部估计趋于全局参数估计。从这个意义上讲,每个参数模型都可以嵌套在相应的半参数模型中。全局参数回归假设条件期望函数的形状是已知的并且已被正确地设定。而局部参数回归仅局部地设定 $g(\cdot)$ 函数,即局部参数回归仅作为在有限样本中更好地外推的一种工具。

将一阶导数设置为零,可以估计出局部最小二乘式(2.50)和局部似然式(2.51)。因此对于某些由一阶条件定义的函数 Ψ,它们可以写成

$$\sum_{i=1}^{n} \Psi(Y_i, g(X_i,\theta_x)) \cdot K(X_i - x) = 0 \tag{2.52}$$

因此,它们也可以嵌入局部方程估计的框架(Carroll, Ruppert 和 Welsh,1998),

㊟ 请注意,当人们对一阶导数感兴趣时,有两种不同的估计方法:要么用 $\partial \hat{m}(x)/\partial x$ 估计,要么从模型内部通过 $\partial g(x,\hat{\theta}_x)/\partial x$ 估计。这些是不同的估计量,可能有不同的性质。例如,当使用局部 logit 模型时,一阶导数 $\partial g(x,\hat{\theta}_x)/\partial x$ 总是在 0 与 0.25 之间,然而 $\partial \hat{m}(x)/\partial x$ 不受限制,可以取 $-\infty$ 与 ∞ 之间的任何值。

这可以被视为更一般化设置下的局部 GMM 估计。[37]

Gozalo 和 Linton(2000)在相当一般化的假设下说明了这些估计量的一致性。我们可以将其简单概括为：用于局部线性回归的假设必须包含关于准则函数(criterion function)的表现和(唯一)解 $\hat{\theta}_x$ 的存在性的假设。当"真实"向量[38]θ_x^0 被唯一确定时，渐近正态性就能成立。这同样取决于所应用的正则假设。

参考 Carroll,Ruppert 和 Welsh(1998)，另一个有趣的结果是，进行适当的再参数化时，渐进理论与局部多项式回归的结果非常相似。再参数化是必要的，否则向量 θ_x 的一些(或全部)元素将包含(渐近)不同阶 l 的导数 m^l，也包括 0 阶导数，即函数 $m(\cdot)$。适当进行再参数化有助于分离不同收敛速度的项，使它们的得分相互正交。例如，我们希望在给定不同收敛速度的独立估计值条件下，$\theta_{0,x}^0$ 只包含 $m(x)$，而 $\theta_{1,x}^0$ 只包含 $m(x)$ 的梯度，且 $\theta_{1,x}^0$ 得分与 $\theta_{0,x}$ 的得分正交。典范的参数设置(canonical parametrisation)方式就是 $\theta_{0,x}^0 = m(x)$ 和 $\theta_{1,x}^0 = \nabla m(x)$。为了从 $g(\cdot)$ 的原始参数设置中得到将使用于式(2.52)的典范设置，我们寻找一个解 $g(X_i,\gamma)$，使得偏微分方程组 $g(x,\gamma) = \theta_{0,x}$，$\nabla g(x,\gamma) = \theta_{1,x}$ 成立，其中 γ 依赖于 θ 和 x。根据泰勒展开，最终正交典范参数设置由 $g(X_i - x, \gamma)$ 给出，可参考下面的例子。

例 2.14 对于指数模型，如例 2.13，如果我们使用 $F\{\theta_{0,x} + \theta'_{1,x}(X_i - x)\}$，事实上就已经给出了正交的再参数化设置。但式(2.52)中将使用的典范参数设置的形式要复杂得多，即

$$F\left\{F^{-1}(\theta_{0,x}) + \theta'_{1,x}(X_i - x)/F'\{F^{-1}(\theta_{0,x})\}\right\}$$

通过这样的设定，我们可以得出一维情形下，在式(2.50)中使用二阶核的偏误

$$E[\hat{m}(x) - m(x)] = \frac{1}{2}\kappa_2 h^2 (m''(x) - g''(x, \theta_x^0)) \tag{2.53}$$

其中 θ_x^0 在期望上满足式(2.52)。局部线性估计量的偏误是 h^2 阶的。此外，偏误不再与 m'' 成正比而与 $m'' - g''$ 成正比。当局部模型为线性时，g'' 为零，所得结果与局部线性回归的结果一致。如果使用另一个不同的局部模型，那么偏误将小

---

[37] 局部最小二乘法、局部似然法和局部估计方程本质上是等价的方法。然而，与局部估计方程相比，局部最小二乘法和局部似然法在实际应用上具有优势，它们可以通过目标函数的值来区分目标函数的多个最优值，而局部估计方程对这些最优值不加区分。

[38] 这是指渐近准则函数的解。

于局部线性模型的偏误,如果

$$|m''(x) - g''(x, \theta_x)| < |m''(x_0)|$$

因此,即使我们采用非参数方法,预先获得关于局部回归形状的知识也是有帮助的,特别是有利于减少偏误。如果使用的预先假设是正确的,偏误将更小。如果使用了错误的假设,估计仍然是一致的但会有更大的偏误。重要的是,方差的一阶项是 $(nh)^{-1}\bar{\kappa}_0 \sigma^2(x_0) f^{-1}(x_0)$。因此,回归估计量 $\hat{m}(x)$ 的渐近方差(在第一阶)独立于所使用的参数模型,因此与局部多项式估计量的方差相同。

例 2.15 回想例 2.13,其中 Y 为二元变量,函数 $g(\cdot)$ 为 logit 模型。二次扩展式就是

$$\frac{1}{1 + e^{\theta_{0,x} + (X_i - x)'\theta_{1,x} + (X_i - x)'\theta_{2,x}(X_i - x)}}$$

其中 $\theta_{2,x}$ 还包含混合项的系数,即局部交互项的系数。这种带有二次扩展式的局部 logit 设定的优点是可以减小偏误,但需要更多的假设,且计算更困难。事实上,带有二阶核的偏误为 h^3 阶,方差不变。

诚然,由于还需对局部参数模型进行进一步的限制,到目前为止,我们的讨论是比较粗略的。如果局部模型是局部常数模型,那么我们就应该得到与 Nadaraya-Watson 回归相同的结果,以至于无法应用式(2.53)。大致上,如果 g 中系数的个数等于 X 中回归量的个数加 1(排除了局部常数函数情况),就可以应用式(2.53)。在我们详细解释局部 logit 估计量之前,我们大致可以总结出 $\dim(X) = q$ 和阶 $(K) = r$ 时,有以下定理:

定理 2.10 在局部线性回归的假设(以及关于准则函数的一些附加假设,参见 Gozalo 和 Linton,2000)下,对于 X 的区间内的所有内点 x,核阶 $r \geq 2$,局部参数估计量(local parametric estimator),即式(2.50)的解,与下式是均匀一致的:

$$\sqrt{nh^q}\{g(x, \hat{\theta}_x) - m(x)\} \to N\left(c_h \frac{1}{r!}\kappa_2(K) \sum_{l=1}^{q}\{m_l^{(r)}(x) - g_l^{(r)}(x, \theta_x^0)\}, \bar{\kappa}_0(K)\frac{\sigma^2(x)}{f(x)}\right)$$

其中 θ_x^0 如前,$m_l^{(r)}$ 和 $g_l^{(r)}$ 是 R 阶偏导数,$f(\cdot)$ 是 X 的密度,$\sigma^2(x)$ 是 Y 的条件方差,$c_h = \lim_{n \to \infty} h^r \sqrt{nh^q} < \infty$。

局部 logit 估计:局部似然的一个例子

因为局部 logit 估计量与处理效应估计中的倾向估计特别相关,下面我们就

来仔细看看此估计量。Loader(1999b)概述了结合似然估计的局部回归。在例 2.13 和 2.14 中,我们已经讨论了局部 logit 情形和一个简单的正交参数化,我们将在下面使用它们。为了便于表示,我们可以假设核函数是 r 阶的积核。将位置 x_0 处局部 logit 回归的对数似然值定义为

$$\ln L(x_0, a, b) = \frac{1}{n} \sum_{i=1}^{n} \{Y_i \ln \Lambda(a + b'(X_i - x_0)) + (1 - Y_i) \ln(1 - \Lambda(a + b'(X_i - x_0)))\} \cdot K_i$$

其中,$\Lambda(x) = \frac{1}{1+e^{-x}}$,$K_i = K_h(X_i - x_0)$。我们将用 $\Lambda'(x)$,$\Lambda''(x)$,$\Lambda^{(3)}(x)$ 等表示 $\Lambda(x)$ 的导数,且注意 $\Lambda'(x) = \Lambda(x) \cdot (1 - \Lambda(x))$。设 $\hat{a}$ 和 $\hat{b}$ 使 $\ln L(x_0, a, b)$ 最大化,a_0 和 b_0 使似然函数 $E[\ln L(x_0, a, b)]$ 的期望值最大化。请注意,我们只对 $\hat{a}$ 感兴趣,包含 $\hat{b}$ 只是为了实现一个众所周知的性质,即如果在局部近似中包含不止一个常数项,则局部似然或局部估计方程将表现得更好。我们用 $\hat{m}(x_0) = \Lambda(\hat{a})$ 估计 $m(x_0)$。为了清楚起见,我们也可以写成 $\hat{m}(x_0) = \Lambda(\hat{a}(x_0))$,因为 $\hat{a}$ 的值随 x_0 的变化而变化。同样,a_0 是 x_0 的函数,即 $a_0 = a_0(x_0)$。这同样适用于 $\hat{b}(x_0)$ 和 $b_0(x_0)$。大多数时候,我们抑制这种依赖性以简化符号,并将关注点放在特定 x_0 的性质上。

在下面的内容中,我们还将看到 $\Lambda(a_0(x_0))$ 在 $O(h^r)$ 及之前的项上都与 $m(x_0)$ 相同。为了证明这一点,我们需要注意由于似然函数是全局凸的,因此需将一阶条件设置为零以获得最大化解。通过 $(1 + \dim(X))$ 矩条件,可以模糊地定义 $a_0(x_0)$ 和 $b_0(x_0)$ 的值

$$E\left[(Y_i - \Lambda(a_0 + b_0'(X_i - x_0))) \begin{bmatrix} 1 \\ X_i - x_0 \end{bmatrix} K_i\right] = 0$$
$$\Leftrightarrow E\left[(m(X_i) - \Lambda(a_0 + b_0'(X_i - x_0))) \begin{bmatrix} 1 \\ X_i - x_0 \end{bmatrix} K_i\right] = 0 \quad (2.54)$$

我们在这里用到了向量形式。

下面我们来看看一阶矩条件,因为由此我们将得出 a_0 的估计值,进而得出回归估计函数 $\Lambda(\hat{a}_0)$,而其他条件是确定梯度或 b_0 所必需的,即 a_0 的一阶导数的向量。我们得到

$$0 = \int (m(X_i) - \Lambda(a_0 + b_0'(X_i - x_0))) \cdot K_i \cdot f(X_i) dX_i$$
$$= \int (m(x_0 + uh) - \Lambda(a_0 + b_0'uh)) K(u) f(x_0 + uh) du$$

其中 $u = \dfrac{X_i - x_0}{h}$。假设 m 是 r 次可微,且核是 r 阶的,通过泰勒展开式,我们可以得到

$$\{m(x_0) - \Lambda(a_0)\}f(x_0) + O(h^r) = 0,\text{ 故有 } m(x_0) = \Lambda(a_0) + O(h^r)$$

结合前面的结果,就有

$$\hat{m}(x_0) - m(x_0) = \Lambda(\hat{a}(x_0)) - \Lambda(a_0(x_0)) + O_p(h^r)$$

并通过 $\Lambda(a_0)$ 附近的 $\Lambda(\hat{a})$ 泰勒展开式,有

$$\hat{m}(x_0) - m(x_0) = \{\hat{a}(x_0) - a_0(x_0)\} \cdot \Lambda'(a_0(x_0)) \cdot \{1 + o_p(1)\} + O_p(h^r) \tag{2.55}$$

现在我们详细研究 $\hat{a}$。我们用 β_0 表示 $(a_0, b_0')'$,用 $\hat{\beta} = (\hat{a}, \hat{b}')'$ 表示其估计值,并设置 $\mathbb{X}_i = (1, (X_i - x_0)')'$。此估计量的一阶条件为

$$\begin{aligned}
0 &= \sum_{i=1}^n \{Y_i - \Lambda(\hat{\beta}'\mathbb{X}_i)\}K_i\mathbb{X}_i' \\
&= \sum_{i=1}^n (Y_i - \Lambda(\beta_0'\mathbb{X}_i) - \Lambda'(\beta_0'\mathbb{X}_i)(\hat{\beta} - \beta_0)'\mathbb{X}_i \\
&\quad - \Lambda''(\beta_0'\mathbb{X}_i) \cdot (\hat{\beta} - \beta_0)'\mathbb{X}_i\mathbb{X}_i'(\hat{\beta} - \beta_0) - O_p(\|\hat{\beta} - \beta_0\|^3))K_i\mathbb{X}_i'
\end{aligned}$$

参见泰勒展开。我们可进一步得出

$$\begin{aligned}
\hat{\beta} - \beta_0 &= \left(\sum_{i=1}^n \{\Lambda'(\beta_0'\mathbb{X}_i) + \Lambda''(\beta_0'\mathbb{X}_i)\mathbb{X}_i(\hat{\beta} - \beta_0)' + O_p(\|\hat{\beta} - \beta_0\|^2)\}\mathbb{X}_i\mathbb{X}_i'K_i\right)^{-1} \\
&\quad \times \sum_{i=1}^n (Y_i - \Lambda(\beta_0'\mathbb{X}_i))K_i\mathbb{X}_i
\end{aligned}$$

因为我们只对 $\hat{a}$(而不是 $\hat{b}$)感兴趣,所以我们写出下式:

$$\begin{aligned}
\hat{a} - a_0 &= e_1'\left(\dfrac{1}{n}\sum_{i=1}^n \{\Lambda'(\beta_0'\mathbb{X}_i) + \Lambda''(\beta_0'\mathbb{X}_i)\mathbb{X}_i(\hat{\beta} - \beta_0)'\right. \\
&\quad \left. + O_p(\|\hat{\beta} - \beta_0\|^2)\}\mathbb{X}_i\mathbb{X}_i'K_i\right)^{-1} \\
&\quad \times \dfrac{1}{n}\sum_{i=1}^n (Y_i - \Lambda\{a_0 + b_0'(X_i - x_0)\})K_i\mathbb{X}_i
\end{aligned} \tag{2.56}$$

对于分母,我们从该项的近似开始

$$\dfrac{1}{n}\sum_{i=1}^n \{\Lambda'(\beta_0'\mathbb{X}_i) + \Lambda''(\beta_0'\mathbb{X}_i)\mathbb{X}_i(\hat{\beta} - \beta_0)' + O_p(\|\hat{\beta} - \beta_0\|^2)\}\mathbb{X}_i\mathbb{X}_i'K_i$$

假设 $nh^q \to \infty$ 和 $h \to 0$,即 $\hat{a}$ 和 $\hat{b}$ 具备一致性,我们可以证明对于 r 阶核,有

$$= \begin{bmatrix} f(x_0)\Lambda'(a_0) + O_p(h^r) & h^r\dfrac{\kappa_r}{(r-1)!}\dfrac{\partial^{r-1}(\Lambda'f(x_0))}{\partial x_1^{r-1}} + o_p(h^r) & \cdots \\ h^r\dfrac{\kappa_r}{(r-1)!}\dfrac{\partial^{r-1}(\Lambda'f(x_0))}{\partial x_1^{r-1}} + o_p(h^r) & h^r\dfrac{\kappa_r}{(r-2)!}\dfrac{\partial^{r-2}(\Lambda'f(x_0))}{\partial x_1^{r-2}} & \cdots \\ \vdots & \vdots & \ddots \end{bmatrix}$$

其中，$\partial^r(\Lambda'f(x_0))/\partial x_l^r$ 是所有 Λ' 和 $f(x_0)$ 交叉导数的简易表示法：

$$\frac{\partial^r(\Lambda'f(x_0))}{\partial x_l^r} \equiv \sum_{l=1}^{r} \Lambda^{(r+1)}(a_0(x_0)) \cdot \frac{\partial^{r-l}f(x_0)}{\partial x_l^{r-l}} \tag{2.57}$$

这些导数与局部线性估计量的导数相似，因此此处省略。与局部线性估计量的导数相比，它的复杂性在于二阶项，然而，当 $(\hat{a}-a_0)$ 和 $(\hat{b}-b_0)$ 为 $o_p(1)$ 时，这些导数的阶数将下降。

与局部线性估计量的推导类似，我们现在可以推导出

$$e'_1 \left(\frac{1}{n} \sum_{i=1}^{n} \{\Lambda'(\beta'_0 \mathbb{X}_i) + \Lambda''(\beta'_0 \mathbb{X}_i)\mathbb{X}_i(\hat{\beta}-\beta_0)' + O_p(\|\hat{\beta}-\beta_0\|^2)\}\mathbb{X}_i\mathbb{X}'_i K_i \right)^{-1}$$

$$= \frac{1}{f(x_0)\Lambda'(a_0(x_0))} \begin{pmatrix} 1 \\ -h\frac{(r-2)!}{(r-1)!}\left(\frac{\partial^{r-1}(\Lambda'f(x_0))}{\partial x_1^{r-1}} \Big/ \frac{\partial^{r-2}(\Lambda'f(x_0))}{\partial x_1^{r-2}}\right) \\ \vdots \\ -h\frac{(r-2)!}{(r-1)!}\left(\frac{\partial^{r-1}(\Lambda'f(x_0))}{\partial x_d^{r-1}} \Big/ \frac{\partial^{r-2}(\Lambda'f(x_0))}{\partial x_q^{r-2}}\right) \end{pmatrix}' \{1+o_p(1)\}$$

$$\tag{2.58}$$

结合式(2.56)和式(2.58)，就能得出对于式(2.55)而言

$\hat{m}(x_0) - m(x_0)$

$$= \Lambda'(a_0(x_0)) \cdot e'_1 \left(\frac{1}{n} \sum_{i=1}^{n} \{\Lambda'(\beta'_0 \mathbb{X}_i) + \Lambda''(\beta'_0 \mathbb{X}_i)\mathbb{X}_i(\hat{\beta}-\beta_0)' \right.$$
$$\left. + O_p(\|\hat{\beta}-\beta_0\|^2)\mathbb{X}_i\mathbb{X}'_i\}K_i \right)^{-1}$$

$$\times \frac{1}{n}\sum_{i=1}^{n}(Y_i - m_i + m_i - \Lambda(a_0 + b'_0(X_i - x_0)))K_i \mathbb{X}_i \cdot (1+o_p(1)) + O_p(h^r)$$

$$= \frac{1}{f(x_0)} \begin{pmatrix} 1 \\ -h\frac{(r-2)!}{(r-1)!}\left(\frac{\partial^{r-1}(\Lambda'f(x_0))}{\partial x_1^{r-1}} \Big/ \frac{\partial^{r-2}(\Lambda'f(x_0))}{\partial x_1^{r-2}}\right) \\ \vdots \\ -h\frac{(r-2)!}{(r-1)!}\left(\frac{\partial^{r-1}(\Lambda'f(x_0))}{\partial x_q^{r-1}} \Big/ \frac{\partial^{r-2}(\Lambda'f(x_0))}{\partial x_q^{r-2}}\right) \end{pmatrix}'$$

$$\times \frac{1}{n}\sum_{i=1}^{n}(Y_i - m_i + m_i - \Lambda(a_0 + b'_0(X_i - x_0)))K_i \mathbb{X}_i \cdot (1+o_p(1)) + O_p(h^r)$$

其中，$m_i = m(X_i)$；$\partial^r(\Lambda'f(x_0))/\partial x_l^r$，如式(2.57)所示。总之，我们已经验证了局部 logit 模型下的定理 2.10 的部分内容。此时方差的计算更加冗长，并且可以用 delta 方法推导出估计量的正态性。通过类似的计算，我们也可以得到导数

的统计性质。

部分线性模型以及有限参数下半参数估计的一般思想

部分线性模型被广泛应用于消费者行为分析中,特别是 Engel(1857) 曲线分析。设 Y 表示某产品占预算的份额,X_2 表示家庭总收入而 X_1 表示家庭的其他协变量。我们经常为此设定一个部分线性模型

$$Y = m(X_2) + X'_1\beta + U, X_1 \in \mathbb{R}^{q_1}, X_2 \in \mathbb{R}^{q_2}$$

其中预算份额和收入之间的关系是完全未指定的。Speckman(1988) 介绍了几个 β 的估计量,这些估计量在某些平滑性假设下是 $\sqrt{n}$ 一致的。其思想是在控制 X_2 后求

$$Y - E[Y \mid X_2] = (X_1 - E[X_1 \mid X_2])'\beta + (m(X_2) - E[m(X_2) \mid X_2]) \\ + (U - E[U \mid X_2])$$

显然,第二个被加项和 $E[U \mid X_2]$ 等于零。因此,我们可以通过下式估计 β

$$\begin{aligned} & \Big(\sum_{i=1}^{n} (X_{1,i} - \hat{E}[X_1 \mid X_{2i}])(X_{1i} - \hat{E}[X_1 \mid X_{2i}])' \Big)^{-1} \\ & \times \sum_{i=1}^{n} (X_{1i} - \hat{E}[X_1 \mid X_{2i}])(Y_i - \hat{E}[Y \mid X_{2i}]) \end{aligned} \tag{2.59}$$

其中 $\hat{E}$ 表示非参数估计量。一般来说,统计特性可概括如下:

定理 2.11 假设定理 2.7 适用于局部线性预测量 $\hat{E}[X_1 \mid X_{2i}]$ 和 $\hat{E}[Y \mid X_{2i}]$,核阶 $2r > \dim(X_2)$,且给定一些附加正则条件,那么对于式(2.59)中定义的半参数估计量而言,有

$$\sqrt{n}(\hat{\beta} - \beta) \xrightarrow{d} N(0, \sigma^2 \varphi^{-1}) \tag{2.60}$$

其中 $\varphi = E[(X_1 - E[X_1 \mid X_2])(X_1 - E[X_1 \mid X_2])']$,$\sigma^2 = E[(Y - E[Y \mid X_2])^2]$。方差 $\sigma^2 \varphi^{-1}$ 的一致估计是

$$\hat{\sigma}^2 \Big(\frac{1}{n} \sum_{i=1}^{n} \{X_{1i} - \hat{E}[X_1 \mid X_{2i}]\}\{X_{1i} - \hat{E}[X_1 \mid X_{2i}]\}' \Big)^{-1}$$

其中
$$\hat{\sigma}^2 = \frac{1}{n} \sum_{i=1}^{n} (\{Y_i - \hat{E}[Y \mid X_{2i}]\} - \{X_{1i} - \hat{E}[X_1 \mid X_{2i}]\}'\beta)^2$$

另外的可用但效率较低的估计量是基于分割的估计量,即

$$\hat{\beta}_{PO} = \Big(\sum_{i=1}^{n} \{X_{1,i} - \hat{E}[X_1 \mid X_{2i}]\}\{X_{1i} - \hat{E}[X_1 \mid X_{2i}]\}' \Big)^{-1} \sum_{i=1}^{n} \{X_{1i} - \hat{E}[X_1 \mid X_{2i}]\} Y_i$$

或是基于工具变量的估计量,即

$$\hat{\beta}_{IV} = \left(\sum_{i=1}^{n} \{X_{1,i} - \hat{E}[X_1 \mid X_{2i}]\} X'_{1i} \right)^{-1} \sum_{i=1}^{n} \{X_{1i} - \hat{E}[X_1 \mid X_{2i}]\} Y_i$$

条件 $2r > \dim(X_2) =: q_2$ 对于获得式(2.60)中 $\hat{\beta}$ 的参数 $\sqrt{n}$ 收敛速度是必要的。由于它基于非参数预测量,因此需要保证其偏误较小。"小"是指在式(2.59)估计 $\hat{E}$ 时选择合适的平滑参数,使其偏误为 $o(n^{-1/2})$ 阶。当然,正如我们在非参数回归一节中所看到的,这将减慢 $\hat{E}$ 的方差的收敛速度。所有半参数估计量的原理是,对于感兴趣的参数的估计量,即这里的 β,我们可能可以平均化 n 个不同的预测量 $\hat{E}[X_1 \mid X_{2i}]$ 和 $\hat{E}[Y \mid X_{2i}]$,$i = 1, 2, \cdots, n$。通过除以 n,平均化有助于减少它们对方差的影响,而平均化无助于减小偏误。更具体地说,假如我们在 $Z = Y$ 或 $Z = X_1$ 时估计 $\hat{E}[Z \mid X_{2i}]$,其偏误为 $O(h^r)$ ($r \geqslant 2$) 且方差为 $O\left(\dfrac{1}{nh^{q_2}}\right)$。然后我们需要选择 h(和 r),使得 $h^r = o(n^{-1/2})$,$\dfrac{1}{nh^{q_2}} = o(1)$。这意味着我们实际上需要 $2r > q_2$,这表明对于条件期望的非参数(预)估计,如果维数 q_2 超过 3,我们必须应用能减小偏误的估计量(例如高阶核或高阶局部多项式)。回想一下,这反过来又需要更强的平滑性假设,并且计算变得更复杂。因此很不幸,一个经常被提及的观点——减小偏误无须任何代价——其实是一个谬误。

现在,我们将这一思想推广到存在无限维的干扰参数(如非参数函数)时,估计任何有限维参数(如 β)的情况。让我们用简写符号 W_i 来表示个体 i 的数据,W_i 可能包含 $i = 1, \cdots, n$ 时的 Y_i、D_i、X_i 或任何其他可观测的变量。用 F 表示生成(可观测的)数据的联合分布函数。我们感兴趣的参数 β 可以是处理效应的平均值,也可以是处理 $D = 0$ 或 $D = 1$ 下的平均结果。此外,还有一个(可能是非参数)函数 ζ,它可能与 β 互相依赖。因此,在估计 β 时,我们称 ζ 为无限维的干扰参数(infinite nuisance parameter)。这个(非参数)ζ 也可以是函数的集合,例如回归函数 $m(x)$ 和密度函数 $f(x)$。设 $\hat{\zeta}$ 为任何非参数估计量,ζ_0 为真实值。

考虑得分函数 $M(W_i, \beta, \zeta)$ 或矩条件 $E[M(W, \beta_0, \zeta_0)] = 0$,其中 β_0 是真实值。由于 β_0 和 ζ_0 是由数据生成过程 F 决定的,对于不同的 F,我们有不同的 β_0 和 ζ_0。换言之,上述方程可以更精确地表示为

$$E_F[M(W, \beta_0(F), \zeta_0(F))] = 0$$

其中 β_0 和 ζ_0 由 F 决定,期望的下标是 F。半参数矩估计量 $\hat{\beta}$ 是矩方程的解

$$\frac{1}{n} \sum_{i=1}^{n} M(W_i, \beta, \hat{\zeta}) = 0 \tag{2.61}$$

如果在一些正则假设下存在唯一解,那么估计量 $\hat{\beta}$ 会收敛到 β_0,因为对于 n

→∞而言，ζ 也会收敛到 ζ_0，并且根据大数定律，样本矩收敛于总体矩。

在参数估计中，矩估计量是明确的，即已知 ζ_0 时，矩估计量 $\hat{\beta}$ 的影响函数（influence function）ψ［即 $\sqrt{n}(\hat{\beta}-\beta_0) = \frac{1}{\sqrt{n}}\sum_i \psi(W_i) + O_p(1)$ 成立时的函数］，是

$$\psi(W) := -\left(\frac{\partial E[M(W,\beta,\zeta_0)]}{\partial \beta}\bigg|_{\beta_0}\right)^{-1} \{M(W,\beta_0,\zeta_0)\}, \quad E[\psi(W)] = 0 \quad (2.62)$$

显然，$\hat{\beta}$ 的一阶方差是 $E[\psi(W)\psi(W)']/n = \text{Var}[\psi(W)]/n$。

若 β 是一个非参数函数，例如 $\beta(x) = E[Y\mid x]$，基本思想仍然是相同的，除了现在 $\sqrt{n}(\hat{\beta}-\beta_0) = \frac{1}{\sqrt{n}}\sum_i \psi(W_i) + b(x) + R(x)$，其中 $b(x)$ 和 $R(x)$ 是偏误项和高阶项。对于局部线性估计量，我们有 $\psi(Y_i, X_i, x) = \{Y_i - m(X_i)\}K_h(X_i - x)/f(x)$，很容易看出事实上 $E[\psi(W)\psi(W)']/n = \frac{1}{n}\sigma^2(x)\kappa_2(K)/f(x)$。对于有限维 β 和无限维 ζ 的半参数估计量，所有这些都看起来更加复杂了，然而在实践中，它的含义通常相当简单，请看下面的例子。

例 2.16 为了计算平均处理效应，我们通常需要预测给定（通过外部设置）$D=d$ 的预期反事实结果 $E[Y^d]$。[39] 半参数估计量的一个例子是所谓的匹配估计量，见第 3 章

$$\widehat{E[Y^d]} = \frac{1}{n}\sum_{i=1}^n \hat{m}_d(X_i)$$

其中 $\hat{m}_d(X_i)$ 是处理 $D=d$ 时预期结果 Y_i 的非参数估计量。这可以写成

$$\sum_{i=1}^n (\hat{m}_d(X_i) - \beta) = 0$$

由矩条件得出，

$$E[m_d(X_i) - \beta_0] = 0$$

其中 $\beta_0 = E[Y^d]$ 和 $\zeta_0 = m_d$。若想了解更多详细信息，请参阅下一章。

在这个例子中，使用非参数估计量来估计有限维参数的问题几乎可以通过将其平均为一维数来消除。我们之所以说几乎可以消除，是因为我们实际上需要一个调整项 $\alpha(\cdot)$，例如上面针对非参数回归的 $b(\cdot) + R(\cdot)$。它被称为调整项（adjustment term）是因为它对干扰项（或其估计过程）进行了调整。对于我们研究的半参数估计量，它能直接加到影响函数中，从而使我们得到如式（2.61）的

---

[39] 这里 Y^d 表示假设 D 被外部设置为 d 时的 Y 的潜在结果；回想第 1 章。

估计量,其方差 $E[\psi(W)\psi(W)']$ 被除以 n,其中

$$\psi(W) = -\left(\frac{\partial E[M(W,\beta,\zeta_0)]}{\partial \beta}\bigg|_{\hat{\beta}}\right)^{-1} \{M(W,\beta_0,\zeta_0) + \alpha(W)\} \quad (2.63)$$

是影响函数,$\alpha(W)$ 是 ζ_0 的非参数估计的调整项。如果 ζ_0 包含多个分量(先后或同时出现),则调整因子是与先前估计的每个分量相关的调整因子之和。这给出了 $\hat{\beta}$ 的渐近方差的一般形式。除此之外,人们还必须指定精确的正则条件,使得估计量实际上达到 $\sqrt{n}$ 一致性(无一阶偏误)。需注意,可能存在无法实现有限维度参数的 $\sqrt{n}$ 一致收敛估计的情况。[40]

这些调整因子看起来是什么样子? 至少在干扰参数 ζ_0 由 $\partial^\lambda m(x) = \partial^{|\lambda|} m(x)/\partial x_1^{\lambda_1} \cdots \partial x_q^{\lambda_q}$ 构成,即 $m(x)$ 的偏导数 $= E[\cdot \mid X = x]$(包括$|\lambda|=0$,条件期望本身)时,调整因子有一个通用的表达式。[41] 在某些(相当强的)正则假设下,有

$$\alpha(w) = (-1)^{|\lambda|} \cdot \frac{\partial^\lambda (\bar{T}(x) \cdot f(x))}{f(x)} \cdot \{y - m(x)\}, f(x) \text{ 是 } X \text{ 的密度函数} \quad (2.64)$$

这里 $\bar{T}(x) = E[T(W) \mid X = x]$,其中 $T(w) = \dfrac{\partial M(w,\beta_0,\zeta)}{\partial \zeta}\bigg|_{\zeta = \partial^\lambda m(x)}$

$$(2.65)$$

我们将经常使用该方法,例如,预测潜在结果的期望 $E[Y^d]$ 时我们就会用到此方法,其中 d 表示处理。

半参数有效边界

现在我们知道如何消除一阶偏误以及如何确定我们需要估计的半参数估计量的方差。但我们如何知道这些估计量是不是"好"的,或至少是渐近的? 在参数估计中,Cramér-Rao 边界和高斯—马尔科夫定理大大简化了估计量的效率分析。对于一大类模型,这两个定理都建立了这类模型中任何估计量方差的下界。因此,该类函数中没有一个估计量的方差小于这个界,任何在界内的估计量都是渐近有效的。

如果我们可以获得所研究的(有限维)参数 β 的$\sqrt{n}$一致估计,那么许多半参数

---

[40] 一个流行的例子是 Manski 的二元固定效应面板数据 M-score 估计量。
[41] 如果 ζ_0 由密度 $f(x)$ 或它的导数组成,那么也存在通用的公式,但在这里我们跳过这种情况,因为我们不会用到它。

问题也存在相似类型的方差边界。半参数有效边界由 Stein(1956)提出,并由 Koshevnik 和 Levit(1976)以及 Bickel, Klaassen, Ritov 和 Wellner(1993)进一步发展。如果存在这样一个半参数方差边界(semi-parametric variance bound),则没有一个半参数估计量的方差会低于该边界,并且任何在这个界内的估计量都是半参数有效的。此外,一个无限大的方差边界就意味着不存在 $\sqrt{n}$ 一致的估计量。

合理地,在似然估计情形下可以很容易地推导出这样的边界。考虑对数似然估计

$$\ln L_n(\beta, \zeta) = \frac{1}{n}\sum_{i=1}^{n} \ln L(W_i, \beta, \zeta)$$

当 β_0 和 ζ_0 使导数的期望值为零时,上式实现最大化。其中,当干扰参数 ζ_0 为有限维度时,信息矩阵提供了 Cramér-Rao 下界 β,使用分隔转置

$$V^* = (\mathcal{I}_{\beta\beta} - \mathcal{I}_{\beta\zeta}\mathcal{I}_{\zeta\zeta}^{-1}\mathcal{I}_{\zeta\beta})^{-1} \tag{2.66}$$

其中 $\mathcal{I}_{\beta\beta}, \mathcal{I}_{\beta\zeta}, \mathcal{I}_{\zeta\zeta}, \mathcal{I}_{\zeta\beta}$ 分别是信息矩阵 (β, ζ) 的子矩阵。对于最大似然估计,我们可以得到

$$\sqrt{n}(\hat{\beta}-\beta) \xrightarrow{d} N(0, V^*)$$

当 ζ 未知时,非零 $\mathcal{I}_{\beta\zeta}$ 表示存在效率损失。

现在设 ζ_0 为非参数,即无限维参数。宽泛地说,对于某些 ζ,半参数方差边界 V^{**} 就是所有可能嵌套了 $\ln L_n(\beta, \zeta_0)$ 的参数模型的最大方差 V^*。[42] 达到半参数方差边界的估计量

$$\sqrt{n}(\hat{\beta}-\beta) \xrightarrow{d} N(0, V^{**}) \tag{2.67}$$

被称为半参数有效(semi-parametrically efficient)。在一些情况下,这种半参数估计量甚至可以得到方差 V^*,这意味着将 ζ 视为非参数函数不会导致一阶近似的效率损失。这被称为适应性(adaptive)。

例 2.17 考虑经典的加法线性回归模型

$$Y_i = \beta' X_i + \varepsilon_i, \quad 其中\ \varepsilon_i \sim (0, \sigma^2(X_i))$$

其中,观测值互相独立,函数 $\sigma^2(\cdot)$ 的形式未知。我们已知,权重与 $\sigma^2(X_i)$ 的非参数预测量成反比的广义最小二乘估计量是最优的。

在某些情况下,我们已经能导出半参数有效边界,但没有位于边界内的估计

---

[42] 这就是为什么在轮廓似然估计(profiled likelihood estimation)中,无限维干扰参数的估计量常被称为最不利曲线(least favourable curve)。

量。也就是说,虽然存在 $\sqrt{n}$ 一致的估计量,但它们的方差都大于 V^{**}。

如何得到 V^{**} 仍然是个问题。设 β 是我们感兴趣的研究对象,其依赖于数据 W 的真实分布函数 $F(w)$。设 $f(w)$ 是数据的密度函数。设 $\mathcal{F}$ 是一个广义的分布函数家族,且 $\{F_\theta : F_\theta \in \mathcal{F}\}$ 是 $\mathcal{F}$ 的一维子家族($\theta \in \mathbb{R}$),其中 $F_{\theta=\theta_0}$ 为真实的分布函数,而 $F_{\theta \neq \theta_0}$ 是 $\mathcal{F}$ 中的其他分布函数。$\beta(F)$ 的路径导数(pathwise derivative)$\delta(\cdot)$ 是一系列定义如下的函数的向量:

$$\left.\frac{\partial \beta(F_\theta)}{\partial \theta}\right|_{\theta=\theta_0} = E[\delta(W) \cdot S(W)|_{\theta=\theta_0}] \tag{2.68}$$

使得 $E[\delta(W)] = 0$,$E[\|\delta(W)\|^2] < \infty$,$S(w) = \partial \ln f(w|\theta)/\partial \theta$ 为得分函数。显然,得分函数在 $\theta = \theta_0$ 时的期望为零,因为若调换积分和微分的计算顺序,有

$$E_{\theta_0}[S(W)] = \int \left.\frac{\partial \ln f(w|\theta)}{\partial \theta}\right|_{\theta=\theta_0} f(w|\theta_0) dw = \frac{\partial}{\partial \theta} \int f(w|\theta_0) dw = 0$$

$\hat{\beta}$ 的半参数方差界 V^{**}/n 是 $\text{Var}[\delta(W)]/n$。[43] 自然地,在某些正则条件下,$\delta(\cdot)$ 就是前面段落中介绍的影响函数 $\psi(\cdot)$。

例 2.18 一个流行的例子是有限维度参数 $\beta = E[f(W)]$ 的估计。给定非参数核密度估计量 $\hat{f}$,显然,这可以用 $\frac{1}{n}\sum_{i=1}^{n} \hat{f}(W_i)$ 来估计。我们可以清晰地看到 $\beta = \int f^2(w|\theta_0) dw$ 和 $\partial \beta(F_\infty)/\partial \theta = \int 2\partial f(w/\theta_0)/\partial \theta \cdot f(w/\theta_0)$。因为得分函数就是 $\partial f(w|\theta)/\partial \theta \cdot f^{-1}(w|\theta)$,因此很容易验证函数 $\delta(w) = 2(f(w|\theta_0) - \beta_0)$ 满足式(2.68)且均值为零。因此,半参数方差边界就是 $\text{Var}[\delta(W)] = 4 \text{Var}[f(W|\theta_0)]$ 除以 n。

我们将在下一章看到更多例子。这里比较特殊的一点是,二元处理变量 D 充当触发器,可以改变 $W_i = (Y_i, X_i)$ 的真实联合分布 f,其中处理发生的概率为 $p(x|\theta) := \Pr(D=1|x;\theta)$。为了求出 $\delta(W)$,我们需要按 $d=0$,$d=1$ 和 $d = p(x)$ 三种情况分解得分 $S(w)$。为了抑制函数中的 θ,可使用下式

$$f(Y, X, D) = f(Y|D, X) f(D|X) f(X)$$
$$= \{f_1(Y|X) p(X)\}^D \{f_0(Y|X)(1-p(X))\}^{1-D} f(x)$$

其中 $f_d(Y|X) \equiv f(Y|D=d, X), d = 0, 1$。因此得分函数是

---

[43] 更具体地说,半参数有效边界等于函数 $\delta(\cdot)$ 在模型 $\mathcal{F}$ 的切线空间(tangent space)上的平方估计的期望值(更多详细信息请参见 Bickel, Klaassen, Ritov 和 Wellner, 1993),该空间是关于 θ 的对数密度的偏导数所跨越的空间。

$$S(w) = d\frac{\partial \ln f_1(y|x)}{\partial \theta} + (1-d)\frac{\partial \ln f_0(y|x)}{\partial \theta}$$
$$+ \frac{d-p(x)}{1-p(x)}\frac{\partial \ln p(x)}{\partial \theta} + \frac{\partial \ln f(x)}{\partial \theta} \qquad (2.69)$$

该函数给出了覆盖(合适的)切线空间的零均值函数集合。

2.2.4 关于筛分的注释：级数估计量和样条函数

在结束对非参数和半参数回归的介绍之前，我们还应关注非局部非参数(less localised nonparametric approach)方法，特别是筛分估计量(sieve estimator)，如级数回归和样条函数。对于样条函数，局部化估计在今天是最受欢迎的；在某种程度上，它们实际上可以被视为与核估计量等价。[44] 不同于依赖平滑局部邻域的核回归，级数估计量通常是全局[45]参数估计量，且参数个数随样本量 n 的增大而增大。不断增大的参数子集的一个合理序列将渐近地覆盖整个参数空间。这种思想与估计方法无关，无论是基于似然函数、最小二乘表达式还是某些广义矩条件。实际上，Grenander(1981)建议在全参数空间的子集内对目标函数(对数似然函数、最小平方误差之和等)进行优化，并允许该子集随着样本量的增大而"增大"。他把这种估计程序称为筛分法(method of sieves)。这种方法的优点是，对于有限的样本，实际的函数设定是参数的，因此这种估计方法使得参数化和非参数化部分的运行与混合看起来更简单，计算成本更低。这解释了为什么它们在实践中那么受欢迎。[46] 不幸的是，特别是在计量经济学文献中，有几篇论文认为或暗示这种方法相较于平滑方法更具(统计学上的)优越性。然而，仔细阅读这些文章可以发现，在他们的假设中，隐含了关于非参数函数的(平滑性)附加信息。正如我们在前面章节中了解到的，这些附加信息也可以通过核方法来体现，无论是通过高阶核、高阶多项式还是适当的局部参数模型。所有这些方法还都能减少偏误和/或加快收敛速度。此外，我们不难看出，如果选择的基础或参数子空间不能很好地适应真实潜在函数，则全局估计量将总是比平滑方法表现更差，参见习题 12。

---

[44] 有关数学细节，请参阅 Schwarz 和 Krivobokova(2016)的研究成果。
[45] 和往常一样，你肯定会发现一些可以被视为例外的例子，例如具有哈尔基函数(Haar basis)和高分辨率水平的小波估计量(wavelet estimator)。
[46] 计量经济学中常见的借助于相应的参数推断工具的做法，推动了这一普及，尽管那时它不再与非参数或半参数分析有多大关系(统计学、生物计量学等并非如此)。

全局估计可以方便地确保 $\hat{m}$ 满足某些特性，如单调性或凸性。如前所述，全局估计的其他优点是实施简便以及计算成本较低。此外，当对任何有限样本，全局估计量都只是大家熟悉的参数模型的参数化扩展时，人们会感到全局估计量使用起来更舒适了。然而，这一点也可以被视作缺点，因为它很容易引起人们对实证结果的误解。关于平滑方法，样条函数的一个独有的缺点是，多元情况很难满足渐近理论，且对于许多模型和过程，我们几乎不知道估计量的渐近表现。

在这一小节中，我们将保留已引入的符号，考虑用以下模型估计回归函数 $m(\cdot)$：

$$Y = m(X) + \varepsilon, \quad E[\varepsilon|X] = E[\varepsilon] = 0, \quad \mathrm{Var}[\varepsilon|X] = \sigma^2(X) < \infty \quad (2.70)$$

并有一个独立同分布样本 $\{Y_i, X_i\}_{i=1}^n$，$Y \in \mathrm{IR}$ 和 $X \in \mathrm{IR}^q$。再次假设函数 $m(\cdot)$ 是平滑的，X 表示连续变量的向量形式。

级数估计量的回归分析

级数回归是一种类似于传统的参数回归的全局平滑方法，但是它的回归量的个数是不断增加的。设 X 为标量（$q=1$）。基于（在实证经济学中）非常流行的幂级数（power series）估计的级数回归只是对 $1, x, x^2, x^3, x^4$ 等的回归。显然，对于更高维度（$q > 1$），还应该包括交互项；例如，对于二维情况

$$1, x_1, x_2, x_1 x_2, x_1^2, x_2^2, x_1^2 x_2, x_1 x_2^2, x_1^3, x_2^3, \cdots$$

包括的回归量的个数必须随着样本量个数 n 趋于无穷，以实现"非参数"估计。[47] 对于给定数据集，包含的项的个数可以通过交叉验证获得。然而，在实践中，人们从已然非常低阶的级数开始，然后使用 t 检验或至多 F 检验来进一步减少级数。幂级数是一个特别糟糕的选择，因为幂级数存在多个问题，共线性就是其中之一。其他替代级数更合适，但很少应用于计量经济学。优秀的基函数有很多，我们应根据 $m(x)$ 的特性选择使用哪个基函数。例如若 $m(x)$ 是周期性的，那么一个灵活的傅立叶级数就足够了。如果 X 的区间是 $[0,1]$，使用切比雪夫或勒让德（Legendre）多项式可能更好。显然，我们也可以任意使用更加复杂的基函数——局部平滑量的级数，例如小波或 B 样条函数。

我们之所以采用级数估计量是因为任何平方可积实值函数都可以被独一无二地表示为线性无关函数 $\{B_l(x)\}_{l=1}^\infty$ 的一个线性组合。

$$E[Y \mid x] = m(x) = \sum_{l=1}^\infty b_l \cdot B_l(x)$$

---

[47] 实际上，对于"非参数"的含义，人们普遍感到困惑，因为它实际上指的是无限维参数，换言之，是指无限数量的参数，而不是指"无参数"。

因此,对于平滑(或调谐)参数 L,可由下式给出有限级数近似及其估计量:

$$m(x) = \sum_{l=1}^{L} b_l \cdot B_l(x), \quad \hat{m}(x) = \sum_{l=1}^{L} \hat{b}_l \cdot B_l(x) \tag{2.71}$$

系数 b_l 可通过普通最小二乘法进行估计,即

$$\hat{\mathbf{b}} = (\hat{b}_1, \cdots, \hat{b}_L)' = (\mathbf{B}^{L'} \mathbf{B}^L)^{-1} (\mathbf{B}^{L'} \mathbb{Y})$$

其中 $\mathbb{Y}$ 是所有 $\{Y_i\}_{i=1}^n$ 观测值的向量,$\mathbf{B}^L$ 是由所有 n 个观测值的 $B_1(X_i), \cdots, B_L(X_i)$ 组成的矩阵。

级数估计量的渐近理论不同于核函数。很多时候,我们不能得到封闭形式的表达式,或者只能得到收敛速度。能轻易推导出渐近性质的某些基函数可能存在共线性问题。因此,它们可以用来验证理论性质,但是实践中需要使用正交级数,如勒让德多项式。关键在于,只要两个基函数覆盖的空间是相同的,基函数的这种变化就不会改变估计量的渐近性质。统计学中最流行的级数是所谓的小波(Daubechies, 1992),因为它们的标度和时域(time domain)都是可变的。

全局估计量的主要缺点是:①它引诱人们进行外推;②人们像运用参数模型一样应用它们,然后严重低估置信区间;③它们的预测表现往往特别糟糕。正如我们将在后面的章节中看到的,这些缺点对于我们评估处理效应尤其有害。(惩罚)样条函数提供了一种不同的带有筛分的估计方法。它们是局部估计量,与核非常相似,但在 $\dim(X)=1$ 时计算更简便。由于样条估计量具有分析性的参数形式,因此将虚拟变量纳入协变量集合是很简单的。事实上,我们(在前文和后文中)倾向于核平滑的唯一原因是当存在两个或多个连续协变量时,样条估计显得不那么吸引人。

样条曲线

样条(spline)一词起源于造船业,指的是一条可弯曲的木条,用于在船身某部分上绘制通过一组点的光滑的曲线。在这里,样条(曲线)穿过所有给定的点,因此也被称为"样条插值"(interpolating spline)。在回归中,插值显然不是目标,我们的目的是寻找这种插值的平滑形式。今天,样条已经在统计学文献中得到了广泛的研究(早期的参考文献可参见 Rice, 1986; Heckman, 1986; Wahba, 1990),并被广泛应用于不同的应用统计学领域,包括生物计量学和工程学,但计量经济学中的应用仍较少。样条基本上是由某些节点(knots)连接的分段多项式,在极端情况下,甚至可以是 x_i 的所有观测值。因此,样条在非线性插值中也很受欢迎。

即使使用相同的基函数,样条估计量也有许多不同的版本。对于三次多项

式，样条估计量就被称为三次样条（cubic splines）。我们可以区分三类样条：回归样条（regression splines）、平滑样条（smoothing splines）和惩罚样条（penalised splines，也被称为 P 样条，尤其是与 B 样条基函数相结合时——见下文）。P 样条基本上是对前两类样条的折中，根据节点个数随样本量增加的速度，渐近地属于回归样条或平滑样条，参考 Claeskens，Krivobokova 和 Opsomer（2009）。

为了简化表示法，我们考虑一维情况，对于一些已知标量 $a, b \in \mathbb{R}$，设 $q=1$，观测值是有序的，$a \leqslant x_1 < x_2 < \cdots < x_n \leqslant b$。此外，对于下述的所有样条类型，我们都讨论三次样条情况，即我们将始终使用分段三阶多项式。

回归样条曲线

我们先定义 L 的值 ξ_l，它是在区间 $[a,b]$ 上分隔出 $L+1$ 个非重叠区间的所谓节点，即 $a < \xi_1 < \cdots < \xi_L < b$，$a \leqslant x_{\min}$，$b \geqslant x_{\max}$。我们可以引入符号 $\xi_0 = a$，$\xi_{L+1} = b$。用一个三次多项式拟合各个区间至少有两个明显的缺点：首先必须估计共 $4(L+1)$ 个参数，其次函数可能不是连续的，因为它可能在每个节点处出现跳跃。通过对 $E[Y|x]$ 的估计值 $\hat{m}(x)$ 的平滑性施加限制，可以同时消除这两个问题。使 $\hat{m}$ 连续需要施加 L 个线性限制，同理，为了得到平滑的 $\hat{m}$，使其一阶导数和二阶导数连续，同样各需 L 个线性限制。那么我们只剩 $4(L+1) - 3L = L+4$ 个参数需要用分段（即在每个区间）常数 $\hat{m}'''$ 来估计。我们可以通过在边界上施加限制，如使 $\hat{m}$ 在 $[a,b]$ 之外是一条直线，而将待估参数的数量进一步减少到只有 $L+2$。这个结果称为自然三次样条（natural cubic spline）。

例 2.19 假设只有一个节点，$\xi = 0$，因此我们只考虑两个多项式。给定 x，Y 的条件期望是

$$m(x) = \begin{cases} m_1(x) = \alpha_0 + \alpha_1 x + \alpha_2 x^2 + \alpha_3 x^3, & x \leqslant 0 \\ m_2(x) = \beta_0 + \beta_1 x + \beta_2 x^2 + \beta_3 x^3, & x > 0 \end{cases}$$

关于平滑性的限制要求：要实现 $x=0$ 时 $\hat{m}(x)$ 是连续的，从而使 $m_1(0) = m_2(0)$，需要 $\beta_0 = \alpha_0$；要实现 $x=0$ 时 $\hat{m}'(x)$ 是连续的，使得 $m'_1(0) = m'_2(0)$，需要 $\beta_1 = \alpha_1$；要实现 $x=0$ 时 $\hat{m}''(x)$ 是连续的，即 $m''_1(0) = m''_2(0)$，需要 $\beta_2 = \alpha_2$。因此我们可以得出

$$m(x) = \begin{cases} m_1(x) = \alpha_0 + \alpha_1 x + \alpha_2 x^2 + \alpha_3 x^3, & x \leqslant 0 \\ m_2(x) = \alpha_0 + \alpha_1 x + \alpha_2 x^2 + \alpha_3 x^3 + \theta_1 x^3, & x > 0 \end{cases}$$

其中，$\theta_1 = \beta_3 - \alpha_3$。

例 2.19 的思想可以扩展至任何一个节点数 $L>0$ 的情况,于是我们可以把一个三次回归样条写成

$$m(x) = \alpha_0 + \alpha_1 x + \alpha_2 x^2 + \alpha_3 x^3 + \sum_{l=1}^{L} \theta_l (x-\xi_l)_+^3, \text{其中 } z_+ = z\{z>0\} \quad (2.72)$$

虽然 x, x^2 和 x^3 不是线性独立的,但是很明显可以根据式(2.71)写出正交化的版本。对于式(2.72),我们可以通过标准 OLS 程序估计 $k=0,1,2,3$ 时的所有参数 α_k 以及 $l=1,\cdots,L$ 时的所有 θ_l。我们需要提前做的就是创建一个包含 $1, x, x^2, x^3$ 和 $(x-\xi_l)_+^3$ 项的设计矩阵。然而,基于这种简单流程的结果通常是不稳定的,因为对于节点很多(L 值较大)的情况,投影矩阵通常几乎总是奇异的。在实践中,我们会使用所谓的 B 基底,如下文所示,这在理论上也具有相同的拟合结果。[48]

因为估计量是真实函数的参数近似,但没有惩罚跳跃幅度较大的变量或施加除(函数和一些导数的)连续性以外的其他平滑性假设,所以最终的估计值存在一个所谓的"近似偏误",但是不存在"平滑偏误"。尽管如此,节点数 L 所起的作用与核回归的带宽 h 或 kNN 估计量中的邻域个数所起的作用是类似的。为了保持一致性,L 必须趋于无穷大,但趋近的速度比 n 慢。若 L 接近 n,就相当于在进行插值处理(类似 $h=0$),而对于 $L=0$,就获得了一个简单的三次多项式估计(类似于局部三次回归中的 $h=\infty$)。可以使用广义交叉验证式(2.39)来选择合适的 L。

平滑样条

由于节点的数目和位置都取决于实证研究者的个人选择,所谓的平滑样条得到了迅速的普及。它们归根结底是基于三次样条的原始插值思想的推广。这种推广的动机是双重的:一方面,在模型(2.70)中,我们不想根据 X 对 Y 进行插值,而是希望平滑掉误差 ε 以识别平均函数;另一方面,这样一来我们还可以规避掉对同一个 X 有多个(但不同的)响应 Y 时产生的问题[所谓的组(bins)]。纯内插在这里是不可能实现的,自然的解决方法应该是预测 X 上的响应值的平均值。平滑化现在自动解决了这个问题。

如果控制 d 阶导数 $m^{(d)}(\cdot)$ 后实现了平滑化,则平滑性与"惩罚"有关。更具体地说,我们可以通过最小化下面的式子以惩罚样本的高振荡性:

$$\frac{1}{n}\sum (y_i - m(x_i))^2 + \lambda \int_a^b (m^{(d)}(x))^2 dx \quad (2.73)$$

---

[48] 例如,见 Hastie 和 Tibshirani(1990)的第 2 章以了解更多细节。

其中 $m(\cdot)$ 通常是多项式，λ 是对应于带宽的平滑参数。它体现了数据的最佳拟合（第一部分）和粗糙度惩罚（第二部分）之间的权衡。显然，对于 $\lambda=0$，最小化函数将是所有数据点的插值，而对于 $\lambda\to\infty$，函数变成一条穿过符合最小二乘法的数据的直线，且 $m^{(d)}\equiv 0$。如上所述，可以通过（广义）交叉验证来选择函数。

Reinsch(1967)考虑了具有平方可积二阶导数（$d=2$）的 C^2 函数的 Sobolev 空间。式(2.73)的解是一个分段三次多项式，其三阶导数在一组零点处跳跃。节点是数据点 $\{x_i\}_{i=1}^n$。因此，解本身以及它的一阶和二阶导数是处处连续的。三阶导数几乎是处处连续的，只在节点处跳跃。四阶导数几乎处处为零。这些条件提供了有限维的方程组，从中可以得到显式解。实际上，平滑样条会导致线性平滑量，也即 $\mathbb{Y}$ 中的拟合值是线性的。关于特殊情况［薄板样条插值（thin plate spline）］的说明，请参见下文。与核估计类似，该方法就是惩罚（即平滑）插值法。因此，这些估计量只有平滑偏误［也称为缩放（shrinkage）偏误］，但没有近似偏误。当 λ 趋于零且 $n\to\infty$（否则方差将趋于无穷大）时，平滑偏误将消失。此时，交叉验证依然是选择 λ 的常用方法。

惩罚样条函数

Eilers 和 Marx(1996)引入了平滑样条和回归样条的混合形式。其思想是使用尽可能多的节点（即较大的 L），使人们无须过分关心节点的位置和近似误差。例如，对于一组节点，我们通常取每一个区间的第五、第十或第二十个观察值 x_i（回忆一下我们假设它们是有序的）。由于多节点通常导致最高阶系数［(2.72)中的 θ_l］的方差较大这一问题，因此我们引入了类似于平滑样条的惩罚。更具体地说，我们仍然会考虑式(2.72)中的回归问题，但会限制系数 θ_l 的方差。这可以被看作一个混合效应模型，其中 α_k 为固定效应（$k=0,1,2,3$），而 θ_l 被视作随机效应（$l=1,\cdots,L$）。于是，式(2.73)中的 λ 等于 $\theta(\sigma_\theta^2)$ 的方差与噪声方差 $\varepsilon(\sigma_\varepsilon^2)$ 之比。为了获得稳定性，人们通常不会简单使用式(2.72)中的多项式，而是使用一个更加复杂的样条基函数，参见下面的示例。最终估计量是下式的最小化值

$$\sum_{i=1}^n \left\{y_i - \sum_l b_l B_l(x_i)\right\}^2 + \lambda \int_a^b \left\{\left[\sum_l b_l B_l(x)\right]^{(d)}\right\}^2 dx \qquad (2.74)$$

式中 $[\cdots]^{(d)}$ 表示 d 阶导数。在式(2.74)中，我们没有具体说明指数 l 的限制条件，因为它们取决于所选的样条基础。Curie 和 Durban(2002)以及 Wand(2003)概述了如何将惩罚回归样条转化为混合效应模型，其中惩罚简单地转换为 σ_θ^2 和 σ_ε^2 之间的均衡。显然，此估计量兼有近似偏误和缩放偏误。

但对于回归样条而言，主要的（但在实践中常常没有解决的）问题是节点数

目和位置的选择,而对于平滑样条和惩罚样条,参数 λ 的正确选择才是关注的焦点。今天,选择 λ(设 L 是固定的)的两个主要的相互竞争的方法是广义交叉验证和所谓的限制最大似然(restricted maximum likelihood,REML),REML 同时估计 ε 和"随机效应"θ 的方差。哪个方法表现更好取决于预先固定的 L 和 $m(\cdot)$ 的平滑性。自然地,近似偏误和缩放偏误的阶数孰小,取决于相对而言是 L 更大还是 λ 更小。

常用的样条基和多元样条函数

除了分段三次多项式,薄板样条和 B 样条可能是最常用的样条基。对于我们的研究目的而言,B 样条特别具有吸引力,因为它是严格局部的。每个基函数仅在 $p+2$ 个相邻节点之间的区间是非零的,其中 p 是基函数的多项式阶数,例如,对于三次多项式,$p=3$。如前所述,将节点定义为从 $a=\xi_0$ 到 $\xi_{L+1}=b$,当 $j<0$ 时,设置 $\xi_j=\xi_0$,当 $j>L$ 时,设置 $\xi_j=\xi_{L+1}$,从而使待评估的样条的区间落在 $[a,b]$ 范围内。回忆式(2.71),不过为了便于标注下一个公式,我们给基函数 B_l 设定一个表示多项式阶数的上标,即 B_l^p。于是,p 阶的 B 样条可以定义为递推形式

$$B_l^p(x) = \frac{x-\xi_l}{\xi_{l+p}-\xi_l}B_l^{p-1}(x) + \frac{\xi_{l+p+1}-x}{\xi_{l+p+1}-\xi_{l+1}}B_{l+1}^{p-1}(x), \quad j=1,\cdots,k \tag{2.75}$$

其中 $B_l^0(x) = \mathbb{1}\{\xi_l \leqslant x < \xi_{l+1}\}$

使用了 B 样条基的惩罚样条就是 P 样条。P 样条在非参数加法模型中特别流行。然而,当需要更复杂的节点空间或需要加入交互项时,P 样条被称道的简便性这一优势就失去了。

薄板样条的发明是为了避免节点的分配,并加速将样条向多元回归的简单扩展。它们通常用于平滑样条,即通过最小化下式来估计向量 $E[\mathbb{Y}|x_1,x_2,\cdots,x_n]$:

$$\|\mathbb{Y}-\mathbf{m}\|^2 + \lambda J_r(m), \quad \mathbf{m}=(m(x_1),m(x_2),\cdots,m(x_n))', \quad x_i \in \mathbb{R}^q \tag{2.76}$$

式中,J_r 是对震荡性的惩罚,对于单变量,$J_r(m)=\int (\partial^r m/\partial u^r)^2 du$,而对于多变量

$$J_r(m) = \int \cdots \int \sum_{v_1+\cdots+v_q=r} \frac{r!}{v_1!\cdots v_q!} \left(\frac{\partial^r m}{\partial u_1^{v_1}\cdots \partial u_q^{v_q}}\right)^2 du_1 du_2 \cdots du_q$$

为了实现看起来平滑的效果,$2r>q+1$ 是必需的。薄板样条的计算是非常困难的,因此目前使用近似值,即所谓的薄板回归样条(thin plate regression splines)。可以证明,在给定点上估计 $m(\cdot)$ 时,薄板回归样条(或其简化形式)的解只取决于 $i=1,\cdots,n$ 时观测值 x_i 之间的欧几里得距离和那个给定点。因此,对于 $q>1$,我们还需讨论各向同性薄板平滑(isotropic thin plate smoothing)。

将简单的三次样条回归或 B 样条或 P 样条向更高维扩展就不那么简单易懂了。最常用的方法可能是所谓的张量积(tensor products)。这个想法很简单：对于每个变量 X_j，$j = 1, \cdots, q$，计算所有观测值 $i = 1, \cdots, n$ 上的样条基函数 $B_{j,l}(x_{j,i})$，$l = 1, \cdots, L_j$。于是表达式(2.71)就变成(对于给定点 $x_0 \in IR^q$)

$$m(x_0) = \sum_{l_1=1}^{L_1} \cdots \sum_{l_q=1}^{L_q} b_{l_1 \cdots l_q} \prod_{j=1}^{q} B_{j,l_j}(x_{0,j}), \quad b_{l_1 \cdots l_q} \text{未知}$$

(此处为简单起见,显示的是无惩罚的情况)。这看起来相当复杂,尽管它只是将一个维度的每个基函数与所有其他维度的所有基函数相乘。$q=3$ 时这个表达式就已经有点冗长了。不幸的是,根据节点和基函数选择的不同,使用薄板样条或张量积可能得到完全不同的图形。这些问题使我们偏爱核估计,尽管样条在只涉及一个或两个连续协变量或者协变量具有可加性的情况下是有吸引力的选择。

关于渐近性质的注释

学者们已经研究了不同条件下的统计性质。然而,在不确定基函数、节点和设计密度的情况下,通常我们只能获得收敛速度。我们已经注意到,不同模型渐近性的主要区别在于偏误的区别：回归样条有近似偏误,平滑样条有缩放偏误,惩罚样条则两者兼有。

Claeskens,Krivobokova 和 Opsomer(1998)计算了 P 样条对 $m(\cdot) \in C^{p+1}$ 的渐近性,随后分别说明了它们与回归样条和平滑样条的联系。一般来说,对于 $L = o(n)$ 和使 $\delta = \max_j(\xi_{j+1} - \xi_j) = o(L^{-1})$ 成立的节点而言,回归样条估计量的近似偏误的阶数是 $O(L^{-(p+1)})$,方差的阶数是 $O\left(\dfrac{L}{n}\right) + o\left(\dfrac{1}{n\delta}\right)$。对于具有平滑参数 λ 的平滑样条,均方误差均值的阶数为 $O(n^{1/(2d)-1}\lambda^{-1/(2d)}) + O\left(\dfrac{\lambda}{n}\right)$,其中第一项是指偏误的平方。对于 P 样条,学者们证明了对于 $(L+p+1-d)(\lambda c/n)^{1/(2d)} < 1$,其中 c 收敛到一个只依赖于 d 和设计的常数,当 $L = o(n)$ 时,式(2.74)中的均方误差均值的阶数是 $O(L/n) + O(\{\lambda L^d/n\}^2) + O(1/L^{2(p+1)})$,但其他时候的阶数是 $O(n^{1/(2d)-1}\lambda^{-1/(2d)}) + O(\lambda/n) + O(1/L^{2d})$。这意味着对于前一种情况,P 样条的渐近行为类似于回归样条(若 λ 足够小),但在其他时候 P 样条更接近平滑样条。关于回归样条估计量的渐近性的文献,参见 Zhou,Shen 和 Wolfe(1998);关于平滑样条估计量的渐近性的文献,参见 Utreas(1985)。

2.3 文献和计算机软件注释

2.3.1 拓展阅读和文献注释

统计学文献中有很多关于因果关系和识别的理论是我们在本章中没有提到的，例如，Holland(1986)。特别是我们没有讨论生物计量学领域的理论贡献，尽管标准参考文献无疑是 Rubin(1974)的开创性论文。社会科学文献(如 Moffitt,2004)和经济学文献(如 Meyer,1995)中关于因果关系和识别的讨论更为多样且部分存在争议。对于计量经济学和统计学在处理效应分析方面的差异的讨论，我们参考了 Heckman(2008)和 Heckman(2001)。在计量经济学中，处理效应分析首先在劳动经济学和发展经济学中发展起来，参见 Angrist 和 Krueger(1999)、Duflo(2001)或 Duflo,Glennerster 和 Kremer(2008)。

与第 2.1.4 小节中所述的方法相比，Frangakis 和 Rubin(2002)提出了应对处理后控制变量的替代方法。Rosenbaum(1984)则阐述了更传统的统计方法。

在第 2.1 节中，我们还提到了用于识别处理效应的所谓中介分析。该分析使用了在第 2.1.3 小节中介绍的前门识别方法，我们运用图 2.9(除了左图，那是一个反例)阐释了前门识别方法。据我们所知，Baron 和 Kenny(1986)首先对这一策略进行了充分的阐述。在那篇文章中，他们的重点是在进行一些统计学方面的计算后，分别识别调节变量和中介变量之间的区别。二十余年后，Hayes(2009)重新审视了这一策略，并简要回顾了其发展历程与应用潜力。近期还有许多文献提出了不同的方法，例如，Imai,Keele 和 Yamamoto(2010)以及 Albert(2012)，可以查阅他们的文章以获得进一步的文献。

更多的关于通过后门方法识别处理效应的文献，我们参考了 Blundell 和 Dias(2009)，作者试图通过讨论每个 ATE 或 ATET 估计量与(广义)线性模型中的回归估计量之间的关系，将处理效应分析和结构回归联系起来。

关于非参数和半参数回归，我们只作了一个相当有选择性且狭义的介绍。这方面的文献非常丰富，以至于我们只能提供一些供一般性参考的和进一步阅读的相关文献，这些文献对于评估处理效应可能是非常有趣的。想了解计量经济学家对非参数和半参数方法的一般介绍，可以参见 Härdle,Müller,Sperlich 和 Werwatz(2004)、Li 和 Racine(2007)、Henderson 和 Parmeter(2015)、Yatchew(2003)或者 Pagan 和

Ullah(1999)。

半参数有效边界由 Stein(1956)率先提出,并通过 Koshevnik 和 Levit(1976)获得快速发展。Pfanzagl 和 Wefelmeyer(1982)、Begind, Hall, Huang 和 Wellner(1983)以及 Bickel, Klaassen, Ritov 和 Wellner(1993)对此进行了进一步的补充和发展。你也可以参考 Newey(1990),或者参考 Newey(1994)为计量经济学读者重新表述的相同观点。Chen, Linton 和 van Keilegom(2003)将这些结果推广至非平滑准则函数,这对分位数估计大有帮助。

有趣的是,关于估计倾向得分的文献也是关于单指数模型的文献,例如 Härdle 和 Stoker(1989)以及 Powell, Stock 和 Stoker(1989)提出了基于导数的均值估计量,Klein 和 Spady(1993)提出了基于极大似然的半参数估计,Ichimura(1993)提出了半参数估计的最小二乘法。

我们在此省略了更多关于加法和广义加法(或关联)模型的参考文献,因为上述文献已经包含了相关内容。我们也没有介绍那些保证单调性成立的估计量。保证单调性的一种方法是修改估计量,以约束优化的形式纳入单调性约束,参见 Mammen(1991)、Hall, Wolff 和 Yao(1999)或 Neumeyer(2007)等。或者,我们也可以重新设定待估计函数的形式,参见 Dette, Neumeyer 和 Pilz(2006)、Dette 和 Pilz(2006)或 Chernozhukov, Fernandez-Val 和 Galichon(2007)。

2.3.2 计算机软件注释

R 中有几种可用于样条的软件包(splines, pspline),许多其他软件包如 mgcv 或 gam,也主要是基于样条设计的。对于核估计方法,np 软件包扩展了非参数方法,这些非参数方法已能在 R 的基本版本(例如 density)和稍旧的软件包 KernSmooth 中使用。几乎所有上述软件包都可以估计各种单变量和多变量下的非参数和半参数回归模型,也可用来计算随数据集变化的带宽。np 软件包使用已经讨论过的核扩展式来同时处理离散变量和定量变量,回忆式(2.40)。

在 np 软件包提供的不同选项中,我们可以使用 npplreg 函数估计半参数部分线性模型。此外,软件包 gplm 可用于估计形式为 $E(Y \mid X_1, X_2) = G\{X'_1\beta + m(X_2)\}$ 的模型。我们可以通过 Speckman 类型的估计量或逆向拟合(将 kgplm 选项设置为 speckman 或 backfit)来估计 PLM(2.45)和带连接函数(link function)的广义 PLM,而 gam 和 mgcv 可以用来估计部分线性加法模型(2.46),可以用 npindex 和 npscoef 函数估计单指数模型(2.47)和可变系数模型(2.48)。显然,使用样条或其他筛分时,我们可以用其他软件包估计这些模型。软件包 np 使用核估计量进行半参数回归分析，软件包 SemiPar 则使用的是（惩罚）样条。它的变化范围更大，例如它可以通过软件包 mgcv 和 lmeSplines 实现混合效应模型，而这两个软件包都是为拟合平滑样条构建的；另参考 smooth.spline。想获得更多详细信息，请参阅相应命令的帮助文件和软件包说明。

此外，Stata 提供了不同的命令以构建多个非参数模型和半参数模型。Stata 允许通过核加权局部多项式平滑（lpoly）来计算和绘制局部回归，也允许使用样条（mkspline、bsplines 和 mvrs）、惩罚样条（pspline）、分数多项式（fracploy，mfp）或 lowess（后两种方法在这里不讨论）来计算和绘制局部回归。对于（广义或部分线性）加法模型，还可以使用 gam。

2.4 习题

1. 考虑图 2.16 中的示例图。哪一个是 DAG？我们能通过控制变量来分离 X 和 Y 吗？控制哪个变量 W 后，$X \perp\!\!\!\perp Y \mid W$ 成立？请证明你的答案。

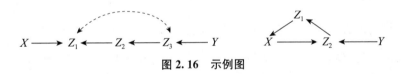

图 2.16 示例图

2. 考虑图 2.17 并决定是否有必要控制 X 以确定处理 D 对结果 Y 的（总的和/或直接的）因果影响。注意，在所有这些图中，省略了那些从不可观测变量 U 指向 Y、D 和 X 的线。

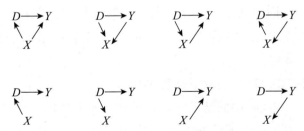

图 2.17 从左上角至右下角分别是示例图 (a) 至 (h)

3. 证明例 2.4 中的论断。

4. 注意，式（2.8）中的核心假设是 $U \perp\!\!\!\perp D \mid X$。图 2.18 中的哪个图满足了这一假设？请给出证明。

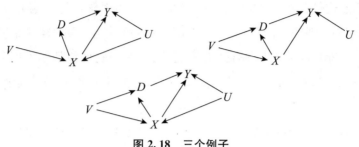

图 2.18 三个例子

5. 考虑图 2.19 中的图(a)。讨论所有三个图中直接效应和间接效应的可识别性。在比较(a)和(b)时，如何测试 $Y \perp\!\!\!\perp D \mid X$ 是否成立？(c)的潜在问题是什么？

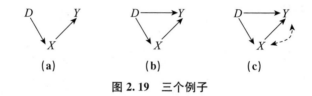

图 2.19 三个例子

6. 首先，如果一个可微函数的一阶导数是有界的，那么它就是 Lipschitz 连续函数。根据这些信息，讨论函数 x^2 和 $\sqrt{x}$ 在何时是 Lipschitz 连续的。同时，探讨它们是不是赫尔德连续的（以及在哪种支撑区间下连续）。

7. 根据 $\frac{1}{nh}\sum_{i=1}^{n}K\{(x-X_i)/h\}$ 和 $\frac{1}{nh^2}\sum_{i=1}^{n}K\{(x-X_i)/h,(y-Y_i)/h\}$ 分别是密度 $f(x)$ 和 $f(x,y)$ 的核估计量这一事实，从条件期望的定义中导出 Nadaraya-Watson 估计量。这里 $K(\cdot,\cdot)$ 代表二元核 $K: \mathbb{R}^2 \to \mathbb{R}$。

8. 回想一下乘积核的定义(2.30)。证明如果每个一维核 $K(v_l)$ 都是 r 阶核函数，那么 $\prod_{l=1}^{q} K(v_l)$ 也是一个 r 阶核函数。

9. 请推导出二维回归问题的局部二次估计量。给出回归函数一阶偏导数和二阶偏导数估计量的表达式。如果我们知道这两个协变量的影响是加法可分离的，那么该如何简化估计量呢？

10. 通过代入式(2.17)中的权重证明式(2.21)。

11. 回想得出式(2.24)中的结果的计算过程。如果使用三阶核（而非二阶核）会发生什么？一般来说，一个 r 阶核的偏误是什么（假设其他条件不变）？

12. 假设你试图用一个任意次数 $p<n$ 的多项式来逼近一个未知的一维函数，而真正的潜在函数形式是一个简单的对数线性形式。模拟回归函数 $E[Y \mid X]$，其中 $X \sim U[0.1,10]$，$n=50$，$Y=\log(X)+e$，$e \sim N(0,1)$。然后用一个简单的局部线性函数重复此步骤，分别设置 $h=0.5,1$ 和 5。核函数 K 可以是

Epanechnikov 核、四次核或高斯核。如果使用高斯核,计算 h 值下的预期值除以 2 后的值。详情见 Härdle, Müller, Sperlich 和 Werwatz(2004)。

13. 回顾在局部参数估计部分中介绍的典范重参数化。考虑 Cobb-Douglas(柯布—道格拉斯)生产函数 $g(z,\gamma_x) = \gamma_0 \prod_{l=1}^{q} z_l^{\gamma_l}$,并推导出其典范重参数 $g(z,\theta_x)$。

14. 设 D 为二元变量。假设我们要从样本 $\{(Y_i, X_i, D_i)\}_{i=1}^{n}$ 中通过求解 $\frac{1}{n}\sum_{i=1}^{n} Y_i D_i p^{-1}(X_i) - \beta = 0$ 来估计 $E[Y^1]$,其中 $p(\cdot) := E[D|\cdot]$ 是倾向得分,使得解 $\hat{\beta}$ 是我们研究的估计量。[49] 回忆式(2.61),通过找到正确的调整因子,证明影响函数(2.63)等于

$$\psi(W) = \frac{(Y - m_1(X))D}{p(X)} + m_1(X) - \beta$$

---

[49] 注意这里 $p(x)$ 是未知的非参数干扰项。

3
基于可观测变量的选择：匹配、回归和倾向得分估计

在上一章中，我们讨论了非参数识别、相关变量（例如，混杂变量）的选择以及非参数和半参数估计的基础知识。在本章中，我们通过调整混杂变量来估计潜在结果和处理效应的平均值。我们将研究所谓的匹配估计量（matching estimators），即通过搜索对照组与处理组成员中最相似的一对"孪生子"，完成处理组和对照组成员的配对。将这些匹配估计量与（非参数）回归和（非参数）加权估计量进行比较，我们会发现它们在某几个方面非常相似。

在本章通篇我们都采用了条件独立性假设（CIA），即所有的混杂变量都包含在向量 $X_{\in \mathbb{R}^q}$ 中。在文献中，这通常被称为 D 的可忽略性（ignorability），简单地说，一旦你控制了 X，就可以忽略 D 对 (Y^0, Y^1) 的影响。条件独立性假设被用来推导估计策略和进一步的推断工具。正是由于上一部分中关于因果链的讨论，我们得以推导出非实验数据处理效应的识别方法。然而，一个基本假设是，参与或不参与实验是由选择的可观测变量（selection on observables）决定的。我们将看到，在这种情况下，识别和估计过程可以被解释为我们所熟悉的估计边际效应的 OLS（普通最小二乘）方法的非参数扩展。

我们将清楚地说明必要的假设和条件，但对于它们的讨论或对其是否成立的验证，需要参考第 2 章中的部分内容。我们仅在本章的最后一节中才涉及检验方法。这些检验可以帮助证明一些必要的假设，例如，外生性（unconfoundedness）或可忽略性（conditional independence）假设。我们将看到，当选择一个模型（或仅仅是选择平滑参数）来估计倾向得分 $p(x) = \Pr(D = 1 \mid X = x)$ 时，也会出现后一个问题，其中倾向得分函数表示具有 x 特征的个体参与实验的条件概率。

3.1 准备工作：总体思路

我们首先介绍 CIA 的实际应用和改良版的假设，以确定平均处理效应或有条件的处理效应。这是通过使用可行的回归、匹配原则或倾向得分加权实现的。如此我们便可以理解为什么对于回归估计量和匹配估计量（不论有或没有倾向得分）而言，非参数估计量是最合适的估计量，至少在直觉上是这样。稍后我们还将了解为什么半参数方法在实践中对基于倾向得分的方法非常有用，不论是基于倾向得分的回归、加权还是所谓的双稳健估计。

3.1.1 如何应用 CIA 进行识别和估计？

回想一下，假设我们能观察到所有会影响 D 和潜在结果的协变量，控制协变量 X 后，变量 D 和 y^d 是独立的（$\perp\!\!\!\perp$）。这个假设被精确地定义为

$$Y^d \perp\!\!\!\perp D \mid X \quad \forall d \in \text{Supp}(D) \tag{3.1}$$

这就是条件独立性假设。在一些文献中，它也被称为选择可观测变量的假设（selection on observables assumption），这基本意味着不继续选择那些也会影响结果 Y 的不可观测变量。假设（3.1）隐含了条件均值独立性（conditional mean independence）

$$E[Y^d \mid X] = E[Y \mid X, D = d] \tag{3.2}$$

这是一个更弱的假设，但对于实现我们的研究目的来说通常已经足够了。评估处理效应时，这两个假设在处理变量 D 是二元变量时是最容易理解的。于是，通过此假设，我们可以确定平均潜在结果为

$$E[Y^d] = \int E[Y \mid X, D = d] dF_X$$

回顾式（2.7），因此 ATE 就是

$$E[Y^1 - Y^0] = \int E[Y \mid X, D = 1] dF_x - \int E[Y \mid X, D = 0] dF_X \tag{3.3}$$

对协变量向量 X 分布形式的调整（即相对于 dF_X 的积分）正是应用了作用于 $g(X) := E[Y \mid X, D = d]$ 上的大数定律。只要样本代表了关于 X 分布的总体，这样的积分就可以很好地用样本平均值来近似。余下的数据分析工作就只是预

测 X 和 D 的所有组合的条件期望 $E[Y \mid X, D=d]$。这种方法也被称为非参数回归方法。

例3.1 设 $D \in \{0,1\}$ 表示一个人中学毕业后是否继续上大学。假设入学决定只取决于两个因素：中学毕业时的考试成绩和当天的天气。如果不控制中学考试成绩，就不太可能满足 CIA(3.1)：成绩优异的人更有可能进入大学，也可能有更高的收入 Y^0 和 Y^1。控制住成绩这一变量后，如果天气本身不会进一步影响①未来人生的工资，那么 CIA(3.1) 成立。因此，对于成绩相同的个人来说，入学决定不再系统地取决于那些也会影响未来潜在结果的因素。控制成绩变量后，选择偏误就消失了，我们可以单纯比较那些决定上大学的人和那些不上大学的人的未来工资。因此，我们可以在 X 值相同时比较大学毕业生和非大学毕业生，然后取平均值，从而得到 $E[Y^1 - Y^0]$，参见式(2.7)。进一步控制当天的天气变量将无助于识别因果关系。相反，它将抹除一些估计精度所需的变化，从而不利于识别因果关系。在这个简单的例子中，对天气的调节实际上违反了共同支撑区间假设。我们需要所谓的共同支撑区间假设（见下文），该假设要求对于每个 X，我们可以观察到一部分人上了大学，另一部分人则没有上大学。

通过进行与式(2.7)中类似的推导，参考习题1，我们还能求出 ATET：

$$E[Y^1 - Y^0 \mid D=1] = E[Y \mid D=1] - \int E[Y \mid X, D=0] dF_{X \mid D=1} \quad (3.4)$$

其中我们用到了 $E[Y^1 \mid D=1] = E[Y \mid D=1]$，即观察到的结果与实际上接受了实验处理的个体的潜在结果 Y^1 相同。我们可以发现 ATET 与 ATE 的识别方式可能存在重要差异。对于 ATET，我们只需要

(AT1) $\qquad\qquad\qquad Y^0 \perp\!\!\!\perp D \mid X$

而对于 ATE 的识别，我们需要

(A1) $\qquad\qquad Y^0 \perp\!\!\!\perp D \mid X \quad$ 以及 $\quad Y^1 \perp\!\!\!\perp D \mid X$

由此可见，对于 ATET 的识别，我们不需要 $Y^1 \perp\!\!\!\perp D \mid X$，进而也不需要 $(Y^1 - Y^0) \perp\!\!\!\perp D \mid X$。因此，我们允许在处理组和对照组中有不同的 Y^1 以及个体处理效应，这种差异可能是由于不可观测变量的存在。例如，我们允许个体已经根据其（预期）处理收益 $(Y^1 - Y^0)$ 选择了他们的状态 D，但前提是我们可以肯定这种选

---

① 当天天气对未来收入的全部影响都是由入学变量 D 传导的。

择一定不是基于 Y^0 做出的。这与识别 ATE 不同。这种差异可能与下面的情形相关：我们对个体不接受处理的结果 Y_i^0 有很好的预测因子，从而可以通过控制 X_i 消除 Y_i^0 的选择偏误，即使我们对处理收益（$Y_i^1 - Y_i^0$）本身知之甚少。该处理收益可能在很大程度上反映了那些受试者可能知道但研究人员不知道的不可观测变量。对于识别 ATE，这是不被允许的。同理，你可以说，为了确定 ATEN，我们只需要 $E[Y^1 \mid X, D] = E[Y^1 \mid X]$ 的条件均值独立性，却不需要 Y^0 的条件均值独立性。

在某些应用中，这种差异可能是一种假设的放松。[②] ATE 所需的可观测变量选择假设排除了个体可以猜测其潜在结果，然后选择具有最高（潜在）结果的处理的可能性。换句话说，这其实就是我们在第 1 章中描述过的要求：选择特定项目的概率不得受潜在结果的影响。这里的 CIA 意味着，选择处理条件时可以考虑预期的潜在结果，只要这些结果的预期完全取决于已观察到的特征 X。但是如果观察 ATET，我们可以很好地利用这样一个事实：对于处理组的（子）总体，他们的结果 Y^1 的平均值是其观察到的结果 Y 的平均值。因此，我们只面临一个问题，即预测 $E[Y^0 \mid D = 1]$。它只适用于非处理状态 Y^0，在这种状态下，我们必须控制所有相关因素来估计其平均值。不过我们并不需要预测 $E[Y^1 \mid D = 0]$ 或 $E[(Y^1 - Y^0) \mid D = 0]$。

为了直观感受非参数回归处理效应估计量，假设你有 X 的几个不同的值 x，对于每个 x，符合条件的个体相当多。然后，我们可以进行逐步平均：首先，对任何观察到的向量 x，通过 $\frac{1}{n_{d,x}} \sum_{i: D_i = d, X_i = x} Y_i$ 预测条件期望值 $\hat{E}[Y^d \mid X = x]$，其中 $n_{d,x}$ 是 $D=d$ 组中具有 $X=x$ 特征的受试者的数量。其次，设置 $n_d = \sum_x n_{d,x}$，$d = 0, 1$。

$$\widehat{\text{ATE}} = \frac{1}{n} \sum_x (n_{0,x} + n_{1,x})(\hat{E}[Y^1 \mid X = x] - \hat{E}[Y^0 \mid X = x])$$

$$\widehat{\text{ATET}} = \frac{1}{n_1} \sum_x n_{1,x}(\hat{E}[Y^1 \mid X = x] - \hat{E}[Y^0 \mid X = x])$$

$$\widehat{\text{ATEN}} = \frac{1}{n_0} \sum_x n_{0,x}(\hat{E}[Y^1 \mid X = x] - \hat{E}[Y^0 \mid X = x])$$

在实践中，你经常有太多不同的 x 可以进行这样一个简单的平均，因此你需要包括邻域。虽然这需要更复杂的非参数估计量，但基本思想是一样的。因此，

---

② 例如，见 Ham, Li 和 Reagan（2011）。

为了获得 ATE,我们首先估计回归函数 $E[Y \mid X,D]$,然后预测所有个体 $i=1,\cdots,n$ 的所有 d 的 $E[Y \mid X_i, D=d]$,最后计算其样本平均值的差异。然而,参考式(3.4),仅在 $d=0$ 时进行上述操作,并将其与观察到的结果 Y^1 的平均值进行比较就足以求出 ATET。因此,ATE 的回归估计量是

$$\widehat{\text{ATE}} = \frac{1}{n}\sum_{i=1}^{n}\{\hat{m}_1(X_i) - \hat{m}_0(X_i)\} \tag{3.5}$$

相应 ATET 的回归估计量是

$$\widehat{\text{ATET}} = \frac{1}{n_1}\sum_{i:D_i=1}\{Y_i - \hat{m}_0(X_i)\},\text{其中 } n_1 = \sum_{i=1}^{n}\mathbb{1}\{D_i=1\} \tag{3.6}$$

式中,$\hat{m}_d(x)$ 是 $E[Y \mid X=x, D=d]$ 的回归估计。

对于第一步中的回归或预测,传统上 OLS 是这种"选择可观测变量"情况下最受欢迎的估计量。但近年来,非参数和半参数方案变得越来越流行。这也是因为一种称为匹配的估计策略在此期间获得了很大的发展。实际上,文献区分了非参数回归方法与简单匹配方法。在下面的分析中,我们会注意到这两种方法基于相同的原则,有共通的基本思想。它们之间的差异并不像第一眼看到的那么明显。

让我们暂时只考虑对 ATET 的估计。回忆一下,对于每个参与者 $i(D_i=1)$,估计其预期的反事实结果 Y_i^0 就足以识别出 ATET。我们假设处理组和对照组观察到了所有混杂变量 X_i,Y_i^0 的自然预测量就是对照组($D_j=0$)中具有相同特征的成员 j 的结果,即当 $X_i = X_j$ 时,可以用 Y_j 来预测 Y_i^0。由于很难为每个个体找到如此完美的匹配,我们可以选择最接近的一个成员,其中必须明确"最接近"的含义(X 通常是一个向量)。我们可以再次使用欧几里得(Euclidean)距离或马哈拉诺比斯(Mahalanobis)距离,参考式(1.18),回顾我们关于匹配对的描述。对 $D_i=1$ 的每个个体 i 进行此操作,就是在对照组中寻找这样的"匹配"。我们可以选择是否做这样的替换:替换可能导致更大的方差,而没有替换可能导致更大的偏误。

但这与非参数回归有什么关系呢?事实上,无论一个人面临的问题是找到了几个同样好的匹配,还是只能找到多个较差的匹配,在这两种情况下,我们都应该将结果 Y^0 的平均值作为 Y_i^0 的估计量。这被称为给定 k 时的 kNN 匹配(指 k 个最近邻)。如果我们允许 k 随 n 增加而增加,那么 $\bar{Y}_i^0 = \hat{E}[Y^0 \mid X_i]$ 就是第 2.2.1 和第 2.2.2 节中介绍的非参数 kNN 回归估计量。

或者,如果将参与者 $i(D_i=1)$ 与对照组所有观测特征为 X_j 的成员 j 的平均值相配对,使得对于距离测量单位 $\|\cdot\|$ 和带宽 $h>0$,有 $\|X_i - X_j\| < h$,我们就能得到一个带宽为 h 的核回归估计量 $\hat{Y}_i^0 = \bar{E}[Y^0 \mid X_i]$,以及一致核

$K(\|u\|/h) = \frac{1}{2} \|u\| < h$,其中 $\dim(u) = \dim(X)$。如果我们在这些邻域上应用结果 Y^0 的 $K_h(u)$ 加权平均值,就能得出经典的核回归估计量,核函数为 K,可以回想一下第 2.2.1 节。

可以重复上述步骤以求得式(3.5)中的 $\hat{m}_1(X_i)$,即用处理组的匹配对(或是"孪生子")来预测对照组的个体 j 的 Y_j^1。换言之,我们将讨论扩展到了估计 ATE 和 ATEN。

我们可以得出如下结论:匹配和非参数回归之间的差异只是理论层面的,对于 kNN 回归,当样本量 n 趋于无穷大时,我们取固定近邻个数 $k(k \to \infty)$ 或固定距离 h;对于核回归,当样本量 n 趋于无穷大时,我们取固定距离 $k \to \infty, h \to 0$。然而,回归方法的优势在于允许使用更容易的减小偏误的方法。两种方法的实际差异在于回归未必是非参数的,我们将在下一小节简要讨论这一点。因此,匹配估计量经常被提及的一个优点是,它(与基于回归的估计量相比)是完全非参数的,因此不依赖于函数形式的假设,如是否为线性函数。这允许任何形式的处理效应的异质性(treatment effect heterogeneity)。当 X 在处理组和对照组中的分布可能(而且通常)非常不同时,这一优势尤其重要。在参数估计中,X 的分布对参数估计有重要影响(这一点在参数计量经济学中通常被忽略)。因此,处理组和对照组中的 X 的分布差异越大,预测效果就越差。然而,这正是评估处理效应时会发生的情况,因为只有那些在两组之间分布存在(很大)差异的特征 X 才能成为混杂变量。事实上,只有在 $D=0$ 和 $D=1$ 两组之间呈现显著差异的变量 X 才能识别选择。

最后请注意,用于预测反事实结果的观察样本越多,匹配将越有效。换言之,匹配在没有非参数回归情况下变得有效。因此通常匹配和回归估计是同义的,我们只在必要时区分它们。最重要的是,无论我们何时提到参数回归,我们都会做出明确区分,因为参数回归在多个方面不同于匹配和非参数回归。

3.1.2 选择偏误和共同支撑区间

除了 CIA(匹配中表现得最明显),另一个必要条件就是所谓的共同支撑区间条件(common support condition, CSC)。从式(2.7)或(3.3)中我们可以看出,为了更好地识别因果关系,需要 X 在处理组和对照组中取相同的值。这并不是指 X 的分布,正如前面所述,X 的分布在两组中有很大差异(记住只是因为 X 和 D 是相互依赖的,两组中 X 的发生频率就将不同)。但至少在理论上,X 的某个值不应该只在其中一个组中实现,否则我们就无法找到一个反事实的匹配——即使在理论上也找不到这样的匹配!以例 3.1 来说,对于 X 的每个值,都必须同时存在上大学的人和不上大学的人。如果对于 X 的某些特定值 x,所有人都上了大学,我们显然无法对拥有这些 x 值的处理组成员和对照组成员进行比较,因为根本就没有符合条件的对照组成员。这就是共同支撑区间问题,是我们需要的额外假设。因此,我们设定两个条件:

(A1)能观察到所有同时影响 D 和 Y 的因素(混杂变量 X),通常称为 CIA。

(A2)控制 X 后,在选择 D 时仍然存在充分的随机性,使得

$$0 < \Pr(D = 1 \mid X = x) = p(x) < 1 \quad \forall x \in \mathcal{X} \tag{3.7}$$

其中 $\mathcal{X}$ 是 X 在(整个)总体中的支撑区间,通常称为 CSC。

第一个条件是难以验证的。虽然可以判断某些变量是否会影响 D 或 Y,但无法通过统计手段确定是否存在遗漏(不可观测的)变量,这些变量自觉或不自觉地影响了选择 D 的过程,但除此以外不影响 Y。在实践中,如果共同支撑区间条件适用,项目选择过程越官方化、循规蹈矩并且有确定性,就越容易(通过 CIA)识别因果关系。

与此相对的是,CSC 假设(A2)是可以被检验的,如果不成立,就可以通过重新定义研究总体来调整估计对象,从而使 CSC 假设成立。这是如何实现的?设 $\mathcal{X}_0$,$\mathcal{X}_1$ 分别为对照组和处理组中 X 的支撑区间,$\mathcal{X}_{01} = \mathcal{X}_0 \bigcap \mathcal{X}_1$(即交集)是处理组和对照组的共同支撑区间。注意,假设(A2)等价于

$$(A2) \text{ 对于 ATE}: \mathcal{X}_{01} = \mathcal{X}_1 = \mathcal{X}_0 \tag{3.8}$$

因此,如果原始数据的(A2)不成立,我们依然可以识别具备共同的 $\mathcal{X}_{01}$ 特征的对象的处理效应。因此我们可以宣称这个子总体就是我们感兴趣的研究总体。这个"解决方案"是否总能满足我们的好奇心,我们还不能给出一般性的回答,但至少子总体及其处理效应的定义是明确的。因此,我们将(A2)称为 CSC,尽管它通常是用倾向得分形式表示,如式(3.7)所示。

在实践中,共同支撑区间条件不成立的情况往往是处理组中 X 的支撑区间仅仅是对照组中 X 的一个子集。原因在于项目通常基于某些子总体的自愿参与。在对照组中我们能观察到所有人,而在处理组中,我们只能观察到那些有资格参加此项目的人。幸运的是,这些被缩减的共同支撑区间足以用来识别 ATET。[3] 我们将用于求解 ATET 的假设(A2)定义为

---

[3] 此外,回想一下,对于识别 ATET,有 $Y^0 \perp\!\!\!\perp D \mid X$ 成立就足够了,并不需要完整的 CIA。因此,与 ATE 相比,识别 ATET 的这两个必要条件都被放宽了。

$$\text{(AT2)},\text{对于 ATET}: \mathcal{X}_{01} = \mathcal{X}_1 \subseteq \mathcal{X}_0 \tag{3.9}$$

对于 ATEN，只需交换下标 0 和 1。

例 3.2 在硕士项目的申请方面，大学可能对（某些考试成绩中的）最低分数有要求。因此，我们可以在没有修读研究生课程的人群中找到某门课分数很低的个人，但是我们可能找不到该门课分数低于特定值 X 的研究生。因此，我们将无法在这样的 X 水平上找到合适的对照组。④ 如果我们知道招生规则，就能确切地知道 $D=1$ 的群体中观察不到的那些 x 值。

除了这些正式规则，还有许多其他我们不知道的因素使得选择 $D=1$ 或 $D=0$ 的个体非常不一样。例如，父母的收入对孩子是否上大学有很大影响，对于父母收入很低的孩子来说，上大学可能是不可能事件。然而，我们事先不知道临界值，因此也就不能在事前知道共同支撑区间。

此时，我们发现匹配的另一个优点：它突出了支撑区间条件的重要性；尽管匹配不能解决支撑区间问题，但它能将支撑区间可视化。

对于估计处理效应时可能存在的选择偏误问题，我们已经给出了一些直观的解释和例子。让我们以公式化的形式重新审视这个问题。我们想估计平均潜在结果或结果差异，即

$$E[Y^d], \quad E[Y^{d_2} - Y^{d_1}]$$

这里的结果可以是接受处理 d_1 和 d_2 后的工资或财富。由于（自我）选择导致 D 的内生性，于是

$$E[Y^d \mid D=d] \neq E[Y^d]$$

因此简单的 $E[Y^d \mid D=d]$ 估计不能用来确定平均潜在结果。关于匹配估计量的文献大多涉及二元变量 D 的处理效应识别和估计。下面我们讨论如何估计 ATET 的问题，即 $E[Y^1 - Y^0 \mid D=1]$。回想一下，一个朴素的估计量建立在下式的基础上：

$$E[Y \mid D=1] - E[Y \mid D=0]$$

即简单比较处理组和对照组的观测结果。

对于非实验数据（其中 D 不是随机分布的），由于选择 $D=1$ 和选择 $D=0$ 的个体之间在可观测变量和不可观测变量上有差异，这个估计量通常是有偏的。

---

④ 例如，在现行的劳动力市场项目中，"失业"通常是获得资格的一个核心条件。因此，就业人员不能成为参与者，因为他们没有资格，因此不能确定他们的反事实结果。

这一偏误是

$$E[Y^0 \mid D = 1] - E[Y^0 \mid D = 0]$$

此偏误可以被分解为

$$= \int_{\mathcal{X}_1} E[Y^0 \mid X = x, D = 1] dF_{X|D=1}(x) - \int_{\mathcal{X}_0} E[Y^0 \mid X = x, D = 0] dF_{X|D=0}(x)$$

$$= \int_{\mathcal{X}_1 \setminus \mathcal{X}_{01}} E[Y^0 \mid X = x, D = 1] dF_{X|D=1}(x) - \int_{\mathcal{X}_0 \setminus \mathcal{X}_{01}} E[Y^0 \mid X = x, D = 0] dF_{X|D=0}(x) \tag{3.10}$$

$$+ \int_{\mathcal{X}_{01}} E[Y^0 \mid X = x, D = 0] \cdot (dF_{X|D=1}(x) - dF_{X|D=0}(x)) dx \tag{3.11}$$

$$+ \int_{\mathcal{X}_{01}} (E[Y^0 \mid X = x, D = 1] - E[Y^0 \mid X = x, D = 0]) \cdot dF_{X|D=1}(x) \tag{3.12}$$

第三部分(3.12)表示在参与者总体中控制 X 的情况下，参与者($D=1$)和非参与者($D=0$)的预期结果的差异导致的偏误。⑤ 如果在控制 X 后没有系统性的不可观测的差异，第三部分就是零，因为若 X 包括所有混杂变量，我们就有

$$E[Y^0 \mid X, D = 0] = E[Y^0 \mid X, D = 1], \quad 即 \text{ CIA 成立} \tag{3.13}$$

这部分就是传统意义上的选择偏误。尽管如此，第一部分和第二部分也表明了此估计量的偏误，说明仍然存在一些其他问题，即可观测协变量的条件分布的差异以及这些协变量的不同支撑区间。

第一部分(3.10)体现了参与者和非参与者子总体中 X 支撑区间的差异。当使用简单的估计量 $E[Y \mid D = 1] - E[Y \mid D = 0]$ 时，我们其实部分比较了无法识别反事实的结果的个体，因为 $\mathcal{X}_1 \setminus \mathcal{X}_{01}$ 是非零的。对于一些具有 x 特征的参与者，非参与者($D=0$)子总体中没有与之相对应的个体。同理，如果 $\mathcal{X}_0 \setminus \mathcal{X}_{01}$ 是非零的，那么就存在一部分非参与者成员，找不到与他们具有相同特征的参与者。换言之，如果 ATE(A2) 的 CSC 成立，则(3.10)为零；但如果 CSC 仅适用于(AT2)，则只有(3.10)的第一项为零。如果不使用 $\mathcal{X}_1 \setminus \mathcal{X}_{01}$ 中的个体，(3.10)的第二项就会消失。

例 3.3 如果具有特征 $\mathcal{X}_1 \setminus \mathcal{X}_{01}$ 的个体平均具有较大的结果 Y^0，而具有特征 $\mathcal{X}_0 \setminus \mathcal{X}_{01}$ 的个体平均具有较小的结果 Y^0，那么估计量的第一部分偏误将为正。原因

---

⑤ 我们在这里从"处理组"的概念转换至"参与者"，尽管不可否认它们经常被用作同义词。这是为了强调在实践中出现选择偏误的一个常见原因：人们可能被分配到一个处理组（或对照组），但后来决定（自愿或不自愿地）改变组别。然而，对于估计来说，处理（即参与）本身，而不是分配，才是至关重要的。$D=$"分配"而非 $D=$"实际参与"的 ATE 被称为意向处理效应(intention-to-treat effect)。

是 $E[Y \mid D=1]$ 包含这些高结果的个体(即 $\mathcal{X}_1 \backslash \mathcal{X}_{01}$),而 $D=0$ 总体中则不存在这样的个体。同理,$E[Y \mid D=0]$ 包含低结果的个体(即 $\mathcal{X}_0 \backslash \mathcal{X}_{01}$),而 $D=1$ 总体中则不存在这样的个体。因此,$E[Y \mid D=1]$ 将偏大,因为它包含高结果的个体,而 $E[Y \mid D=0]$ 将偏小,因为它包含那些低结果的个体。在随机实验中,支撑区间是相同的,$\mathcal{X}_0 = \mathcal{X}_1$,这就保证了存在共同支撑区间。观察性研究中通常并非如此。

偏误的第二部分(3.11)表示参与者和非参与者(在共同支撑区间上)的 X 特征的分布的差异。一个适当的估计量必须对这种差异进行调整。例如,处理偏误的第二部分时我们必须用 $X \mid D=d$ 的分布对 $E[Y^0 \mid X, D=0]$ 的非参数估计进行加权。

请注意,如果我们的目标是估计 ATE,那么所有上述情况都会增加使用下式进行估计时的偏误:

$$E[Y^1 \mid D=1] - E[Y^1 \mid D=0]$$

它也可以分解出类似(3.10)、(3.11)和(3.12)的偏误。你可以试着练习一下,你会注意到,当计算 ATE 的偏误时,这些项不会抵消(3.10)到(3.12)。

3.1.3 使用线性回归模型?

给定式(3.5),有人可能会认为,用线性回归同样可以很好地估计 ATE(和 ATET)。既然线性模型和对数线性模型在结构模型的经典计量经济学文献中被广泛接受,为什么不坚持使用这些模型呢?而且,我们只需要用它们取结果估计量的平均值。这引发我们思考下面这个问题,即如何仅仅通过在传统计量经济学回归方程中纳入一个表示"处理"的虚拟变量,从而把上面详尽阐述的识别策略与传统的(尽管可能是老式的)评估影响的方法联系起来。用公式表示就是

$$Y_i = \alpha + \beta D_i + \gamma' X_i + U_i \tag{3.14}$$

注意,CIA

$$U \perp\!\!\!\perp D \mid X \tag{3.15}$$

我们可以将此称为条件外生性(conditional exogeneity)。为了估计平均处理效应,满足条件线性独立性或条件零相关就足矣。式(3.15)意味着

$$E[U_i \mid D_i, X_i] = E[U_i \mid X_i]$$

在式(3.14)中使用 OLS 所需的假设实际上更强,即

$$E[U_i \mid D_i, X_i] = 0$$

事实上，为了估计线性模型，我们要求 U 的均值独立于 D 和 X，或者至少独立于与 D 相关的 X 元素。然而，我们已经看到非参数识别和处理效应估计量不需要这种假设。因此，U 可以与 X 相关。更一般地说，在估计处理效应的匹配模型中，式(3.14)中的混杂变量 X 可以是内生性的。

上面介绍的匹配方法与式(3.14)的 OLS 回归有什么关系？我们从基于 m_0 和 m_1 的简单线性模型的参数匹配开始，有

$$\hat{m}_d(x) = \hat{a}_d + x'\hat{b}_d$$

式中，$\hat{a}_d, \hat{b}_d$ 是根据集合 $\{i: D_i = d\}$ 估计出来的系数。潜在结果的平均值就为

$$\hat{E}[Y^d] = \hat{a}_d + \overline{X}'\hat{b}_d$$

其中 $\overline{X}$ 是整个样本的特征变量的平均值。ATE 估计值为

$$\hat{E}[Y^1 - Y^0] = \hat{a}_1 - \hat{a}_0 + \overline{X}'(\hat{b}_1 - \hat{b}_0) \tag{3.16}$$

相反，式(3.14)的 OLS 估计值是 $\hat{\alpha} + d\hat{\beta} + \bar{x}'\hat{\gamma}$，其中 $\hat{\alpha}, \hat{\beta}, \hat{\gamma}$ 是从整个样本中获得的。相应的 ATE 的直接估计值为 $\hat{\beta}$。首先要回顾的是，在这两种情况下，我们必须只使用那些属于混杂变量的协变量 X。其次，在式(3.16)中使用了假设(3.15)，而 OLS 需要一个更强的假设。再次，匹配方法自动解释了 D 和 X 在 $(Y^0 - Y^1)$ 上可能存在的交互作用，而在式(3.14)中，我们必须在模型中清晰地说明交互项。显然，在对函数进行任何修改或扩展时也必须清晰地说明交互项，例如将式(3.14)扩展到多项式的时候。我们可以立刻得出结论，对于 D 的"保持其他条件不变"(ceteris paribus)的局部、边际效应，尽管有人可能仍然坚信由式(3.14)得到的 OLS 估计值 $\hat{\beta}$ 是对此效应的线性部分的一致估计，但当我们想要估计 ATE 时，就无法清楚地解释 $\hat{\beta}$ 的含义了。当引入双稳健估计量时，我们会发现在式(3.16)中忽略两个组的 X 的不同分布的危害比在式(3.14)中要小，而在使用局部估计量时，忽略这一点不会引起任何问题。这部分解释了非参数估计对于处理效应估计的重要性：参数简化形式只会使解释复杂化，而不是简化它。

3.2 基于 CIA 的 ATE 和 ATET 估计

我们已经看到了直接比较平均值会产生什么样的偏误。它们反映出了（自）选择不同处理组的问题。我们已经看到如果能观察到所有重要的混杂变量，且研究 $\mathcal{X}_{01}$ 人群时，CIA 和 CSC 是如何帮助识别 ATE 和 ATET 的。经典结构方程和匹配方法的对比进一步说明了为什么函数形式的错误设定对解释的危害可能比在经典

回归环境中更严重。

以下两种不同的评估处理效应的方法需要用到 CIA：一种方法是直接匹配处理组和对照组的个体，另一种方法是通过计算处理组和对照组个体的（以概率表示的）倾向得分，从而评估处理效应。倾向得分有多种用途：用来完成匹配，或用来重新调整两个子总体（处理组和对照组）中的对象的分布，使它们具有可比性。我们将看到匹配和倾向得分加权甚至可以结合起来以提高处理效应估计量的稳健性。

3.2.1 定义匹配和回归估计量

为什么基于 CIA 和 CSC 的匹配（或回归）就能解决偏误问题呢？再次考虑 ATET 和偏误(3.10)—(3.12)。我们发现 CIA 消除了偏误(3.12)。由此，处理组的平均潜在结果是

$$E[Y^0 \mid D=1] = \int E[Y \mid X, D=0] dF_{X\mid D=1} = \int m_0(x) f_{X\mid D=1}(x) dx$$

如果我们能成功估计出非参与者的条件期望 $m_0(x) = E[Y \mid X=x, D=0]$，并在参与者 X 的分布上对其积分，就能消除(3.11)。假设 $\mathcal{X} \subseteq \mathcal{X}_0$，ATET 的 CSC 假设成立。通过将 $F_{X\mid D=1}$ 替换为经验分布函数 $\hat{F}_{X\mid D=1}$，用（非参数）估计量代替 m_0，可以得到 $E[Y^0 \mid D=1]$ 的一个直观而充分的估计量，即

$$\hat{E}[Y^0 \mid D=1] = \frac{1}{n_1} \sum_{i:D_i=1} \hat{m}_0(X_i)$$

于是，可以得出(3.6) $\hat{E}[Y^1 - Y^0 \mid D=1] = \frac{1}{n_1} \sum_{i:D_i=1} \{Y_i^1 - \hat{m}_0(X_i)\}$。由于这个匹配估计量自动在 $F_{X\mid D=1}$ 上"经验积分"（即取平均值），我们必须把(3.10)和(3.11)中的 $F_{X\mid D=0}$ 替换成 $F_{X\mid D=1}$。这将消除偏误(3.11)。

关于(3.10)的第二项，回顾一下我们之前通过将其支撑区间限制在区域 $\mathcal{X}_{01}$ 上重新定义了 ATET。[⑥] 由于 $x \in \mathcal{X} \setminus \mathcal{X}_{01}$ 时，$F_{X\mid D=1}(x) = 0$，因此(3.10)中的第二项也是零。因此，在共同支撑区间上，ATET 估计值实际上是

$$\hat{E}[Y^1 - Y^0 \mid D=1] = \frac{1}{n_{01}} \sum_{\mathcal{X}_{01}} \{Y_i^1 - \hat{m}_0(X_i)\} \tag{3.17}$$

$$n_{01} = \sum_i^n \mathbb{1}\{\mathcal{X}_i \in \mathcal{X}_{01}\}$$

---

⑥ 可以回想一下，$m_0(x)$ 的非参数估计仅在 $f_{X\mid D=0}(x) > 0$ 中被定义。

相应地，ATE 就是

$$\hat{E}[Y^1 - Y^0] = \frac{1}{n_{01}} \sum_{\mathcal{X}_{01}} \{\hat{m}_1(X_i) - \hat{m}_0(X_i)\} \tag{3.18}$$

其中 $\hat{m}_1$ 是处理组中预期结果 Y 的估计值。下一步是确定适当的预测量 $\hat{m}_0$（如需估计 ATE，我们则需 $\hat{m}_1$），然后研究最终估计量的统计特性。

核回归估计、局部多项式回归和 kNN 估计量是目前比较流行的非参数回归估计方法。kNN 的一个非常流行的版本是简单的第一近邻回归（first-nearest-neighbour regression）：为了预测处理组中个体 i 的 $m_0(X_i)$，需要从对照组中选择具有最接近特征 X_i 的特征 X_j 的个体，其值 Y_j 就可以作为估计量：$\hat{m}_0(X_i) := Y_j$。第一近邻回归估计量的使用实际上解释了匹配这一名称的来源：从参与者和非参与者中寻找相似的"配对"或"匹配"，它们结果的差异的平均值可以用来估计处理效应。关于对照组中的个体是可以被重复匹配（即使用）还是只能匹配一次，目前尚存争议。例如，估计 ATET 时，只能匹配一次的话就要求 $n_0 \geq n_1$，于是偏误增大，但降低了方差。人们可能会想知道，为什么简单的一对一匹配估计量如此受欢迎。其中一个原因是，如果事先使用匹配，它有助于降低数据收集的成本。

例 3.4 假设我们有接触过某种药物的 50 人和没有接触过该药物的 5000 人的医疗记录数据。这 5000 人的一些基本的 X 变量是已知的，但 Y 变量未知。因此，我们仍然需要收集 Y 的数据。收集这些 Y 数据通常是昂贵的，比如可能需要事先征得医生和个人的同意以进行血液测试。因此，与其跟踪所有 5000 名个体，不如利用已知的 X 数据选择一部分对照组成员，例如选取与 50 名处理组成员（就 X 而言）最为相似的 50 名对照组成员，并仅收集这些人的额外数据（即 Y）。

例 3.4 给出了为什么在数据收集完成之前进行一对一匹配的一个原因。然而，在完成数据收集后，我们可能依然需要用到较大平滑区域的估计量。显然，使用单个最近邻来预测 $m_0(x)$ 可以（渐近地）得到最小偏误，但此时方差较大。因此，使用一个更宽的窗口（对于 kNN，选择更大的 k = "近邻个数"，或者对于核回归和局部多项式回归平滑参数，选择更大的带宽）可能是合适的。话虽如此，但显然在这种情况下，部分个体将被重复用于匹配。如果 k 和 h 都选择了最优值，则使用 kNN 方法或带宽为 h 的核回归的匹配的性能可能非常相似。有人认为，在实际应用中，kNN 匹配可能会表现得更好，因为平滑区域会自动适应密度，从而确保平滑区域中的观测值永远不会少于 k 个。回想一下，这与核回归中的局部带宽相关。然而，用局部多项式回归或高阶核函数进行匹配可以降低匹配估计量的偏误，但

kNN 回归不可能做到这一点。

回到 CSC 的理论和实践应用。从理论上讲,在支撑区间 $\mathcal{X}_0$ 之外不存在 m_0。因此,如果存在 x 属于 $\mathcal{X}_1\backslash\mathcal{X}_{01}$,那么就无法定义(或者说"识别")这些 x 的潜在结果 Y^0,也就不能确定处理效应,从而无法定义具有这些特征的个体所在总体的 ATE 和 ATET。同理,通过交换下标 0 和 1,我们也无法定义 ATE 和 ATEN。这是理论层面。而在实践中,我们根本无法(或不应该试图)用这种非参数估计方法无限制地做处延推断。如果对于处理组中的某些 i,对照组中没有一个成员 j 的 x_j 接近于 x_i,则没有匹配。核函数也会出现类似情况:如果在 h 邻域(h 是带宽)中没有 x 的匹配,那么就不可能预测 $m_0(x)$。到这里我们就已经了解了 CSC 对于非参数匹配和回归估计量的实际意义。

3.2.2 匹配的统计性质

我们将总结主要结论。若想了解更具技术性的证明细节,读者可以查阅我们引用的原始论文。我们先介绍近邻数 k 为固定值 K(不随样本大小而变化)时的 kNN 匹配,这包括标准匹配对估计量($K=1$)。下面思考传统的匹配估计量,其中 (Y_i, X_i) 的反事实匹配是由 K 个(来自反事实组的)对象的 Y_j 的平均值构造的,这些对象的特征 X_j 最接近 X_i。为了精确地描述统计性质,我们首先需要精确定义估计量。[7] 设 $J(i)$ 是代表最近邻的一组指数 $(j_1(i), \cdots, j_K(i))$ 的集合,则对于 $d \in \{0,1\}$,公式化的匹配就是

$$\hat{Y}_i(d) = \begin{cases} Y_i, & \text{如果 } D_i = d \\ \dfrac{1}{K}\sum_{j \in J(i)} Y_j, & \text{如果 } D_i = 1-d \end{cases} \tag{3.19}$$

其中隐含了假设 $n_1 \geqslant K \leqslant n_0$。

通常情况下,我们允许重复匹配,将 $R(j) = \sum_{i=1}^{n} \mathbb{1}\{j \in J(i)\}$ 定义为对象 j 用于匹配的次数,则匹配估计量为

$$\widehat{\text{ATE}} = \frac{1}{n}\sum_{i=1}^{n} \hat{Y}_i(1) - \hat{Y}_i(0) = \frac{1}{n}\sum_{i=1}^{n}(2D_i - 1)\left(1 + \frac{R(i)}{K}\right)Y_i \tag{3.20}$$

$$\widehat{\text{ATET}} = \frac{1}{n_1}\sum_{i:D_i=1} Y_i(1) - \hat{Y}_i(0) = \frac{1}{n_1}\sum_{i=1}^{n}\left(D_i - (1-D_i)\frac{R(i)}{K}\right)Y_i \tag{3.21}$$

---

[7] 我们在这里主要参考了 Abadie 和 Imbens(2006)的研究。

为了研究它们的渐近性质,将其进行拆分是有必要的:
$$\widehat{\text{ATE}} - \text{ATE} = \overline{\text{ATE}(X)} - \text{ATE} + B_K + S_K$$

其中:

平均条件处理效应 $\overline{\text{ATE}(X)} = \frac{1}{n}\sum_{i=1}^{n} m_1(X_i) - m_0(X_i)$

条件偏误 $B_K = \frac{1}{n}\sum_{i=1}^{n}(2D_i - 1)\left[\frac{1}{K}\sum_{k=1}^{K} m_{1-D_i}(X_i) - m_{1-D_i}(X_{jk(i)})\right]$

随机项 $S_K = \frac{1}{n}\sum_{i=1}^{n}(2D_i - 1)\left(1 + \frac{R(i)}{K}\right)\varepsilon_i$

其中 $\varepsilon_i = Y_i - m_{D_i}(X_i)$。

类似地,
$$\widehat{\text{ATET}} - \text{ATET} = \overline{\text{ATET}(X)} - \text{ATET} + \text{BT}_K + \text{ST}_K$$

其中:

条件 ATET $\overline{\text{ATET}(X)} = \frac{1}{n_1}\sum_{i:D_i=1} E[Y \mid X_i, D_i = 1] - m_0(X_i)$

条件偏误 $\text{BT}_K = \frac{1}{n_1}\sum_{i:D_i=1} \frac{1}{K}\sum_{k=1}^{K} m_0(X_i) - m_0(X_{jk(i)})$

随机项 $\text{ST}_K = \frac{1}{n}\sum_{i=1}^{n}(2D_i - 1)\left(1 + \frac{R(i)}{K}\right)\varepsilon_i$

这些分解项很好地说明了处理效应估计的潜在偏误和方差。显然,在计算这些估计量的偏误和方差时,主要的困难在于如何处理随机匹配偏误 $X_i - X_{jk}(i)$。回顾共同支撑区间假设,很明显,对于离散变量,固定 K 但 $n \to \infty$ 时,这些不一致性将变为零,B_K 和 BT_K 也将变为零。对于 X 中的连续变量,Abadie 和 Imbens(2006)给出了它们的显式分布(密度函数和前两个矩)。这使得他们能够推导式(3.20)和式(3.21)的渐近性,如下所示。由于连续的混杂变量将决定渐近表现,我们在不丧失一般性的情况下假定 X 是 q 个连续变量的向量。增加离散项后则不影响渐近性。我们先总结一下所需的假设:

(A1)和(A2) 我们使用 CIA 和共同支撑区间假设,即存在一个 $\epsilon > 0$,使得对于所有 x,都有 $\epsilon < P(D = 1 \mid X = x) < 1 - \epsilon$。

(A3) 我们有一个随机样本 $\{(Y_i, X_i, D_i)\}_{i=1}^{n}$。

回想一下我们上节提到的结论,如果共同支撑区间条件不成立,或者如果我们不能为一些观察到的 x 找到合理的匹配,就必须重新定义所研究的总体,将分析限制到使共同支撑区间条件成立的集合 $\mathcal{X}$ 上。如前所述,估计 ATET 所需的假设稍少一点,具体则是:

(AT1)和(AT2) 对于所有 x,$Y^0 \perp D \mid X$,$P(D = 1 \mid X = x) < 1 - \epsilon$。

(AT3) 以 $D=d$ 为条件,样本由 $(Y,X)\mid D=d$ 的独立取值组成,$d=0,1$,某些 $r\geqslant 1$,$n_1^r/n_0\to\rho$,$0<\rho<\infty$。

满足这些假设后,有下面这个定理:

定理 3.1 若(A1)到(A3)的假设成立,且已知 $m_1(\cdot)$ 和 $m_0(\cdot)$ 利普希茨连续,那么 $B_K=O_p(n^{-1/q})$,偏误项 $E[B_K]$ 的阶数一般不低于 $n^{-2/q}$。此外,$\mathrm{Var}[\widehat{\mathrm{ATE}}\mid \mathbf{X},\mathbf{D}]=\dfrac{1}{n^2}\sum_{i=1}^{n}\left(1+\dfrac{R(i)}{K}\right)^2\mathrm{Var}[Y\mid X_i,D_i]$。

设 $f_d:=f_X\mid_{D=d}$。若(AT1)到(AT3)的假设成立,且已知 $m_0(\cdot)$ 利普希茨连续,则 $\mathrm{BT}_K=O_p(n_1^{-r/q})$,$\mathcal{X}_{01}$ 是 $\mathcal{X}_0$ 内部的一个紧子集,其中 $m_0(\cdot)$ 有三阶有界导数,$f_0(x)$ 具有有界一阶导数,于是有

$$E[\mathrm{BT}_K]=n^{-2r/q}\left(\frac{-1}{K}\sum_{k=1}^{K}\Gamma\left(\frac{kq+2}{q}\right)\frac{1}{(k-1)!q}\right)\rho^{2/q}$$
$$\times\int\left(f_0(x)\frac{\pi^{q/2}}{\Gamma(1+q/2)}\right)^{-2/q}\left\{f_0^{-1}(x)\frac{\partial f_0}{\partial x'}(x)\frac{\partial m_0}{\partial x'}(x)+\frac{1}{2}\mathrm{tr}\left(\frac{\partial^2 f_0}{\partial x'\partial x}(x)\right)\right\}$$
$$f_1(x)dx+o(n_1^{2r/q})$$

此外,$\mathrm{Var}[\widehat{\mathrm{ATET}}\mid \mathbf{X},\mathbf{D}]=\dfrac{1}{n_1^2}\sum_{i=1}^{n}\left(D_i-(1-D_i)\dfrac{R(i)}{K}\right)^2\mathrm{Var}[Y\mid X_i,D_i]$

如果还有 $\mathrm{Var}[Y\mid\mathbf{X},\mathbf{D}]$ 是利普希茨连续的且从零向外发散,并且 $Y\mid(x,d)$ 的条件分布的四阶矩存在,且在 x 中一致有界,则

$$\sqrt{n}\frac{(\widehat{\mathrm{ATE}}-\mathrm{ATE}-B_K)}{\{E[(\mathrm{ATE}(X)-\mathrm{ATE})^2]+n\mathrm{Var}[\widehat{\mathrm{ATE}}\mid\mathbf{X},\mathbf{D}]\}^{1/2}}\xrightarrow{d}N(0,1)$$

$$\sqrt{n_1}\frac{(\widehat{\mathrm{ATET}}-\mathrm{ATET}-\mathrm{BT}_K)}{\{E[(\mathrm{ATET}(X)-\mathrm{ATET})^2]+n_1\mathrm{Var}[\widehat{\mathrm{ATET}}\mid\mathbf{X},\mathbf{D}]\}^{1/2}}\xrightarrow{d}N(0,1)$$

可以从偏误表达式中看出我们在介绍非参数估计时提到的维数诅咒:连续条件变量 x 的个数 q 越大,偏误越大,收敛速度越慢。我们比较难看出的是近邻数 K 以及重复次数 $R(i)$ 的影响。然而,如果我们允许 K 随 n 增加,那么这就是(非参数)回归问题了,我们将在后面进行研究。[8]

有人可能会认为,定理 3.1 表明我们采用的(连续)控制变量越少,估计量的性能越好。然而,正确的说法应该是"必需的(连续)控制变量越少,估计就越容易"。

---

[8] 其他表达式如数 π 或伽马函数 Γ 直接来自在 $\mathbb{R}^q$ 上所用的匹配差异 $X_i-X_{jk(i)}$ 分布的密度和矩。当寻找欧几里得意义上的最近邻时,单位为 q 的邻域的容量是特别有趣的,事实上它是 $2\pi^{q/2}/\Gamma(q/2)$。这解释了为什么偏误中会出现这些项。

实际上，如果没有一个很好的偏误估计量（我们必须通过从处理效应估计值中减去此偏误估计量以减少偏误），那么在估计 ATE 时，对于 $q \leqslant 2$，我们只能得到参数 $\sqrt{n}$ 的收敛速度。为了忽略偏误，我们甚至需要 $q=1$。自然地，对于 ATET，收敛速度取决于 n_1 和比率 n_1/n_0，回忆假设（AT3）。因此，即使有一个以上的控制变量（即 $q>1$），如果 n_0 相应地增加得更快（$n_1/n_0 \to 0$），也可能达到 $\sqrt{n_1}$ 的收敛速度。好消息是，在这两种情况下，加入有限支撑区间的离散协变量渐近地对偏误没有影响。但是需要注意，在有限的样本中加入许多离散变量，尤其是那些"支撑区间大"（相对于样本大小）的变量，确实会影响偏误。不幸的是，人们对这类影响的"大小"知之甚少。

关键是我们必须牢记，这个定理只在（A1）到（A3）或（AT1）到（AT3）的假设下成立。如果因为我们没有包含足够的条件变量而 CIA 不成立，那么就意味着在 B_K（或在估计 ATET 时为 BT_K）上出现了一个额外的偏误项。此偏误项不会渐近消失，并最终形成一个不一致的估计量。但在实践中，我们的样本是有限的，而且 B_K（BT_K）确实始终存在，因此我们至少需要处理两个权衡：选择控制变量数量时的偏误—偏误权衡[9]，以及偏误—方差权衡，尤其是在选择 K 和 $R(i)$ 时。[10]

下面我们对这两个权衡进行说明。约有二十年，识别因果关系构成了经济学和计量经济学文献的大部分内容。这些文献基本把重点放在准确识别感兴趣的参数上。对于理论研究和学术论文来说，这是合理的。但对于实证研究来说，准确识别参数可能是有误导性的，因为实践中人们面对的往往是有限的样本，必须用可得的数据和信息来估计参数。这种无偏性只能通过难以被验证的（且大多是有争议的）假设来实现。当这些假设不成立时，潜在的偏误效应很少被研究。此外，无偏性通常只是一种渐近现象，而在实践中，有限样本偏误和方差（即有限样本均方误差）是重要且应该令人担忧的。实证研究者要不停地权衡估计量的所有潜在偏误、方差以及可得的数据。他的目标必须是最小化有限样本均方误差。

在实践中，对偏误的修正往往比估计方差困难得多。因此，人们试图使用偏误减小方法，尤其是欠平滑（undersmoothing）方法，使得平方偏误与方差相比显得微不足道。那么如何估计方差呢？定理 3.1 给出了方差显式公式 $\mathrm{Var}[\widehat{\mathrm{ATE}} \mid \mathbf{X}, \mathbf{D}]$ 和 $\mathrm{Var}[\widehat{\mathrm{ATET}} \mid \mathbf{X}, \mathbf{D}]$，当用非参数估计值代替 $\mathrm{Var}[Y \mid \mathbf{X}, \mathbf{D}]$ 时，它们是可以直接使用的。为了在估计处理效应后进行推断，我们分别需要

---

⑨ 选择太多的混杂变量会非必要地增加 B_K 或者 BT_K，但是选择太少的混杂变量会导致违背 CIA，产生额外的（选择）偏误。

⑩ 混杂变量的数量对总偏误（B_K 或 BT_X 加上选择偏误）和方差都有影响，但对混杂变量的选择主要由我们提到的第一个关注点驱动。"平滑"偏误 B_K（BT_K）随 K 的增大而增加，而较小的 K 会增大方差。

$$\mathrm{Var}[\widehat{\mathrm{ATE}}] = n^{-1}\{E[nV(\widehat{\mathrm{ATE}} \mid \mathbf{X},\mathbf{D}) + (\mathrm{ATE}(X) - \mathrm{ATE})^2]\}$$

$$\mathrm{Var}[\widehat{\mathrm{ATET}}] = n_1^{-1}\{E[n_1 V(\widehat{\mathrm{ATET}} \mid \mathbf{X},\mathbf{D}) + (\mathrm{ATET}(X) - \mathrm{ATET})^2]\}$$

回顾公式

$$\mathrm{Var}[\widehat{\mathrm{ATE}} \mid \mathbf{X},\mathbf{D}], \ \mathrm{Var}[\widehat{\mathrm{ATET}} \mid \mathbf{X},\mathbf{D}]$$

定义(3.19),

$$\hat{Y}_i(d), d = 0, 1$$

以及

$$E[(\hat{Y}_i(1) - \hat{Y}_i(0) - \mathrm{ATE})^2] \simeq E[(\mathrm{ATE}(X) - \mathrm{ATE})^2] + E\Big[\varepsilon_i^2 + \frac{1}{K^2}\sum_{k=1}^K \varepsilon_{jk}^2(i)\Big]$$

$$\frac{1}{n}\sum_{i=1}^n E\Big[\varepsilon_i^2 + \frac{1}{K^2}\sum_{k=1}^K \varepsilon_{jk(i)}^2 \mid \mathbf{X},\mathbf{D}\Big] = \frac{1}{n}\sum_{i=1}^n \Big(1 + \frac{R(i)}{K^2}\Big) \mathrm{Var}[Y \mid X_i, D_i]$$

我们可以立即得到以下的直观的估计量:[11]

$$\hat{\mathrm{V}}\mathrm{ar}[\widehat{\mathrm{ATE}}]$$
$$= \frac{1}{n^2}\sum_{i=1}^n (Y_i - \hat{Y}_i(0) - \widehat{\mathrm{ATET}})^2 + \Big[\Big(\frac{R(i)}{K}\Big)^2 + \frac{(2K-1)R(i)}{K^2}\Big]\hat{\mathrm{V}}\mathrm{ar}[Y \mid X_i, D_i]$$

$$\hat{\mathrm{V}}\mathrm{ar}[\widehat{\mathrm{ATET}}]$$
$$= \frac{1}{n_1^2}\sum_{i:D_i=1}(\hat{Y}_i(1) - \hat{Y}_i(0) - \widehat{\mathrm{ATET}})^2 + \frac{1}{n_1^2}\sum_{i:D_i=0}\Big(\frac{R(i)\{R(i)-1\}}{K^2}\Big)\hat{\mathrm{V}}\mathrm{ar}[Y \mid X_i, D_i]$$

3.2.3 回归估计量的统计性质

关于收敛速度和偏误的讨论使我们开始反思非常相关的回归方法。当意识到若 $K \xrightarrow[n\to\infty]{}\infty$,上面讨论的匹配估计量就是 kNN 回归估计量时,回归方法与匹配有多接近就变得很明显了。我们意识到,当考虑 kNN 回归时,除非 X 只包含一个(连续[12])变量,否则我们无法实现 $\sqrt{n}$ 一致性。为了实现 $\sqrt{n}$ 收敛,偏误必须始终足够小。对于 $q>1$,就需要使用偏误减小方法,如高阶局部多项式或高阶核。[13]

---

[11] Abadie 和 Imbens(2006)证明了这些估计量与合理估计量 $\widehat{\mathrm{Var}}[Y \mid X_i, D_i]$ 的一致性。

[12] 再次提醒:具有有限支撑区间的离散协变量不影响渐近性质;渐近性质取决于离散协变量的数量和支撑区间的大小。然而,它们可以从本质上影响有限样本的性能,因此在实践中具有重要意义。这就是为什么我们在括号中设置了"连续"。

[13] 更熟悉非参数和半参数回归的读者可能会有点困惑,对于半参数估计量,所谓的维数诅咒从维数 $q>3$ 开始,而不是从维数 $q>1$ 开始。对于所有常用的方法,如核函数、kNN、样条函数或任何其他筛分估计量,这都是正确的,但这里 K 是固定的。这里的情况与服从限制较少的规则 ($q<4$) 的估计问题的另一个不同之处在于,以 ATE 估计问题为例,我们考虑两个非参数估计函数 m_0 和 m_1 的预测量的平均差异,这两个函数是从两个不同的可能具有不同密度的独立样本中估计出来的。这是一个比经典的半参数估计更复杂的问题。

这两种方法的一阶形式等价于使用特定加权函数的加权核回归估计量。这个加权函数是使一些权重实际上为负的函数，对于 kNN 来说很难出现这种情况。

不同的论文研究了回归估计量的一些渐近性质。这些论文的不同之处不仅表现在 $m_d(\cdot)$ 的事前估计上，还表现在倾向得分 $p(x) = P(D=1 \mid X = x)$ 的使用上。每一篇论文都有不同的假设，但它们有一个共同点，即在一定条件下，估计量显示出 $\sqrt{n}$ 一致性。即使没有明说，这些论文也已经隐含地表明，每增加一个额外的（连续）协变量 X，就必须使偏误减少得更多。因此，函数 m_0 和 m_1 以及密度 f_0 和 f_1 的正则条件随着维数 $\dim(X)$ 的增大而增强。如果只关心 ATET（或 ATEN），那么我们通常只需要关于 m_0, f_0（或 m_1, f_1）的条件。

我们不会在这里详细研究不同的正则条件，而且它们很难或不可能被检验，因此只需告诉我们必须相信哪些条件。在某些方法中，正则条件可能看起来非常强。[14] 简言之，如果我们希望偏误小到可以忽略，以获得 $\sqrt{n}$ 收敛，就需使用高阶局部多项式回归或高阶核函数。人们常说，使用筛分同样可以使偏误减小甚至效果比高阶局部多项式回归或高阶核函数更好。不幸的是，这是错误的，特别是对于那些"全局"估计量，回想一下我们在第 2.2 节中的讨论。在那一节里，我们只是对 $m_d(\cdot)$ 作出了更强的假设。

通常假设所有未知函数都具有充分的平滑性，从而使得非参数处理效应估计量存在渐近方差边界。[15] 我们稍后将看到，确实存在一些满足这些界限因此可以称之为"有效"的估计量。

定理 3.2 在 CIA 和 CSC 假设下，即假设（A1）和（A2），对于二元处理变量 D，ATE 的渐近方差边界通常为

$$E\left[(E[Y^1 - Y^0 \mid X] - \text{ATE})^2 + \frac{\text{Var}[Y^1 \mid X]}{\Pr(D=1 \mid X)} + \frac{\text{Var}[Y^0 \mid X]}{1 - \Pr(D=1 \mid X)}\right]$$

类似地，在修正的 CIA、CSC（AT1）和（AT2）假设下，对于二元处理变量 D，ATET 的渐近方差边界通常为

$$\Pr^{-2}(D=1) \cdot E\big[\Pr(D=1 \mid X) \{E[Y^1 - Y^0 \mid X] - \text{ATET}\}^2$$
$$+ \Pr(D=1 \mid X) \text{Var}[Y^1 \mid X] + \frac{\Pr^2(D=1 \mid X) \text{Var}[Y^0 \mid X]}{1 - \Pr(D=1 \mid X)}\big]$$

---

[14] Hirano, Imbens 和 Ridder（2003）假设倾向得分至少是 $7q$ 次连续可微的。另一些人则使用 m_d，f_d 和 p 函数上的无限次连续可微的导数。即便如此，与直接使用固定的函数形式的纯参数化估计方法相比，这样的强条件仍然不算那么严苛。

[15] 这里我们主要参考了 Hahn(1998)。

在倾向得分已知的特殊情况下，ATE 的有效边界保持不变，而对于 ATET 估计，其有效边界变为

$$\Pr^{-2}(D=1) \cdot E\left[\Pr^{2}(D=1 \mid X)\{E[Y^{1}-Y^{0} \mid X]-\text{ATET}\}^{2}\right.$$
$$\left.+\Pr(D=1 \mid X)\text{Var}[Y^{1} \mid X]+\frac{\Pr^{2}(D=1 \mid X)\text{Var}[Y^{0} \mid X]}{1-\Pr(D=1 \mid X)}\right]$$

为了证明此观点，我们可以求助于第 2.2.3 节中的路径导数的思想，回想一下式(2.68)。在那里我们已经计算出得分函数 $S(Y,D,X)$，见方程(2.69)，由该方程可得我们模型的正切空间（tangent space），即一组均值为零且表现出得分可加结构的函数的集合

$$\Im = \{d \cdot s_{1}(y \mid x) + (1-d) \cdot s_{0}(y \mid x) + (d-p(x)) \cdot s_{p}(x) + s_{x}(x)\} \tag{3.22}$$

函数 s_1, s_0, s_p, s_x 满足：

$$\int s_d(y \mid x) f_d(y \mid x) dy = 0 \quad \forall x, \quad \int s_x(x) f(x) dx = 0 \tag{3.23}$$

并且 $s_p(x)$ 是 x 的平方可积可测函数。

接着，我们简单地描述一下 ATE 估计的方差边界的计算方法。对于正则参数子模型（regular parametric submodel）[16] F_θ（θ_0 为真参数），有

$$\text{ATE}(F_\theta) = \int \{E_\theta[Y \mid x, D=1] - E_\theta[Y \mid x, D=0]\} dF_\theta(x)$$
$$= \int \left(\int y f_1(y \mid x, \theta) dy - \int y f_0(y \mid x, \theta) dy\right) dF_\theta(x)$$

计算在 θ_0 处，关于 θ 的导数：

$$\left.\frac{\partial \text{ATE}(F_\theta)}{\partial \theta}\right|_{\theta=\theta_0} = \cdots = \iint y\{f'_1 - f'_0\} f(x) dy dx + \int (m_1(x) - m_0(x)) f'(x) dx$$

其中 f'_d 是 $D=d$ 组中 X 的相应密度的关于 θ 的导数。如果你找到一个函数 $\delta(y,d,x)$，使得

$$\left.\frac{\partial \text{ATE}(F_\theta)}{\partial \theta}\right|_{\theta=\theta_0} = E[\delta(Y,D,X) \cdot S(Y,D,X)]|_{\theta=\theta_0} \tag{3.24}$$

于是我们就知道对于它在正切空间 $\Im$ 上的投影，它的方差 $E[\delta^2(Y,D,X)] = \text{Var}[\delta(Y,D,X)]$ 就是 ATE 估计量的方差界。接着思考

$$\delta(y,d,x) = \{m_1(x) - m_0(x) - \text{ATE}\} + d\frac{y-m_1(x)}{p(x)} + (1-d)\frac{m_0(x)-y}{1-p(x)}$$

---

[16] 即参数属于开集、有非奇异 Fisher 信息和更多正则性条件的模型。

并验证(3.24),它位于空间$\mathfrak{G}$中,即与它在$\mathfrak{G}$上的投影相同。于是,计算$E[\delta^2(Y, D, X)]$就很简单了。

从上述结果中我们能得出什么结论？乍一看,你可能会对这些边界内的倾向得分的重要性感到惊讶。但当你意识到我们在谈论的是二元处理,进而$E[D \mid X] = \Pr(D=1 \mid X)$后,便不会感到如此诧异了。此外,以$X$为条件的处理效应估计受"$X$的选择"的影响,因此必须依赖于$\Pr(D=1 \mid X)$。一个必然的结果是,对于恒定的倾向得分,$\Pr(D=1 \mid X) = E[\Pr(D=1 \mid X)] = P$成立,即当我们回到处理随机分配ATE＝ATET的情况,方差边界为

$$E\left[(E[Y^1 - Y^0 \mid X] - \mathrm{ATE})^2 + \frac{\mathrm{Var}[Y^1 \mid X]}{P} + \frac{\mathrm{Var}[Y^0 \mid X]}{1-P}\right] \quad (3.25)$$

如果我们知道P,从而也知道样本是随机分配的,这一点就不会改变。此推论告诉我们,对于估计ATE,不能通过知道样本是随机分配的就渐近地提高效率。

为什么关于倾向得分(例如,在对照实验中)的信息不会改变ATE的方差边界,但会减小ATET的方差边界呢？主要原因在于,对倾向得分的了解有助于改善对$f_1 := f_{X \mid D=1}$的估计,这是ATET所需要的,而ATE不需要。倾向得分提供了关于对照组和处理组的密度比率的信息,且允许控制观测值以识别处理组中的X的密度,反之亦然。因此,倾向得分可以改进对$E[Y^0 \mid D=1]$的估计。两个处理组的观测(Y, X)确定了条件期望。这个条件期望值是根据处理组中X的分布f_1进行加权的,该分布形式可以从处理组中估计出来。通常,对非参与者的观测结果不能用来估计此分布。然而,如果X在处理组和对照组中分布的关系是已知的,那么对照组的X观测值将有助于估计f_1。倾向得分比率正好提供了这一信息,因为它等于密度比乘以(处理组和对照组的)子总体的大小之比:
$\frac{p(X)}{1-p(X)} = \frac{f_1(X)}{f_0(X)} \frac{\Pr(D=1)}{\Pr(D=0)}$,其中$f_0 := f_{X \mid D=0}$。由于我们可以精确地估计实验子总体的相对大小$\Pr(D=1) = 1 - \Pr(D=0)$,对于已知的$p(x)$,处理组和对照组的观测值可以用来估计$f_1$。

例3.5 若分配是随机的,对所有x, $p(x) = \frac{1}{2}$,那么X在处理组和对照组之间的分布就是相同的,仅使用处理组的观测值来估计f_1将损失一半的有用的观测值。但因为我们知道在这种情况下$f_1 = f_0$,我们可以使用所有的观测值来估计f_1。事实上,若已知倾向得分的信息,即使不观察处理组,也可以预测处理

组的反事实结果 $E[Y^0 \mid D=1]$。

这个具有启发性的例子证明了已知倾向得分可以改善 ATET 的估计。对于估计 ATE,这种知识是没有帮助的:处理组样本的观测 (Y,X) 对于估计 $E[Y^1 \mid X]$ 是有用的,而对照组的观测 (Y,X) 对于估计 $E[Y^0 \mid X]$ 是有用的。由于 Y^1 和 Y^0 的联合分布情况是未知的,处理组样本的观察结果无益于估计 $E[Y^0 \mid X]$,反之亦然。关于倾向得分的知识在这里并不能大显身手。定理 3.2 可应用于实践。有时我们知道其他情况下的估计过程,它可能适用于我们所研究的问题。那么,我们需要检查一下,这是否有助于形成一个有效的估计量。

例 3.6 假设我们有实验数据,而且可以用加法方式将处理效应和混杂因素的影响分开:$E[Y \mid X=x, D=d] = d'\alpha + m(x)$。显然,我们将面对一个部分线性模型,如非参数和半参数估计一节中所讨论的那样。为了得到 α,回顾 Peckman(1988)的估计量(2.59),即

$$\hat{\alpha} = \sum_{i=1}^{n}(y_i - \hat{E}[Y \mid x_i])(d_i - \hat{E}[D \mid x_i]) / \sum_{i=1}^{n}(d_i - \hat{E}[D \mid x_i])^2$$

α 就是我们关心的处理效应。因为我们有实验数据,所以 $\Pr(D=1 \mid X) = P$ 是常数,因此可以证明其渐近方差为

$$E[\text{Var}[Y^1 \mid X]/P + \text{Var}[Y^0 \mid X]/(1-P) + \left\{\frac{1}{P(1-P)} - 3\right\}\text{Var}[\text{ATE}(X)]$$

(3.26)

很容易验证该估计量仅在倾向得分为 $P=1-P=0.5$ 时达到渐近有效边界。

定理 3.2 的另一个直接推论是,对于样本的估计量,即 SATE(样本 ATE)和 SATET 的估计量,我们获得减去各自的第一项后相同的方差下界。以 ATE 为例:第一项是 $\text{Var}[Y^1 - Y^0 - \text{ATE} \mid X]$,它只描述了样本方差的贡献,因此 $\text{Var}[Y^1 - Y^0 - \text{SATE} \mid X] = 0$。

如前所述,有时我们对加权处理效应感兴趣

$$\frac{E[\omega(X) \cdot E[Y^1 - Y^0 \mid X]]}{E[\omega(X)]}$$

其中加权函数 $\omega(X)$ 可以取 $[0, \infty)$ 的值,但主要是用于修整结果(确定特定的分层或分区块)。根据定理 3.2,这种加权处理效应的半参数有效边界为

$$\frac{E\left[\omega(X)^2\left\{\frac{\text{Var}[Y^1 \mid X]}{p(X)} + \frac{\text{Var}[Y^0 \mid X]}{1-p(X)} + (E[Y^1 - Y^0 \mid X] - \text{ATE})^2\right\}\right]}{E[\omega(X)^2]}$$

(3.27)

现在的"问题"是构造达到这个下界的处理效应估计量。在任何情况下我们都必须承认，这种"最优性"是渐近性的，它只能在有条件的前提假设下获得，即在必要时允许减小偏误，而当样本规模适中时，它并不能告诉我们关于最优性的太多信息。

对于基于核平滑所作的估计量，推导出 $\widehat{\text{ATET}}$ 估计量的一致性并不难。[17] 为了实现 $\sqrt{n}$ 一致性，需要一组条件：

(B1) X 的密度函数 $f(x)$ 和函数 $m_0(x)$ 都具有高达 $p>q$ 阶的赫尔德连续导数。

(B2) $K(\cdot)$ 为具有紧支撑区间的 p 阶 Lipschitz 连续核函数，且至少具有 1 阶 Hölder 连续导数。

对于已经阅读过第 2.2 节的读者来说，该条件明显是减小偏误时需要的。这也可以从下一个只有 $2p>q$ 时才能成立的条件中看出，此时自动符合条件(B1)中的 $p>q$。正如关于非参数核回归一节中所讨论的那样，总是有可能使用高阶局部多项式来替代高阶核（甚至是使用两者的混合）。

(B3) 带宽 h 满足 $nh^q/log(n) \to \infty$，但 $nh^{2p} \to c < \infty, c \geq 0$。

我们试图从(B2)中得到的是 h_p 阶的偏误，由(B3)得到的偏误是 $\sqrt{n}$ 阶的。

(B4) 只在 $\mathcal{X}_0$ [18]的内点上预测函数 $m_0(\cdot)$。

ATET 的回归估计量存在多种版本，最直观的一种是

$$\widehat{\text{ATET}} = \frac{1}{n_1} \sum_{i:D_i=1} Y_i - \hat{m}_0(X_i), \quad \hat{m}_0(x) = \frac{\sum_{j:D_j=0} Y_j K_h(X_j - x)}{\sum_{j:D_j=0} K_h(X_j - x)} \quad (3.28)$$

你同样可以用一个局部多项式估计量来代替 $\hat{m}_0(\cdot)$，因此可以相应地放松假设(B2)。出于我们讨论过的原因，下面只考虑连续的混杂变量。于是有如下结论：

定理 3.3 给定一个具有有限方差的随机样本 $\{Y_i, X_i\}_{i=1}^n$，其中 $X_i \in \mathbb{R}^q$ 和 $Y_i \in \mathbb{R}$。假设(B1)至(B4)以及(AT1)至(AT3)成立，并且 $r=1$，那么对于

---

[17] 在这里，我们遵循 Heckman, Ichimura 和 Todd(1998)的思路。然而，在这篇文章中，他们混合了对未知倾向得分的有预先估计和没有预先估计的估计量，这使得 Hahn 和 Ridder(2013)推测 Heckman, Ichimura 和 Todd 的推导是错误的。请注意，我们的结果是指一种不受此批评影响的特殊情况。

[18] 这说明 $\mathcal{X}$ 不仅是 $\mathcal{X}_0$ 的一个子空间（它是 ATET 版本的 CSC），它还要求有时不现实的假设，即 $\mathcal{X}$ 的 h-邻域内的所有点都在 $\mathcal{X}_0$ 中。在文献中，有时通过引入一个用以消除非参数估计量的边界效应的删减函数来削弱这种假设。虽然对于 h（以及边界）相对较小的微数据集来说，边界效应可以忽略不计，但这对于精确渐近理论是必要的。删减还允许你直接定义一个子总体 S 来估计处理效应。实际上，人们会下意识地这样做，从而实际上重新定义研究总体。因此，我们决定在不删减的情况下提出这个版本，以简化符号和公式，但我们应用假设(B4)来保证数学上的正确性。

(3.28),有

$$\sqrt{n_1}\left\{\widehat{\text{ATET}} - \frac{1}{n_1}\sum_{i:D_i=1} B(X_i) - \text{ATET}\right\} \xrightarrow[n_1\to\infty]{} N(0,\text{Var})$$

其中方差为

$$\text{Var} = V_X[E[Y^1 - Y^0 \mid X, D = 1] \mid D = 1] + E_X[\text{Var}[Y^1 \mid X, D = 1] \mid D = 1]$$
$$+ \rho E_X\left[\frac{\text{Var}[Y^0 \mid X, D = 0]f^2(X \mid D = 1)}{f^2(X \mid D = 0)} \mid D = 0\right]$$

其中，$\rho = \lim(n_1/n_0)$，参考（AT3），$B(x)$ 是 $\hat{m}_0(x)$ 的偏差。对于乘积核 (2.30)，我们可以写作

$$B(x) = h^p f^{-1}(x) \sum_{l=1}^{p} \frac{1}{l!(p-l)!} \sum_{j=1}^{q} \int u_j^p K(u) du \cdot \frac{\partial^l m_0(x)}{\partial x_j^l} \frac{\partial^{p-l} f(x)}{\partial x_j^{p-l}}$$

可以通过使用高阶多项式来减小偏差项：一般规则是，局部多项式的阶数越高，第一个加总 $\sum_{l=1}^{p}$ 就越晚开始。例如，当使用局部线性估计时，我们得到如上所述的 $B(x)$，但此时的加总是 $\sum_{l=2}^{p}$。此外，我们可以选择足够大的 p 来扩展（B3），使得 $nh^{2p} \to 0$，从而得到一个渐近可忽略的偏差。

Var 和 $B(x)$ 这两项都可以直接从非参数回归中已知的标准结果求得，参见第 2.2 节和习题 8。估计量（3.28）与真实 ATET 之间的差异可以重写为

$$\frac{1}{n_1}\sum_{i:D_i=1} \{Y_i - m_1(X_i)\} + \{m_1(X_i) - m_0(X_i) - \text{ATET}\} + \{m_0(X_i) - \hat{m}_0(X_i)\}$$

显然前两项的期望值为零，而最后一项就是定理 3.3 中给出的平滑偏差，可以再与第 2.2 节进行比较。

为了获得方差，请注意，在我们的假设下，前两项趋于 Var 的前两项。对于最后一项，只需考虑 $\hat{m}_0(\cdot)$ 的随机部分。由第 2.2 节可知，它会渐近等于[19]

$$\varepsilon_i \frac{1}{n_0} K_h(X_i - X) f_x^{-1}(X \mid D = 0), \quad \text{其中} \quad \varepsilon_i = Y_i - m_0(X_i)$$

其中所有 (Y_i, X_i) 取自对照组 $\{i: D_i b = 0\}$。对于所有 $X = X_i$ 与 $D_i = 1$，其平均值收敛于条件期望

$$E\left[\varepsilon_i \frac{1}{n_1} K_h(X_i - X) f_x^{-1}(X) \mid D = 1, (Y_i, X_i, D_i = 0)\right]$$
$$= \int \varepsilon_i K_h(X_i - w) f_x^{-1}(w \mid D = 0) f_x(w \mid D = 1) dw$$

---

[19] 我们之所以说"渐近等于"是因为在不丧失一般性的前提下，我们用真实密度 f_x 代替了分母中它的估计值。

对于 $h \to 0$，该条件期望收敛到零均值变量 $\varepsilon_i f_x^{-1}(X_i \mid D=0) f_x(X_i \mid D=1)$，$(\varepsilon_i, X_i)$ 取自 $D_i = 0$ 的样本。通过这个表达式我们可以很容易地计算出方差。当 $\mathrm{Var}[U] = E[U^2] - E^2[U]$ 时，给定 Var 的最后一项，只需计算 $E[\varepsilon_i^2 f_x^{-2}(X_i \mid D=0) f_x^2(X_i \mid D=1) \mid D_i = 0]$ 即可。显然，我们可以用同样的方法来推导 ATE 或 ATEN 的基于核的估计量及其渐近性质。

这种核估计量在多大程度上有效仍是个问题。从定理 3.2 可以看出，当 $\rho = \Pr(D=1)/\Pr(D=0)$ 时，Var 确实在有效边界上。[20] 要实现（完全）渐近有效性，我们需要充分减小偏误。

作为替代，学者们提出了很多不同的 $m_0(\cdot)$ 和 $m_1(\cdot)$ 的级数估计量方案，ATET 和 ATE 的估计值可以用下式表示：

$$\frac{1}{n_1} \sum_{i: D_i=1} Y_i - \hat{m}_0(X_i) \text{ 和 } \frac{1}{n} \sum_{i=1}^{n} \hat{m}_1(X_i) - \hat{m}_0(X_i) \tag{3.29}$$

$m_1(\cdot)$ 和 $m_0(\cdot)$ 是分别从处理组和对照组中估计得来的。再次，当学者陈述这些级数估计量的优越性时，我们会注意到该级数估计量总是需要一个强假设，这些假设应该保证被选中的级数充分近似于函数 $m_1(\cdot)$ 和 $m_0(\cdot)$。于是，偏误减小是自动发生的。[21] 如第 2 章所述，像流行的幂级数这样的过于简单的筛分的一个普遍缺点是它们是所谓的"全局"估计量。它们不具有局部适应性，并且强烈依赖于估计样本中 X 的密度。这使得它们特别不适于外推（预测），尤其是外推至与估计时采用的总体样本的密度 X 不同的（子）总体时。请记住，这正是我们预计混杂因素 X（我们这里的情形）会发生的情况。

3.3 基于倾向得分的估计量

3.3.1 倾向得分匹配

我们已经在第 1.2.2 节中分析了如何使用倾向得分来检查随机实验假设的

---

[20] 逐项检查，注意定理 3.3 中 Var 的第二项是
$$E[\mathrm{Var}(Y^1 \mid X, D=1) \mid D=1] = \int \mathrm{Var}[Y^1 \mid x, D=1] f_x(x \mid D=1) dx$$
$$= \int \mathrm{Var}[Y^1 \mid x, D=1] \Pr(D=1 \mid X) \Pr^{-1}(D=1) f_x(x) dx$$
$$= E\left[\int (Y^1 - m_1(X))^2 f(y^1 \mid X) \Pr^{-1}(D=1) dy^1 \Pr(D=1 \mid X) \Pr^{-1}(D=1)\right]$$

[21] Hahn(1998) 对实践中几乎不可用的多项式序列进行这样的操作，而 Imbens, Newey 和 Ridder(2005) 建议使用在实践中不应使用的幂级数；回顾我们之前的讨论。

有效性并相应地重新调整模型设计。因此,当不同的组有不同的分布 X(即不同总体)时,倾向得分可以用来对这种差异进行追溯性调整。在我们讨论明确的倾向得分加权前,先思考一个相当流行的替代方法。我们重新思考以下问题:为了比较潜在的结果,是否真的有必要让两个个体在所有的混杂因素上彼此相似?仅仅比较那些有相同机会接受实验处理的个体和不接受实验处理的个体难道不够吗?事实上,与其使用基于协变量 X 的匹配估计量,不如根据倾向得分来匹配个体。公式化表述就是,进行倾向得分匹配(propensity score matching)的动机在于我们观察到,满足条件独立性假设 CIA(3.1)同时意味着对于倾向得分 $p(x):=\Pr(D=1\mid X=x)$,有

$$Y^d \perp\!\!\!\perp D \mid P \tag{3.30}$$

其中 $P=p(X)$。证明过程非常简单:为了证明(3.30)成立,即给定 $p(X)$,D 的分布不依赖于 Y^d,我们需要证明 $\Pr(D=1\mid Y^d,p(X))=\Pr(D=1\mid p(X))$,且 $D=0$ 时也是同理。因为对于二元变量 D,$\Pr(D=1\mid \cdot)$ 和 $Pr(D=0\mid \cdot)$ 之和必为 1,所以只要其中一个成立就足矣。现在,通过迭代期望可得 $\Pr(D=1\mid Y^d,p(X))=E[D\mid Y^d,p(X)]=E[E[D\mid X,Y^d,p(X)]\mid Y^d,p(X)]$。由于 $p(X)$ 是由 X 决定的,根据 CIA,上式等于

$$E[E[D\mid X,Y^d]\mid Y^d,p(X)] = E[E[D\mid X]\mid Y^d,p(X)]$$
$$= E[p(X)\mid Y^d,p(X)] = p(X)$$

类似地,对于右边的等式,有

$$\Pr(D=1\mid p(X))=E[D\mid p(X)]=E[E[D\mid X,p(X)]\mid p(X)]=p(X)$$

因此,我们发现倾向得分匹配的证明过程并不需要潜在结果的任何性质。但是请注意,(3.30)成立并不意味着 CIA 成立。

倾向得分匹配和协变量 X 上的匹配总是收敛到相同的极限,因为这是迭代积分的一个机械性质。[22] 因此,为了消除由观测值 x 引起的选择偏误,确实没有必要比较所有 x 都相同的个体,只需证明他们有相同的倾向得分就足够了。这就要求我们在一维倾向得分 $p(x)$ 上进行匹配,因为

$$E[Y^0\mid D=1] = E_X[E[Y^0\mid p(X),D=1]\mid D=1]$$
$$= E_X[E[Y^0\mid p(X),D=0]\mid D=1]$$
$$= E_X[E[Y\mid p(X),D=0]\mid D=1]$$

其中下标 X 强调外部期望是在 X 上进行积分的。最后,从(3.30)中不难看出,

---

[22] 更多详情见 Frölich(2007b)。

你还可以得出

$$Y^d \perp\!\!\!\perp D \mid \delta(P) \qquad (3.31)$$

$\delta(\cdot)$是区间$(0,1)$上的任意双射函数。虽然这个结论对于倾向得分加权来说没有丝毫用处，但它可以直接用于倾向得分匹配，注意

$$E[Y^0 \mid D=1] = E_X[E[Y^0 \mid \delta\{p(X)\}, D=1] \mid D=1]$$
$$= E_X[E[Y \mid \delta\{p(X)\}, D=0] \mid D=1]$$

实践中倾向得分几乎总是未知的，且必须先进行估计。[23] 非参数化估计倾向得分通常与估计条件期望函数 $m_o g(x)$ 一样困难，因为它们具有相同的维度。[24] 究竟是根据 x 还是 $\hat{p}(x)$ 进行匹配可以得到更好的估计结果取决于特定的问题和数据，例如，$p(x)$ 和 $m_d(x)$，何种更容易进行建模和估计。

那么，倾向匹配到底有什么优势呢？难道它不只是一个估计步骤，且其他方法能得出相同的结果吗？倾向得分匹配实际上有一些潜在的优点。第一，如前所述，多元倾向得分回归的建模和估计可能比 $m_d(x)$ 的建模更容易。第二，它放宽了实际中常见的共同支撑区间限制：我们只需要根据人们的倾向来寻找匹配项（这比查找高维特征向量的匹配项容易得多）。此外，如果我们可以半参数化地估计倾向得分，那么这种二步估计法确实可以减少维度。但如果同时必须非参数化地估计倾向得分，那么维度问题就从匹配又转移到了倾向得分估计，且理论收敛速度也没有加快。

倾向得分估计最重要的优点是它不再依赖于结果变量选择模型：我们可以在指定选择模型时不考虑结果变量 Y。因此，我们可以多次重新确定 probit 模型，例如使用省略变量检验（omitted-variables test）、平衡性检验（balance test）或加入多个交互项等方式，直到获得一个优良的拟合，而无须顾及 Y 或处理效应。这与传统的回归方法相反：若要估计 Y 在 D 和 X 上的回归，则所有的模型调整都会受到 Y 或处理效应的影响，因此模型的重新设定就取决于 Y，进而取决于处理效应，最终使模型变成内生的。在理想情况下，我们可以设定和分析倾向得分，而不必查看 Y 数据。这已经可以用来设计一个观察研究，其中人们可以尝试平衡组，使他们拥有相同的支撑区间或（有相同甚至更好的）的倾向得分分布。同

---

[23] 事实上，除了倾向得分，人们还可以使用任何一个在期望值上与倾向得分成正比的平衡分数（balancing score）$b(x_i)$。

[24] 应用计量经济学的一般做法是通过 probit 或 logit 模型估计倾向得分。由于倾向得分的参数化，这种参数估计量实质上将匹配估计量转化为更简单的半参数估计量。人们通常认为，与使用非参数倾向得分相比，倾向得分的 logit 估计效果良好，不会导致重大差异。不幸的是，这是不正确的，因为错误的 $p(x)$ 模型设定很容易在匹配中产生杠杆效应，因此即使是小错误，也会使最终处理效应估计中出现较大的错误。

时,在估计倾向得分时,用于评估协变量分布的平衡性的诊断分析是至关重要的,且诊断分析应该在不查看结果数据 Y 的情况下进行。如果完全不使用结果变量,那么真实的处理效应就不能影响为平衡协变量而进行的建模过程。倾向得分分析的主要优点是在不参考结果数据之前,先进行模型设计、分析和平衡协变量。

值得一提的是,一旦获得了良好的倾向得分,它就可以用来估计几个不同结果变量 Y 的处理效应,例如未来不同时期的就业状况、各种收入指标、健康指标等,即由于估计 $\hat{p}(x)$ 时不参考最终结果,因此 $\hat{p}(x)$ 可用于分析任何结果变量 Y,只要 $Y^d \perp\!\!\!\perp D \mid P$ 成立。

我们仍然允许任意形式的处理效应的异质性:如果我们对 ATET 感兴趣,对 ATE 不感兴趣,我们就只需要 $Y^0 \perp\!\!\!\perp D \mid P$,但不需要 $Y^1 \perp\!\!\!\perp D \mid P$ 或 $\{Y^1 - Y^0\} \perp\!\!\!\perp D \mid P$,也即我们可以允许个体内生地选择是否接受处理。识别 ATEN 时也是同理。和之前的简单匹配或回归模型一样,倾向得分匹配允许控制变量 X 是内生的,即 X 和 U 之间存在相关性。

现在我们来看看实践中的估计量。为了确保我们只计算总体 $\mathcal{X}_{01}$ 的处理效应,倾向得分估计值 $\hat{p}$ 将被用于匹配和修整:对于

$$\mu_d(p) := E[Y^d \mid P = p]$$

(类似于在参数 X 上的 m_d 的定义)并且对于 $\mathcal{X}_{01}$ 中的所有个体

$$\widehat{\text{ATET}} = \hat{E}[Y^1 \mid D = 1] - \hat{E}[Y^0 \mid D = 1]$$

$$= \frac{\sum_{i:D_i=1} \{Y_i - \hat{\mu}_0(p_i)\} \mathbb{1}\{p_i < 1\}}{\sum_{i:D_i=1} \mathbb{1}\{p_i < 1\}}$$

$$\widehat{\text{ATE}} = \hat{E}[Y^1] - \hat{E}[Y^0]$$

$$= \frac{\sum_{i=1}^n \{\hat{\mu}_1(\hat{p}_i) - \hat{\mu}_0(\hat{p}_i)\} \mathbb{1}\{1 > \hat{p}_i > 0\}}{\sum_{i=1}^n \mathbb{1}\{1 > \hat{p}_i > 0\}}$$

虽然我们没有给出明确的定理,但众所周知,若倾向得分 $\Pr(D = d \mid X = x)$ 估计与条件期望 $E[Y \mid X = x, D = d]$ 以相同的速度收敛,则事先预测出倾向得分的倾向得分匹配估计量具有与直接匹配(或回归)估计量相同的分布极限值;[25]

---

[25] 更多详情见 Frölich(2007b)。参见 Sperlich(2009)以及 Hahn 和 Ridder(2013),了解关于生成回归项的非参数和半参数回归的一般结果。

见第 3.5.1 节。如果通过一些先验信息可以提高收敛速度,例如,允许对 $\Pr(D = d \mid X = x)$ 使用降维半参数模型,那么这种改进使我们可以放松为避免维度诅咒而需要的一些平滑条件。这种策略的一个极端情况是人们使用参数估计倾向得分并将其用于 kNN 匹配。根据定理 3.1,如果我们想要平方偏误比方差更快地收敛,我们只能使用一维匹配变量。显然,当混杂变量是参数化生成(即通过预测得到)时,也是同理。然而,在计算方差和标准误时,我们仍应考虑这种预测。若想进一步了解关于 kNN 匹配的特例,也就是有固定数量的近邻并且真实倾向得分 $F(x'\theta)$ 中 F 已知而有限维参数 θ 未知的情况,请参见 Abadie 和 Imbens (2016)。

另一种降维方法来自结构建模。[26] 第一步是认识到 CIA(3.1) 不仅意味着倾向得分 $p(x)$ 的条件独立性,CIA 还可以写成

$$Y^d \perp\!\!\!\perp D \mid (p(X_1), X_2)$$

其中 $X = (X_1, X_2)$,X_2 被假设为不受该倾向得分的影响。 (3.32)

这源于联立方程的思想,如以下联立方程

$$Y^d = m_d(X_2) + U^d, \quad \Pr(D = d \mid X) = \Pr(D = d \mid X_1)$$

其中,$\{Y^d - m_d(X_2)\} \perp\!\!\!\perp D \mid p(X_1)$。请注意,(3.32) 是 $Y^d \perp\!\!\!\perp D \mid p(X)$ 中隐含的。实际上我们并没有引入一个新的假设,只是引入了一个更有意义的建模选项。

例 3.7 假设 X_2 仅包含(少数)特征变量,如性别(gender)和年龄(age)。因此,如果我们想分别估计不同年龄组男女的平均潜在结果,就可以使用(假设有完全的共同支撑区间)

$$\begin{aligned}
&E[Y^0 \mid D = 1, gender, age] \\
&= E\big[E[Y^0 \mid p(X_1), D = 1, gender, age] \mid D = 1, gender, age\big] \\
&= E\big[E[Y^0 \mid p(X_1), D = 0, gender, age] \mid D = 1, gender, age\big] \\
&= E\big[E[Y \mid p(X_1), D = 0, gender, age] \mid D = 1, gender, age\big]
\end{aligned}$$

其中,外部期望在 $p(X_1)$ 上积分。有趣的是,我们可以使用相同的倾向得分来估计男女在所有年龄段上的潜在结果。因此,我们可以使用同一个倾向得分估计值来估计整个总体的平均潜在结果,只预测一次倾向得分就足够了。显然,必须

---

[26] 这些方法在 Heckman 的不同著作中尤为明显。这里我们参考了 Heckman、Ichimura 和 Todd(1998)的观点。

针对每个子总体分别分析共同支撑区间。

此时,我们看到了这种结构建模方法的另一个优点:由于人们通常认为 X_1 和 X_2 的维数都小于 X,此时为了估计 $p(\cdot)$ 和 $m_d(\cdot)$ 所必需的平滑条件(和偏误减小方法)比以前少。也就是说,结构建模方法在建模时就已经进行了降维。

倾向得分主要具有前后平衡功能,而回归对匹配模型有解释力。因此,从回归的角度来看,我们将(偶然地)只匹配噪声,$m_d(\cdot)$ 几乎是每个处理的常数函数。然而,一个不平衡的抽样仍然会使 X 上的 $p(\cdot)$ 不同。(3.32)不仅可以帮助我们匹配倾向得分,还可以匹配我们认为对结果变量特别重要(或有趣)的特征。在匹配估计量时,除了匹配倾向得分,还匹配一些协变量,这样做除了有助于增强解释性,还可以提高有限样本的性能,因为这些协变量得到了更好的平衡。第3.3.3节会讨论将回归和倾向加权结合起来的其他优点。

例 3.8 如果我们对工资或收入的影响因素感兴趣,我们可能希望将性别作为除倾向得分外的另一个匹配变量,以便按性别研究处理效应。但要注意性别也可能用于估计倾向得分。即使倾向得分中性别的效应为零或接近于零,将性别纳入倾向得分估计也保证了性别这一变量的良好平衡。在这个例子中,我们可以简单地在匹配估计量中施加性别上的精确匹配,并结合下一小节提出的倾向得分加权。

我们用一些点评来结束这一小节,这些点评对某些读者来说可能是显而易见的,但对其他读者则不然。倾向得分匹配也可以用来估计反事实分布函数(counterfactual distribution functions)。此外,它不仅适用于估计处理效应,也可以更广泛地用于调整我们所比较的总体的协变量分布的差异。当然,在这种情况下也可以使用下面讨论的倾向得分加权。

例 3.9 Frölich(2007b)利用倾向得分匹配研究了劳动力市场中的性别工资差距。女性的工资远低于男性,这可能是劳动力市场上工资歧视的结果。不过,一部分工资差距也可能是由于男女之间教育、经验和其他技能的分布形式存在差异。大多数关于歧视的文献都试图估计,如果男性和女性具有相同的可观测特征分布形式,那么还剩多少性别工资差距。[27] 不出所料,Frölich 的研究结论取

---

[27] 如果用处理效应评估方面的术语来表述这一点,那么就是人们希望在保持技能和经验不变的情况下,衡量性别对工资的直接影响。

决于观察到的特征是什么以及有多少个。对于受过高等教育的人来说,所选择的学科(或大学专业)可能是影响其后续工资的一个重要因素。可选专业的范围很广,从数学、工程学、经济学到哲学等。有人观察到,男性和女性选择的学科截然不同,数学和技术学科更多地被男性选择。同时,大多数数据集不包含"学位学科"(=专业领域)这个变量。Frölich(2007b)研究了"学位学科"对不同性别的工资差距的额外解释力。他运用倾向得分匹配分析了英国不同性别的大学毕业生的工资差距,以了解可观测特征在多大程度上解释了这一差距。他还模拟了整个工资分布函数,以考察不同分位数上的性别工资差距。研究证明,"学位学科"变量对于解释之前未被解释的那部分工资差距,特别是工资分布函数上尾部分的差异,起到了很大的作用。因此,高收入男性和高收入女性之间的巨大工资差异在很大程度上是男女在大学选择不同学科的结果。

3.3.2 倾向得分加权

另一种用于调整处理组和对照组之间协变量的差异的可供选择且显而易见的估计策略就是用逆倾向得分加权观测结果。例如,由于 $p(x)$ 较大的 x 值在处理组中可能相对过多,而 $p(x)$ 较小的 x 值在对照组中可能相对过多,我们可以通过倾向得分加权对此进行调整。这正是人们在处理区层有缺失值或样本权重的(回归)估计时使用的办法。㉘ 因此,关于这一主题已有大量文献,我们将考虑范围局限于处理效应估计。

为了便于阐述,我们再次将重点先放在 ATET 估计上,甚至从已知倾向得分和共同支撑区间这一简单的情况开始。当然,所有的计算都基于 CIA 成立,即 $Y^d \perp\!\!\!\perp D \mid p(X)$。我们的主要目标是预测参与者的平均潜在结果 Y^0。根据贝叶斯定律,以及 $f_d := f_{X|D=d}$,我们有

$$p(x) = \frac{f_1(x)\Pr(D=1)}{f_X(x)} \Rightarrow \frac{p(x)}{1-p(x)} = \frac{f_1(x)\Pr(D=1)}{f_0(x)\Pr(D=0)}$$

可以推出:

$$E[Y^0 \mid D=1] = \int m_0(x) f_1(x) dx = \int m_0(x) \frac{p(x)}{1-p(x)} \frac{\Pr(D=0)}{\Pr(D=1)} f_0(x) dx$$

㉘ 这个问题和我们有什么关系?直接地说,可以简单地认为在估计 $m_0(\cdot)$ 时参与者是缺失值,而在估计 $m_1(\cdot)$ 时对照组是缺失值。

$$= \frac{\Pr(D=0)}{\Pr(D=1)} E\left[m_0(X) \frac{p(X)}{1-p(X)} \mid D=0\right] = \frac{\Pr(D=0)}{\Pr(D=1)} E\left[Y \cdot \frac{p(X)}{1-p(X)} \mid D=0\right]$$

因此,自然估计量为

$$\hat{E}[Y^0 \mid D=1] = \frac{\Pr(D=0)}{\Pr(D=1)} \frac{1}{n_0} \sum_{i:D_i=0} Y_i \cdot \frac{p(x_i)}{1-p(x_i)}$$

$$\approx \hat{E}[Y^0 \mid D=1] = \frac{1}{n_1} \sum_{i:D_i=0} Y_i \cdot \frac{p(x_i)}{1-p(x_i)}$$

其中,$\frac{\Pr(D=0)}{\Pr(D=1)} \approx \frac{n_0}{n_1}$。请注意,该估计量仅使用来自对照组的观察值 Y_i,参见例 3.5。你所需要的只是一个"优良的"倾向得分估计量。比较处理组的平均结果与此估计量,就能得到一致的 ATET 估计量。

很明显,通过类似的步骤,我们可以获得关于对照组成员的潜在处理结果 Y^1 的预测值。比较两者,就可以得到 ATE 估计量。具体而言,使用一致的预测值 p,我们可以通过下式估计 ATET:

$$\frac{1}{n_1} \sum_{i=1}^{n} Y_i D_i - Y_i(1-D_i) \frac{\hat{p}(X_i)}{1-\hat{p}(X_i)} \tag{3.33}$$

类似地,ATE 就是

$$E[Y^1 - Y^0] = E\left[\frac{YD}{p(X)} - \frac{Y(1-D)}{1-p(X)}\right]$$

可以通过下式进行估计:

$$\frac{1}{n} \sum_{i=1}^{n} \frac{Y_i D_i}{\hat{p}(X_i)} - \frac{Y_i(1-D_i)}{1-\hat{p}(X_i)} \tag{3.34}$$

与匹配相比,此估计量的优缺点是什么?它的优点是只需要首先估计 $p(x)$,而不需要估计 $m_0(x)$ 或 $m_1(x)$。因此,我们可以避开它们的显式的非参数估计步骤。然而,在小样本中,如果某些倾向得分 p_i 接近于 0 或 1,则估计量可能具有相当高的方差。此时,项 $\frac{p_i}{1-p_i}$ 可以任意大并导致多变的估计值。在实践中,建议对 $\frac{p_i}{1-p_i}$ 施加上限。我们可以删减(即删除)这些极端观测值,或者用 $\min\left(\frac{p_i}{1-p_i}\right)$(预置上限,prefixed upper bound)替换 $\frac{p_i}{1-p_i}$ 来控制这一项的大小。典型的解决方法是消除(或缩放)一些权重非常大的观测样本,并检查最终结果对于所应用的删减规则的敏感度。我们将在本章后面讨论删减或设限的一般问题。

当 p_i 接近 1 时,方差高的原因显然与共同支撑区间问题相关。但这里使用的补救方法和结果与匹配估计量中的不同。在前述的匹配设置中，如果我们对 ATET 感兴趣，我们在 $D=1$ 中删除倾向得分较高的观测样本。然后，我们可以将删除的 $D=1$ 观测样本的描述性统计性质与其余观测样本进行比较，以了解该删除操作的影响，并评估研究结论的外部有效性。例如，如果删除的观测样本相较于剩下的 $D=1$ 人群是低收入者，那么我们就知道我们的结果主要适用于高收入者。

对加权估计量进行某种删减或限制也会改变用来估计处理效应的总体。但根据限制的实施方式，其影响可能不那么明显。为了方便，我们只考虑 ATET，将观测到的 Y^1 的平均值与上述 $E[Y^0 \mid D=1]$ 的预测量进行比较；只对后一项进行删减，但只使用对照组的观测样本。现在，如果 $D=0$ 中 $\frac{p}{1-p}$ 值较大的观测样本被删减或控制，我们看不出这会如何改变处理组（计算 ATET 所用到的组）。一个简单的解决方案是，在计算 $\hat{E}[Y^0 \mid D=1]$ 时，删减（即删除）$D=0$ 中 $\frac{p}{1-p}$ 值较大的观测样本，并在对 Y_i^1 取平均值时对处理组数据使用相同的删减规则。然后，可以将已删除的 $D=1$ 观测样本与未删除的 $D=1$ 观测样本进行比较，以了解此删减的影响。

关于估计量(3.33)和(3.34)的渐近性质，许多文献阐述了倾向得分的几个不同估计量的多种结论，例如 Hirano, Imbens 和 Ridder(2003)、Huber, Lechner 和 Wunsch(2013)及其参考文献。非参数形式通常用来计算级数估计量，例如幂级数的渐近性。应用略微不同（不可检验）的条件，它们都显示出渐近有效，即估计量达到定理 3.2 中给出的方差界，且渐近地可忽略（平滑或近似）偏误。虽然公认渐近性很重要，但仅凭渐近性很难实现实际估计和推断。一个主要的问题是学者低估了倾向得分中的估计误差对最终处理效应估计的杠杆效应：$p(\cdot)$ 的一个小的估计误差可能会对处理效应估计产生很大的影响。由于 $p(\cdot)$ 通常是一个平滑的单调函数，误差实际上很小。这也是倾向得分估计方法如此吸引人的一个原因，尽管这不是一个好的原因。最重要的是，不要忘记，通过前面的讨论我们已经知道，在半参数估计过程中，需要保持很小的非参数偏误，即必须欠平滑。当你遭受维度诅咒的困扰时，你甚至不得不使用减小偏误的方法。

如果真实的倾向得分 $p(x \cdot)$ 是已知的，例如在一个实验中由研究人员分配处理，我们应该如何继续估计？从定理 3.2 可以看出，这对于估计 ATE 和 ATET 是不同的，因为当 $p(\cdot)$ 已知时，只有 ATET 的渐近性才发生变化。然而，令人惊讶的是，对于 ATE 来说，如果使用的倾向估计量是一致的，并且满足某些效率条件，那么用估计倾向得分比用真实倾向得分来加权更为渐近有效。[29] 回顾我们在定理 3.2 之后展开的讨论，我们必须认识到倾向得分的知识只为识别 ATET 提供了重要的信息，因为我们需要已知条件分布 $F(X \mid D=1)$，而 $p(\cdot)$ 提供了关于 $F(X \mid D=1)$ 的信息。定理 3.2 说明关于 $p(\cdot)$ 的信息减小了抽样导致的方差，但不能减小由预测 $m_0(x_i)$ 或 $m_1(x_i)$ 导致的方差。因此已知 $p(\cdot)$ 的信息，可以减小 ATET 估计中来自抽样的方差(指样本分布和总体分布之间的差异)。或许让你意想不到的一个事实是，在 ATE 估计量中用 p 代替 $\hat{p}$ 确实会导致更大的方差。但其实原因很简单：$\hat{p}(X_i)$ (样本倾向得分)的加权值可用于事前—事后(再)平衡样本中的参与者，而 $p(X_i)$ 用于事前—事后渐近地(再)平衡总体，而非样本。[30]

关于 p 的信息只有助于减小以 $F(X \mid D=1)$ 为条件的抽样方差，但无助于平衡，这在分别或一起使用 p 和 $\hat{p}$ 来表示以下三个 ATET 估计量时变得尤为明显：

$$\frac{1}{n_1}\sum_{i=1}^{n} \hat{p}(X_i)\left(\frac{Y_iD_i}{\hat{p}(X_i)} - \frac{Y_i(1-D_i)}{1-\hat{p}(X_i)}\right)$$

$$\frac{1}{n_1}\sum_{i=1}^{n} p(X_i)\left(\frac{Y_iD_i}{p(X_i)} - \frac{Y_i(1-D_i)}{1-p(X_i)}\right) \quad (3.35)$$

$$\frac{1}{n_1}\sum_{i=1}^{n} p(X_i)\left(\frac{Y_iD_i}{\hat{p}(X_i)} - \frac{Y_i(1-D_i)}{1-\hat{p}(X_i)}\right)$$

在第一个估计量中，我们很好地进行了平衡，但是没有注意到 p 中包含的信息以改进对积分 $\int dF(X \mid D=1)$ 的估计；在第二个估计量中，我们使用 p 以改进对 $\int dF(X \mid D=1)$ 的估计过程，但使平衡变得更糟糕了；在最后一个估计量中，我们使用 p 以改进对 $\int dF(X \mid D=1)$ 的估计过程，且保留 $\hat{p}$ 以进行正确的样本平衡。因此，最后一个是 ATET 的有效估计量，其他两个则不是。然而，在实践中，应该小心估计 $p(\cdot)$，并且保持较小的偏误。于是，你将渐近地得到有效边界。

我们以一个实用的注释结束本小节。各子样本中的权重 $\frac{\hat{p}(x_i)}{1-\hat{p}(x_i)}$ 之和不

---

[29] 参见 Robins 和 Rotnitzky(1995)使用参数估计倾向得分的情形，而 Hirano, Imbens 和 Ridder(2003)则是用非参数估计倾向得分。

[30] 另见 Hirano, Imbens 和 Ridder(2003)，他们指出，将关于 $p(\cdot)$ 的知识作为附加矩条件会导致完全相同的 ATE 估计量，就好像我们使用一个估计出的 $p(\cdot)$ 直接构建 ATE 估计量一样。

为 1 是可能发生的。因此,建议按权重之和进行标准化,即实际使用

$$\text{对于 ATET 为} \frac{\sum_{i=1}^{n} Y_i D_i}{\sum_{i=1}^{n} D_i} - \frac{\sum_{i=1}^{n} Y_i (1-D_i) \frac{\hat{p}(X_i)}{1-\hat{p}(X_i)}}{\sum_{i=1}^{n} (1-D_i) \frac{\hat{p}(X_i)}{1-\hat{p}(X_i)}} \tag{3.36}$$

$$\text{而对于 ATE 为} \frac{\sum_{i=1}^{n} \frac{Y_i D_i}{\hat{p}(X_i)}}{\sum_{i=1}^{n} \frac{D_i}{\hat{p}(X_i)}} - \frac{\sum_{i=1}^{n} \frac{Y_i (1-D_i)}{1-\hat{p}(X_i)}}{\sum_{i=1}^{n} \frac{1-D_i}{1-\hat{p}(X_i)}} \tag{3.37}$$

3.3.3 加权和回归组合:双重稳健估计量

我们在结构建模中已经看到了结合匹配和倾向得分加权的例子。显而易见,也可以将非参数回归与倾向得分加权结合起来[31],如下所示:

$$\widehat{\text{ATE}} = \frac{1}{n} \sum_{i=1}^{n} \hat{m}_1(X_i) - \hat{m}_0(X_i)$$

$$\widehat{\text{ATET}} = \frac{1}{n_1} \sum_{i:D_i=1} \hat{m}_1(X_i) - \hat{m}_0(X_i)$$

其中,

$$\hat{m}_0(x) = \hat{E}[Y(1-D) \mid X=x]\{1-\hat{p}(x)\}^{-1},$$

$$\hat{m}_1(x) = \hat{E}[YD \mid X=x] \hat{p}^{-1}(x)$$

可以从样本中对其进行非参数估计。在充分的正则性条件下(主要是为了保持 $\hat{p}$、$\hat{m}_0$ 和 $\hat{m}_1$ 的偏误较小),这两种处理效应估计量都是有效率的。当对条件期望使用非参数估计量时,我们用 $\hat{p}$ 加权(之后)并没有提高效率,反而比以前需要更多的假设和非参数估计量。因此,只有当我们不想对条件期望或 $p(\cdot)$ 使用非参数估计量时,该估计量才变得有趣,因此有可能遇到错误设定函数形式的问题。我们试图找到一种结合回归与倾向得分加权的方法,即通过参数化或半参数化的方式对 $m_d(\cdot)$ 和/或 $p(\cdot)$ 进行建模,并希望在 $m_d(\cdot)$ 或 $p(\cdot)$ 被正确地设定时获得一致的估计量。这将是一个实用的工具,因为它简化了前一步的解释和估计。

为了做到这一点,让我们重写倾向得分加权 ATET 估计量:

$$E[Y^1 - Y^0 \mid D=1] = \frac{1}{\Pr(D=1)} E\left[Y_i \cdot \left\{D_i - \frac{1-D_i}{1-p(X_i)} p(X_i)\right\}\right]$$

$$= \frac{1}{\Pr(D=1)} E[p(X) \cdot E[Y^1 - Y^0 \mid X]]$$

---

[31] 更多详情见 Hahn(1998)。

注意，对于 $D=0$ 的观测值，权重为负值。此外权重的均值为零：$E\left[D_i - \dfrac{1-D_i}{1-p(X_i)}p(X_i)\right]=0$。

或者，我们可以证明加权估计量可以写成线性回归的形式：

$$Y_i \text{ 对常数 } D_i \text{ 进行回归}$$

使用加权最小二乘法（WLS），权重为

$$\omega_i = D_i + (1-D_i)\dfrac{p(X_i)}{1-p(X_i)} \tag{3.38}$$

以获得 ATET 估计值。ATE 估计的原理与此类似，但权重[32]为

$$\omega_i = \dfrac{D_i}{p(X_i)} + \dfrac{1-D_i}{1-p(X_i)} \tag{3.39}$$

我们可以扩展这个概念，使得回归中至少以线性的方式包含更多的协变量。为了估计 ATE，我们进行如下线性回归：

$$Y \text{ 对常数 } D, X-\overline{X}, (X-\overline{X})D \text{ 进行回归} \tag{3.40}$$

使用加权最小二乘法，权重为 ω_i（3.39）（$\overline{X}$ 表示 X 的样本均值）。基本可以说这就是加权和回归的组合。这些估计量的一个有趣的性质是所谓的"双重稳健性"，也就是说，如果参数（即线性）方程（3.40）或权重 ω_i 中 $p(\cdot)$ 的形式是正确的，即倾向得分被一致估计了，则估计量是一致的。稳健性是相对于错误设定模型形式而言的，而不是针对离群点而言的。

在讨论更一般情况下的双重稳健性之前，我们先思考（3.40）。假设我们可以一致地估计权重（3.39）（无论是用参数化还是非参数化的方式）。为了确保即使错误地设定了线性模型（3.40），D 的系数也能一致地估计 ATE，需要注意，使用权重（3.39）并设置 $\widetilde{X} := X - \overline{X}$，$D$ 系数的概率极限（plim）其实是

$$e'_2 \begin{bmatrix} E[\omega] & E[\omega D] & E[\omega \widetilde{X}] & E[\omega \widetilde{X} D] \\ E[\omega D] & E[\omega D^2] & E[\omega \widetilde{X} D] & E[\omega \widetilde{X} D^2] \\ E[\omega \widetilde{X}] & E[\omega \widetilde{X} D] & E[\omega \widetilde{X}^2] & E[\omega \widetilde{X}^2 D] \\ E[\omega \widetilde{X} D] & E[\omega \widetilde{X} D^2] & E[\omega \widetilde{X}^2 D] & E[\omega \widetilde{X}^2 D^2] \end{bmatrix}^{-1} \begin{bmatrix} E[\omega Y] \\ E[\omega D Y] \\ E[\omega \widetilde{X} Y] \\ E[\omega \widetilde{X} D Y] \end{bmatrix}$$

$$= e'_2 \begin{bmatrix} 2 & 1 & 0 & 0 \\ 1 & 1 & 0 & 0 \\ 0 & 0 & 2\mathrm{Var}(X) & \mathrm{Var}(X) \\ 0 & 0 & \mathrm{Var}(X) & \mathrm{Var}(X) \end{bmatrix}^{-1} \begin{bmatrix} E[\omega Y] \\ E[\omega D Y] \\ E[\omega \widetilde{X} Y] \\ E[\omega \widetilde{X} D Y] \end{bmatrix}$$

$$= -E[\omega Y] + 2E[\omega D Y] = E\left[\dfrac{D}{p(X)}Y - \dfrac{1-D}{1-p(X)}Y\right] = E[Y^1 - Y^0] = \text{ATE}$$

---

[32] 见习题 12。

为了估计 ATET，我们需要使用权重(3.38)并作 WLS 回归

$$Y \text{ 对常数 } D, X - \overline{X}_1 \text{ 以及 } (X - \overline{X}_1)D \text{ 进行回归}$$

其中 $\overline{X}_1$ 表示 $D=1$ 观测样本中 X 的平均值。利用回归项的缩放，可以同理证明(习题 11)，即使线性回归的函数形式被错误设定了，也能一致估计 ATET。当使用非线性函数时，双重稳健性也适用。设 $m_d(x) = E[Y \mid D = d, X = x]$，但 $\hat{m}_i^d := m_d(x_i; \hat{\beta}_d)$ 是带有有限维系数向量 $\hat{\beta}_1$ 和 $\hat{\beta}_0$ 的参数估计量。这些参数化模型可以是线性的，也可以是非线性的。此外，设 $\hat{p}_i := p(x_i; \hat{\beta}_p)$ 是对倾向得分的参数估计。于是就能通过下式得到 $E[Y^1]$ 的有效估计量：

$$\frac{1}{n} \sum_{i=1}^{n} \left[\frac{D_i Y_i}{\hat{p}_i} - \frac{(D_i - \hat{p}_i)\hat{m}_i^1}{\hat{p}_i} \right] \tag{3.41}$$

类似地，我们可以通过下式估计 $E[Y^0]$：

$$\frac{1}{n} \sum_{i=1}^{n} \left[\frac{(1-D_i)Y_i}{1-\hat{p}_i} - \frac{\{(1-D_i) - (1-\hat{p}_i)\}\hat{m}_i^0}{1-\hat{p}_i} \right]$$

因此最终 ATE 的估计结果就是

$$\frac{1}{n} \sum_{i=1}^{n} \left(\frac{D_i Y_i}{\hat{p}_i} - \frac{(D_i - \hat{p}_i)\hat{m}_i^1}{\hat{p}_i} \right) - \frac{1}{n} \sum_{i=1}^{n} \left[\frac{(1-D_i)Y_i}{1-\hat{p}_i} + \frac{(D_i - \hat{p}_i)\hat{m}_i^0}{1-\hat{p}_i} \right]$$

很容易证明，若倾向得分或结果方程的参数形式设置是正确的，那么 ATE 就是一致估计。换言之，在错误设定其中一个参数化模型后，我们仍然能获得一致性。我们只对 $E[Y^1]$ 的估计量进行证明，因为可以同理推广到 $E[Y^0]$ 上。设 β_1^* 和 β_p^* 是结果方程和倾向得分模型中系数的概率极限值，则(3.41)中 $E[Y^1]$ 的估计量收敛到

$$E\left[\frac{DY}{p(X;\beta_p^*)} - \frac{\{D - p(X;\beta_p^*)\}m_1(X;\beta_1^*)}{p(X;\beta_p^*)} \right] \tag{3.42}$$

注意，我们可以写下

$$\frac{DY}{p(X;\beta_p^*)} = \frac{DY^1}{p(X;\beta_p^*)} = Y^1 + \frac{\{D - p(X;\beta_p^*)\}Y^1}{p(X;\beta_p^*)}$$

在(3.42)中代入这个表达式，就有

$$E[Y^1] + E\left[\frac{\{D - p(X;\beta_p^*)\}\{Y^1 - m_1(X;\beta_1^*)\}}{p(X;\beta_p^*)} \right] \tag{3.43}$$

我们只需证明，如果正确设定结果模型或倾向得分模型，最后一个表达式，即(3.43)为零。

首先考虑正确设定结果模型的情况，即 $m_1(X;\beta_1^*) = E[Y \mid X, D = 1]$ [但可能没正确设定 $p(x,\beta_p^*)$]。在对 D 和 X 使用迭代期望后，(3.43)中的第二项可以写成

$$E\left[\frac{\{D-p(X;\beta_p^*)\}\{Y^1-m_1(X;\beta_1^*)\}}{p(X;\beta_p^*)}\right]$$

$$=E\left[E\left[\frac{\{D-p(X;\beta_p^*)\}\{Y^1-m_1(X;\beta_1^*)\}}{p(X;\beta_p^*)}\mid D,X\right]\right]$$

$$=E\left[\frac{D-p(X;\beta_p^*)}{p(X;\beta_p^*)}\underbrace{\{E[Y^1\mid D,X]-m_1(X;\beta_1^*)\}}_{=0}\right]$$

其中括号内的项为零,因为已经正确设定了函数 $m_1(\cdot)$ 且条件独立性假设成立,即 $E[Y^1\mid D,X]=E[Y^1\mid D=1,X]=E[Y\mid D=1,X]=m_1(X;\beta_1^*)$。

现在考虑正确设定倾向得分模型的情况,$p(X;\beta_p^*)=\Pr(D=1\mid X)$。在使用迭代期望后,(3.43)中的第二项就变成

$$E\left[\frac{\{D-p(X;\beta_p^*)\}\{Y^1-m_1(X;\beta_1^*)\}}{p(X;\beta_p^*)}\right]$$

$$=E\left[E\left[\frac{\{D-p(X;\beta_p^*)\}\{Y^1-m_1(X;\beta_1^*)\}}{p(X;\beta_p^*)}\mid Y^1,X\right]\right]$$

$$=E\left[\underbrace{\{E[D\mid Y^1,X]-p(X;\beta_p^*)\}}_{=0}\frac{Y^1-m_1(X;\beta_p^*)}{p(X;\beta_p^*)}\right]$$

因为有条件独立性假设 $E[D\mid Y^1,X]=E[D\mid X]=\Pr(D=1\mid X)$,且正确设定了倾向得分模型,所以第一项为零。

需重申一下,除了双重稳健性,这些估计量也达到了有效边界。因此,如果有人打算使用参数模型来估计处理效应,出于对有效性和稳健性的考虑,加权和回归的结合将显得非常有吸引力。当完全使用非参数方法时,加权和匹配这两种方法各自都可以单独实现有效性,组合并不能改善有效性,尽管 Firpo 和 Rothe 证明组合仍然在正则性条件下显示出优势。

3.4 匹配和倾向得分估计的实际问题

3.4.1 关于估计量、有限样本性能和推断的总结

我们先简要总结上述估计量,也将总结那些经过完善以提高它们的性能的估计量改良版本。这里的"性能"(performance)不是指渐近性质,而是指偏误、标准误、均方误差和有限样本的稳健性。虽然渐近理论有助于分析估计量的一般性质,但实际上并不总是有助于指导实证研究者如何选择估计量。事实上,渐近有效的

估计量可能比一些简单的估计量具有更差的有限样本性质。Frölich, Huber 和 Wiesenfarth 对这一问题进行了最新的综述。

我们先总结一系列匹配估计量。为了简化符号,我们总结估计 ATET 的一系列估计量。[33] 它们基本上可以概括为

$$\widehat{\text{ATET}} = \frac{1}{n_1} \sum_{i:D_i=1} \{Y_i = \sum_{j:D_j=0} w(i,j) Y_j\} \tag{3.44}$$

其中,权重 $w(i,j)$ 由所用的方法确定,例如 kNN、Nadaraya-Watson 和局部线性回归(我们在第 2.2.1 节和前文讨论过)。其他可用(或推荐)的方法包括区块(作为 kNN 的扩展)、岭回归或半径匹配(作为核回归的一种特殊情况)。[34] 半径匹配的一个特殊性是用最差匹配(即参与者与非参与者的最大距离)决定带宽大小。权重 $w(i,j)$ 可指混杂因素向量或倾向得分 $p(X_i) - p(X_j)$ 的距离,或者是两者的混合。如前所述,有时还建议包括对结果 Y 具有很强预测能力但并非真正混杂变量的变量,即对参与倾向没有影响的变量。

(重)加权估计的形式有多种。考虑

$$\widehat{\text{ATET}} = \frac{1}{n_1} \sum_{i:D_i=1} Y_i - \frac{1}{n_0} \sum_{j:D_j=0} w(j) Y_j \tag{3.45}$$

其中对于 $w(j)$,你可以使用

$$\frac{n_0}{n_1} \frac{\hat{p}(X_j)}{1-\hat{p}(X_j)} \quad \text{或} \quad \frac{\hat{p}(X_j)}{1-\hat{p}(X_j)} \frac{n_0}{\sum_{i:D_i=0} \frac{\hat{p}(X_i)}{1-\hat{p}(X_i)}}$$

$$\text{或} \quad \frac{(1-c_j)\hat{p}(X_j)}{1-\hat{p}(X_j)} \frac{n_0}{\sum_{i:D_i=0}(1-c_i)\frac{\hat{p}(X_i)}{1-\hat{p}(X_i)}}$$

$$\text{其中 } c_i = \frac{\left(1 - \frac{n\hat{p}(X_i)}{n_1}A_i\right)\frac{1}{n}\sum_{j=1}^{n}\left(1-\frac{n\hat{p}(X_i)}{n_1}A_j\right)}{\frac{1}{n}\sum_{j=1}^{n}\left(1-\frac{n\hat{p}(X_j)}{n_1}A_j\right)^2}$$

$$\text{其中, } A_j = \frac{1-D_j}{1-\hat{p}(X_j)}$$

后者是前者权重的方差最小化线性组合的结果。[35]

另一种选择是逆概率倾斜(inverse probability tilting),它批评了(重)加权估计中使用的倾向得分估计值 $\hat{p}$ 可能最大化倾向估计的似然值,但不是估计处理

---

[33] 请记住,可以通过简单地用 $(1-D_i)$ 替换 D_i 来类似地估计 ATEN,即声明处理组为对照组,反之亦然。
[34] 见 Lechner, Miquel 和 Wunsch(2011)。
[35] 见 Lunceford 和 Davidian(2004)关于 ATE 的例子。

效应的最优值。一种针对处理效应评估的方法是，通过求解矩条件[36]（在计算出$\hat{p}$之后）重新估计两个倾向函数[例如$(\tilde{p}_0, \tilde{p}_1)$]：

$$1 = \frac{1}{n}\sum_{i=1}^{n} \frac{1-D_i}{\frac{1}{n}\sum_{j=1}^{n}\hat{p}(X_j)} \frac{\hat{p}(X_i)}{1-\tilde{p}_0(X_i)}$$

$$\frac{1}{n}\sum_{i=1}^{n} \frac{\hat{p}(X_i)}{\frac{1}{n}\sum_{j=1}^{n}\hat{p}(X_j)}X_i = \frac{1}{n}\sum_{i=1}^{n} \frac{1-D_i}{\frac{1}{n}\sum_{j=1}^{n}\hat{p}(X_j)} \frac{\hat{p}(X_i)}{1-\tilde{p}_0(X_i)}X_i$$

通过用D_i代替$1-D_i$，用$\tilde{p}_1(X_i)$代替$1-\tilde{p}_0(X_i)$，可以按同样的方式求解$\tilde{p}_1$[37]：

$$\widehat{ATET} = \sum_{i:D_i=1} \frac{\tilde{p}(X_i)}{\tilde{p}_1(X_i)\sum_{j=1}^{n}\tilde{p}(X_j)}Y_i - \sum_{j:D_j=0} \frac{\tilde{p}(X_j)}{\{1-\tilde{p}_0(X_j)\}\sum_{i=1}^{n}\tilde{p}(X_i)}Y_j \tag{3.46}$$

可以用一些方法修正这类估计量的有限样本偏误。[38] 如果可以获得简单而合理的偏误估计值，则这种偏误校正可能具有吸引力。不难看出，对于(3.45)中的$w(j)$或设$w(j) = \frac{n_0}{n_1}\sum_{i:D_i=1}w(i,j)$，上述$E[Y^0 \mid D=1]$的估计量的偏误可以近似表示为

$$\frac{1}{n_0}\sum_{j:D_j=0}w(j)\hat{Y}_j^0 - \frac{1}{n_1}\sum_{i:D_i=1}w(i)\hat{Y}_i^0 \tag{3.47}$$

其中$\hat{Y}_i^0$分别是(3.45)或(3.44)中非处理组结果的预测量。

为了进行进一步的推断，比估计偏误更重要的是估计标准误的问题。文献很少给出显式方差估计量，但对在实际应用中如何操作提出了许多不同的建议。一种流行但粗糙的方法是选择一个想要的处理效应的渐近有效的估计量，并（非参数化）估计定理3.2中给出的有效边界。然而，这些边界可能与真正的有限样本方差相去甚远。因此，通常的做法是通过简单靴带法[39]（simple bootstrapping）来近似方差，这是为了方便和改进小样本的结果。[40] 另外两种潜在的重新抽样方法是自适应抽样（wild bootstrap）[41]和子抽样（subsampling），[42]但这仍然是一个有

---

[36] 见Graham, Pinto和Egel(2011)以及Graham, Pinto和Egel(2012)，了解详情和进一步讨论。

[37] $\tilde{p}_0$和$\tilde{p}_1$都是倾向得分的估计量，但是从两个不同的组中获得的。

[38] 例如见Abadie和Imbens(2011)或Huber, Lechner和Steinmayr(2013)。

[39] 一种重新抽样方法，即直接从原始样本中抽取随机样本$\{(Y_i, X_i, D_i)^*\}_{i=1}^n$并进行替换，可能会沿着处理进行分层提取。

[40] 此外，Abadie和Imbens(2008)表明，对于kNN匹配估计量，靴带法是不一致的。

[41] 见Mammen(1992)。在自适应抽样中，我们依赖于原始设计$\{(X_i, D_i)\}_{i=1}^n$，但是根据估计值$\hat{m}_d$和一些随机错误生成$\{Y_i^*\}_{i=1}^n$。注意，一般来说，朴素的靴带法不一致地估计条件处理效应比如ATE(x)的方差。

[42] 见Politis, Romano和Wolf(1999)。

待进一步研究的领域。

然而,存在一种普遍接受的估计线性估计量方差的方法,即当观测值独立时,可以用 $\sum_{i=1}^{n}w(i)Y_i$ 表示方差。下面考虑 ATET 估计量

$$\widehat{\text{ATET}} = \frac{1}{n_1}\sum_{i:D_i=1}\{Y_i^1 - \hat{m}_0(X_i)\}, \quad \text{其中 } Y^d = m_d(X_i) + U_i^d$$

对于目前为止我们所考虑的所有类型的估计量,我们有[对于一些权重,比如 $w(j,i)$]

$$\hat{m}_0(X_i) = \sum_{j:D_j=0}w(j,i)Y_j^0 = \sum_{j:D_j=0}w(j,i)\{m_0(X_j) + U_j^0\}$$
$$= \sum_{j:D_j=0}w(j,i)m_0(X_j) + \sum_{j:D_j=0}w(j,i)U_j^0$$

这就等于 $m_0(X_i)$ 加上平滑偏误 $b(X_i)$ 和随机项 $\sum_{j:D_j=0}w(j,i)U_j^0$。因此我们可以写下

$$\widehat{\text{ATET}} = \sum_{i:D_i=1}\frac{1}{n_1}Y_i^1 + \sum_{j:D_j=0}\sum_{i:D_i=1}\frac{-w(j,i)}{n_1}Y_j^0$$
$$= \sum_{i:D_i=1}\frac{1}{n_1}\{m_1(X_i) + U_i^1\} + \sum_{j:D_j=0}\sum_{i:D_i=1}\frac{-w(j,i)}{n_1}\{m_0(X_j) + U_j^0\}$$
$$= \frac{1}{n_1}\sum_{i:D_i=1}\{\text{ATE}(X_i) + b(X_i)\} + \sum_{i:D_i=1}w(i)U_i^1 + \sum_{j:D_j=0}w(j)U_j^0$$

其中 $w(i) = \frac{1}{n_1}$ 是 $D_i=1$ 的观测值的权重,$w(j) = \sum_{i:D_i=1}\frac{-w(j,i)}{n_1}$ 是 $D_j=0$ 的观测值的权重。注意,每个权重都是由处理组的所有 X_i,或对照组的所有 X_j 组成。因此,这些权重既不相互独立,也不独立于 Y_i。但是,它们是有条件独立的,即当知道或确定 X 和 D 时,它们是独立的。因此我们可以继续计算

$$\text{Var}\left[\widehat{\text{ATET}} \mid x_1,\cdots,x_n,d_1\cdots d_n\right] = \sum_{i=1}^{h}w(i)^2\text{Var}\left[U^D \mid X=x_i, D=d_i\right]$$

(3.48)

一般来说,不难证明,控制协变量即混杂变量 X 和处理变量 D 后,式(3.48)基本上适用于这里提出的所有估计量。

尽管如此,仍有两点需要讨论。一是我们仍然需要估计 $\text{Var}[U^D \mid X=x_i, D=d_i]$,二是我们控制了样本设计,这意味着我们忽略了由 X,D 的样本分布与总体分布之间的潜在差异引起的方差。这是否会产生很大的影响取决于几个因素,比如我们使用的是全局平滑参数还是局部平滑参数(前者的影响更大),并且也取决于 ATET(X) 的方差。此时应该使用一些重新抽样的方法做出补救。

回到(3.48),已知 $w(i)$,我们已经提出了不同的可用于预测 $\text{Var}[U^D \mid X = x_i, D = d_i]$ 的方法。[43] 率先认识到这点可能是有益的,即为了在(3.48)中得到一致的估计,我们只需要渐近无偏的估计量。这与我们在第 2.2.3 节中讨论的 $\sqrt{n}$ 一致的半参数估计量类似:i 上的(尽管是加权的)均值提供了收敛速度为 $1/n$ 的方差,使得只需偏误缩小到 $O(n^{-1/2})$ 就能获得 $\sqrt{n}$ 收敛。因此,你可以在(3.48)中简单地用 $(Y - \hat{m}_{di}(X_i))^2$ 替换 $\text{Var}[U^D \mid X = x_i, D = d_i]$。一个相当吸引人且直观的方法就是继续使用与用于估计处理效应完全相同的平滑参数 $\hat{m}_d$。当然,为了估计 ATET,只需要 $\hat{m}_0$(或对于 ATEN,仅需要 $\hat{m}_1$),为了估计 ATE,还需估计缺失的回归 m_{1-d}。但程序还是一样的。

基于模拟的比较研究主要着眼于处理效应估计的有限样本性能,而不是方差或偏误的估计量。这表明,一般来说可以推荐使用(3.47)的偏误校正,但这种校正会增加方差。对于(重)加权估计量,删减部分观测值对于获得可靠的处理效应估计量是很重要的,但对于什么是适当的删减仍然存在争议;我们将在使用倾向得分时结合实际问题讨论删减。此外,部分由于非参数回归中所谓的边界问题,删减和带宽选择之间存在相互影响。一般来说,用于评估 $m_0(\cdot)$ 的预测能力的交叉验证(cross validation,CV)似乎是合理的带宽选择标准。尽管 CV 致力于最小化非参数估计量的均方误差,不能用于 ATE 或 ATET 估计,但它在非参数部分的欠平滑趋势正是我们进行半参数估计所需要的。如前所述,基于岭回归的估计对带宽选择不太敏感,校正偏误后的版本也对带宽选择不敏感,因为这些估计试图校正平滑偏误。其他重要结论是,大多数引入的估计量有其优点,但也有其缺陷——取决于数据生成过程、倾向得分函数的设定正确与否或共同支撑区间条件成立与否,因此很难提出进一步的一般性建议。你可能会诧异于即使给定数据的生成过程,估计量的秩也会随样本大小而变化。因此我们得出主要结论:对于不同的估计量,使用其中的某几个并尝试理解那些因为上述强调的不同构造和应用中的假设而导致的估计差异是有益的。[44] 更多结果见 Frölich,Huber 和 Wiesenfarth(2017)。

3.4.2 什么时候使用倾向得分?

倾向得分起两个核心作用。首先,它是强调和处理共同支撑区间条件(CSC)

---

[43] 参见 Dette,Munk 和 Wagner(1998)对非参数化方法的综述。
[44] 另见拓展阅读部分。

的一个非常有用的工具。其次,它还可以通过使用倾向得分匹配或加权(或者两者)简化估计过程。即使人们不追求第二个作用,而是对 X 进行匹配或使用参数回归,倾向得分仍然对可视化常见的共同支撑区间问题非常有帮助,例如分别绘制 $D=0$ 和 $D=1$ 的总体的倾向得分分布的直方图或核密度图。这通常被认为是使用倾向得分匹配或加权的基本优势:CSC 问题的可视化。因为它是一个位于 0 和 1 之间的一维变量,所以对于任何一组潜在的混杂因素,你都可以绘制倾向得分匹配的密度,并观察其分布。你甚至可以观察到不适用 CSC 和倾向得分加权的样本比例。图 3.1 给出了一个倾向得分分布的例子。这个图有助于我们以一种简单的方式直观地呈现处理组和对照组之间观察到的特征的差异。首先,我们可以大致了解分布的差异。如果在整个总体中以 0.5 的概率随机分配 D,则两组中的分布应该非常相似,且所有密度质量约为 0.5。如果不是随机分配 D,不同的 D 的分布形式就会有所区别,例如,对照组的大部分质量分布在左侧,而处理组的大部分质量分布在右侧。

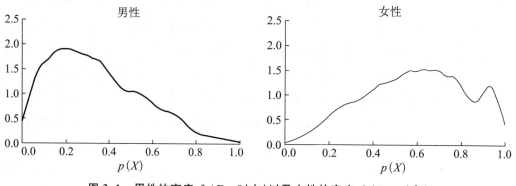

图 3.1　男性的密度 $f_P|D=0$(左)以及女性的密度 $f_P|D=1$(右)

删减部分观测值后的倾向得分

我们经常发现,在 $D=0$ 的总体中,几乎没有超过 0.7 或 0.8 的密度质量,而在 $D=1$ 的总体中,密度质量大多在 0.7 以上。如果我们对 ATET 感兴趣,我们将去掉处理组中倾向得分大于对照组中 $P := p(X)$ 的最大值的那些观测值。因此,如果对照组中 P 的最大值为 0.7,则所有高于此阈值的处理组观测值都将被删除,因为我们无法在对照组中找到匹配项(即具有类似处理倾向的个体)。如此一来,我们在实施共同支撑区间时通常将更加严格,因为我们舍弃了所有比对照组中某个 P 值(比如第十大 P 值)更大的处理组观测值。如果我们对 ATE 感兴趣,我们将在两组中选择共同支撑区间,删除掉处理组中有非常高的 P 值的观测值,以及对照组中有非常低的 P 值的观测值。仅基于倾向得分来定义删减的规则,进而确定 $\mathcal{X}_{01}$,能避免处理效应本身影响选择的情况。

显然,删除这些观测值会改变我们估计处理效应的总体,因此,我们应该始终比较被删除的观测值与其余观测值的描述性统计性质。如果由于实施共同支撑区间,我们只损失了约 2% 至 5% 的观察值,且如果删除的观测值和剩余的观测值的平均值相似,那么相对而言,我们就能相信所得的估计值可以有更广泛的解释。然而,我们应该意识到,我们只能针对剩余的观测值的估计量进行准确解释,且外部有效性是有限的。

人们通常只考虑共同支撑区间的子集。例如,仅使用子集 $0.1 < P < 0.9$ 是获得更精确估计值的常见选择。[45] 原因之一是人们期望对大部分数据所处的区域进行更精确的估计。其他原因有,对于 $D_i = 0$ 中的个体 i,非常高的 P_i 值可能象征着测量 D_i 或 X_i 时存在误差。当 P_i 取中间值时,就有较少的理由怀疑存在测量误差。另一个原因是,在特定假设下,由任何剩余的没有被选中的不可观测项导致的偏误在 P 的分布的尾部是最大的。[46] 最后,删减边界观测值通常会提高非参数估计量的性能。我们总是需要权衡偏误-方差。一个诀窍是,由于偏误是到所研究参数(the parameter of interest)的预期距离,简单地重新定义此参数就可以使偏误消失。具体而言,我们将所关心的参数 ATE 和 ATET 定义到同一个支撑区间 $\mathcal{X}_{01}$ 集合上。删减部分观测值使 $\mathcal{X}_{01}$ 集合改变,而改变后的集合的非参数估计量能发挥很好的作用(方差减小),但理论上由于删去了某些观测值,偏误增大了。我们通过(重新)定义参数消除了这一矛盾。因此,删减可以实现方差的减小(同时似乎不用付出任何代价)。然而,由于删减观测值仅用于改善有限样本的方差,我们应该意识到这样一个事实:即使倾向得分极低或极高,增加样本量也会使估计量不断完善。为此,许多文献提出了其他的删减方法,见第 3.5.1 节。

倾向得分估计的实际应用

原则上,我们可以对倾向得分进行非参数化估计。然而,许多研究者喜欢半参数 probit 或 logit 模型,即保持参数对数似然方法,但允许参数(索引)是非参数的。正如我们在第 2.2.3 节中所了解到的,对该参数(索引),我们可以使用样条

---

[45] 类似地,Black 和 Smith(2004)将"宽支撑"(thick support)区间定义为 $0.33 < P < 0.67$,并对该区间进行了深入分析,且给出了针对该选择的参数。

[46] 有关这种情况的图示例子可参见 Black 和 Smith(2004),第 111—113 页。

函数的经平滑后的对数似然或标准对数似然。在实践中，人们经常使用简单的幂级数来代替，尽管它的局部拟合能力很差。无论在哪种情况下，我们都需要选择一个平滑参数，还必须决定应该包括哪些混杂因素 X。理想情况下，经济理论有助于回答后一个问题。在实践中，人们不希望在 X 中有太多的变量，希望能删去不显著的变量。加入一些不能显著预测 D 的变量可能不违背变量选取原则，但可能会给倾向得分预测增加一些不必要的噪声，特别是由于维度诅咒的存在。

例 3.10　如果在真实模型中 D 只有一个较强的预测量，那么仅用这个变量估计倾向得分将确保我们只比较具有相同特征的观测值。但是如果我们在 X 中加入许多额外的不显著的变量，那么估计出来的倾向得分将包含大量噪声，即对于给定的处理组个体，匹配哪个对照组个体或多或少是随机的。

另一方面，如果这些变量是 Y 的良好预测量，那么它们同样可以很好地减小处理效应估计的方差。如果实验开始前结果数据 $Y_{t=0}$ 甚至 $Y_{t=-1}$、$Y_{t=-2}$ 等是可得的，那么对 $Y_{t=0}$ 在不同的 X 变量上作回归也是很有帮助的。如果我们期望 Y 在一段时间内是相当持续的，对 $Y_{t=0}$ 进行回归就有助于我们了解应该包含在 X 中的对结果可能有重要预测能力的变量，即使这些预测量对 D 的影响很小。不过，包含这些变量的原因与以往不同。它实际上是我们在随机实验中讨论过的问题：加入这些变量是为了减小方差（而包含真正的混杂因素是用来减小偏误，或者更好地"识别"因果关系）。

例 3.11　在分析收入的某些处理效应时，性别可能是收入的一个很好的预测量。即使性别在处理组和对照组之间是平衡的（例如 RCT），即性别不是一个混杂因素，控制性别这一变量也有助于减小方差，因为我们估计不同性别的处理效应，随后按性别比例取平均值。

这个例子显示了包含"额外"协变量（即在严格定义下并不属于混杂因素）的优缺点。显然，要决定包含或不包含这些变量中的哪一个并不总是一件容易的事。这只能通过分析 X 对 Y 和 D 的影响来实现。从匹配转向倾向得分匹配或加权不会改变原先的合适的混杂因素集。[47] 平滑参数（如样条曲线的节点数或幂级数的多项式的阶数）的选择也是很重要的。为了确定平滑参数，需要牢记，在实

---

[47]　然而，正如我们所见，从结构建模的角度来看，人们可以问哪些混杂因素应用于对选择的建模，哪些（仅）用于回归建模。

验设计中,我们使用倾向函数来评估协变量的平衡程度。我们在匹配和回归中想要达到条件平衡,这就需要

$$X \perp\!\!\!\perp D \mid p(X) \quad [48] \tag{3.49}$$

这在实践中意味着什么？我们又该如何利用它？假设所有的混杂因素都是离散的,上式就说明,对于所有 $x \in \mathcal{X}_{01}$,要有

$$n_x^1/p(x) \approx n_x^0/(1-p(x)) \tag{3.50}$$

其中 n_x^d 是个体 i 的数量 ($D_i = d, X_i = x$)。如果还有连续的混杂因素,就必须建立相应的层和区块以进行类似的分析。与随机实验中所说的类似,我们不推荐使用条件平衡检验,特别是在删减观测值后样本量发生变化时。对于连续的混杂因素,这一点尤其重要,人们可以根据 $p(X)$ 而非 X 来检查协变量平衡：对于任何 $p(X)$ 值或 $p(X)$ 值的一个子集,变量 X 应该在 $D=1$ 和 $D=0$ 组之间保持平衡,即用 $p(X)$ 和 $(1-p(X))$ 逆加权时,观测值的数量非常相似,参考式(3.50)。如果不是这样的话,倾向得分模型很可能被错误地设定了,并且我们必须重新设定模型直到实现平衡。[49] 一种方法是对估计出来的倾向得分进行排序,并将其分为五个或十个层,即使用五分位数或十位数。根据倾向得分的平衡性质,我们有

$$E\left[\frac{X \cdot D}{p(X)} \middle| a \leqslant p(X) \leqslant b\right] = E\left[\frac{X \cdot (1-D)}{1-p(X)} \middle| a \leqslant p(X) \leqslant b\right]$$

然后在每个区块中检验 $D=1$ 和 $D=0$ 组中 X 的加权(通过 $p(X)$)平均值的绝对差,并用 X 的标准差进行标准化。如果绝对差较大,则需重新确定倾向得分模型,从而使模型更灵活(通过减小带宽、增加节点数或多项式的阶数等方式降低平滑度)。我们始终在(通过 $\Pr(D=d \mid X=x)$ 的逆)寻找不同处理组之间 X 的加权平衡。通过检验,我们能知道数据是否在统计上存在(加权)失衡。然而大量的混杂变量可能降低任何此类检验的效力,以至于这些检验几乎无法发现显著的不平衡,进而可能导致错误的结论。

基于选择的样本的倾向得分匹配

你有时可能想要一个非随机抽样的倾向得分匹配。换言之,现有数据往往不能代表真实的总体比例,某些群体(如处理组成员、外国人、低收入个人或特定地区的居民)被过度抽样。当从分开进行的调查或独立数据源中选取处理组和

---

[48] 尽管 $Y^d \perp\!\!\!\perp D \mid p(X)$ 才是真正的目标,但这是不可检验的。
[49] 我们在这里说"可能",是因为完全不同的 X 值很可能预测出相同或相似的处理倾向,允许分布是不平衡的,这并不意味着模型设定是错误的。

对照组成员时,也可能发生这样的情况。在这些情况下,抽样分布 $F_{Y,X,D}$ 不同于总体分布。在评估处理效应时,区分关于 D(或倾向性)的非随机抽样和关于 $F_{Y,X|D}$ 的非随机抽样是很有帮助的。关于 D 的非随机抽样在评估处理时尤其常见,因为处理组成员经常被过度抽样。这被称为基于选择的抽样(choice-based sampling)。显然,基于选择的抽样会导致对真实倾向得分的估计不一致,例如 $\tilde{p}_i := \delta(p)$,其中 δ 是双射的。如果参与者被过度代表,那么在整个处理效应估计过程中倾向得分被高估($E[\tilde{p}_i] > p_i$);如果参与者代表不足,那么在整个过程中倾向得分被低估。然而由于(3.31),使用这些不一致的预测量 $\tilde{p}_i$ 对 ATET 进行的估计仍然是一致的。这是显然的,因为此时对于 (Y,X) 不存在选择偏误;选中的两组都很好地代表了他们的总体(分别是处理组成员的总体和对照组成员的总体)。因此,每个组内的平均值就是我们所需均值的一致估计量。我们可以一致地预测对照组的 $E[Y^0 \mid \tilde{p}_i]$,并通过 $\frac{1}{n_1}\sum_{i:D_i=1} Y_i - \hat{E}[Y^0 \mid \tilde{p}_i]$ 来估计 ATET。ATEN 也是同理。然而,为了估计 ATE,我们需要知道抽样权重。

然而,当 $F_{Y,X|D}$ 是非随机抽样时,我们需要修正匹配估计量。给定 D,关于 X 或 Y 的非随机抽样是可能发生的,例如,由于在处理组中对外国人或低收入个体进行了过多抽样(对于二元变量 D,要么是处理组,要么是对照组)。例如,如果使用不同的抽样设计,非随机抽样只出现在其中一个组中。一项调查可能在服用新药组($D=1$)中对孕妇或有小孩的妇女进行过度抽样,而对照组则是随机抽样。在这种情况下,至少需要对倾向得分匹配估计量进行一次调整。更具体地说,当对处理组成员取 $\hat{E}[Y^0 \mid \tilde{p}_i]$ 的平均值时,必须加入抽样权重。在估算对照组的 $E[Y^0 \mid \tilde{p}_i]$ 时,仅当沿着数据对 (Y,X)(例如 X 和 Y 组合的分层)进行抽样时,才必须加入抽样权重。但如果抽样是随机的或只对 X 进行抽样,并且使用了局部平滑量,就不必加入抽样权重。[50] 如果(处理组中的)两个子总体的抽样方案相同,则可以完全忽略抽样权重。[51] 在任何情况下,最万无一失的程序是在每个步骤中都使用与选取的(子)总体相对应的抽样权重。

3.4.3 关于条件独立性假设的有效性检验

不少经济理论文献质疑条件独立性假设在社会和经济环境中的合理性。一

---

[50] 我们不是指局部平滑参数,而是指局部平滑参数。全局平滑参数也会受到沿 X 方向抽样的严重影响,而局部平滑参数(如 kNN、核函数或样条曲线)则不会。

[51] 在上述示例中,相关条件为 $\Pr(样本中的个体 \mid X, D=1) \propto \Pr(样本中的个体 \mid X, D=0)$。注意,这个比例条件仅指与 X 有关的边际抽样概率。

些人不接受此假设,认为经济个体的利益最大化行为本身就已经说明他们的参与不可能独立于潜在结果,无论是否控制了协变量。一个相当明显的反驳观点是,任何定量估计都需要样本池,从而比较基于预期做选择的对象。我们只需谨慎对待可以比较哪些对象,以及如何得出正确的解释。我们希望经济理论能告诉我们,在控制哪些协变量后进行比较是合理的,或者我们必须控制哪些变量。是否所有这些变量都能被观察到只是一个实际应用上的问题,它绝不会使 CIA 的原则失效。此外,如果 Y 不是个体效用优化的直接目标,那么这些批评家们的论点就会显得相当薄弱。如果研究对象与实证研究学者获得的信息量大致相同,那么批评家们的这些论点甚至变得无效。最后,研究行为经济学的学者通常会怀疑个体的理性和利益最大化行为的有效性,因为人们可能缺乏信息或能力、存在非理性行为或者中途转换目标等。事实上,正如我们所看到的,对于选择过程至关重要的变量甚至是可以被忽略的,如果这些变量除通过影响选择($D=d$)这一渠道外对潜在结果没有影响。

例 3.12 Imbens(2004)讲述了一个例子,其中产出是关于技术创新的随机变量: $Y_i = \varphi(D_i, e_i)$,而技术创新是实施或不实施创新的二元决策变量。这里 e_i 是不受公司控制的随机因素。利润通过产出减去成本来衡量: $\pi_i = Y_i - c_i \cdot D_i$,其中 c_i 是公司 i 实施新技术的成本。公司的利润最大化行为会使

$$D_i = \underset{d \in \{0,1\}}{\mathrm{argmax}} E[\pi(d) \mid c_i]$$

因为 $E[\pi(d) \mid c_i] = E[\varphi(d, e_i) - c_i d \mid c_i]$,其中期望值只随 e_i 变化,其余的都是给定的,于是有 $D_i = \mathbb{1}\{E[\varphi(1, e_i) - \varphi(0, e_i) \geqslant c_i \mid c_i]\}$,这是 c_i 的一个确定性(虽然未知的)函数。如果 c_i 独立于 e_i,那么就有 $(\varphi(1, e_i), \varphi(0, e_i)) \perp\!\!\!\perp c_i$。在这种情况下,我们甚至在没有控制任何变量的情况下,得到了变量的外生性。因此,我们可以在不知道 c_i 的情况下识别技术创新对产出的影响,尽管公司知道自己的 c_i 并将其用于选择决策。但若不知道所有 c_i,我们就无法确定技术创新对利润的影响。若 X 包含有关 c_i 的所有信息,控制 X 就足以确定技术创新对利润的影响。另请参见习题 9。

在任何情况下,条件均值独立性假设可能是用于识别的最少假设,并且不能从数据中证实其有效性。该假设成立必须基于经济理论、制度知识和信念。只有当人们愿意施加额外的假设时,才能对条件均值独立性假设进行严格的检验。有了这种过度识别的假设,就可以检验当给定一组假设时,剩下的假设是否有

效。如果在这些条件下后面的假设没有被拒绝，则认为识别策略是可信的。

尽管如此，仅仅声称自己相信独立性假设可能是不够的。为了获得更多洞见，我们通常进行错误设定检验（falsification tests），也称为伪处理检验（pseudo-treatment tests）。例如，对 CIA 是否成立的一个间接检验是检验当我们比较已知要么属于处理组要么属于对照组的组内不同子总体时，我们是否会获得零处理效应。在这些检验下，我们知道如果 CIA 成立，估计出的处理效应就应该是零。因此，如果估计出的处理效应显著不为零，我们可以得出结论，CIA 不成立。例如将对照组成员分成两组，然后比较这两组，看看是否能得出 ATE $\neq$ 0；下面会给出另一个示例。如果这样的错误设定检验失败，人们将对 CIA 产生怀疑。如果我们能够进行不同的错误设定检验，而且几乎没有一个失败，那么我们会更倾向于相信 CIA 成立。[52] 下面考虑另一个例子。

例 3.13 个人能否享受一些社会补助方案往往取决于某些资格标准。这导致了三个群体：不合格者、合格的非参与者和（合格的）参与者。我们只对 ATET 感兴趣，因为不合格者永远不会享受该社会补助方案。因此，检查 $Y^0 \perp\!\!\!\perp D \mid X$ 是否成立就已足够。前两个组是非参与者，因此观察他们的 Y^0 结果。通常这两组有不同的 X 特征分布。如果把条件独立性假设强化至

$$Y^0 \perp\!\!\!\perp \tilde{D} \mid X, \text{其中 } \tilde{D} \in \{\text{不合格者，合格的非参与者，参与者}\}$$

那么 CIA 的一个可验证的含义是

$$Y \perp\!\!\!\perp \tilde{D} \mid X, \text{其中 } \tilde{D} \in \{\text{不合格者，合格的非参与者}\}$$

当调整 X 分布的差异时，不合格者和合格的非参与者中 Y 的（平均）结果应大致相同。这是可验证的，我们通过上述步骤可以检验 $Y^0 \perp\!\!\!\perp D \mid X$ 是否成立。

因此，我们可以简单地将对照组分成两组（$T \in \{0,1\}$，例如，合格的非参与者与不合格者）来检验 $Y^0 \perp\!\!\!\perp T \mid X$，或把处理组分出两组来检验 $Y^1 \perp\!\!\!\perp T \mid X$。然后这些检验被分别解释为验证 $Y^0 \perp\!\!\!\perp T \mid X$ 和 $Y^1 \perp\!\!\!\perp T \mid X$ 有效性的指标。

这种伪处理方法的一个特别有趣的地方是，在处理发生之前，结果变量的信息是可得的，例如以面板数据的形式。然后，我们可以在处理实际发生之前（甚至希望在参与者知道他们的参与状态之前，因为这时预期可能会产生影响），检

---

[52] 关于错误设定分析如何帮助提高研究结果可信度的一个良好的例子，见 Bhatt 和 Koedel(2010)。

查参与者与非参与者之间的差异。由于处理尚未发生,在随后接受处理的子总体和随后不接受处理的子总体之间(至少在控制混杂因素 X 之后),他们的结果应该没有(统计上显著的)差异。这被称为项目前(pre-programme)检验或伪处理检验。

让我们更详细地讨论这种情况。假设对于处理组和对照组,在处理开始前($t=0$)最多可获得其 $k+1$ 期纵向数据。例如,想象一个成人扫盲计划,它开始于时间 $t=0$,我们在时间 $t=1$ 测量结果。让我们思考用于估计 ATET 的 CIA 是否成立。在时间 0 之前,所有个体都处于无处理状态。我们假设没有预期效应(anticipation effects),因此有 $Y^0_{t=0}=Y_{t=0}$。假设在时间 $t=1$ 时条件独立性成立:

$$Y^0_{t=1} \perp\!\!\!\perp D_{t=0} \mid X, Y^0_{t=0}, Y^0_{t=-1}, Y^0_{t=-2}, \cdots, Y^0_{t=-k} \quad (3.51)$$

其中 X 包含时不变(time invariant)特征。我们还控制了结果变量的滞后项,因为这些滞后项通常会影响是否参与项目的决策。我们可以合理地假设,潜在结果是与时间相关的,从而任何未被观察到的差异都可能被早期的控制变量捕捉到。因此,我们可以假设条件独立性在以前的时期也成立,即㉝

$$Y^0_{t=l} \perp\!\!\!\perp D_{t=0} \mid X, Y^0_{t=l-1}, Y^0_{t=l-2}, Y^0_{t=l-3}, \cdots, Y^0_{t=-(k+1)}, \quad l=0,-1,-2,\cdots \quad (3.52)$$

这一假设是可检验的,因为在 $t=0$ 时,我们观察到 $D_{t=0}=0$ 以及 $D_{t=0}=1$(即随后将参与实验)的个体的无处理结果都是 Y^0。假设(3.51)是不可检验的,因为在时间 1,对于 $D_{t=0}=1$ 的个体来说,结果 $Y^0_{t=1}$ 是反事实的(因为这些个体接受了处理,所以永远无法观察到),换言之,只能观察到 $Y^1_{t=1}$。所以,如果我们愿意接受(3.51)和(3.52)的等价性,我们可以估计前几个时期的处理效应,并检验它们是否为零。如果它们在统计学上不为零,那就说明即使控制了 X,参与者和非参与者在处理开始前就已在其他未观察到的混杂因素上有所不同。为了能够使用这个检验,我们需要有额外的没有被纳入(3.51)的滞后值 $Y^0_{t=-l}$,$l>k$ 作为控制变量。可以把检验看作在时间 0 或更早的时候发生了一些伪处理,这样思考有助于实施此检验。因此,我们保留观察到的指标 $D_{t=0}$ 来定义参与者和非参与者,并假装处理在时间 -1 就已经开始。因为我们知道实际上没有处理,所以期望处理效应为零。统计上显著非零的处理效应估计值可能是 CIA 不成立的表征。这就是通过检验 $Y^0_{t=0} \perp\!\!\!\perp D_{t=0} \mid X$ 来检查 $Y^0_{t=1} \perp\!\!\!\perp D_{t=0} \mid X$ 的一个简单而明显

㉝ Imbens(2004)将这称为假设固定性(stationary)和可交换性(exchangeability)。

的例子。这里 $k=0$ 是指原始控制条件中不包括滞后结果,滞后结果仅用于处理前或伪处理检验。

到目前为止,我们试图检查估计 ATET 时 CIA 成立与否,但我们是否可以扩展这个想法,以便同时检查

$$Y^1_{t=1} \perp\!\!\!\perp D_{t=0} \mid X, Y^0_{t=0}, Y^0_{t=-1}, Y^0_{t=-2}, \cdots, Y^0_{t=-k}$$

即检查估计 ATE 和 ATEN 时所需的假设?事实上,答案是不能,因为处理前的时期只提供关于 Y^0 的信息,而没有提供关于 Y^1 的信息。

若我们发现显著的伪处理效应,那这意味着什么呢?我们可以将伪处理效应视为未观察到的混杂因素产生的偏误的估计值,并希望假设这种偏误随时间的推移而保持不变。然后,我们可以先假设 CIA 成立,之后再通过减去偏误估计值来修正得出的估计值。这就是双重差分(DID)估计量和 DID 匹配的基本思想,我们将在本书后面的章节中进行讨论,它本质上也是面板数据模型中固定效应估计量背后的逻辑。

3.4.4 多处理组的估计

原则上,我们可以将本章的所有思想扩展到 D 是非二元变量的情况。考虑有多个(因此是离散的)处理的情况,其中 D 可以在 $\{0,1,\cdots,M\}$ 中取值。[54] 这 $M+1$ 个不同的处理通常被定义为是互斥的,即每个个体将只接受其中一个处理。不必对这些处理进行排序。[55] 因此,两种不同处理 m 和 l 的平均处理效应为

$$\text{ATE}(m,l) := E[Y^m - Y^l], \quad m \neq l \in \{0,1,\cdots,M\} \quad (3.53)$$

相应的 ATET 为

$$\text{ATET}(m,l) := E[Y^m - Y^l \mid D = m] \quad (3.54)$$

相应的条件独立性假设为

$$Y^d \perp\!\!\!\perp D \mid X \quad \forall d \in \{0,1,\cdots,M\}$$

共同支撑区间假设为

$$\Pr(D = d \mid X) > 0 \quad \text{a. s.} \quad \forall d \in \{0,1,\cdots,M\}$$

有了这些假设,对于任何 $m \neq l$ 的项目的组合,我们可以识别和估计出所有

---

[54] 例如,见 Lechner(2001)或 Imbens(2000)。
[55] 即处理 0、1 和 2 可以是任意顺序的不同培训项目。然而,如果它们代表相同处理的不同剂量或强度,那么人们就要援引诸如单调性之类的额外假设,这将有助于确定估计值和提高估计的精度。

ATE 或 ATET。

具体而言：如果 D 是离散的并且只有几个质点 M，$M \ll n$，我们可以分别估计每个子总体的 $m_d(x)$，即估计 Supp(D) 中每个 d 值上的 $m_d(x)$。但是如果 D 具有许多不同的值，例如 M 比较大，或者 D 是连续的（或多变量的）进而 D 是可排序的，那么 $m_d(x)$ 的估计量也必须在 D 上进行平滑处理。因此我们仍可以使用

$$\widehat{E[Y^0]} = \frac{1}{n} \sum_{i=1}^{n} \hat{m}_0(X_i)$$

式中，$\hat{m}_d(x)$ 是 $E[Y \mid X = x, D = d]$ 的非参数回归估计量，它对 X 和 D 进行了平滑处理。换言之，当 D 是二元变量时，我们仅使用非参与者（$D=0$）的观测值来估计 $m_0(x)$。但当 D 服从连续分布时，对任何一个对象，能观察到 $D=d$ 的概率为零，这使得我们还必须依赖 $D \ne d$ 的观测值来估计 $m_d(x)$。因此，我们可以使用所有观测值，但对 D_j 接近 d 的观测值 j 赋予更大的权重。因为 $P(D=d \mid X=x) = 0$，所以很难实现倾向得分匹配方法，因此我们通常不得不依赖更高维的非参数回归。

当然，将倾向得分匹配的方法扩展到 $M \ll n$ 的情况是可行的。一个非常有用的结果是，倾向得分匹配的降维平衡特性也适用于该情况。定义概率

$$p^l(x) \equiv \Pr(D = l \mid X = x)$$

$$p^{l|ml}(x) \equiv \Pr(D = l \mid X = x, D \in \{m, l\}) = \frac{p^l(x)}{p^l(x) + p^m(x)}$$

很容易证明

$$\begin{aligned} E[Y^m] &= \int E[Y \mid D = m, p^m] dF(p^m) \\ E[Y^m \mid D = l] &= \int E[Y \mid D = m, p^{m|ml}] dF(p^{m|ml} \mid D = l) \end{aligned} \quad (3.55)$$

后一个结果成立，因为条件独立性也意味着

$$Y^d \perp\!\!\!\perp D \mid p^{m|ml}, \quad D \in \{m, l\}$$

除了以 $p^{m|ml}$ 为条件，还可以联合控制 p^m 和 p^l，因为 $p^{m|ml}$ 是它们的函数。因此，我们还可以得出

$$Y^d \perp\!\!\!\perp D \mid (p^m, p^l), \quad D \in \{m, l\}$$

这些结果就是用倾向得分匹配可以得到的不同的估计策略。如果你对所有成对形式的处理效应感兴趣，你就可以估计一个离散的选择模型，例如多项式

probit 模型（MNP）[或在不同处理的情况截然不同时的多项式 logit 模型（MNL）]，㊱该模型能提供所有处理组的边际概率 $p^l(x)$ 的一致估计。

如果你觉得 MNP 的计算时间过长，另一种可选方法是对所有成对匹配分别使用二元 probit 模型来估计所有 $M(M-1)/2$ 个倾向得分 $p^{m|ml}$。从建模的角度来看，MNP 模型是首选，因为只要模型设定是正确的，那么就能得到所有边际概率和条件概率的一致估计。然而，成对 probit 的估计结果似乎与任何已知的离散选择模型都不一致。㊲ 不过在二元变量 probit 模型中通常更容易进行函数形式检验和平衡验证，从而可以得到拟合较好的函数设定形式。使用离散的二元变量 probit 模型还有一个优点，即对一个二元变量 probit 模型的错误设定并不意味着所有的倾向得分都被错误地设定了（MNP 模型则不然）。到目前为止，对这些不同方法的比较研究发现它们的相对性能差别不大。㊳ 总之，估计离散二元变量 probit 模型似乎是一种更灵活方便的方法。

无论选择哪种方法来估计倾向得分，都应该确定所有倾向得分的共同支撑区间。虽然估计 $E[Y^m - Y^l \mid D = m]$ 时仅检验对于 $p^{m|ml}$ 的支撑区间区域就足够了，但若要解释其他各种影响，如 $E[Y^m - Y^l \mid D = m]$ 和 $E[Y^m - Y^k \mid D = m]$，如果因为共同支撑区间的限制而定义出了不同的子总体，那么解释处理效应就会就变得更加困难。比较这些估计量时，并不能区分出差异是因为支撑区间的不同还是因为影响效应的不同。

实施联合共同支撑区间的一种（相对严格的）方法是，删除那些至少有一个概率大于 D 定义的所有子组的最小最大值以及小于最大最小值的观测。对于满足此限制的个体，我们可以确保在 D 定义的每个子组中至少能找到一对可以进行比较的观测值（一对配对）。除了匹配，我们还可以对多个处理采用倾向得分加权法。回想（3.55），事实上，我们可以很直接地证明

$$E[Y^m \mid D = l] = \int E[Y^m \mid X = x, D = m] dF(x \mid l)$$

㊱ MNL 比 MNP 基于的假设更强。一个众所周知的假设是不相关替代方案具有独立性（the independence of irrelevant alternatives，IIA），但如果一些选择方案比其他方案更相似，这一假设通常是不合理的。嵌套 logit 方法可能是一种替代方法，例如，如果第一个决定是是否参加培训，那么第二个决定才是决定确切的培训类型。然而，这要求事前按类别进行分组。关于半参数 MNL，见 Langrock，Heidenreich 和 Sperlich（2014）。因此，如果计算能力允许，那么 MNP 是一种更灵活的方法。

㊲ 也就是说，通常的离散选择模型假设估计中应该考虑所有的选择和相应的特征 X。m 和 l，l 和 k 等成对 probit 模型，与这个模型不一致。

㊳ 例如比较 Gerfin 和 Lechner（2002）、Lechner（2002a）或者 Gerfin，Lechner 和 Steiger（2005）的研究和应用。

$$= E\left[Y^m \cdot \frac{1-p^{m|ml}(X)}{p^{m|ml}(X)} \frac{\Pr(D=m)}{\Pr(D=l)} \mid D=m\right]$$

后者可以通过下式估计

$$\frac{1}{n_m}\sum_{i:D_i=m} Y_i \frac{1-p^{m|ml}(X_i)}{p^{m|ml}(X_i)}\frac{n_m}{n_l}, 其中 n_k = \sum_{i=1}^{n} \mathbb{1}\{D_i = k\}$$

单个处理组估计与多处理组估计的差别在于，单个处理组的一些识别策略在多处理组估计中发挥不了太大的用处。

3.5 文献和计算机软件注释

3.5.1 拓展阅读和文献注释

我们再次比较生物计量学和统计学方面的文献，例如，Robins，Rotnitzky 和 Zhao(1994)、Rotnitzky 和 Robins(1995)、Rotnitzky 和 Robins(1997)、Rotnitzky，Robins 和 Scharfstein(1998)介绍了不同种类的匹配、倾向匹配和加权估计量，以及目前最流行的所谓的增强逆倾向加权(augmented inverse propensity weighted，AIPW)估计量。实际上，在 Robins 和 Rotnitzky(1995)以及 Robins，Rotnitzky 和 Zhao(1995)中，你可以看到 AIPW 与计量经济学中结合回归和加权的双重稳健估计量相同，但模型的大部分是完全参数化的。Glynn 和 Quinn(2010)给出了很好的总结以及计算机呈现方法的说明。在参数估计倾向得分的情况下，利用序列 GMM 估计理论可以直接得到倾向加权估计量的分析方差。这使得加权估计在更复杂的环境中更具吸引力，参见 Hernan，Brumback 和 Robins(2001)、Hirano，Imbens 和 Ridder(2003)、Lechner(2009)、Robins 和 Rotnitzky(1995)或 Robins，Rotnitzky 和 Zhao(1995)。

如前所述，不同的学者已经做出了卓越的努力以比较所有类型的匹配、回归、(重)加权和双重稳健估计量：例如，若想找早期研究，可以参考 Lunceford 和 Davidian(2004)、Frölich(2004)以及 Zhao(2004)，若想看最新研究，可以参考 Busso，DiNardo 和 McCrary(2009)、Huber，Lechner 和 Wunsch(2013)、Busso，DiNardo 和 McCrary(2014)、Frölich，Huber 和 Wiesenfarth(2017)以及 Frölich 和 Huber(2017，J RSS B)。Frölich(2005)对带宽选择进行了研究。很多文献已经提及各式各样的一对一倾向得分匹配的方法，例如 Lechner(1999)、Brookhart，Schneeweiss，Rothman，Glynn，Avorn 和 Stürmer(2006)以及 Imbens 和 Rubin

(2015)等。一些文献中提出的其他估计量使用倾向得分只是为了得到函数 m_0 和 m_1 的估计。例如,可以取

$$\hat{m}_1(X_i) := \hat{E}[D_i Y_i \mid X_i]/\hat{p}(X_i) \qquad (3.56)$$
$$\hat{m}_0(X_i) := \hat{E}[(1-D_i)Y_i \mid X_i]/\{1-\hat{p}(X_i)\}$$

其中 $\hat{p}(X_i) := \hat{E}[D_i \mid X_i]$,当对(3.56)中的条件期望使用适当的非参数估计量时,可以证明那些

$$\widehat{\text{ATE}} = \frac{1}{n}\sum_{i=1}^{n} \hat{m}_1(x_i) - \hat{m}_0(x_i)$$

是渐近线性的,即 ATE 的估计量是

$$\sqrt{n}(\widehat{\text{ATE}} - \text{ATE}) = \frac{1}{\sqrt{n}}\sum_{i=1}^{n}\psi(y_i, x_i, d_i) + O_p(1) \qquad (3.57)$$

其中 $E[\psi(Y,X,D)] = 0$, $\text{Var}[\psi(Y,X,D)] < \infty$。

我们可以再次得出所谓的影响函数(influence function):

$$\psi(y_i, x_i, d_i) = E[Y \mid x_i, d_i = 1] - E[Y \mid x_i, d_i = 0] - \text{ATE} + \frac{d_i}{p(x_i)}(y_i - E[y \mid x_i, d_i = 1]) - \frac{1-d_i}{1-p(x_i)}(y_i - E[y \mid x_i, d_i = 0]) \qquad (3.58)$$

因为 $\text{Var}[\widehat{\text{ATE}}] = \text{Var}[\psi(Y,X,D)]/n$,很容易证明这些估计量达到了方差的下界。很明显,该步骤可以扩展到估计 ATET 或 ATEN。

这些估计通常都使用幂级数估计量。因此,让我们先简要说明一个常见的误解。回想一下,减小偏误就是减小近似误差,进而"欠平滑"就相当于包含那些方差(样本和总体系数之间的差异)明显决定平方近似误差的基函数。请注意,这不能通过简单的 t 或 F 检验来检查,且不仅是因为众所周知的导致进一步推断无效的处理前检验问题(pre-testing problem)。例如,对于使用(幂)级数的倾向得分估计,当基函数的数目 L 在区间 $(n^{2/(\delta/q-2)}, n^{1/9})$ 时,可以实现有效性,其中 $\delta/q \geqslant 7$,δ 是倾向得分连续可微的次数。[59] 这意味着即使 $n=10\,000$,我们也只需要两个基函数;对于 $n=60\,000$,只需要三个基函数,以此类推。幂级数的基是 1,$x_1, x_2, \cdots, x_q, x_1^2, x_2^2, \cdots, x_q^2, x_1 x_2, \cdots$。[60] 由此,你可能会得出结论,如果使用 $L=q+1$ 的线性模型,就会强烈地欠平滑(实际上多于已承认的),此结论显然是不正

---

[59] Hirano, Imbens 和 Ridder(2003)在他们的定理中给出了稍微不同的边界,但是这里给出的边界与他们的证明及其他一些未发表的研究中的边界是一致的。

[60] 有时在构造这些级数时,人们对于符号的使用是粗心的(即使不是错误的),以至于它们对研究者几乎没有用处。其中大多数还需要 X 的矩形支撑区间,即 X 的支撑区间是 q 区间 $[\min(X_j), \max(X_j)]$ 的笛卡尔积。这基本上排除了与诸如"年龄""任期"或"经验"等有重要关联的混杂变量。

确的。即使你把级数解释成所用多项式的阶数应该是 $L-1$,对于 $n=10\,000$,你仍然可以使用线性模型,或者对于 $n=60\,000$,使用二次模型。然而,它们通常具有非常差的拟合性能。理解与速度有关的表述的一个更合适的方法是假设我们需要 $L=n^v \cdot c$,其中 v 只是速度,但 C 是固定的且取决于所用级数的适应性、真实密度和真实函数,并应远大于 1。但这仍然不能解决外推(或预测)不佳的问题,从而导致无法恰当估计反事实结果。

关于删减的更多讨论,特别是基于倾向得分的删减,Crump, Hotz, Imbens 和 Mitnik(2009)建议选择 X 的支撑区间的子集,使估计的处理效应的方差最小化。由于估计量的确切方差是未知的,因此该方法是基于有效边界,即有效非参数估计量的渐近方差作出的。该解只依赖于 Y 的倾向得分和条件方差。在同方差性下,可以得到更简单的公式,该公式仅依赖于倾向得分的边缘分布。用 $p_i \leqslant 0.1$ 或 $p_i \geqslant 0.9$ 对所有观测进行删减是一个有用的经验法则。

Huber, Lechner 和 Wunsch(2013)批评了各种删减方案,因为它们都忽略了渐近性。除非某些值的倾向得分实际上是 0 或 1,否则当样本量增大时,对观测值进行删减的需要就消失了。删减仅作为一个使估计量的变动不那么大的小样本工具,应用于 n 较小的情况。因此,当 n 增大时,被删减的观测值占总体观测值的比例应趋于零。他们提出了一种删减方案,该删减基于每个观测值在匹配估计量的隐式加权中获得的权重之和。权重非常大的观测值被舍弃。因为每个权重都是通过除以样本量得到的,所以权重会随着样本量的增大而自动减小,因此被删减的观测值占总体观测值的比例将降至零,除非对某个 x 的处理概率确实是 0 或 1。如果后者为真,我们可以通过仔细了解规则细节来重新审视这一点,并在估计倾向得分之前排除这些 x 值。

最新的文献用高维数据估计处理效应。假设可得数据集的规模越来越大,同时我们又担心没有包含足够的混杂因素以使 CIA 成立,那么在进行了广泛的潜在混杂因素选择后,如何对 ATE 估计进行推断将是一个有趣的问题。Belloni, Chernozhukov 和 Hansen(2014)对这一问题进行了研究,他们设置了比样本量还多的潜在的混杂因素。当然,前提是正确的混杂因素的个数 q 远小于 n,并且潜在的选择偏误与主要估计问题(即 ATE 的估计值)(一阶)正交。到目前为止,已经证明这种方法至少对一些(一般化的)部分线性模型有效。

既有文献较少讨论多处理组的识别和估计(这将在后面的章节中讨论),即我们设置很多处理,但每个人最多只能参与其中一个。如前所述,多处理组识别的概念和程序与二元变量 D 相同,参考 Cattaneo(2010),他为多元处理效应引入了双重稳健估计量。

3.5.2 计算机软件注释

在 R,Stata,SAS,Matlab,Gauss 等中有许多软件包针对基于匹配和倾向得分的方法。我们这里再次集中讨论 R 和 Stata。然而,其中许多软件包要么基于参数估计,要么基于 kNN 匹配。

Matching 是一个 R 软件包,它提供了诸多功能,可以实现多元匹配、倾向得分匹配以及通过遗传搜索算法(genetic search algorithm)找到最优协变量平衡。它使用自动程序来选择基于单变量和多变量平衡诊断的匹配。此软件包还提供了一组函数来进行匹配(Match)以及评估匹配前后协变量的平衡程度(MatchBalance)。Match 是迄今为止最快的多元和倾向得分匹配函数。当使用 replace=FALSE 和/或 ties=FALSE 选项时,可实现最大速度。

GenMatch 函数使用多元匹配找到最优平衡,它给出了用以确定每个协变量的权重的搜索算法。可以通过检查各种标准化统计量的累积概率分布函数来确定平衡性。这些统计量包括 t 检验对、单变量和多变量 Kolmogorov-Smirnov(KS) 检验等。GenMatch 还提供基于实证-QQ plot 图形的各种描述性统计量。GenMatch 支持使用多台计算机、CPU 或核心来执行并行计算。

R 软件包 TMLE(开发于 2014 年,用于最大似然估计)是一个相当全面的参数和半参数程序的集合,可用于估计二元处理变量的效果。它是由生物计量学发展而来的,还可用于处理缺失和纵向数据,详情见 Gruber 和 van der Laan(2012)。

另一个最新的用于(半)参数因果推断(于 2013 年面世)的 R 软件包是 iWeigReg。它根据 Tan(2006)、Tan(2010) 和 Tan(2013) 的双重稳健似然估计,提供了基于逆倾向得分加权和潜在结果回归(适用于因果推断和缺失数据问题)的方法。

R 软件包 CausalGAM 用于非参数广义加法模型(generalised additive models, GAM)。它可以构建 ATE 的各种估计量,即逆倾向得分加权、增强逆概率加权以及对处理组处理分配和/或结果模型使用 GAM 的标准回归估计量。

最后,ATE 是最新的一个 R 软件包,它基于 Chan, Yam 和 Zhang(2016) 提出的最新思路评估 ATE 或 ATET。该函数使用的协变量平衡方法是为每个对象创建权重,而无须指定倾向得分或结果回归模型。

截至目前,Stata 还没有太多用于倾向得分或其他非实验方法的明确的内置命令,这些方法使对照组与处理组具有相似的混杂因素分布。但是,Stata 中有由几名用户编写的模块,其中最流行的可能是 psmatch2、pscore 和最新的 nnmatch。所有这三个模块都支持匹配对以及子群体分类。此外,ivqte 还可用于估计分布效应和分位数处理效应。

psmatch2 命令是进行倾向得分匹配的首选工具,参见 Leuven 和 Sianesi(2014)。它可以运行完全的 Mahalanobis 匹配、倾向得分匹配、共同支撑区间可视化(psgraph)和协变量不平衡检验(pstest)。它允许进行 kNN 匹配、核加权、Mahalanobis 匹配,并且还包括内置诊断。此外,它还包括估计 ATE 或 ATET 的程序。它的默认匹配方法为单个最近邻匹配(无卡尺)。然而,它通过朴素的靴带法计算标准误,众所周知,此时靴带法得出的结果是不一致的。选项 common 根据倾向得分舍弃一些处理组观测值以施加共同支撑区间,详细信息请参阅帮助文件。

pscore 命令通过倾向得分匹配估计处理效应。此外,此命令还提供了基于分层的平衡检验。使用 kNN 匹配来估计处理组的平均处理效应的命令是 attnd 和 attnw。对于半径匹配,模块 attr 可用于计算 ATET。程序 attnd、attnw 和 attr 用靴带法通过 bootstrap 选项来估计或近似标准误差。核匹配是在 attk 中实现的。用户可以选择默认的高斯或 Epanechnikov 核。atts 可实现分层。通过分层,在由该程序定义的每个区块中所有协变量都是平衡的,且处理分配可以被视作随机的,不允许使用加权形式。

如果想直接应用最近邻匹配,而非先估计倾向得分方程,那么可以使用 nnmatch。该命令允许选择几个不同的距离度量来进行 kNN 匹配。它允许在一个变量子集上进行精确匹配(或尽可能接近)、校正处理效应的偏误,以及在假设或不假设恒定处理效应的情况下估计样本或总体方差。

然而,正如我们所看到的,实践中的两个主要问题是为当前数据集选择合适的估计方法以及合适的标准误估计量。因此,建议不仅要经常尝试不同的方法,还要尝试不同的实现手段。例如,如果 pscore 和 nnmatch 给出了相似的结果,那么这些结果就被认为是非常可靠的;如果不是,那么就有问题了。对此,可以参考 Becker 和 Ichino(2002)以及 Nichols(2007)的文献综述。重加权(reweighting)倾向得分估计量的相关操作可以参考 stata 的路径 treatrew(Cerulli,2012)。

STATA 13 中引入了 teffects 命令。此命令考虑倾向得分匹配的估计是在第一阶段进行的情况。命令 teffects psmatch 可用于计算调整后的标准误差。此命令还可用于回归调整(teffects ra)、逆概率加权(teffects ipw)、增强逆概率加权(teffects aipw)、逆概率加权回归调整(teffects ipwra)和最近邻匹配(teffects nnmatch)。STATA 13 中还有丰富的估计后推断工具。然而,许多(如果不是大多数)方法都是纯参数的,通常基于线性回归技术。有关详细信息,请参考使用手册和相关帮助文件。关于多处理组效应估计的扩展,见 Cattaneo,Drucker 和 Holland(2013),他们详细讨论了 poparms 命令。指令 ivqte 可用于估计分位数处理效应和分布效应。

3.6 习题

1. 推导与(2.7)类似的用于识别 $ATET = E[Y^1 - Y^0 \mid D = 1]$ 的等式。

2. 列出并解释在用 CIA 估计 ATE 和 ATET 时,相较于基于 OLS 的回归方法,匹配和非参数回归的不同优势。

3. 使用二次和三次的参数模型(包括相互作用项)时,重复第 3.1.3 节中的讨论步骤。如果这些二次和三次模型设定的函数形式是正确的,请尝试解释基于线性模型的 ATE 估计值的含义。

4. 回顾第 3.1.2 节,重点回顾(3.10)至(3.12)对偏误的分解。请问 ATE 的估计量的偏误分解是什么?通过重复本章论点,讨论 ATE 的匹配或回归估计量如何消除 ATE 估计中的不同偏误项。

5. 考虑定理 3.1 中给出的匹配模型估计量的方差项和偏误项,此时 K(近邻的数量)对方差项和偏误项的影响是什么?如果我们随着 n 的增大而增加 K,K 对方差和偏误又有什么影响?

6. 思考估计定理 3.2 中 ATE 或 ATET 时方差的半参数有效边界。

7. 回顾例 3.6。推导(3.26)中给出的方差表达式,并证明 $P=0.5$ 时方差达到有效边界。

8. 当 $p=2, q=1$ 时,计算定理 3.3 中的偏误。当对 $m_0(\cdot)$ 使用局部线性估计时,该偏误会发生什么变化?

9. 证明第 3.3.1 节中的陈述,即在(3.58)的基础上,用 $\mu_d(p(x_i))$ 取代 $E[Y \mid x_i, d_i = d]$ 再加上项

$$\{p(x_i) - d_i\} \left\{ \frac{E[Y \mid x_i, d_i = 1] - \mu_1(p(x_i))}{p(x_i)} + \frac{E[Y \mid x_i, d_i = 0] - \mu_0(p(x_i))}{1 - p(x_i)} \right\}$$
(3.59)

将再次得到原始影响函数(3.58)。

10. 让我们扩展 Imbens(2004)的例 3.12。假设我们已知一组向量,这组向

量由能影响产量和成本进而影响利润的公司特征变量 x_i 组成。产量仍然是一个随机函数 $Y_i = \varphi(D_i, x_i, e_i)$，受技术创新 D_i、不受公司控制的随机因素 e_i 以及一些可观测变量 x_i 的影响。通过产量减去成本来测量利润 $\pi_i = Y_i - c(x_i, v_i) \cdot D_i$，其中 c 是依赖于 x_i 和未知随机因素 v_i 的成本函数。与我们在讨论例 3.12 中外生性的步骤一样，分析 CIA 的有效性。

11. 回顾第 3.3.3 节中所述的 ATE 估计量的双重稳健性。用 (3.38) 中的权重进行 WLS 回归

$$Y \text{ 对常数 } D, X - \bar{X}_1 \text{ 和 } (X - \bar{X}_1)D \text{ 进行回归}$$

其中 $\bar{X}_1$ 是 $D=1$ 观测值中 X 的平均值，可以求出倾向得分加权 ATET 估计量。

12. 对于双重稳健估计量，回忆 (3.39) 中 ATE 的权重。请证明

$$e'_2 \begin{bmatrix} \sum \omega_i & \sum \omega_i D_i \\ \sum \omega_i D_i & \sum \omega_i D_i^2 \end{bmatrix}^{-1} \begin{bmatrix} \sum \omega_i Y_i \\ \sum \omega_i D_i Y_i \end{bmatrix} = \frac{\sum_{i=1}^n \frac{Y_i D_i}{\hat{p}(X_i)}}{\sum_{i=1}^n \frac{D_i}{\hat{p}(X_i)}} - \frac{\sum_{i=1}^n \frac{Y_i(1-D_i)}{1-\hat{p}(X_i)}}{\sum_{i=1}^n \frac{1-D_i}{1-\hat{p}(X_i)}}$$

4
基于不可观测变量的选择:非参数工具变量和结构方程法

在许多情况下,我们可能无法观察到所有混杂变量,可能是因为数据收集过于昂贵,或者仅仅是因为某些变量难以或不可能测量。详细的行政数据可能不太存在这个问题,但当只有有限的一组协变量可得时,这种问题更常见,例如通过电话调查等方式获得这些协变量,这些数据甚至可能会有严重误差。一些明显是很重要的混杂变量的数据常常没有被收集到,因为相关研究人员认为这些信息与研究对象无关。在这种情况下,D 的内生性不再能通过对可观测协变量 X 的约束来控制。在经典的计量经济学文献中,所谓的工具变量(instrumental variable, IV)估计是处理这一问题最常用的技术。工具变量 Z 是一个影响内生变量 D 但与潜在结果 Y^d 无关的变量。事实上,在上一章讨论的可观测变量选择的方法中,我们也要求存在工具变量,但无须明确观测到它们。其实,为了满足共同支撑区间条件(CSC),需要一些与 Y^d 相独立的 $D\mid X$ 变化(即 X 无法解释的 D 变化)。

4.1 准备工作:总体思路和局部平均处理效应

我们首先强调一点,工具变量 Z 只能通过处理 D 间接影响观察结果 Y。因此,观察到的 Z 对 Y 的任何影响都必须通过 D 进行介导。然后 Z 的变化可以导致 D 的可观测的变化,但不改变不可观测变量,从而使我们能够识别和估计 D 对 Y 的影响。

例 4.1 公司可以选择采用新的生产技术($D=1$)或者不采用($D=0$)。我们的兴趣在于技术对产量 Y 的影响。另一方面,公司选择 D 是为了使利润最大化,即

$$D_i = \arg\max_{d \in [0,1]} pY_i^d - c_i(d)$$

其中 p 是单价,这对所有公司都是相同的,不受公司决策的影响。在这里,公司是一个没有市场力量的价格接受者。如前所述, $c_i(d)$ 是采用新技术的成本。一个有效的工具变量 Z 可以是企业得到的补贴或企业的监管环境,它通常会在不直接影响产量的情况下改变成本和利润。假设每个公司采用新技术的成本函数是相同的,即 $c_i(\cdot) = c(\cdot)$,且成本函数只取决于 d 和补贴 z 或监管。因此,成本函数为 $c(d,z)$,而企业的决策问题变为

$$D_i = \arg\max_{d \in \{0,1\}} pY_i^d - c(d,z)$$

注意,成本会影响企业关于是否采用新技术的选择问题,但潜在产出 Y^d ($d=0,1$) 不受成本影响。这对于识别因果关系非常重要。我们也许可以把补贴作为一种工具变量来确定技术对产出的影响。然而,我们不能用它来确定技术对利润或股价的影响,因为补贴本身会改变公司的利润。

不幸的是,虽然许多人强调他们的工具变量在经济过程中具有外生性,但他们忽视了这样一个事实:他们实际上需要假设工具变量随机独立于潜在的结果,这一点通常很难证明。这一观点与经典计量经济学的回归分析中所知道和使用的思想基本相同。我们需牢记:第一,我们仍然对 D 对 Y 的总影响感兴趣,而不是边际影响。第二,我们考虑非参数识别和估计。因此,我们允许出现处理 D 的回报是异质性的。这揭示了使用工具变量的另一个基本问题。在处理效应文献中,后者反映在局部平均处理效应(local average treatment effects,LATE)的概念中,本章将对此进行解释。为了解决这个问题,人们要么做出更多的假设,要么求助于结构模型。

为了更好地强调这些问题,我们再次从 Y、D 和 Z 是标量变量开始,后两个只是二元变量。稍后,我们将重新引入混杂变量 X 并讨论将二元工具变量扩展至离散和连续的工具变量。在公式化因果识别和估计程序之前,我们先说明初步思路。

4.1.1 总体思路

回想一下经典的工具变量策略。当我们看一个二元回归项 D 时,我们可以先考虑简单的线性模型

$$Y = \alpha_0 + D\alpha_1 + U \tag{4.1}$$

其中 $\text{cov}(D,U) \neq 0$ 是要处理的内生性问题。假设提供了一个工具变量 Z，使得 $\text{cov}(U,Z) = 0$，$\text{cov}(D,Z) \neq 0$，即 Z 与不可观测变量无关，但与 D 相关，由此形成了参数（标准）IV 估计量的一些不同形式，这将在下一节讨论。如果 D 是连续的，上述估计过程不会改变。然而，设定模型 (4.1) 为线性模型只是为了方便说明工具变量，但不一定是为了满足经济理论的要求。

通过分析非参数识别有助于更好地理解工具变量的优点和限制。图 4.1 简单说明了无控制变量的情况，其中 Z 对 Y 的影响由 D 引导。我们将了解为什么我们通常需要三个假设：假设一，工具变量 Z 对 Y 没有直接影响；假设二，工具变量本身具有外生性。通过比较图 4.2 和图 4.1，可以看出这些假设的含义。假设 Z 对 Y 没有直接影响，这就要求不存在从 Z 直接到 Y 的弧线，也不存在逆向的弧线。此外，假设二要求 Z 和 V 之间没有虚弧线，或者更普遍地说，Z 和 U 之间也没有虚弧线。总之，Z 和 Y 之间不能再有（虚或实）弧线。在实践中，你会发现主要的论证都是告诉你为什么没有 $Z \to Y$ 的直接影响，但它们没有证明不存在虚弧线。第三个假设是 Z 对 D 有预测能力。（第四个假设，我们需要单调性。）

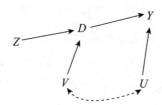

图 4.1　能通过工具变量 Z 识别处理效应

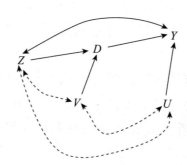

图 4.2　不能通过工具变量 Z 识别处理效应

例 4.2　内战的决定因素是一个重要的研究课题。一些文献强调，内战，特别是在非洲，更多的是由商业机会而非政治上的不满驱动的。因此，招募士兵的成本可能会影响是否发起内战。在这方面，当贫穷的年轻人在农村或正规劳动力市场的收入机会更差时，他们更愿意选择当兵。因此，估计经济增长或人均国内生产总值对非洲爆发内战可能性的影响将很有趣。很明显，与此同时，内战也严重影响了国内生产总值和经济增长。一个流行的因果链假设①是,在拥有大量农业部门(主要是靠雨水灌溉)的国家,负面天气会降低表征经济形势的国内生产总值(GDP),下滑的 GDP 增加了内战爆发的可能性。招募士兵的成本可能是其中一个影响渠道。另一个渠道可能是国家军事力量的减弱或道路设施的减少。虽然天气冲击可以说是外生的,但天气和内战发生率之间不存在任何其他随机依赖性是一个有争议的假设。

在下一节中,我们将从最简单的情况开始,其中 D 和 Z 都是二元变量,并且模型不包括其他协变量。稍后,我们将放宽这些假设,允许对额外的协变量 X 进行控制,希望这种控制使一些必要的假设成立。因此,可观测的 X 将允许我们"阻断"Z 和 Y 之间的任何其他弧线。

例 4.3 Edin,Fredriksson 和 Aslund(2003)研究了居住在瑞典高度集中的民族聚居地($D=1$)对劳动者成功就业(Y)的影响。传统上,我们不甚了解民族聚居地居民的预期就业结果:一方面,区隔民族聚居地降低了人们习得当地技能的概率,从而妨碍居民获得好工作;但另一方面,这些民族聚居地也提供了一个通过向移民者传播信息来增加社交网络的机会。原始数据显示,即使在对年龄、教育程度、性别、家庭背景、原籍国和移民年份进行控制后,民族聚居地的移民者的收入还要比其他人低 5%。然而,如果个人基于与不被观察到的能力有关的预期就业机会来决定是否搬到聚居地,那么上面显示的负向关联可能不是真正的因果关系。

1985 年至 1991 年,由于政府认为分散移民者将有助于其融入社区,瑞典政府对所有难民的居住区进行了初始分配。现在设 Z 表示测度 D 在 8 年前的初始分配,$Z=1$ 意味着人们被随机分配到(接近)一个民族聚居地。假设 Z 独立于潜在收益 Y^0、Y^1,但影响了 D(8 年后),这样的假设似乎是合理的。那么,Z 对 Y 的所有影响都来自 D。然而,我们可能想要控制人们最初被分配到的某个地区的劳动力市场状况 X。正式地说,X 应该包含所有可能会混淆分析的关于政府分配政策的相关信息。这样可以确保 Z 和 Y 之间没有进一步的关系。

例 4.4 一个人可以选择是否上大学,结果 Y 是生命周期中未来的收入或财富。个人的决定取决于预期回报,即更好的就业机会或更高的工资,同时也取决于上大学的成本,包括差旅费、学费、通勤时间以及放弃的收入。混杂变量 X 只

---

① 例如,参考 Miguel,Satyanath 和 Sergenti(2004)或 Collier 和 Höffler(2002)。

覆盖了其中一部分影响。例如，一个常用但有不足的工具变量 Z 是到大学的距离。假设如果 Y_i^1 大于 Y_i^0 那么个人将选择读大学。尽管他知道 X，但他可能无法完美地预测潜在的结果，因为他只有一个带有噪声的关于能力的信号，用 U 表示。同样的问题也存在于实证研究中，我们可以观察到 X 和 Z，但观察不到（反映在 V 中的）上学的倾向，这种倾向会影响人们做决策时的成本函数。

参与决策（最有可能）是

$$D_i = \mathbb{1}\{E[Y_i^1 \mid U_i, X_i, Z_i] - c(1, X_i, V_i, Z_i) > E[Y_i^0 \mid U_i, X_i, Z_i] - c(0, X_i, V_i, Z_i)\}$$

个体的目标函数（未来收入减去成本）与计量经济学者感兴趣的收益函数（即 $Y_i^1 - Y_i^0$）是有区别的。棘手的一点是，工具变量应该在不改变收益函数的情况下改变个人的目标函数。

但工具变量方法到底是在估计什么呢？一般来说，通过对参与决策（或研究者对进入处理组的个体的选择）的清晰建模，我们可以对由工具变量识别的处理效应作出正确且有洞见的解释。为了做到这一点，除了结果方程，我们再增加一个方程

$$D_i = \zeta(Z_i, X_i, V_i), \quad Y_i = \varphi(D_i, X_i, U_i) \tag{4.2}$$

其中 D 的内生性来自 U 和 V 之间的统计依赖性，其中 U 和 V 是不可观测变量的向量，能抑制潜在的模型误设。在这个三角系统中，U 可以是不被观察到的认知层面和非认知层面的技能、才能、能力等，而 V 可以是学术专注度或任何其他影响上学代价的因素。换言之，可以将 U 看作劳动力市场上的财富，而 V 是学习层面的能力。大多数时候我们将只考虑我们所关心的识别第二个方程的问题。

我们从关于三角或联立方程组的经典文献中知道，给定(4.2)的不可观测变量 U 和 V，我们可以确定并估计那些由 (Z,X) 预测出来的 D 对 $Y|X$ 的影响；或者说由 (Z,X) 的变化所驱动的 D 的变化（对 $Y|X$ 的变化）的影响。

在本章的导言中，我们已经使用了 LATE 的概念，但没有进一步解释它。关键在于这里局部（local）的含义是什么。请记住，我们已经区分了总体 ATE，以及不同（子）总体平均处理效应的 ATET 或 ATEN。当我们允许对不同处理有不同回报时，这种区别就总是有意义的，如若不然，ATE、ATET 和 ATEN 就都是等价的。局部的意思是所识别的处理效应（再次）只针对某个子总体。实际上我们也可以称 ATET 和 ATEN 是局部的。通常情况下，LATE 适用的子总体是由其他变量定义的，在这里就是工具变量 Z 或 (Z,X)。因此，LATE 的解释力或用处取决于特定的子总体在多大程度上是一个合理的目标。在统计学文献中，LATE

通常被称为顺从者平均因果效应（Complier Average Causal Effect，CACE），这个名称非常明确地说明我们将子总体的平均效应定义在顺从者上。

4.1.2　局部平均处理效应：LATE

还有很多其他方法可以引入工具变量法以估计处理效应。而且，不同的方法使用的假设似乎也略有不同。然而，只要这些假设得到等价的估计量（大多数情况下是这样），这些假设肯定也是等价的。我们在这里介绍的是在计量经济学中引入 LATE 的经典方法。[②] 假设有一个具有潜在不可分离误差的三角模型，其中 Y 和 D 是标量，Z 和 D 是二元变量，并且为了便于标记忽略混杂变量 X

$$Y_i = \varphi(D_i, Z_i, U_i) \quad \text{其中} \quad Y_{i,z}^d = \varphi(d, z, U_i) \quad \text{以及} \quad Y_{i,Z_i}^D = Y_i$$

$$D_i = \zeta(Z_i, V_i) \quad \text{其中} \quad D_{i,z} = \zeta(z, V_i) \quad \text{以及} \quad D_{i,Z_i} = D_i$$

你可以想想例 4.4，其中 D 表示"上大学"，Z 表示住在离大学较近或较远的地方。通常认为 Z 是一种有效的工具变量，因为童年时期住在靠近大学的地方可能会促使一些儿童上大学，但不太可能直接影响他们成年后的工资。因此，我们可以使用图 2.14，忽略图 4.2 中虚线代表的潜在问题。

根据 D 对外部干预 Z 的反应（家庭出于与学校无关的原因迁离或搬到距离学校更近的地方[③]），i 可分为不同类型：对于某些 i，如果 Z 从 0 变为 1，D 将保持不变，而对于其他 i，D 会发生变化。对于二元变量 D 和 Z，有四种不同的潜在类型 $\mathcal{T} \in \{n, c, d, a\}$：

$\mathcal{T}_i = a$	如果 $D_{i,0} = 1$ 且 $D_{i,1} = 1$	始终接受者
$\mathcal{T}_i = n$	如果 $D_{i,0} = 0$ 且 $D_{i,1} = 0$	从不接受者
$\mathcal{T}_i = c$	如果 $D_{i,0} = 0$ 且 $D_{i,1} = 1$	顺从者
$\mathcal{T}_i = d$	如果 $D_{i,0} = 1$ 且 $D_{i,1} = 0$	逆反者

例 4.5　在这种情况下，很容易想象出前两类人：无论住的地方离大学有多远，都会去上大学的人，以及与此完全相反的第二组，即无论与大学的距离有多近，都不会去上大学的人。第三组是那些因为学校正好很近而上大学的人，但是如果学校离得很远，他们就不会上大学了。最后一组是那些如果学校离家很远就上大学但如果离家近可能就不去上大学的人，反之亦然。但这些人是谁？为

[②]　这是基于 Angrist, Imbens 和 Rubin(1996)、Imbens(2001) 以及 Frölich(2007a) 中概述的观点。
[③]　这排除了因为孩子们将上大学而搬到离大学更近的地方的情况。

什么会存在这个群体？首先，我们必须看到他们与前一组人，即所谓的顺从者有一个共同点：这两个群体的人基本对上大学漠不关心，但会被"距离"这个工具变量影响而最终选择去或不去上大学。最后一组与前一组的不同之处在于，他们的决定似乎是反直觉的，与我们的预期背道而驰。但是，你可以想象一个住在离学校很远的地方的人，假设如果他决定当学徒就不得不待在家里，但是如果选择"上大学"就可以离开并搬到一个新的地方，于是我们就能很好地想象后一个群体的存在，甚至他们与顺从者的群体规模相比是不可忽视的。

我们可以说，顺从者和逆反者通常对 D（是否接受处理）漠不关心，但他们的最终决定是由工具变量 Z 引起的。请注意，我们有一个与开头讨论的关于 Y^d 的问题相同的问题：我们只在 $z=0$ 或 $z=1$ 下观察每个个体的 D_z。因此，我们不能将个体唯一地分配到四种类型中的一种。例如，对于 i，$D_{i,0}=1$ 表示的个体可能是始终接受者或逆反者，$D_{i,1}=1$ 表示的个体可能是始终接受者或顺从者。此外，因为始终接受者和从不接受者不会因工具变量 Z 的变化而改变 D，因此最多只能在顺从者和逆反者子总体上确定 D 对 Y 的影响。不幸的是，工具变量 Z 的变化会引发顺从者和逆反者 D 的变化，但由于变化方向相反，对顺从者的任何因果影响都可能被逆反者抵消。最明显的解决方法是排除受工具变量相反方向影响的子总体（即假设不观测逆反者）。很明显，我们需要用顺从者来识别 D 的影响。综上所述，我们做以下假设：

假设（A1） 单调性（monotonicity）：逆反者子总体的概率测度为零。
$$\Pr(D_{i,0} > D_{i,1}) = 0$$

假设（A2） 存在顺从者（existence of compliers）：顺从者子总体具有正概率。
$$\Pr(D_{i,0} < D_{i,1}) > 0$$

单调性确保对于所有个体，Z 对 D 的影响方向都是相同的。满足单调性和存在性假设就确保了对于所有 i，$D_{i,1} \geqslant D_{i,0}$，工具变量对 D 有影响，使得至少一部个体的 $D_{i,1} > D_{i,0}$（Z 具有正向影响）。这些假设是不可检验的，但却是必不可少的。

例 4.6 考虑例 4.4，其中与大学的距离被用作确定大学回报的工具变量，单调性要求，任何居住在离大学较近的地方却没有上大学的任何儿童，如果居住在远离大学的地方，也不会上大学。类似地，任何一个住在离大学很远的地方却选择上大学的人，如果住在大学附近，也会去读大学。存在性假设要求至少对于一部分儿童，会由于距离大学较近而决定读大学（在两个方向上都成立）。

实际上,假设(A2)就是经典假设,即 Z 与内生回归项 D 相关。我们对工具变量 Z 所作的以下假设听起来更熟悉,因为它们就是标准回归分析中对工具变量施加的"外生性"要求。然而,在经典的工具变量回归中,实际上没有类似(A3)的假设。假设(A3)用于确定潜在类型——这在经典的工具变量回归中是不必要的,因为那里通常认为回报是常数。假设(A3)要求始终接受者、从不接受者和顺从者的比例与工具无关。

假设(A3) 外生性工具变量(unconfounded instrument):始终接受者、从不接受者和顺从者的子总体的相对大小独立于工具变量:
$$\Pr(\mathcal{T}_i = t \mid Z_i = 0) = \Pr(\mathcal{T}_i = t \mid Z_i = 1) \quad, t \in \{a, n, c\}$$

例 4.7 回顾例 4.1,其中公司考虑采用(或不采用)一种新的生产技术,Z 是采用新技术后的政府补贴。为了进行识别,我们需要 Z 能呈现不同的值。非混淆性假设要求,使 Z 产生变化的机制不应与企业的生产函数或其决策规则相关。有些时候该假设可能不成立,例如,如果特定公司在游说政府争取有利环境后获得了更慷慨的补贴。如果公司只有在能够游说以获得更高补贴的情况下才更愿意采用新技术,那么在获得了更高补贴的公司中,顺从者的比例将高于没有获得那么高补贴的公司,这违反了假设(A3)。如果成本函数 $c(d,z)$ 不在 z 上递增,单调性假设就成立。LATE 表示新技术对那些只是因为补贴而采用新技术的企业的影响。新技术对始终接受者的影响可能比 LATE 更大,而对从不接受者的影响比 LATE 更小。虽然对于那些想知道技术整体影响的人来说,LATE 并不能引起他们的兴趣,但对于政策决策者来说,这可能是他们感兴趣的参数。

假设(A4) 均值排除限制(mean exclusion restriction):在每个子总体中,潜在结果的均值独立于工具变量 Z。
$$E[Y^0_{i,z_i} \mid Z_i = 0, \mathcal{T}_i = t] = E[Y^0_{i,z_i} \mid Z_i = 1, \mathcal{T}_i = t] \quad, t \in \{n, c\}$$
$$E[Y^1_{i,z_i} \mid Z_i = 0, \mathcal{T}_i = t] = E[Y^1_{i,z_i} \mid Z_i = 1, \mathcal{T}_i = t] \quad, t \in \{a, c\}$$

为了使说明变得简单,我们这里说的均值独立是指条件均值相等,而不是指随机独立性。经典的工具变量回归估计中也会施加排除限制,尽管有时没有明说。假设(A4)略有不同,因为它还以种类 $\mathcal{T}$ 为条件。它排除了从 Z 到 Y 的不通过 D 的路径。这是必要的,因为在处理效应评估中,我们感兴趣的是识别和估计 D 的总体效应。因此,Z 对 Y 的任何效应都必须通过 D,这样潜在的结果(给定 D)才会与工具变量无关。

为了获得更好的直觉,实际上我们可以把假设(A4)看作两个假设:工具变量非

混淆性和排除限制。思考第一个限制
$$E[Y_{i,0}^0 \mid Z_i = 0, \mathcal{T}_i = t] = E[Y_{i,1}^0 \mid Z_i = 1, \mathcal{T}_i = t], t \in \{n, c\}$$
考虑将其分为两个部分,假设(A4a)和(A4b):[④]
$$E[Y_{i,0}^0 \mid Z_i = 0, \mathcal{T}_i = t] = E[Y_{i,1}^0 \mid Z_i = 0, \mathcal{T}_i = t]$$
$$= E[Y_{i,1}^0 \mid Z_i = 1, \mathcal{T}_i = t], t \in \{n, c\}$$

第一部分类似于对个体层面的排除限制,如果 $Y_{i,0}^0 = Y_{i,1}^0$,则第一部分成立。第一部分假设个体 i 的潜在结果不受 Z_i 的外生变化的影响。第二部分是对总体水平的外生性的假设。它假设潜在结果 $Y_{i,1}^0$ 在工具变量 Z_i 值为 0 以及在 Z_i 值为 1 的子总体间分布相同。这个假设排除了与潜在结果相关的选择效应。

例 4.8 继续例 4.4 到例 4.6,其中 D 表示是否上大学,Y 是未来的收入或财富,若潜在结果 $Y_{i,0}^1 = Y_{i,1}^1$,那么与大学的邻近性 Z 对儿童以后职业生涯的工资没有直接影响。因此,在个体层面,它排除了 Z 与潜在结果之间的任何关系,参见假设(A4a)。[⑤] 假设(A4b)要求那些决定住得离大学较近的家庭的所有特征(影响其子女日后工资的特征)应与那些决定住得离大学较远的家庭相同。因此,第二部分是指观察到的 $Z=1$ 或 $Z=0$ 的整体,而假设的第一部分是指个体层面工具变量如何影响结果 Y。

请注意,如果随机分配工具变量 Z,则假设的第二部分基本满足。然而,Z 的随机性并不保证个体层面的排除假设成立(习题 1 和习题 2)。另一方面,如果 Z 是由个人自己决定的,那么选择效应可能使假设(A4b)失效。在此例中,如果决定住得离大学更近或更远的家庭不同,则假设(A4b)不成立。这种不同可能是因为大学周边地区有工作机会(尤其是对于学术界人士),或者孩子们有机会参观大学。在这种情况下,还需要考虑混杂变量 X,即影响居住地选择 Z 以及潜在结果 Y_{i,z_i}^0 和 Y_{i,z_i}^1 的所有变量。如何加入这些变量是下一节的主题。由于通常假设 Z 满足 $Z \perp\!\!\!\perp Y^z \mid X$,我们可以计算出表示意向处理效应(intention to treat effect, ITT)的 ATE_Z,即 Z 对 Y 的总影响。更有趣的是,注意均值排除限制的一个含义是它暗示了 D 在顺从者子总体中的外生性。对于顺从者,因为 $D_i = Z_i$,所以有
$$E[Y_{i,z_i}^0 \mid D_i = 0, \mathcal{T}_i = c] = E[Y_{i,z_i}^0 \mid D_i = 1, \mathcal{T}_i = c]$$
$$E[Y_{i,z_i}^1 \mid D_i = 0, \mathcal{T}_i = c] = E[Y_{i,z_i}^1 \mid D_i = 1, \mathcal{T}_i = c]$$

[④] 显然,下面的假设更强且并非严格必要。不过,这有助于我们直观理解这些假设的含义以及如何在应用中证明其合理性。

[⑤] 这意味着已经作出了一个假设,即生活在一个教育水平较高的地区对未来收入没有影响,除非它影响了你上大学或不上大学的选择。

因此，对于顺从者子总体，D 与潜在结果互相独立。如果一个人能够观察到所有人的类型 $\mathcal{T}$，就可以只保留顺从者子总体，并简单地比较均值（如第 1 章中讨论的实验数据）来估计处理效应。用工具变量 Z 可以划分出一个 $Y^d \perp\!\!\!\perp D$（或以 X 为条件）的随机实验的子总体。换言之，用 Z 可以选出顺从者；对于他们，CIA 成立，我们可以计算他们的 ATE。这是此总体的 LATE_Z。但是，我们没能观察到所有人的类型。注意只有当我们可以估计出 ITT 和顺从者子总体的大小时，才能得到顺从者的 ATE。

现在如何获得 ITT？首先请注意，根据假设（A3）和类型 $\mathcal{T}$ 的定义有

$$E[Y_i \mid Z_i = z]$$
$$= E[Y_{i,Z_i}^D \mid Z_i = z, \mathcal{T}_i = n] \cdot \Pr(\mathcal{T}_i = n \mid Z_i = z)$$
$$+ E[Y_{i,Z_i}^D \mid Z_i = z, \mathcal{T}_i = c] \cdot \Pr(\mathcal{T}_i = c \mid Z_i = z)$$
$$+ E[Y_{i,Z_i}^D \mid Z_i = z, \mathcal{T}_i = d] \cdot \Pr(\mathcal{T}_i = d \mid Z_i = z)$$
$$+ E[Y_{i,Z_i}^D \mid Z_i = z, \mathcal{T}_i = a] \cdot \Pr(\mathcal{T}_i = a \mid Z_i = z)$$
$$= E[Y_{i,Z_i}^0 \mid Z_i = z, \mathcal{T}_i = n] \cdot \Pr(\mathcal{T}_i = n) + E[Y_{i,Z_i}^D \mid Z_i = z, \mathcal{T}_i = c] \cdot$$
$$\Pr(\mathcal{T}_i = c) + E[Y_{i,Z_i}^D \mid Z_i = z, \mathcal{T}_i = d] \cdot \Pr(\mathcal{T}_i = d)$$
$$+ E[Y_{i,Z_i}^1 \mid Z_i = z, \mathcal{T}_i = a] \cdot \Pr(\mathcal{T}_i = a)$$

根据均值排除限制假设（A4），在始终接受者和从不接受者中，潜在结果与 Z 无关。因此，当取差值 $E[Y \mid Z = 1] - E[Y \mid Z = 0]$ 时，始终接受者和从不接受者的相应项互相抵消，使得

$$E[Y_i \mid Z_i = 1] - E[Y_i \mid Z_i = 0]$$
$$= (E[Y_{i,Z_i}^D \mid Z_i = 1, \mathcal{T}_i = c] - E[Y_{i,Z_i}^D \mid Z_i = 0, \mathcal{T}_i = c]) \cdot \Pr(\mathcal{T}_i = c)$$
$$+ (E[Y_{i,Z_i}^D \mid Z_i = 1, \mathcal{T}_i = d] - E[Y_{i,Z_i}^D \mid Z_i = 0, \mathcal{T}_i = d]) \cdot \Pr(\mathcal{T}_i = d)$$
$$= (E[Y_{i,Z_i}^1 \mid Z_i = 1, \mathcal{T}_i = c] - E[Y_{i,Z_i}^0 \mid Z_i = 0, \mathcal{T}_i = c]) \cdot \Pr(\mathcal{T}_i = c)$$
$$+ (E[Y_{i,Z_i}^0 \mid Z_i = 1, \mathcal{T}_i = d] - E[Y_{i,Z_i}^1 \mid Z_i = 0, \mathcal{T}_i = d]) \cdot \Pr(\mathcal{T}_i = d)$$

利用顺从者（和逆反者）的均值排除限制假设，进一步得到

$$= E[Y_{i,Z_i}^1 - Y_{i,Z_i}^0 \mid \mathcal{T}_i = c] \cdot \Pr(\mathcal{T}_i = c) - E[Y_{i,Z_i}^1 - Y_{i,Z_i}^0 \mid \mathcal{T}_i = d] \cdot \Pr(\mathcal{T}_i = d)$$
(4.3)

因此，差值 $E[Y \mid Z = 1] - E[Y \mid Z = 0]$ 代表了顺从者的 ATE（在工具变量从 0 变为 1 时，顺从者就接受处理）与逆反者的 ATE 之间的差异。通常（4.3）的估计作用不大，因为，如果（4.3）的估计值为零可能是由于处理效应为零，也可能是由于顺从者和逆反者的决策抵消了处理的影响。因此，除非 $\Pr(\mathcal{T}_i = d) = 0$ 但

$\Pr(\mathcal{T}_i = c) \neq 0$，否则排除限制不足以分离出一个有意义的 D 对 Y 的处理效应。因此，如果发现一种能诱导所有个体朝同一方向发展的工具，例如，诱导个体参与或保持参与状态不变，但不会诱导任何个体退出处理，就能确定响应子总体（即顺从者）的 ATE。在单调性假设（假设（A1））下，我们得到的 LATE 就是考虑了顺从者类型占比的 ITT，即

$$\text{LATE}_* = E[Y^1 - Y^0 \mid \mathcal{T} = c] = \frac{E[Y \mid Z = 1] - E[Y \mid Z = 0]}{\Pr(\mathcal{T} = c)}$$

因此只需求出 $\Pr(\mathcal{T} = c)$ 即可。注意

$$E[D \mid Z = 0] = \Pr(D = 1 \mid Z = 0) = \Pr(\mathcal{T} = a) + \Pr(\mathcal{T} = d)$$
$$E[D \mid Z = 1] = \Pr(D = 1 \mid Z = 1) = \Pr(\mathcal{T} = a) + \Pr(\mathcal{T} = c)$$

根据假设（A1）有 $\Pr(\mathcal{T} = d) = 0$，由此顺从者子总体的相对大小就是

$$\Pr(\mathcal{T} = c) = E[D \mid Z = 1] - E[D \mid Z = 0]$$

因此，在顺从者子总体中（局部）ATE 是

$$\text{LATE} = E[Y^1 - Y^0 \mid \mathcal{T} = c] = \frac{E[Y \mid Z = 1] - E[Y \mid Z = 0]}{E[D \mid Z = 1] - E[D \mid Z = 0]} \tag{4.4}$$

它的估计量是

$$\widehat{\text{LATE}} = \frac{\hat{E}[Y \mid Z = 1] - \hat{E}[Y \mid Z = 0]}{\hat{E}[D \mid Z = 1] - \hat{E}[D \mid Z = 0]} \tag{4.5}$$

这也被称为 Wald 估计量（Wald estimator），因为 Wald(1940) 提出了这种特殊的估计量。显然，对于二元变量 Z 和 D，该估计量可以被简单地设定为

$$\frac{\dfrac{\sum Y_i Z_i}{\sum Z_i} - \dfrac{\sum Y_i (1 - Z_i)}{\sum (1 - Z_i)}}{\dfrac{\sum D_i Z_i}{\sum Z_i} - \dfrac{\sum D_i (1 - Z_i)}{\sum (1 - Z_i)}} = \frac{\sum (1 - Z_i) \sum Y_i Z_i - \sum Z_i (\sum Y_i - \sum Y_i Z_i)}{\sum (1 - Z_i) \sum D_i Z_i - \sum Z_i (\sum D_i - \sum D_i Z_i)}$$

$$= \frac{n \sum Y_i Z_i - \sum Y_i \sum Z_i}{n \sum D_i Z_i - \sum D_i \sum Z_i}$$

实际上这是 $\text{Cov}(Y, Z)/\text{Cov}(D, Z)$ 的估计量。这反过来又导致我们推测，我们同样可以使用标准的工具变量回归方法来估计 LATE。我们可以得出结论：

定理 4.1 （4.5）中给出的 LATE 估计量与（两步最小二乘法）工具变量估计量相同。⑥ 在假设（A1）到（A4）下，该估计量是一致的，且

---

⑥ 见习题 3。

$$\sqrt{n}(\widehat{\text{LATE}} - \text{LATE}) \to N(0, \mathcal{V})$$

使得估计量的方差可近似表示为

$$\text{Var}(\widehat{\text{LATE}}) \approx \frac{1}{n}\mathcal{V} = \frac{E^2[\{Y - E[Y] - \text{LATE} \cdot (D - E[D])\}^2 \{Z - E[Z]\}^2]}{n \cdot \text{Cov}^2(D, Z)}$$

(4.6)

用样本估计值代替未知矩,我们可以很容易地估计方差。从 Wald 估计量及其方差的公式中我们可以看出一个较弱的工具变量的缺点。我们用意向处理效应 $E[Y \mid Z=1] - E[Y \mid Z=0]$ 除以 $E[D \mid Z=1] - E[D \mid Z=0]$。如果工具变量与 D 的相关性很弱,那么分母将接近于零,从而使得估计非常不精确且方差巨大。

显然,如果对于不同的类型 $\mathcal{T}$,处理效应是一致的,那么 LATE、ATE、ATET 和 ATEN 都是一样的。那么我们甚至不需要假设(A1),即逆反者不存在假设,因为我们有

$$\frac{E[Y \mid Z=1] - E[Y \mid Z=0]}{E[D \mid Z=1] - E[D \mid Z=0]}$$
$$= \frac{E[Y^1 - Y^0 \mid \mathcal{T}=c] \cdot \Pr(\mathcal{T}=c) - E[Y^1 - Y^0 \mid \mathcal{T}=d] \cdot \Pr(\mathcal{T}=d)}{\Pr(\mathcal{T}=c) + \Pr(\mathcal{T}=a) - \Pr(\mathcal{T}=d) - \Pr(\mathcal{T}=a)}$$

事实上,我们只需要顺从者和逆反者的处理效应是相同的,并且两个子总体的大小不相等,Wald 估计量就是一致的。请注意,如果控制一些混杂变量 X 是有必要的,本段中的所有陈述都将无效或必须进行修正。

因此,我们正在识别抽取出的一个抽象子总体的参数。此外,这种子总体是由所选择的工具变量决定的,因为顺从者是那些对这一特定的工具变量集合做出积极反应的人。也就是说,即使工具变量都有效,不同的工具变量也会导致不同的参数。请注意,我们所说的不仅仅是估计值的数值差异,不同的工具变量实际上在识别和估计不同的参数。因此,关键在于根据特定工具变量估计出来的参数在多大程度上具有政治学或经济学意义。若我们通过新视角(即倾向得分视角)介绍工具变量的整个应用过程,那么这一点可能得到部分解答。在本章后面几节中将对此展开清晰的阐述。在任何情况下,最常用到的 LATE 都是基于政治工具变量的 LATE,如补贴、监管政策、大学学费或关于参与资格的规则。资格规则甚至可以是这样的,即只有那些在人群中服从随机分配的人可以参加处理(不像实验那样强制人们服从处理,此时的资格标准是随机分配)。

4.1.3 特殊情况和首个扩展

让我们首先讨论这个易于解释的工具变量:资格标准,即一个指标变量 Z_i,它告诉我们是否允许个人 i 参与实验。以资格规则为工具变量将自动导致所谓的单方面不服从设计(one-sided noncompliance design),即不允许被分配到对照组的人获得处理。这种情况引起了人们的特别关注,不仅因为这是一种非常普遍的情况——对于临床试验及许多其他项目,特别是只有贫困人群才能参与的社会项目而言——还因为以资格规则为工具变量使我们更容易理解确定处理效应的对象。换言之,很容易理解这部分顺从者是谁。

例 4.9 临床试验中的个体被随机分配到一个关于对抗癌症新实验的处理组或对照组中。分配至处理组的个体可以拒绝接受此新处理。但是被分配到对照组的个体不能接受此处理。因此,处理组中的个体可能遵守处理,也可能不遵守处理,但对照组的个体无法获得处理。这就是所谓的单方面不服从。个体决定拒绝新处理可能与他们当时的健康状况有关。身体状况特别差的人可以拒绝服用新药。由于服用药物的决定可能与当时的健康状况有关(而以后的健康状况很可能与当时的健康状况相关),因此 D 是内生变量。尽管如此,随机分配还是可以被用作工具变量 Z。随机性保证了这种工具的外生性。逆反者是被分配新处理但拒绝服从的人。但由于他们在不被分配新处理时也不能获得新处理,所以从技术上讲,他们是始终不接受者。如果全部个体服从分配,就可以通过简单比较均值来估计处理效应。对于不服从者,仍然可以估计 Z 对 Y 的意向处理效应,但这并不等同于 D 对 Y 的任何处理效应。排除限制要求分配状态本身对健康没有直接影响,但如果由于意识到分配状态(将接受新处理),患者或医生的心态发生了变化,那么分配状态本身很可能会对健康产生直接影响。这实际上就是医学上进行双盲安慰剂试验的原因。

从形式上讲,在单方面不服从(对于所有个体有 $D_{i,0} = 0$)的情况下,单调性是自动满足的,因为 $D_{i,0} = 1$ 永远不可能发生,所有潜在的逆反者都会变成始终不接受者。因此,人们常说如果 $Z_i = 0$ 将部分个体排除于处理之外,那么逆反者和始终接受者这两组就不存在了。因此,$\Pr(D = 1 \mid Z = 0) = E[D \mid Z = 0] = 0$ 和 $\Pr(Z = 1 \mid D = 1) = 1$,并且有

$$E(Y \mid Z = 1) = E(Y_0) + E[(Y_1 - Y_0)D \mid Z = 1]$$

$$= E(Y_0) + E(Y_1 - Y_0 \mid D = 1, Z = 1) \cdot E(D \mid Z = 1)$$

$$E(Y \mid Z = 0) = E(Y_0) + E(Y_1 - Y_0 \mid D = 1, Z = 0) E(D \mid Z = 0) = E(Y_0)$$

根据资格规则 $E[Y_1 - Y_0 \mid D = 1, Z = 1] = E[Y_1 - Y_0 \mid D = 1]$，我们可以总结出

$$\text{LATE} = \frac{E[Y \mid Z = 1] - E[Y \mid Z = 0]}{E[D \mid Z = 1] - 0} = E[Y_1 - Y_0 \mid D = 1, Z = 1] = \text{ATET}$$

此时无须考虑逆反者。总之，单方面不服从使假设（A1）变得不必要。不幸的是，当我们另外加入混杂变量 X 时，这种等价性不再成立。我们将在下一节讨论这种适当修改的情况。

如果处理变量是离散或连续时，分别会发生什么呢？当我们仍有二元变量[⑦] Z，但 D 是离散的且 $D \in \{0, 1, 2, 3, \cdots\}$ 时，我们需要所有处理组都满足逆反者不存在性；也即，将工具变量 Z 从 0 设置为 1 时，所有个体 D 向同一方向移动或保持不变，即对于所有 i，$D_i^1 - D_i^0 \geqslant 0$（或者对于所有 i，$D_i^1 - D_i^0 \leqslant 0$）。然后由表达式

$$\frac{E(Y \mid Z = 1) - E(Y \mid Z = 0)}{E(D \mid Z = 1) - E(D \mid Z = 0)} \text{ 得到}$$

$$\sum_{j=1} w_j \cdot E[Y^j - Y^{j-1} \mid D^1 \geqslant j > D^0], \quad w_j = \frac{\Pr(D^1 \geqslant j > D^0)}{\sum_{k=1} \Pr(D^1 \geqslant k > D^0)} \quad (4.7)$$

这意味着 $\sum_{j=1} w_j = 1$，并提出了每单位处理效应的加权平均。因此，虽然估计量和推断与上式相比没有变化，但该式的解释却发生了变化（可以参见关于部分识别的文献）。第 4.4 节给出了更精确的说明。

如果处理变量是二元的，工具变量是离散或连续时会发生什么呢？请看我们为了得出 Wald 估计量 $\text{Cov}(Y, Z)/\text{Cov}(D, Z)$ 所使用的识别策略。这可以解释为对工具变量 Z（例如对 D 的激励措施）的边际变化的所有 LATE 的加权平均值。我们假设 Z 是离散的，其支撑区间 $\{z_1, \cdots, z_K\}$ 是有限的，仅有 K 个值，且 $z_k \leqslant z_{k+1}$。然后我们需要假设对于任何 Z 的增加（或减少，当 Z 与 D 负相关时），不存在逆反者。在这种情况下，我们可以明确设置

$$\text{LATE} = \sum_{k=2}^{K} w_k \alpha_{k-1 \to k} \quad (4.8)$$

式中，$\alpha_{k-1 \to k}$ 表示在 Z 从 z_{k-1} 变为 z_k 时决定从 $D=0$ 切换到 $D=1$ 的顺从者子总

[⑦] 更复杂的情况将在本章中特别是末尾处进行讨论。

体的 LATE。权重 w_k 由顺从者的比例和 Z 的条件期望构建：

$$w_k = \frac{\{\Pr(D=1\mid z_k)-\Pr(D=1\mid z_{k-1})\}\sum_{l=k}^{K}\Pr(Z=z_l)(z_l-E[Z])}{\sum_{j=2}^{K}\{\Pr(D=1\mid z_j)-\Pr(D=1\mid z_{j-1})\}\sum_{l=j}^{K}\Pr(Z=z_l)(z_l-E[Z])}$$

我们不难看出，此估计量的方差与定理 4.1 的式(4.6)中给出的 Wald 估计量的方差相似，因此可以通过相同的方式估计方差。现在，通过用积分代替和，用密度代替 Z 的单个概率，就可以将分析从工具变量 Z 离散的情况扩展至 Z 连续的情况。关于使用连续的 Z 进行 LATE 识别和估计的详细信息，请参见第 4.2.4 节。

我们需要思考的另一个问题是如何利用一组工具变量，比如 $Z \in \mathbb{R}^\delta$；$\delta > 1$。当单个工具变量太弱或不能用来合理解释 LATE 时，利用一组工具变量就显得尤其有趣。同样，从单个工具变量扩展至一组工具变量的方式是相当直接的：你可以用倾向得分 $\Pr(D=1\mid Z)$ 代替 Z。但是，对于所有 z 和 $\tilde{z}$ 属于 $\mathrm{Supp}(Z)$，取任何函数 $g: Z \to \mathbb{R}$ 使得 $\Pr(D=1\mid Z=z) \leqslant \Pr(D=1\mid Z=\tilde{z})$ 时意味着 $g(z) \leqslant g(\tilde{z})$ 就已足够[8]，于是有

$$\mathrm{LATE} = \sum_{k=2}^{K} w'_k \alpha_{k-1 \to k} \tag{4.9}$$

以及（稍微）修正一下的权重

$$w'_k = \frac{\{\Pr(D=1\mid z_k)-\Pr(D=1\mid z_{k-1})\}\sum_{l=k}^{K}\Pr(Z=z_l)\{g(z_l)-E[g(Z)]\}}{\sum_{j=2}^{K}\{\Pr(D=1\mid z_j)-\Pr(D=1\mid z_{j-1})\}\sum_{l=j}^{K}\Pr(Z=z_l)\{g(z_l)-E[g(Z)]\}}$$

在需要估计倾向得分（或 g）时，方差将发生变化。[9]

若想了解更多关于这些不同扩展的组合，且加入（额外）混杂变量的情况，请参阅本章最末几节的内容。最后需注意，如果我们将假设从均值独立性扩展到一般（条件）独立性，那么这样的工具变量设置不仅允许我们估计顺从者的 ATE，还可以估计顺从者潜在结果的分布，即

$$F_{Y^1\mid T=c} \quad \text{与} \quad F_{Y^0\mid T=c} \tag{4.10}$$

我们将在第 7 章中详细阐述这点。

---

[8] 或者对于所有取自 $\mathrm{Supp}(Z)$ 的 z 和 $\tilde{z}$，$\Pr(D=1\mid Z=z) \leqslant \Pr(D=1\mid Z=\tilde{z})$ 意味着 $g(z) \geqslant g(\tilde{z})$。
[9] 据我们所知，没有关于方差及其估计的明确文献，但是应该能在这里应用一个适当的野生靴带法。

4.2 控制了协变量后的 LATE

正如上面几次提到的那样,工具变量的相关假设通常是不成立的,但在控制某些混杂变量 X 的条件后可能成立。事实上,这就类似于我们在研究随机实验时将关注点从 $Y^d \perp\!\!\!\perp D$ 转向 CIA $Y^d \perp\!\!\!\perp D \mid X$。现在我们将研究焦点从上一节的 $Y^d \perp\!\!\!\perp Z$ 转向 $Y^d \perp\!\!\!\perp Z \mid X$。当然,其他假设必须相应地进行修改,从而实现即使已经控制了混杂变量 X, D 仍然随着工具变量 Z 变化。换言之,即使 X 已知,Z 仍然与 D 相关。

例 4.10 在与大学距离远近的例子中,住在离大学较近的家庭和住在离大学较远的家庭的特征是相同的,这似乎是不合理的。父母精心选择住宅地址,因此很可能 Z 和个体的其他特征相互关联。父母的选择很可能与一些特征有关,而这些特征可能直接影响子女的未来工资。此外,有大学的城市可能还有其他有助于提高当地人赚钱能力的设施(城市规模可能很重要)。然而,如果我们能够控制父母的相关特征和其他协变量,就可能做到干预(或"阻断")Z 与异质性 U 和/或 V 之间的所有路径,也可能干预 Z 到 Y 的所有定向路径。

父母的教育程度是另一个通常用于确定学校教育的回报的工具变量。似乎有理由认为父母教育本身对子女的工资没有直接影响。然而,即使排除了那些设法让子女获得高薪职位的上流社会人士,父母的其他特征,如职业、家庭收入和财富仍然可能直接影响到子女的工资前景。可以讨论是否应将这些信息作为混杂变量进行控制。

4.2.1 通过控制混杂变量来识别 LATE

关于阻断(blocking),我们应用第 2 章介绍的图论。为了更具体一点,让我们看看图 4.3。此图将有助于说明工具变量所需的关键条件,也有助于后续进行可观测变量的选择。稍后将进行更完整的讨论。此图显示了匹配估计和工具变量识别都不能使用的情况。(无阻断的情况下)工具变量识别法是不可能实现的,因为 Z 和 Y 之间的虚线表示 Z 能直接影响 Y,且 Z 还可以通过其他路径影响 Y

(例如,Z 通过 U 影响 Y)。

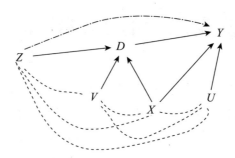

图 4.3 匹配或工具变量都无助于识别 D 对 Y 的影响的例子(为了简洁我们在此省略了虚点线的箭头)

此时,为了识别处理因果关系,我们需要一个关键假设,即新的适用于工具变量版本的 CIA 假设:

$$(\text{CIA - IV}) \quad (Y^d, \mathcal{T}) \perp\!\!\!\perp Z \mid X \quad \text{a. s.},\text{对于} \quad d = 0,1 \quad (4.11)$$

这是工具变量条件独立性假设(conditional independence assumption for instruments, CIA-IV)。首先考虑 Z 对 Y 没有直接影响的情况,即忽略 Z 和 Y 之间的虚线。现在图中仍然有可能导致识别出现问题的路径。其中一些路径可以被 X 封锁,但让我们一步一步来。注意,为了简单起见,我们先暂时忽略关于 $\mathcal{T}$ 的独立性条件。

在图 4.4 中,图(a)和(b)都满足以 X 为条件的独立性假设(4.11)。这两个图之间的区别在于,图(a)中 X 是外生的,而图(b)中的 X 与 V 和 U 相关。我们将看到,在两种情况下都可以获得非参数识别。注意,在经典的两步最小二乘法(2SLS)中,不允许出现(b)中 X 是内生变量的情况。⑩

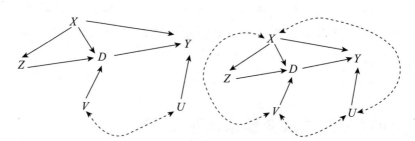

图 4.4 左:(a)X 为外生的例子;右:(b)混杂变量 X 可能是内生的例子

在图 4.5 中,我们使 Z 可能通过变量 X_2 对 Y 产生另一个影响。在图(a)中,如果我们控制住了 X_1 和 X_2,就有假设 CIA - IV 成立。因此,我们可以控制那些

---

⑩ 想一想方程(4.2)中的 φ 和 ζ 是参数化的并且有加法误差 U,V 的情况,首先估计 ζ 以便于后续用 ζ 代替 D 来估计 φ。

干扰工具变量的变量,也可以控制那些位于中介因果路径上但不是通过 D 影响 Y 的变量。但是,X_1 和 X_2 之间还有一个区别。X_1 可以是内生变量,但 X_2 不能是内生的。图(b)可以很好地体现这一点。即使我们控制了 X_2,我们却开放了路径 $Z \to X_2 \leftarrow U$ 以及 $Z \to X_2 \leftarrow W_2$。此时我们引入了 Z 和结果变量 Y 之间的另一个混杂路径。另一方面,如果我们不控制 X_2,工具变量 Z 就能通过 X_2 对 Y 产生影响,(4.11)就不成立。因此,虽然 X_1 可以是内生的,(受 Z 影响的) X_2 则必须是外生的。

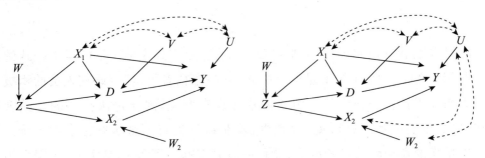

图 4.5　左:(a)X_2 外生,X_1 内生;右:(b)X_1 和 X_2 都是内生的

例 4.11　为了讨论以下例子,我们将图 4.5 简化为

$$Z \to D \to Y$$
$$\searrow X \nearrow$$

Hong 和 Nekipelov(2012)提出了一个经验拍卖模型,他们想了解 eBay 线上拍卖中的早期出价(D)对出价方差(Y)的影响。他们担心的是,由于拍卖物的可见性,两个变量 D 和 Y 可能是相关的。为了克服这一内生性问题,作者通过自己在 eBay 上拍卖其他物品人为地增加了拍卖物的数量。$Z=0$ 表示先前拍卖物数量正常的时期,$Z=1$ 表示拍卖物数量增大的时期。作者认为数量的增多对 D 有影响,但对 Y 没有直接影响。由于作者自己创造了更多拍卖物($Z=1$),他们也改变了拍卖物的平均特征 X。相关的特征 X 包括卖家的可靠性(既往买家体验到的),以及卖家的地理位置(这会影响运费)。这些变量受到作者在市场上调整供应的影响,特别是受到拍卖物的地理位置的影响。因此,这些 X 变量是由工具变量 Z 引起的,应该对其进行控制。

总的来说,我们已经看到引入协变量混杂变量 X 可能有四个不同目的:
①控制工具变量 Z 的潜在混杂因素。
②干扰或阻断 Z 和 Y 之间的所有中介因果路径,即除经由 D 导向 Y 的路径

外的所有路径。

③区分总体效应与局部效应（如前几章所讨论的）。

④提高估计量的有效性，稍后将讨论这点。

但是，控制 X 并不总是一个有效的方法。让我们考虑一下这种设置：不可观测变量 U 既影响 Y 也影响 X，可能（但不一定）还影响 D。更具体地说，你可以想象因存在不可观测变量 U 而使例 4.11 中的图扩大了的情况：

$$
\begin{array}{c}
Z \to D \to Y \\
\searrow \quad \nearrow \quad \nwarrow \\
X \quad \leftarrow \quad U
\end{array}
$$

控制 X 后将开放路径 $Z \to X \leftarrow U \to Y$，导致工具变量法不能得出一致的估计。在例 4.11 中，此时 X 变量就是拍卖中的"竞拍者数量"。研究人员的积极干预大大增加了拍卖物的供给。由于需求方没有变化，因此每次拍卖的竞拍者数量很可能（事实上甚至是可见地）减少，除非每个买家都对所有拍卖物出价。随着每次拍卖的竞拍者数量的减少，竞价的方差 Y 也在缩小。事实上，有很多拍卖可能没有一个竞拍者，或者只有一个竞拍者，这意味着方差为零。因此，X 对 Y 有直接的影响。然而，与此同时，不可观测变量拍卖物的可见性 U（作者使用工具变量方法的主要动因）也可能对每次拍卖的竞拍者数量产生直接影响。因此，在本例中，无论是否对竞拍者数量施加了条件限制，工具变量方法都不能取得一致的结果。

在我们继续之前，让我们修改和总结相关符号，以更正式地描述变量之间的关系。为了简单起见，我们可以首先考虑内生回归变量 D 和工具变量 Z 都是二元的情况。对非二元变量 D 和 Z 的扩展将在后面进行。我们将加入一串协变量 X 的向量：

$Y_i = \varphi(D_i, Z_i, X_i, U_i)$ 其中 $Y_{i,z}^d = \varphi(d, z, X_i, U_i)$ 以及 $Y_{i,Z_i}^D = Y_i$

$D_i = \zeta(Z_i, X_i, V_i)$ 其中 $D_{i,z} = \zeta(z, X_i, V_i)$ 以及 $D_{i,Z_i} = D_i$

回想一下，如果 D 对 X 也有影响，即改变 D 意味着 X 会随之变化，那么我们的识别策略只能求出 D 对 Y 的直接影响，而非总体影响，如第 2 章中讨论的那样。

假设在控制 X 后先前的工具变量条件成立。注意，这也要求控制 X 时不能引入任何相关关系或新的混杂路径。假设纳入协变量后不会影响顺从者类型 $\mathcal{T}$ 的选择。具体而言，我们依序完善了上述的三个假设。

假设（A1C） 单调性（monotonicity）：逆反者子总体概率测度为零。

$$\Pr(D_{i,0} > D_{i,1} \mid X_i = x) = 0 \quad \forall x \in \mathcal{X}$$

假设（A2C） 顺从者的存在性（existence of compliers）：对于任何一个我们想要估计处理效应的 x，我们有

$$\Pr(D_{i,0} < D_{i,1} \mid X_i = x) > 0$$

如前所述，这些假设排除了在相反方向上受工具变量影响的子总体的存在，并保证 Z 与 $D \mid X$ 相关。与忽略协变量 X 的情况相比，这一点没有改变。单调性只是确保对于所有具有同样的 X 的个体，Z 对 D 的影响具有相同的方向。稍后我们将看到，若不控制 X，此假设会被削弱。

假设（A3C） 外生性工具变量（unconfounded instrument）：始终接受者、从不接受者和顺从者子总体的相对大小是独立于工具变量的。对于所有 $x \in \text{Supp}(X)$，有

$$\Pr(\mathcal{T}_i = t \mid X_i = x, Z_i = 0) = \Pr(\mathcal{T}_i = t \mid X_i = x, Z_i = 1), \text{对于 } t \in \{a, n, c\}$$

假设（A3C）的有效性要求向量 X 包含（同时）影响 Z 和 $\mathcal{T}$ 的选择的所有变量。由于选择效应，如果不控制协变量 X，该假设通常不成立。

例 4.12 回顾一下我们前面讨论的大学的例子，即希望孩子以后去上大学的父母很可能比那些不太关心孩子的父母住得离学校更近。这就意味着在离学校近的地方而非远离学校的地方，有更多的顺从者，这将违背我们之前提出的无条件限制假设（A3），该假设没有对 X 进行控制。在这种情况下，居住在大学附近的子总体中顺从者的比例要高于居住在远处的。如果这个效应是由变量 X（即控制父母的相关特征）捕获的，新版本的假设（A3），即假设（A3C）就能成立。

我们还需要排除并非由 D 引导的 Z 与 $Y \mid X$ 的关系。但是这一次，以 X 为条件就足够了。换言之，以 X 为条件，Z 的任何影响都应该通过 D 来引导，这样潜在的结果才能与工具变量无关。

假设（A4C） 均值排除限制（mean exclusion restriction）：控制 X，每个子总体中潜在结果的平均值与工具变量 Z 无关。对于所有 $x \in \text{Supp}(X)$，有

$$E[Y_{i,Z}^0 \mid X_i = x, Z_i = 0, \mathcal{T}_i = t] = E[Y_{i,Z}^0 \mid X_i = x, Z_i = 1, \mathcal{T}_i = t], \text{对于 } t \in \{n, c\}$$
$$E[Y_{i,Z}^1 \mid X_i = x, Z_i = 0, \mathcal{T}_i = t] = E[Y_{i,Z}^1 \mid X_i = x, Z_i = 1, \mathcal{T}_i = t], \text{对于 } t \in \{a, c\}$$

同样，如果不控制 X，这个假设通常是无效的。但是，回想一下第 2 章中提到的控制变量后也可能在原本互相独立的变量之间建立相关关系。

通常你会在文献中看到，假设（A2C）和（A4C）被 CIA 的改善形式所取代，即

要求 $Z \perp\!\!\!\perp D \mid X$ 对应于假设(A2C),通常被称为关联条件(relevance condition),而 $Y^d \perp\!\!\!\perp Z \mid X$ 对应于假设(A4C)。假设(A3C)经常被忽略。

最后,由于我们对估计顺从者平均效应(LATE)很感兴趣,我们将附加一个假设:

假设(A5C) 共同支撑区间(common support): X 的支撑区间在两个子总体中是相同的。

$$\text{Supp}(X \mid Z = 1) = \text{Supp}(X \mid Z = 0)$$

假设(A5C)要求,对于任何 X 值(在其支撑区间),工具变量的两种取值都能被观察到。显然,共同支撑区间条件的等效表述是 $0 < \Pr(Z=1 \mid X=x) < 1$, $f_x(x) > 0$。至于共同支撑区间,我们完全可以自由地(重新)定义我们感兴趣的总体,从而使 $\mathcal{X}$ 满足假设(A1C)到(A5C)。

在这些假设下,对于所有 x,通过 $\Pr(\mathcal{T}=c \mid X=x) > 0$ 可以识别出 LATE:

$$\text{LATE}(x) = E[Y^1 - Y^0 \mid X=x, \mathcal{T}=c]$$
$$= \frac{E[Y \mid X=x, Z=1] - E[Y \mid X=x, Z=0]}{E[D \mid X=x, Z=1] - E[D \mid X=x, Z=0]}$$

如果我们局限于顺从者子总体,这种工具变量方法其实就是匹配。这是相当明显的:就像在 Z 为二元变量的情况下,我们可以认为顺从者正是那些总是 $D=Z$ 的人。此证明过程与没有控制协变量 X 的情况类似。因此对于我们的关键识别假设

$$Y^d \perp\!\!\!\perp Z \mid X, \mathcal{T}=c$$

我们同样可以写出

$$Y^d \perp\!\!\!\perp D \mid X \text{ 受限于子总体 } \mathcal{T}=c \tag{4.12}$$

这正是选择可观测变量的假设(CIA),但仅限于顺从者,换言之,在控制 X 后,顺从者被随机地选为 $D=0$ 或 $D=1$。由于 CIA 不是对于整个总体皆成立,工具变量正是从总体中挑选出一个使 CIA 成立的子总体。

4.2.2 具有混杂变量的一个可行 LATE 估计量:无条件的 LATE

虽然人们已经对于每个 X 确定了 LATE,但在政策应用中,人们通常对获得整个总体(或至少是部分总体)的平均效应感兴趣。特别是如果 X 包含许多变量,则需要解释许多不同的 LATE(x)。此外,如果 X 包含连续变量,估计值可能相当不精确,并且也可能使我们的 LATE(x) 估计量无法获得 $\sqrt{n}$ 收敛性。在

这些情况下,我们对某种平均效应感兴趣。

一种可能的方法是用 x 的总体分布来加权 LATE(x),这将产生一个如下形式的平均处理效应:

$$\int \text{LATE}(x) dF_X = \int \frac{E[Y \mid X = x, Z = 1] - E[Y \mid X = x, Z = 0]}{E[D \mid X = x, Z = 1] - E[D \mid X = x, Z = 0]} dF_X \tag{4.13}$$

然而,这种方法可能存在两方面问题。首先,

$$\frac{E[Y \mid X, Z = 1] - E[Y \mid X, Z = 0]}{E[D \mid X, Z = 1] - E[D \mid X, Z = 0]}$$

此式的估计值有时是非常不精确的,特别是当 X 包含连续变量时。分母的非参数估计 $\hat{E}[D \mid X, Z = 1] - \hat{E}[D \mid X, Z = 0]$ 可能常常接近于零,从而导致 LATE(x) 的估计值非常大。此外,上述加权方案混合了处理对顺从者和始终接受者/从不接受者的影响,使我们难以解释 LATE(x):LATE(x) 仅指表现出特征 x 的顺从者的处理效应,但 dF_x 表示 x 在整个总体(由顺从者、始终接受者和从不接受者组成,根据假设不存在逆反者)中的分布。也即式(4.13)因未能将顺从者的处理效应和顺从者群体进行匹配而导致混淆。

另一种方法是检查顺从者子总体的处理效应,这实际上是在不做进一步假设的情况下能确定处理效应的最大子总体。对所有顺从者的处理效应是

$$E[Y^1 - Y^0 \mid \mathcal{T} = c] = \int E[Y^1 - Y^0 \mid X = x, \mathcal{T} = c] dF_{X \mid \mathcal{T} = c}$$

$$= \int \text{LATE}(x) dF_{X \mid \mathcal{T} = c} \tag{4.14}$$

其中 $F_{X \mid \mathcal{T} = c}$ 表示 X 在所有顺从者子总体中的分布函数。此分布不能直接识别,因为不能识别顺从者的子总体。然而,根据 Bayes 定理 $dF_{X \mid \mathcal{T} = c} = \frac{\Pr(\mathcal{T} = c \mid X)}{\Pr(\mathcal{T} = c)} dF_X$,我们有

$$E[Y^1 - Y^0 \mid \mathcal{T} = c] = \int \text{LATE}(x) \frac{\Pr(\mathcal{T} = c \mid X = x)}{\Pr(\mathcal{T} = c)} dF_X$$

此外,具有特征 x 的顺从者子总体的大小被定义为

$$\Pr(\mathcal{T} = c \mid X = x) = E[D \mid X = x, Z = 1] - E[D \mid X = x, Z = 0] \tag{4.15}$$

现在代入式(4.14)中定义的 LATE(x) 的公式,有

$$E[Y^1 - Y^0 \mid \mathcal{T} = c] = \frac{1}{\Pr(\mathcal{T} = c)} \int \{E[Y \mid X = x, Z = 1] - E[Y \mid X = x, Z = 0]\} dF_X$$

使用 $\Pr(\mathcal{T}=c) = \int \Pr(\mathcal{T}=c \mid X=x)dF_X$ 和(4.15),有

$$E[Y^1 - Y^0 \mid \mathcal{T}=c] = \frac{\int E[Y \mid X=x, Z=1] - E[Y \mid X=x, Z=0]dF_X}{\int E[D \mid X=x, Z=1] - E[D \mid X=x, Z=0]dF_X}$$

(4.16)

通过假设(A5C),可以确定 $Z=1$ 和 $Z=0$ 子总体的条件期望。也就是说,我们可以通过分别取分子和分母在整个总体上的期望值来识别和估计 LATE,即所有顺从者(由工具变量 Z 定义)的平均处理效应。显然,只要顺从者代表一个能被人们理解的和有趣的群体(由于 Z 的正确选择),LATE 就是一个非常有用的参数。我们已经讨论过资格标准,但工具变量 Z 的其他例子有税收优惠、补贴、补助金、降低(或提高)费用,这些变量上的顺从者可能是我们的研究目标。除了明确的处理效应,式(4.16)还有两个很好的特性。首先,它不是一个比率的积分,而是两个积分的比率,这就降低了分母非常小带来的危害。其次,式(4.16)就是两个匹配估计量的比率,这已经在第 3 章中得到详细阐释。

定义条件均值函数 $m_z(x) = E[Y \mid X=x, Z=z]$ 和 $p_z(x) = E[D \mid X=x, Z=z]$,$E[Y^1 - Y^0 \mid \mathcal{T}=c]$ 的一个非参数估计量是

$$\frac{\sum_i (\hat{m}_1(X_i) - \hat{m}_0(X_i))}{\sum_i (\hat{p}_1(X_i) - \hat{p}_0(X_i))}$$

其中 $\hat{m}_z(x)$ 和 $\hat{p}_z(x)$ 是相应的非参数回归估计量。或者,当 $Z_i = z$ 时,我们可以将观测到的 Y_i 和 D_i 值作为 $E[Y_i \mid X_i, Z=z]$ 和 $E[D_i \mid X_i, Z=z]$ 的预测量。于是有估计量

$$\widehat{\text{LATE}} = \frac{\sum_{i, Z_i=1}(Y_i - \hat{m}_0(X_i)) - \sum_{i, Z_i=0}(Y_i - \hat{m}_1(X_i))}{\sum_{i, Z_i=1}(D_i - \hat{p}_0(X_i)) - \sum_{i, Z_i=0}(D_i - \hat{p}_1(X_i))}$$

(4.17)

由于这是匹配估计量的组合,在已采用的假设下,其渐近性质的推导类似于第 3 章中匹配和/或回归估计量的推导过程。请牢记,这里我们只考虑二元工具变量 Z。下面的定理提供了半参数 LATE 估计量和可行(核)估计量的有效边界。

定理 4.2 在假设(A1C)到(A5C)下随机抽样,并且有以下正则性条件:

(1)对于 $z=0,1$,$m_z(\cdot)$、$p_z(\cdot)$ 和 $f_{X\mid Z=1}$ 是 s 次连续可微的,s 阶导数是 Hölder 连续的,$s > q = \dim(X)$;

(2) $K(\cdot)$ 是一个紧支撑区间的 Lipschitz 连续 $(s+1)$ 阶核;

(3) 对于 $n_0 \to \infty$，带宽 h 满足 $n_0 h^q / \ln(n_0) \to \infty$ 和 $n_0 h^{2s} \to 0$，其中 n_0 是以下四个子样本中最小样本的大小: $\sum_{i=1}^n \mathbb{1}\{z_i = 0\}$，$\sum_{i=1}^n \mathbb{1}\{z_i = 1\}$，$\sum_{i=1}^n \mathbb{1}\{d_i = 0\}$，$\sum_{i=1}^n \mathbb{1}\{d_i = 1\}$。

接着，如果 $m_d(x)$ 和 $p_d(x)$ 是通过阶数 $<s$ 的局部多项式回归（local polynomial regression）得到的，则可以得到对于式(4.17)的估计量:

$$\sqrt{n}(\widehat{\text{LATE}} - \text{LATE}) \longrightarrow N(0, V)$$

半参数 LATE 估计量的方差 V 达到有效边界:

$$\gamma^{-2} E[\{m_1(X) - m_0(X) - \alpha p_1(X) + \alpha p_0(X)\}^2$$
$$+ \sum_{z=0}^1 \frac{\sigma_Y^2(X, z) - 2\alpha \sigma_{Y,D}(X, z) + \alpha^2 \sigma_D^2(X, z)}{\Pr(Z = z \mid X)}]$$

其中 $\alpha = \text{LATE}$，$\gamma = \int \{p_1(x) - p_0(x)\} dF_X$，$\sigma_{Y,D}(X, z) = \text{Cov}(Y, D \mid X, Z = z)$，$\sigma_Y^2(X, z) = \text{Var}[Y \mid X, Z = z]$，类似地可以给出 $\sigma_D^2(X, z)$。

4.2.3 用倾向得分估计 LATE

看到处理效应可以用两个匹配估计量的比率来估计后，你可能会猜测某种倾向得分匹配方法或倾向得分权重也应该是可用的。定义二元工具变量 Z 的类倾向得分的形式:

$$\pi(x) = \Pr(Z = 1 \mid X = x)$$

并注意

$$E\left[\frac{YZ}{\pi(X)}\right] = \int \frac{1}{\pi(x)} E[YZ \mid x] dF_X = \int m_1(x) dF_X$$

不难看出，LATE 也可以表示为

$$E[Y^1 - Y^0 \mid \mathcal{T} = c] = E\left[\frac{YZ}{\pi(X)} - \frac{Y(1-Z)}{1-\pi(X)}\right] / E\left[\frac{DZ}{\pi(X)} - \frac{D(1-Z)}{1-\pi(X)}\right]$$

(4.18)

显然也可以由所谓的倾向得分加权估计量（propensity score weighting estimator）来估计 LATE:

$$\widehat{\text{LATE}} = \sum_{i=1}^n \left(\frac{Y_i Z_i}{\pi(X_i)} - \frac{Y_i(1-Z_i)}{1-\pi(X_i)}\right) / \sum_{i=1}^n \left(\frac{D_i Z_i}{\pi(X_i)} - \frac{D_i(1-Z_i)}{1-\pi(X_i)}\right) \quad (4.19)$$

定理 4.2 已经证明，LATE 的估计量的方差已经达到有效边界。在许多应用中，倾向得分 $\pi(x)$ 是未知的，需要对其进行估计。但由第 3 章中倾向得分估计量的有效性结果可知，即使 $\pi(x)$ 已知，使用倾向得分的估计值更好。

在第 3 章中，我们使用倾向得分（这里则是给定 X 时 Z 的倾向得分）可能不是为了对估计量进行加权，而是用它替代回归项 X。正是由于这种类似性，我们再次称下面这个为倾向得分匹配，尽管它是针对二元工具变量的倾向得分。我们首先通过 $\mu_z(p) := E[Y \mid \pi(X) = p, Z = z]$ 和 $\upsilon_z(p) := E[D \mid \pi(X) = p, Z = z]$，$z = 0, 1$ 来确定 LATE。显然，对于给定（或预测出）的 π，可以用非参数方法估计这四个函数，例如通过核回归。现在重新考虑式(4.18)，注意

$$E\left[\frac{YZ}{\pi(X)}\right] = E_\rho\left\{E\left[\frac{YZ}{\pi(X)} \mid \pi(X) = \rho\right]\right\}$$

$$= E_\rho\left\{\frac{1}{\rho}E[Y \mid \pi(X) = \rho, Z = 1]\Pr(Z = 1 \mid \pi(X) = \rho)\right\}$$

$$= E_\rho\{E[Y \mid \pi(X) = \rho, Z = 1]\} = \int \mu_1(\rho) dF_\pi$$

其中 F_π 是总体中 $\rho = \pi(x)$ 的累积分布函数。同理，我们可以得出 $E\left[\frac{Y(1-Z)}{1-\pi(X)}\right] = \int \mu_0(\rho) dF_\pi$，$E\left[\frac{DZ}{\pi(X)}\right] = \int \upsilon_1(\rho) dF_\pi$，$E\left[\frac{D(1-Z)}{1-\pi(X)}\right] = \int \upsilon_0(\rho) dF_\pi$。用样本平均值代替期望值，用非参数估计值代替 μ_z 和 υ_z，式(4.18)的估计量就是

$$\left[\sum_{i=1}^n \hat{\mu}_1\{\pi(X_i)\} - \hat{\mu}_0\{\pi(X_i)\}\right] / \left[\sum_{i=1}^n \hat{\upsilon}_1\{\pi(X_i)\} - \hat{\upsilon}_0\{\pi(X_i)\}\right] \quad (4.20)$$

然而，这个估计量是渐近无效的，因为它的方差不满足定理 4.2 的有效边界，除非满足一些非常特殊的条件。[11] 事实上，它的方差是

$$\gamma^{-2} E\bigg[\{\mu_1(\pi) - \mu_0(\pi) - \alpha\upsilon_1(\pi) + \alpha\upsilon_0(\pi)\}^2$$
$$+ \sum_{z=0}^1 \frac{\sigma_Y^2(\pi, z) - 2\alpha\sigma_{Y,D}(\pi, z) + \alpha^2\sigma_D^2(\pi, z)}{z + (-1)^z\pi}\bigg]$$

同样，这里 $\alpha =$ LATE，$\sigma_{Y,D}(\pi, z) = \mathrm{Cov}(Y, D \mid \pi, Z = z)$，$\sigma_Y^2(\pi, z) = \mathrm{Var}(Y \mid \pi, Z = z)$，$\sigma_D^2(\pi, z)$ 是类似形式。

通常情况下 $\Pr(Z = 1 \mid X)$ 是未知的，除非 Z 是按（资格）标准 X 进行处理分配的。在其他大部分情况下，$\Pr(Z = 1 \mid X)$ 不是常值，是需要我们去估计的。同样，估计过程是否简单取决于具体的估计方式；例如，估计可以是参数化的，也可

---

[11] 详情见 Frölich(2007a)。

以如非参数估计 $\mu_z(X)$ 和 $\nu_z(X)$ 时一样复杂。在后一种情况下，上述倾向加权或倾向匹配估计量并不具有吸引力。然而，我们仍有理由去估计这一倾向得分：它使我们能够确定参与处理的顺从者的平均处理效应（LATET），即 $E[Y^1 - Y^0 \mid D = 1, \mathcal{T} = c]$。为了证明这一点，先将其写成

$$\int E[Y^1 - Y^0 \mid X = x, Z = 1, \mathcal{T} = c] dF_{X \mid Z = 1, \mathcal{T} = c}(x)$$

$$= \int E[Y^1 - Y^0 \mid X = x, \mathcal{T} = c] dF_{X \mid Z = 1, \mathcal{T} = c}(x)$$

它是根据排除限制假设，即假设（A4）推导出的。然后，按照贝叶斯规则，我们有

$$dF_{X \mid Z = 1, \mathcal{T} = c}(x) = \frac{\Pr(Z = 1, \mathcal{T} = c \mid x) dF_X(x)}{\Pr(Z = 1, \mathcal{T} = c)}$$

$$= \frac{\Pr(\mathcal{T} = c \mid x, Z = 1) \pi(x) dF_X(x)}{\int \Pr(Z = 1, \mathcal{T} = c \mid x) dF_X(x)}$$

$$= \frac{\Pr(\mathcal{T} = c \mid x) \pi(x) dF_X(x)}{\int \Pr(\mathcal{T} = c \mid x) \pi(x) dF_X(x)}$$

这是根据外生性条件假设，即假设（A3）推导出来的。因此，现在处理效应就是

$$E[Y^1 - Y^0 \mid D = 1, \mathcal{T} = c]$$
$$= \frac{\int (E[Y \mid X = x, Z = 1] - E[Y \mid X = x, Z = 0]) \pi(X) dF_X}{\int (E[D \mid X = x, Z = 1] - E[D \mid X = x, Z = 0]) \pi(X) dF_X} \quad (4.21)$$

用倾向得分形式表示就是

$$E[Y^1 - Y^0 \mid D = 1, \mathcal{T} = c] = \frac{\int (\mu_1(\rho) - \mu_0(\rho)) \rho \, dF_\pi}{\int (v_1(\rho) - v_0(\rho)) \rho \, dF_\pi} \quad (4.22)$$

和往常一样，用（非）参数估计代替未知函数 μ_z，v_z 和 π（进而 ρ），用样本平均值代替积分。从这些公式中还可以推导出加权型估计量，见习题 4。

为什么这很有趣？在单方面不服从的情况下，也即不存在始终接受者和逆反者时，参与项目的服从者是唯一获得处理的个体。[12] 于是就有 ATET

$$E[Y^1 - Y^0 \mid D = 1] = E[Y^1 - Y^0 \mid D = 1, \mathcal{T} = c]$$

注意式（4.21）与式（4.16）是不同的。因此在单方面不服从的情况下，

---

[12] 如前所述，在各种实验情况下，只有单方面不服从是可能的：被分配到处理组（$Z=1$）的个体可能决定拒绝或退出（$D=0$），而被分配到对照组的个体则无法获得处理，从而不可能观察到事件 $Z_i = 0 \wedge D_i = 1$。

ATET 就是式(4.21)中的 LATET,但不是 LATE。这与没有混杂变量 X 时的情况有所区别。只需通过设置 X 为常数就可以进行验证;此时式(4.21)和式(4.16)在单方面不服从实验中是相同的,使得 ATET=LATE。

始终接受者和从不接受者的(局部)处理效应是什么?根据上面类似的论证,我们可以确定 $E[Y^1 \mid \mathcal{T}=a]$ 和 $E[Y^0 \mid \mathcal{T}=n]$。具体而言,根据式(4.3),结合假设(A4C),我们可以得到

$$E[Y^1 \mid \mathcal{T}=a]\Pr(\mathcal{T}=a) = \int E[YD \mid X, Z=0]dF_X$$

$$\text{其中 } \Pr(\mathcal{T}=a) = \int E[D \mid X, Z=0]dF_X$$

$$E[Y^0 \mid \mathcal{T}=n]\Pr(\mathcal{T}=n) = \int E[Y(1-D) \mid X, Z=1]dF_X$$

$$\text{其中 } \Pr(\mathcal{T}=n) = \int E[1-D \mid X, Z=1]dF_X$$

按照同样的策略,我们是否也能确定 $E[Y^0 \mid \mathcal{T}=a]$ 和 $E[Y^1 \mid \mathcal{T}=n]$?为此,我们需要可观测变量的选择假设不仅对于顺从者成立,而且也适用于始终接受者和从不接受者。但在这种情况下,我们有针对整个总体的 CIA,并且工具变量仅用于将总体按其类型 $\mathcal{T}$ 进行分割,不作他用。[13] 换言之,在这种情况下,工具变量 Z 本身就有研究意义(资格、补贴、激励等),而不是用于 ATE 或 ATET 识别。另一方面,在某些情况下,这种策略可能在其他方面有所帮助:首先,我们分别获得了顺从者、始终接受者和从不接受者的平均处理效应 $Y^1 - Y^0$。这为处理效应的异质性提供了一些指示。其次,比较 $E[Y^0 \mid \mathcal{T}=c]$、$E[Y^0 \mid \mathcal{T}=a]$ 和 $E[Y^0 \mid \mathcal{T}=n]$ 可能有助于了解这些群体实际上代表的人群。注意,这仍然需要假设(A1C)到(A5C)成立。

例 4.13 假设 Y 是就业状况,我们发现 $E[Y^0 \mid \mathcal{T}=a] < E[Y^0 \mid \mathcal{T}=c] < E[Y^0 \mid \mathcal{T}=n]$。这可以解释为从不接受者拥有最好的劳动力市场机会(即使没有参与),而始终接受者比顺从者拥有更糟糕的劳动力市场机会。这将有助于我们了解在给定激励 Z 下,哪种人属于 a, c 和 n。除此之外,我们还可以确定 X 在始终接受者和从不接受者以及顺从者之间的分布,这为我们提供了对劳动力市

---

[13] 为了完整起见,我们在此补充:

$$E[Y^0 \mid \mathcal{T}=a] = \frac{E[Y^0] - E[Y^0 \mid \mathcal{T}=c]P(\mathcal{T}=c) - E[Y^0 \mid \mathcal{T}=n]P(\mathcal{T}=n)}{P(\mathcal{T}=a)}$$

$$E[Y^1 \mid \mathcal{T}=n] = \frac{E[Y^1] - E[Y^1 \mid \mathcal{T}=c]P(\mathcal{T}=c) - E[Y^1 \mid \mathcal{T}=a]P(\mathcal{T}=a)}{P(\mathcal{T}=n)}$$

场的更多洞见。

第 7 章将讨论这样的识别策略如何帮助我们还原 Y^0 和 Y^1 的整个预期分布,进而也包括还原分位数分布情况。

4.2.4 非二元变量的工具变量

截至目前,我们的大部分讨论都假设 Z 是二元变量。我们可以将其扩展到非二元工具变量或多个工具变量的情形,即 Z 是一个向量。关于后者,我们已经在第 4.1.2 节末尾简要讨论了在二元变量 D 下有多个工具变量的情形。若允许工具变量 Z 为非二元变量,我们可以推导出类似于 (4.16) 的公式,该公式仅比较 Z_i 值位于 Z 支撑区间终点的 (Y_i, X_i, D_i, Z_i) 观测值。假设我们有一个非二元工具变量 Z,其有界支撑区间是 $\text{Supp}(Z) = [z_{\min}, z_{\max}]$。显然,可以根据 Z 的两个不同点处的值定义局部平均处理效应。然而,这将产生多种成对的处理效应,每一种都指不同的(子)总体。与估计许多成对的效应相比,人们可能更倾向于估计可以确定影响的最大(子)总体的平均处理效应,该总体是对工具变量作出反应的个体的总体,见下一小节。在某些假设下,还可以证明所有成对 LATE 的加权平均数(按相应的顺从者数量进行加权)与仅使用 $z_{\min}$ 和 $z_{\max}$ 的 LATE 相同。

将顺从者的子总体定义为对于所有个体 i 有 $D_{i,z_{\min}} = 0$ 和 $D_{i,z_{\max}} = 1$。顺从者包括所有在 Z 从 $z_{\min}$ 增加到 $z_{\max}$ 时从 $D=0$ 切换到 $D=1$ 的个体。对于不同的个体,触发开关 z 值可能不同。如果对任意两个值 z 和 z' 单调性都成立,则每个个体最多切换一次 D。以下假设是假设 (A1C) 到 (A5C) 的扩展,适用于一维但非二元的工具变量。

假设(A1C') 单调性(monotonicity):Z 对 D 的影响是单调的

$$\Pr(D_z > D_{z'}) = 0, \text{对于任意满足 } z_{\min} \leqslant z < z' \leqslant z_{\max} \text{ 的 } z \text{ 和 } z'$$

你可以用 $(z_{\min}, z_{\max})$ 来代替上面的 z 和 z'。

假设(A2C') 顺从者的存在性(existence of compliers):顺从者的子总体具有正概率

$$\Pr(\mathcal{T}= c) > 0, \text{其中对于所有 } i, \quad \mathcal{T}_i = c, \text{如果 } D_{i,z_{\min}} < D_{i,z_{\max}}$$

假设(A3C') 非混淆工具变量(unconfounded instrument):对于任意值 $z \in \text{Supp}(Z)$,任意 $(d, d') \in \{0,1\}^2$ 和所有 $x \in \text{Supp}(X)$,有

$$\Pr(D_z = d, D_{z'} = d' \mid X = x, Z = z) = \Pr(D_z = d, D_{z'} = d' \mid X = x)$$

假设(A4C') 均值排除限制(mean exclusion restriction)：对于任意 $z \in \text{Supp}(Z)$，任意 $d, d' \in \{0, 1\}$ 和所有 $x \in \text{Supp}(X)$，有

$$E[Y_z^d \mid X = x, D_z = d, D_{z'} = d', Z = z] = E[Y_z^d \mid X = x, D_z = d, D_{z'} = d']$$

假设(A5C') 共同支撑区间(common support)：对于 $z_{\min}$ 和 $z_{\max}$，X 的支撑区间相同

$$\text{Supp}(X \mid Z = z_{\min}) = \text{Supp}(X \mid Z = z_{\max})$$

考虑到这些假设，可以证明顺从者子总体的 LATE 可以非参数地识别为

$$E[Y^1 - Y^0 \mid \mathcal{T} = c] = \frac{\int (E[Y \mid X = x, Z = z_{\max}] - E[Y \mid X = x, Z = z_{\min}]) dF_X}{\int (E[D \mid X = x, Z = z_{\max}] - E[D \mid X = x, Z = z_{\min}]) dF_X} \tag{4.23}$$

该公式与式(4.16)类似，但是把 $Z = 0$ 和 $Z = 1$ 替换成了 Z 支撑区间的两个端点。如果 Z 在有限支撑区间上是离散的，则先前的结果成立，并且估计量可以实现 $\sqrt{n}$ 一致性。这当然只是关于渐近行为的一个陈述，它实际上丢弃了 $z_{\min}$ 和 $z_{\max}$ 之间的所有信息。因此，在实践中，你可能更倾向于估计 Z 每增加一点时的 LATE，然后取它们的平均值。这实际上是下一节的想法。对于连续工具变量，不再能实现 $\sqrt{n}$ 一致性，除非它与 $z_{\min}$ 和 $z_{\max}$ 处的质点混合连续-离散。导致这一现象的直观原因是，对于连续的 Z，观察到 $Z_i = z_{\max}$ 或 $z_{\min}$ 的个体的概率为零。因此，我们还必须使用比 $z_{\max}$ 小一点的 Z_i 的观测值，而且为了使非参数回归保持一致，我们需要带宽收敛到零。（类似的情况将出现在下面的断点回归设计中。）[14]

现在考虑具有多个工具变量的情况，即 Z 是向量。有一种方法可以相应地扩展上述假设和推导。设置所有工具变量的符号，使它们都与 D 呈正相关，并使选择函数 ζ 为凸函数，然后重复前述操作。另一种更简单的方法是运用倾向得分匹配的思想。不同的工具变量通过影响 D 进而影响最终结果 Y，因此以 $p(z, x) = \Pr(D = 1 \mid X = x, Z = z)$ 为工具变量可以方便地总结 Z 的不同成分。如果 D 符合指数结构，即 D_i 只通过 $p(Z_i, X_i)$ 受 Z_i 影响[15]，且对于 $p(z, x)$，假设(A1C')

---

[14] 从式(4.23)可以看出，在使用非二元变量 Z 估计 LATE 时偏误-方差权衡变得明显。虽然式(4.23)包含了不同顺从者子总体的适当权重并得出无偏估计量，但只使用了 Z_i 中与 $z_{\min}$ 或 $z_{\max}$ 相等（或接近）的观测值。在端点 $z_{\min}$ 和 $z_{\max}$ 之间的观测值被忽略了，这可能导致较大的方差。可以通过对不同顺从者子总体赋予不同的权重或选择更大的带宽值，以较大的偏误为代价来减小方差。

[15] 因此有 $D_{i,z} = D_{i,z'}$ 如果 $p(z_i, X_i) = p(z', X_i)$。换言之，如果 Z_i 在一个 $p(\cdot, X_i)$ 保持不变的集合内发生变化，D_i 不会变化，另请参见下一节。

到(A5C')都成立,那么 LATE 就是

$$E[Y^1 - Y^0 \mid \mathcal{T} = c]$$
$$= \frac{\int (E[Y \mid X = x, p(Z,X) = \bar{p}_x] - E[Y \mid X = x, p(Z,X) = \underline{p}_x])dF_X}{\int (E[D \mid X = x, p(Z,X) = \bar{p}_x] - E[D \mid X = x, p(Z,X) = \underline{p}_x])dF_X}$$
(4.24)

式中 $\bar{p}_x = \max_z p(z,x)$ 和 $\underline{p}_x = \min_z p(z,x)$。这等价于

$$E[Y^1 - Y^0 \mid \mathcal{T} = c]$$
$$= \frac{\int (E[Y \mid X = x, p(Z,X) = \bar{p}_x] - E[Y \mid X = x, p(Z,X) = \underline{p}_x])dF_X}{\int (\bar{p}_x - \underline{p}_x)dF_X}$$
(4.25)

同样,该公式类似于式(4.16)。估计所依据的两组观测值是 $p(z,x) = \bar{p}_x$ 和 $p(z,x) = \underline{p}_x$ 时的观测值。在第一种表示法式(4.24)中,事实上不需要对 $p(z,x)$ 有确切的了解,确定 $p(Z,X)$ 为最高值和最低值时的观测集并比较它们的 Y 和 D 值就足够了。重要的是 $p(z,x)$ 的排名,而非 $p(z,x)$ 的值本身。[16] 例如,如果 Z 包含两个二元工具变量(Z_1, Z_2),对于 X 的任意值,这两个变量对 D 的影响都是正向的,于是 $Z_1 = Z_2 = 0$ 和 $Z_1 = Z_2 = 1$ 的观测值代表给定 X 时的 $p(Z,X)$ 支撑区间的端点,并可用于估计。

4.3 边际处理效应

一个经常听到的批评是 LATE 识别出了一个人们不感兴趣的参数。由于 LATE 是处理对顺从者子总体的影响,而这个子总体又是由工具变量产生的,任何 LATE 都直接与它的工具变量有关,不能被单独解释。例如,如果 Z 代表一个项目的大小(可用时段的数量),则当它从 z 扩大至 z' 时,LATE 将表示该项目对参与扩大后的项目的子总体的影响。那么这对决策者来说有意义吗? 正如我们在前面几节中所讨论的,这取决于应用环境,尤其是应用的工具变量 Z。特别是如果 Z 代表一种政策工具(费用、税收、资格规则、补助金等),那么 LATE 甚至可

---

[16] 但在式(4.25)中,$p(z,x)$ 的一致估计是很重要的。

能比 ATE 或 ATET 本身更有趣,因为它告诉了我们这些政策干预对于那些做出反应的个体的平均效果。

如果我们面对非二元处理或非二元工具变量,这种解释会变得更加复杂。但如果我们直接考虑连续的工具变量(在实践中经常是这样),解释就会变得更简单,因为这将允许我们研究边际处理效应(marginal treatment effect,MTE)。与我们通常所说的边际效应不同,MTE 是指参与倾向的边际变化(因此是工具变量的边际变化)带来的处理效应。更有趣的是,我们将看到这使我们能够重新定义 ATE、ATET、ATEN 和 LATE,将它们视作 MTE 的一个函数,并将 MTE(更广泛地)与有时称为政策相关处理效应(policy related treatment effects,PRTE)的概念联系起来。如前所述,为了做到这一点,从现在起有必要使用一个连续的工具变量(或至少有一个连续元素的工具变量向量)。

4.3.1 边际处理效应的概念

到目前为止,我们主要讨论了 Z 从 $z_{\min}$ 到 $z_{\max}$ 的变化,这是巨大的跨越,同时这样做也大大减少了可用样本。除了考察 Z 的巨大变化引发的影响,我们还可能想了解如果只改变一点点 Z 会发生什么情况。此外,对于连续的 Z,我们可以考虑 Z 的无限小的变化,以确定正好处于 D 的变化边际的个体的处理效应。如此,我们便可以说 MTE 基本上是 LATE 的极限版本。

我们仍然设置一个二元内生回归项 $D \in \{0,1\}$,可以很容易地将 MTE 理解成倾向边际变化后的处理效应,相当于参与总体的边际变化的处理效应。模型是

$$Y_i^1 = \varphi_1(X_i, U_i^1) \quad Y_i^0 = \varphi_0(X_i, U_i^0), \quad D_i = 1\{\zeta(Z_i, X_i) - V_i \geqslant 0\}$$

其中,φ_d 和 ζ 是未知函数,并假设:[17]

假设 MTE.1 相关性(relevance):$\zeta(Z, X)$ 是一个以 X 为条件的非退化随机变量。

假设 MTE.2 外生性(unconfoundedness):$(U^1, V) \perp\!\!\!\perp Z \mid X$ 和 $(U^0, V) \perp\!\!\!\perp Z \mid X$。

假设 MTE.3 技术性(technical):V 的分布是绝对连续的(关于 Lebesgue 测度)。

---

[17] 在文献中经常添加技术性、非限制性(即在实践中通常会给出的)假设,也就是 Y^0 和 Y^1 具有有限的一阶矩。

假设 MTE. 4 共同支撑区间(common support):几乎可以肯定 $0 < \Pr(D = 1 \mid X) < 1$。

很明显,这个潜在的指标阈值交叉模型(latent index threshold-crossing model)及其假设与我们在引入 LATE(以 X 为条件)时使用的模型相似。主要的区别是,在给 D 建模时,我们使用了一个选择过程的潜在模型,它有一个可加的随机(未观测到的)项 V,并且必须相应地调整假设。此表达式证明了这些工具变量是如何帮助克服内生性问题的:它们被用来为 D 的选择过程建模,并以此确定那些按照规则(4.26)被选择的个体的处理效应。这有助于提高人们对经济(或政策)影响的直觉:$(\zeta(Z_i, X_i) - V_i)$ 决定了 D 的选择,并且可以被视为选择 $D=1$ 时代表净收益或效用的潜在指标。如果净效用大于零,就选择 $D=1$,否则就选择 $D=0$。

你可能会问单调性去哪儿了,即为什么没有不存在逆反者的假设。其实选择规则(4.26)和可加的异质性 V 条件独立于 Z(假设 MTE.2)隐含了单调性。这就保证了对于给定 $X=x$ 和 $Z=z$ 的所有个体来说,工具变量变为 z' 对参与倾向的影响方向是相同的。始终接受者可以被描述为那些 $V_i \leqslant \min_{x,z} \zeta(z,x)$ 的个体,而从不接受者被描述为那些 $V_i > \max_{x,z} \zeta(z,x)$ 的个体。此外,假设 V 是连续的,我们便可以通过正态化 V 的分布(以 X 为条件)来简化解释。由于其分布函数 $F_{V|X}(\cdot)$ 严格递增,以下等式成立:

$$\zeta(Z_i, X_i) \geqslant V_i \Leftrightarrow F_{V|X=X_i}(\zeta(Z_i, X_i)) \geqslant F_{V|X=X_i}(V_i) \Leftrightarrow p(X_i, Z_i) \geqslant F_{V|X=X_i}(V_i)$$

其中 $p(x, z) = \Pr(D = 1 \mid X = x, Z = z)$ 表示参与倾向。最后一个等式之所以成立,是因为当 $V \perp\!\!\!\perp Z \mid X$ 时,

$$p(z, x) = \Pr(D = 1 \mid Z = z, X = x) = \Pr(\zeta(Z, X) - V \geqslant 0 \mid Z = z, X = x)$$
$$= \Pr(V \leqslant \zeta(z, x) \mid Z = z, X = x) = F_{V|Z=z, X=x}(\zeta(z, x)) = F_{V|X=x}(\zeta(z, x))$$

$F_{V|X}(V)$ 是 $[0,1]$ 区间上的正态分布。[18] 因此模型实际上可以写成

$$Y^1 = \varphi_1(X, U^1), \quad Y^0 = \varphi_0(X, U^0) \tag{4.26}$$

$$D = \mathbb{1}\{p(Z, X) - \bar{V} \geqslant 0\}, \text{其中} \quad \bar{V} \mid Z, X \sim \bar{V} \mid X \sim U(0, 1) \tag{4.27}$$

---

[18] 为了证明这一点,考虑(对于严格递增的分布函数) $\Pr(F_V(V) \leqslant c) = \Pr(V \leqslant F_V^{-1}(c)) = F_V(F_V^{-1}(c)) = c$。因此,分布是均匀的。这同样适用于以 X 为条件的情况,即 $\Pr(F_{V|X}(V) \leqslant c \mid X) = \Pr(V \leqslant F_{V|X}^{-1}(c) \mid X) = F_{V|X}(F_{V|X}^{-1}(c)) = c$。

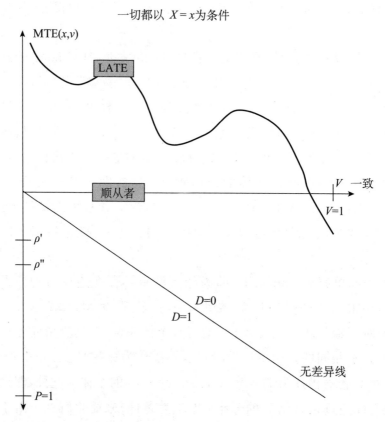

式中 $\bar{V} \equiv F_{V|X}(V)$ 指的是给定 X 时，$\bar{V}$（均值）独立于 Z。因此，误差项的分布可以标准化为以 X 和 Z 为条件的均匀分布。由此，我们为了便于标记写成 V，但在整个过程中都指代的是 $\bar{V}$。可以直观地认为按个人的参与倾向将他们按顺序排列于 0 到 1 的实数线上。V 值低的个体很可能参与项目，而 V 值高的人不太可能参与项目。通过改变 Z 来改变 $p(Z,X)$，每个人的参与倾向或多或少会变化。因此，下文中我们将 $P_i = p(X_i, Z_i)$ 视作工具变量。回想一下如何处理多个工具变量：把它们转化成一维的参与概率。实际中，需要估计 $p(z,x)$，这使得合并多个工具变量并不容易。

检查以下所有以 X 为条件的，即隐含控制 X 的内容。如果 Z 只取两个不同的值（给定 X），即 $Z \in \{z', z''\}$，那么 P 也只取两个不同的值，即 $P \in \{\rho', \rho''\}$，并假设 $\rho' < \rho''$。无论 P 值如何，$V_i < \rho'$ 的个体始终会参与实验，而 $V_i > \rho''$ 的个体永远不会参与。$\rho' \leqslant V_i \leqslant \rho''$ 是那些若将工具变量从 z' 改为 z'' 就会被诱导参与实验的个体。对于这些顺从者，对于 $\rho' < \rho''$，有

$$\text{LATE}(x, \rho', \rho'') = E[Y^1 - Y^0 \mid X = x, \rho' \leqslant P \leqslant \rho'']$$

$$= \frac{E[Y \mid x, \rho''] - E[Y \mid x, \rho']}{\rho'' - \rho'} \tag{4.28}$$

我们使用这个关系：$E[D \mid X = x, P = \rho''] = E[E[D \mid X, Z, P(Z, X) = \rho''] \mid X = x, P = \rho'']$ 等于 $E[E[D \mid X, Z] \mid X = x, P = \rho''] = \rho''$。为了证明这一点，请注意

$$E[Y \mid X = x, P = \rho] = E[Y \mid X = x, P = \rho, D = 1]\Pr(D = 1 \mid X = x, P = \rho)$$
$$+ E[Y \mid X = x, P = \rho, D = 0]\Pr(D = 0 \mid X = x, P = \rho)$$
$$= \rho \cdot \int_0^\rho E[Y^1 \mid X = x, P = v]\frac{dv}{\rho} + (1 - \rho) \cdot \int_\rho^1 E[Y^0 \mid X = x, P = v]\frac{dv}{1 - \rho}$$
$$\tag{4.29}$$

这给出了 Z 从 z' 变为 z'' 时的增量（surplus）：

$$E[Y \mid X = x, P = \rho''] - E[Y \mid X = x, P = \rho']$$
$$= \int_{\rho'}^{\rho''} E[Y^1 \mid X = x, V = v]dv - \int_{\rho'}^{\rho''} E[Y^0 \mid X = x, V = v]dv$$
$$= \int_{\rho'}^{\rho''} E[Y^1 - Y^0 \mid X = x, V = v]dv = (\rho'' - \rho') \cdot E[Y^1 - Y^0 \mid X = x, \rho' \leqslant V \leqslant \rho'']$$

因此，增量部分是指 $X = x$ 的（子）总体接受处理的预期回报。如果你想了解被 Z 的这种变化诱导而选择参与的个体的 LATE，就必须用这个表达式除以 $(\rho'' - \rho')$。

我们再次注意到，如果 Z 具有许多不同的值，则可以为 Z 的任意两个值定义不同的 LATE，回忆式（4.8）。如果 Z 是连续的，我们可以取式（4.29）的导数

$$\frac{\partial E[Y \mid X = x, P = \rho]}{\partial \rho} = \frac{\partial}{\partial \rho}\int_0^\rho E[Y^1 \mid X = x, P = v]dv$$
$$+ \frac{\partial}{\partial \rho}\int_\rho^1 E[Y^0 \mid X = x, P = v]dv$$
$$= E[Y^1 \mid X = x, V = \rho] - E[Y^0 \mid X = x, V = \rho]$$
$$= E[Y^1 - Y^0 \mid X = x, V = \rho]$$

现在可以将边际处理效应定义为

$$\text{MTE}(x, p) = E[Y^1 - Y^0 \mid X = x, V = p] = \left.\frac{\partial E[Y \mid X = x, P = v]}{\partial v}\right|_{v = p}$$

前提是 $E[Y \mid X = x, P = p]$ 在 P 取 p 值时可微。边际处理效应是可观测特征 $X = x$ 和不可观测特征 $V = p$ 上的平均处理效应。因此，MTE 通常用 $\text{MTE}(x, v)$ 表示，其中 v 表示选择方程中的不可观测特征。因此，我们讨论当 $P = p$ 时，参与和不参与没有区别的个体。

可以通过估计 $E[Y\mid X,P]$ 相对于 P 的导数来获得 MTE，因此通常也被称为局部工具变量估计（local instrumental variable estimator，LIVE）。一个明显的非参数估计量是 (X_i-x) 和 (P_i-p) 的局部线性回归估计量，其中 (P_i-p) 的系数给出了 $X=x$ 在 p 点处偏导数的估计值。这必定是在 p 和 x 上的一个非参数函数。仅当具有参数函数形式时，或者如果（之后）在 x 和 p 上进行积分，我们将得到一个 $\sqrt{n}$ 速率（一致）估计量。这将在稍后讨论。

4.3.2 边际处理效应与其他处理效应的关系

边际处理效应是 X 和 v 的函数，其中混杂变量 X 能用来匹配在可观测特征上相似的人群，而不可观测异质性 v 能控制处理效应的异质性。让我们把 X 固定为 x。根据我们在哪个 P 或 V 的支撑区间内对 MTE 进行积分，可以得出 ATE、ATET、ATEN 或 LATE。事实上可以证明，

$$\text{ATE}(x) = E[Y^1-Y^0\mid X=x] = \int_0^1 \text{MTE}(x,v)dv$$

$$\text{ATET}(x) = E[Y^1-Y^0\mid X=x, D=1]$$

$$= \int_0^1 E[Y^1-Y^0\mid X=x, P, D=1]dF_{P\mid X=x, D=1}$$

$$= \int_0^1 E[Y^1-Y^0\mid X=x, P=\rho, D=1]$$

$$= \int_0^\rho \text{MTE}(x,v)\frac{dv}{\rho}dF_{P\mid X=x, D=1}$$

$$= \int_0^1 \text{MTE}(x,v)\frac{1-F_{P\mid X=x}(v)}{\Pr(D=1\mid X=x)}dv$$

$$\text{ATEN}(x) = \int_0^1 \text{MTE}(x,v)\frac{F_{P\mid X=x}(v)}{1-\Pr(D=1\mid X=x)}dv$$

$$\text{LATE}(x,\rho',\rho'') = E[Y^1-Y^0\mid X=x,\rho'\leqslant P\leqslant \rho''] = \int_{\rho'}^{\rho''}\text{MTE}(x,v)\frac{dv}{\rho''-\rho'}$$

因此，所有这些处理效应都可以写成 MTE 的加权平均数。$p(Z,X)$ 的支撑区间决定了我们可以识别哪些效应。如果 Z 是连续的且对 D 有显著影响，那么给定 X 的 $p(Z,X)$ 的支撑区间将很大，可以识别出许多不同的影响。但是，如果 Z 只诱导少数个体改变状态，那么就只能识别出很少的影响。这也表明 Z 对 D 有重大的影响是很重要的。回想一下，外推法必须小心进行（如果有的话），而且只有在参数模型中才可能进行外推。所以问题的关键在于你是否得到了对于任

意给定的 x，MTE(x,p) 在 p 从 0 到 1 的整个区间上的估计值，而且对于 $F_{P|X=x}$ 来说，也需检视同样的问题。

因此你可能会说，我们至少应该尝试估计可以识别出的最大的子总体的处理效应。假设 $S_{p|x} = \text{Supp}(p(Z,X) \mid X=x)$ 是给定 X 时 p 的支撑区间，设 $\underline{p}_x$ 和 $\overline{p}_x$ 为 $S_{p|x}$ 的 inf 和 sup，则对 $X=x$ 的最大子总体的处理效应是 LATE$(x,\underline{p}_x,\overline{p}_x)$。当然，如果 $\underline{p}_x = 0$ 和 $\overline{p}_x = 1$，就可以得到以 X 为条件的 ATE。因此，我们又陷入了工具变量估计的典型困境：一方面，我们希望有一个强大的工具变量 Z，使得以 X 为条件的 $p(Z,X)$ 有一个较大的支撑区间；另一方面，工具变量越强，所需的假设就越不可信。此外，如果我们想对在不同 x 值上估计出的处理效应进行平均，那么我们仅能确定这组 x 值在 $\sup_x \underline{p}_x$ 和 $\inf_x \overline{p}_x$ 上的影响，进一步减小了可识别处理效应的集合。但是，如果 X 是外生的，即独立于 U^1 和 U^0，且我们的目标是把处理效应在所有 x 值上平均，那么我们可以增大识别区域，见下文。

一个有趣的问题是，当 LATE(x)（作为 x 的函数）等于 ATE 时，可以归结为（对于给定的工具变量）MTE(x,p) 在何处的 p 上是常数的问题。可以有很多方法来给出这个问题的答案。基本上你需要的是，对于给定的工具变量和 x，参与收益或回报 $(Y^1 - Y^0) = \{\varphi_1(x,U^1) - \varphi_0(x,U^0)\}$；回忆式(4.27)不随参与决策中不可观测的异质性 V 而变化。这怎么用公式表达呢？首先，我们假设结果方程中的不可观测部分具有可加分离性，重新定义 $\varphi_d(x) = E[Y^d \mid X=x]$ 和 $U^d := Y^d - E[Y^d \mid X=x]$，对于 $d=0,1$。然后你可能会要求 $(U^1 - U^0) \perp\!\!\!\perp V \mid_{X=x}$。回顾 $Y = DY^1 + (1-D)Y^0 = Y^0 + D(Y - Y^1 - Y^0)$，我们有

$$E[Y \mid P=p, X=x] = E[Y^0 \mid P=p, X=x]$$
$$+ E[\{\varphi_1(x) - \varphi_0(x) + U^1 - U^0\} 1\{p > V\}]$$
$$= E[Y^0 \mid P=p, X=x]$$
$$+ p \cdot \text{ATE}(x) + \int_0^p E[U^1 - U^0 \mid V=v] dv$$

记住 $V \sim U[0,1]$。MTE 是上式相对于 p 的导数，因此

$$\text{MTE}(x,p) = \frac{\partial E[Y \mid P=p, X=x]}{\partial p} = \text{ATE}(x) + E[U^1 - U^0 \mid V=p]$$

如果 $(U^1 - U^0) \perp\!\!\!\perp V \mid_{X=x}$，那么因为此（条件）独立性，$E[U^1 - U^0 \mid V=p]$ 不可能是 p 的函数。因此，如果 $E[Y \mid P=p, X=x]$ 是 p 的线性函数，那么我们可以得出 MTE$(x,p) = $ ATE(x)，因此 MTE$(x) = $ ATE$(x) = $ LATE(x) 也成立。换言之，x 足以解释处理效应的异质性。存在大量非参数函数形式检验来检查

$E[Y \mid P=p, X=x]$ 是否符合线性，见 Gonzalez-Manteiga 和 Crujeiras(2013) 关于非参数检验的综述。这些检验中哪一个最适合于哪种情况取决于您计划用于估计的平滑方法。[19] 由于我们建议对 $E[Y \mid P=p, X=x]$ 使用局部线性或局部二次估计量来直接得到 $\text{MTE}(x,p)$ 的估计值，一个简单的策略就是检查 $\text{MTE}(x,p)$ 在 p 上是否为常数。显而易见的问题是，对于任何一个以复杂的多重检验问题结尾的 x，都必须检查 $\text{MTE}(x,p)$ 是否为常数。对于 x 和 p 的影响为参数的模型，可以得出一个简单的解。

由于 MTE 定义了由工具变量 Z 引起的"参与倾向"的边际变化导致的 Y 的变化，因此看看政策变化引起的社会福利收益的一般公式是怎样的，将是一个有趣的问题。

例 4.14 一项政策可以通过财政手段增加对接受教育或延长教育的激励（不直接影响 20 年后劳动力市场的教育报酬）。如果该政策仅改变 Z 而不影响任何结构关系，则可以通过适当地平均 MTE 来确定政策的影响。通常，如果 Z 也与一个会影响潜在薪酬的变量相关，就会出现问题，除非你可以观察到所有这些变量及其条件。

考虑两个潜在政策，用 a 和 b 表示，它们的区别在于它们影响参与倾向的程度，但模型在这两个政策下仍然有效，特别是工具变量依然满足独立性条件。用 P_a 和 P_b 分别表示政策 a 和 b 下的参与概率。如果政策 a 和 b 下的潜在结果和 V 的分布相同（以 X 为条件），则这两个政策下的 MTE 相同，因此 MTE 对这两个政策的变动不作反应。任何功利主义的福利函数（也称为边沁福利函数）都是对每个人的效用进行加总以获得社会整体福利。所有人接受的处理都是一样的，不管他们最初的效用如何。对于这种关于 Y 的社会福利函数，假设为 $\mathcal{U}$，MTE 为

$$\text{MTE}_\mathcal{U}(x,v) = E[\mathcal{U}(Y^1) - \mathcal{U}(Y^0) \mid X=x, V=v]$$

对于给定水平 X 的个人，政策影响为

$$E[\mathcal{U}(Y_a) \mid X=x] - E[\mathcal{U}(Y_b) \mid X=x] = \int_0^1 \text{MTE}_\mathcal{U}(x,v)$$
$$\{F_{P_b \mid X}(v \mid x) - F_{P_a \mid X}(v \mid x)\}dv$$

其中 $F_{P_b \mid X}$ 和 $F_{P_a \mid X}$ 是各自的参与概率的分布函数。文献中经常提到与政策相关

---

[19] 关于检验问题中带宽选择的详细信息，请参见 Sperlich(2014)。

的处理参数(policy relevant treatment parameters)。如果可以预测不同政策下的 P 的分布，它就能在计算政策影响时作为 MTE 的适当权重。

4.3.3 扩展：识别潜在结果的分布并增大识别区域

我们已经对基本边际处理效应概念进行了多次扩展。首先考虑确定整个潜在结果的分布。注意

$$\begin{aligned} E[YD \mid X, P = \rho] &= E[Y^1 \mid X, P = \rho, D = 1] \cdot \rho \\ &= E[\varphi_1(X, U^1) \mid X, P = \rho, V \leqslant \rho] \cdot \rho \\ &= \rho \int_0^\rho E[\varphi_1(X, U^1) \mid X, P = \rho, V = v] \cdot \\ &\quad f_{V \mid X, P = \rho, V \leqslant \rho}(v) dv \end{aligned} \qquad (4.30)$$

利用 P 是关于 X 和 Z 的确定性函数，$(U^1, V) \perp\!\!\!\perp Z \mid X$，且 $V \sim U[0,1]$（给定 Z 时，也与 X 无关），我们得到式(4.30)等于

$$= \int_0^\rho E[Y^1 \mid X, V = v] dv$$

将这个表达式对 ρ 求导，得到

$$\frac{\partial E[YD \mid X, P = \rho]}{\partial \rho} = E[Y^1 \mid X, V = \rho] \qquad (4.31)$$

对 Y^0 做类似计算，得出

$$\frac{\partial E[Y(D-1) \mid X, P = \rho]}{\partial \rho} = E[Y^0 \mid X, V = \rho]$$

因此，平均潜在结果 Y^0 和 Y^1 是分别确定的。因此，我们可以类似地，用 $\mathbb{1}\{Y \leqslant c\}$ [对于任意 $c \in (0,1)$] 代替 Y，识别潜在结果分布以得到 $F_{Y^1 \mid X, V} = \rho$ 和 $F_{Y^0 \mid X, V} = \rho$。

通过 YD 在 X 和 P 上的非参数回归，我们可以估计出式(4.31)。为了避免一个样本有许多零，对 Y 和 D 的乘积在回归项上进行回归时，可以将此改写为

$$\begin{aligned} E[Y^1 \mid X, V = \rho] &= \frac{\partial E[YD \mid X, P = \rho]}{\partial \rho} = \frac{\partial}{\partial \rho}(E[Y \mid X, P = \rho, D = 1] \cdot \rho) \\ &= \rho \frac{\partial E[Y \mid X, P = \rho, D = 1]}{\partial \rho} + E[Y \mid X, P = \rho, D = 1] \end{aligned}$$
$$(4.32)$$

因此，可以从 $D=1$ 总体中 Y 的条件平均值及其导数估计潜在结果。

可以用两种方法估计分布函数 $F_{Y^1 \mid X, V}$ 和 $F_{Y^0 \mid X, V}$。一种方法是如前所述，用

$1\!\!1\{Y\leqslant c\}$ 代替 Y。或者,我们也可以使用加法可分离模型的结构,其中

$$Y_i^1 = \varphi_1(X_i) + U_i^1 \quad \text{和} \quad Y_i^0 = \varphi_0(X_i) + U_i^0 \tag{4.33}$$

这意味着条件密度

$$f_{Y^d|X,V}(c \mid x,v) = f_{U^d|X,V}(c - \varphi_d(x) \mid x,v) = f_{U^d|V}(c - \varphi_d(x) \mid v)$$

在估计了 $\varphi_d(x)$ 后,后者可作为密度估计值。

此外,上述计算还揭示了识别区域的增大是如何实现的。之前我们简要地讨论了当确定 X 后,工具变量 Z 不会引起倾向得分的太多变化时,处理效应识别的问题。事实上,$E[Y^1 \mid X, V = \rho]$ 和 $F_{Y^1|X,V=\rho}$ 仅在位于 P 的条件分布的支撑区间的 ρ 值上能被识别,即 $P \mid (X, D = 1)$,而 $E[Y^0 \mid X, V = \rho]$ 和 $F_{Y^0|X,V=\rho}$ 仅在位于 $P \mid (X, D = 0)$ 的支撑区间的 ρ 值能被识别。由于 P 仅是 X 和 Z 的确定性函数,$P \mid X$ 的任何变化都只能由 Z 的变化引起。除非工具变量 Z 具有很强的预测能力,使得对于每个 X 值,它们都会使 $P \mid X$ 产生重大变化,否则对于给定的 x 来说,能识别出 $F_{Y^1|X,V}$ 和 $F_{Y^0|X,V}$ 的 (X, V) 的值的集合可能很小。补救措施是如果我们可以对 X 进行积分,这将大大扩大识别区域。

虽然扩展到不可分离的情况可能是可以考虑的,但是我们继续使用限制严格的模型 (4.33)。另一个更为严格和难以放松的假设是误差 U^d 和 V 联合独立于 Z 和 X,即 $(U^0, V) \perp\!\!\!\perp (Z, X)$ 和 $(U^1, V) \perp\!\!\!\perp (Z, X)$。重复上面的计算,我们得到

$$E[Y \mid X, P = \rho, D = 1] = \int_0^\rho E[Y^1 \mid X, V = v] \frac{dv}{\rho} = \varphi_1(X) + \int_{-\infty}^\rho E[U^1 \mid V = v] \frac{dv}{\rho}$$
$$= \varphi_1(X) + \lambda_1(\rho), \text{其中} \lambda_1(\rho) := \int_0^\rho E[U^1 \mid V = v] \frac{dv}{\rho}$$
$$\tag{4.34}$$

注意,我们可以通过检查不同 X 值和 ρ 恒定下的 $E[Y \mid X, P = \rho, D = 1]$ 来识别函数 $\varphi_1(X)$。类似地,我们可以识别出函数 φ_0。这些结果是有帮助的,但还不能为我们提供边际处理结果

$$E[Y^d \mid X, V = \rho] = \varphi_d(X) + E[U^d \mid X, V = \rho]$$
$$= \varphi_d(X) + E[U^d \mid V = \rho], \quad d = 0, 1$$

因为最右边的项缺失。但是通过一些计算,我们得到了

$$E[U^d \mid V = \rho] = \rho \frac{\partial E[Y - \varphi_d(X) \mid P = \rho, D = d]}{\partial \rho}$$
$$+ E[Y - \varphi_d(X) \mid P = \rho, D = d], \quad d = 0, 1$$

因为 P 是 X 和 Z 的确定性函数,且 $U^d \perp\!\!\!\perp (Z, X) \mid V$。

是什么使这个表达式不同于式(4.32)？主要区别在于，此识别是对支撑区间 $P \mid D = 1$ 的所有 ρ 值进行的，因此没有以 X 为条件。在式(4.32)中，我们只在支撑区间 $P \mid (X, D = 1)$ 的情况下进行识别。支撑区间 $P \mid D = 1$ 可能大得多，因为 P 的变化也可以由 X 导致。相反，当我们观察 $P \mid (X, D = 1)$ 的支撑区间时，只有 Z 的变化才能改变 P。因此，我们不再需要强大的工具变量来获得大的识别区域，因为足够多的协变量 X 可以将 P 从非常小的值移动到非常大的值。这种方法的缺点是假设了 U^d 的加法可分性，以及上述独立性假设对 X 外生性的要求。

在转向非二元模型之前，值得强调的是，MTE 的识别主要取决于选择方程指标的加法可分性：$D_{i,z} = \mathbb{1}\{p(z, X_i) - V_i \geqslant 0\}$。此表达式从两个不同的角度隐含了单调性。第一个角度是，以 X 为条件，z 的变化会使每个的人的参与指标朝同一方向移动。因此，如果 z 的增加使个体 i 更倾向于参与，且 i 和 j 两个人有相同的 x，那么 z 的增加也会使个体 j 更倾向于参与。这是 LATE 框架中讨论的单调性的一部分，它排除了逆反者，即它排除了即使在控制 x 时，工具变量的移动也会对不同的人产生不同的处理倾向的可能。第二个角度是，同样以 X 为条件，就像个体之间的秩不变性假设(rank invariance assumption)：如果 V_i 小于 V_j，无论工具变量的值是多少，个体 i 总是比个体 j 更倾向于参与。换句话说，可以根据参与意愿对个体进行排序：V 值较小的个体总是比 V 值较大的个体更倾向于参与。在二元模型中，这两个单调性的定义本质上是等价的，进而我们可以使用这个更直观或更易于用经济推理进行验证的公式。在二元模型中，关于工具变量影响的单调性已被频繁讨论，但在估计处理对结果分位数或分布的影响时，排名（或按参与倾向对个体排序）的单调性假设也很重要，它在下一节的非二元变量模型中占主导地位。

4.4 非二元选择模型的单调性

前面的章节研究了使用标量二元内生回归项 D 的处理效应识别。这是一种简单的情况，尽管在许多情况下已经足够。在 D 离散的情况下，通常可以扩展上述方法。如果现在处理 D 是连续的，并且包括混杂变量 X，那么非参数识别变得更加复杂。为了使事情相对简单，这里所研究的模型基于（选择性或）选择方程中的限制。具体而言，我们仍然使用三角系统(triangularity)

$$Y = \varphi(D, X, U), \text{其中} \quad D = \zeta(Z, X, V) \tag{4.35}$$

这里假设 Y 不影响 D。换言之，我们仍然施加一个因果链，其中 D 可能影响 Y，但相反则不成立。基于时序，这种模型可能是合适的，例如，如果 D 代表学校教育，Y 代表二十年后的某个结果。在另一种情况下，例如市场均衡中的 Y 代表供给、D 代表需求时，这样的三角模型便不再适用。

4.4.1 三角系统中的连续处理

我们从三角模型和连续变量 D 开始，但是对 Y 的支撑区间不施加特别的限制。我们主要研究识别问题。对内生的、连续的 D 进行非参数化估计实际上是相当困难的。一种流行的方法是所谓的广义控制变量法（generalised control variable approach）。[20] 基本思想是在估计 $\varphi(\cdot)$ 时，以 V 的预测值为条件来控制 D 的潜在内生性。本章的推理基于基本的直觉，即假设函数 ζ 在其第三个参数上是严格单调的，可以相对于 V 求它的反函数。反函数只依赖于可观测变量 (D, Z, X)，因此它是可以识别的。假设没有测量误差，也没有由于函数错误设定而导致的内生性（因为我们现在使用非参数估计），再以此反函数为条件求 Y，就应该能控制第一个方程中 D 的内生性的剩余（潜在）来源。请注意，U 可以是任何维度的变量，我们甚至可以像前面小节中那样看 U^D，但 V 则不能。

具体而言，下面我们将必要的假设公式化，看看通过应用这些公式可以识别什么。请注意，它们与我们在上面看到的非常相似。

假设 IN.1 $(U, V) \perp\!\!\!\perp (X, Z)$

这个假设可以分解为 $(U, V) \perp\!\!\!\perp Z \mid X$ 和 $(U, V) \perp\!\!\!\perp X$。第一部分与前几节中的假设类似。第二部分要求变量 X 也是外生的，即与 U 和 V 无关。

假设 IN.2 V 是一个标量，ζ 在 V 上严格单调，其概率为 1。

我们想象将 ζ 标准化，使它在 v 上始终递增。和以前一样，我们也可以将 V 标准化为一个一致的随机变量。ζ 的（弱）单调的假设对应于内生回归项 D 的秩不变性假设。

例 4.15 设 D 为受教育年限。对于个体 i 和 j，v_i 大于 v_j 的个体 i（具有相同

---

[20] 更多的时候，你可能会看到控制函数（control function）的概念，这通常是指 V 的影响在模型中作为一个单独的函数出现的一种特例。

的特征 X 并且被分配相同的 z)将始终获得至少与个体 j 一样多的学校教育,无论工具变量 Z 的值如何。当我们在 X 中包含许多变量,且这些可以由 X 捕获的异质性不再由 V 捕获时,这种假设可能更合理。

严格单调性假设本质上要求 D 是连续的。这个假设还意味着,若不进一步施加结构,我们不允许存在一个普遍的反向因果关系。假设真正的模型是这样的
$$Y = \varphi(D, X, U), \quad D = \zeta(Z, X, V, Y)$$
即 D 也是 Y 的函数。我们可以将第一个方程代入第二个方程中,得到
$$Y = \varphi(D, X, U), \quad D = \zeta(Z, X, V, \varphi(D, X, U))$$
这意味着 D 依赖于两个不可观测的变量。现在我们看到影响 D 的不可观测项是二维的,因此我们不能用一维不可观测变量的逆函数来描述模型。因此,只能联立方程并施加更多的结构才能解决这个问题。

回到三角模型。如前所述,存在着一种简单明了的所谓控制函数方法。其基本想法是由于 V 应该捕获了 D 中所有的内生性,所以在研究 D 对 Y 的影响时,控制 V 即可。我们一步步分析。假设 IN.2 表示存在 v 上的 ζ 的反函数:$v = \zeta^{-1}(z, x, d)$ 从而 $\zeta(z, x, \zeta^{-1}(z, x, d)) = d$。因此若已知 ζ,那么不可观测的 V 将由 z, x 和 d 确定。对于未知的 ζ,根据假设 IN.1,仍有
$$F_{D|ZX}(d \mid z, x) = \Pr(D \leqslant d \mid X = x, Z = z) = \Pr(\zeta(z, x, V) \leqslant d \mid X = x, Z = z)$$
$$= \Pr(V \leqslant \zeta^{-1}(z, x, d)) = F_V(\zeta^{-1}(z, x, d)) = F_V(v)$$

如果 V 的分布是连续的,$F_V(v)$ 是 v 的一一对应函数,因此控制 $F_V(v)$ 与控制 V 相同。[21] 因此,两个具有相同值 $F_{D|ZX}(D_i \mid Z_i, X_i)$ 的个体具有相同的 V。由于 $F_{D|ZX}(d \mid z, x)$ 只依赖于观察到的协变量,它就是可以识别的。我们从第 2 章知道,这可以通过非参数回归估计,注意 $F_{D|ZX}(d \mid z, x) = E[\mathbb{1}(D \leqslant d) \mid Z = z, X = x]$。

在控制 V 后,观察到的 D 的变化与 U 的变化是随机独立的,从而使得 D 对结果变量的影响可以与 U 的影响分离开来。但需要在控制 V 和 X 后,D 由工具变量 Z 引起变化。因此,D 的内生性的控制方式与可观测变量选择方法类似,即匹配法。

---

[21] 如果 V 不是连续分布的,$F_V(v)$ 包含步数,并且具有相同 $F_V(v)$ 的 v 的值的集合 $\{v: F_V(v) = a\}$ 不是一个单变量。然而,这个集合中只有一个元素有正概率,即最小的那个元素,因此控制 $F_V(v)$ 就等于控制这个具有正概率的元素。

为了简化符号,定义随机变量
$$\bar{V} \equiv F_V(V) = F_{D|ZX}(D \mid Z, X)$$
并假设 $\bar{v}$ 是它的实现值。$\bar{V}$ 可以看作 V 到单位区间的保秩变换(rank‐preserving trans formation)。例如,如果 V 在 $[0,1]$ 上均匀分布,那么 $\bar{V} = V$(这与我们在第 4.3.1 节中的做法基本相同)。在评估处理效应时,人们经常看到平均结构函数(average structural function, ASF)的表述,即给定 x 和处理 d 时的平均结果 Y。为了识别 ASF,请注意,控制 $\bar{V}$ 后,由下式控制内生性:
$$f_{U|D,X,\bar{V}} = f_{U|X,\bar{V}} = f_{U|\bar{V}}$$
因为我们有
$$E[Y \mid D = d, X = x, \bar{V} = \bar{v}] = \int \varphi(d, x, u) \cdot f_{U|DX\bar{V}}(u \mid d, x, \bar{v}) du$$
$$= \int \varphi(d, x, u) f_{U|\bar{V}}(u \mid \bar{v}) du$$

可以得出 $(D, X) = (d, x)$ 的 ASF:
$$\text{ASF}(d, x) := \int E[Y \mid D = d, X = x, \bar{V} = \bar{v}] \cdot f_{\bar{V}}(\bar{v}) d\bar{v}$$
$$= \iint \varphi(d, x, u) \cdot f_{U|\bar{V}}(u \mid \bar{v}) du \cdot f_{\bar{V}}(\bar{v}) d\bar{v}$$
$$= \int \varphi(d, x, u) \left(\int f_{U,\bar{V}}(u, \bar{v}) d\bar{v} \right) du = \int \varphi(d, x, u) f_U(u) du \quad (4.36)$$

假设表达式中的所有条件矩都是有限的,并且假设 $f_{\bar{V}}(\bar{v})$ 不为零时,能确定所有 $\bar{v}$ 上的 $E[Y \mid D = d, X = x, \bar{V} = \bar{v}]$。后者要求 $\bar{V} \mid (D, X)$ 与 $\bar{V}$ 的支撑区间相同,这在实践中可能是相当严格的。当然,这也要看具体情况。

例 4.16 再次举学校的例子。如果我们想确定受教育年限 $d = 5$ 年的平均结构函数,并假设"学习能力"V 的分布范围为 0 到 1,则有必要观察受教育年限 $d = 5$ 年的所有能力水平的人。如果,例如,位于能力分布的上半部分的人总是选择 5 年以上的受教育年限,$E[Y \mid D = 5, X, \bar{V}]$ 就不能反映出那些拥有较大的能力 $\bar{V}$ 的人的情况。换言之,受 5 年教育的子总体中将缺失高能力个体。如果是这样的话,我们将永远无法从数据中推断出如果这些高能力的人只接受了 5 年的教育,他们将获得什么样的收入。

从这个例子可以看出,我们需要这样一个假设,公式化表示为

假设 IN.3 全范围条件(full range condition):对于所有需确定 ASF 的 (d, x),有

$$\text{Supp}\,(\bar{V} \mid X = x, D = d) = \text{Supp}\,(\bar{V})$$

因此，如前几节所述，由于给定 d 和 x 时，$\bar{V}$ 的支撑区间仅取决于工具变量 Z，这就要求工具变量的取值有较大的变化。就例 4.16 而言，这要求该工具变量足够强大，可以将所有人的学校教育年限都变成 5 年。通过改变 Z 值，必须诱导学习能力最高和能力最低的个体选择 5 年的受教育年限。

类似的推导表明了分布结构函数(distribution structural function，DSF)和分位数结构函数(distribution structural function，QSF)的识别过程：

$$\int E[\mathbb{1}\{Y \leqslant a\} \mid D = d, X = x, \bar{V} = \bar{v}] \cdot f_{\bar{V}}(\bar{v})d\bar{v}$$
$$= \iint \mathbb{1}\{\varphi(d,x,u) \leqslant a\} \cdot f_{U|\bar{V}}(u \mid \bar{v}) du \cdot f_{\bar{V}}(\bar{v}) d\bar{v}$$
$$= \int \mathbb{1}\{\varphi(d,x,u) \leqslant a\} f_U(u) du$$

上式可以被识别为

$$\text{DSF}(d,x;a) = \int F_{Y|DX\bar{V}}[a \mid D = d, X = x, \bar{V} = \bar{v}] \cdot f_{\bar{V}}(\bar{v})d\bar{v} \quad (4.37)$$

如果我们只对预期的潜在结果 $E[Y^d]$ 感兴趣，即 ASF 只是 d 的函数而不是 x 的函数，我们可以稍微放宽之前的假设。请注意，根据下式可以得出预期的潜在结果：

$$E[Y^d] = \iint E[Y \mid D = d, X = x, \bar{V} = \bar{v}] \cdot f_{X\bar{V}}(x,\bar{v}) dx d\bar{v} \quad (4.38)$$

见习题 9。对于这个结果，我们甚至可以将假设 IN.1 放宽至 $(U,V) \perp\!\!\!\perp Z \mid X$，不再要求 $(U,V) \perp\!\!\!\perp X$。我们将不得不改变标记，因为此时我们应该允许分布函数 F_V 依赖于 X。此外，共同支撑区间假设 IN.3 变为：对于所有需确定 $E[Y^d]$ 的 d，我们需要

$$\text{Supp}(\bar{V}, X \mid D = d) = \text{Supp}\,(\bar{V}, X)$$

为了将此假设与原始假设进行比较，可以将其重写为

$$\text{Supp}(\bar{V} \mid X, D = d) = \text{Supp}\,(\bar{V} \mid X) \quad \text{以及} \quad \text{Supp}\,(X \mid D = d) = \text{Supp}\,(X)$$

第一部分在某种意义上比假设 IN.3 弱，因为 $\text{Supp}(\bar{V} \mid X = x, D = d)$ 需要包含那些只在 $X=x$ 总体中观察到的"能力"值 $\bar{V}$，而不是在更大的总体上观察到的所有值。因此，可以使用一个较弱的工具变量。然而，这一假设并不一定严格地弱于假设 IN.3，因为此假设必须适用于 X 的所有值。上述假设的第二部分是新的，之前的假设中不需要这个条件。

例 4.17 设 X 为家庭收入。能力 $\bar{V}$ 可能与家庭收入正相关。考虑 $X=$ 低收入家庭。先前的假设 IN.3 要求整个总体的所有能力值也能在 $D=d$ 的低收入子总体中观察到。上述假设的第一部分只要求在低收入家庭观察到的所有能力值在 $D=d$ 子总体中也能观察到。

假设 IN.3 还是相当强的，且可能无法满足。但是对于识别平均导数（average derivatives）而言，这是不必要的假设。假设 φ 在第一个元素上连续可微，概率为 1。再次回顾等式

$$E[Y \mid D=d, X=x, \bar{V}=\bar{v}] = \int \varphi(d,x,u) \cdot f_{U|\bar{V}}(u \mid \bar{v}) du$$

我们可以估计：

$$E\left[\frac{\partial E[Y \mid D, X, \bar{V}]}{\partial d}\right] = E\left[\frac{\partial \int \varphi(D,X,u) \cdot f_{U|\bar{V}}(u \mid \bar{V}) du}{\partial d}\right]$$

然而，我们需要的是

$$\text{ADer} = E\left[\frac{\partial \varphi(D,X,U)}{\partial d}\right] = E\left[E\left[\frac{\partial \varphi(D,X,U)}{\partial d} \mid D, X, \bar{V}\right]\right]$$

$$= E\left[\int \frac{\partial \varphi(D,X,u)}{\partial d} \cdot f_{U|D,X,\bar{V}}(u \mid D, X, \bar{V}) du\right]$$

$$= E\left[\int \frac{\partial \varphi(D,X,u)}{\partial d} \cdot f_{U|\bar{V}}(u \mid \bar{V}) du\right]$$

如果微分项和积分项是可互换的，则表达式可等同于

$$\text{ADer} = E\left[\frac{\partial E[Y \mid D, X, \bar{V}]}{\partial d}\right]$$

由于只在观察到 $E[Y \mid D, X, \bar{V}]$ 的地方计算它的导数，因此不需要很大的支撑区间。

4.4.2 三角系统中的有序离散处理

考虑内生回归项 D 是离散的但不一定是二元的情形，比如 $D \in \{0, \cdots, K\}$。为了简化演示，我们假设有一个二元工具变量 Z。当 D 取许多不同的值时，所谓的服从强度（compliance intensity）可能因个体而异。当 Z_i 从 0 变为 1 时，一些人可能被诱导从 $D_i = d$ 变为 $D_i = d+1$，另一些人可能会从 $D_i = d'$ 变到 $D_i = d' + 2$。因此，Z 的变化会引起 D 的各种不同的反应，但我们无法区分这些反应。由于 D 不是连续的，上一小节讨论过的方法不能用来确定 V 值。但如果有许多

不同的工具变量,这些变量可能有助于分离处理状态的不同变化的影响。

例 4.18 假设 D 是受教育年限,Z 是影响受教育年限选择的工具变量。如果 Z 被外生因素改变,一些人可能会通过增加一年的受教育时长来做出反应。其他人可能会增加两年或三年的受教育时长。但要记住,即使设所有人的 Z 都为零,他们还是会"选择"不同的受教育年限。

这里我们考虑的情况是只有一个单一的二元工具变量,例如随机分配药物与安慰剂。于是,只能确定影响的加权平均数。根据人们对 Z 从 0 到 1 变化的反应,可以将总体划分为 $c_{0,0}, c_{0,1}, \cdots, c_{K,K}$,定义个体 i 所做的处理选择为

$$\tau_i = c_{k,l} \quad \text{如果 } D_{i,0} = k \text{ 以及 } D_{i,1} = l \tag{4.39}$$

假设单调性成立,则当 $k > l$ 时,不存在逆反者 $c_{k,l}$。类型 $c_{k,k}$ 表示那些对 Z 的变化没有反应的人。当 D 是二元变量时,这些就表示始终接受者和从不接受者。$k < l$ 的 $c_{k,l}$ 类型是指顺从者,即 D_i 从 k 增加到 l 后会服从处理的人。这些顺从者在不同的基准水平 k 和不同的强度 $(l-k)$ 下服从处理。为了简化识别,你可能希望只研究强度 $(l-k)$ 的平均回报。

例 4.19 在受教育年限的例子中,$E[Y^{k+1} - Y^k \mid X, \tau = c_{k,k+1}]$ 衡量了子总体 $c_{k,k+1}$ 再接受一年教育的回报。$E[Y^{k+2} - Y^k \mid X, \tau = c_{k,k+2}]$ 衡量的是再接受两年教育的回报,该回报可以解释为增加一年教育的平均回报的两倍。同样地,$E[Y^{k+3} - Y^k \mid X, \tau = c_{k,k+3}]$ 是增加一年教育的平均回报的三倍。因此,子总体 $c_{k,l}$ 对衡量增加一年学时的回报的有效权重贡献为 $(l-k) \cdot \Pr(\tau = c_{k,l})$。于是,可以定义所有具有特征 x 的顺从者的加权 LATE(x),比如 $\gamma_w(x)$:

$$\gamma_w(x) = \frac{\sum_k^K \sum_{l>k}^K E[Y^l - Y^k \mid x, \tau = c_{k,l}] \cdot \Pr(\tau = c_{k,l} \mid x)}{\sum_k^K \sum_{l>k}^K (l-k) \cdot \Pr(\tau = c_{k,l} \mid x)} \tag{4.40}$$

现在面临三重问题:对于不可观察的 τ(你同样只能区别处理组和对照组,但不知道个体属于哪个分组 $c_{k,l}$,也不知道各个分组的比例),估计 $E[Y^l - Y^k \mid X, \tau = c_{k,l}]$ 和 $\Pr(\tau = c_{k,l} \mid X)$,以及求 $\gamma_w(x)$ 的积分。该函数是给定 x 时诱导处理变化的影响,它是在不同的顺从组上取加权平均并根据顺从性强度标准化的结果。为了获得所有顺从者子总体(即 $k < l$ 的所有子总体 $c_{k,l}$)的加权平均效应,需要依据 X 在顺从者子总体中的分布情况对 $\gamma_w(x)$ 加权:

$$\int \gamma_w(x) dF_{x \mid complier}(x) \tag{4.41}$$

其中 $F_{x|complier}$ 是 X 在所有顺从者子总体中的分布。不幸的是，如果 D 取两个以上不同的值，就不能确定 X 在顺从者子总体中的分布。特别是，不再能通过 D 和 Z 的分布确定顺从者子总体的大小。

例 4.20 想象一下，对于可以取值 $\{0,1,2\}$ 的 D，总体可以划分为子总体 $\{c_{0,0}, c_{0,1}, c_{0,2}, c_{1,1}, c_{1,2}, c_{2,2}\}$，其中全部由顺从者构成的子总体是 $\{c_{0,1}, c_{0,2}, c_{1,2}\}$。总体内部的两个分配比例 $\{0.1, 0.1, 0.3, 0.3, 0.1, 0.1\}$ 和 $\{0.1, 0.2, 0.2, 0.2, 0.2, 0.1\}$，对于给定的 Z，产生了相同的 D 的分布，即 $\Pr(D=0|Z=0)=0.5$，$\Pr(D=1|Z=0)=0.4$，$\Pr(D=2|Z=0)=0.1$，$\Pr(D=0|Z=1)=0.1$，$\Pr(D=1|Z=1)=0.4$，$\Pr(D=2|Z=1)=0.5$。但对于这两个分组，顺从者子总体的大小（分别为 0.5 和 0.6）已经不同。因此，不能从可观测变量中识别出顺从者子总体的大小。

现在，如果定义顺从者子总体和服从强度 $(l-k)$，就可以确定 X 的分布。根据服从强度对每一个顺从者进行加权。比如在例 4.20 中，$D \in \{0,1,2\}$，子总体 $c_{0,2}$ 的权重就是子总体 $c_{0,1}$ 的两倍。一般情况下有

$$f^w_{x|complier}(x) = \frac{\sum_k^K \sum_{l>k}^K (l-k) \cdot f_{x|\tau=c_{k,l}}(x) \Pr(\tau=c_{k,l})}{\sum_k^K \sum_{l>k}^K (l-k) \cdot \Pr(\tau=c_{k,l})} \quad (4.42)$$

有了该加权分布函数，就可以确定加权 LATE。

例 4.21 考虑受教育年限的例子，子总体 $C_{0,2}$ 的强度为两年的额外教育时长。如果每一年的教育回报都是一样的，那么一个服从两年额外教育计划的个体可以被视为衡量了一年额外教育效果两次的观测值，或者被视为两个（相关的）一年额外学校教育回报的衡量。除非这两个衡量指标完全相关，否则，服从两年额外教育的个体比只服从一年额外教育的个体对估计教育回报的贡献更大。因此，在 X 的分布上取教育回报的平均值时，服从一年以上额外教育的个体应获得更高的权重。如果每个个体都以其额外教育的年数加权，则 X 在顺从者子总体的加权分布函数如下，其中 $D \in \{0,1,2\}$

$$f^w_{x|complier} = \frac{f_{x|\tau=c_{0,1}}\Pr(\tau=c_{0,1}) + f_{x|\tau=c_{1,2}}\Pr(\tau=c_{1,2}) + 2f_{x|\tau=c_{0,2}}\Pr(\tau=c_{0,2})}{\Pr(\tau=c_{0,1}) + \Pr(\tau=c_{1,2}) + 2\Pr(\tau=c_{0,2})}$$

假设 D 是具有有限支撑区间的离散变量，工具变量 Z 是二元变量且假设（A1C）、（A2C）和（A5C）成立，对于式（4.39）中定义的所有类型 $t \in \{c_{k,l}: k \leqslant l\}$，（A3C）和（A4C）成立。可以证明（见习题 10）顺从者子总体的加权 LATE 可以被

非参数化地确定为

$$\int \gamma_w(x) \cdot f^w_{x|complier}(x)dx = \frac{\int (E[Y \mid X=x, Z=1] - E[Y \mid X=x, Z=0])dF_X}{\int (E[D \mid X=x, Z=1] - E[D \mid X=x, Z=0])dF_X}$$

(4.43)

实际上这并不难估计（即使是非参数估计）。我们所要做的就是用非参数估计量来代替条件期望值，这并不困难，因为这只涉及可观测变量，dF_x 积分可以用样本平均值代替。

4.5 文献和计算机软件注释

4.5.1 拓展阅读和文献注释

我们不能期望本章可以涵盖过去几年关于内生性因果推理的所有发现。用工具变量（虽然使用不同的标记）和联立方程进行估计在统计学中有相当长的历史。据我们所知，使用控制函数的经典方法是由 Telser(1964)提出的。在计量经济学文献中，Imbens 和 Angrist(1994)、Angrist，Imbens 和 Rubin(1996)、Heckman 和 Vytlacil(1999)以及 Imbens(2001)开始使用工具变量做非参数因果推断。在这种情况下，通过求解积分方程来识别和估计内生回归项的因果影响，即所谓的不适定反问题(ill posed inverse problems)，已成为热门的方法，例如，参见 Florens(2003)、Darolles, Fan, Florens 和 Renault(2011)或者 Newey 和 Powell(2003)。关于控制函数方法的最新研究发现，可参见 Florens, Heckman, Meghir 和 Vytlacil(2008)。

正如我们多次讨论的那样，可以使用二元工具变量或参与的倾向得分进行降维，且正如我们在 MTE 识别和估计时看到的那样，可以做出一个明确的解释。然而，为了达到这个目的，我们需要知道或估计倾向得分 $\pi(X)$。关于该方法的一些应用，请参见 Frölich 和 Lechner(2010)、Henderson, Millimet, Parmeter 和 Wang(2008)或者 Arpino 和 Aassve(2013)。

在工具变量回归中，指出 LATE 或 MTE 与过度识别检验的关系是很有趣的。假设我们有两个（二元）工具变量，Z_1 和 Z_2。在工具变量回归中，如果我们有除内生变量外其他的工具变量，我们可以使用过度识别检验。我们将使用 Z_1

和 Z_2 所暗含的两个矩条件,并将从 Z_1 获得的 2SLS 估计值与从 Z_2 获得的 2SLS 估计值进行比较。如果这两个值显著不同,我们就拒绝这两个矩条件都有效的假设。在我们的非参数设置中,我们可以估计两个 LATE,一个针对二元变量 Z_1,另一个针对二元工具变量 Z_2。然而,这两个 LATE 的估计面向不同的子总体,因为具有 Z_1 的顺从者通常与具有 Z_2 的顺从者不同。因此,如果允许处理效应是异质的,我们估计两个不同总体的两个不同的处理效应,没有理由期望这两个参数相似。基于这一认识,我们可以从另一个角度看待 2SLS 的过度识别检验。如果检验失败,这可能仅仅意味着不同子总体的处理效应不同。换言之,对拒绝过度识别检验的另一种解释是,处理效应因个体而异,而不是某些工具变量无效。在不假设同质效应的情况下,不存在检测工具有效性的检验方法。

目前的文献主要针对具有不可分离误差的模型的进一步建模方法,因此集中于分位数回归或随机效应模型。我们将在第 7 章更详细地研究分位数回归模型。此外,正如在介绍匹配时所述,目前有一些关于混杂变量后选择推断(post-confounder-selection inference)的最新研究。特别是,Belloni, Chernozhukov, Fernández-Val 和 Hansen(2017)分析了一个只有二元处理变量和单个二元工具变量 Z 但有一个巨大的潜在混杂变量向量的案例。为了使工具变量的假设成立,必须使所控制混杂变量的数量很小(q 比 n 小得多),而且潜在的选择误差必须是可忽略的(一阶正交)。于是,在高维数据中使用二元工具变量就可以得出有效的处理效应后选择推断。

根据控制函数法的思想,Imbens 和 Newey(2009)对 ASF 方法进行了扩展,该方法允许模拟替代处理,其中变量 D 被 D 和/或 X 的某已知函数 $l(D,X)$ 代替。该策略的潜在结果是 $\varphi(l(D,X),X,U)$,与现状相比,平均处理效应为

$$E[\varphi(l(D,X),X,U)] - E[Y] \tag{4.44}$$

作为一个例子,他们考虑了对选择变量 D 施加上限的策略,使得 $l(D,X) = \min\{D,\bar{d}\}$,$\bar{d}$ 就是此上限。

Chesher 在多篇文章[Chesher(2005,2007,2010)]中讨论了对两个皆满足单调性的联立方程,即结果和选择方程的识别,例如

$$Y = \varphi(D,X,U,V), \quad D = \zeta(Y,X,Z,U,V)$$

关于不可分离模型,参考 Chesher(2003)以及 Hoderlein 和 Mamman(2007)。为什么要求两个方程满足单调性?因为那时我们就可以根据微分学(用链式规则)写出:

$$\frac{\partial y}{\partial z} = \frac{\partial \varphi(d,x,u,v)}{\partial d}\frac{\partial d}{\partial z} + \underbrace{\frac{\partial \varphi(d,x,u,v)}{\partial z}}_{=0}, \text{以及}$$

$$\frac{\partial d}{\partial z} = \frac{\partial \zeta(y,x,z,u,v)}{\partial y}\frac{\partial y}{\partial z} + \frac{\partial \zeta(y,x,z,u,v)}{\partial z}$$

在排除限制假设下，可以得到

$$\frac{\partial \varphi(d,x,u,v)}{\partial d} = \left.\frac{\partial y/\partial z}{\partial d/\partial z}\right|_{d,x,z,u,v}$$

其中右侧仅依赖于变量 d, x, z, u, v，而不再依赖于未知函数。但由于 u 和 v 是不可观测变量，因此需要方程满足单调性。Chernozhukov 和 Hansen(2005)将隐式秩不变性放宽为秩相似性。

为了更容易识别和估计，我们回到一些模型的选择上。参数和非参数模型之间的一个非常有用的折中是变系数模型

$$E[Y \mid X = x_i] = x_i'\beta_i, x_i' \in \mathrm{IR}^q, \beta_i \in \mathrm{IR}^q, \text{非参数或半参数}$$

我们在第 2.2.3 节中简要介绍了这一点。回想式(2.48)，在那里我们将 β_i 设置为可观测变量的函数的向量。也可以将 β_i 视为随机系数；关于非参数情况，参见 Hoderlein 和 Mammen(2010)。当处理 D 为二元变量时，后者被用于模拟选择模型[参考 Gautier 和 Hoderlein(2014)]，或潜在连续处理的主要方程[见 Hoderlein 和 Sasaki(2014)]。虽然直接估计收益分布的想法很有吸引力，但主要难点在于确定 β_i 独立于数据生成过程的其他部分的必要假设，以及在实践中进行解释。在提到的第一个方案中，将 β_i 建模为可观测变量的函数或这种确定性函数与随机项（类似于混合效应模型）的和之后，这些问题得到了缓解。此外，由于它们允许直接对收益的异质性进行建模，因此它们可以从根本上减少不同工具变量的 LATE 的差别，甚至使工具变量的假设更加可信。例如，Moffitt(2008)对此进行了研究，另可参考 Sperlich 和 Theler(2015)，Benini, Sperlich 和 Theler(2016)以及 Benini 和 Sperlich(2017)。

然而，对于直观和可直接解释但没有实现必要的函数灵活性的模型，仍然有开发可行的、数值上稳健的估计量的空间。函数灵活性是必要的，因为任何系统偏差都很容易使最终结果有偏，甚至比在实施无工具变量的匹配时忽略混杂变量或反向因果关系更严重。

4.5.2 计算机软件注释

虽然 R 和 stata 中也有用于工具变量估计的不同命令，但大多数命令是为经

典工具变量回归分析编写的,甚至仅适用于线性模型,即 $\varphi(\cdot)$ 和 $\zeta(\cdot)$ 具有可加误差项的线性模型。

如前所述,当一个二元变量 Z 是 D 的有效工具变量且没有进一步控制协变量时,可以用一个与 Wald 估计量等价的标准工具变量估计量来估计 LATE。在 R 中,软件包 AER 的命令 ivreg(Y~D|Z) 就能生成这样一个 Wald 估计。在 stata 中,相应的命令是 iveregress 2sls Y(D=Z),它适用于线性 2SLS 估计量。

当为了实现 Z 的有效性必须包含一些混杂变量 X 时,事情可能会变得复杂或简单,这取决于你希望如何对 X 进行条件处理。例如,如果你假设加入线性形式的 X 就已足够,即假设以线性形式把 X 代入结果和处理(选择)方程中,那么就可以在 R 中使用 ivreg(Y~D+X|Z+X),在 stata 中使用 ivreg ress 2sls Y X(D=Z)。另一种选择是使用基于 (U,V) 的联合正态性假设的 etreess Y X,treat(D=Z X)(全极大似然估计、两步一致估计量或控制函数估计量)。当处理不是连续的而是二元变量时(正如本书中我们考虑的大多数情况一样),后者尤其有趣,如我们所见,对于 ζ 的估计,更为复杂的回归比 logit 或 probit 更合适。stata 命令 eteffects 及其扩展为此类回归提供了进一步的选择。例如它们也可用于在第一阶段应用 probit,在第二阶段应用简单的线性模型。如果我们假设处理组和对照组个体的处理效应不同(分组异质性),那么也可以使用 ivtreatreg,见 Cerulli (2014)。不幸的是,我们并不总是很清楚这些命令之间的特殊区别以及应该使用哪一个。

至于非参数地估计不同的 LATE 或 MTE,使用 R 软件包更好。习题 6、7 和 8 要求你使用核和/或样条平滑参数构建一般估计量。当主要对 MTE 感兴趣时,你可以通过局部多项式回归得到 $\dfrac{\delta E(Y_i \mid P_i, X_i)}{\delta P_i}$ 的估计值。例如,你可以使用在 h=npregbw(Y~P+X,gradient=TRUE) 上连续的 reg$grad[,1] 命令以及 reg=npreg(h) 命令,其中 P 是倾向得分的向量。在这种情况下,至少二阶的局部多项式核估计量是一种较优的方法,因为它提供了推断 MTE 所需的估计梯度。

只有控制函数方法已经被非常广泛地讨论过了,回顾第 4.4.1 节。现在,在可加模型中,为了从标准匹配或倾向得分加权模型切换到工具变量模型,我们总是可以加入一个控制函数,即选择模型的残差的非参数函数。没有特定的命令包可用于此方法。然而,如果你假设在第二阶段有一个加法可分离的模型(也适用于控制函数),有软件包可用于二元变量 D,即回归(使用来自 R 的 gam 或 np 软件包的命令)

$$E[Y \mid D, X, \hat{V}] = \alpha D + m_{inter}(DX) + m_X(X) + m_V(\hat{V})$$

其中 $m_{inter}(\cdot)$, $m_X(\cdot)$ 和 $m_V(\cdot)$ 是非参数函数。当允许处理效应的个体异质性以及协变量与处理之间存在复杂交互作用时，使用混杂变量 X 取值分组上的条件 LATE 更为合适。

最后，总结一句就是许多命令是为线性可加模型设计的。你当然知道你总是可以用一种简单的方式来定义多项式和相互作用。类似地，你可以将此扩展到使用样条曲线的非参数加法半参数变系数模型。特别是 R 几乎总是允许你根据一个变量建立一个样条基函数，以便于你只需用这个样条基代替原来的协变量就可以得到一个非参数加法模型。也可参见 npLate 以及 Frölich 和 Melly。

4.6 习题

1. 回顾第 4.1.2 节中 LATE 估计量的假设(A3)和(A4)。证明若工具变量 Z 是随机分配的，则假设(A4)的第二部分，也就是我们所说的假设(A4b)基本成立。

2. 再次回顾第 4.1.2 节中 LATE 估计量的假设(A3)和(A4)。证明 Z 的随机性并不保证排除假设在个体水平上成立，即假设(A4a)。

3. 回想一下第 4.1.2 节中 LATE(4.5)的 Wald 估计量。证明该估计量与 D 和 Z 为二元变量时的 2SLS 估计量相同。

4. 类似于第 3 章，推导式(4.21)和(4.22)的 LATE 的倾向加权估计量。

5. 讨论以下示例中必要假设的有效性：如 Angrist 和 Krueger(1991)提出的用学生出生时的季度估计教育回报的例子。他们用出生季度作为受教育程度的工具变量以估计教育回报。根据美国义务教育入学的法律，义务教育在学生达到一定年龄时结束，因此，义务教育终止的月份取决于出生日期。由于所有学生的学年都是在夏/秋季开学，因此最低教育水平随出生日期的不同而变化，可以利用这一数据来估计再上一年学对收入的影响。作者指出，工具变量出生季度 Z 确实对受教育年限 D 有影响。另外，在大多数国家，出生季度也会对入学年龄(age at school entry)和读小学时的相对年龄(relative age in primary school)产生影响。例如，在大多数国家，9月1日之前出生的儿童在6岁时入学，而在此日期之后出生的儿童则在第二年入学。虽然经常会有偏离这一规定的情况，但仍有许多儿童遵守这一规定。现在比较两个儿童，一个是8月出生的，另一个是同年9

月出生的。尽管第一个儿童只比第二个儿童大几个星期，但他往往比第二个儿童早一年入学。因此，第一个儿童开始上学的年龄更小，而且在小学（通常也包括中学）期间，相对于他的同学，他的年龄也会偏小。现在讨论排除限制假设是否有效。

6. 编写 R 代码，计算通过在非参数方法预测出的 LATE(X_i) 上加权平均得到的 LATE 估计量。对 $E[Y \mid Z=z, X_i]$ 使用局部线性核回归，对 $E[D \mid Z=z, X_i]$ 使用 Nadaraya-Watson 估计或局部 logit 估计。从 X 是一个连续一维变量的情况开始，然后考虑包含两个连续的混杂变量的情况，接着考虑对 $E[Y \mid Z=z, X_i]$ 使用一般部分线性模型，以及对 $E[D \mid Z=z, X_i]$ 使用带 logit 连接函数的广义局部线性模型。

7. 如习题 6 所示，但现在对 $E[Y \mid Z=z, X_i]$ 使用一些加法(P-)样条，对 $E[D \mid Z=z, X_i]$ 则使用指数（即对于潜在模型）中带有加法(P-)样条的 logit 估计量。

8. 重复习题 6 以估计 MTE。由于你需要一阶导数，你应该再次使用局部线性或局部二次估计量。

9. 使用第 4.4.1 节的假设证明等式(4.38)。

10. 使用等式(4.40)、(4.41)和(4.42)证明等式(4.43)，并回顾离散变量的期望的定义。要证明等式(4.43)，首先需将 $f(x)$ 从联合条件分布中分离出来，其中 X 是连续变量，D 是离散变量，联合分布是 $f(x,d) = f(x \mid d)\Pr(D=d)$。你可能首先想要证明

$$\sum_k^K \sum_{l>k}^K (l-k) \cdot \Pr(\tau = c_{k,l}) = E[D \mid X=x, Z=1] - E[D \mid X=x, Z=0]$$

5
DID 估计:基于可观测与不可观测变量的选择

前几节讨论的方法可以应用于处理组和对照组在一个时间点观察到的数据。在本节中,我们将讨论如果在多个时间点观察到数据和/或有多个对照组时可以使用的方法。我们首先讨论在两个时间点观察到的对照组和处理组数据。例如面板数据,即重复观察相同的个人或家庭,也可以是同一总体在不同时间点的独立横截面观测。因此,并非总是需要同一观测样本的纵向数据才能有效地应用这些方法,这一点在数据损耗可能很高的环境中尤其重要。

处理前后时期的队列(cohort)数据甚至面板数据通常是可得的,因为在许多项目中,数据收集是在几个时间点进行的。一个显而易见的原因是在项目实施之前,人们已经知道在某个时间点上是否需要进行评估。于是,人们萌生的最自然的想法是要么尝试实施一个随机设计(第 1 章),要么至少在项目开始前收集关于 Y(可能还有 X)的信息。因此,和之前一样,我们有处理组和对照组 $\{Y_i\}_{i=1}^{n}$,但是除了关于最终结果的信息,我们也有处理开始前时间点上的信息。

例 5.1 Card 和 Krueger(1994)对一个州法定最低工资变动对就业的影响感兴趣,并将最低工资没有变化的邻近州作为对照州。他们在时间维度上研究了最低工资的影响。对照州中随着时间推移就业状态的变化被用来确定在最低工资没有提高的情况下可能发生的时间趋势。

在本章中,我们将了解如何利用这些随时间推移而变化的信息来放宽确定处理效应所需的假设。在两个时间点观察两组人的数据时,有许多不同的方法来看待我们在这里介绍的双重差分(difference-in-differences,以下用 DID 表示)思想。关键的一点是,对于对照组,我们观察干预前后的非处理结果 Y^0,因为对照组不受干预的影响;另一方面,对于处理组,我们观察干预后的潜在结果 Y^1,但是在干预之前,我们也观察处理组的非处理结果 Y^0,因为干预尚未开始。

考虑到回归或匹配方法,人们可能会想到这样的情况:在时间 t,我们计划控制的额外可用信息是个体过去的结果 $Y_{i,t-1}$,即处理开始前的结果。设 D 表示个体属于处理组($D_i=1$)还是对照组($D_i=0$)。有了这些信息,一个简单的预测处理组个体的平均 Y_t^0 的方法是

$$\hat{E}[Y_t^0 \mid D=1] := \frac{1}{n_1}\sum_{i:D_i=1} Y_{i,t-1} + \frac{1}{n_0}\sum_{i:D_i=0}(Y_{i,t}-Y_{i,t-1}) \tag{5.1}$$

其中 $n_1 = \sum_i D_i = n - n_0$。另一种视角是想象一下我们感兴趣的是由于处理而产生的平均回报的增加,即 $E[Y_t^1 - Y_{t-1}^0] - E[Y_t^0 - Y_{t-1}^0]$,而不是处理组和对照组之间的差异。这两者实际上是一样的,因为 $E[Y_t^1 - Y_{t-1}^0] - E[Y_t^0 - Y_{t-1}^0] = E[Y_t^1 - Y_t^0]$,这个等式也显示了双重差分这个名称的由来。显然,你只需要假设 $(Y_t^d - Y_{t-1}^0) \perp\!\!\!\perp D$,就可以像在随机实验中一样应用一个最简单的估计量。

回想一下,处理效应估计其实是一个预测问题。拥有从处理开始前的观察结果将有助于我们预测潜在的非处理结果,特别是 $E[Y_t^0 \mid D=1]$,但这并不一定为预测对照组的处理结果提供额外的信息。因此,我们始终关注 ATET 的识别 $E[Y_t^1 - Y_t^0 \mid D=1]$。处理结果 $E[Y_t^1 \mid D=1]$ 可以直接从观察到的结果估计出来,我们将重点放在识别 $E[Y_t^0 \mid D=1]$ 所需的假设上。

我们将首先讨论 $E[Y^0 \mid D=1]$ 的非参数识别,但也会检查线性模型和施加在 $E[Y^0 \mid D=1]$ 上的固有假设。虽然线性模型对函数形式施加了更强的假设,但它有助于获得面板数据分析中的结果和估计量。在考虑将 DID 理念与 RDD 或匹配相结合的不同可能性之后,我们必须考虑到处理组在受到处理前 Y 的发展已经不同的可能性。与这个问题相关的是,DID 具有标度依赖性(scale-dependent):如果两个处理组的 Y^0 趋势相同,则 Y^0 的对数的趋势将不再相同。解决这个问题的一个方法是查看 Y^0(和 Y^1)的整个分布,即我们后面介绍的所谓的双重变化(changes-in-changes)方法。

5.1 两时段 DID 估计量

如上所述,如果我们在处理组和对照组都处于未处理状态时就能观察到它们,那么可以应用 DID 识别法。一个典型的例子可能是在某个时间 t 上的(政策)变化,该变化只影响一部分总体,例如只影响某国家的一些特定地理区域。我们

可以研究这种(政策)变化后受影响和未受影响的部分总体之间的结果差异,但我们可能担心,这些结果的差异至少也会部分地反映出这些地区之间的其他差异,比如未观察到的差异。这可能使处理状态和结果之间出现虚假的相关性。如果我们有 t 之前或直到 t 时期的结果数据,也即当总体还没有受到政策变化影响时的数据,我们就可以检查处理组和对照组地区之间是否已经存在差异。如果这些差异是不随时间变化的,我们可以从 t 后观察到的差异中减去它们。这就是取差异中的差异而已。

5.1.1 DID 的简单情况

假设在一个特定的时间,大量难民来到一个城市。有人想估计难民人数增加对当地市场、就业、犯罪或疾病的影响。以卢旺达种族大屠杀为例,它导致邻国难民人口和国内流离失所者激增。考虑城市 A,假设我们有结果变量 Y 的数据,比如在难民涌入后的时间段 t 和在涌入前的时间段 $t-1$ 内的每月犯罪数量,即难民在 $t-1$ 和 t 之间的某个时间到达。难民涌入前后的犯罪数量差距为 $Y_t - Y_{t-1}$。如果时间间隔足够长,我们会担心在这段时间内也可能发生其他变化。因此,我们想减去时间趋势,即如果没有难民潮会产生的结果。如果有邻近的未受影响的地区,这些地区可以帮助我们识别这种反事实的趋势。

如果我们也有无难民(或者至少难民数量不超过我们通常认为的难民潮)抵达的城市 B 的数据,那么我们可以通过比较差异来进行纠正,即

$$\Delta Y_{t,A} - \Delta Y_{t,B} = \underbrace{(Y_{t,A} - Y_{t-1,A})}_{\text{时间差异}} - \underbrace{(Y_{t,B} - Y_{t-1,B})}_{\text{时间差异}}$$

$$= \underbrace{(Y_{t,A} - Y_{t,B})}_{\text{城市间差异}} - \underbrace{(Y_{t-1,A} - Y_{t,B})}_{\text{城市间差异}}$$

显然,随时间变化带来的差异的变化与城市间差异的变化是一样的。还应该清楚的是,通过上式我们只估计了处理效应(ATET)。也就是说,我们利用对照组结果的变化来构建处理组的反事实结果。

我们在上面的例子中隐含的假设是,处理组与对照组的时间趋势是相同的,这通常被称为共同趋势假设。下面我们用 $t=1$ 表示干预后的时间段,$t=0$ 表示干预前的时间段。除了 SUTVA,我们还需为了识别作出以下假设。

假设 1 共同趋势(common trend, CT)或偏误稳定性(bias stability, BS):在 $[t-1, t]$(或 t_0 至 t_1)期间,处理组与对照组的潜在非处理结果 Y^0 遵循相同的线性趋势。公式化表示为

共同趋势 $E[Y^0_{t=1} - Y^0_{t=0} \mid D = 1] = E[Y^0_{t=1} - Y^0_{t=0} \mid D = 0]$ 或者

偏误稳定性 $E[Y^0_{t=0} \mid D = 1] - E[Y^0_{t=0} \mid D = 0]$

$= E[Y^0_{t=1} \mid D = 1] - E[Y^0_{t=1} \mid D = 0]$

通常也可以称共同趋势为平行路径(parallel path)。这两个称呼的主要区别在于,平行路径总是指 Y 的整体发展状况,而当人们实际上在描述平行增长(parallel growth),即 Y 的增量(一阶差分)具有共同的走向时,有时会使用共同趋势的说法。

根据共同趋势或偏误稳定性假设,我们可以将反事实的非处理结果确定为

$$E[Y^0_{t=1} \mid D = 1] = E[Y^0_{t=0} \mid D = 1] + E[Y^0_{t=1} - Y^0_{t=0} \mid D = 0]$$

由于潜在结果 Y^0 就是两组处于非处理状态时观测到的结果 Y,我们得到

$$E[Y^0_{t=1} \mid D = 1] = E[Y_{t=0} \mid D = 1] + E[Y_{t=1} - Y_{t=0} \mid D = 0]$$

我们现在可以用样本平均值代替期望值来估计反事实结果:

$$\hat{E}[Y^0_{t=1} \mid D = 1] = \hat{E}[Y \mid D = 1, T = 0] + \hat{E}[Y \mid D = 0, T = 1]$$
$$- \hat{E}[Y \mid D = 0, T = 0]$$

且

$$\hat{E}[Y^1_{t=1} \mid D = 1] = \hat{E}[Y \mid D = 1, T = 1]$$

把所有的部分放在一起,我们得到 ATET 的估计值:

$$\hat{E}[Y^1_{t=1} - Y^0_{t=1} \mid D = 1] = \hat{E}[Y \mid D = 1, T = 1] - \hat{E}[Y \mid D = 1, T = 0]$$
$$- \hat{E}[Y \mid D = 0, T = 1] - \hat{E}[Y \mid D = 0, T = 0]$$

我们可以很容易地以图像形式体现共同趋势、偏误稳定性或平行路径假设,特别是如果我们得到的数据包含处理前后几个时间点的观察结果。图 5.1 中的两个例子说明了这一点。在图 5.1 的两个面板中,我们有三个处理前的时间点($t = -2, -1, 0$)和三个处理后的时间点($t = 1, 2, 3$)。细线代表对照组未受影响的发展情况,粗线代表处理组的发展情况。在两个面板中,它们平行运行,因此完全符合共同趋势假设。右侧的面板说明了趋势既不必是线性的,也不必是单调的,例如面板可以反映失业率的季节性趋势。处理后,处理组的许多发展趋势是可以想象的:一个不同的趋势,例如更陡峭的趋势(虚线);一个与处理前平行的趋势,但在不同的水平上(点线);或未受影响时的发展趋势(半虚线)。我们观察不到或不知道 $t = 0$ 至 $t = 1$ 之间的确切发展趋势。在左侧的面板中,由于趋势是线性的,我们可能会对其进行推测,但在右侧的面板中我们更倾向于抑制它。

我们可以通过线性回归模型得到 ATET 的另一个但在数值上相同的估计量。此种表示有助于说明上述的 ATET 估计量与线性面板模型的关系,并能说

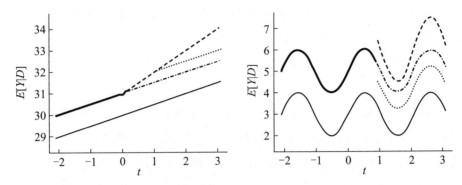

图 5.1 共同趋势、偏误稳定性或平行路径假设。直到 $t=0$，在处理开始前，$E[Y|D]=E[Y^0|D]$（实线）在两个 D 组中平行发展，细线表示对照组 $E[Y|D=0]$，粗线显示处理组的不同前景，因为处理发生后，$E[Y|D=1]$ 可能以不同的方式发展

明如何在线性模型中表示 DID 估计。准确地说，我们可以通过加入交互项写出 DID 估计量的回归表示法：

$$Y = \alpha + \beta \cdot \mathbb{1}\{time = t\} + \gamma \cdot \underbrace{\mathbb{1}\{city = A\}}_{\text{时不变}} + \delta \cdot \mathbb{1}\{time = t\} \cdot \mathbb{1}\{city = A\} + U$$

我们可以很容易地证明交互项上的系数 δ 与前面给出的 DID 估计量是相同的。这里，γ 是时间恒定时的城市效应，β 是城市恒定时的时间效应。写出回归模型的一阶差分：

$$\Delta Y = \beta \cdot \Delta time + \delta \cdot \Delta \mathbb{1}\{time = t\} \cdot \mathbb{1}\{city = A\} + \Delta U$$

我们观察到 ATET 估计量与线性面板数据模型的关系。然而，我们实际上不需要个体水平或面板数据，而只需要从队列数据中取 Y 的城市平均值。这是一个相当重要的优势，因为面板数据经常受到损耗的困扰。

例 5.2 Duflo(2001)研究了20世纪70年代在印度尼西亚实施的学校快速扩张项目，目的是估算修建新学校对教育和日后工资的影响。由于新学校的分配规则是已知的，即更多的学校建在初始入学率较低的地方，而且很容易识别出参与项目的队列，因此识别出修建新学校的影响是可行的。在项目开始时已经12岁或12岁以上的儿童没有参与进来。在新建学校更多的地区中，队列的教育经历增加，这表明入学机会的增多有助于提高教育水平。这一趋势在项目实施前是相当平行的，且第一批接触到该项目的队列的趋势发生了明显的变化，从而增强了作者对共同趋势假设的信心。

当然，在实践中，个体层面上的回归模型使用得更为频繁。假设 $t=1$ 时失业保险政策发生了变更。受影响的个人只有在失业登记时年满50岁才被当作失业者。设 Y 为某种结果度量,例如一年后的就业状况,而时间段 $t=0$ 表示政策变化前的一段时间。我们可以进行回归分析:

$$Y_t = \beta_0 + \beta_1 \cdot \mathbb{1}_{time=1} + \beta_2 \cdot \mathbb{1}_{age>50} + \gamma \cdot \mathbb{1}_{age>50} \cdot \mathbb{1}_{time=1} + U_t \quad (5.2)$$

其中选项 age>50 是指 $t=0$ 时的情况,因此不随时间变化。这里,γ 表示政策变化的处理效应,β_1 捕捉两个年龄组之间的(时不变)差异,β_2 捕捉时间趋势(在没有政策变化的情况下),假定两个年龄组之间有相同的时间趋势。

很容易看出,对式(5.2)中 γ 的 OLS 估计值可以写成

$$\hat{\gamma} = (\bar{y}_{50+,t=1} - \bar{y}_{50+,t=0}) - (\bar{y}_{50-,t=1} - \bar{y}_{50-,t=0}) \quad (5.3)$$

或等价地

$$\hat{\gamma} = (\bar{y}_{50+,t=1} - \bar{y}_{50-,t=1}) - (\bar{y}_{50+,t=0} - \bar{y}_{50-,t=0}) \quad (5.4)$$

式中,y 是组内的平均结果,50+指由 50 岁以上的人构成的组,50-是由那些低于或等于 50 岁的人构成的组。

那么式(5.3)和式(5.4)的区别是什么呢?两者之间只有思维方式的区别:在式(5.4)中,DID 估计值比较了时间段 1 的处理结果,并减去两组之间的永久性(时不变)差异。式(5.3)估计了 50 岁以上年龄组的平均结果收益,并消除了总体趋势可能带来的偏误。式(5.3)只在假设 50 岁以上和以下的年龄组的趋势相同的情况下才有效。但式(5.3)和式(5.4)给出的估计值是一样的。

再次注意,对于式(5.2)中的估计,得到队列数据就足够了。事实上,甚至不需要个体层面数据,因为只需要组别的平均值,如式(5.3)和式(5.4)所示。得到四个平均值 $\bar{y}_{50+,t=1}$,$\bar{y}_{50-,t=1}$,$\bar{y}_{50+,t=0}$ 和 $\bar{y}_{50-,t=0}$ 就足以估计处理效应。

式(5.2)的另一种表示法是将潜在的非处理结果 Y^0 表示为

$$Y_i^0 = \beta_0 + \beta_1 T_i + \beta_2 G_i + U_i \quad \text{其中} \quad U_i \perp\!\!\!\perp (G_i, T_i)$$

其中 $G_i \in \{50-, 50+\}$ 是群体指标,$T_i \in \{0,1\}$ 是时间指标。年长组的 G_i 为 1,年轻组的 G_i 为 0。处理状态定义为 $D = G \cdot T$。也就是说,只有年长组的成员接受了处理,且只在后一个时间段接受处理。在前一个时间段内,年长组未得到处理。

如果不使用组别固定效应 $\beta_2 G_i$,我们可以考虑一个具有个体时不变固定效应 C_i 的模型

$$Y_i^0 = \beta_0 + \beta_1 T_i + C_i + U_i \quad \text{其中} \quad U_i \perp\!\!\!\perp (C_i, T_i)$$

其中 C_i 可以与 G_i 相关。如果我们对 ATET 感兴趣,我们就不需要用于确定 Y^1 的模型,因为无须任何假设就有 $E[Y^1 - Y^0 | D=1] = E[Y | D=1] - E[Y^0 | D$

$=1]$。由于可以直接确定 $E[Y \mid D=1]$,因此我们不需要对 Y^1 进行任何假设。我们只需要一个关于 Y^0 的模型。这还意味着我们不限制处理效应 $Y_i^1 - Y_i^0$ 本身,因为我们只对 Y_i^0 设定结构。

我们总是得到同样的 ATET 估计量,即

$$E[Y^1 - Y^0 \mid D=1] = E[Y \mid G=1, T=1] - E[Y \mid G=1, T=0]$$
$$- \{E[Y \mid G=0, T=1] - E[Y \mid G=0, T=0]\}$$

ATET 是从独立均值的差异或简单线性面板回归的参数估计量中直接估计出来的。

然而,尽管 DID 是一种非常有用的方法,我们不能理所当然地以为必定可以用它识别出处理效应。不同群体之间有相同的平行趋势这一假设很容易不成立。

例 5.3 Chay,McEwan 和 Urquiola(2005)考虑了智利的一项政策,即对表现不佳的学校给予额外的财政资源。DID 估计量比较干预前后处理学校和对照学校的平均学业成绩。他们测量了不同学校的同一年级学生干预前后的成绩。根据学生的平均测试成绩来选择哪些学校接受处理。那些测试排名低于一定门槛的学校将获得补贴。然而,因为测试成绩是有噪声的,还因为干预前后测试不同学生的分数,所以测试成绩不能完全衡量学校的真实表现。想象一下,有两所学校真实平均成绩相同且接近于临界值。假设测试三年级学生。其中一所学校碰巧今年的测试排名不好(例如,由于一群实力异常弱的学生、恶劣的天气、考试期间的中断等)。这所学校的学业表现因此低于门槛,学校获得了补贴。另一所学校的考试排名高于门槛,没有得到补贴。假设补贴的实际影响为零。第二年,另一组刚迈入三年级的学生接受测试。我们预料这两所学校排名相同(除了随机变化)。然而,DID 估计值会得出一个积极的处理效应估计值,因为上一年遭到严重意外冲击的学校被归入了处理组。这个结果通常也被称为"均值回归"。随机噪声或排名测试的测量误差导致产生了一个虚假的 DID 估计量。如果这种偏差只是在正常的变化或测试结果范围内,那么被正确估计出的 ATET 的标准误差就应该能警示我们这种处理效应并不显著。但如果这种偏差趋势更强烈,那么从数据中很难看出它是否只是一个随机变化,共同趋势假设也就不再有效。这个排名是基于三年级所有学生的平均成绩作出的,我们预计小班中的这个误差的方差会更大。

在本例中,共同趋势假设可能不成立。同样,在许多其他应用中,我们也需

要至少对相同趋势的合理性表示怀疑。有时,我们可能会有处理组和对照组的几组处理前数据,这将允许我们在干预前检查两组的趋势。我们在下面进行更深入的讨论。

5.1.2 以混杂变量为条件的 DID

在上一小节中,我们讨论了没有任何协变量的简单双重差分估计量。所需的共同趋势假设通常无法直接得到满足。然而,共同趋势假设可能在以某些协变量为条件的情况下更可信:因此,我们将研究一个 DID 估计量,此时共同趋势假设或偏误稳定性假设(仅)在以某些可观测的混杂变量为条件下时成立。如第 3 章中的匹配和倾向得分加权,我们允许以非参数形式加入协变量 X,然后我们通常将之称为匹配双重差分(matching DID, MDID)或条件双重差分(conditional DID, CDID)。以 X 为条件的分析与上一小节是类似的。首先,对于 ATET 的估计,匹配估计量依赖于可观测变量的选择假设(或 CIA)

$$Y_t^0 \perp\!\!\!\perp D \mid X_t \tag{5.5}$$

其中 D 表示处理组,X 表示不受处理影响的特征。因此,人们通常只考虑先决的 X 或那些从 $t=0$ 变到 $t=1$ 后不会(或没有)变化的 X,从而可以跳过它们的时间维度上的信息。这相当于假设,控制 X_t 后,处理组和对照组中的 Y_t^0 的分布是相同的。于是,MDID 方法把这一假设替换成

$$(Y_1^0 - Y_0^0) \perp\!\!\!\perp D \mid X \tag{5.6}$$

或者其较弱的均值独立性版本:

假设 1x 对于不受处理影响的混杂变量 X,即 $X^0 = X^d = X$,我们有

$$E[Y_1^0 - Y_0^0 \mid X, D=1] = E[Y_1^0 - Y_0^0 \mid X, D=0] \tag{5.7}$$

其中 X 可能包括关于两个时间点 t 上的信息。此外,我们需要共同支撑区间(CSC)假设[①]

$$\Pr(TD = 1 \mid X = x, (T,D) \in \{(t,d),(1,1)\}) > 0$$
$$\forall x \in \mathcal{X}, \forall (t,d) \in \{(0,0),(1,0),(0,1)\} \tag{5.8}$$

因此,我们再次允许水平层面的差异,但我们假设处理组和对照组的趋势(即随时间推移而发生的变化)是相同的,或者控制 X 后共同趋势假设或偏误稳

---

① 请注意,无论如何我们最多可以识别出 ATET 的 DID 估计量,因此我们不需要在 Y^1 上的对称假设,而只需要一个严格正的倾向得分。

定性假设成立。注意,为了直观地查看趋势,我们现在需要寻找 $E[Y^0 \mid X]$ 的平行路径,而不只是对照组和处理组中的 Y^0。这意味着条件 ATET,例如 $\alpha(X) = E[Y_1^1 - Y_1^0 \mid X, D = 1]$ 可以表示为

$$\alpha(X) = E[Y_1 \mid X, D = 1] - E[Y_1 \mid X, D = 0] - \{E[Y_0 \mid X, D = 1] - E[Y_0 \mid X, D = 0]\} \tag{5.9}$$

在 $X \mid D = 1$ 的分布上进行积分,即在处理组上进行积分,将得到

$$\text{ATET} = E[\alpha(X) \mid D = 1] \tag{5.10}$$

这种方法与在项目前进行测试的动机相似:如果假设(5.5)不成立,我们就可以预期处理组和对照组之间的项目前结果存在系统性差异(除非我们控制了 X)。通过获得项目前的结果,我们可以在某种意义上测试处理组和对照组的 Y_i^0 的平均结果是否相同。如果我们发现差异,此差异可能有助于预测项目后结果中的选择偏误的大小。估计出选择偏误并减去它,我们就得到了 DID 估计量。

如果我们没有把所有混杂变量放入 X,即假设(5.5)无效,则通过匹配调整 X 将不会产生一致的 ATET 估计值,因为

$$E[Y_t^1 \mid D = 1] - \int E[Y_t^0 \mid X_t, D = 0] dF_{X_t \mid D = 1}$$
$$\neq E[Y_t^1 \mid D = 1] - \int E[Y_t^0 \mid X_t, D = 1] \cdot dF_{X_t \mid D = 1} = E[Y_t^1 - Y_t^0 \mid D = 1]$$

因为 $E[Y_t^0 \mid X_t, D = 1] \neq E[Y_t^0 \mid X_t, D = 0]$。差值

$$\int (E[Y_t^0 \mid X_t, D = 1] - E[Y_t^0 \mid X_t, D = 0]) dF_{X_t \mid D = 1} =: B_{t,t}$$

是 t 期潜在结果 Y_t^0 的系统偏误,即使在对 X 的不同分布进行调整后,该偏误仍然存在。条件偏误稳定性假设认为,项目前的结果可以用来估计这种系统偏误,因为对于处理前的一个时间段 τ,

$$B_{\tau,t} = \int (E[Y_\tau^0 \mid X_\tau, D = 1] - E[Y_\tau^0 \mid X_\tau, D = 0]) dF_{X_t \mid D = 1} \tag{5.11}$$

等于 $B_{t,t}$。

例 5.4 考虑一个对培训方案进行评估的例子。如果决定参加培训的人平均有更强的能力以提高 Y,那么即使不参加该计划,他们在劳动力市场的结果也可能会更好。在这种情况下,平均选择偏误 $B_{\tau,t}$ 为正。如果不参与的潜在结果 Y_t^0 与时间有关,那么处理组与对照组之间的这些差异很可能在其他时间段(包括项目开始前的时间段)持续存在。换言之,能力更强的人在接受处理之前也会享受到更好的劳动力市场结果。

如果 τ 期（处理前）的项目前结果不受项目影响，即没有预期效应，那么就能观察到不同处理组的"不参与"结果 $Y_\tau^0 = Y_\tau$，且时期 τ 上的平均选择偏误等于 $B_{\tau,t}$，而从观察到的项目前数据中就可以确定 $B_{\tau,t}$。因此，ATET 就是

$$E[Y_t^1 - Y_t^0 \mid D=1] = E[Y_t^1 \mid D=1] - (\int E[Y_t^0 \mid X_t, D=0] dF_{X_t \mid D=1} dx + B_{t,t})$$

$$= E[Y_t \mid D=1] - (\int E[Y_t \mid X_t, D=0] dF_{X_t \mid D=1} dx + B_{\tau,t})$$

现在很明显，即使偏误稳定性假设也不是严格必要的。只要假设根据项目实施前阶段的平均选择偏误可以一致估计出 $B_{t,t}$ 就足够了，此假设也被称为偏误可预测假设（predictable-bias assumption）。如果能观察到项目前几个时间段的结果，则可以估计每个时段的平均选择偏误 $\hat{B}_{\tau,t}, \hat{B}_{\tau-1,t}, \hat{B}_{\tau-2,t}$。估计值 $\hat{B}_{\tau,t}, \hat{B}_{\tau-1,t}, \hat{B}_{\tau-2,t}$ 的任何形式都可能改善 $B_{t,t}$ 的预测。一个很好的例子是，取它们的均值有望减小例 5.3 中提到的均值回归产生的潜在偏误。

现在也很清楚，经典的 CIA 要求 $B_{t,t} = 0$，而对于 MDID，只需要求可从项目前阶段估计出 $B_{t,t}$。请注意，该假设不是嵌套的。例如，在实施 CIA 时，我们通常将项目实施前的结果 Y_τ 作为潜在混杂变量 X 的一部分。然而，使用 DID 方法时，我们不能把结果变量 Y 的滞后项当作混杂变量，因为我们必须能够计算 $B_{\tau,t}$，参见第 5.1.3 节。

非参数估计(5.9)和(5.10)并不难，除非 X 的维数大于 3 进而受到维数诅咒的影响。我们只需简单地将(5.9)中的所有条件期望值替换为 $D_i = 1$ 的对于所有 X_i 的局部多项式估计量，然后对它们求平均值，就能获得 ATET 的估计量；见(5.10)。如第 3 章所述，我们可以预先估计对于所有 X_i 的倾向得分 P_i，并将(5.9)中的期望值以倾向得分为条件，而不是以向量 X 为条件；参见倾向得分匹配。证明逻辑与第 3 章完全相同。请注意，由于我们可以将四个条件期望值分开，并分别进行估计，因此我们依然不需要面板数据；重复的横截面数据，即队列数据同样适用。

回想假设 1x，并定义 $\phi_1 = \{D - \Pr(D=1 \mid X)\}\{\Pr(D=1 \mid X)\Pr(D=0 \mid X)\}^{-1}$，其中 $\Pr(D=1 \mid X) > 0$（或者可以设置 $\phi_1 = 1$），则

$$E[\phi_1(Y_1 - Y_0) \mid X] = E[\phi_1(Y_1 - Y_0) \mid X, D=1] \cdot \Pr(D=1 \mid X)$$
$$+ E[\phi_1(Y_1 - Y_0) \mid X, D=0] \cdot \Pr(D=0 \mid X)$$
$$= E[Y_1 - Y_0 \mid X, D=1] - E[Y_1 - Y_0 \mid X, D=0]$$
$$\tag{5.12}$$

这就是条件 ATET(X)，见(5.9)。而且，

$$E[Y_1^1 - Y_1^0 \mid D = 1] = \int E[\phi_1(Y_1 - Y_0) \mid x] f(x \mid D = 1) dx$$

$$= E\left[\phi_1(Y_1 - Y_0) \frac{\Pr(D = 1 \mid X)}{\Pr(D = 1)}\right]$$

$$= E\left[\frac{Y_1 - Y_0}{\Pr(D = 1)} \frac{D - \Pr(D = 1 \mid X)}{\Pr(D = 0 \mid X)}\right]$$

参考习题 6。一旦我们有了倾向得分的估计量,就可以通过处理前后结果 Y 的加权平均值得到 ATET。当使用队列数据而不是面板数据时,我们需要修改公式如下:定义 $\phi_2 = \phi_1 \cdot \{T - \lambda\} \{\lambda(1-\lambda)\}^{-1}$,其中 λ 是在后处理期间样本观测数量占总样本的比例。然后我们得到条件 ATET:$\alpha(X) = E[\phi_2 \cdot Y \mid X]$,其中在整个样本的分布上取期望值。最后,类似地,通过 $\alpha = E[\phi_2 \cdot Y \cdot \Pr(D = 1 \mid X) \Pr^{-1}(D = 1) \mid D = 1]$ 可以得到无条件的 ATET。

5.1.3 DID 与线性面板模型的关系

我们将关于 DID 与线性面板模型关系的讨论扩展到引入可观测混杂变量 X 时的情况。这些混杂变量可能包括时变变量和时不变变量。我们仍然考虑只有两个时间段 $t \in \{0,1\}$ 的情况。设

$$Y_{it} = \alpha_t + \beta D_{it} + \gamma_t X_{it} + C_i + U_{it} \tag{5.13}$$

其中 α_t 为时间效应,D_{it} 表示处理,我们仅针对处理组在时间段 $t=1$ 时施加处理,[②] C_i 为时不变的个体效应,U_{it} 是一些误差项。[③] 在标准面板数据分析中,我们假设 U_{it} 不仅与 D_{it} 不相关,而且也与 X_{it} 不相关。回想一下,变量 X_{it} 一定不能受处理的影响。通过一阶差分,我们消除了 C_i 并得到

$$\Delta Y_i = \bar{\alpha} + \beta \Delta D_i + \bar{\gamma} X_{i,t=1} + \gamma_0 \Delta X_i + \Delta U_i$$

其中 $\bar{\gamma} = \gamma_1 - \gamma_0$ 和 $\bar{\alpha} = \alpha_1 - \alpha_0$。由于我们只对 β 感兴趣,通过重新排列,我们可以将其写成

$$\Delta Y_i = \bar{\alpha} + \beta \Delta D_i + \gamma_1 X_{i,t=1} + \gamma_2 X_{i,t=0} + \Delta U_i$$

这种方法要求我们同时观察两个时间点上的协变量 X。许多政策评估应用仅观察基线研究中的 X_{it},或者 X_{it}(如性别)随着时间的推移而保持不变的情形,因为研究者担心处理会对 X 具有潜在影响。在这种情况下,我们没有时变的混杂变量,因此我们可以写下

[②] 换言之,它对应于我们最初的简单面板模型的交互项 TD。
[③] 当你使用队列数据时,你必须跳过 C_i,但仍然可以包括时不变的混杂变量。

$$Y_{it} = \alpha_t + \beta D_{it} + \gamma_t X_i + C_i + U_{it}$$

其中,取一阶差分得到

$$\Delta Y_i = \bar{\alpha} + \beta \Delta D_{it} + \bar{\gamma} X_i + \Delta U_{it}$$

在这里,我们控制与结果变量和 D 动态相关的特征。因此,尽管我们不会观察到 X_i 随着时间发生变化,但我们承认系数 γ_t 可能会随时间而变化。如果处理组和对照组的变量 X_i 是不平衡的,但没有被包括在模型中,则即使真实处理效应 β 为零,这些变量也可能使 ΔY_{it} 在处理组和对照组之间产生差异,除非我们控制住这些变量。换言之,我们控制处理组和对照组之间由系数的动态变化引起的差异。

关于以上讨论的一个特例是我们在 X_{it} 中加入滞后结果 $Y_{i,t-1}$,并且假设在我们的预测时点中 $Y_{i,t=0}$ 也被包含在 X 变量中。将 $Y_{i,t-1}$ 包括在内是因为它可能是 D_{it} 的一个重要决定因素。为了简便起见,假设 X 中没有其他变量,于是(5.13)变成

$$Y_{it} = \alpha_t + \beta D_{it} + \gamma_t Y_{i,t-1} + C_i + U_{it} \tag{5.14}$$

其中 $D_{it} = \xi(Y_{i,t-1}, C_i, V_{it})$ 是 $Y_{i,t-1}$、C_i 以及一些未观察到的异质性 V_{it} 的函数,见图 5.2。此时我们有两个混杂变量:$Y_{i,t-1}$ 和 C_i。如果我们只有其中一个变量,我们可以使用简单的 DID 或匹配。如果上述方程中没有 $Y_{i,t-1}$,我们可以使用简单的 DID。如果上述方程中没有 C_i,我们可以使用匹配估计量。然而,若上述方程中有这两个混杂变量,我们不能使用上述任何一种技术。下面我们将对此进行说明,以展示匹配和无条件 DID 基于完全不同的假设。

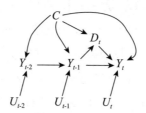

图 5.2 为了理解 DID 所作的动态因果图

采用一阶差分消除 C_i:

$$Y_{i,1} - Y_{i,0} = \Delta Y_{i,t=1} = \bar{\alpha} + \beta \Delta D_{i,t=1} + \bar{\gamma} Y_{i,t=0} + \gamma_0 \Delta Y_{i,t=0} + \Delta U_{i,t=1}$$

(5.15)

其中 $\bar{\gamma} = \gamma_1 - \gamma_0$。我们可以通过用 $D_{i,t=1}$,$Y_{i,t=0}$ 和 $Y_{i,t=-1}$ 回归 $\Delta Y_{i,t=1}$ 来估计这个表达式。人们通常会担心 $Y_{i,t=0}$ 与 $\Delta U_{i,t=1}$ 相关。乍一看,人们可能会认为我们不担心这种相关性,因为我们只关心系数 β,而不关心其他系数。有人可能会认为,如果我们对 $Y_{i,t=0}$ 和 $Y_{i,t=1}$ 进行非参数控制,就可以忽略控制变量中的内生

性。这就要求

$$\Delta U_{i,t=1} \perp\!\!\!\perp \Delta D_{i,t=1} \mid Y_{i,t=0}, Y_{i,t=-1}$$

但这通常不成立,因为我们没有

$$U_{i,t=0} \perp\!\!\!\perp D_{i,t=1} \mid Y_{i,t=0}, Y_{i,t=-1}$$

因为 $Y_{i,t=0}$ 是 C_i 和 $U_{i,t=0}$ 的函数(反向的箭头,见图 5.2),控制 $Y_{i,t=0}$ 后会产生相关性。

因此,在 $Y_{i,t-1}$ 和 C_i 都是混杂变量的情况下,无条件 DID 和匹配都不能应用。因此,我们转向阿雷诺—邦德(Arellano-Bond)动态面板数据方法,使用 $Y_{i,t=-2}$ 作为排除工具。当然这只在 $U_{t-2} \perp\!\!\!\perp U_{t-1}$(无持续冲击,无自相关)时有效。

显然,如果我们可以消除(5.14)中的 $\gamma_t Y_{i,t-1}$,即假设所有相关的不可观测的异质性都是时间恒定的,那么我们得到

$$\Delta Y_{i,t=1} = \bar{\alpha} + \beta \Delta D_{i,t=1} + \Delta U_{i,t=1}$$

于是我们可以求得 DID 估计量(至少在我们有两个时间段的情况下可以这样做)。将前面的讨论扩展到包含(额外的)外生 X 的情形是很简单的。或者我们可以假设 $Y_t^d \perp\!\!\!\perp D_t \mid Y_{t-1}$,于是就能使用匹配或倾向得分加权来进行估计。

5.2 多组以及多时期的情形

在一些应用中,我们可能有几个组和/或几个时期。假设一个国家的不同州在不同的时期受到政策变化的影响。我们可能有这些州数年的面板数据。政策的变化发生在州一级,但是为了提高估计精度,我们有时可能还想在回归中添加个体特征。我们需要确认整个组同时受到政策变化的影响:例如,某个州的所有 50 岁或 50 岁以上的人。因此,处理指标 D 不随个体变化,而是随组变化。接着,设 g 代表不同的组(例如,区域 A 和 B 中的 50+ 和 50- 的组)。平均结果 $\bar{Y}_{gt}$ 的模型可以写成

$$\bar{Y}_{gt} = \delta_{gt} + D_{gt}\beta + V_{gt}$$

其中 δ_{gt} 是一组由时期划分出的常数的集合;如果(已经)接受处理,则 D_{gt} 是 1,否则 D_{gt} 是 0。由于我们只考虑组平均数,到目前为止,这个模型是非常宽泛的。如果没有进一步的限制,它是不足以识别处理效应的。

此时,可能的识别限制是假设

$$\overline{Y}_{gt} = \alpha_g + \lambda_t + D_{gt}\beta + V_{gt}$$

同时假设 D_{gt} 与 V_{gt} 不相关。有了这一限制,只要我们有超过四个观察值、至少两个时间段和两个组,就可以识别出模型。人们根据究竟是组别的个数还是时间趋于无穷,可以使用面板数据分析进行适当的渐近推断。

前面的讨论只需要组别水平上的均值 $\overline{Y}_{gt}$,但无论出于效率原因还是为了使共同趋势假设更合理,当包含协变量时这一点会发生变化。显然,如果观察到的特征 X 随时间而变化,那么共同趋势假设就不那么可信了。因此,我们想把 X 的变化考虑进去,并且只假设不可观测变量带来的差异随着时间的推移是恒定的。在线性模型中,可以简单地将按时间分组的均值 $\overline{X}_{gt}$ 纳入模型

$$\overline{Y}_{gt} = \alpha_g + \lambda_t + D_{gt}\beta + \overline{X}'_{gt}\gamma + V_{gt}$$

为了提高有效性,还可以包括个体特征 Z_i:

$$Y_{igt} = \{\alpha_g + \lambda_t + D_{gt}\beta + \overline{X}'_{gt}\gamma + V_{gt}\} + Z'_{igt}\delta_{gt} + U_{igt} \quad (5.16)$$

这是多层次模型的一个例子,我们在不同的加总公式中测量回归项和误差项。简单地用独立同分布误差的传统公式计算标准误,进而忽略误差项 $V_{gt} + U_{igt}$ 中组的结构,通常会导致错误的标准误估计值和错误的 t 值。因此,人们可能希望使用小面积统计(small area statistics)中的方法估计处理效应。在计算标准误时,我们允许序列相关性和组内相关性,同时假设误差在组间是独立的,或者对相关性进行建模。

接下去该怎么做推断?考虑方程(5.16),并忽略任何协变量 X 和 Z。误差项的结构为 $V_{gt} + U_{igt}$。假设 U_{igt} 和 V_{gt} 均为零均值的独立同分布,且都无组间相关性,也无时间相关性。考虑两组、两个时间段的情况。β 的 DID 估计量是

$$\hat{\beta} = (\overline{Y}_{11} - \overline{Y}_{10}) - (\overline{Y}_{01} - \overline{Y}_{00})$$

由于每组内个体数较多,组别-时间均值 $\overline{Y}_{gt}$ 将按大数定律收敛到 $\alpha_g + \lambda_t + D_{gt}\beta + V_{gt}$。因此,DID 估计量将渐近地具有均值

$$E[\hat{\beta}] = \beta + V_{11} - V_{10} - V_{01} + V_{00}$$

因此 DID 估计量是不一致的。无偏性将要求 $V_{11} - V_{10} - V_{01} + V_{00} = 0$,这正是简单的 DID 估计量所假设的。但是我们不能进行推断,因为我们不能估计 σ_v^2,而 σ_v^2 又不趋于零。如果我们假设只有个体误差 U_{igt} 而没有组别误差 V_{gt}(或者换言之,组别误差 V_{gt} 只是个体误差的平均值),那么估计值通常是一致的。如果我们进一步假设 U_{igt} 既不随时间相关也不在个体之间相关,我们得到

$$\sqrt{n}(\hat{\beta} - \beta) \xrightarrow{d} N(0, \text{Var})$$

$$\text{Var} = \frac{\sigma_{U_{11}}^2}{\Pr(G=1, T=1)} + \frac{\sigma_{U_{10}}^2}{\Pr(G=1, T=0)} + \frac{\sigma_{U_{01}}^2}{\Pr(G=0, T=1)} + \frac{\sigma_{U_{00}}^2}{\Pr(G=0, T=0)}$$

其中的方差 $\sigma_{U_{gt}}^2 = \mathrm{Var}(U_{igt})$ 可从数据中估计出。

对于多组和多个时间段的情形，我们可以考虑其他方法，例如，当样本量增加时，考虑组别 G 和时间段 T 的数量趋于无穷大（Hansen，2007a 以及 Hansen，2007b）。这种分析类似于传统的有组别误差和个体误差的线性面板数据分析，我们还可以允许一个更丰富的序列相关结构。例如，Bertrand，Duflo 和 Mullainathan(2004)的蒙特卡洛研究记录了这一序列相关性，他们发现简单的 DID 估计推断可能会产生较大的标准误，例如当区域受到时间持续性冲击（即自相关误差）的影响时，这种冲击可能看起来像是程序效应。这也将在下一节中讨论。

因此，除非我们无须施加更多的假设和限制，将几个时间段包括在内似乎是一种祸害而非利好；包括处理前后的几个时间段可能是有问题的（没有进一步假设的话），这一点在只是再度思考特殊冲击 U_{igt} 时就已然十分清楚了，更不要说还思考存在组别冲击 V_{gt} 时。对于 $d = g \in \{0,1\}$，忽略潜在混杂变量 X（或 Z），我们得到

$$E[\hat{\alpha}_{DID}] = \alpha_{ATET} + E[U_{ig1} - U_{ig0} \mid g=1] - E[U_{ig1} - U_{ig0} \mid g=0]$$

处理组成员在过去时期里的低 U 值往往是引发政策变化的原因，即坏的冲击可能促使了政策的改变。除非这些坏的冲击是极其持久的，否则 DID 估计量会高估 ATET，因为我们预期 $E[U_{ig1} - U_{ig0} \mid g=1] > E[U_{ig1} - U_{ig0} \mid g=0]$。这就是所谓的 Ashenfelter 下探(Ashenfelter's dip)，此下探产生了 ATET 的 DID 估计量的正偏误：

例 5.5　假设我们正在评估一个培训项目。在项目开始前收入暂时下降的人参加该培训的可能性比收入没有下降的人要大得多。对于那些经历了相当长一段时间工资停滞的个人来说也是如此。这些正是 U_{ig0} 呈现负值但更有可能参与培训的人。

基本思想是 $U_{ig0} < 0$ 的个体在处理组被过度代表，类似地，$U_{ig0} > 0$ 的个体在对照组中被过度代表。如果 U_{ig1} 也是如此（即如果冲击持续存在），这就不是问题。然而，均值回归(regression-to-the-mean)效应表明，一般来说，所有个体都有向（回归）平均值收敛的趋势，因此我们预期具有负残差的个体与具有正残差的个体的趋势不同。换言之，结合均值回归效应与 Ashenfelter 下探得出的结论与共同趋势假设相矛盾。④ 尽管如此，我们可以考虑使用两个明显的解决方案。我们要么在处理前后的几个时间段进行平均，以便平滑掉这种"下探"，要么必须纠

---

④　重要的是，只有结合 Ashenfelter 下探和均值回归时才会产生问题，单独出现其中一个时不会引起问题。

正对照组与处理组的不同趋势。前一种更简单的解决方案可以通过考虑时期较长的面板来实现，后者可以通过我们接下来要考虑的所谓三重差分估计量（difference-in-differences-in-differences，DIDID）来实现。

5.2.1 三重差分和更高阶差分

如前所述，基本上意味着平行趋势的共同趋势假设在许多情况下是值得怀疑的。有几种方法可以放松这种假设。一种是加入（时变的）协变量，另一种是加入几个时间段，这两种方法我们在上一节里都已经介绍过了。或者，我们也可以加入几个对照组。如此，我们便能得到三重差分方法的估计量。回顾第 5.2 节开头引入的年龄段例子，你可能会担心 50 岁以上和 50 岁以下的人群之间存在共同时间趋势（在没有进行处理时的平行趋势）的假设过强。特别是，如果 $t=0$ 和 $t=1$ 实际上相隔一段时间（例如 10 年），这些群体可能受到不同趋势的影响。换言之，未观察到的特征的组合可能会随着时间的推移而改变，这可能是由于特征本身随时间变化或这些特征对 Y 的影响随时间变化。如果我们有另一个不受政策变化影响的对照组，我们就可以消除由这种不同趋势而产生的偏误。

假设只有居住在特定地区（称为 A）的 50 岁以上群体受政策影响，而邻近地区（称为 B）的人不受影响。[⑤] 如果我们已知居住在 B 地区的人的一些数据，就可以计算出

$$(\bar{y}_{B,50+,t=1} - \bar{y}_{B,50-,t=1}) - (\bar{y}_{B,50+,t=0} - \bar{y}_{B,50-,t=0})$$

由于 B 地区不受政策变动的影响，如果 50 岁以上和 50 岁以下群体的时间趋势相同，即随时间推移两组人之间未观察到的差异保持不变，则该表达式应为零。如果不是，我们可以把它当作一个偏误的估计值，该偏误是由变化的时间趋势产生的。于是我们可以修正 ATET 估计量的形式，即

$$(\bar{y}_{A,50+,t=1} - \bar{y}_{A,50-,t=1}) - (\bar{y}_{A,50+,t=0} - \bar{y}_{A,50-,t=0})$$
$$- \{(\bar{y}_{B,50+,t=1} - \bar{y}_{B,50-,t=1}) - (\bar{y}_{B,50+,t=0} - \bar{y}_{B,50-,t=0})\}$$

这被称为 DIDID，或等价的

$$\Delta\bar{y}_{A,50+} - \Delta\bar{y}_{A,50-} - \Delta\bar{y}_{B,50+} + \Delta\bar{y}_{B,50-} \tag{5.17}$$

其中 Δ 表示时间变化引起的差异。

注意，DIDID 在数值上相当于以下模型中三重相互作用项 $\mathbb{1}_{age\ 50+} \cdot \mathbb{1}_{time=1} \cdot 1$

[⑤] 参见 Lalive(2008)了解本例的详细信息。

1_A 的系数 γ

$$Y = \beta_0 + \beta_1 \cdot 1\!1_{age\,50+} + \beta_2 \cdot 1\!1_{time=1} + \beta_3 \cdot 1\!1_A$$
$$+ \beta_4 \cdot 1\!1_{age\,50+} \cdot 1\!1_{time=1} + \beta_5 \cdot 1_{age\,50+} \cdot 1\!1_A$$
$$+ \beta_6 \cdot 1\!1_{time=1} \cdot 1\!1_A + \gamma \cdot 1\!1_{age\,50+} \cdot 1\!1_{time=1} \cdot 1\!1_A + U$$

为了证明总体等价物即(5.17)的期望值与 γ 相同,改写上述回归方程,以便于将 $\bar{y}_{A,50+,t=1}$ 的期望值表示为 $\beta_0 + \beta_1 + \beta_2 + \beta_3 + \beta_4 + \beta_5 + \beta_6 + \gamma$。对于其他组也采用类似的计算,并将这些表达式代入(5.17),我们可以得出(5.17)的期望值确实就是 γ。

当有三个时间段(例如 $t=-1,0,1$)时,也可以使用类似的想法,其中两个时间段是在政策变更之前测量的。如果两组有共同时间趋势这一假设成立,则以下表达式的平均值应为零:

$$(\bar{y}_{50+,t=0} - \bar{y}_{50-,t=0}) - (\bar{y}_{50+,t=-1} - \bar{y}_{50-,t=-1})$$

如果不是,我们可以用这个表达式来衡量处理前时间趋势的差异。因此,我们允许 50 岁以上和 50 岁以下两组之间的时间趋势的斜率不同(就像在接受处理前)。如果我们假设两组中斜率的变化,即二阶差分或加速度是相同的,我们就可以预测在没有政策变化的情况下 $\bar{y}_{50+,t=1}$ 的反事实平均结果。DIDID 估计是

$$(\bar{y}_{50+,t=1} - \bar{y}_{50-,t=1}) - (\bar{y}_{50+,t=0} - \bar{y}_{50-,t=0})$$
$$- \{(\bar{y}_{50+,t=0} - \bar{y}_{50-,t=0}) - (\bar{y}_{50+,t=-1} - \bar{y}_{50-,t=-1})\}$$
$$= (\bar{y}_{50+,t=1} - \bar{y}_{50+,t=0}) - (\bar{y}_{50+,t=0} - \bar{y}_{50+,t=-1})$$
$$- \{(\bar{y}_{50-,t=1} - \bar{y}_{50-,t=0}) - (\bar{y}_{50-,t=0} - \bar{y}_{50-,t=-1})\}$$
$$= \Delta\Delta\bar{y}_{50+,t=1} - \Delta\Delta\bar{y}_{50-,t=1}$$

一般来说,对于两个以上的时间段,我们可以使用二阶差分来消除"个体固定效应"和"个体时间趋势"。这个概念当然可以扩展到更高阶的差分,见 Mora 和 Reggio(2012)。

上述扩展的基本思想是,我们只有一个时期上的一个处理组,但有多个⑥之前的时期可以作为对照组。因此,我们使用所有未接受处理的观察结果来预测处理组受政策变化影响期间的反事实结果。为了预测反事实的结果,我们还可以使用更精细的建模方法。

DIDID 比(5.7)更进一步,因为它允许在水平数值和时间趋势上存在差异,但要求处理组和对照组的加速度(二阶差分)相同。有时人们也会使用平行路径

---

⑥ 这使得它不同于第 3 章中的匹配方法。

而不是共同趋势,会使用平行增长而不是共同加速度(common acceleration)。具体而言,令 $\Delta Y_t^0 = Y_t^0 - Y_\tau^0$ 为一阶差分,而 $\Delta \Delta Y_t^0 = \Delta Y_t^0 - \Delta Y_\tau^0$ 为二阶差分。在上述 DIDID 扩展模型中都可以进一步加入附加的潜在混杂变量 X,使得基础假设更可信。DID 方法的 CIA 要求

$$\Delta Y_t^0 \perp\!\!\!\perp D \mid X \tag{5.18}$$

然而,DIDID 方法的 CIA 要求

$$\Delta \Delta Y_t^0 \perp\!\!\!\perp D \mid X \tag{5.19}$$

DID 方法中所谓的项目前测试其实是测试处理组和对照组之间的水平数值上是否存在差异。DIDID 方法中的项目前测试用于测试处理组和对照组之间的趋势是否存在差异。如果在处理后还有几个时期,我们就可以测试处理后是符合平行路径还是符合平行增长。然而如果没有关于处理前几个时间段的可比信息,我们就不清楚如何做出正确的解释。最后,请记住,只要我们只使用平均值或条件平均值,我们就不需要面板数据,队列数据就足够了。

5.3 双重变化的概念

在前面的小节中,我们介绍了 DID 的概念,研究了不同场景的替代假设,并以此对 ATET 估计量进行修正。但是,到目前为止,我们还没有研究假设(5.18)和(5.19)不符合标度不变性(scale-invariant)的问题。事实上,平行路径或平行增长假设本质上与 Y 的标度相关。例如,如果 $D=1$ 组中的 Y^0 沿着与 $D=0$ 组中的 Y^0 平行的路径发展,那么对于 $\log Y^0$,情况就不再是这样了,反之亦然。虽然标度不变假设通常被认为是 DID 估计的一个主要的缺点,因为很难仅仅基于经济理论来说明标度不变假设的合理性,但是如果你在处理开始前有至少两个时间段的观测,这也可以被认为是一种优势。因为在这种情况下,你只需要找到必要假设适用的标度。做完了这样的前期准备工作以后,即确定了使得 DID 所需的假设或 DIDID 所需的假设成立的 Y 的转换后,你就可以相应地应用 DID 或 DIDID 方法。你所需的全部就是几个处理前时间段的数据。

另一种完全不同的方法是通过不再直接关注 Y 的平均值而是关注累积分布函数来消除标度。一个简单的原因就是累积分布函数是标度不变的。这种方法还有一个优点,即我们可以凭此揭示出 D 对 Y 的整个分布的影响。D 对 Y 的整个分布的影响无疑比只观测其平均值有信息含量得多,当处理效应相当不均匀

时,分析 D 对 Y 的分布的影响仍然是有用的。为此,我们还专门用了整整一章(第 8 章)来研究分位数处理效应的估计。

这种 DID 方法的特殊扩展法被称为双重变化(changes-in-changes,CIC)。如前所述,它不仅允许处理效应是异质性的,而且通过识别和估计分布效应进一步探索处理效应的异质性。时间效应和处理效应在不同个体之间可以呈现出系统性的不同。为了简化,我们只讨论两个组 $g \in \{0,1\}$ 和两个时间段 $t \in \{0,1\}$ 的情形。在第二个时期内,群体 1 受政策变化的影响。为此,我们观察到结果 $Y^1_{G=1, T=1}$,但观察不到反事实结果 $Y^0_{G=1, T=1}$。本节的重点是给出对 ATET 的(一类)估计。和 DID 中一样,为了估计非处理情况下的反事实结果 Y^0,我们可以使用其他三个组别与时间的组合的信息。我们利用在分组 $(G=1, T=0)$、$(G=0, T=0)$ 和 $(G=0, T=1)$ 中可以观测到 Y^0 这一事实。当我们研究 Y^0 和 Y^1 的整个分布时,我们需要用观察到的结果来表示它们的分位数或它们的累积分布函数。我们可以直接通过每组内部的观测来估计组 $(G=1, T=0)$、$(G=0, T=0)$ 和 $(G=0, T=1)$ 中 Y^0 的分位数和累积分布函数,也可以估计组 $(G=1, T=1)$ 中 Y^1 的分位数和累积分布函数。当对处理组的处理效应感兴趣时,我们无法直接估计相较于 $F_{Y^1|11}$ 的反事实分布 $F_{Y^0|11}$,或者无法直接估计对照组的 $F_{Y^1|01}$ 的反事实累积分布函数 $F_{Y^1|01}$。在下文中,我们将重点关注 $F_{Y^0|11}$ 的识别和估计;$F_{Y^1|01}$ 的识别和估计方法也是同理。换言之,使用 CIC 使我们不仅可以识别和估计 ATET,还可以推导出 ATENT 和 ATE 的估计值。

我们首先考虑没有协变量的情况。然而,不难看出我们简单地使下面所有的推导都以 X 为条件,就能讨论有协变量的情况。处理组的无条件处理效应可以通过对 X 积分得到。注意,和之前的 DID 案例一样,我们不需要个体的面板数据,处理组和对照组的重复横截面数据就已足够。

5.3.1 连续结果 Y 的 CIC

每个个体 i 的特征是通过变量 U_i 和 G_i 体现的,其中 U_i 是一些不可观测的特征,G_i 表示个体 i 所属的组(即处理组或对照组)。U 和 G 都被认为是允许互相影响的随机变量,即在 U 特别低或特别高的地区可能已经发生政策变动。因此,CIC 也允许处理组成员因为预期将比对照组获得更大的益处而采用该政策。我们从一些基本假设开始。

假设 CIC 1 $Y^0_i = \varphi(U_i, T_i)$,$\varphi$ 在其第一个参数 U 上严格递增。

这一假设要求非处理结果 Y_t^0 只是 U 和时间的函数，而不是 G 的函数。因此，虽然允许 G 和 U 相关，但 G 不影响 Y_t^0。这一假设要求函数 φ 不依赖于 G。U 中严格的单调性允许我们取函数 φ 的逆函数，从而使观测结果 Y_t^0 映射到不可观测的 U_i 上。由于 U 通常是连续分布的，Y 也必须是连续分布的。对于离散的 Y，我们只能获得集合识别，除非有更有力的假设。

假设 CIC 2　　$U \perp\!\!\!\perp T \mid G$。

这个假设要求，在每个组内，U 的分布不随时间变化。因此，虽然允许特定个体在时期 0 和 1 中具有不同的 U 值，但 U 在整个组中的分布保持不变。

前两个假设合并在一起意味着，在同一时间段内，组别 1 和组别 0 之间 Y^0 的所有差异都只是由 U 的差异造成的。Y^0 随时间推移发生的任何差异都只是由随 t 变化的函数 $\varphi(u, t)$ 造成的，而不是由 U 的分布的变化造成的。

假设 CIC 3　　$\mathrm{Supp}(U \mid G = 1) \subseteq \mathrm{Supp}(U \mid G = 0)$。

这是对 U 的一个共同支撑区间假设。对于 $G=1$ 总体中的每个 U 值，我们需要推断 $t=1$ 时期的反事实结果，这只能从 $G=0$ 总体中得到。

组别和时期的处理效应是不对称的。因此，重要的假设是：首先，在每个时间段内，两组中的产出函数（对于非处理结果）$\varphi(U, t)$ 是相同的。其次，我们定义组别的 U 的分布不会随时间而改变（尽管对于每个个体来说，它是允许改变的）。但是请注意，我们可以调换 G 和 T 的角色，这将产生一个具有不同假设和不同估计值的不同模型。具体而言，在反向（reversed）CIC 模型中，假设产出函数 φ 不随时间变化，但我们允许组间有不同的 φ。然而，U 在两组中的分布必须相同，但可以随时间变化。

例 5.6　　将 60 岁男性和女性的队列作为 G 组。我们可能希望假设男性和女性的 U 分布是相同的。但即使是在控制了所有类型的可观测变量后，我们可能仍然希望允许结果 φ_G 因性别不同而有所不同。由于研究年龄始终为 60 岁，因此随着时间的推移，我们有不同的队列，因此，应该允许 U 的分布随着时间的推移而改变，而 φ_G 函数则不应改变。可以思考一下医疗干预的例子：Y^0（即不处理）的健康产出函数 φ_G 可能取决于 U 和组别（即性别），但它不会随时间而改变。

因此，模型适用于当 T 或 G 两者中有一个未进入产出函数 $\varphi(U, T, G)$，且 U 的分布（即分位数）在另一维度（即进入了模型 φ 的那个维度）上保持相同时。这两个潜在模型的假设中哪一个更合适取决于具体的实证应用。两个假设下的估计值可能不同。然而，由于模型不包含任何过度识别限制，对于这两个模型我们都不能检验其有效性。请注意,我们对 Y_i^1 没有任何限制。这意味着我们允许任意的处理效应异质性 $Y_i^1 - Y_i^0$,进而也允许个体根据各自的预期收益选择接受或不接受处理(如前所述)。

我们首先勾勒出识别反事实分布的大致思路。如前所述,基本思想是在时间段 $T=0$ 时,两组 G 中的产出函数 φ 相同。$G=0$ 和 $G=1$ 两组中 Y 的不同结果分布可归因于两组中 U 的不同分布。因此,虽然从时期 0 到 1 产出函数发生变化,但 U 的分布保持不变。这意味着处于 U 的分位数 q 上的人在时期 1 中仍将保持在分位数 q 处。我们将经常使用逆分布函数(即分位数函数),并定义 Y 为随机变量时的分位数函数:

$$F_Y^{-1}(q) = \inf\{y : F_Y(y) \geqslant q, \quad y \in \mathrm{Supp}(Y)\}$$

这意味着 $F_Y(F_Y^{-1}(q)) \geqslant q$。如果 Y 是连续的,或者 Y 在断点 $F_Y^{-1}(q)$ 处是离散的,则取等号。类似地有 $F_Y^{-1}(F_Y(y)) \leqslant y$。若 Y 是连续或离散的,等式对于所有 $y \in \mathrm{Supp}(Y)$ 成立,但如果 Y 是混合的,则等式不一定对所有支撑区间上的 y 成立。

考虑组 $G=1$ 中的一个个体 i,假设我们知道 U_i 的值。我们使用"个体"标记只是为了方便。事实上,只有 U 分布的分位数才是重要的。因此,每当提到某个个体时,我们实际上指的是 U 的特定分位数处的任何个体。我们的目标是知道 $\varphi(U_i, 1)$,其中只有组 $(G=0, T=1)$ 的信息是有用的,因为我们只能在处理状态下观察到组 $(G=1, T=1)$,且组 $(G=0, T=0)$ 或组 $(G=1, T=0)$ 只对分析 $\varphi(U_i, 0)$ 有用。我们不在组 $G=0$ 中观察个体的 U_i,而是通过假设单调性成立,将 Y 的分位数与 U 的分位数联系起来。

我们从组 $(G=1, T=0)$ 中具有特定值 U_i 的个体开始。我们首先将此个体映射到组 $(G=0, T=0)$,然后将其与组 $(G=0, T=1)$ 联系起来。定义 $F_{U|gt} = F_{U|G=g, T=t}$,注意根据假设 CIC 2,有 $F_{U|gt} = F_{U|g}$。假设 U_i 处于组 $(G=1, T=0)$ 的分位数 q

$$F_{U|10}(U_i) = q$$

我们观察到在时期 0 时两组非处理状态下的结果 Y^0。在组 $(G=0, T=0)$ 中,U_i 的值对应于不同的分位数 q',即

$$F_{U|00}(U_i) = q'$$

或者换言之,在组 $(G=0, T=0)$ 中,带有 U_i 的个体排名 q',使得

$$q' = F_{U|00}(F_{U|10}^{-1}(q)) \tag{5.20}$$

更准确地说,组 $(G=1, T=0)$ 中排名 q 的观测的 U 值与组 $(G=0, T=0)$ 中排

名 q' 的观测的 U 值相同。

因为函数 $\varphi(U_i,t)$ 在其第一个元素 U 上严格递增（假设 CIC 1），因此对于 U 和 Y 的秩变换是相同的，且由(5.20)可以推出

$$q' = F_{Y|00}(F_{Y|10}^{-1}(q)) \tag{5.21}$$

现在使用假设 CIC 2，这意味着在 $T=1$ 与 $T=0$ 两个时期中 $G=0$ 组中的分位数 q' 相同。那么在 $T=1$ 的 U 分布中排名 q' 的结果是

$$F_{Y|01}^{-1}(q')$$

因为函数 φ 仅依赖于 U 和 T，而不依赖于 G（假设 CIC 1），这意味着这是在时期 $T=1$ 上组 1 中具有 U_i 的个体的反事实结果。此外，根据假设 CIC 2，该个体在时期 1 中的排名也将是 q。公式化表述就是，$G=1$ 和 $T=0$ 中排名为 q 的有 U_i 的个体的反事实结果 $F_{Y^0|11}^{-1}(q)$ 为

$$F_{Y^0|11}^{-1}(q) = F_{Y|01}^{-1}(q') = F_{Y|01}^{-1}(F_{Y|00}(F_{Y|10}^{-1}(q))) \tag{5.22}$$

下图说明了这种推导的逻辑：

$$(G=1, T=1) \qquad (G=0, T=1)$$
$$\uparrow \qquad\qquad\qquad \uparrow$$
$$(G=1, T=0) \rightarrow (G=0, T=0)$$
$$\text{排名 } q \qquad\qquad \text{排名 } q'$$

我们考虑组($G=1, T=0$)中排名 q 的个体。组($G=1, T=1$)中 Y^1 的 q 阶分位数是处理后可以观察到的结果。反事实结果 Y^0 是通过将排名 q 映射到组($G=0, T=0$)中的排名 q'，然后取组($G=0, T=1$)中 Y 的 q' 分位数得到的。

因此，根据(5.22)，处理组的 q 分位数上的分位数-TE 为

$$\text{QTET}_q = \alpha_q^{CIC} := F_{Y|11}^{-1}(q) - F_{Y|01}^{-1}(F_{Y|00}(F_{Y|10}^{-1}(q))) \tag{5.23}$$

取分位数函数(5.22)的反函数，我们可以得到反事实分布函数

$$F_{Y^0|11}(y) = F_{Y|10}\{F_{Y|00}^{-1}(F_{Y|01}(y))\} \tag{5.24}$$

由上述推导可知，对于 $U \in \text{Supp}(U|G=1)$ 的任何一个值，我们还需要在组 $G=0$ 中有带有一样的 U 的观测，假设 CIC 3 已经明确说明了这一点。

正式的推导如下。首先证明

$$F_{Y^0|gt}(y) = \Pr(\varphi(U,t) \leqslant y \mid G=g, T=t) = \Pr(U \leqslant \varphi^{-1}(y,t) \mid G=g, T=t)$$
$$= \Pr(U \leqslant \varphi^{-1}(y,t) \mid G=g) = F_{U|g}(\varphi^{-1}(y,t))$$

这意味着 $F_{Y|00}(y) = F_{U|0}(\varphi^{-1}(y,0))$，并将 y 替换为 $\varphi(u,0)$，我们可以得出 $F_{Y|00}(\varphi(u,0)) = F_{U|0}(u)$，给定 $u \in \text{Supp}(U|G=0)$，于是有

$$\varphi(u,0) = F_{Y|00}^{-1}(F_{U|0}(u)) \tag{5.25}$$

在组($G=0, T=1$)中进行类似推导,可以得到

$$F_{Y|01}(y) = F_{U|0}(\varphi^{-1}(y,1)) \Rightarrow F_{U|0}^{-1}(F_{Y|01}(y)) = \varphi^{-1}(y,1) \quad (5.26)$$

在(5.25)中代入 $u=\varphi^{-1}(y,1)$ 并代入(5.26)得到

$$\varphi(\varphi^{-1}(y,1),0) = F_{Y|00}^{-1}(F_{Y|01}(y)) \quad (5.27)$$

进一步得到

$$F_{Y|10}(y) = F_{U|1}(\varphi^{-1}(y,0)) \Rightarrow F_{Y|10}(\varphi(\varphi^{-1}(y,1),0)) = F_{U|1}(\varphi^{-1}(y,1)) \quad (5.28)$$

其中我们用 $\varphi(\varphi^{-1}(y,1),0)$ 替代 y。将(5.27)代入(5.28),可得

$$F_{Y^0|11}(y) = F_{U|1}(\varphi^{-1}(y,1)) = F_{Y|10}\{\varphi(\varphi^{-1}(y,1),0)\} = F_{Y|10}(F_{Y|00}^{-1}(F_{Y|01}(y)))$$

这与(5.24)相同。

上式可用于识别 ATET。考虑总体 $G=1$ 中的个体 i,在第一时间段的结果为 $Y_{i,t=0}$,接受处理后的结果为 $Y_{i,t=1}$。如(5.21)中得出的,此个体在总体 $G=0$ 中的排名是

$$q' = F_{Y|00}(Y_{t=0})$$

并且在 $T=1$ 时期对应的结果 Y^0 是

$$F_{Y|01}^{-1}(F_{Y|00}(Y_{t=0}))$$

因此这是该个体的反事实结果。通过仅以总体 $G=1$ 为条件,我们得到 ATET(再次利用假设 CIC 2):

$$\text{ATET} = E[Y \mid G=1, T=1] - E[F_{Y|01}^{-1}(F_{Y|00}(Y)) \mid G=1, T=0]$$

为了估计 ATET,我们假设:

(i) 以 $T_i=t$ 和 $G_i=g$ 为条件,Y_i 是从时期 t 中 $G_i=g$ 的子总体中随机抽取的,其中 $i=1,\cdots,n$。

(ii) 对于所有 $t,g \in \{0,1\}$,$p_{gt} = \Pr(T_i=t, G_i=g) > 0$。

(iii) 随机变量 Y_{gt} 是连续的,其密度 $f_{Y|gt}$ 是连续可微的,上界为 $\overline{f}_{gt}$,下界为 $\underline{f}_{gt} > 0$,支撑区间 $\mathcal{Y}_{gt} = [\underline{y}_{gt}, \overline{y}_{gt}]$。

(iv) 我们有 $[\underline{y}_{10}, \overline{y}_{10}] \subseteq [\underline{y}_{00}, \overline{y}_{00}]$。

我们现在使用简化符号 $\text{ATET} = E[Y_{11}^1] - E[Y_{11}^0]$ 和 $\alpha^{CIC} = E[Y_{11}] - E[F_{Y|01}^{-1}(F_{Y|00}(Y_{10}))]$,如果上述假设成立,此二者就是等价的。我们可以简单地用经验分布函数来估计分布函数 F 及其反函数:

$$\hat{F}_{Y|gt}(y) = \frac{1}{n_{gt}} \sum_{i=1}^{n_{gt}} \mathbb{1}\{Y_{gt,i} \leqslant y\} \quad (5.29)$$

$$\hat{F}_{Y|gt}^{-1}(q) = \inf\{y \in \mathcal{Y}_{gt} : \hat{F}_{Y|gt}(y) \geqslant q\} \quad (5.30)$$

因此 $F_{Y|gt}^{-1}(0) = \underline{y}_{gt}$。有了这些以后，我们就可以得出

$$\alpha^{CIC} = \frac{1}{n_{11}}\sum_{i=1}^{n_{11}} Y_{11,i} - \frac{1}{n_{10}}\sum_{i=1}^{n_{10}} \hat{F}_{Y|01}^{-1}(\hat{F}_{Y|00}(Y_{10,i})) \tag{5.31}$$

为了推导出统计（渐近）表现，有必要定义

$$P(y,z) = [f_{Y|01}(F_{Y|01}^{-1}(F_{Y|00}(z)))]^{-1}(\mathbb{1}\{y \leqslant z\} - F_{Y|00}(z)), p(y) = E[P(y,Y_{10})]$$

$$Q(y,z) = -[f_{Y|01}\{F_{Y|01}^{-1}(F_{Y|00}(z))\}]^{-1}(\mathbb{1}\{F_{Y|01}(y) \leqslant F_{Y|00}(z)\} - F_{Y|00}(z))$$

$$r(y) = F_{Y|01}^{-1}(F_{Y|00}(y)) - E[F_{Y|01}^{-1}\{F_{Y|00}(Y_{10})\}]$$

$$q(y) = E[Q(y,Y_{10})]$$

$$s(y) = y - E[Y_{11}]$$

其中方差 $V_p = E[p(Y_{00})^2], V_q = E[q(Y_{01})^2], V_s = E[s(Y_{11})^2]$ 和 $V_r = E[r(Y_{10})^2]$。

定理 5.1 在上述假设下，有

$$\hat{\alpha}^{CIC} - \alpha^{CIC} = O_p(n^{1/2})$$

$$\sqrt{n}(\hat{\alpha}^{CIC} - \alpha^{CIC}) \to N(0, V_p/p_{00} + V_q/p_{01} + V_r/p_{10} + V_s/p_{11})$$

这里的思想是将估计量线性化，并将其分解为 α^{CIC} 和一些零均值的项：

$$\frac{1}{n_{00}}\sum_{i=n}^{n_{00}} p(Y_{00,i}) + \frac{1}{n_{01}}\sum_{i=n}^{n_{01}} p(Y_{01,i}) + \frac{1}{n_{10}}\sum_{i=n}^{n_{10}} r(Y_{10,i}) + \frac{1}{n_{11}}\sum_{i=n}^{n_{11}} s(Y_{11,i}) + o_p(n^{-1/2})$$

注意，CIC 估计量的方差通常既不大于标准 DID 估计量的方差，也不小于标准 DID 估计量的方差，两者的方差可能是相等的。为了估计 $\hat{\alpha}^{CIC}$ 的渐近方差，我们必须用样本平均值代替期望值，使用经验分布函数及其反函数，并利用密度函数的均匀一致非参数估计量得到 $P(y,z)$、$Q(y,z)$、$r(y)$、$s(y)$、$p(y)$ 和 $q(y)$ 的估计。最后，我们必须计算

$$\hat{V}_p = \frac{1}{n_{00}}\sum_{i=1}^{n_{00}} \hat{p}(Y_{00,i})^2, \quad \hat{V}_q = \frac{1}{n_{01}}\sum_{i=1}^{n_{01}} \hat{q}(Y_{01,i})^2, \tag{5.32}$$

$$\hat{V}_r = \frac{1}{n_{10}}\sum_{i=1}^{n_{10}} \hat{r}(Y_{10,i})^2, \quad \hat{V}_s = \frac{1}{n_{11}}\sum_{i=1}^{n_{11}} \hat{s}(Y_{11,i})^2$$

并用 $\sum_{i=1} \mathbb{1}\{G_i = g, T_i = t\}/n$ 估计 p_{gt}。我们可以证明这些估计量的组合就构成了对 $\hat{\alpha}^{CIC}$ 方差的一致估计量。

幸运的是，在估计 Y 分布的给定分位数 q 上的处理效应 α_q^{CIC} 时，我们可以使用几乎与 (5.23) 相同的标记和方法：用经验分布函数替换 (5.23) 中的所有分布

函数,并定义
$$p_q(y) = P(y, F_{Y|10}^{-1}(q)), \quad q_q(y) = Q(y, F_{Y|10}^{-1}(q))$$
$$r_q(y) = -\frac{f_{Y|00}(F_{Y|10}^{-1}(q))}{f_{Y|01}(F_{Y|01}^{-1}(F_{Y|00}(F_{10}^{-1}(q))))f_{Y|10}(F_{Y|10}^{-1}(q))}(\mathbb{1}\{F_{Y|10}(y) \leqslant q\} - q)$$
$$s_q(y) = -[f_{Y|11}(F_{Y|11}^{-1}(q))]^{-1}(\mathbb{1}\{y \leqslant F_{Y|11}^{-1}(q)\} - q)$$

相应的方差为 $V_p^q = E[p_q(Y_{00})^2], V_q^q = E[q_q(Y_{01})^2], V_r^q = E[r_q(Y_{10})^2], V_s^q = E[s_q(Y_{11})^2]$。于是,我们可以得出以下定理:

定理 5.2 在上述假设下,我们有
$$\hat{\alpha}_q^{CIC} - \alpha_q^{CIC} = O_p(n^{1/2})$$
$$\sqrt{n}(\hat{\alpha}^{CIC} - \alpha^{CIC}) \to N(0, V_p^q/p_{00} + V_q^q/p_{01} + V_r^q/p_{10} + V_s^q/p_{11})$$

对于 $\min_{y \in \mathcal{Y}_{00}} F_{Y|10}(y) < q < \bar{q} = \max_{y \in \mathcal{Y}_{00}} F_{Y|10}(y)$。

5.3.2 离散结果 Y 和区间识别的 CIC

现在思考离散的结果变量 Y 的情况,Y 仅有有限数量的支撑点 $\text{Supp}(Y) = \{\lambda_0, \cdots, \lambda_L\}$,其中 $\lambda_l < \lambda_{l+1}$。上述模型需要修改为一个基于观测到的数据的实际模型。由于 U 是离散的这一假设没有什么吸引力,我们维持 U 在组 $G=0$ 和 $G=1$ 总体中连续分布的假设,但是允许函数 φ 在 U 上只是弱单调递增。在不损失一般性的前提下,假设 $U \mid G=0, T=0$ 在 $[0,1]$ 上均匀分布。

如果不做进一步的假设,反事实分布将不再是点识别。我们首先讨论一般情况,然后说明如何在附加假设下恢复点识别。点识别丢失的原因是我们不能再对 $F_Y \mid 00$ 取反函数以获得 U 的值。考虑图 5.3,并记住我们将 $U \mid G=0$ 正态化以使其在区间上服从均匀分布。当我们观察 $Y=3$ 时,我们只知道 U 位于半开区间 $(F_{Y|00}(2), F_{Y|00}(3)]$ 内,即 U 值位于图中两条虚线之间。

如果 Y 是连续分布的,我们将能准确识别 U 的值。对于离散的 Y,我们只知道对于非递减函数 φ,有
$$u = \Pr(U \leqslant u \mid G=0) = \Pr(U \leqslant u \mid G=0, T=0) \quad (5.33)$$
$$\leqslant \Pr(\varphi(U, 0) \leqslant \varphi(u, 0) \mid G=0, T=0)$$

之所以有如上不等式,是因为 $U \leqslant u$ 意味着 $\varphi(U,0) \leqslant \varphi(u,0)$,反之则不成立。设 $\mathbb{Q}$ 表示 $q \in [0,1]$ 的所有值的集合,使得 $\exists y \in \mathcal{Y}_{00}, F_{Y|00}(y) = q$。如果 $u \in \mathbb{Q}$,则若有 $U \leqslant u$,就有 $\varphi(U,0) \leqslant \varphi(u,0)$,反之也成立。从而我们得到对于

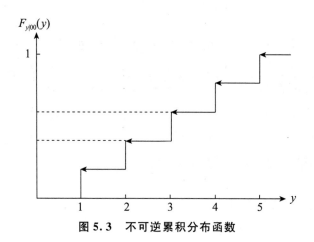

图 5.3 不可逆累积分布函数

$u \in \mathbb{Q}$,有

$$u = \Pr(U \leqslant u \mid G = 0) = \Pr(U \leqslant u \mid G = 0, T = 0)$$
$$= \Pr(\varphi(U,0) \leqslant \varphi(u,0) \mid G = 0, T = 0)$$
$$= \Pr(Y \leqslant \varphi(u,0) \mid G = 0, T = 0) = F_{Y|00}(\varphi(u,0)) \quad (5.34)$$

所以对于 $u \in \mathbb{Q}$,我们有 $\varphi(u,0) = F_{Y|00}^{-1}(u)$。然而,在 $(F_{Y|00}(\lambda_{l-1}), F_{Y|00}(\lambda_l)]$ 中 U 的所有值都可以映射到 $Y = y$ 上。定义另一个反函数

$$F_{Y|00}^{-1}(q) = \inf\{y : F_{Y|00}(y) \geqslant q, \quad y \in \mathcal{Y}_{00}\},以及$$

$$F_{Y|00}^{(-1)}(q) = \sup\{y : F_{Y|00}(y) \leqslant q, \quad y \in \mathcal{Y}_{00} \bigcup \{-\infty\}\}$$

其中 $\mathcal{Y}_{00} = \text{Supp}(Y \mid G = 0, t = 0)$。这两个反函数可以描绘出映射到 Y 的相同值上的 U 值的区间。考虑一个 q 值,使得 $F_{Y|00}^{-1}(q) = y$。那么满足下式的所有 $U_i = u$ 都将映射到 $Y_i = y$ 上:

$$F_{Y|00}(F_{Y|00}^{(-1)}(q)) < u \leqslant F_{Y|00}(F_{Y|00}^{-1}(q))$$

关于这两个反函数,我们注意到对于使得 $\exists y \in \mathcal{Y}_{00}$ 和 $F_{Y|00}(y) = q$ 的 q 值,有 $F_{Y|00}^{(-1)}(q) = F_{Y|00}^{-1}(q)$。设 $\mathbb{Q}$ 表示满足此关系的 $q \in [0,1]$ 的所有值的集合。这些值是图 5.3 中的跳跃点。对于 $q \notin \mathbb{Q}$ 的所有其他值,我们有 $F_{Y|00}^{(-1)}(q) < F_{Y|00}^{-1}(q)$。因此,对于 q 的所有值,有

$$F_{Y|00}(F_{Y|00}^{(-1)}(q)) \leqslant q \leqslant F_{Y|00}(F_{Y|00}^{-1}(q)) \quad (5.35)$$

若 $q \in \mathbb{Q}$,甚至有 $F_{Y|00}(F_{Y|00}^{(-1)}(q)) = q = F_{Y|00}(F_{Y|00}^{-1}(q))$。类似地,我们可以证明只能识别出 $u \in \mathbb{Q}$ 时的 $F_{U|G=1}(u)$。我们在(5.34)中推导出了 $F_{Y|00}(\varphi(u,0)) = u$ 和 $\varphi(u,0) = F_{Y|00}^{-1}(u)$。现在思考给定 $u \in \mathbb{Q}$ 时的 $F_{U|G=1}(u)$:

$$F_{U|G=1}(u) = \Pr(U \leqslant u \mid G = 1) = \Pr(U \leqslant u \mid G = 1, T = 0)$$
$$= \Pr(\varphi(U,0) \leqslant \varphi(u,0) \mid G = 1, T = 0) = \Pr(Y \leqslant \varphi(u,0) \mid G = 1,$$

$T=0)$
$$= F_{Y|10}(\varphi(u,0)) = F_{Y|10}(F_{Y|00}^{-1}(u))$$

因此，仅对 $u \in \mathbb{Q}$，能对 $F_{U|G=1}(u)$ 进行点估计。正如后续即将证明的那样，对于 u 的所有其他值，只知道 $F_{U|G=1}(u)$ 是有界的，类似于(5.33)。

为了说明 $F_{U|G=1}(u)$ 的识别区域，让我们考虑一个例子，其中 $Y \in \{1,2,3,4\}$，并假设我们观察到频率

$$\begin{array}{c|ccc} & F_{Y|00} & F_{Y|10} & F_{Y|01} \\ \hline y=1 & 0.1 & 0.3 & 0.2 \\ y=2 & 0.4 & 0.5 & 0.6 \\ y=3 & 0.7 & 0.9 & 0.8 \\ y=4 & 1 & 1 & 1 \end{array} \quad (5.36)$$

图 5.4 说明分布函数 $F_{U|G=1}(u)$ 是 u 的函数。我们还应注意 $F_{U|G=0}(u) = u$，因为 u 在组 $G=0$ 中被正态化为均匀分布。左图表示从 $F_{Y|00}$ 和 $F_{Y|10}$ 中识别出的 $F_{U|G=1}(u)$ 的值。由于分布函数是右连续且非递减的，因此右图中的阴影区域显示 $F_{U|G=1}(u)$ 的上下限，即函数 $F_{U|G=1}$ 必须位于阴影区域内。

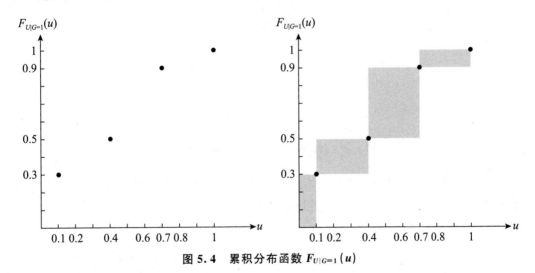

图 5.4 累积分布函数 $F_{U|G=1}(u)$

在(部分地)识别函数 $F_{U|G=1}$ 后，我们可以继续确定反事实结果 $F_{Y^0|11}$ 的分布。首先注意

$$F_{Y|0t}(y) = \Pr(\varphi(U,t) \leqslant y \mid G=0)$$
$$= \Pr(U \leqslant \sup\{u : \varphi(u,t) = y\} \mid G=0) = \sup\{u : \varphi(u,t) = y\}$$

因为 U 在总体 $G=0$ 中均匀分布。注意

$$F_{Y^0|1t}(y) = \Pr(\varphi(U,t) \leqslant y \mid G=1) = \Pr(U \leqslant \sup\{u : \varphi(u,t) = y\} \mid G=1)$$
$$= \Pr(U \leqslant F_{Y|0t}(y) \mid G=1) = F_{U|G=1}(F_{Y|0t}(y)) \quad (5.37)$$

这意味着
$$F_{Y^0|11}(y) = F_{U|G=1}(F_{Y|01}(y)) \tag{5.38}$$

因此，我们可以从 $F_{U|G=1}$ 的分布中推导出 $F_{Y^0|11}(y)$。根据(5.36)给出的数值，我们可以得出

$$F_{Y^0|11}(1) = F_{U|G=1}(F_{Y|01}(1)) = F_{U|G=1}(0.2) \in [0.3; 0.5]$$
$$F_{Y^0|11}(2) = F_{U|G=1}(F_{Y|01}(2)) = F_{U|G=1}(0.6) \in [0.5; 0.9]$$
$$F_{Y^0|11}(3) = F_{U|G=1}(F_{Y|01}(3)) = F_{U|G=1}(0.8) \in [0.9; 1]$$
$$F_{Y^0|11}(4) = F_{U|G=1}(F_{Y|01}(4)) = F_{U|G(1)} = 1$$

如图 5.5 所示。

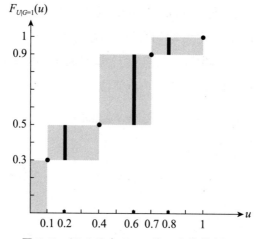

图 5.5　(5.36)中 $F_{Y^0|11}$ 的一个数值例子

这些界限的公式推导如下。从 $T=0$ 时的(5.37)开始，用 $F_{Y|00}^{(-1)}(F_{Y|01}(y))$ 代替 y，由于(5.35)和(5.38)，我们可以得到

$$F_{Y|10}(F_{Y|00}^{(-1)}(F_{Y|01}(y))) = \Pr(U \leqslant F_{Y|00}(F_{Y|00}^{(-1)}(F_{Y|01}(y))) \mid G=1)$$
$$\leqslant \Pr(U \leqslant F_{Y|01}(y) \mid G=1) = F_{Y^0|11}(y)$$

同理，
$$F_{Y|10}(F_{Y|00}^{-1}(F_{Y|01}(y))) = \Pr(U \leqslant F_{Y|00}(F_{Y|00}^{-1}(F_{Y|01}(y))) \mid G=1)$$
$$\geqslant \Pr(U \leqslant F_{Y|01}(y) \mid G=1) = F_{Y^0|11}(y)$$

因此对于 $y \in \mathcal{Y}_{01}$，我们得到了上下界(Lb 和 Ub)分布[⑦]

$$F_{Y^0|11}^{Lb}(y) := F_{Y|10}(F_{Y|00}^{-1}(F_{Y|01}(y))) \leqslant F_{Y^0|11}(y) \leqslant F_{Y|10}(F_{Y|00}^{-1}(F_{Y|01}(y)))$$
$$=: F_{Y^0|11}^{Ub}(y) \tag{5.39}$$

---

⑦ 参考 Athey 和 Imbens(2006)的定理 4.1。他们证明这些界限是紧支撑的，即不可能存在更窄的界限。

它表示了反事实结果 $F_{Y^0|11}(y)$ 的分布的上下界。

我们可以用经验函数替换(5.39)中对应的分布函数,并代入数值的逆,从而估计累积分布函数的上下界。ATET 的上下限可通过下式进行估计

$$\hat{\alpha}_{Ub} = \frac{1}{n_{11}}\sum_{i=1}^{n_{11}} Y_{11,i} - \frac{1}{n_{10}}\sum_{i=1}^{n_{10}} \widehat{F}_{Y|01}^{-1}(\hat{\underline{F}}_{Y|00}(Y_{10,i})) \quad (5.40)$$

$$\hat{\alpha}_{Lb} = \frac{1}{n_{11}}\sum_{i=1}^{n_{11}} Y_{11,i} - \frac{1}{n_{10}}\sum_{i=1}^{n_{10}} \widehat{F}_{Y|01}^{-1}(\hat{F}_{Y|00}(Y_{10,i})) \quad (5.41)$$

式中,$\underline{F}_{Y|00}(y) = \Pr(Y_{00} < y)$ 可由 $\frac{1}{n_{00}}\sum_{i=1}^{n_{00}} \mathbb{1}\{Y_{00,i} < y\}$ 估计,$\hat{F}_{Y|00}(y)$ 则与往常一样,通过 $\widehat{\Pr}(Y_{00} < y) = \frac{1}{n_{00}}\sum_{i=1}^{n_{00}} \mathbb{1}\{Y_{00,i} \leqslant y\}$ 进行估计。

定理 5.3 使用与 Y 为连续变量时(定理 5.1)相同的假设以及 p_{gt} 和 V_s,对于(5.40)和(5.41)中定义的估计量,我们有

$$\sqrt{n}(\hat{\alpha}_{Ub} - \alpha_{Ub}) \to N(0, V_s/p_{11} + \underline{V}/p_{10})$$
$$\sqrt{n}(\hat{\alpha}_{Lb} - \alpha_{Lb}) \to N(0, V_s/p_{11} + \overline{V}/p_{10})$$

其中 $\underline{V} = \mathrm{Var}(F_{Y|01}^{-1}(\underline{F}_{Y|00}(Y_{10})))$,以及 $\overline{V} = \mathrm{Var}(F_{Y|01}^{-1}(F_{Y|00}(Y_{10})))$。

5.3.3 离散结果 Y 的 CIC 点识别

如前所示,对于离散的结果变量 Y 设定较弱的假设时,我们只能得到区间识别。恢复点识别有不同的方法:使用附加的独立性假设或施加一些排除限制。这里我们只考虑第一种方法。除了先前在结果 Y 为离散变量时所作的假设,以及正态化 U 使其在组($G=0, T=0$)总体中均匀分布,我们现在进一步施加假设:

假设 CIC 4.1 $U \perp\!\!\!\perp G \mid T, Y$。

因此,U 在总体 $G=1$ 和 $G=0$ 之间的分布仍然可能不同。对于那些 Y 值相同但只知道其 U 所在区间的观测,假设它们在总体 $G=1$ 与 $G=0$ 中的分布相同。在 Y 连续且 φ 严格递增时假设 CIC 4.1 自动满足。在这种情况下,我们有 $U = \varphi^{-1}(Y, T)$,使得 U 退化为以 Y 和 T 为条件,因此与 G 弱独立。

我们可以从图 5.6 中获得关于点识别的直觉。回想一下 U 在总体 ($G=0, T=0$) 中是均匀分布的,所以它在总体 ($G=0, T=0, Y=y$) 中也是均匀分布的。在我们的简单数值例子中,我们已经看到仅针对 u 的某些值,才能对 $F_{U|G=1}(u)$ 进行点识别。但是有了假设 CIC 4.1,我们可以对所有 u 值的 $F_{U|G=1}(u)$ 进行点

识别,因为 U 也在总体 $(G=1, T=0, Y=y)$ 中均匀分布。因此,分布函数 $F_{U|G=1}(u)$ 必须是上面推导出的 $F_{U|G=1}(u)$ 边界之间的对角线。图 5.6 的左图中刻画了这些界限,而右图显示了假设 CIC 4.1 成立时的 $F_{U|G=1}(u)$。若要公式化证明一般结论,我们需要更多的假设。在这里我们只讨论对于二元变量 Y 的证明。[⑧] Y 为二元变量时,除需假设 $U \perp T \mid G$ 外,还要假设

假设 CIC 4.2 随机变量 $Y_{G=0, T=0}$ 是离散的,其结果取值是 $\mathcal{Y}_{00} = \{0, 1\}$。

假设 CIC 4.3 函数 $\varphi(u, t)$ 在 u 上不递减。

假设 CIC 4.4 变量 $U \mid G = 1$ 和 $U \mid G = 0$ 是连续分布的。

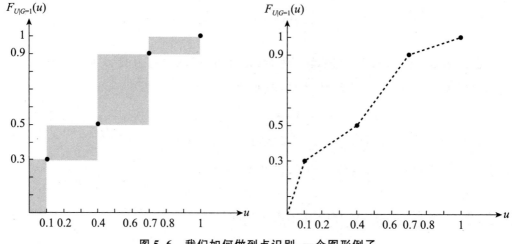

图 5.6 我们如何做到点识别:一个图形例子

我们仍然假设正态化 $U \mid G = 0$,使其服从均匀分布。定义 $\tilde{u}(t) = \sup(u \in [0, 1] : \varphi(u, t) = 0)$ 是使 $\varphi(u, t)$ 仍然为零的 u 的最大值。这意味着 $E[Y^0 \mid G = g, T = t] = \Pr(U > \tilde{u}(t) \mid G = g, T = t)$。现在有

$$\Pr(U \leqslant u \mid U \leqslant \tilde{u}(t), G = 1) = \Pr(U \leqslant u \mid U \leqslant \tilde{u}(t), G = 1, T = t)$$

因为 $U \perp T \mid G$。由 $\tilde{u}(t)$ 的定义可知,以 $U \leqslant \tilde{u}$ 为条件意味着 $Y = 0$,因此,根据假设(A4.4)有

$$= \Pr(U \leqslant u \mid U \leqslant \tilde{u}(t), G = 1, T = t, Y = 0)$$
$$= \Pr(U \leqslant u \mid U \leqslant \tilde{u}(t), G = 0, T = t, Y = 0)$$

现在,再次使用 $\tilde{u}(t)$ 的定义,由于 $U \perp T \mid G$,我们得到

$$= \Pr(U \leqslant u \mid U \leqslant \tilde{u}(t), G = 0, T = t) = \Pr(U \leqslant u \mid U \leqslant \tilde{u}(t), G = 0)$$

---

⑧ 一般情形的例子,可参见 Athey 和 Imbens(2006)。

$$= \min\left(\frac{u}{\tilde{u}(t)}, 1\right) \tag{5.42}$$

由于 $U \mid G = 0$ 服从均匀分布,因此最后一个等式成立。类似地,我们可以证明

$$\Pr(U > u \mid U > \tilde{u}(t), G = 1) = \min\left(\frac{1-u}{1-\tilde{u}(t)}, 1\right)$$

回忆以下等式：

$$E[Y \mid G = 1, T = 0] = \Pr(U > \tilde{u}(0) \mid G = 1)$$
$$E[Y \mid G = 0, T = t] = \Pr(U > \tilde{u}(t) \mid G = 0, T = t)$$
$$= \Pr(U > \mid \tilde{u}(t) \mid G = 0) = 1 - \tilde{u}(t)$$

由上式可以得出

$$E[Y^0 \mid G = 1, T = 1] = \Pr(U > \tilde{u}(1) \mid G = 1, T = 1) = \Pr(U > \tilde{u}(1) \mid G = 1)$$
$$= \Pr(U > \tilde{u}(1) \mid U > \tilde{u}(0), G = 1)\Pr(U > \tilde{u}(0) \mid G = 1)$$
$$+ \Pr(U > \tilde{u}(1) \mid U \leqslant \tilde{u}(0), G = 1)\Pr(U \leqslant \tilde{u}(0) \mid G = 1) \tag{5.43}$$

现在考虑如下情况：

$$E[Y \mid G = 0, T = 1] > E[Y \mid G = 0, T = 0]$$
$$\Leftrightarrow 1 - \tilde{u}(1) > 1 - \tilde{u}(0) \Leftrightarrow \tilde{u}(1) < \tilde{u}(0)$$

将这一结果代入(5.43),可得

$$E[Y^0 \mid G = 1, T = 1]$$
$$= \Pr(U > \tilde{u}(0) \mid G = 1) + \Pr(U > \tilde{u}(1) \mid U \leqslant \tilde{u}(0), G = 1)\Pr(U \leqslant \tilde{u}(0) \mid G = 1)$$
$$= \Pr(U > \tilde{u}(0) \mid G = 1) + (1 - \Pr(U \leqslant \tilde{u}(1) \mid U \leqslant \tilde{u}(0), G = 1))\Pr(U \leqslant \tilde{u}(0) \mid G = 1)$$

代入(5.42)有

$$= \Pr(U > \tilde{u}(0) \mid G = 1) + \left(1 - \frac{\tilde{u}(1)}{\tilde{u}(0)}\right)\Pr(U \leqslant \tilde{u}(0) \mid G = 1)$$

利用先前的其他推导结论得出

$$= 1 - \frac{1 - E[Y \mid G = 0, T = 1]}{1 - E[Y \mid G = 0, T = 0]}(1 - E[Y \mid G = 1, T = 0])$$
$$= E[Y \mid G = 0, T = 1] + \frac{1 - E[Y \mid G = 0, T = 1]}{1 - E[Y \mid G = 0, T = 0]}$$
$$\times (E[Y \mid G = 1, T = 0] - E[Y \mid G = 0, T = 0])$$

在 $E[Y \mid G = 0, T = 1] < E[Y \mid G = 0, T = 0]$ 的情况下,这意味着 $\tilde{u}(1) > \tilde{u}(0)$,通过类似计算我们得出

$$E[Y^0 \mid G=1, T=1]$$
$$= E[Y \mid G=0, T=1] + \frac{E[Y \mid G=0, T=1]}{E[Y \mid G=0, T=0]}(E[Y \mid G=1, T=0] - E[Y \mid G=0, T=0])$$

最后,考虑 $E[Y \mid G=0, T=1] = E[Y \mid G=0, T=0]$ 的情况。这意味着 $\tilde{u}(1) = \tilde{u}(0)$,(经过类似计算)我们得出

$$E[Y^0 \mid G=1, T=1] = E[Y \mid G=1, T=0]$$

5.3.4 CIC 与面板数据分析及可观测变量选择的关系

迄今为止我们讨论的 CIC 方法适用于队列数据,因此也适用于面板数据。对于面板数据,我们用下标 i 和 t 表示数据,并得到

$$Y_{it}^0 = \varphi(U_{it}, t) \tag{5.44}$$

其中我们允许 $U_{i0} \neq U_{i1}$,即同一个体的不可观测变量可能随着时间的推移而变化。例如,我们设 $U_{it} = v_i + \varepsilon_{it}$。让我们在这种设定下比较具有两个时期的 CIC 方法与可观测变量选择的方法。对于两个时期的模型,我们可以将结果 $Y_{t=0}$ 作为匹配估计量中的控制变量,也许我们还可以额外控制 X。外生性的基本假设是,当以这些控制变量为条件时(这里以 $Y_{t=0}$ 为条件)没有选择偏误。定义处理指标 $D_i = G_i T_i$,我们仅对 $t=1$ 时期的组 $G_i = 1$ 进行处理。

首先考虑匹配方法。如果 $Y_{t=0}$ 是唯一的混杂变量,那么通过应用对可观测变量选择的识别逻辑,我们可以写出

$$\begin{aligned} F_{Y_{t=1}^0 \mid G=1}(y) &= \Pr(Y_{t=1}^0 \leqslant y \mid D=1) = E[\mathbb{1}(Y_{t=1}^0 \leqslant y) \mid G=1] \\ &= E[E[\mathbb{1}(Y_{t=1}^0 \leqslant y) \mid Y_{t=0}, G=1] \mid G=1] \\ &= E[E[\mathbb{1}(Y_{t=1}^0 \leqslant y) \mid Y_{t=0}, G=0] \mid G=1] \\ &= E[F_{Y_{t=1} \mid Y_{t=0}, G=0}(y \mid Y_{t=0}) \mid G=1] \end{aligned} \tag{5.45}$$

此结果与上述 CIC 方法不同的结果。可观测变量选择方法假设在控制 $Y_{t=0}$ 后,不可观测项在两组中分布相同(在第二个时期内)。上面介绍的 CIC 方法并没有假设不可观测项在组间分布是相同的(以 $Y_{t=0}$ 为条件时),而是要求不可观测项的分布不随时间变化,参见(5.44)。因此,正如我们已经在 DID 模型中证明的那样,CIC 方法并没有嵌套在可观测变量选择方法中。

然而,当 $U_{i0} = U_{i1}$ 时,可观测变量选择方法和 CIC 方法是相同的。为了证明这一点,首先注意条件分布

$$F_{Y_{t=1} \mid Y_{t=0}, G=0}(y \mid v)$$

当 $U_{i0} = U_{i1}$ 时是退化的。假设这意味着完美的秩相关：对于具有 U_{i0} 的使 $Y_{i,t=0} = v$ 的 i，我们有 $Y^0_{i,t=1} = F^{-1}_{Y|01}(F_{Y|00}(v))$，其中后者是秩的映射。这意味着

$$F_{Y_{t=1}|Y_{t=0},G=0}(y \mid v) = 0, 如果 y < F^{-1}_{Y|01}(F_{Y|00}(v))$$
$$F_{Y_{t=1}|Y_{t=0},G=0}(y \mid v) = 1, 如果 y \geqslant F^{-1}_{Y|01}(F_{Y|00}(v))$$
(5.46)

从 (5.45) 开始，我们有

$$F_{Y^0_{t=1}|G=1}(y) = E[F_{Y_{t=1}|Y_{t=0},G=0}(y \mid Y_{t=0}) \mid G=1]$$
$$= \int F_{Y_{t=1}|Y_{t=0},G=0}(y,v) \cdot f_{Y_{t=0}|G=1}(v)dv$$

利用 (5.46)，我们可以得出

$$= \int \mathbb{1}\{y \geqslant F^{-1}_{Y|01}(F_{Y|00}(v))\} \cdot f_{Y_{t=0}|G=1}(v)dv = \Pr(y \geqslant F^{-1}_{Y|01}(F_{Y|00}(Y_{t=0})) \mid G=1)$$
$$= \Pr(F^{-1}_{Y|00}(F_{Y|01}(y)) \geqslant Y_{t=0} \mid G=1) = \Pr(Y_{t=0} \leqslant F^{-1}_{Y|00}(F_{Y|01}(y)) \mid G=1)$$
$$= F_{Y|10}(F^{-1}_{Y|00}(F_{Y|01}(y)))$$

这与 (5.24) 相同。由此可知假设 CIC 1 至 CIC 3 成立，并且 $U_{i,t=1} = U_{i,t=0}$。因此，CIC 方法和匹配（可观测变量选择）方法的结果相同。

为了更好地理解 CIC 方法和可观测变量选择方法之间的关系，请注意后者只需要

$$Y^0_{t=1} \perp\!\!\!\perp D \mid Y_{t=0}$$

（或者至少是均值独立，如果我们关心的是平均效应的话）。如果 $Y^0_{it} = \varphi(U_{it}, t)$ 并且 φ 在第一个元素 U 上严格单调，上式就可写成

$$U_{i,t=1} \perp\!\!\!\perp G_i \mid U_{i,t=0} \quad (5.47)$$

因此，可观测变量选择方法要求所有影响 $U_{t=1}$ 和处理决定的信息都包含在 $U_{t=0}$ 中。但当固定效应形式为 $U_{it} = v_i + \varepsilon_{it}$ 时，假设 (5.47) 不成立，其中 v_i 与处理决策相关，ε_{it} 是一些独立的噪声。为了满足 (5.47)，我们需要 $U_{i,t=0}$ 包含关于 v_i 的所有信息，因为它是混杂变量。然而，由于固定效应模型把噪声 $\varepsilon_{i,t} = 0$ 也包含在内，我们的 $U_{i,t=0}$ 仅部分地揭示了 v_i。

例 5.7 考虑一个简单的例子，其中 $G_i = \mathbb{1}(v_i - \eta_i > 0)$ 并且 η_i 表示一些噪声。若要满足 (5.47)，我们需要确定 $E[U_{i,t=1} \mid G_i = 1, U_{i,t=0}] - E[U_{i,t=1} \mid G_i = 0, U_{i,t=0}] = 0$，但因为 $E[U_{i,t=1} \mid G_i = 1, U_{i,t=0} = a] = E[v_i + \varepsilon_{i,t=1} \mid v_i > \eta_i, v_i + \varepsilon_{i,t=0} = a] = E[v_i \mid v_i > \eta_i, \varepsilon_{i,t=0} = a - v_i]$ 大于 $E[v_i \mid v_i \leqslant \eta_i, \varepsilon_{i,t=0} = a - v_i]$，所以上式不成立。这与混杂变量或处理变量中存在测量误差的情况类似。

除了单调性和支撑区间假设，CIC 模型还要求

$$U \perp\!\!\!\perp T \mid G$$

这就不允许 U 的分布随时间变化。例如它不允许 U 的方差增加，而可观测变量选择方法不会关注这一点。CIC 方法不允许 U 的方差增加或 U 分布的任何其他变化，因为我们将观测结果 Y（随时间变化）的任何变化归因于函数从 $\varphi(u, 0)$ 到 $\varphi(u, 1)$ 的变化。如果 U 的分布在两个时期之间发生了变化，我们就无法厘清 Y 中有多少变化是由 U 的变化引起的，有多少是由函数 φ 的变化引起的。

可观测变量选择与 CIC 方法之间的另一个不同之处在于 CIC 方法假设 $\varphi(u, t)$ 在 u 上是单调的，这是匹配所不需要的假设。因此，CIC 方法要求结果方程中的不可观测变量是一维的，即所有个体的结果都可以在一维标度上进行排名，无论是处理组还是对照组成员。而可观测变量选择方法允许不可观测变量是多维的。这再次说明这两种方法基于不同的假设，而这些假设是不可嵌套的。只有在 $U_{i,t=1}$ 和 $U_{i,t=0}$ 的联合分布属于退化分布的情况下，即意味着 (5.47) 成立，可观测变量选择方法才依赖于较弱的假设。一个例子是 $U_{i,t=0} = U_{i,t=1}$。

最后，注意 CIC 方法也可以用来分析 U 的分布随时间变化的影响，如果这些变化只发生在两组中的一组内。因此可应用 CIC 方法分析工资歧视的问题。

例 5.8　假设我们想了解黑人和白人之间的工资差异，且已经清除了一些预先设定的可观测变量 X 的差异对工资的影响。设 U 为不可观测的技能，$\varphi(U, T)$ 为均衡工资函数，U 可能随时间而变化，但我们假设 $G=1=$ 黑人和 $G=0=$ 白人两组的 U 相同。假设白人组的 U 的分布不随时间推移而改变，但是黑人组的 U 的分布发生了变化。在这里，我们关心的处理效应并不是某一特定干预的影响，而是黑人不可观测变量的变化对工资分布的影响。我们观测到的黑人工资分布是 U 的分布已经发生变化后的情形，其反事实结果就是如果黑人的 U 分布随时间保持不变时观察到的工资分布。白人组的 U 分布是恒定的，不随时间变化，这种情况正好符合 CIC 模型对 Y^0 的假设 $U \perp\!\!\!\perp T \mid G$。因此，观察到的黑人工资分布与它们的反事实结果之间的差异可以归因于黑人的 U 分布随时间的变化（假设白人组的 U 的分布没有改变）。

不难想象，在许多情况下，CIC 方法所需的假设在某种程度上是可信的。一如既往，我们永远不知道是否模型的所有假设都是完全正确的。事实上，由于模型总是一种简化，因此它并不总是百分之百正确的。我们希望人为的假设没有

过分简化,也即所作假设带来的潜在偏差不是太大,且很大一部分可以由(估计的)标准误来解释。

5.4 文献和计算机软件注释

5.4.1 拓展阅读和文献注释

我们已经再次看到,DID 和特定技术的适当性取决于我们在前面几节中讨论的几个假设的有效性。通常,实证研究者关注参数模型,尤其是线性回归方法。Lechner(2011)对 DID 估计的文献进行了简要概述。与 DID 模型的标准文献讨论相比,他的研究给出了一个略有不同的视角,但他也在研究中包含了一些 DID 的扩展,如非线性 DID 和基于倾向得分类型匹配的 DID。Abadie(2005)讨论了用以解决潜在内生性的半参数调整,例如使用倾向得分法。从该文中,你还将了解如何通过倾向得分加权而不是使用(直接)匹配来纠正混杂变量。

一些人担心现有推断方法的准确性,并试图开发替代或改进方法,见 Donald 和 Lang(2007)或 Bertrand,Duflo 和 Mullainathan(2004)。然而,必须承认,正确估计标准误(或检验的 p 值)的非线性和半参数方法仍然是一个开放的待研究领域。

将基本的 DID 思想应用于更多情形、使用不同的假设集或采用不同的数据(即使一致性证明等可能因此更烦琐)是很容易的,这使得这一领域的文献非常丰富,因此我们只能提供一个非常有限的概述。我们还参考了 Lechner(2011)。

如前所述,Mora 和 Reggio(2012)研究了平行路径假设,并将其扩展至更一般的一组假设。确切地说,时间和组别的交互项能否识别出我们关心的处理效应,将取决于趋势建模策略和趋势变量的定义。例如,若有组别特定的不变线性趋势,那么这种交互项虽然不能识别本章中使用的平行路径假设下的处理效应,但确实能识别产出一阶差分(而不是产出水平)的处理效应,回顾 DIDID。他们通过提出一系列替代平行假设来一般化平行路径假设,这些假设扩大了完全灵活动态机制下的备选估计量集。

其他文章将 DID 一般化,以确定潜在结果的整个反事实分布——正如我们在 CIC 方法中概述的那样,另见 Bonhomme 和 Sauder(2011)。另一种研究分布而非平均值的方法是分位数回归方法,我们将在后面的章节中阐述该方法。

Donald 和 Lang(2007)、Hansen(2007a)和 Hansen(2007b)等研究了多个时期或多组中的推断。但是,除非你只使用线性参数面板模型,这仍然是一个开放的待研究领域。

5.4.2 计算机软件注释

一般来说,由于 DID 方法在一定程度上与固定效应面板估计一致,因此如果面板数据可得,则可以从 Stata 和 R 的用于面板回归的标准命令中获得相应的 ATET 估计值和标准误。即使用平行增长代替平行路径假设,也可以简单地通过包含相应的交互项来使用固定效应面板估计方法,参见 Mora 和 Reggio(2012)。

对于 Stata,可以通过 xtreg 命令估计线性固定效应(关于非线性扩展形式,可使用 xtlogit、xtpoisson、xtnbreg 和 xtgee)。对于线性动态面板固定效应估计量,即 Arellano-Bond 或动态 GMM 估计量,可以使用 xtabond;而对于动态 GMM 或 Blundell-Bond 估计量,也可以使用表现稍差的 xtdpdsys 命令(参见 Roodman,2009a;Roodman,2009b)。R 中几乎所有这些指令——至少是本章介绍的方法及其直接扩展中所需要的那些指令——都包含在 plm(面板线性模型)软件包中,详见 Croissant 和 Millo(2008)。

这里介绍的 DID 估计量通常包括两个虚拟变量,一个变量表示是否属于处理组(*treatment*),另一个变量表示是否为处理后的样本(*post*)。在形式上,如果观测值是处理后的观测值,就设 $post = 1$,否则为 0;如果观测值属于处理组,则设 $treatment = 1$,否则为 0。然后生成表示处理后处理组样本的虚拟变量,设 $pt = post * treatment$,并在三个虚拟变量(两个虚拟变量加上这个交互项)上回归。pt 的系数代表 ATET 估计量。为了检验处理组和对照组之间的差异,使用该系数的 t 统计量。对潜在异方差的一种常见修正方法是在组别水平上对标准误进行聚类,在回归命令中添加 cl("group var")选项。

关于 R 中将固定效应模型估计与加权相结合的指令,见 Imai 和 Kim(2015)。他们展示了如何通过不同的识别策略来将加权线性固定效应估计量用于估计平均处理效应。这些策略包括分层随机实验、针对观察研究的匹配和分层、DID 以及他们称之为一阶差分(first differencing)的方法。他们使用的 R 软件包 wfe 使用各种加权方案,提供了一种拟合加权线性固定效应估计量以进行因果推断的高效计算方法。该软件包还为标准线性固定效应估计量提供了各种稳健标准误和一种函数形式设定检验。

你还可以在网址 econpapers.repec.org/software/bocbocode/s457083.htm 上找到 Stata 中用户编写的 ado 命令 diff 和 diffbs。根据该网址 2015 年发布的描述，通过使用不同的基线和后续数据集，它可以提供给定结果变量的几种不同的处理效应 DID 估计量：单个 DID、控制协变量后的 DID、基于核的倾向得分匹配 DID 和分位数 DID；见第 7 章。它也适用于估计重复横截面 DID，除了核函数选项。注意，这个命令忽略了组别变量，也没有考虑观测值的配对，就像你通常在使用 xtreg 命令之前会对数据使用 xtset 命令一样。

5.5　习题

1. 在一个简单的没有混杂变量的 DID 中，当你有额外的面板数据或队列数据时，如何检验处理前后所做假设的有效性？如何使这些假设成立？

2. 现在思考控制混杂变量后的 DID 和相应的经过完善的平行路径假设。再次假设你至少有处理前后两个时期的数据。你如何（a）检验这些假设，（b）选择一组合适的混杂变量，以及（c）如有必要，为 Y 找到合适的标度？

3. 思考使用面板数据和队列数据的不同 DID 的区别。与队列数据相比，面板数据有什么优势？

4. 无论你是用面板数据还是队列数据估计 DID，为什么加入协变量后（例如当协变量是混杂变量，从而有必要加入协变量的情形），只有每个组别的面板或队列加总数据已经不足够了？

5. 证明当平行路径假设适用于线性模型时，该假设在对数-线性模型（$log(Y)$）中就不成立。讨论如果没有处理前多个时期的数据，该如何选择标度。

6. 回忆 DID 匹配/倾向加权：用贝叶斯定理证明（5.13）的步骤。

7. 你是否考虑过带有工具变量的 DID 方法？回想一下，很难找到真正满足必要条件同时改善处理效应估计的有限样本均方误差的工具变量（与匹配或倾向得分加权相比）。此外，由于只识别 LATE，只有合理的结构模型才能提供有用的估计值。在已经包含了时间维度的 DID 中，或许可以使用滞后变量作为工具变量。那么此时你在识别和估计什么？你从面板数据分析中已经得知哪些估计量——即使可能只是在线性模型的背景下？

8. 上面我们已经讨论了如何检查平行路径假设，以及如果不满足该假设该如何进行调整（改变标度、控制适当的协变量集合等）。然而，你最终可能只会得到很难用经济理论来证明甚至与经济理论相矛盾的一个数据变换或一系列混杂变量。另一种调整方法是使用平行增长模型，写下新模型并回答此时的习题 5.1 到 5.5 的问题。

9. 在本章最后，你可能会好奇是否应该使用平行路径、平行增长和 CIC 等假设。讨论检验哪些假设最有可能成立的各种方法。

6
断点回归设计

有时处理或干预发生在某个"阈值"(threshold)附近,这个阈值可能是一家公司的规模、申请人的年龄、入学考试的分数等。这个阈值通常是一些资格标准。想一想获得补助金或进入某些项目的最低分数,比如政府援助计划的贫困分数测试或贷款资格的信用评分。对于许多干预措施,分配规则设定了资源分配的界限或阈值。分配规则可以是一些明确的数字,例如贫困分数或家庭收入,也可以是一套处理规则。当然,它也可能是预算限制,例如,如果预算只允许资助贫困地区的 200 所学校,那么最差的 200 所学校就被选中了。然而,需要注意的一点是,这些阈值的设定通常是出于一些政治原因或社会目标。我们必须回答的相关问题是,我们是否可以使用这个阈值来确定处理效应。答案是肯定的,至少在某些条件成立的情况下。这些围绕某个阈值的设计被称为断点回归设计(regression discontinuity design,RDD),本章将对此进行探讨。

回想第 4 章:我们讨论了一些例子,其中资格标准不仅可以是有效的工具变量,甚至还可以提供一个易于理解的子总体(顺从者)的 LATE,进而提供了一种有用的解释。现在,我们必须从更广泛的角度来理解"资格"(eligibility)。例如,Hahn,Todd 和 van der Klaauw(1999)分析了《反歧视法》对少数族裔工人就业的影响,他们利用了只有拥有 15 名以上雇员的公司才受这些法律约束的事实。值得注意的是,这些资格标准往往不是有效的工具变量,因为它们可能违反排除限制。

例 6.1 考虑一个针对学业表现不佳的儿童的暑期学校补习方案。参加这一强制性补习方案的依据是数学成绩。数学考试成绩低的学生必须在假期参加暑期学校的课程,而成绩高的学生没有资格参加这个项目。我们想知道暑假期间的这些补习教育计划是否真的帮助了孩子们,例如在接下来的几年里,他们在学校的表现是否更好。处理变量 D 被定义为参与该方案。所有数学考试成绩 Z 低于阈值 z_0 的学生都被分配到处理组中,而 Z 高于阈值 z_0 的学生则没有。显然，Z 不可能是一个有效的工具变量，因为考试成绩 Z 很可能与（未观测到的）能力和技能有关，而这些能力和技能也会影响学生未来在学校的表现。然而，如果我们只研究 z_0 点附近的学生，也许就可以将 Z 用作工具变量。

我们将看到，这种分配规则有时会产生一个局部（local）工具变量，即只在特定阈值上有效的工具变量（而不是对整个总体有效）。我们将利用 z_0 的边缘的局部表现。但是，我们应该始终牢记，我们只能识别位于（或接近）阈值的个体，而这些个体往往不是我们感兴趣的主要群体。当然，有时可能这些个体正是我们的目标，例如，当我们感兴趣的政策是阈值 z_0 的边际变化时。总之，在这个阈值附近的识别可能符合内部有效性，但不符合外部有效性。

例 6.2 Leuven, Lindahl, Oosterbeek 和 Webbink（2007）研究了荷兰的一个项目，在荷兰，那些至少 70% 的学生是弱势少数民族的学校获得了额外的资助。略高于这一阈值的学校将有资格获得额外资助，而略低于该阈值的学校则没有资格。虽然将弱势少数民族学生占 0% 的学校与占 100% 的学校进行比较不太可能得到真正的处理效应，因为这些学校在许多其他未观测到的特征上也可能存在差异，但仅将占比略低于 70% 的学校与略高于 70% 的学校进行比较可能是一种有效的方法，因为这两类学校在学生组成方面非常相似，尽管只有其中一些学校有资格获得额外资助。

注意，我们可以说 D 的期望值（即得到处理的概率）与考试成绩 Z 的关系是不连续的，但没有理由假设条件期望值 $E[Y^d|Z=z]$，$d=0,1$ 应该在 z_0 处不连续。

例 6.3 Lalive（2008）研究了奥地利失业救济金的最长期限的影响。通过明确界定，奥地利的部分地区大大延长了 50 岁或 50 岁以上的求职者领取失业救济金的最长持续时间。基本上，我们可以进行两组比较：年龄略小于 50 岁的人与 50 岁及略高于 50 岁的人，以及生活在处理组区域但靠近边界的人与边界另一侧对照组区域的人。

基于年龄的策略将比较 50 岁和 49 岁的个体。通过这种方法，我们可以比较年龄（以及健康状况和工作经验等其他特征）非常相似的工人群体，但只有其中一个群体能从该项目中受益。为了增加样本量，在实践中，我们会比较 45—49 岁的求职者与 50—54 岁的求职者。类似的观点也适用于比较来自不同行政区域，但彼此生活得很近，因而同属于一个劳动力市场的群体的策略。

这些策略是否确实提供了一个一致的处理效应估计取决于下面讨论的条件。

如上一个例子所示，阈值也可以是地理或行政边界，因此，是否获得处理取决于居住在边界的哪一侧。于是，这些地理边界也会导致回归断点。例如，两个村庄可能非常靠近行政边界，但位于边界的两侧。如果往返这两个村庄之间的时间很短，它们可能有许多共同的特点。但是，由于这些村庄属于不同的省份，它们的行政法规可能会有很大差异。这种地理或行政边界有利于评估干预措施。我们可以考虑生活在行政边界两侧的个体，他们可能属于同一个劳动力市场，但如果失业，他们必须前往不同的政府就业办公室，获得可能相当不同的资助或培训方案。

例 6.4 Frölich 和 Lechner(2010)分析了参加积极的劳动力市场培训项目对随后就业机会的影响。他们使用所谓的"最低配额"作为该劳动力市场培训项目分配情况的工具变量。当瑞士大规模推行积极的劳动力市场培训项目时，中央政府希望确保所有地区（所谓的"州"）都能同时推出这些新项目。中央政府担心的是，（至少）有些州可能不愿意推出这些新项目，而宁愿采取观望策略（因为它们在执行政策方面享有非常高的自主权）。为了避免这种行为，中央政府要求每个州必须提供最低数量的项目名额（最低配额）。由于这些配额的计算基于各州的人口占比和失业人口占比，因此相邻州的个体被分配到处理组的可能性存在差异。这意味着，生活在靠近州际边界但在其不同侧的个体，基本上面临着相同的劳动力市场环境，但他们在失业的情况下能接受到处理的可能性取决于他们处于边界的哪一侧。

关于例 6.4，你可能会同意，在州际边界地区，没有什么特别的理由使潜在的就业机会不连续，但参与积极的劳动力市场培训项目的可能性会出现不连续的情况，这可能是因为两地的配额不同。如今在评估政策的影响时，配额已成为一种常见的工具变量，它用来识别可能使得 D 从 0 增加到 1 的过程是不连续的干预措施，尤其是官僚规则（不太经常是自然规则①）。

例 6.5 Black(1999)用这个方法来研究学校质量对房价的影响。在许多国

---

① "自然规则"如山脉或语言边界可能导致对于至少一个 d 的 $E[Y^d|Z]$ 在 $Z=z_0$ 上不连续，因此自然规则可能无助于识别上述情况。

家,小学入学通常是基于居住地原则。住在特定学区的人会自动被分配到特定的学校。如果不同学校的质量不一样,家长们就不得不搬到他们希望孩子就读的学校的学区。因此,在学校条件较好的地区,房屋的需求量会更高,因此价格也会更高。例如,如果一条街道正好是学区边界,那么街道左侧的房子可能比街道右侧的房子贵,因为它们属于不同的学区。

最初的想法是,在这样的阈值附近,可以观察到类似随机实验的情况。一些单位、公司或个人恰好处于处理阈值的一侧,而另一些则位于阈值的另一侧。可以比较接近阈值但处于不同侧面的单位,以估计平均处理效应。通常,阈值左侧的单元与阈值右侧的单元有不同的可观测特征。于是,如 CIA 一样,解释这些观察到的差异对于确定处理效应是很重要的。

因此,我们有两种方法将 RDD 与前面章节中介绍的方法联系起来:一种方法是认为阈值就像一种随机分配机制,也就是说,"碰巧"在阈值上方或下方;另一种方法是我们可以说,分配规则就是一个局部工具变量(local instrumental variable),即仅在某一特定阈值 z_0 或其附近有效的工具变量。在前一种方法下,我们把 z_0 周围的观测值视作随机实验数据,但在以下两种情况中,很明显随着我们渐渐远离 z_0,我们不再能把观测值当作随机实验数据:在例 6.1 中,比较成绩远高于或远低于阈值的学生是危险的,因为我们总是认为个人能力对于成绩有重要的影响。同样,在例 6.4 中,居住在远离边境的两个省份的人很可能身处不同的劳动力市场。[2]

6.1 无协变量的断点回归设计

为了便于陈述,我们首先考虑没有其他协变量的情况。我们如何利用 RDD 来识别和估计处理效应呢?

6.1.1 断点回归设计中的识别

设想一下,一项新的教育计划旨在为移民学生比例较大的学校提供额外资

---

[2] 虽然这不是一个必要条件,但我们只使用那些假设已知断点位置的知识的方法,即知道阈值 z_0 的方法。人们可以扩展这些方法来考虑估计的断点,但这样做会损失一大部分可信度。

金。移民学生的比例，比如 Z，是在某一天在每个学校测量得到的。我们假设临界值是 z_0（例如 25%）。分配规则是，$Z \geqslant z_0$ 的学校获得一些额外的资金，但其他学校什么也得不到。我们感兴趣的是这笔额外资金 D 对部分学生的结果 Y 的影响。如前所述，RDD 的基本思想是比较 Z 在 z_0 以下的学校和 Z 稍高于 z_0 的学校的最终结果。请注意，我们不能将 Z 作为工具变量，因为我们怀疑 Z 对学校平均结果 Y 有直接影响（移民学生的比例 Z 预计会对 Y 产生负面影响）。但是，当我们只比较非常接近这个临界值的学校时，Z 的直接影响应该是并不重要的。

一般来说，当一个连续变量③ Z——我们称之为分配分数（assignment score）——影响结果变量 Y 和处理指标 D（D 本身也会影响结果变量 Y）时，可以使用 RDD。因此，Z 对 Y 有直接影响，也可以通过 D 间接影响 Y。然而，后者才表示 D 与 Y 的因果关系。只有当 Z 对 Y 的直接影响和间接影响（通过 D）可以分开时，才能确定 D 与 Y 的因果关系。我们考虑这样的情况，Z 对 Y 的直接影响是光滑的，但是 Z 和 D 之间的关系是不连续的。那么，在 Z 与 D 的间断点处观察到的 Z 和 Y 之间的任何间断（即跳跃）都可以归因于 D 的间接影响。

图 6.1 和图 6.2 说明了这一点。当两个函数 $E[Y^0|Z]$ 和 $E[Y^1|Z]$ 在 Z 轴上连续时，函数 $E[D|Z]$ 在特定值处跳跃。对于小于 z_0 的 Z，$E[D|Z=z]$ 是非常小的，对于大于 z_0 的 Z，$E[D|Z=z]$ 是比较大的。这种不连续将产生 $E[Y|Z]$ 上的跳跃。一个特例是"清晰设计"，其中 $E[D|Z]$ 从 0 跳到 1，如前面讨论的示例。因此，尽管 Z 不是"全局"有效的工具变量，因为它对 Y^0 和 Y^1 有直接影响（在图中可见），但如果我们仅将略低于 z_0 的观测值（对照组）与略高于 z_0 的观测值（处理组）进行比较，Z 可以成为"局部"有效的工具变量。

现在我们区分两种不同的情况（或设计）：一种是清晰设计（sharp design），在阈值处，所有 i（即每个人）的 D_i 都会发生变化；另一种是模糊设计（fuzzy design），其中仅有某些个体的 D_i 发生变化。在前者中，参与状态由下式决定：

$$D_i = \widehat{\mathbb{1}}\{Z_i \geqslant z_0\} \tag{6.1}$$

这是 Z_i 的一个确定性函数：所有个体正好在 z_0 时改变他们的项目参与状态。这需要项目选择过程严格依据规则，例如严格遵守年龄限制或其他的资格标准。在例 6.3 中，显然我们关注的两个设计是清晰的（年龄和地区），因为资格标准定

---

③ 从数学上讲，它必须在 z_0 附近严格意义上连续。但实际上，只要在一个合理的标度上测量与 z_0 的距离，使得这里提出的观点和论据仍然适用，而后面提出的假设至少在直觉上有一定的意义就足够了。作为练习，你可以讨论为什么通常成人的"年龄"变量 z_0 符合连续性要求，而 $z_0 \leqslant 2$ 的"儿童数量"通常不符合我们关于连续性的要求。

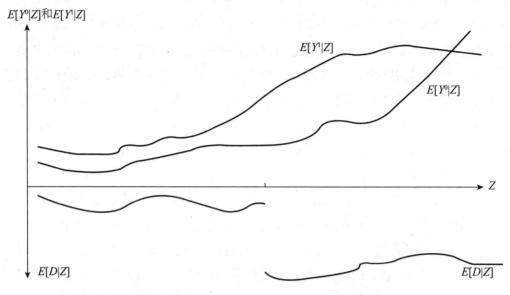

图 6.1　给定 Z 时潜在结果 Y^0 和 Y^1 及 D 的期望

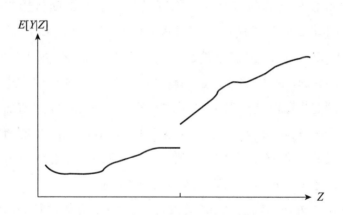

图 6.2　阈值处的观测结果和处理效应

义出了严密的、不可渗透的边界。应用这些标准时的任何灵活性或设定一个特定的接受区间（是否接纳一个个体）都将违反(6.1)并导致模糊设计。

对于清晰设计，很明显在断点 z_0 附近的小范围内，Z 对潜在结果 Y^d 的直接影响几乎不随 Z 而变化。因此，如果随机实验和工具变量假设在局部得到满足，我们可以确定 z_0 处或附近的因果效应，即 $E[Y^1-Y^0|Z=z_0]$。这实际上是 Z 等于 z_0 的子总体的处理效应，但它可能不适用于一般总体。清晰设计的概念框架是这样的，我们想象可以把个体的 D 从 0 变为 1，例如通过外部干预移动 Z 或者改变阈值 z_0。

下面我们谈谈模糊设计。总体思路是一样的，只是稍作修改。在许多应用中,即使在基于规则的选择过程中,参与决策也不是完全由 Z 决定的。例如,分配积极的劳动力市场项目的决定是根据工人过往的工作经历、职业、教育程度和流动性等因素做出的。通常情况下,项目执行者对他们提供的项目有一定的自由裁量权,因此可以根据计量经济学家没有观察到的标准来作出决定。他们可以在决定谁符合条件时考虑失业者参加此类项目的动机或失业者的意愿。此外,个人可以被允许拒绝参与。因此,简言之,如果 z 从 $z_0-\varepsilon$ 增加到 $z_0+\varepsilon$(对于 $\varepsilon>0$),并不是所有个体的项目参与状态都从 $D=0$ 变为 $D=1$。相反,可能只是 Z 和 D 之间的平均关系在 z_0 处不连续。因此在模糊设计中,给定 Z,D 的期望值(即接受处理的概率)在 z_0 处仍然是不连续的,但不是从 0 跳跃到 1。

例 6.6 Van der Klaauw(2002)分析了向大学申请者提供经济援助对其随后入学概率的影响。他根据考试成绩排名将大学申请者分为几个类别。提供的资助金额在很大程度上取决于这一分类。然而,他发现,实施经济援助的官员还考虑了研究者没有观察到的其他特征。因此,处理的分配不是考试成绩 Z 的确定性函数,但条件期望函数 $E[D|Z]$ 仍然由于考试成绩规则显示出明显的跳跃。

我们可以公式化地提出假设一:

假设 RDD-1 $$\lim_{\varepsilon \to 0} E[D|Z=z_0+\varepsilon] - \lim_{\varepsilon \to 0} E[D|Z=z_0-\varepsilon] \neq 0 \qquad (6.2)$$

显然,对于清晰设计,上式的差正好等于 1。因此,清晰设计是模糊设计的一个特例,下面的大部分讨论集中在更一般的模糊设计上,但也隐含地表明了清晰设计的情形(作为一个少见的特例)。

你可能会常常观察到第三种情况,即混合设计(mixed design),其混合了清晰设计和模糊设计,或更具体地说,一个只有单侧不服从的设计。仅在一侧严格地应用阈值标准,就会发生这种情况。如果严格根据观察到的特征划定资格,但是否参与是个人自愿的,则经常出现混合设计。那些获得某些处理的资格的项目,如食品券项目的设计就是明显的例子,食品券项目有严格的资格门槛 z_0,但接受处理的比例通常不到 100%(获得食品券的人可能不接受处理)。因此我们期望

$$\lim_{\varepsilon \to 0} E[D|Z=z_0-\varepsilon]=0 \quad \text{但} \quad \lim_{\varepsilon \to 0} E[D|Z=z_0+\varepsilon] \in (0,1) \qquad (6.3)$$

例 6.7 考虑参加某个劳动力市场项目的资格。参与资格可能取决于失业的持续时间或个人的年龄。英国的"年轻人新政"项目向所有年龄在 18 至 24 岁之间并且已申领失业保险 6 个月的个人提供就业援助(以及其他项目)。因此,总体由三个子总体组成(阈值附近):不合格者、合格的非参与者、合格的参与者。

通常这三组数据都是可得的。

如果理论上允许每个人得到处理,但一些低于(或高于)门槛 z_0 的人有权放弃,那么这种情况也是混合设计。于是有

$$\lim_{\varepsilon \to 0} E[D|Z=z_0-\varepsilon] \in [0,1) \quad \text{但} \quad \lim_{\varepsilon \to 0} E[D|Z=z_0+\varepsilon]=1 \quad (6.4)$$

(取决于 Z 的符号)。但是,请注意(6.3)和(6.4)是等价的,只需将处理指标重新定义为 $1-D$。因此,为了简化讨论,我们可以始终参考(6.3)而不失一般性。

与清晰设计一样,混合设计中的设置排除了接近 z_0 的(局部)逆反者[4]的存在,即个体 i 在 $Z_i < z_0$ 时接受处理,但反之不接受处理。清晰设计不允许出现逆反者,而在混合设计中,通过定义(6.3),潜在的逆反者要么不被允许参与项目,要么相当于从不接受者(回想一下单方面服从的案例)。对于其余的人,我们可以说,所有关于模糊设计的讨论也适用于混合设计,尽管公式更简单,假设更少。例如,在(6.3)中,(局部)始终接受者也是多余的,因为他们要么没有资格,要么成为局部顺从者(local compliers)[5]。现在,修饰词"局部"指的是我们只关注 z_0 附近的位置。[6]

我们将始终使用假设 RDD-1(6.2),因此,这一假设在整个章节中都是成立的。稍后我们还将讨论,我们需要逆反者不存在性假设。此外,在我们的许多例子中,我们已经看到 Z 也可能直接与潜在结果 Y^d 相关,因此,如果没有进一步的假设,就无法识别处理效应。假设 Z 对潜在结果的直接影响是连续的,那么在小范围内,例如 z_0 附近,潜在结果几乎不随 Z 的变化而变化。因此,识别本质上是分析那些位于阈值附近的个体的结果,并且条件均值函数在阈值处是连续的:

假设 RDD-2 $E[Y^d|Z=z]$ 对于 $d \in \{0,1\}$ 于 z_0 处在 Z 上连续 (6.5)

因为如果 Y^0 或 Y^1 在 z_0 处有跳跃,那么 RDD 识别和估计的基本思想就不再适用了。同样,这一假设会贯穿整章。上述假设对于确定平均处理效应是足够的,但是如果我们对分布或分位数处理效应感兴趣(第7章),人们通常会需要更强的条件独立性条件,即

$$Y_i^d \perp\!\!\!\perp Z_i \quad \text{在} \ z_0 \ \text{附近} \quad (6.6)$$

该假设成立显然也暗示假设(6.5)成立。

连续性假设要求阈值两侧的潜在结果(potential outcomes)原则上是相同的。

---

[4] 逆反者的含义和符号与第4章中相应的部分完全一致。
[5] 同样,顺从者的含义与第4章中的含义完全一致。
[6] 在 LATE 中,"局部"指的是"只有顺从者"。

如果在阈值 z_0 处发生其他事情,则可能违反此假设。在《反歧视法》效应的研究中,只有员工数超过 15 人的公司才适用《反歧视法》。但可能还有其他(公共)项目或规定将适用标准线设置在公司规模为 15 人。在这种情况下,RDD 分析将衡量这些不同项目一起实施的效应。因此,如果我们将潜在结果定义为是否适用《反歧视法》的潜在结果,那么假设 RDD-2 显然不成立,因为结果 Y^0(不适用《反歧视法》时的潜在结果)出于各种原因在 z_0 处跳跃。如果有其他项目和规定的适用标准线接近 z_0,同样也会出现这个问题,除非我们的样本仅包含恰好在阈值上的观测值。

在清晰设计中,假设 RDD-2 成立就足以使我们在点 z_0(或接近点 z_0)处识别 ATE=ATET=ATEN。它可以被定义为

$$\text{ATE}(z_0) = E[Y^1 - Y^0 \mid Z = z_0] = \lim_{\varepsilon \to 0} E[Y \mid Z = z_0 + \varepsilon] - \lim_{\varepsilon \to 0} E[Y \mid Z = z_0 - \varepsilon]$$

(6.7)

其中我们必须估计右侧的项。你可能会问为什么在 z_0 附近 ATE=ATET=ATEN,根据上述动机我们可以直接获得直观的答案。清晰设计时的 RDD 相当于一个随机实验(以接近 $Z = z_0$ 为条件),我们知道对于随机实验,有 ATE=ATET=ATEN;处理组和对照组这两个子总体的 Y^d 的平均值应该相同,$d = 0, 1$,因为在清晰设计中,默认每个人都是顺从者。

在每个 RDD 中,一个值得思考的重要问题是对 Z 的潜在操纵(我们将在第 6.3.1 节中对此进行更详细的研究)。这是一个严重的问题,因为它很容易违反识别所需的假设。让我们先解释一下完美操纵(perfect manipulation)的含义。粗略地说,完美操纵是在三件事成立的情况下实现的:第一,代理人需要完美控制他们的 Z 值;第二,他们有理由操纵;第三,他们需要知道阈值 z_0。特别是如果处理效应相当不均匀,那么代理人就很有可能违背我们的假设 RDD-2(6.5)。在这些情况下,我们预料在阈值处的 Z 的分布以及其他特性是不连续的。另外,连续密度 f_Z 既不是 RDD 的充分条件也不是必要条件。例如,想象一下老师想减少参加复习课的学生人数。他们可能会稍微提高一些随机选择的学生的成绩,否则他们的成绩就在门槛 z_0 以下。在这种情况下,f_Z 在 z_0 处应该是不连续的,但是 RDD 的假设仍然是满足的。但如果老师操纵成绩时不随机选择学生(这种随机选择可能是因为他们想排除一些捣乱的学生或者有能力和知识但今年太懒惰或不幸运的学生),那么我们就不能再应用随机实验的结论了。尤其是,如果操纵是单调的,即通过将最聪明的学生提高到 z_0,将他们排除在复习课之外,那么 f_Z 就有一个间断点,并且违背了(6.5)。如果操纵不是单调的,而是在两个方向

上调整成绩,即我们提高分数低于 z_0 的最聪明学生的成绩,但是降低分数正好高于 z_0 的一些"坏"学生的成绩,那么尽管密度 f_Z 可能在 z_0 连续,假设(6.5)也不成立。

但是,与其说是因为操纵成绩破坏假设,实际上更可能发生的是放松选择规则,使得 z_0 周围的人被允许或被激励进入或退出处理。那么此时就属于上面介绍过的模糊设计。但是,假设 RDD-2 不再足够。事实上,我们还需要假设

假设 RDD-3 $(Y_i^1-Y_i^0)\perp\!\!\!\perp D_i|Z_i$, 对于 z_0 附近的 Z_i (6.8)

或者如果对 Y 的整个分布不感兴趣的话,上式就可以写成类似的均值形式:⑦

$$E[(Y_i^1-Y_i^0)D_i \mid Z_i \approx z_0] = E[(Y_i^1-Y_i^0) \mid Z_i \approx z_0] \cdot E[D_i \mid Z_i \approx z_0]$$

一旦我们以 $Z=z_0$ 为条件,上式就类似于识别 $E[Y^1-Y^0|Z=z_0]$ 时所用的"可观测变量选择"假设。⑧ 然而,这个假设因其限制性太强而饱受批评,因此在许多应用中不可信。

另一种假设方法是使用局部顺从者概念。设 $D_i(z)$ 为如果 Z 被外生地设置为 z 时个体 i 的处理状态。如果我们将 z 移到阈值 z_0 附近,那么我们可以得出四种类型的人:$D_i(z_0-\varepsilon)=1$ 且 $D_i(z_0+\varepsilon)=1$ 的局部始终接受者,$D_i(z_0-\varepsilon)=0$ 且 $D_i(z_0+\varepsilon)=0$ 的局部从不接受者,$D_i(z_0-\varepsilon)=0$ 且 $D_i(z_0-\varepsilon)=1$ 的局部顺从者,以及 $D_i(z_0-\varepsilon)=1$ 和 $D_i(z_0+\varepsilon)=0$ 的局部逆反者。像往常一样,我们假设后者不存在。然后,我们可以将假设 RDD-3 替换为

假设 RDD-3* $\{Y_i^1-Y_i^0, D_i(z)\}\perp\!\!\!\perp Z_i$ 在 z_0 附近,且存在 $e>0$ 使得对于所有的 $0<\varepsilon<e$ 有

$$D_i(z_0+\varepsilon) \geqslant D_i(z_0-\varepsilon)$$ (6.9)

由此可以识别出局部顺从者的 LATE。第一行与第 4 章中的工具变量排除限制非常相似,而第二行表示局部单调性限制,要求 z_0 附近没有逆反者。

有人认为,在许多应用中,这种假设更合理(但无论如何,总是不可验证的)。此假设的缺点在于它是一种工具变量方法,因此只能识别由所选工具变量和阈值选定的一组局部顺从者的处理效应,即

$$\text{LATE}(z_0) = \lim_{\varepsilon \to 0} E[Y^1-Y^0 \mid D(z_0+\varepsilon)>D(z_0-\varepsilon), Z=z_0]$$

类似于第 4 章(习题 2),局部顺从者的 ATE 可表示为

---

⑦ 我们现在慢慢地从均值独立标记转换到分布标记,因为在本书后面,特别是第 7 章中,我们将不仅研究均值,还研究分布效应。

⑧ 这通常仍应等于在 z_0 处的 ATET 和 ATEN,因为此假设表明以 z_0 附近的 Z 为条件给出了一个随机试验。

$$\text{LATE}(z_0) = \frac{\lim_{\varepsilon \to 0} E[Y \mid Z = z_0 + \varepsilon] - \lim_{\varepsilon \to 0} E[Y \mid Z = z_0 - \varepsilon]}{\lim_{\varepsilon \to 0} E[D \mid Z = z_0 + \varepsilon] - \lim_{\varepsilon \to 0} E[D \mid Z = z_0 - \varepsilon]} \tag{6.10}$$

它具有双重"局部"的特性：一重局部是对于 $Z = z_0$ 而言的局部，二重局部是对于顺从者而言的局部，即 Z 值位于 z_0 的一个小邻域内，如果 Z 从 $z_0 - \varepsilon$ 外生改变为 $z_0 + \varepsilon$，其处理状态 D 将从 0 变为 1 的那些个体。现在你知道为什么我们称之为缺点：根据不同的应用场景，这个子总体和 LATE 参数可能是有用的并且是容易解释的，但也可能不是如此。好消息是，无论援引假设 RDD‐3 或假设 RDD‐3* 中的哪一个，在两种识别策略下识别出的估计量实际上是相同的。我们清晰地知道在数据分析方面必须做些什么，我们可能只会在解释估计量时犹豫不决。此外，正如第 4 章所述，我们只能估计对顺从者的处理效应这一事实不一定是一个缺点：有时这可能正是人们感兴趣的参数。

例 6.8 Anderson、Dobkin 和 Gross（2012）研究了医疗保险覆盖率对医疗服务使用情况的影响。他们的研究基于这样一个事实，即孩子 19 岁时（此时孩子的年龄已超出父母为其投保的年龄范围），保险覆盖率会急剧下降。美国的许多私人健康保险公司为 18 岁以下的受抚养儿童提供保险。因此当这些孩子年满 19 岁时，很多人便不再享受父母为其提供的保险。事实上，大约 5%—8% 的青少年在 19 岁生日后不久就没有保险了。作者利用这一年龄的断点来估计医疗保险覆盖率对医疗服务利用率的影响，并发现急诊科就诊次数和住院人数大幅下降。他们估计的处理效应是"顺从者"（即 19 岁时不再有保险的人）的反应。出于政策目的，研究者感兴趣的参数是这些未参保者的医疗保险覆盖率的平均效应，因为大多数现行政策侧重于扩大而不是缩小医疗保险覆盖率。"顺从者"占未参保年轻人的比例较大。为这些人群提供保险将具有重大的政策意义，特别是因为这一群体在美国未参保总体中占很大比例。此外，也有一些局部从不接受者，然而作者认为，他们的处理效应应该与顺从者的相似，因为 19 岁以前的保险主要是对他们父母投保项目的一个复制，而不是一个基于未观察到的健康状况的主动选择。因此，他们不太可能做出典型的逆向选择。事实上，他们并没有发现证据表明从不接受者比未参保的"顺从者"更不健康或使用更少的医疗保健服务。

让我们来讨论混合设计中的子总体。应强调的是，在模糊设计中不存在逆反者（增加 Z 时，向前或向后变换 D）是一个有效的假设，而对于其他设计，它们不是构造时需要考虑的问题。注意，RDD 假设暗示存在顺从者，否则就不存在断点。模糊设计允许存在从不接受者和/或始终接受者,尽管这个"从不"和"始终"是针对"z_0 的附近"。在混合设计假设中,如果目标是估计 ATET(如果它在处理准入方面是清晰的,但在某种意义上由于人们可能拒绝处理,因此是模糊的,参考(6.3))[9],那么假设 RDD-1 和假设 RDD-2 就是足够的。于是,阈值上的 ATET 和 LATE 甚至是相同的。为了得到这个结论,回想一下

$$\mathrm{ATET}(z_0) = E[Y^1 - Y^0 \mid D=1, Z=z_0]$$

其中我们需要确定反事实结果 $E[Y^0 \mid D=1, Z=z_0]$。所需的唯一假设是 Y^0 的均值在 z_0 处连续。于是有 $\lim E[Y^0 \mid Z=z_0+\varepsilon] = \lim E[Y^0 \mid Z=z_0-\varepsilon]$。事实上,我们不需要假设 RDD-3 或假设 RDD-3*。仍然考虑(6.3),注意由于 $Y = D(Y^1-Y^0)+Y^0$,我们得到

$$\lim_{\varepsilon \to 0} E[Y \mid Z=z_0+\varepsilon] - \lim_{\varepsilon \to 0} E[Y \mid Z=z_0-\varepsilon]$$
$$= \lim_{\varepsilon \to 0} E[D(Y^1-Y^0)+Y^0 \mid Z=z_0+\varepsilon] - \lim_{\varepsilon \to 0} [D(Y^1-Y^0)+Y^0 \mid Z=z_0-\varepsilon]$$
$$= \lim_{\varepsilon \to 0} E[D(Y^1-Y^0) \mid Z=z_0+\varepsilon] - \lim_{\varepsilon \to 0} E[D(Y^1-Y^0) \mid Z=z_0-\varepsilon]$$
$$= \lim_{\varepsilon \to 0} E[D(Y^1-Y^0) \mid Z=z_0+\varepsilon]$$
$$= \lim_{\varepsilon \to 0} E[Y^1-Y^0 \mid D=1, Z=z_0+\varepsilon] \lim_{\varepsilon \to 0} E[D \mid Z=z_0+\varepsilon] \quad (6.11)$$

第二个等式成立是因为 Y^0 的左极限和右极限在假设 RDD-2 下是相同的,第三个等式成立是因为对于阈值左边的值 $D=0$,最后一个等式成立是因为假设 RDD-1 且 D 是二元变量。由此我们得到了

$$\frac{\lim_{\varepsilon \to 0} E[Y \mid Z=z_0+\varepsilon] - \lim_{\varepsilon \to 0} E[Y \mid Z=z_0-\varepsilon]}{\lim_{\varepsilon \to 0} E[D \mid Z=z_0+\varepsilon] - \lim_{\varepsilon \to 0} E[D \mid Z=z_0-\varepsilon]}$$
$$= \lim_{\varepsilon \to 0} E[Y^1-Y^0 \mid D=1, Z=z_0+\varepsilon] \quad (6.12)$$

这是那些阈值附近的处理组的平均处理效应,即 $\mathrm{ATET}(z_0)$。

最后请注意,如果可得 Y 的处理前数据,我们也可以考虑采用 DID-RDD 方法,我们将在下面进一步讨论。

6.1.2 基于断点回归设计的处理效应评估

在上一节中,(6.7)、(6.10)和(6.12)提供了清晰设计、模糊设计和混合设计下处理效应的识别。这些参数由条件期望的极限组成。不难看出,这些极限表

---

[9] 类似地,如果颠倒规则,使得你可以从对照组切换到处理组但不能反过来,那么这些假设就足以估计 ATENT。

达式,即 $E[Y|Z=z_0\pm\varepsilon]$ 和 $E[D|Z=z_0\pm\varepsilon]$,可以通过局部线性回归等方法进行估计。估计时的唯一挑战是,这些极限定义了连续(和光滑)函数的边界点。因此,参考第 2 章,局部线性估计量更方便,因为它们比许多其他估计量具有更好的边界性质。在实践中,我们可以为每一个条件期望应用一个标准的局部线性估计量,其中只使用 z_0 左边或右边的数据点。还可以使用一些特殊的边界校正核,特别是在应用局部常量(Nadaraya-Watson)核估计量时。对于倾向得分的估计,也存在一些可供选择的半参数方法,特别是当响应变量为二元变量(例如我们讨论的 D)时。在所有这些情形中最优带宽选择是一个关键问题。在传统的平滑度假设下,(广义)交叉验证方法仍然是可行的,尽管不是最优选择。当然,我们应该只使用 z_0 的某个(不算太窄的)邻域内的数据点来计算这一标准,否则距离 z_0 很远的观测值会对带宽值产生过大的影响。

我们能立即注意到(6.10)与用二元工具变量和二元处理变量的 Wald 估计量的相似性。回想一下,Wald 估计量相当于在常数和 D 上对 Y 进行两步最小二乘工具变量回归,并将 Z 作为工具变量,参见第 4 章的习题 3 和定理 4.1。这里的情况也适用,尽管仅在极限情况下,即仅使用极接近 z_0 的观测值。为了简便,许多应用论文在 z_0 的邻域中使用离散的线性回归(两个是清晰设计,四个是模糊设计),即使用一个具有均匀核和巨大带宽的局部线性估计量。

为了了解如何进行这种估计,我们首先考虑清晰设计。在这里,每个人都是 z_0 上的顺从者。使用单侧局部线性核回归,我们可以估计 $m_+ := \lim_{\varepsilon \to 0} E(Y|Z=z_0+\varepsilon)$,通过

$$(\hat{m}_+, \hat{\beta}_+) = \underset{m,\beta}{\arg\min} \sum_{i=1}^n \left\{Y_i - m - \beta(Z_i - z_0)\right\}^2 K\left(\frac{Z_i - z_0}{h_+}\right) \cdot 1\!\!1\{Z_i \geqslant z_0\}$$

(6.13)

带宽为 h_+,类似地,$m_- := \lim_{\varepsilon \to 0} E[Y|Z=z_0-\varepsilon]$,可以通过下式进行估计

$$(\hat{m}_-, \hat{\beta}_-) = \underset{m,\beta}{\arg\min} \sum_{i=1}^n \left\{Y_i - m - \beta(Z_i - z_0)\right\}^2 K\left(\frac{Z_i - z_0}{h_-}\right) \cdot 1\!\!1\{Z_i \geqslant z_0\}$$

(6.14)

带宽为 h_-,最终获得 $E[Y^1 - Y^0 | Z=z_0)$ 的估计量,即

$$\widehat{\text{ATE}}(z_0) = \hat{m}_+ - \hat{m}_-$$

(6.15)

下面给出了该估计量的一系列必要假设和渐近表现,以及面对模糊设计时的估计量的一系列必要假设和渐近行为。(回想一下,清晰设计可以被视为模糊设计的一种特殊情况——实际上也是最简单的情况。)但是在我们讨论模糊设计

的 ATE 估计量之前,我们先简要地讨论一下(6.14)和(6.15)的一些修正,这些修正仍然是在清晰设计的背景下进行的。

我们可以在一个估计步骤中重写上面的表达式以便于估计 $\widehat{\text{ATE}}(z_0)$。假设我们在 z_0 两侧使用相同的带宽,即 $h_- = h_+ = h_0$。进一步定义 $1_i^+ = \mathbb{1}\{Z_i \geqslant z_0\}$,$1_i^- = \mathbb{1}\{Z_i < z_0\}$,注意 $1_i^+ + 1_i^- = 1$。前两个局部线性表达式也可以表示为求解使二次目标函数取到极小值的解。由于 $\hat{m}_+$ 和 $\hat{m}_-$ 是从分离的两个子样本中估计出来的,因此这些解在数值上与两个目标函数之和的极小值解相同。为了得到下面的公式,我们只需加上前面两个局部线性回归的目标函数。我们得到了一个联合目标函数,它在 $(\hat{m}_+, \hat{\beta}_+)$ 和 $(\hat{m}_-, \hat{\beta}_-)$ 处最小化:

$$\sum_{i=1}^{n}(Y_i - m_+ - \beta_+(Z_i - z_0))^2 K\left(\frac{Z_i - z_0}{h}\right) \cdot 1_i^+$$
$$+ \sum_{i=1}^{n}(Y_i - m_- - \beta_-(Z_i - z_0))^2 K\left(\frac{Z_i - z_0}{h}\right) \cdot 1_i^-$$
$$= \sum_{i=1}^{n}(Y_i 1_i^+ - m_+ 1_i^+ - \beta_+(Z_i - z_0)1_i^+$$
$$+ Y_i 1_i^- - m_- 1_i^- - \beta_-(Z_i - z_0)1_i^-)^2 \cdot K\left(\frac{Z_i - z_0}{h}\right)$$

注意在清晰设计中,1_i^+ 意味着 $D_i = 1$,1_i^- 意味着 $D_i = 0$,因此我们得到

$$= \sum \{Y_i - m_+ 1_i^+ - m_-(1 - 1_i^+) - \beta_+(Z_i - z_0)D_i$$
$$- \beta_-(Z_i - z_0)(1 - D_i)\}^2 K\left(\frac{Z_i - z_0}{h}\right)$$
$$= \sum \{Y_i - m_- - (m_+ - m_-)D_i - \beta_+(Z_i - z_0)D_i$$
$$- \beta_-(Z_i - z_0)(1 - D_i)\}^2 K\left(\frac{Z_i - z_0}{h}\right)$$
$$= \sum \{Y_i - m_- - (m_+ - m_-)D_i - \beta_-(Z_i - z_0)$$
$$- (\beta_+ - \beta_-)(Z_i - z_0)D_i\}^2 K\left(\frac{Z_i - z_0}{h}\right) \quad (6.16)$$

由于该函数在 $(\hat{m}_+, \hat{\beta}_+)$ 和 $(\hat{m}_-, \hat{\beta}_-)$ 取到最小值,D 的系数可以通过 $(\hat{m}_+ - \hat{m}_-)$ 估计出来。当 $h = h_+ = h_-$ 时,我们就能由此得出与上面等价的 $\text{ATE}(z_0)$ 局部线性估计量。因此,我们可以通过 Y_i 对常数 D_i、$(Z_i - z_0)$ 和 $(Z_i - z_0)D_i$ 的局部线性回归直接获得处理效应,这与上述离散的回归相同。

如果我们想允许带宽不同,就必须把(6.16)中的简单核函数替换为

$$K\left(\frac{Z_i - z_0}{h_+}\right)^{1_i^+} K\left(\frac{Z_i - z_0}{h_-}\right)^{1_i^-} \quad (6.17)$$

这意味着带宽 h_+ 用于 z_0 右侧的平滑，h_- 用于 z_0 左侧的平滑。核函数(6.17)也适用于模糊设计估计的推导。

我们可以用以下回归方程估计(6.16)：

$$Y_i \text{对常数}, D_i, (Z_i-z_0) \text{以及} (Z_i-z_0)D_i \text{的回归方程} \tag{6.18}$$

使用(6.17)中的权重进行加权最小二乘法估计。D_i 的系数就是(6.15)估计量。如果为了简便,我们使用等带宽的均匀核函数,那么就是使用一个简单(未加权)OLS 回归得到估计量,其中与 z_0 的距离大于 h 的所有观测值都被删除了。

在一些应用中,我们还施加了使 $E[Y|Z]$ 的导数在阈值两侧相同的限制条件,即

$$\lim_{\varepsilon \to 0} \frac{\partial E[Y \mid Z = z_0 + \varepsilon]}{\partial z} = \lim_{\varepsilon \to 0} \frac{\partial E[Y \mid Z = z_0 - \varepsilon]}{\partial z}$$

如果我们的目标是检验零处理效应假设,即原假设 $E[Y^1-Y^0|Z=z_0]=0$,那么上述假设就显得很自然。换言之,如果处理对水平值没有影响,那么它对斜率也没有影响,这样的思路似乎是合理的。在(6.16)中施加 $\beta_-=\beta_+$ 就能很容易实现这个限制。于是,我们将通过一个在常数、D_i 和 (Z_i-z_0) 上的局部线性回归估计处理效应,其中不包含交互项 $(Z_i-z_0)D_i$。如果不检验零处理效应假设,这个限制就不那么吸引人了,因为不为零的处理效应不仅可能导致平均结果的跳跃,还可能导致其斜率的跳跃。此外,请注意,如果我们不施加限制 $\beta_-=\beta_+$,且估计表达式(6.16)时包括交互项 $(Z_i-z_0)D_i$,我们就能确保只有 z_0 左侧的数据点用于估计潜在结果 $E[Y^0|Z=z_0]$,而只有 z_0 右侧的点用于估计潜在结果 $E[Y^1|Z=z_0]$。相反,如果当我们施加限制 $\beta_-=\beta_+$,那么我们始终使用来自 z_0 两侧的数据点估计平均潜在结果。因此,一些结果 Y^0 被用来估计 $E[Y^1|Z=z_0]$,类似地,一些结果 Y^1 被用于估计 $E[Y^0|Z=z_0]$,这是违反直觉的,除非处理效应处处为零。

在模糊设计中,我们先估计(6.13)和(6.14),一次估计结果 Y,一次估计 D,然后根据识别策略(6.10)得到 Wald 型估计量。为了便于标记,设置 $m(z)=E[Y|Z=z]$,$p(z)=E[D|Z=z]$,其中 m_+, m_-, p_+, p_- 分别是当 $z \to z_0$ 时 m 和 p 的上下极限。想象一下,现在所有这些都是用局部线性回归估计的。我们用同样的方法定义它的一阶导数 m'_+, m'_-, p'_+, p'_- 以及二阶导数 $m''_+, m''_-, p''_+, p''_-$。让我们进一步定义

$$\sigma_+^2 = \lim_{\varepsilon \to 0} \text{Var}(Y \mid Z = z_0 + \varepsilon), \quad \rho_+ = \lim_{\varepsilon \to 0} \text{Cov}(Y, D \mid Z = z_0 + \varepsilon)$$

同理,定义左极限 σ_-^2 和 ρ_-。然后我们可以说明 Wald 型 RDD-(L)ATE 估计量[10]的渐近表现。

定理 6.1 假设 RDD-1、假设 RDD-2 和假设 RDD-3 或假设 RDD-3* 成立。此外,假设对于 $z > z_0$,m 和 p 是两次连续可微的。为了得到一致的估计,我们需要以下的正则假设:

(i) 存在一些 $\varepsilon > 0$,使得 $|m_+|, |m'_+|, |m''_+|$ 和 $|p_+|, |p'_+|, |p''_+|$ 一致有界于 $(z_0, z_0 + \varepsilon]$,并且 $|m_-|, |m'_-|, |m''_-|$ 和 $|p_-|, |p'_-|, |p''_-|$ 一致有界于 $[z_0 - \varepsilon, z_0)$。

(ii) z_0 上存在 m_+, m_-, p_+, p_- 的极限,且极限值是有限的。它们的一阶和二阶导数也是如此。

(iii) 条件方差 $\sigma^2(z_i) = \mathrm{Var}(Y_i | z_i)$ 并且协方差 $\rho(z_i) = \mathrm{Cov}(Y_i, D_i | z_i)$ 在 z_0 附近一致有界。它们的极限 $\sigma_+^2, \sigma_-^2, \rho_+, \rho_-$ 存在且是有限的。

(iv) z 从上方或下方接近 z_0 时,$E[|Y_i - m(Z_i)|^3 | z_i = z]$ 的极限存在且有限。

(v) z 的密度 f_z 是连续的、有界的,并且在 z_0 附近有界远离零。

(vi) 核函数 $K(\cdot)$ 是连续的、二阶的,并且大于 0,具有紧支撑。我们设带宽 $h = e\, n^{-1/5}$。

于是,在得到 m_+, m_-, p_+ 和 p_- 的局部线性估计量 $\hat{m}_+, \hat{m}_-, \hat{p}_+$ 和 $\hat{p}_-$ 后,对于 RDD-LATE 估计量,我们有

$$n^{2/5}\left(\frac{\hat{m}_+ - \hat{m}_-}{\hat{p}_+ - \hat{p}_-} - \frac{m_+ - m_-}{p_+ - p_-}\right) \to N(B, V)$$

其中偏差和方差由下式给出:

$$B = \frac{v_+ m''_+ - v_- m''_-}{p_+ - p_-} - \frac{(m_+ - m_-)(v_+ p''_+ - v_- p''_-)}{(p_+ - p_-)^2}$$

其中 $v_+ = \dfrac{e^2}{2} \dfrac{(\int_0^\infty u^2 K(u)\,du)^2 - (\int_0^\infty u K(u)\,du)(\int_0^\infty u^3 K(u)\,du)}{(\int_0^\infty K(u)\,du)(\int_0^\infty u^2 K(u)\,du) - (\int_0^\infty u K(u)\,du)^2}$

$$V = \frac{w_+ \sigma_+^2 + w_- \sigma_-^2}{(p_+ - p_-)^2} - 2\,\frac{m_+ - m_-}{(p_+ - p_-)^3}(w_+ \rho_+^2 + w_- \rho_-^2)$$
$$+ \frac{(m_+ - m_-)^2}{(\rho_+ - \rho_-)^4}(w_+ p_+ \{1 - p_+\} + w_- p_- \{1 - p_-\})$$

---

[10] 更多细节和证据,见 Hahn, Todd 和 van der Klaauw(1999)。

其中 $w_+ = \dfrac{\int_0^\infty \left\{\int_0^\infty s^2 K(s)ds - u\int_0^\infty sK(s)ds\right\}^2 K^2(u)du}{e f_z(z_0) \left\{\int_0^\infty u^2 K(u)du \cdot \int_0^\infty K(u)du - (\int_0^\infty uK(u)du)^2\right\}^2}$

v_- 和 w_- 被定义为在积分极限 $(-\infty, 0)$ 上的 v_+ 和 w_+。

截至目前,我们总结出以下结论:断点回归方法允许在较弱的条件下估计处理效应。特别是,一种工具变量假设只需要局部成立即可。另外,ATE 只针对局部顺从者,即 z_0 附近的顺从者。由于它的双重局部性质,不可能存在 ATE 的 $\sqrt{n}$ 一致估计量,因为为了应用这种方法我们需要一个连续变量 Z,并且要求 z_0 附近是平滑的,带宽收敛到零以获得一致性。

实际中,由于 $E[D|Z=z]$ 通常被认为比 $E[Y|Z=z]$ 更平滑(作为 z 的函数),相较于用来估计分子中的项所选取的带宽,人们倾向于选择更大的带宽来估计 (6.10)分母中的项。在我们有一个清晰设计的情况下,分母不再是必要的,因此所有与 p_+, p_- 估计有关的项都将消失。

当把 RDD 看作工具变量方法时,人们可能会问,我们的 Wald 型 RDD 估计量是否也可以写成两步最小二乘(2SLS)估计量。如果我们在(6.10)的所有式中使用相同的带宽值,情况确实如此。如果我们在(6.10)的分子和分母中使用不同的带宽值,那么将下面的表达式作为 2SLS 估计量将是不正确的。为了简单起见,我们下面使用一致的核。一致的核意味着所有 $|Z_i - z_0| \leqslant h$ 的观测值的权重为 1,所有其他观测值的权重为 0。考虑仅使用 $|Z_i - z_0| \leqslant h$ 的观测值进行 2SLS 回归:

$$Y_i \text{ 对常数}, D_i, (Z_i - z_0)1_i^+ \text{ 以及} (Z_i - z_0)1_i^- \text{ 的回归方程} \quad (6.19)$$

使用以下工具变量:常数,1_i^+,$(Z_i - z_0)1_i^+$ 和 $(Z_i - z_0)1_i^-$。1_i^+ 是与 D_i 相关的内生回归项,把它排除。D_i 上的系数在数值上与基于(6.13)和(6.14)以及 D 的相应表达式得出的(6.10)Wald 估计量相同。如前所述,使用核函数(6.17)时也能获得先前的结果,只要始终使用相同的带宽值。

可通过进一步添加多项式项,如 $(Z_i - z_0)^2 1_i^+$ 和 $(Z_i - z_0)^2 1_i^-$,扩展 2SLS 回归方程(6.19),然后该方程就相当于是通过局部二次回归对(6.10)中的项进行估计。类似地,2SLS 回归方程可以包含高阶多项式,一些应用性文章中已经进行了此类尝试。同理,对于清晰设计,我们也可以在(6.18)中包含 $(Z_i - z_0)$ 的平方和多项式形式。如果一个人正在使用一个较大的带宽值,使得距离 z_0 较远的观测值也进入回归模型,特别是如果使用一个一致的核函数,近距离和远距离观测值的权重相同,那么在 $(Z_i - z_0)$ 中包含多项式将使回归变得相关。由于 Z 可能

与结果相关,因此以可能的非线性方式控制 Z 的影响变得非常重要。相比之下,对于较小的带宽值 h,使用线性项就足够了。(这种情况类似于关于局部多项式非参数回归的讨论,需要在小的带宽值和更复杂的局部模型之间进行实际权衡。)表达式(6.10)也可以通过(6.19)进行估计,这一事实似乎仅具有理论价值,但它还是再次显示了 RDD 和局部工具变量识别之间的联系。但是,当我们检查多个阈值时,(6.19)中的 2SLS 方法将特别有用。(6.19)的另一个优点在于,它很容易以线性方式包含额外的协变量 X 或某些固定效应。此外,表达式(6.19)使我们可以方便地获得标准误,其中我们应使用稳健的 2SLS 标准误。所有这些结论的前提是仅使用 $|Z_i-z_0|\leqslant h$ 的观测值 i。

6.1.3 具有多个阈值的断点回归方法

RDD 方法的设计原理是使用某唯一点 z_0 处的不连续性,以便识别并随后估计 z_0 处或附近的处理效应。事实上,你很可能有几个断点,诸如 z_{01}, z_{02}, z_{03} 等。Lalive, Wüllrich 和 Zweimüller(2008)的研究就是其中一个例子。他们考虑了奥地利的一项政策,即公司必须每雇用 25 名非残障工人就雇用 1 名严重残障工人,或支付费用作为替代,这一规则显然隐含了阈值是 $z_{01}=25, z_{02}=50, z_{03}=75$ 等。针对混合设计的另一个例子(Van der Klaauw, 2002)是,(递增的)财政援助金额是关于能力测试得分的函数:分数或多或少是连续的,但出于管理目的,它被划分为四类: $Z<z_{01}, z_{01}<Z<z_{02}, z_{02}<Z<z_{03}$ 和 $z>z_{03}$。在每一个阈值处,接受处理的概率不连续地增加,并且在这些阈值内部接受处理的概率可能保持不变,也可能发生变化。在这两个例子中,我们面临的问题并不相同:在第一个例子中,每个阈值的处理都是相同的(每雇用 25 名非残障工人就雇用 1 名残障工人);在第二个例子中,随着同一个人的考试成绩的提升,其获得的经济援助将稳步增加。因此,第一个例子比第二个例子更有可能在每个阈值处有相同的处理效应。在处理多阈值案例时,我们首先需要弄清楚是否在每个阈值处接受了同一种处理方法。如果不是这样的话,对于每种处理,我们可能都需要识别和估计其处理效应。在这种情况下,我们将对每个 $z_{0j}(j=1,2,3)$ 应用在上一小节中学习的方法。但更有趣的情况是,我们在每个阈值处有相同的处理方法和/或假设每个阈值处的平均处理效应相同。当然,我们仍然可以使用上述方法分别估计每个阈值下的处理效应,然后取所有这些估计值的(加权)平均值。另一种替代方法也是有效的,两个可能的原因如下:第一,如果(平均)处理效应确实相同,我们将期望通过这种方法获得更准确的推断;第二,它有助于我们将上节推导出来的方法与更传统的参数化建模联系起来,如果我们想在特定应用中加入更多的具体特性,这可能会有帮助。下面思考一个回顾了截至目前讨论的几个问题的示例。

例 6.9 Angrist 和 Lavy(1999)研究了班级规模对学生成绩的影响的例子。在以色列,"班级规模"通常是由一个规则决定的,即当班级规模大于 40 时,就将班级拆分开。当一个年级的入学人数从 40 人增加到 41 人时,这项政策会造成班级规模的不连续性,因为班级从一个有 40 人的班级拆分成了一个有 20 人和另一个有 21 人的班级。同样的情况也适用于入学人数从 80 人增加到 81 人时,以此类推。因此,在这些不同的断点,入学人数(Z)对班级规模(D)有不连续的影响。因为 Z 可能直接影响学生的成绩(例如,通过学校的规模或受欢迎程度),它明显违反了排除限制,因此不是有效的工具变量。但 Z 上有 41、81、121 等阈值,因此,如果我们只比较注册人数为 40 人的班级与 41 人的班级、比较 80 人与 81 人的班级,就可以应用 RDD 的理念。此外,假设在每个阈值处具有相同的平均处理效应是合理的。作者还以线性模型的形式施加了更多的结构以估计班级规模对学生成绩的影响。然而,他们这种做法的合理性基本上依赖于前述考量。

我们首先讨论清晰设计的多阈值情况。为了进一步简化,假设在 z_0 附近或多或少地有恒定的处理效应 β。如果我们只有一个临界值 z_0:

$$Y_i = \beta_0 + \beta D_i + U_i \tag{6.20}$$

其中由于 D_i 和 U_i 的相关性,模型产生了内生性。清晰设计中 $D_i = \mathbb{1}\{Z_i \geq z_0\}$,因此我们得到

$$E[Y_i \mid Z_i, D_i] = \beta_0 + \beta D_i + E[U_i \mid Z_i, D_i] \tag{6.21}$$

其中 $E[U_i \mid Z_i, D_i] = E[U_i \mid Z_i]$,因为 D_i 是 Z_i 的一个确定性函数。我们可以通过在两边加上 Y_i 重写该等式,即

$$Y_i = \beta_0 + \beta D_i + E[U_i \mid Z_i] + \underbrace{W_i}_{Y_i - E[Y \mid Z_i, D_i]}$$

对于所有 i,"误差"项 W_i 具有很好的属性:$E[W_i] = 0$,$cov(W_i, D_i) = 0$ 和 $cov(W_i, E[U_i \mid Z_i]) = 0$。这可以通过使用迭代期望直接计算证明出来。进一步假设 $E[U_i \mid Z_i]$ 属于一个参数函数族,例如多项式函数,我们用 $\Upsilon(z, \delta)$ 来表示它(δ 是未知参数的向量;如果 Υ 是非参数的,则为有限个数),且 $E[U_i \mid Z_i]$ 对于 z 在 z_0 处是连续的。你必须抑制 $\Upsilon(\cdot)$ 函数中的截距,因为我们已经在上面的等

式中有作为常数的 β_0，因此无法确定另一个截距（这不是问题，因为我们只对 β 感兴趣）。我们假设存在一个真实向量 δ，使得 $E[U_i|Z_i] = \Upsilon(Z_i, \delta)$。[11] 如果 $E[U_i|Z_i]$ 足够平滑，我们总是可以对它用足够高阶的多项式逼近到任意精度。重要的一点是让 $\Upsilon(z, \delta)$ 中的项的个数足够多。[12] 通过使用 $E[U_i|Z_i] = \Upsilon(Z_i, \delta)$，我们可以将前面的表达式重写为

$$Y_i = \beta_0 + \beta D_i + \Upsilon(Z_i, \delta) + \underbrace{W_i}_{Y_i - E[Y|Z_i, D_i]} \tag{6.22}$$

其中，我们现在把 $\Upsilon(Z_i, \delta)$ 中的项当作附加的回归项，它们都与 W_i 不相关。因此，$\Upsilon(Z_i, \delta)$ 应该就能控制与 Z_i 相关的对 Y_i 的任何影响（与 D_i 有关，但不是 D_i 引起的）。这样就可以一致地估计处理效应 β。

有趣的是，(6.22)中的回归并没有使用 z_0 本身。然而，识别处理效应仍需利用 z_0 处的不连续性以及 $E[U|Z]$ 上的平滑性假设。要了解这一点，请考虑如果我们只使用 z_0 左侧（或右侧）的数据会发生什么情况。在这种情况下，所有数据点的 D_i 都是相同的，因此无法识别 β。实际上，在(6.22)中，变量 Z_i 有两个功能：利用它在 z_0 处时 D 的不连续性以识别 β，然后通过设定 $\Upsilon(\cdot)$，将 Z_i 变量考虑在内，以避免产生遗漏变量偏误。此外，在(6.20)中，D 的内生性（处理效应在 z_0 附近是恒定的）是由省略了 Z 造成的。总之，从(6.22)的推导过程中不难看出，如果存在多个阈值 $z_{0j}(j=1,2,\cdots)$，那么回归模型(6.22)将是相同的。但我们必须相应地重新定义 D_i，见下文和习题4。

例 6.10 回想一下例 6.9。在以色列，如果班级规模超过41人，那么阈值为41、81、121等。在进行分组时，我们可以问是否已经分为不同班级，或者把所有这些正整数分到两个互不重叠的集合中去，一个集合是 $D_i = 1$，另一个集合是 $D_i = 0$。这显示了我们的"困境"：一所入学人数为60人的学校，是属于处理组（60＞40）还是对照组（60＜81）？

解决此问题和上述问题的方法是只使用接近阈值 $z_{0j}(j=1,2\cdots)$ 的观测值，这也使得必要的假设更加可信。首先，对于清晰设计，在阈值附近，我们可以很明确地了解到 D_i 取 0 还是 1。其次，在（每个）阈值邻域上使用（不同）局部参数函数来近似 $E[U_i|Z_i]$，应该是一个有效的简化。回忆一下，我们感兴趣的是所有

---

[11] 存在一个向量 δ 使得对于所有 $z \in \mathbb{R} \setminus A$ 的值，都有 $E[U|Z=z] = \Upsilon(z,\delta)$，其中 $\Pr(Z \in A) = 0$。

[12] 你可以使用二阶多项式 $\delta_1 z + \delta_2 z^2$，但会面临很高的错误设定的风险。或者你可以采用一个级数，并且理论上包括随着样本量增加而增加的一些基函数。这将导致对 $E[U|Z]$ 的非参数筛估计。

处理效应的平均值,即超过所有阈值的所有个体的平均值。如果 β 恒定,$E[U_i | Z_i]$ 在给定的 $Z_i=z$ 附近应该也是几乎恒定的,否则我们上面对 U_i 所做的假设可能会变得不可信。[13] 如果我们希望允许不同的阈值下有不同的处理效应,那么应该分别估计它们。总之,仅使用阈值附近的数据,通过部分线性模型(回忆第2章)估计(6.22)来获得 $\hat{\beta}$ 是一种有效的策略。

模糊设计的多阈值的情况变得更加复杂。我们仍然使用上述的恒定处理效应。回想假设 RDD-3:一般来说,我们不允许个体根据从中获得的收益 $(Y_i^1 - Y_i^0)$ 选择是否接受处理。请注意,恒定处理效应的假设自动意味着假设 RDD-3 成立,因为此时 $(Y_i^1 - Y_i^0)$ 对每个人都是一样的。如前所述,另一种方法是使用假设 RDD-3*,我们能得到相同的估计量,但解释更复杂。我们再次从只有一个阈值 z_0 的(6.20)开始,并打算改写该等式,以便我们可以通过 OLS 估计它。因为 D_i 不再是 Z_i 的一个确定性函数,我们只考虑以 Z_i 为条件的期望值,也即我们不考虑同时以 Z_i 和 D_i 为条件:

$$Y_i = \beta_0 + \beta D_i + U_i \Rightarrow E[Y_i | Z_i] = \beta_0 + \beta E[D_i | Z_i] + E[U_i | Z_i]$$

$$Y_i = \beta_0 + \beta \cdot E[D_i | Z_i] + E[U_i | Z_i] + \underbrace{W_i}_{Y_i - E[Y|Z_i]}$$

其中 W_i 与等式右侧的任何其他项无关。如前,我们假设 $E[U_i | Z_i] = \Upsilon(Z_i, \delta)$ 属于在 z_0 处连续的参数函数族,并写出

$$Y_i = \beta_0 + \beta \cdot E[D_i | Z_i] + \Upsilon(Z_i, \delta) + \underbrace{W_i}_{Y_i - E[Y|Z_i]} \tag{6.23}$$

如果我们知道函数 $E[D_i | Z_i] = \Pr(D_i = 1 | Z_i)$,我们可以用(加权)OLS 估计上面的方程以得到 β。由于我们不知道 $E[D_i | Z_i]$,我们可以采取两步估计方法:首先对 $E[D_i | Z_i]$ 进行估计,然后将预测结果代入(6.23)。这里的新情况是,为了得到 $E[D_i | Z_i]$ 的有效估计,我们可以而且应该使用 z_0 处不连续性的先验知识。在实践中,人们使用带有指标函数 $\mathbb{1}\{Z_i > z_0\}$ 的线性概率模型即可,另请参见习题 3。在这种情况下,我们可以有如下设定:

$$E[D_i | Z_i] = \gamma + \overline{\Upsilon}(Z_i, \bar{\delta}) + \lambda \cdot \mathbb{1}\{Z_i \geqslant z_0\} \tag{6.24}$$

其中 $\overline{\Upsilon}(\cdot, \bar{\delta})$ 是由 $\bar{\delta}$ 索引的参数函数族,例如多项式。在(6.24)中,我们使用了在 z_0 处存在断点的知识。(然而,众所周知,线性概率模型是不合适的;另见我们在第 3 章中的讨论。)

如果我们为 Υ 和 $\overline{\Upsilon}$ 选择相同的多项式阶,例如三次多项式,会发生什么?对

---

[13] 请注意,U 代表对均值模型的所有偏离,包括由潜在的处理回报异质性引起的偏离。

于精准识别,工具变量和 2SLS 的作用是相同的,因为(6.23)的解就是 Y_i 在常数,D_i, Z_i, Z_i^2, Z_i^3 上的工具变量回归的解,其中常数项,Z_i, Z_i^2, Z_i^3 和指标函数 $\mathbb{1}\{Z_i \geqslant z_0\}$ 是工具变量,而指标函数 $\mathbb{1}\{Z_i \geqslant z_0\}$ 正是发挥排除功能的工具变量。

如果我们有多个阈值,例如 z_0, z_1, z_2,我们将(6.24)替换成

$$E[D_i \mid Z_i] = \gamma + \overline{\Upsilon}(Z_i, \overline{\delta}) + \lambda_0 \cdot \mathbb{1}\{Z_i \geqslant z_0\} + \lambda_1 \cdot \mathbb{1}\{Z_i \geqslant z_1\} \\ + \lambda_2 \cdot \mathbb{1}\{Z_i \geqslant z_2\} \tag{6.25}$$

在这种情况下,我们有三个排除工具:$\mathbb{1}\{Z_i \geqslant z_0\}, \mathbb{1}\{Z_i \geqslant z_1\}, \mathbb{1}\{Z_i \geqslant z_2\}$,因此给出了过度识别。

如果 D_i 是一个非二元处理变量,这些方法也适用,只要我们感兴趣的效应只是常数 β(因此一个线性结构 $\beta \cdot D_i$ 就足矣)。例如,van der Klaauw(2002)考虑了连续的财政援助金额的情形。当然,在这种情况下,当处理效应恒定时,由于设定了 D_i 的线性关系,假设(6.20)变得更具限制性。估计(6.25)并将其预测值代入(6.23)的一个例子是 Angrist 和 Lavy(1999)中的班级规模规则。

Matsudaira(2008)考虑为在校表现不佳的学生提供一个强制性的暑期学校课程。数学和阅读测试成绩低的学生必须在假期参加暑期学校课程。在这些测试中成绩低于某个阈值的学生必须参加这个项目,即

$$Z = \mathbb{1}\{Z_{math} < z_{0,math} \text{ 或者 } Z_{reading} < z_{0,reading}\} \tag{6.26}$$

这种具有两个测试成绩的结构允许在使用 RDD 设计研究阅读能力时控制数学能力,反之亦然。

6.2 有协变量的断点回归设计

6.2.1 纳入协变量的动机

在 RDD 设置中,如果我们有超出 RDD 所必需的数据,即 Y、D 和 Z 之外的数据,这些数据有时会很有帮助。这些额外数据可以是处理前结果 Y_{t-1} 或 Y_{t-2},如将在关于 DID-RDD 方法的 6.3.3 小节所述的那样,或者也可以是用 X 表示的协变量。我们可能已知这些协变量不受处理影响,因此通常把它们标记为处理前协变量,或者协变量也可能受到 D 或 Z 的影响。本节内容基于 Frölich 和 Huber(2018)。

首先,我们讨论当 X 是不受处理影响的协变量时的情况。在这种情况下,我

们通常认为这些协变量的条件分布 $F(X|Z)$ 在 z_0 处应该是连续的。例如，我们期望 $\lim_{\varepsilon\to 0}E[X|Z=z_0-\varepsilon]=\lim_{\varepsilon\to 0}E[X|Z=z_0+\varepsilon]$。但是，如果均值函数 $E[X|Z]$ 在 z_0 处不连续，这可能表明变量 Z 被操纵，这通常会引起人们对 RDD 设计有效性的怀疑。因此人们通常通过正式的统计检验或视觉图形来检验 $E[X|Z]$ 或 $F(X|Z)$ 的不连续性。作为另一种选择，人们经常看到有或没有协变量的断点回归估计值。如果所有协变量在阈值 z_0 处确实是连续的，那么包含协变量或不包含协变量的 RDD 估计值应该是相似的，因为它们收敛到相同的极限。因此，通过比较两个理应是相似的估计值，也可以判断 RDD 假设的可信度。

下面我们将研究一种包括这些 X 的非参数方法。但在详细研究基于协变量的 RDD 的处理效应识别和估计之前，我们应该回答这样一个问题：为什么以及何时人们应该在 Z 之外包含协变量。一个简单的原因可能是人们对 $\text{ATE}(x)$ 感兴趣，而不是对总体平均值感兴趣。纳入协变量的动机主要是因为它们可能有助于减少小样本失衡。另一个明显的原因是，如果这些协变量能够很好地预测结果，那么它们可以在减小处理效应估计值的方差上起到非常重要的作用。因此，即使有很好的实验数据，该数据不存在选择偏误，研究人员还是会加入可以很好地预测结果变量 Y 的协变量。对于 RDD，一个典型的例子是向贫困家庭的儿童提供教育支持项目。如果父母的收入 Z 低于某个阈值 z_0，这些儿童就可以参加这个项目。感兴趣的结果 Y 是一年后的数学考试成绩。数学考试结果 Y 的良好预测量通常是前几年的数学考试。可以把这些作为额外的控制变量 X 添加进模型，以获得更精确的估计值。因此，在本例中，至少有两个包含协变量 X 的理由：第一，为了更好地控制处理的异质性回报，从而使 RDD 假设更有可能成立；第二，减小标准误。如果在用于估计的样本中，所有协变量在处理组和对照组之间完全平衡，那么第一点就不那么重要了。当然，有人可能会争辩说，如果所有观测对象都非常接近或等于 z_0，那么无论如何所有协变量在处理组和对照组之间都应该是平衡的。请注意，如果我们先将 X 纳入回归，但随后求其积分以获得无条件的处理效应，则上述所有论断也是有效的。

也许更常见的原因是，当观测值远离 z_0 时，增加协变量 X 是为了增强稳健性。在许多应用中，我们可能只有很少的接近阈值的观测值。因此，我们可能被迫将 Z 值不太接近 z_0 的观测值也包括在内（换言之，选择一个相当大的带宽）。虽然局部的处理前协变量应该随机分布在 z_0 附近（使得在 z_0 的左侧和右侧都以相同的可能性观察到 X 的每个值），但在远离 z_0 的地方，没有理由认为 X 的分布仍是平衡的。因此，省略 X 可能会导致类似于省略变量的样本偏误。尽管这个问题会渐近消失（当接近 z_0 的数据变得充足时），X 的小样本失衡在实践中可能很严重。总而言之，我们明白了为什么当使用远离 z_0 的观测值时，包含协变量 X 有助于降低偏误。

例 6.11 Black，Galdo 和 Smith(2005)评估了断点回归设计的有限样本性能。他们对培训项目 D 对年度收益 Y 的影响感兴趣，且注意到"上一年的年度收益"是一个非常重要的预测因素。他们考察了一个包含 RDD 的随机实验，并得出结论，控制协变量对有限样本的性能很重要。他们的结果强调了在估计条件均值反事实结果时使用处理前协变量的重要性。例如，在他们的例子中，忽略处理前协变量，即"过去的收益"，会导传统 RDD 估计出现很大偏误。

虽然提高有效性和减少选择或样本偏误是加入协变量的主要原因，但也可能存在某些变量 X 在 z_0 处的分布 $F(X|Z)$ 确实不连续的情况。在大多数情况下，这可能反映出 RDD 假设的失败。控制这些协变量有时（但并非总是）可以恢复 RDD 假设的有效性。换言之，就像前几章一样，使必要的 RDD 假设以协变量为条件，可能会使假设更加合理（或者至少让它们不那么难以置信）。当然，这个观点和上面的"平衡"观点并没有太大的区别。不过我们在这里想说的是，即使在 z_0 点（不仅是当远离它时），可能也会面临我们在前面章节中所谓的混杂变量问题。

有两个主要原因可能导致（一些）协变量的分布是不连续的，即存在混杂关系，或者 Z 对 X 产生了直接影响。我们首先讨论后一种情况。在这里，协变量可能有助于区分直接和总体处理效应，回忆第 2 章。请注意，已经讨论过的许多案例隐含着处理组和对照组中的 X 有不同的分布。这种情况如图 6.3 所示；它显示了包含协变量 X 有助于区分总体影响和直接（或部分）影响的情况。不过，请注意，这种方法只有在不存在同时影响 X 和 Y 的不可观测变量时才有效。

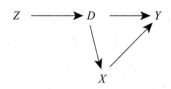

图 6.3　D 对 Y 的直接影响和间接影响

例 6.12 回忆例 6.5。Black(1999)通过比较临近学区边界的房屋，分析了学校质量对房价的影响。边界两侧的学校质量有所不同，这应该反映在公寓的价格上。考虑两块面积相同的地块，它们靠近学区边界，但位于学区边界的两侧。左边的学校碰巧是个好学校，右边的学校碰巧质量很差。假如此时完全是随机过程。我们关心的是学校质量对房屋价格的影响。使用 RDD 方法，我们比较边界左侧和右侧的房价。所以这是一个有地理边界的 RDD。要使用这种方法，我们必须验证假设。与 RDD 方法中使用的所有地理边界一样，人们可能会担心，当从街道的左侧移动到右侧时，可能还会发生其他监管政策变化。但是，在一些州，学区边界与行政边界不一致，因此这些担忧可以消除。不过，在这个例子中，还有另一个担忧：与个人搬迁决定不同，尽管房屋不能移动，但是建筑公司可能决定在道路的左侧和右侧建造不同类型的房屋。如果学校的质量确实受到家长的重视，开发商将在边界的两侧建造不同的房屋结构：在拥有好学校的一侧，他们将为有孩子的家庭建造更大的、卧室更多的公寓；在拥有坏学校的一侧，他们会建造适合个人或者没有或更少（学龄）孩子的家庭的风格，也即更小的、卧室更少的公寓。因此，边界两侧的房屋可能不同，价格的差异不仅反映了人们对学校质量的评估，而且反映了房屋结构上的差异。设 i 表示一个公寓，其中 z_i 表示到边界的距离。Y_i 是公寓的市场价格。D_i 是公寓所在学区的学校质量，X_i 是公寓的特征（卧室数量、大小、花园等）。如果学校的质量完全是随机的，那么 D_i 就不会与其他因素产生相互影响。然而，学校质量 D_i 对 Y_i 有两种影响。首先，它对公寓 i 的价值有直接影响。其次，它通过 X_i 对公寓价值产生间接影响。如前所述，由于边界两侧的房屋建造（或翻新）方式不同，学校质量对公寓的特征（卧室数量、大小）有影响，而公寓的特征本身就对市场价格产生影响。如果我们想评估学校质量的影响，就需要厘清这些影响。由于 Black(1999) 想了解学校质量对具有相同特征的公寓的市场价格的影响，他控制了公寓的卧室数量、面积和其他特征。这种方法适用于图 6.3 的情形，并且只有在没有其他与 X 和 Y 相关的不可观测变量的情况下才有效。

现在我们考虑一个是否要以 X 为条件不太明确的例子。

例 6.13 重新考虑针对表现不佳的儿童的暑期学校项目的影响，参考 Matsudaira(2008)。有些学生成绩很差，但分数正好超出参加公共资助的暑期学校项目的阈值 z_0，他们的父母可能会因此在暑假期间给他们提供一些其他类型的教育活动。用 X 变量来表示这些私人补充的教育活动。同样，X 变量是中间结果，我们可能对暑期学校项目的两种影响都感兴趣：暑期学校项目的总体效应以及控制补充的私人付费活动 X 后的直接效应。在本例中，不太可能实现以 X 为条件,因为这些活动很可能与反映父母对教育的热情的一些不可观测因素有关,而这些因素本身也可能与结果变量 Y 有关。这使得解释因果影响变得更加困难。图 6.4 显示了一种情况,即 Z 的变化通过 X 间接影响 Y。在这种情况下,控制 X 是必要的,因为"工具变量"Z 会对 Y 产生不是由 D 传导的影响。当使用地理边界来描绘断点时,通常会出现这种情况。在不损失一般性的情况下,在下面的示例中,我们将研究离散的但不一定是二元变量的 D。

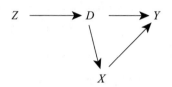

图 6.4　Z 对 Y 影响的两条路径

例 6.14　Brügger,Lalive 和 Zweimüller(2008)使用瑞士境内的语言边界来估计文化对失业的影响。语言边界(德语和法语)是瑞士境内的文化分水岭,边界左边和右边的村庄有着不同的文化态度。作者使用高度离散的(即每个村庄的数据)关于工作时间规定的各种全国公民投票数据。用每个社区的投票结果来定义"闲暇偏好",以此作为当地文化的一个特定指标。当按照与语言边界的距离绘制社区/村庄的"闲暇偏好"时,他们发现"闲暇偏好"在语言边界处存在断点。"闲暇偏好"(处理 D)也可能对求职努力程度产生影响,进而影响失业的持续时间 Y。他们将每个村庄到语言边界的通勤距离作为工具变量 Z。因此,他们的识别策略的要点就是村庄的位置改变(例如从德语区到法语区)只会通过"闲暇偏好"D 来影响 Y。非常重要的是,语言边界不同于行政州边界,这意味着边界的左侧和右侧适用于相同的失业法律法规。他们还发现,许多其他的社区协变量 X 在边界上的分布是连续的:地方税、劳动力需求(职位空缺等)、年龄和教育结构等。另外,他们还发现某些社区特征 X 的分布在语言边界上存在不连续性,主要是积极的劳动力市场项目、公共就业服务部门的制裁以及公司数量。为了避免缺失这些协变量使估计量有偏,他们对协变量进行控制。

这是一个令人信服的应用 RDD 的例子:语言边界区隔开一个综合劳动力市场,两地处于同一法律环境下,但在边界处我们能观察到社区特征 X 的分布的断点。尽管我们永远不能排除在语言边界上除了 X 还有一些未观察到的特征 U 也具有不连续分布的可能性,但如果在控制了 X 之后估计值保持稳定,人们通常会更确信,如果能够对 U 进行控制,估计值也会保持稳定。总体影响和直接影响混杂在一起的另一个例子是入学截止日期。

例6.15 在大多数国家,孩子入学的年份取决于孩子是在固定的截止日期(如7月1日)之前还是之后出生。7月1日之前出生的孩子将在本学年入学,而7月1日之后出生的孩子将在下一学年入学。比较在临近截止日期出生的两个孩子,在截止日期前出生的孩子现在入学,而另一个几天后出生的孩子明年入学。因此,他们的"入学时的年龄"相差近一年。通常情况下,这个入学年龄要求并不被严格执行,家长可以提前或推迟孩子入学时间。然而,在大多数国家,人们观察到在临界点附近"入学时的年龄"存在明显的不连续性,形成了一种模糊设计。已有几篇研究文章应用这一入学规则估算教育年限的回报:在许多国家,学生必须接受义务教育直到某个特定年龄,例如直到16岁生日,之后他们才可以自愿退学。因此,晚一年入学的儿童比低龄入学的儿童需要接受的义务教育时长更短。在数据中也可以见到这种不连续性。然而,这种识别策略的一个问题是,出生截止日期对教育回报有几重影响:它不仅影响到孩子的学年数,而且影响入学年龄,入学年龄不仅是指孩子入学时的绝对年龄,还指在班级内的相对年龄,即与同学们相比的年龄:在截止日期之前出生的孩子往往是班上年龄最小的,而在截止日期之后出生的孩子往往是班上年龄最大的。相对年龄可能是影响其教育发展的一个重要因素。因此,出生日期有多个对Y的影响渠道,如果没有进一步的假设,将观察到的影响归因于这些渠道是不可能的。Fredriksson和Öckert(2006)的目的是拆分入学时绝对年龄和相对年龄的影响。他们主要关心的是在相对年龄没有变化的情况下绝对年龄的影响,因为他们感兴趣的政策问题是在全国范围内降低入学年龄,这显然会在不影响相对年龄分布的情况下降低每个人的入学年龄。他们假设校园内年龄分布的位序可以反映出相对年龄效应,并利用校园内队列中的年龄构成差异来估计相对年龄效应。由于当地学校学生的年龄构成的自然扰动以及一些儿童推迟或提前入学,在年龄分布上处于相同位序的儿童可能有着截然不同的绝对年龄(尤其是农村地区的小学校)。因此,他们估计绝对年龄变化的影响,同时保持年龄位序(X)不变。在这种方法中,完全非参数识别是不可能的,因此估计依赖于其应用的参数模型的外推。

现在我们考虑存在混杂变量的情况。图6.5显示了有混杂变量的典型情况,其中X会影响Z和D或Y。一个有趣的例子是动态处理分配。过去接受了处理可能会影响现在的结果以及当前是否接受处理,资格变量的过去值Z_{t-1}可能与当前的资格变量相关。这种情况如图6.6所示,这是图6.5在$X=Z_{t-1}$时的特例。

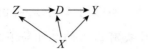
图 6.5 混杂的 RDD(或 IV)情形

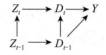
图 6.6 动态处理分配的例子

例 6.16 Van der Klaauw(2008)分析了一项政策,即在 t 年时贫困率高于临界值 $z_{0,t}$ 的学校将获得额外补贴,而低于临界值的学校则不会。阈值 $z_{0,t}$ 逐年变化。除了这个简单的分配规则,政策还有一个额外的特点:上一年获得补贴的学校,即使贫困率下降到 $z_{0,t}$ 以下,仍然可以继续获得一年的补贴。这被称为"支持无害"条款。因此,时间 t 上的处理状态 D_t 取决于 Z_t 和阈值 $z_{0,t}$,以及 Z_{t-1} 和去年的阈值 $z_{0,t-1}$。同时,我们可以合理地推测过去的贫困 Z_{t-1} 与当前的贫困 Z_t 相关。

在这种动态处理分配的情况下,人们希望控制 D_{t-1}。如果 D_{t-1} 上的数据不可得,则需要控制 Z_{t-1}。我们以此确保具有相同控制变量值的个体具有相同的处理历史。否则,我们将无法厘清"一年的补贴效应"和"几年内补贴的累积效应"。当然,厘清这一点对于解释结果和评估项目的成本效益非常重要。

例 6.17 继续例 6.16。一方面,假设贫困率 Z_t 是不随时间变化的,$z_{0,t}$ 也不随时间变化。在这种情况下,$Z_t > z_{0,t}$ 的学校也有 $Z_{t-1} > z_{0,t-1}$ 和 $Z_{t-2} > z_{0,t-2}$ 等。换言之,这些学校每年都有资格获得补贴,而 $Z_t < z_{0,t}$ 的学校过去不曾收到任何补贴。在这种情况下,简单的 RDD 将衡量多年以来累积补贴的效应。请注意,过去的处理的分布在 $z_{0,t}$ 处是不连续的。另一方面,如果学校贫困率随时间变化很大(或 $z_{0,t}$ 随时间变化),那么今年 Z_t 略高于 $z_{0,t}$ 的学校去年的贫困率是高于还是低于 $z_{0,t-1}$ 在一定程度上是随机的。因此,今年贫困率稍微高于 $z_{0,t}$ 的学校可能与那些今年贫困率略低于 $z_{0,t}$ 的学校有类似的处理历史。在这种情况下,简单的 RDD 衡量了一年补贴的效应,并且处理历史在 $z_{0,t}$ 并不是间断的。

因此,在后一种情况下,我们能估计出当前补贴的效应,而在第一种情况下,我们估计当前和以前的补贴的效应。为了区分这些情况,我们可以控制 D_{t-1},D_{t-2} 等。如果过去处理状态的数据不可得,我们可以对 Z_{t-1},Z_{t-2} 等进行控制。在必须控制过去 Z 和/或 D 的情况中,可能存在更复杂的处理分配规则。例如,如果 $Z_t > z_{0,t}$,且学校在过去十年中至少五年超过贫困线,并且在过去十年中获得补贴的年数不超过三年,则该学校可能有权获得补贴。这种规则会导致 $z_{0,t}$ 处的处理历史不连续。

图 6.5 所示的混杂情况也可能发生在其他例子中。回想一下例子 6.9，在以色列，如果班级规模超过 41 名学生，就对班级进行拆分。由 40 名与 41 名儿童组成的年级里的孩子除班级规模外很可能还有其他差异，比如可能在可观测特征 X 上存在差异。我们可能会因此想到父母，尤其是受过高等教育的那些父母，他们非常关心自己的孩子的教育。或者想想那些有钱的父母，他们可以为孩子安排更长时间的学校教育。如果家长意识到他们的孩子将在一个（大约）40 名学生的班级（而不是一个只有 25 名学生的班级）里上课，那么他们可能会让孩子从前一所学校退出，转而进入另一所（私人）学校，那么此时我们就应该担心出现混杂的问题。在这些情况下，人们势必会担心即使仅使用"刚好在阈值上"的数据（在实践中，这通常已经过于严格）也不足以使假设 RDD-3 或假设 RDD-3* 成立。如前所述，对这些混杂变量进行控制可能是一种解决办法。如果以观察到的混杂变量为条件的假设 RDD-3 或假设 RDD-3* 成立，我们就可以通过这些协变量消除模型设置中存在的偏误。然而，以观察到的混杂变量为条件的假设 RDD-3 或假设 RDD-3* 是否成立，必须根据实质性的依据来判断，就像第 3 章或第 4 章中所说的那样。我们不能再像上一节那样诉诸"局部随机实验"，因为我们现在有证据表明出现了选择性分配。我们可以想象一个以 X 为条件的实验，考虑此时是否有关于 z_0 的"局部随机实验"。如果有，控制混杂变量将产生一致的估计。

最后，当我们使用不同的数据收集方案收集阈值在 z_0 以上的个体和低于 z_0 的个体的数据时，考虑协变量可能很重要。在暑期补习教育的例子中，人们对日后的结果 Y 感兴趣，可以想象，对于夏令营的参与者来说，我们可以现场收集所有学生的数据，而 $Z>z_0$ 的学生的数据只能从一般用途的调查问卷中获取，以降低数据收集成本。此时，$Z>z_0$ 样本和 $Z<z_0$ 样本之间的 X 分布很容易不同。

X 分布的差异也可能是由于不同程度的数据减损（attrition）造成的。在估计一项干预措施的中长期影响时，这一点可能特别重要，因为此时数据减损往往是一个严重的问题。不同程度的数据减损显然引起了对识别假设有效性的担忧，然而我们仍然可以在控制住协变量后获得有指示意义的信息，而无须完全放弃估计。在许多评估案例中我们可以获得短期和长期追踪数据。在分析短期数据追踪时，出现数据缺失并不是一个大问题，因为 X 的分布在 z_0 处是连续的。然而，数据缺失在分析长期追踪数据时可能是一个问题，因为在可观察到的结果数据 Y 的子总体中，X 的分布在 z_0 处可能是不连续的。为了判断数据缺失是不是选择性的，可以将短期处理效应与仅使用有长期追踪数据的观测值时获得的短期处理效应进行比较。如果这两种估计方法得到的结果相似（即对于全样本和完整数据样本），人们就不太关心不可观测的数值所带来的数据减损问题。然而在估计中，我们需要考虑可观测变量 X（例如年龄、性别等）的差异，以确保我们正在估计相同的参数。

我们已经讨论了人们有时希望在 RDD 方法中包含协变量的各种动机。许多实证应用中确实加入了协变量，但在几乎所有的应用中，它们都是临时添加进线性回归（OLS 或 2SLS）的，其中 Z 有一个线性或（最多）二阶多项式，X 中只有一个线性项。下面我们讨论另一种方法，解释如何完全非参数化地加入协变量 X。

6.2.2 用断点回归设计和协变量识别处理效应

延续我们之前使用的设置，$D_i \in \{0,1\}$ 为二元处理变量，Y_i^0 和 Y_i^1 为个体潜在结果，$(Y_i^1 - Y_i^0)$ 是处理效应。我们允许潜在的结果和处理效应在不同的个体上自由变化，因此没有假设处理效应是恒定的。如前所述，假设 Z_i 是一个以不连续的方式影响处理变量的变量，X_i 包含我们想要控制的关于个体 i 的所有进一步信息。不管纳入这些协变量的动机是什么，我们总是用同样的方式来解释它们。因此，对于识别或估计，没有必要区分加入协变量的不同动机，尽管在解释时区分不同的动机可能很重要。我们再次对 $\text{supp}(X) = \mathcal{X}$ 的总体感兴趣。

引入协变量时的清晰设计和模糊设计的定义明显会改变：我们只要求对所有 $x \in \mathcal{X}$，$E[Y^d | X = x, Z = z]$ 在 z_0 上是连续的，而对 $E[D | X = x, Z = z]$ 没有要求。相比之下，对于不可验证的假设 RDD-3 和 RDD-3*，控制 X 可能有相当重要的影响。我们已经讨论了一些例子，这些例子表明，不以某些 X 为条件的假设可能约束性过强：要么由于一些混杂因素的存在假设可信度下降，要么将 Z_i 限制在接近 z_0 的范围内，从而使样本量过小。当然，只有当"以 X 为条件"的假设 RDD-3 和假设 RDD-3* 更可信时，控制 X 才能起到作用，缓解上述问题。[14]

因此，参考习题 2，对于任何的 $x \in \mathcal{X}$，直接依据（6.10），我们可以识别 (z_0, x) 上的处理效应，即

---

[14] 很难说哪个版本的假设限制性更强。例如，可能假设 RDD-3 很好，但若它以 X_i 为条件，D_i 和 $(Y_i^1 - Y_i^0)$ 就变得相互依赖；回想一下第 2 章中的例子。

$$\lim_{\varepsilon \to 0} E[Y^1 - Y^0 \mid X, D(z_0+\varepsilon) > D(z_0-\varepsilon), Z=z_0] = \frac{m_+(X) - m_-(X)}{p_+(X) - p_-(X)}$$
(6.27)

其中 $m_+(x,z) = \lim_{\varepsilon \to 0} E[Y \mid X=x, Z=z+\varepsilon]$, $m_-(x,z) = \lim_{\varepsilon \to 0} E[Y \mid X=x, Z=z-\varepsilon]$, 可以通过用 D 代替 Y 给出 $p_+(x,z)$ 和 $p_-(x,z)$ 的类似定义。此外，在边界处当 $z=z_0$ 时，我们简化符号为 $m_+(x), m_-(x), p_+(x), p_-(x)$。识别策略与之前所述完全相同，我们只是将所有表达式以 X 为条件。作为练习题（习题 7），可以用以 X 为条件的假设 (6.8) 进行检验。(x, z_0) 上的所有顺从者的条件局部处理效应是

$$\text{LATE}(x, z_0) = E[Y^1 - Y^0 \mid X=x, Z=z_0] = \frac{m_+(x) - m_-(x)}{p_+(x) - p_-(x)}$$
(6.28)

不难确定 z_0 上所有顺从者的无条件影响：

$$\lim_{\varepsilon \to 0} E[Y^1 - Y^0 \mid D(z_0+\varepsilon) > D(z_0-\varepsilon), Z=z_0] \quad (6.29)$$

我们首先求控制了 X 以后的平均值来确定这种影响。回想一下，根据清晰设计的定义，总体仅由顺从者组成，这些人至少在 z_0 上顺从。然而，对于模糊设计，你必须确保只对 $f(x|顺从者, z_0)$ 进行积分。

正如第 4 章所讨论的，至少有三个原因可以解释为什么无条件效应 (6.29) 也很有趣。第一，对于基于证据的政策制定过程而言，相比于对每种可能的 X 分别估计出处理效应，少量的总结性措施可以更容易地传达给决策者和公众。第二，相较于条件影响，无条件影响可以更准确地估计。第三，无条件效应的定义并不依赖于 X 中包含的变量（如果 X 中只包含处理前变量）。因此，我们可以考虑不同的控制变量集 X，并且仍然估计同一个目标，这对于检查结果的稳健性很有用。

通常假设协变量 X 是连续分布的，但这仅是一个为方便解释而作的假设，特别是在随后的渐近分布推导中。我们可以轻易在 X 中包含离散的协变量，但代价是使用更麻烦的符号。请注意，识别处理效应不要求 X 中的任何变量都是连续的。只需 Z 在 z_0 附近必定连续。我们将在下面看到渐近分布的推导只依赖于 X 中连续回归项的个数，因为离散协变量不影响渐近性质。像以前一样，我们必须假设只存在顺从者、始终接受者和从不接受者。我们假定假设 RDD-1 和假设 RDD-2 在以 X 为条件时成立，我们可以将条件 RRD 的其他假设总结如下：

假设 RDD-4　设 $\mathcal{N}_\varepsilon$ 是关于 z_0 的对称的 ε 邻域，将 $\mathcal{N}_\varepsilon$ 划分为 $\mathcal{N}_\varepsilon^+ = \{z : z \geq$

$z_0, z \in \mathcal{N}_\epsilon\}$ 和 $\mathcal{N}_\epsilon^- \{z: z < z_0, z \in \mathcal{N}_\epsilon\}$。然后我们需要以下三个条件：

(i) 共同支撑区间：$\lim_{\epsilon \to 0} \text{Supp}(X | Z \in \mathcal{N}_\epsilon^+) = \lim_{\epsilon \to 0} \text{Supp}(X | Z \in \mathcal{N}_\epsilon^-)$。

(ii) 阈值处的密度：$f_Z(z_0) > 0$。

$\lim_{\epsilon \to 0} F_{X | Z \in \mathcal{N}_\epsilon^+}(x)$ 和 $\lim_{\epsilon \to 0} F_{X | Z \in \mathcal{N}_\epsilon^-}(x)$ 存在且在 $x \in \chi$ 上可微

其中 分布函数分别是 $f_+(x | z_0)$ 和 $f_-(x | z_0)$

(iii) 有界矩：一般地，在邻域 $\mathcal{N}_\epsilon$ 内，$E[Y^d | X, Z]$ 是正负无穷大之间的一个有界的值，$d \in \{0, 1\}$。

假设 RDD-4(i) 对应于我们讨论过的共同支撑假设，例如匹配中用到的共同支撑假设。这是必要的，因为我们将在 (6.27) 中对 X 的支撑区间进行积分。如果假设不满足，就必须把 LATE 限制成共同支撑区间上的局部平均处理效应。假设 RDD-4(ii) 要求在 z_0 处存在正密度，以便存在接近 z_0 的观测值。我们还假设在阈值 z_0 处存在极限密度函数 $f_+(x | = z_0)$ 和 $f_-(x | z_0)$。到目前为止，我们还没有假设它们的连续性；事实上，条件密度可能是不连续的，即 $f_+(x | z_0) \neq f_-(x | z_0)$，在这种情况下，控制 X 对于识别效应和获得一致性估计甚至可能是很重要的。假设 RDD-4(iii) 要求条件期望函数在 z_0 附近上下有界。根据控制收敛定理，我们可以互换积分与求极限运算的顺序。此假设可以用 z_0 附近对 $E[Y^d | X, Z]$ 的其他平滑条件代替。

以 X 为条件，结合假设 RDD-4 和假设 RDD-3*（或 RDD-3），应用迭代期望，我们可以非参数化地定义局部（在 z_0 处）顺从者子总体的 LATE 为

$$\lim_{\epsilon \to 0} [Y^1 - Y^0 | Z \in \mathcal{N}_\epsilon, 顺从者]$$
$$= \lim_{\epsilon \to 0} \int E[Y^1 - Y^0 | X, Z \in \mathcal{N}_\epsilon, 顺从者] dF(X | Z \in \mathcal{N}_\epsilon, 顺从者) \quad (6.30)$$

显然，在局部顺从者上的分布 $F(X | Z \in \mathcal{N}_\epsilon, 顺从者)$ 是不可识别的，因为我们不能观测到类型（顺从者、始终接受者等）。然而，通过将贝叶斯定理应用于 $F(X | Z \in \mathcal{N}_\epsilon, 顺从者)$，并在取极限之前将 (6.30) 中的第一项替换为 (6.27)，将一些项消除，就可以得到

$$\lim_{\epsilon \to 0} E[Y^1 - Y^0 | Z \in \mathcal{N}_\epsilon, 顺从者]$$
$$= \frac{\int \{m_+(x) - m_-(x)\}\{f_+(x | z_0) + f_-(x | z_0)\} dx}{\int \{p_+(x) - p_-(x)\}\{f_+(x | z_0) + f_-(x | z_0)\} dx} \quad (6.31)$$

上式可以从可观测变量中估计出来。实际上，这个想法与前面第 3 章和第 4 章讨论的完全相同。我们从 (6.27) 中获取条件 $\text{LATE}(z_0, X)$，并将其对给定 $Z = z_0$

上的 X 进行积分(即给定 z_0 时,X 的密度卷积):

$$E[Y^1 - Y^0 \mid Z = z_0] = \int \frac{m_+(x) - m_-(x)}{p_+(x) - p_-(x)} \cdot \frac{f_+(x \mid z_0) + f_-(x \mid z_0)}{2} dx \tag{6.32}$$

表达式(6.32)与(6.31)的不同之处在于,它是一个比率的积分,而不是积分的比率。因此,后面的推导结论不适用于(6.32)。在实践中,可能难以在小样本中估计表达式(6.32),因为对于某些 x 值,分母可能接近于零。这就导致在某些分母值接近零的情况下进行积分和/或具有较大方差的风险。如前几章所述,可以证明(6.32)渐近等价于(6.31),在(6.31)中我们分别对分子和分母进行积分。

因此,局部顺从者的处理效应被定义为两个积分的比值。与没有协变量 X 的情况类似,这表示 Z 对 Y 的意向处理(ITT)效应除以 Z 对 D 的影响。包含了协变量时,(6.31)中的分子是加权后的 Z 对 Y 的 ITT 效应,用 z_0 处 X 的条件密度进行加权。在极限条件下,以位于 z_0 附近对称邻域内的 Z 为条件的 X 的密度是 $\frac{f_+(x \mid z_0) + f_-(x \mid z_0)}{2}$。(6.31)中的分母表示 z_0 处顺从者的比例。所以积分之比就是 Z 对 Y 的 ITT 效应乘以顺从者比例的倒数。这就是模糊设计中顺从者的处理效应。如果不限制处理效应的异质性,就不可能确定始终接受者和从不接受者的效应,因为他们永远不会改变 z_0 附近的处理状态。

我们照常进行估计,从所有 X_i 点上的 $m_+(\cdot), m_-(\cdot), p_+(\cdot)$ 和 $p_-(\cdot)$ 的非参数估计开始。这可以通过局部线性估计来实现,例如,$m_+(x)$ 的估计值是下式中求解出的 a 的值

$$\arg\min_{a, a_z, a_x} \sum_{i=1}^n (Y_i - a - a_z(Z_i - z_0) - a'_x(X_i - x))^2 \cdot K_i 1_i^+ \tag{6.33}$$

其中 $1_i^+ = \mathbb{1}\{Z_i > z_0\}$,并使用乘积核

$$K_i = K_i(x, z_0) = K\left(\frac{Z_i - z_0}{h_z}\right) \cdot \prod_{l=1}^q L\left(\frac{X_{il} - x_l}{h_x}\right) \tag{6.34}$$

其中 $q = \dim(X)$,K 和 L 是一元核函数,K 是二阶核,L 是 $r \geq 2$ 阶核。

考虑到已经获得了所有估值量 $\hat{m}_+(\cdot), \hat{m}_-(\cdot), \hat{p}_+(\cdot)$ 和 $\hat{p}_-(\cdot)$,我们可以定义

$$\hat{\alpha}_{CRDD} \frac{\sum_{i=1}^n (\hat{m}_+(X_i) - \hat{m}_-(X_i)) \cdot K^*\left(\frac{Z_i - z_0}{h}\right)}{\sum_{i=1}^n (\hat{p}_+(X_i) - \hat{p}_-(X_i)) \cdot K^*\left(\frac{Z_i - z_0}{h}\right)} \tag{6.35}$$

其中 $K_h^*(u)$ 是一个边界核函数，详见下文。为了得出我们的非参数估计量的渐近性质，我们需要一些类似于在第 2 章中看到的假设。

假设 RDD-5

（i）数据 $\{(Y_i, D_i, Z_i, X_i)\}$ 是来自 $IR \times IR \times IR \times IR^q$ 的独立同分布。

（ii）平滑性：函数 $m_+(x), m_-(x), p_+(x), p_-(x)$ 是在 x 上的 r 次连续可微函数，且其 r 阶导数在 z_0 附近的区间内 Hölder 连续。密度 $f_+(x,z)$ 和 $f_-(x,z)$ 是在 z_0 处的关于 x 的 $r-1$ 次连续可微函数，且其 $(r-1)$ 阶导数在 z_0 附近的区间内 Hölder 连续。此外，$m_+(x,z), p_+(x,z)$ 和 $f_+(x,z)$ 在 z_0 处关于 z 有两个连续的右导数，且其二阶导数在 z_0 附近的区间内 Hölder 连续。最后，$m_-(x,z)$，$p_-(x,z)$ 和 $f_-(x,z)$ 在 z_0 处关于 z 有两个连续的左导数，且其二阶导数在 z_0 附近的区间内 Hölder 连续。

（iii）在（6.34）中，一元核函数 κ 和 $\bar{\kappa}$ 是有界的、Lipschitz 连续的并且零在边界外；κ 是二阶核，$\bar{\kappa}$ 是 λ 阶核。

（iv）带宽（a）：带宽满足 $h, h_z, h_x \to 0$ 以及 $nh \to \infty$ 以及 $nh_z \to \infty$ 和 $nh_z h_s^L \to \infty$。

（v）带宽（b）：为了得到条件 RDD 估计量的最优收敛速度，我们需要进一步的 $\lim_{n\to\infty}\sqrt{nh^5}\,c < \infty$，$\lim_{n\to\infty}\frac{h_z}{h} = c_z$，其中 $0 < c_z < \infty$，$\lim_{n\to\infty}\frac{h_x^{r/2}}{h} = c_x < \infty$。

（vi）条件方差：在 z_0 处，存在条件方差的左右极限 $\lim_{\varepsilon \to 0} E[(Y - m^+(X,Z))^2 | X, Z = z + \varepsilon]$ 和 $\lim_{\varepsilon \to 0} E[(Y - m^-(X,Z))^2 | X, Z = z - \varepsilon]$。

如第 2 章那样，定义 κ 和 $\bar{\kappa}$，即 $\kappa_l = \int_{-\infty}^{\infty} u^l K(u) du$，$\bar{\kappa}_l = \int_{-\infty}^{\infty} u^l K^2(u) du$。进一步定义 $\dot{\kappa}_l(K) = \int_0^{\infty} u^l K(u) du$，$\ddot{\kappa}_l = \int_0^{\infty} u^l K^2(u) du$ 和 $\tilde{\kappa} = \frac{\kappa_2}{2} - \dot{\kappa}_1^2$。对称核 $k_0 = \frac{1}{2}$。类似地，我们定义 $\eta_l \int_{-\infty}^{\infty} u^l L(u) du$。然后将边界核 $K^*(u)$ 设为 $(\dot{\kappa}_2 - \dot{\kappa}_1 \cdot u) K(u)$。现在我们可以说明条件 RDD 估计量 $\hat{\alpha}_{CRDD}$ 的统计（渐近）性质。

定理 6.2 在 RDD 1、2、3（或 4）和 5[不包括（v）]的假设下，$\hat{\alpha}_{CRDD}$ 的偏误项和方差项的阶是

$$Bias(\hat{\alpha}_{CRDD}) = O(h^2 + h_z^2 + h_x^\lambda)$$

$$Var(\hat{\alpha}_{CRDD}) = O\left(\frac{1}{nh} + \frac{1}{nh_z}\right)$$

加上假设 RDD 5(v)，估计量渐近正态分布，并且单变量非参数收敛速率为

$$\sqrt{nh}(\hat{\alpha}_{CRDD} - \alpha) \to N(\mathcal{B}, \mathcal{V})$$

其中 α 为真实的处理效应，并且
$$\mathcal{B} = c\mathcal{B}_1 + cc_z^2 \mathcal{B}_2 + cc_x^2 \mathcal{B}_3$$
$$\mathcal{V} = \mathcal{V}_1 + \frac{1}{c_z}\mathcal{V}_2$$

其中，对于 $\Gamma = \int (p_+(x) - p_-(x)) \cdot \frac{f_-(x \mid z_0) + f_+(x \mid z_0)}{2} dx$，有

$$\mathcal{B}_1 = \frac{1}{\Gamma} \frac{\dot{k}_2^2 - \dot{k}_1 \dot{k}_3}{4\widetilde{\kappa} f(z_0)} \int (m_+(x) - m_-(x) - \alpha\{p_+(x) - p_-(x)\})$$
$$\times \left(\frac{\partial^2 f_+}{\partial z^2}(x, z_0) + \frac{\partial^2 f_-}{\partial z^2}(x, z_0)\right) dx$$

$$\mathcal{B}_2 = \frac{1}{\Gamma} \frac{k_2^2 - k_1 k_3}{2\widetilde{\kappa}} \int \left(\frac{\partial^2 m_+(x)}{\partial z^2} - \frac{\partial^2 m_-(x)}{\partial z^2} - \alpha\left\{\frac{\partial^2 p_+(x)}{\partial z^2} - \frac{\partial^2 p_-(x)}{\partial z^2}\right\}\right)$$
$$\times \frac{f_-(x, z_0) + f_+(x, z_0)}{2 f(z_0)} dx$$

$$\mathcal{B}_3 = \frac{\eta_r}{\Gamma} \int \sum_{i=1}^{q} \left[\left\{\frac{\partial^r m_+(x)}{r! \partial x_l^r} + \sum_{s=1}^{r-1} \frac{\partial^s m_+(x)}{\partial x_l^s} \omega_s^+ - \frac{\partial^r m_-(x)}{r! \partial x_l^r} - \sum_{s=1}^{r-1} \frac{\partial^s m_-(x)}{\partial x_l^s} \omega_s^-\right\}\right.$$
$$\left. - \alpha\left\{\frac{\partial^r p_+(x)}{r! \partial x_l^r} + \sum_{s=1}^{r-1} \frac{\partial^s p_+(x)}{\partial x_l^s} \omega_s^+ - \frac{\partial^r p_-(x)}{r! \partial x_l^r} - \sum_{s=1}^{r-1} \frac{\partial^s p_-(x)}{\partial x_l^s} \omega_s^-\right\}\right]$$
$$\times \frac{f_-(x, z_0) + f_+(x, z_0)}{2 f(z_0)} dx$$

其中，$\omega_s^+ = \left\{\frac{\partial^{r-s} f_+(X_i, z_0)}{s!(r-s)! \partial x_l^{r-s}} - \frac{\partial^{r-1} f_+(x_0, z_0)}{\partial x_1^{r-1}} \left(\frac{\partial^{r-2} f_+(x_0, z_0)}{\partial x_i^{r-2}}\right)^{-1}\right.$
$\left.\frac{(r-2)!}{(r-1)! s!(r-1-s)!} \frac{\partial^{r-1-s} f^+(X_i, z_0)}{\partial x_l^{r-1-s}}\right\} \Big/ f^+(X_i, z_0)$，同样可以定义 ω_s^-，以及

$$\mathcal{V}_1 = \frac{\dot{k}_2^2 \dot{k}_0 - 2 \dot{k}_2 \dot{k}_1 \dot{k}_1 + \dot{k}_1^2 \dot{k}_2}{\Gamma^2 4 \widetilde{\kappa}^2 f^2(z_0)}$$
$$\times \int \{m_+(x) - \alpha p_+(x) - m_-(x) + \alpha p_-(x)\}^2 \cdot (f_+(x, z_0) + f_-(x, z_0)) dx$$

$$\mathcal{V}_2 = \frac{\dot{k}_2^2 \dot{k}_0 - 2 \dot{k}_2 \dot{k}_1 \dot{k}_1 + \dot{k}_1^2 \dot{k}_2}{\Gamma^2 4 \widetilde{\kappa}^2 f^2(z_0)} \times \int \{f_+(x, z_0) + f_-(x, z_0)\}^2$$
$$\times \left\{\frac{\sigma_Y^{2+}(x) - 2\alpha \sigma_{YD}^{2+}(X) + \alpha^2 \sigma_D^{2+}(x)}{f_+(x, z_0)} + \frac{\sigma_Y^{2-}(x) - 2\alpha \sigma_{YD}^{2-}(X) + \alpha^2 \sigma_D^{2-}(x)}{f_-(x, z_0)}\right\} dx$$

其中，$\sigma_Y^{2+}(X) = \lim_{\varepsilon \to 0} E[(Y - m^+(X, Z))^2 \mid X, Z = z_0 + \varepsilon]$
$\sigma_{YD}^{2+}(X) = \lim_{\varepsilon \to 0} E[(Y - m^+(X, Z))(D - p_+(X, Z)) \mid X, Z = z_0 + \varepsilon]$
$\sigma_D^{2+}(X) = \lim_{\varepsilon \to 0} E[(D - p_+(X, Z))^2 \mid X, Z = z_0 + \varepsilon]$

同理可得 $\sigma_Y^{2+}(X), \sigma_{YD}^{2+}(X)$ 和 $\sigma_D^{2+}(X)$。

在清晰设计中,每个人在 z_0 处都是顺从者,即 $p_+(x,z_0)-p_-(x,z_0)=1$,因此表达式(6.31)可以简化为

$$\lim_{\epsilon \to 0} E[Y^1 - Y^0 \mid Z \in \mathcal{N}_\epsilon] = \int \{m_+(x) - m_-(x)\} \frac{f_+(x \mid z_0) + f_-(x \mid z_0)}{2} dx \tag{6.36}$$

这与(6.31)的分子相同(除以 2 从而将密度标准化为 1)。由于将分别估计和分析(6.31)的分子和分母,因此我们可以自动获得清晰设计中(6.36)的渐近分布:具体而言是 $\Gamma=1$,项 $\sigma_D^{2+}, \sigma_D^{2-}, \sigma_{YD}^{2+}, \sigma_{YD}^{2-}$ 以及 $p_+(x)$ 和 $p_-(x)$ 的所有导数均为零。

不依赖假设(6.9),我们也可以根据假设(6.8)识别处理效应。回想一下,现在两者都以 X 为条件。我们不再进一步分析这一点,因为大多数应用要么使用清晰设计[此时等式(6.8)和(6.9)相同],要么引用(6.9)。

最后,与其使用以 X 为条件的(6.8)或(6.9),人们可能愿意强化这些 CIA 至

$$Y_i^1, Y_i^0 \perp\!\!\!\perp D_i \mid X_i, Z_i, \text{对于 } z_0 \text{ 附近的 } Z_i \tag{6.37}$$

这实际上允许我们将处理效应识别为

$$E[Y^1 - Y^0 \mid Z = z_0] = \int (E[Y \mid D=1, X=x, Z=z_0]$$
$$- E[Y \mid D=0, X=x, Z=z_0]) \frac{f_+(x \mid z_0) + f_-(x \mid z_0)}{2} dx$$

可以通过结合左右侧极限来估计 $E[Y \mid D, X, Z=z_0]$。这种方法不再仅仅依赖于基于阈值比较观测值,还使用阈值两侧的变化。这里的结构与(6.31)和(6.36)相似。

注意,通过假设(6.37),我们也可以估计整个潜在结果分位数和分布,参见第 7 章。

6.3 检查假设合理性和扩展

RDD 方法的主要吸引力在于它类似于一个局部随机实验。这种理解方式暗示存在一些可以用来判断识别假设的合理性的检查和诊断工具。一个明显的方法是从实施处理前(甚至是宣布要进行处理前,为了排除预期效应)的某个时间点获取数据,以确定在处理开始之前,各组之间是否已经存在显著差异($E[Y \mid X,$

$D=1]-E[Y|X,D=0])$。这让我们回想起 DID 的概念；关于偏误稳定性和假设合理性检查，请参见第 6.3.3 节。回忆关于检查伪处理效应的讨论，例如在第 4 章中的讨论。在第 6.1.1 节中，我们已经对 Z 的潜在操纵略有提及；从本节开始，我们将更详细地解释这个问题。但在进入本节前，首先要注意的是关于自我选择、操纵等的担忧，简言之，由样本选择偏误导致的识别问题的大多数潜在来源是潜在的异质处理效应 $(Y_i^1-Y_i^0) \neq$ 常数。因此，人们可能希望根据他们的期望操纵 Z_i 或阈值 z_0。如果预期每个人的处理效应都是正的，那么人们就可以预料 f_Z 在 z_0 处出现一个向上跳跃的断点。

6.3.1 操纵分配变量

个体和代理人可能会影响 Z 值，因此我们的假设 RDD-2 可能不再有效。关键在于个体是否能够（完美地）控制 Z 向 z_0 的左侧或右侧移动，或者是否仍然存在一些随机性，以至于即使在操纵之后，Z 最终可能在左侧也可能在右侧，并且无法确定确切的位置。如果代理人知道阈值并且可以调整个体的 Z 值，那么我们观察到 z_0 附近有一个精确的排序，这将导致阈值处变量 Z 分布的不连续性。另一方面，如果个体对 Z 没有精确的控制，或者事先不知道阈值 z_0，那么 Z 的分布应该是平滑的。直觉是，一个积极主动的个体 i 可能会为了实现他的目的试图修改或调整 Z_i 值，但即使在这样的修改之后，仍然存在一些随机性，使得 $F_{Z|U}(z_0|u)$ 既不是 0 也不是 1（即个体可以操纵 Z_i，但不能完全控制它）。此外，$f_Z(z_0)>0$ 意味着对于某些个体而言，Z 是否恰好大于或小于 z_0 是一个随机事件。你可以发现，事先知道个人是否有关于 z_0 的信息是很重要的。如果他们在进行操纵时 z_0 未知，那么 Z 最终更有可能随机落于 z_0 的左侧或右侧。另一方面，如果已知 z_0，则更可能是围绕阈值的策略操纵而不是随机操纵。

考虑这样一种情况：如果学生数学考试成绩不及格，他们就必须参加暑期学校。有些学生可能想避开暑期学校（因此他们的目标是在考试中表现出色），而另一些学生则喜欢参加暑期学校（因此希望在考试中表现不佳）。这里重要的一点是，学生们不太可能准确地调整自己的成绩相对于阈值的高低。原因是，即使他们刻意正确或错误地回答一些测试项目，他们也可能不确定他们的最终分数和/或可能不知道阈值 z_0。因此，尽管分数 Z_i 可能无法真实反映学生 i 的能力（真实能力在 Z 中甚至可能不是单调的），但在最终得分 Z 接近 z_0 的学生中，谁的分数高于阈值、谁的分数又低于阈值仍是随机的。

另一方面，这个案例对于那些评分者而言也很有趣。他们控制着结果，可以操纵考试成绩。尽管如此，只要他们不知道 z_0 的值，还是没必要担心 RDD 的有效性。例如，评分是由几个人独立完成的，z_0 可以设置成 20% 的学生考试不及格时的分数。在这种情况下，精确操纵 z_0 附近的值几乎是不可能的。当然，如果他们事先知道 z_0，他们就可以操纵成绩。我们区分了两种类型的操纵：①随机操纵；②基于不可观测变量的操纵。举个例子，假设评分者试图缩小暑期学校课程的班级规模，他们可能会提高一些成绩略低于 z_0 的学生的成绩，以便于使这些学生的最终成绩超过 z_0。如果他们选择这些学生的过程是独立于他们的处理效应的，RDD 仍然有效。但是，如果考试评分的操纵是基于教师对各个学生的处理效应的预期（计量经济学家不能观察到这一点），那么我们预计这种操纵会导致不一致的估计。我们可以观察到一个有趣的现象，这种操纵通常只在一个方向上进行，这意味着 z_0 处的 f_Z 不连续。因此，如果我们在数据中检测到 z_0 处 f_Z 的不连续性，这可能是人为操纵的迹象。

例 6.18 在例 6.8 中，Anderson, Dobkin 和 Gross（2012）利用 19 岁附近的不连续性来估计保险覆盖范围的影响。显然，个人不能操纵自己的年龄，但他们可以对自己的出生日期作出反应，即个人可以在即将 19 岁时转变医疗保健就诊的时间。因此，个人可能会将就诊时间从未参保期间转移到参保期间。所以他们可能会在保险到期前不久"囤积"医疗服务。这样的行为将混淆 RDD 估计值，因为该估计值捕捉到的将主要是短期跨时间的替代反应。然而，作者没有发现任何证据表明，个人会在预期即将获得或失去保险覆盖时改变医疗就诊的时间。

例 6.19 在前面的例子中，以色列的班级规模规则被用来估计学校小班化教育对日后结果的影响。智利也有类似的班级规模规则，规定最大班级规模为 45 人。这一规定本应该导致年级入学人数为 45、90、135 等时班级平均人数大幅下降。然而，学校入学人数的直方图显示出明显的峰值，有更多数量的学校刚好达到或略低于这些阈值。这（至少在某些方面）显示了这些学校在阈值附近进行精确分类的明确证据：为了避免法律规定的分班（这将需要更多的教师和更多的教室），学校似乎能够阻止一些学生入学。这种情况使人们对 RDD 假设的有效性产生了怀疑，因为接近阈值左侧的那些学校中也包含了故意干预以避免分班的学校。这些学校可能在可观测和不可观测的特征方面与那些阈值右侧的学校不同。尽管如此，人们还是希望控制协变量 X 可以解决或至少改善这个问题。人们可以检查在控制某些协变量 X 后，入学人数的显著峰值是否仍然存在，或者它们是否只存在于某些子组中。

因此，我们在几个例子中看到，当使用 RDD 作为识别策略时，检查在区分处理组和对照组的阈值附近是否存在分类或聚集非常重要。当公众或政界人士都知道选人的门槛，而且人们可以很容易地将自己的 Z 从 z_0 以下调整到 z_0 以上或进行相反操作时，关注操纵尤其重要。如果个人可以控制分配变量 Z，或者管理员可以策略性地选择分配变量或截止点，则人们可以在阈值附近对结果进行策略性分类，从而致使比较左右两侧结果的方法失效。这种行为是否会发生取决于影响 Z 值甚至 z_0 值的动机和能力（无论是不是负责授予许可的代理人的潜在处理）。一般来说，如果分配规则未知或者阈值未知或不确定，或者代理人没有足够的时间操纵 Z，则不太可能进行此分类。通常，只有当人们能（完美地）将 Z 控制在 z_0 以下或以上时，人为操纵才是一个问题。

例 6.20 另一个例子是可以重复参加的大学入学考试（或 GRE 考试）。如果个人知道阈值测试分数 z_0，那些分数略低于 z_0 的人可能会重新参加测试，以得到更好的测试结果。除非重复测试的结果完全相关，这将导致略微低于 z_0 处的密度 f_Z 过小，而高于 z_0 处的密度 f_Z 过大。之后我们可能将只参加过一次测试的人与反复参加测试的人进行比较，这些人可能在其他特征上也有所不同。因此，RDD 很可能是无效的。即使我们只使用仅接受一次测试的人的数据也可能导致无效结果，因为这意味着我们选择了一个非常有选择性的样本，这里的选择可能与未知的处理效应有关。正确的方法是使用所有观测值，并将每个个体的 Z 定义为第一次测试获得的分数。很明显，这将构成模糊设计，其中第一次测试的分数被当作某项处理（例如获得 GRE 分数）的工具变量。见 Jepsen, Mueser 和 Troske(2009)。

最后让我们回到例 6.3，并思考基于双方同意或基于预期的潜在人为操纵问题。

例 6.21 回顾奥地利的政策改革的例子，该改革为奥地利的某些地区提供了更长的失业救济期，但仅限于在 50 岁或 50 岁以上时失业的个人。一个明显的担忧是，雇主和雇员可能串通起来，操纵员工进入失业状态时的年龄。如果员工愿意分享他们的部分收益，比如在最后几年付出更大的努力，公司可以等到员工年满 50 岁再解雇他们。在这种情况下，49 岁失业的群体可能与 50 岁失业的群体有很大不同。因此，Lalive(2008)研究了进入失业状态时的年龄的直方图。

如果公司和员工同意将裁员推迟到50岁，那么直方图应显示50岁时失业的人数要比50岁以下失业的人数多。临界点密度的不连续性可能表明雇主和雇员因这项政策而刻意改变了他们的行为。如果裁员是选择性的，即如果失业者有不同的反事实失业持续时间，那么RDD可能产生偏误。事实上，Lalive(2008)发现了女性失业者在年龄阈值处的异常反应。

检查上述人为操纵问题时，还需要检查修正政策的确切过程。如果立法的修改在相当出乎意料的情况下获得通过，即在没有太多公众讨论的情况下迅速通过，则这项政策对公众来说可能是一个意外的改变。同样，假设回到过去，例如把这套新规则用在6个月前尚处于待业阶段的那些人身上，彼时他们可能还无法预料未来法律将如何变化。关于这一点的更多阐述，请参见例6.23。

6.3.2 断点回归设计的进一步诊断检查

上面我们主要讨论了f_Z的潜在不连续性。但是，为了证明RDD的使用是正确的，各种合理性检查可能都是有帮助的。关于这些检查方法，首先需要验证是否确保在阈值z_0及其附近没有设置其他的项目。例如，如果我们考察某项法律的效力，该法律只适用于拥有10名以上雇员的公司（$z_0=11$），那么可能还有其他法律规则的门槛也是拥有10名以上雇员。更难处理的情况是，如果其他法律变更不是发生在z_0处而是发生在z_0附近，例如，某法律针对拥有8名以上员工的公司，那么为了获得足够的样本量，我们通常希望将拥有7、8、9和10名员工的公司纳入我们的对照组，但为了做到这一点，我们需要在有8名员工处没有这种间断点。

其次，简单的图形化工具可以帮助我们找出对RDD有效性的潜在威胁。在z_0处的处理概率应该确实存在间断点。因此，我们可以画出$\varepsilon\in(0,\infty)$时的函数$E[D|Z=z_0+\varepsilon]$和$E[D|Z=z_0-\varepsilon]$。其中一种画法是，在Z的阈值的任一侧，选取Z的支撑区间上非重叠的几处区间组，画出这几处D的均值。重要的是，这些线段完全位于阈值z_0的左侧或右侧，使得没有包含z_0两侧点的线段。这是为了避免对z_0处的间断点进行平滑处理，如果真的存在跳跃，则此间断点会由于合并z_0附近两侧的观测值而变得模糊。类似地，我们可以绘制$\varepsilon\in(0,\infty)$时的函数$E[Y|Z=z_0+\varepsilon]$和$E[Y|Z=z_0-\varepsilon]$。如果真实的处理效应不为零，那么在平均结果的同一阈值上，曲线图应显示出类似的不连续性。在z_0处应该只有一个不连续。如果在Z的不同值上碰巧存在其他不连续性，它们应该比z_0处的跳跃小得

多,否则 RDD 方法将不起作用。

如果我们可以获得与 Y 相关的其他协变量 X 的数据,那么我们可以绘制出 $\varepsilon \in (0,\infty)$ 时的函数 $E[X|Z=z_0+\varepsilon]$ 和 $E[X|Z=z_0-\varepsilon]$。局部随机实验意味着所有处理前变量的分布在 z_0 处应该是连续的。阈值两边的个体在可观测和不可观测的特征方面应该是相似的。因此,如果我们在数据中观察到处理前变量,我们可以测试它们是否确实在 z_0 处连续分布。如果它们在 z_0 处不连续,那么 RDD 的可信度就会降低。但是,我们应该注意的是,此含义是 Lee(2008,条件 2b)的方法的一个特点,而不是 RDD 本身要求的一个特征。但是理想情况下,X 在 z_0 处不应有任何不连续性。如果观察到 z_0 处的不连续性,我们就可能担心会出现潜在的混杂变量的情况,因此必须使用协变量的 RDD,即 RDD 中必须包括(控制)X。

例 6.22 在例 6.19 智利的班级规模案例中,我们观察到学生特征在阈值附近的明显差异。阈值左侧(大班)的私立学校学生的家庭平均收入低于阈值右侧(小班)的学生的家庭平均收入。因此,学生们不仅被分配到不同规模的班级中,而且他们的背景特征也不同。

如何检查 $E[X|Z=z_0]$ 上的这种不连续性?如果给定 Z 时,X 的方差不是太大,且样本大小适中,那么通常简单的 X 与 Z 散点图从视觉上就有助于我们判断这种不连续性。如果散点图太模糊,非参数估计 $E[X|Z=z_0+\varepsilon]$ 和 $E[X|Z=z_0-\varepsilon]$ 就能大显身手。回想一下,如果使用核或局部线性回归来估计 $E[X|Z=z_0+\varepsilon]$ 和 $E[X|Z=z_0-\varepsilon]$,那么应确保只使用 $Z_i>z_0$ 的数据估计 $E[X|Z=z_0+\varepsilon]$,并且仅使用 $Z_i<z_0$ 的数据估计 $E[X|Z=z_0-\varepsilon]$。否则,我们将自动平滑 z_0 上的值,z_0 上的任何不连续性将被平滑掉(或被极大地减少)。除了图形检查,我们还可以通过在先前的 RDD 回归估计量中代入 X 协变量而非结果变量来正式测试 z_0 处的不连续性。

如果可以得到未受影响的区域或时段的数据,我们就可以进行进一步的诊断检查。可以通过多种方式使用这些数据。第一,参考我们关于操纵分配变量的讨论,我们可以分析不同区域或时间段的密度 f_Z,并检查这些未受影响的地区在 z_0 附近的密度是否与受影响地区存在区别。第二,我们可以检查是否未受影响的区域中也有处理前协变量的条件均值 $E[X|Z]$ 的不连续性。第三,我们可以用这些数据估计伪处理效应。在这种伪处理测试中发现零处理效应将增加 RDD 假设的可信度,即使我们没有直接验证这些假设。

下面的例子展示了检验条件(均值)独立性假设的不同情况:要么在横截面数据中寻找伪处理效应,要么使用处理前几个时期的数据,看看处理组和对照组是否在处理前就已经存在差异。

例 6.23 再次回忆例 6.3。Lalive(2008)中案例的优势在于存在不受政策变化影响的控制区域。于是我们可以比较受影响的地区的个体与不受影响的地区的个体失业时的年龄直方图。我们还可以考虑另一个 Z,它表示边界($z_0=0$)与不受政策影响的一个相邻区域的距离。现在你可以使用任何一个阈值(50 岁和/或地区边界)来估计处理效应并比较结果。

进一步回顾例 6.21 中提到的问题,即人们在预期到结果后会操纵 Z。奥地利这项改革的实施与其钢铁行业的历史有着密切的关系。第二次世界大战后,奥地利将其钢铁和石油工业国有化,成立了一家大型控股公司 Oesterreichische Industrie AG(OeIAG)。1986 年,由于大批工厂倒闭和缩小规模,特别是在钢铁行业,一个大规模的重组计划要求企业大量裁员。随着大规模裁员计划的出台,政府实施了一项延长失业福利期限的社会项目,但仅限于那些受到重组严重打击的地区,而且只适用于在当前失业期之前的过去 25 年中连续工作至少 780 周的 50 岁及以上的工人。只有在失业前至少 6 个月就已经生活在处理区的工人才有资格享受延长福利。作者只检查了从非钢铁行业中失业的人。他关注非钢铁行业岗位是因为这些岗位应该只受到失业福利体系变化的影响,而从钢铁行业失业的人还受到了行业重组的影响。识别策略是将处理区域和控制区域之间的边界作为阈值。相较于年龄,人为操纵"居住区域"更难,因为如前所述,法律规定只有当此人至少在申请福利前 6 个月就已定居于此地时才能获得该福利。选择性搬迁仍然是可能的,但工人必须提前从控制区迁移到处理区。

例 6.24 Lee(2008)考察了在职对赢得下一届美国众议院选举(1900—1990 年)的影响。一方面,他用图形表明如果在一个选区,民主党的得票胜率在 t 时刻为正,那么它对民主党在 $t+1$ 时刻赢得选举有较大的影响。另一方面,如果得票胜率在 t 时刻接近于零,进而其最终呈现正值还是负值或多或少带有随机成分,那么以接近零(z_0)为条件,它就不应该与之前的选举结果(例如在 $t-1$ 时刻的结果)有关。换言之,t 时刻的投票份额应该与之前的投票份额没有相关性。再次,这是通过绘制民主党在 $t-1$ 时刻赢得选举的概率对在 t 时刻赢得选举的概率图来检验 RDD 的。

在下一小节中我们将讨论使用处理前时期的观测值的另一种方法。Kane(2003)还提出了一种检验 RDD 估计的处理效应是否捕捉到了虚假的关系的诊断方法。他的思路是分析如果对于某些人阈值不是 z_0（即实际设置的阈值的位置）该怎么办。他建议检查实际阈值 z_0 是否比附近的备择阈值更符合数据。如果我们用似然值表示估计量，当使用阈值 z_0 时，我们获得了模型的一个对数似然值，并且如果我们假设阈值为 z_0+c，c 是某个正值或负值，则同样会获得一个对数似然值。重复取不同的 c，我们可以将对数似然值绘制成 c 的函数。在 $c=0$ 时出现明显的峰值就表明不连续性确实出现在了我们认为的阈值处。同样，我们可以应用时间序列计量经济学中的断点检验来估计不连续点的确切位置。若只找到一个断点，此外这个断点恰好靠近 z_0，那我们就能更确信阈值的位置。

最后，考虑混合设计的情况，此时 z_0 以下的人不能接受处理，但是 z_0 以上的一些人可以选择不接受处理。假设你想估计所有接受处理的人的 ATET，而不仅仅是阈值 z_0 上的那些子总体。为了做到这一点，你需要另外假设

$$Y^0 \perp\!\!\!\perp D \mid X, Z, \text{对于} Z \geqslant z_0 \tag{6.38}$$

于是，可观测变量选择假设将意味着

$$\lim_{\varepsilon \to 0} E[Y \mid D=0, X=x, Z=z_0+\varepsilon] - \lim_{\varepsilon \to 0} E[Y^0 \mid D=1, X=x, Z=z_0+\varepsilon] = 0 \tag{6.39}$$

因为使用与(6.11)类似的方式识别 $\lim_{\varepsilon \to 0} E[Y^0 \mid D=1, X=x, Z=z_0+\varepsilon]$，并且给定 $E[Y^0 \mid X=x, Z]$ 在 z_0 和所有 x 处是连续的，(6.39)意味着下面这个可验证等式成立：

$$\lim_{\varepsilon \to 0} E[Y \mid D=0, X=x, Z=z_0+\varepsilon] = \lim_{\varepsilon \to 0} E[Y \mid X=x, Z=z_0-\varepsilon]$$

因此，我们可以检验(6.39)，从而检验在 z_0 处 RDD 和可观测变量选择假设的联合有效性。当然，在 z_0 处不拒绝并不保证在 z 的其他值下可观测变量选择假设是有效的。尽管如此，此时我们使用假设(6.38)来估计整个总体的 ATET 会更有信心。这些推论可以立即推广到 Z 是一个适当的工具变量的情况，即不仅仅是一个极限点的情况。换言之，对于某个值 $\tilde{z}$，如果 $\Pr(D=0 \mid Z \leqslant \tilde{z}) = 1$，我们就可以确定 ATET。

6.3.3　DID-RDD 方法和伪处理检验

在许多应用中我们可以获得处理前的结果变量，如例 6.23 所示。因此，与前一章类似，我们有两个时间段的数据。我们可能观察到 $Y_{t=0}$（时期 0 或处理

前)和 $Y_{t=1}$(自处理后的时期 1 起)。如第 5 章所述,我们可以通过求 $Y_{t=0}$ 时的 RDD 估计量,把处理前的时期用来做伪检验。这个伪处理效应理应为零,因为在时期 0 处理还没有开始,除非处理已经通过影响人们的预期影响了结果。或者,我们可以将 RDD 方法应用于随时间变化的结果 $Y_{t=1}-Y_{t=0}$,于是我们将消除时间恒定的不可观测变量或阈值左右两侧中的小样本不平衡。这就是参照 DID 思想的 RDD(DID-RDD)。这一思想有助于分析处理效应的稳健性。类似于上一章,我们将假设 RDD-2 替换成

假设 DID-RDD　$E[\Delta Y^d \mid Z=z]$ 对于 $d \in \{0,1\}$ 于 z_0 处在 z 上是连续的
$$\tag{6.40}$$

或者我们也可以写成如下形式:

$$\lim_{\varepsilon \to 0} E[Y_{t=1}^d - Y_{t=0}^d \mid Z = z_0 + \varepsilon] = \lim_{\varepsilon \to 0} E[Y_{t=1}^d - Y_{t=0}^d \mid Z = z_0 - \varepsilon] \quad (6.41)$$

我们也可以将这种共同趋势假设改写为 z_0 附近的偏误稳定性假设,即

$$\lim_{\varepsilon \to 0} E[Y_{t=1}^d \mid Z = z_0 + \varepsilon] - \lim_{\varepsilon \to 0} E[Y_{t=1}^d \mid Z = z_0 - \varepsilon]$$
$$= \lim_{\varepsilon \to 0} E[Y_{t=0}^d \mid Z = z_0 + \varepsilon] - \lim_{\varepsilon \to 0} E[Y_{t=0}^d \mid Z = z_0 - \varepsilon]$$

在清晰设计中,我们已经在(6.18)中表明,在常数、D、$(Z-z_0)D$ 和 $(Z-z_0)(1-D)$ 上 $Y_{t=1}$ 的(核加权)回归能对 $t=1$ 期的影响进行非参数估计。当有两个时间段 $t=0,1$ 以及假设 DID-RDD 时,我们将做以下回归:

Y 对常数, $t, Dt, (Z-z_0)Dt, (Z-z_0)(1-D)t,$
$(1-t), D(1-t), (Z-z_0)D(1-t), (Z-z_0)(1-D)(1-t)$ 的回归

如前所述,我们在 z_0 附近使用具有带宽 h 的核权重 $K_h(Z-z_0)$ 进行局部回归,其中我们也可以使用核权重(6.17)。这里我们将(6.16)的所有回归项与 t 交互。因为所有回归项都与 t 的两个可能值有相互作用,因此数值结果与在每个时间段内分别估计(6.16)相同。通过重新排列回归项,我们得到了等价的局部线性回归:

Y 对常数, $t, D, Dt, (Z-z_0), (Z-z_0)D, (Z-z_0)t, (Z-z_0)Dt$ 的回归
$$\tag{6.42}$$

用核权重(6.17)加权每个观测值。那么, Dt 的系数就是 DID-RDD 处理效应估计值。请注意,虽然我们估计了一个线性方程,但不需要设定线性假设,因为我们在推导过程中不需要线性假设。为了简单起见,大多数应用使用一致的核函数,样本大小被(重新)定义为 n_b, 即 $|Z_i - z_0| \leq h$ 的观测值的个数。然后,回归问题(6.42)就可以被当作样本大小为 n_b 的标准参数问题。然而,事实上使用边界核更合适。

例 6.25 回忆关于 Lalive(2008) 的例 6.3 和例 6.23。作者给出了一个很好的结合 RDD 与 DID 估计研究奥地利失业福利最长持续时间的影响的例子。我们已经讨论过,该例中实际上有两个不连续性,可以估计两种阈值上的延长失业福利的处理效应:一个是年龄 $z_0 = 50$ 岁,另一个是行政边界,因为这项法律只在某些地区适用。除此之外,Lalive(2008) 还获得了政策出台以前的相同的行政数据。如果识别策略对于政策实施后的这段时间有效,我们就不应观察到政策实施前的年龄或地区阈值上的差异。所以我们可以像 DID 一样估计伪处理效应。

在这个例子中,项目前的数据也可以用于伪处理分析。RDD 比较了年龄在 50 岁阈值两侧的个体以及受影响区域和未受影响区域边界两侧的个体。如果对改革前就失业的人群使用相同的处理定义和结果定义,我们会预期伪处理效应为零,因为这种处理尚未实施。如果估计值与零不同,则表明即使在横跨边界的一个小范围内,也可能存在未观测到的特征的差异。一方面,这会降低 RDD 假设的吸引力。另一方面,人们可以试图用 DID-RDD 方法解释这种差异,即从处理效应中减去伪处理效应。

对于模糊设计,DID-RDD 方法也可以得到类似的结果。在 DID-RDD 设置中的 Wald 类型估计量是

$$\frac{\lim_{\varepsilon \to 0} E[Y_{t=1} - Y_{t=0} \mid Z = z_0 + \varepsilon] - \lim_{\varepsilon \to 0} E[Y_{t=1} - Y_{t=0} \mid Z = z_0 - \varepsilon]}{\lim_{\varepsilon \to 0} E[D \mid Z = z_0 + \varepsilon] - \lim_{\varepsilon \to 0} E[D \mid Z = z_0 - \varepsilon]} \quad (6.43)$$

我们可以通过非参数方法分别估计每个条件期望从而估计出这个表达式,例如使用局部线性估计值,如 (6.16) 所示。如果我们使用相同的带宽,我们也可以将其重写为 2SLS 估计量。为了简单起见,假设在任何地方都使用一个具有相同带宽 h 的一致核。换言之,只使用 $|Z_j - z_0| \leqslant h$ 的观测值,并且所有观测值都得到相等的权重。设 $1^+ = 1 - 1^- = 1\{Z \geqslant z_0\}$,我们使用 2SLS 进行以下回归:

Y 对常数, $t, D, Dt, (Z-z_0)1^+, (Z-z_0)1^-, (Z-z_0)1^+ t, (Z-z_0)1^- t$ 的回归

$$(6.44)$$

D 的工具变量如下:常数, $t, 1^+, 1^+ t, (Z-z_0)1^+, (Z-z_0)1^-, (Z-z_0)1^+ t$ 和 $(Z-z_0)1^- t$。这里,1^+ 和 $1^+ t$ 为排除工具变量。同样,Dt 的系数就是顺从者在 z_0 处的 ATET。这两者等价的原因是我们可以在两个时期分别估计 (6.19)。只有在两个时期时,(6.19) 的两个离散回归,与模型 (6.19) 和 t 完全交互以及一系列工具变量和 t 完全交互的情况相同。现在,通过重新排列回归项,我们可以通过 (6.44) 来估计处理效应。如果我们有多个处理前时期,回归项 t 可能会被一组时间虚拟变量取代。

例 6.26 Leuven、Lindahl、Oosterbeek 和 Webbink(2007)考察了荷兰的一个项目,在该项目中,至少有 70% 学生是弱势少数民族的学校获得额外资助。实践中阈值 70% 被近乎完美地保持,因此这是一个清晰设计。少数例外的存在使得设计变得模糊,阈值指标可以用作处理的工具变量。假设可得同一学校的项目前数据,就可以在阈值附近使用双重差分。该项目于 2000 年 2 月宣布,政策执行者的依据是 1998 年 10 月学校的少数民族学生的百分比,即早在该项目开始之前确定学校资格。这减少了人们通常的顾虑,即学校可能会操纵他们的弱势少数族裔学生比例以获得资格。在这种情况下,学校必须在官方公布项目之前一年到一年半的时间内就预计到未来会出台这项补贴。作为对这种潜在操纵行为的检验,我们可以比较一下 70% 阈值附近的学校中少数族裔学生的密度。在人为操纵的情况下,人们预计少数族裔学生比例略低于 70% 的学校数量会偏少,而略高于临界值的学校数量会偏多。当我们可以获得干预前的 1999 年和 2000 年以及干预后的 2002 年和 2003 年的学生测试分数的数据时,就能进行 DID-RDD。作为一个伪处理检验,作者进一步检验了当相关阈值为 10%、30%、50% 或 90% 时的处理效应。在所有这些情况下,处理效应估计值应当为零,因为在这些阈值下没有额外的补贴。

最后,你甚至可能拥有允许混合使用实验方法、RDD 方法和 DID 方法的数据。例如,在 PROGRESA 的试点阶段,分两阶段选定参与项目的家庭。首先,根据地理位置选择墨西哥某些州的社区。然后将这些社区随机分配为处理组或对照组。在所有这些社区收集基线家庭调查数据。根据这些数据,计算每个家庭的贫困分数,只有低于此贫困分数的家庭才有资格获得有条件的现金转移支付。这提供了一个清晰的 RDD。由于收集了基线数据,即有条件的现金转移项目开始前的数据,因此可以分别使用 DID 方法、实验方法和 RDD 方法识别处理效应。后来,政府扩展了该项目的目标群体,也改变了贫困分数的计算方式,因此不同群体可能会在日后成为受益者。

例 6.27 Buddelmeyer 和 Skoufias(2003)利用允许混合使用实验方法、RDD 和 DID 方法的可能性来判断 RDD 回归方法的可靠性。利用实验数据,我们可以得到一个干净的估计方法,因为基线数据甚至允许我们在项目开始之前测试差异。同时,我们也可以假装没有关于未经处理组和随机选择的对照社区的数据,且仅使用接受处理的社区的数据来估计 RDD 效应(一种伪无处理检验)。通过将此结果与实验估计值的比较,我们可以判断一个简单的非实验估计量是否可以获得与实验类似的结果。人们通常认为实验结果更可信。然而,我们在比较结果时必须提醒自己,两种方法涉及不同的总体,进而限制了估计值的可比性。尽管如此,人们还是可以设想出一个RDD能够帮助改善实验设计的情况。假设对照社区的家庭预料到试点项目也将在不久的将来覆盖到他们,他们就可能因预期而改变行为。显然,只有贫困分数以下的家庭才应该改变行为(除非有人认为将在未来收集的数据基础上重新计算贫困分数),因此对照社区的RDD将显示出这种预期的影响。

6.4 文献和计算机软件注释

6.4.1 拓展阅读和文献注释

RDD的思想可以且已经被扩展至利用倾向得分导数的潜在间断点的方法。另一个流行的设计是所谓的回归扭结设计(regression kink design)。这里的识别基于一个扭结的处理分配规则:考虑简单的模型

$$Y = \alpha D + g(Z) + U$$

其中参与指标 D 可能在 Z 上连续,假设 $D = p(Z)$,但在 z_0 处有一个扭结,而 $g(Z)$ 在 z_0 是连续的。那么

$$\alpha = \frac{\lim_{\varepsilon \to 0} \nabla E[Y \mid Z = z_0 + \varepsilon] - \lim_{\varepsilon \to 0} \nabla E[Y \mid Z = z_0 + \varepsilon]}{\lim_{\varepsilon \to 0} \nabla E[D \mid Z = z_0 + \varepsilon] - \lim_{\varepsilon \to 0} \nabla E[D \mid Z = z_0 - \varepsilon]}$$

其中,$\nabla E[\cdot \mid Z = z]$ 表示关于 z 的一阶导数。当然这也适用于更复杂的模型,并且再次引入模糊设计和混合设计。Card、Lee、Pei和Weber(2015)对此进行了广泛的讨论和概述。

在本章中,我们允许密度 $f(X|Z)$ 在 z_0 处出现不连续的情况。然而,如前所述,如果 X 仅包含处理前的变量,则这种不连续性可能表明RDD假设的失败,见Lee(2008)。我们将在下面简要说明Lee(2008)的方法,同时假设在 z_0 处 $f(X|Z)$ 连续。然而,也可能存在 $f(X|Z)$ 不连续但RDD的所有条件仍然适用的情况。例如,由于数据损耗、无响应或其他的数据缺失问题,可能会产生这种不连续性。无响应和数据损耗是许多数据集合中常见的问题,尤其是当人们估计长期影响时。假设"随机缺失"(miss at random,MAR,或以协变量 X 为条件)是处理缺失数据的常用方法,例如参见Little和Rubin(1987)。虽然对观察到的协变量 X 进行控制可能并不总能完全解决这些问题,但是比较控制了 X 和没有控制 X 时的

处理效应估计值是有帮助的。如果这两种情况显示出的结果非常不同,人们肯定不能将缺失数据归为完全无害的问题。

虽然 MAR 假设要求缺失的数据仅仅是可观测变量的数据,我们依然可以允许缺失关于不可观测或没有观测到的变量的数据,参考 Frangakis 和 Rubin(1999)或者 Mealli,Imbens,Ferro 和 Biggeri(2004)。可以扩展本章中提出的方法以允许这种类型的数据缺失。

此外,X 的差异也可能是由不同的数据收集方案导致的,尤其是使用不同的数据收集方案收集阈值 z_0 以上和 z_0 以下的个体时。为什么我们会使用不同的收集方案呢?在实践中,这是相当普遍的,因为研究人员通常在处理期间和处理后的一段时间内继续监测实验者,而对照组的数据通常是在要求进行处理效应评估时临时收集的。

我们希望控制 X 的另一个原因是为了区分直接效应和间接效应,回想一下前几章的内容,特别是第 2 章。

例 6.28 关于区分直接效应与间接效应的进一步讨论,另见 Rose 和 Betts(2004)。他们研究了中学数学课程的数量和类型对未来收入的影响。他们特别感兴趣的是区分数学对收入的间接影响(例如通过增加获得进一步教育的可能性)与数学可能对收入产生的直接影响。他们还通过大学专业的选择来区分数学的直接影响和间接影响。另见 Altonji(1995)。

希望控制 X 的另一个原因是出现了这样一种情况:Z 的变化不仅触发 D 的变化,同时也会引起 X 的变化。如果我们能观察到所有受影响的变量 X,那么在控制 X 之后,我们仍然可以应用 RDD。在这种情况下,控制 X 是必要的,因为否则的话"工具变量"Z 会对 Y 产生直接影响。当使用地理边界来表示断点时,通常会出现这种情况。回想一下例 6.14,该例通过瑞士境内的语言边界来估计文化对失业的影响。这个例子证明,除语言外,一些社区协变量 X 的分布也在语言边界上不连续。为了避免这些协变量使工具变量估计结果有偏,我们需要控制 X。

请注意,例 6.28 中的处理 D 不再是二元变量。我们以前已经讨论过这个问题,稍后会继续讨论。本书不同章节概述的想法通常可以应用到 RDD 案例中。这就引出了一个问题,如果 Z 是离散的,会发生什么?Lee 和 Card(2008)就研究了当 Z 是离散变量的情况。例如,如果 $Z=$ 儿童的数量,在这种情况下,非参数识别是不合理的,参数模型设定才是合适的。

现在我们更深入地思考 Lee(2008)的方法,他假设 $f(X|Z)$ 在 z_0 处连续。他对

假设(6.5)进行了直观讨论,并描述了一种假设(6.5)成立下的选择机制。设 U_i 是个体 i 的不可观测特征,假设处理分配取决于某个得分 Z_i,使得 $D_i = \mathbb{1}\{Z_i \geqslant z_0\}$。设 $F_{Z|U}$ 为条件分布函数,f_Z 为 Z 的边际密度函数。对于每个 $u \in \mathrm{Supp}(U)$,他施加了条件 $f_Z(z_0) > 0$,$0 < F_{Z|U}(z_0|u) < 1$,以及导数 $f_{Z|U}(z_0|u)$ 存在。合乎直觉的是每个人 i 都可能为了自己的利益试图修改或调整 Z_i 的值,但是即使在这样的修改之后,$F_{Z|U}(z_0|u)$ 仍然存在一些随机性,即 $F_{Z|U}(z_0|u)$ 既不是 0 也不是 1。换言之,每个人都可以操纵自己的 Z_i,但没有完全的控制权。实际上,$f_Z(z_0) > 0$ 就已经隐含了对于某些个体来说,Z 是否恰好大于或小于 z_0 是一个随机事件。

在此条件下,有

$$E[Y^1 - Y^0 \mid Z = z_0] = \int \{Y^1(u) - Y^0(u)\} \frac{f_{Z|U}(z_0 \mid u)}{f_Z(z_0)} dF_U(u) \quad (6.45)$$

即 z_0 处的处理效应是所有个体的处理效应(用他们的 U 值表示)的加权平均值,其中权重是阈值 z_0 处的密度。那些更有可能实现值 z_0[较大的 $f_{Z|U}(z_0|u)$]的个体获得更高的权重,而得分极不可能落于阈值附近的个体将获得零权重。因此,(6.45)提供了一个很好的解释处理效应 $E[Y^1 - Y^0 | Z = z_0]$ 的视角。

Lee 提出的条件暗含所有处理前变量在 z_0 处的分布是连续的。如果我们在数据中观察到处理前的变量,我们可以检验它们是否确实在 z_0 处连续分布,以检查他的假设的合理性。不过,我们应该注意的是,这层含义是他提出的条件的一个特殊特征,而不是 RDD 本身的特征。

Lee(2008)的选择机制允许个体部分地自我选择甚至操纵他们想要的 Z 值,但 Z 的最终值仍然取决于更多的随机性。该选择机制允许进行某种内生排序,只要人们不能在 z_0 附近对 Z 值进行精确排序。回想这样一个例子:在某次数学考试中不及格的学生必须参加暑期学校。有些学生可能不想去暑期学校,因此他们的目标是在考试中取得好成绩,而另一些学生喜欢参加暑期学校,因此希望考试成绩不佳。不过,重要的一点是,学生不太可能精确地把成绩设定在阈值附近。

6.4.2 计算机软件注释

在使用 RDD 时,为了估计阈值 z_0 处的处理效应[15],需要在这些阈值周围使用局部回归技术。在实证分析中,可以考虑三个不同的步骤:识别、带宽选择和估

---

[15] 只有单个阈值时 z_0 可以是标量,有多个阈值时它也可以是向量。

计。这些步骤可以在 Stata 或 R 软件中执行，后者在局部拟合估计和带宽选择方法方面提供了更多的选择。

R 中的软件包 rdd 集合了对清晰设计和模糊设计进行 RDD 估计所需的工具。Stata 中相应的命令是 rd，它是免费的，更多详情见 Nichols(2014)。识别 RDD 的主要方法是将数据图形化。如果 Z 中存在人为操纵，则预计阈值附近的 Z 密度是不连续的。在这种情况下，不适合使用一般的核密度来检查不连续性，更好的选择是构造一个直方图，其区段的边界上有阈值，然后检查 Z 分布的连续性。我们还可以使用 rdd 包中的 DCdensity 函数来实现 McCrary(2008)的排序检验，或者使用 plot.RD 描绘出 Z 和结果 Y 的关系。以同样的方法，我们可以检验 X(协变量)的分布在 Z 上是否连续，以及 D 的分布在 Z 上是否不连续(如假设的那样)。若要绘制 Z 上的 X 和 D，可以使用 plot(Z,X)和 plot(Z,D)。

用 RDD 方法估计处理效应时对带宽的选择非常敏感。理论上，没有关于阈值 z_0 两侧的带宽必须相等的限制性假设。在实证研究中，为了简单起见，会假设阈值 z_0 两侧的带宽相等。它简化了带宽选择的目标函数形式。R 中的 rdd 包和 Stata 中的 rd 包都使用 Imbens 和 Kalyanaraman(2012)提出的带宽选择方法。[16] R 和 Stata 提供带有默认带宽为上述带宽的一半和两倍的处理效应估计方法。用户可以手动添加更多带宽选项。最后我们可以尝试对不同的带宽进行敏感性测试。另请参见 rddqte 命令。

如果有人希望借助上述软件包手动估算处理效应，首先要记住处理效应的估计值(在清晰设计或模糊设计中)是阈值边界处两个局部回归的差值。在 R 中，有许多函数提供了局部多项式拟合函数，如 kernSooth 包中的 locpoly 或 np 包中的 npreg。在 RDD 中，我们主要对边界处的拟合感兴趣，因此建议使用局部线性或更高阶的局部多项式进行拟合。在 Stata 中，可以使用命令 lpoly 或 locpoly 来拟合局部多项式回归。在上述任何情况下，标准误或置信区间必须通过靴带法获得。

此外，我们还可以直接使用 R 中 rdd 软件包里的函数 kernelwts 构造阈值附近的权重。它的用处在混合设计的情况下尤其明显。用户可以在两种软件语言中设置核函数，但处理效应的估计对此选择并不敏感。在 rdd 包和 rd 命令中，默认取三角形核。有关使用和执行命令的更多指南，请参见 Imbens 和 Lemieux(2008)、Lee 和 Lemieux(2010)或者 Jacob 和 Zhu(2012)。

---

[16] 在模糊设计中，通常预期 $E[D|Z=z]$ 比 $E[Y|Z=z]$ 平滑(作为 z 的函数)，因此前者回归的带宽选择必须大于后者：$b_d > h_y$。

6.5 习题

1. 对于图 6.3 至图 6.6,讨论不同的条件分布和期望。你认为哪些在 z_0 处不连续?

2. 检查第 4 章中 LATE 的推导(识别),然后先在假设 2,接着在假设 $2'$ 下,证明等式(6.10)成立。你也可以参考 Imbens 和 Angrist(1994)的第 2 节。

3. 回忆模糊设计的 RDD 的参数模型(6.23)。假设现在有人将倾向得分建模为

$$E[D \mid Z] = \gamma + \overline{\Upsilon} + \lambda \cdot \mathbb{1}\{Z \geqslant z_0\}$$

并使用了一个参数形式的函数 $\overline{\Upsilon}$。如果我们为 Υ 和 $\overline{\Upsilon}$ 选择相同的多项式阶次,例如三阶多项式,会发生什么?证明(6.23)的解与 y 在常数,D, Z, Z^2, Z^3 上的工具变量回归是相同的。排除性工具是什么?

4. 假设我们有几个表示处理发生的时间的阈值 $z_{0j}, j = 1, 2, 3, \cdots$(如第 6.1.3 节所述)。设想对于所有这些阈值我们都有清晰设计。现在考虑等式(6.22)。你应该如何通过重新定义要使用的 D 和/或样本,从而仍然可以通过 β 的一个标准估计量识别和估计 ATE?

5. 对于清晰设计,推导定理 6.1 中的渐近性,即无须估计分母的情况(因为已知分母等于 1)。

6. 重温第 6.1.2 节。不考虑进一步控制协变量 X,通过全程使用相同的带宽和一致核的两步最小二乘估计量给出如(6.10)所示的 LATE(z_0)的估计量。首先对清晰设计给出 LATE(z_0)的估计量,然后是模糊设计,最后是混合设计。

7. 采用以 X 为条件的假设(6.8)。证明(6.28)成立。

8. 重温第 6.3 节:列出不同的合理性检查方法,并讨论它们的利弊。

9. 重温第 6.2 节:给出并讨论至少两个在 RDD 中加入额外的协变量可能有益的原因(举例说明)。

7
分布政策分析与分位数处理效应

在许多研究领域,评估政策变量的分布效应是首要的。例如,如果有两个培训项目对工资有相同的平均影响,但第一个项目的影响集中在工资分布的下端,而第二个项目的影响集中在工资分布的上端,那么政策制定者的评估会认为这两个项目是不同的。因此,与其只考虑平均效应,还不如比较处理的分布效应。一个备受公众关注的例子是"教育平等",因为许多社会都希望为每个儿童提供步入成人生活的公平机会。设 Y 为认知能力的量度(例如,从数学和语言测试中检测出的认知能力),D 可以是在课堂(教学)中引入计算机。目的是识别和估计 Y^1 与 Y^0 的整个分布函数,而不仅仅是二者的均值的差异。尤其是在发展经济学领域,对于许多干预措施,我们对收入分布或某些较低分位数感兴趣,但对均值不太感兴趣。任何对不平等和/或贫困的分析都很明显是分位数和分布的问题,而不是平均数的问题。因此,分位数处理效应(quantile treatment effects, QTE)估计可以表征变量在结果分布不同点上的异质性影响的能力显然在许多应用中很有吸引力。即使人们对于处理对结果分布的影响不感兴趣,也可以使用分位数法来降低对异常值的潜在敏感性。例如,众所周知,中值回归对异常值是稳健的,而均值回归则不是。最近所有这些因素共同提高了学者对分位数处理效应的识别和估计的兴趣,他们使用不同的假设,特别是在应用政策评估文献中。

例 7.1 为了研究工会工资溢价(union wage premium),Chamberlain(1994)在具有 20—29 年工作经验的男性的工会虚拟变量和其他协变量上对小时工资对数进行了回归。他首先估计了这一溢价的平均值(用 OLS 法),然后对不同收入分位数($\tau=0.1, 0.25, 0.5, 0.75, 0.9$)上的溢价进行了估计。结果如下:

OLS	$\tau=0.1$	$\tau=0.25$	$\tau=0.5$	$\tau=0.75$	$\tau=0.9$
0.158	0.281	0.249	0.169	0.075	−0.003

于是我们可以得出一个因果解释。结果表明工资的平均溢价约为 16%,而

在本例中这等同于中等收入者的溢价。对于低分位数，工资溢价非常大，对于高分位数，工资溢价接近于零。图 7.1 显示了工会和非工会部门的条件对数工资的（假想的）分布，该分布应展现出上述估计值。

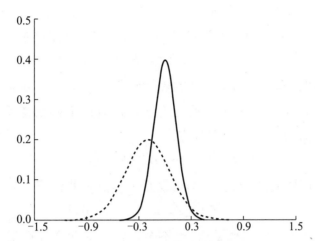

图 7.1 工会部门（实线）和非工会部门（虚线）的条件对数工资的（假想的）分布

从上面的图表中我们可以得出的主要结论是：正如预期的那样，低收入群体受到的影响最大。但也许更重要的是，处理效应分布的异质性似乎占主导地位，即分布的变化比简单均值的变化更引人注目。

虽然有关于不包括任何混杂变量的无条件 QTE 的研究，我们通常将其视为一个特殊的、简化的案例。事实上，我们在前面的章节中已经看到，没有协变量（X）的方法需要相当强的假设：要么在实验设计上要求处理 D（参与）独立于潜在结果，要么要求工具变量 Z 独立于潜在结果但与 D 的结果相关。和以前一样，即使上述其中一个假设确实得到了满足，纳入协变量仍然有助于提高估计量的解释力度和有效性。

在具体讨论分位数处理效应的估计之前，我们先简要回顾一下我们迄今为止所学的关于分布效应估计的知识。在第 2 章中我们以一种不寻常的方式引入了条件累积分布函数（cdf）和密度函数的非参数估计量。我们把它们作为非参数回归的一个特例，也就是将累积分布函数写成 $F(y\mid x)=E[\mathbb{1}\{Y\leqslant y\}\mid X=x]$，即用核权重 $K_h(X-x)$ 对 x 邻域进行平滑处理并在 X 上对 $\mathbb{1}\{Y\leqslant y\}$ 进行回归以估计条件累积分布函数，而且通过 $f(y\mid x)=E[L_\delta(Y-y)\mid X=x]$ 估计条件密度（给定核函数 L_δ，详见第 2 章）。这种方法的主要优点是（在我们的应用中），我们可以在接下来的所有章节中轻松地将对潜在平均结果 $E[Y^d]$（或 $E[Y^d\mid X=x]$）

的识别和估计扩展至对潜在结果分布 $F(y^d)$ [或 $F(y^d|x)$] 的识别和估计。我们只在前几章的部分小节中清晰地做过这种拓展,因此,让我们以处理效应的工具变量估计为例重新审视这一点。

我们将在第 7.2.2 节中详细讨论工具变量估计所需的确切假设。目前我们只需记住,我们的样本必须由所谓的始终参与者 $\mathcal{T}=a$(始终参与,$D_i=1$)、从不参与者 $\mathcal{T}=n$(从不参与,$D_i\equiv 0$),以及顺从者 $\mathcal{T}=c$(严格按照工具变量指示的操作,$D_i=\mathbb{1}\{Z_i>0\}$)构成。如果存在逆反者[或者冷漠(indifferent)的受试者碰巧违反了常识],工具变量方法就永远行不通。在假设不存在逆反者的情形下,我们至少可以确定对顺从者的处理效应:

$$F_{Y^1|\mathcal{T}=c} \quad 以及 \quad F_{Y^0|\mathcal{T}=c}$$

为了确定处理效应的分布(而不仅仅是平均值),我们需要独立性假设

$$(Y^d,\mathcal{T})\perp\!\!\!\perp Z \quad a.s. \quad d=0,1 \tag{7.1}$$

这要求 Z 不会与 D^0,D^1 混杂,也不会与潜在结果 Y^0,Y^1 混杂。使用与第 4 章基本相同的推导,很容易看出顺从者的潜在结果分布是由 Wald 型估计量刻画的,即

$$F_{Y^1|c}(u) = \frac{E[\mathbb{1}\{Y\leq u\}\cdot D \mid Z=1] - E[\mathbb{1}\{Y\leq u\}\cdot D \mid Z=0]}{E[D\mid Z=1] - E[D\mid Z=0]}$$

$$F_{Y^0|c}(u) = \frac{E[\mathbb{1}\{Y\leq u\}\cdot(D-1) \mid Z=1] - E[\mathbb{1}\{Y\leq u\}\cdot(D-1) \mid Z=0]}{E[D\mid Z=1] - E[D\mid Z=0]}$$

将上式扩展到我们需要包含一些混杂变量 X 以便上述假设在至少"以 X 为条件"时成立是简单的。然后,通过相似的推导,我们也可以说明潜在的结果分布是

$$F_{Y^1|c}(u) = \frac{\int E[\mathbb{1}\{Y\leq u\}\cdot D \mid X,Z=1] - E[\mathbb{1}\{Y\leq u\}\cdot D \mid X,Z=0]dF_X}{\int E[D\mid X,Z=1] - E[D\mid X,Z=0]dF_X}$$

$$F_{Y^0|c}(u) = \frac{\int E[\mathbb{1}\{Y\leq u\}\cdot(D-1) \mid X,Z=1] - E[\mathbb{1}\{Y\leq u\}\cdot(D-1) \mid X,Z=0]dF_X}{\int E[D\mid X,Z=1] - E[D\mid X,Z=0]dF_X}$$

7.1 (条件)分位数分析简介

目前有相当多的关于分位数回归的文献。我们的主要目的既不是总结也不

是回顾这些文献。但是由于分位数回归并不像均值回归那样为人熟知,因此我们将简要介绍一些估计和解释的主要思想、典型问题,以及估计量的统计性质。尽管如此,为了更深入地了解分位数分析,我们也建议读者参考一些关于分位数回归的介绍性文献,请查阅我们的文献注释。

7.1.1 分位数回归是什么？它有何好处？

如前所述,到目前为止,我们主要对条件均值函数 $E[Y|X]$ 的估计感兴趣,但现在我们的重点是估计 $Y|X$ 分布的其他部分。如前所述,为了估计整个分布,我们可以使用和之前类似的方法,利用

$$F_{Y|X}(a;x) = E[\mathbb{1}\{Y \leqslant a\} | X = x] \tag{7.2}$$

即我们通过对 $\text{supp}(Y)$ 上的网格进行 $\mathbb{1}\{Y \leqslant a\}$ 的均值回归以估计(7.2),从而得到整个分布函数。

接着,回想一下变量 Y 的分位数的定义

$$Q_Y^\tau = F_Y^{-1}(\tau) \equiv \inf\{a : F_Y(a) \geqslant \tau\} \tag{7.3}$$

因此,原则上我们可以求估计出的累积分布函数 $\hat{F}$ 的反函数。但是,在实践中,这可能相当麻烦。因此,一大批文献致力于对分位数进行直接的估算。我们稍后会看到,从非参数的视角来看,这些方法其实是紧密相关的。相比之下,若用参数模型,这两种方法的估计过程则大不相同。

如果 Y 是连续的,且其累积分布函数是单调递增的,那么将有一个唯一的值 a,满足 $F_Y(a) \geqslant \tau$[或 $F_Y(a) > \tau$,如果累积分布函数严格单调]。当 F_Y 具有一阶导数 f_Y(密度),且 $f_Y(Q_Y^\tau) > 0$ 时,就属于这种情况。否则,就选择 a 的最小值。注意,即使允许 F 存在跳跃,累积分布函数通常仍然被假定为右连续的,因此分位数函数是左连续的。因此,给定一个随机的独立同分布样本 $\{Y_i\}_{i=1}^n$,我们可以估计分位数,通过

$$\hat{Q}_Y^\tau = \inf\{a : \hat{F}_Y(a) \geqslant \tau\}$$

并代入 Y 的经验分布函数,这种方法与按升序排列的观测值 Y_i 有着密切的相似性。其中一个主要问题是它扩展到条件分位数,即包括协变量的分位数,这是比较复杂的,特别是如果协变量是连续的。幸运的是,我们有更简单的方法。在我们考虑最流行的替代方法分位数估计策略之前,我们先讨论分位数的一些重要性质,因为下面将用到这些特性。

首先,对于上述连续的 Y,分位数函数 Q_Y^τ 在 τ 上总是非递减的。然而,它们

在某些区间内可以保持不变。其次，如果 Y 有累积分布函数 F，那么 $F^{-1}(\tau)$ 就是分位数函数，而 $-Y$ 的分位数函数是 $Q^\tau_{-Y} = -F^{-1}(1-\tau)$。此外，如果 $h(\cdot)$ 是 IR 上的非递减函数，则 $Q^\tau h(Y) = h(Q^\tau Y)$。这被称为单调的等变转换（equivariance to monotone transformations）。注意均值不具有这个性质，因为一方面通常 $E[h(Y)] \neq h(E[Y])$，除了一些特殊的 $h(\cdot)$，例如线性函数；另一方面，对于分位数，不存在与所谓的迭代期望（iterated expectation）$E[Y] = E[E[Y|X]]$ 类似的概念。最后，回想一下中位数回归比均值回归对异常值更稳健。

现在让我们从参数分位数回归的解释和估计开始。如前所述，大多数情况都涉及混杂变量，因此我们将研究条件分位数 $Q^\tau_{Y|X}$，而不是无条件分位数。我们如何将这个分位数函数与众所周知（以及很好理解的）的均值和方差（或离中趋势）函数联系起来呢？思路如下：假设你考虑一个变量 $U = Y - \mu(X)$，它表示对象的未观察到的异质性，分布函数为 $F(\cdot)$。如果 Y 的这个条件分布函数只通过位置 $\mu(\cdot)$ 与 X 相关，那么 $F(y|x) = F(y - \mu(x))$，使得

$$\tau = F(Q^\tau_{y|x} | x) = F(Q^\tau_{y|x} - \mu(x))$$

并且我们可以写出

$$Q^\tau_{y|x} = F^{-1}(\tau) + \mu(x)$$

然而，如果它也是通过方差函数 $\sigma_u(\cdot)$ 与 X 相关，使得 $F(y|x) = F\left(\frac{y - \mu(x)}{\sigma_u(x)}\right)$，那么我们得到

$$Q^\tau_{y|x} = \sigma_u(x) \cdot F^{-1}(\tau) + \mu(x) \tag{7.4}$$

后一个等式说明即使 $\mu(x)$ 是简单的线性形式，$Q^\tau_{y|x}$ 也不一定与 x 呈线性关系。如果 $F(y|x)$ 的更高阶矩，如对称性和峰度也是 X 的函数，那么方程(7.4)将变得更为复杂。因此，即使对均值函数 $\mu(\cdot)$ 设定最简单的参数化形式，也不会产生分位数的简单参数模型。为了实现分位数的简单参数模型，需要在所有矩都有很强的函数形式假设。这解释了条件分位数的非参数估计越来越流行的原因。

但是为了便于演示，我们首先引入线性分位数的估计回归。如前所述，除非 X 是离散的（只有几个质点），否则通过排序和精确调节 X 来估计分位数将是徒劳的。对分位数的参数假设可能有帮助，例如，分位数的线性模型可以写成

$$Q^\tau_{Y|X} = \alpha^\tau + X'\beta^\tau \quad \Rightarrow$$
$$Y = \alpha^\tau + X'\beta^\tau + U, \text{其中 } Q^\tau_{U|X} = 0$$

在继续讨论和评估之前，考虑另一个例子：

例 7.2 在研究对酒精的需求时,Manning,Blumberg 和 Moulton(1995)估计了不同分位数上的模型

$$\log consumption_i = \alpha + \beta_1 \log price_i + \beta_2 \log income_i + U$$

其中,$income_i$ 是个体 i 的年收入,$consumption_i$ 是个体 i 每年的酒精消费量,$price_i$ 是个体 i 的居住地的酒精饮料价格指数。因此,后者仅在居住在不同地点的个体上有差异。大约 40% 的观测样本的酒精消费为零,因此在酒精消费的低分位数上,价格和收入的影响为零。对于较高的分位数,收入弹性相对稳定,约为 0.25。价格弹性 β_1 变化较大。当 $\tau \geqslant 0.7$ 时,价格弹性的绝对值最大,对于低酒精消费水平 $\tau \leqslant 0.4$ 以及高酒精消费水平 $\tau \approx 1$,价格变得非常缺乏弹性。因此,需求非常低的个体和需求非常高的个体对价格变化不敏感,而消费需求居于平均水平的个体对价格更敏感。传统的均值回归方法无法检测到这种异质性。

考虑图 7.2 中给出的三个分位数曲线示例。对于所有三种情况,中心线代表中值回归。显然,它们都是关于中值对称的。为了简化下面的讨论,假设对于所有阶数等于或大于 3 的矩,Y 的分布与 X 无关。

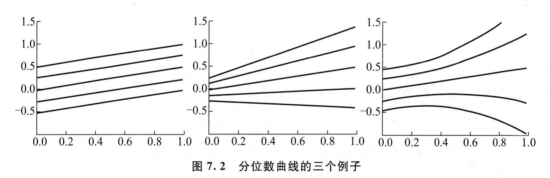

图 7.2 分位数曲线的三个例子

第一个例子(左图)展示了不同 τ 时的平行分位数曲线。这实际上表明了 U 的同构性。第二个例子(中间的图)显示了一种线性离中趋势的情况,即形式为

$$Y = \alpha + X\beta + (\gamma + X\delta)U, \text{其中 } U \perp\!\!\!\perp X \tag{7.5}$$

显然,对于 $\delta > 0$,如果 X 变量可以取负值,那么简单的线性分位数模型就会交叉。例如,如果 $\gamma = 0$ 且 $\delta > 0$,则所有条件分位数将通过点 $(0, \alpha)$。对于这样的分位数模型,一个更合适的设定是

$$Q_{Y|x}^{\tau} = \begin{cases} \alpha + x\beta + (\gamma + x\delta) F^{-1}(\tau), & \gamma + x\delta \geqslant 0 \\ \alpha + x\beta + (\gamma + x\delta) F^{-1}(1-\tau), & \text{其他} \end{cases} \tag{7.6}$$

接着我们可以清晰地看到,我们可以通过将模型(7.5)中的离中趋势函数从线性函数扩展到二次函数来生成图 7.2 中右图所示的分位数。但是,通常多项

式分位数函数也可能产生交叉分位数。

若包含协变量,则估计应该基于优化进行,而不是基于排序进行。尽管如此,为了便于陈述,我们首先考虑没有协变量的情况。定义非对称损失(或检查)函数[asymmetric loss (or check) function]

$$\rho_\tau(u) = u \cdot (\tau - \mathbb{1}\{u<0\}) \tag{7.7}$$

以及优化问题

$$\operatorname*{argmin}_{\beta} E[\rho_\tau(Y-\beta)] \tag{7.8}$$

在均值回归中,人们通常检查平方损失函数 u^2,于是就有了最小二乘估计量。对于中值 $\tau=\frac{1}{2}$,损失函数(7.7)是绝对损失函数。对于 $\tau\neq\frac{1}{2}$,(7.7)则是非对称的绝对损失函数。[①]

假设密度存在且在值 Q_Y^τ 处为正,即 $f_Y(Q_Y^\tau)>0$。于是我们可以证明(7.8)中的最小化解实际上是 Q_Y^τ。为了证明这一点,假设分位数 Q_Y^τ 是唯一的。$\operatorname*{argmin}_{\beta} E[\rho_\tau(Y-\beta)]$ 的内部解由一阶条件给出,即将一阶导数设置为零。请注意,一阶导数是

$$\frac{\partial}{\partial\beta}\int_{-\infty}^{\infty}(Y-\beta)\cdot(\tau-\mathbb{1}\{(Y-\beta)<0\})dF_Y$$

$$=\frac{\partial}{\partial\beta}\left((\tau-1)\int_{-\infty}^{\beta}(Y-\beta)dF_Y+\tau\int_{\beta}^{\infty}(Y-\beta)dF_Y\right)$$

应用莱布尼茨微分法则得到

$$(\tau-1)\int_{-\infty}^{\beta}(-1)dF_Y+\tau\int_{\beta}^{\infty}(-1)dF_Y+0-0$$

$$=-(\tau-1)F_Y(\beta)-\tau(1-F_Y(\beta))=F_Y(\beta)-\tau$$

若 $F_Y(\beta)=\tau$,上式为零。因此,$E[\rho_\tau(Y-\beta)]$ 的最小化解就是分位数的估计量。另一种解释是,选择使得 $(Y-\beta)$ 的 τ 分位数为零的 β。换言之,有

$$E[\mathbb{1}\{(Y-Q_Y^\tau)<0\}]-\tau=0$$

因此分位数的估计量就是

$$\hat\beta^\tau = \operatorname*{argmin}_{\beta}\sum_{i=1}^{n}\rho_\tau(Y_i-\beta) \tag{7.9}$$

为了培养对这种损失函数或目标函数的直觉,我们举例说明 $\tau=\frac{1}{2}$ 和样本量 $n=1,2,3$ 和 4 的情况。图 7.3 给出了这种情况的一个例子。如图所示,目标函

[①] 因此,以下估计量不仅适用于分位数回归,而且也可用于适宜使用非对称损失函数的其他情况。例如,一家金融机构可能会认为巨额亏损的风险高于(或低于)获得巨额收益的机会。

数并非处处可微。除在一个或多个残差为零的点外，它是可微的。② 图中还显示，当(τn)为整数时，目标函数在最小值处是平整的。解通常在顶点处。为了验证最优性，只需验证目标函数在所有边上都是非递减的。

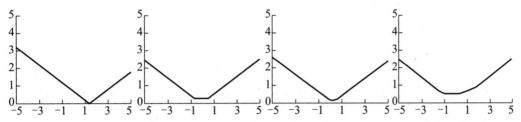

图7.3　(7.9)中的目标函数[其中ρ如(7.7)定义，$\tau=\frac{1}{2}$，样本大小(从左往右)依次为1,2,3和4]

与上述推导类似，如果存在唯一的内部解，我们可以证明当包含协变量X时，分位数的估计量可以定义为

$$\arg\min_{\beta} E[\rho_\tau(Y-X'\beta)] = \arg\mathop{zero}_{\beta} E[(\tau - \mathbb{1}\{Y<X'\beta\}) \cdot X] \quad (7.10)$$

现在假设有一个线性分位数回归模型，其中常数1包含在X中，

$$Y = X'\beta_0^\tau + U，其中 Q_{U|X}^\tau = 0$$

换言之，在真实值β_0^τ处，$(Y-X'\beta_0^\tau)$的分位数应为零。这表明线性分位数回归估计量为

$$\hat{\beta}^\tau = \mathop{\text{argmin}}_{\beta} \frac{1}{n}\sum_{i=1}^{n}\rho_\tau(Y_i - X'_i\beta)，其中 \rho_\tau 如式(7.7)所定义 \quad (7.11)$$

使用式(7.10)，我们可以选择β来将如下矩条件归零：

$$\left|\frac{1}{n}\sum_{i=1}^{n}(\tau - \mathbb{1}\{Y_i < X'_i\beta\}) \cdot X_i\right|$$

在有限的样本中，通常不可能将矩条件设置为零，因此我们将其设置为尽可能接近零。

例7.3　考虑$\tau=0.25$且不包含X的情况。假设我们有三个数据点。不可能找到一个β，使得$\sum(\tau-\mathbb{1}\{Y_i<\beta\})=0$。为了证明这一点，把这个方程改写为$\frac{1}{3}\sum_{i=1}^{3}\mathbb{1}\{Y_i<\beta\}=0.75$，显然这个等式是不可能成立的。

但可以肯定的是，随着$n\to\infty$，矩条件与零的距离将逐渐消失。也就是说，对于有限n，目标函数(7.11)是不可微的，而$E[\rho_\tau(Y-X'\beta)]$通常是可微的。目标函数

---

② 在这些点，它只有所谓的方向导数(directional derivatives)。

(7.11)是分段线性连续的。它在任何地方都可微,对至少一个样本观测而言,它是处处可微的,除了在那些 $Y_i - X_i'\beta = 0$ 的 β 处。如前所述,在这些点上,目标函数具有方向导数,这些导数取决于评估的方向。如果在点 $\hat{\beta}$ 的所有方向上导数都是非负的,则 $\hat{\beta}$ 使目标函数(7.11)最小化。③

分析推导时,人们可能更倾向于使用

$$\frac{1}{n}\sum_{i=1}^{n}(\tau - \mathbb{1}\{Y < X'\beta\}) \cdot X$$

作为目标函数(7.11)的近似导数,并应用类似的方法。对于一个可微的目标函数 $Q_D(\beta)$,我们通常采用以下形式的泰勒展开式:

$$Q_D(\hat{\beta}) - Q_D(\beta_0) = \frac{\partial Q_D(\beta_0)}{\partial \beta}(\hat{\beta} - \beta_0) + O((\hat{\beta} - \beta_0)^2)$$

其中在估计量一致的情况下最后一项消失。对于不可微的目标函数,我们可以使用近似导数 Δ:

$$Q_D(\hat{\beta}) - Q_D(\beta_0) = \Delta(\beta_0) \cdot (\hat{\beta} - \beta_0) + 余项$$

并施加充分的正则性条件,使得

$$Q_D(\hat{\beta}) - Q_D(\beta_0) - \Delta(\beta_0) \cdot (\hat{\beta} - \beta_0)$$

快速收敛到零。④

我们已经注意到使用线性分位数回归函数时的分位数交叉问题,回想图 7.2 和上述讨论。当然,根据定义,分位数 $Q_{Y|X}$ 在 τ 上是非递减的。但是,如果我们按(7.11)估计分位数,则无法保证估计值 $\hat{Q}_{Y|X}$ 在 τ 上是非递减的。出现分位数交叉可能是由于抽样变化大,或者(通常)只是由于模型的错误设定:如果我们假设分位数函数是线性模型,则根据定义,分位数函数必须在某些 $X = x$ 的值上交叉[尽管这可能超出了 supp(X)],除非所有分位数函数都是平行的。因此,分位数交叉可以用来测试是否存在模型误设。如果在密度 f_X 接近于零的边界处发生交叉,则可能不太需要担心模型误设。例如,如果教育年限始终为正,则我们不关心分位数是否在某个 $x \leqslant 4$ 的值上交叉。但是,如果交叉发生在密度 f_X 较高的区域,我们必须考虑重新确定模型,例如加入平方项或高阶项。

为了说明这一点,让我们来看看位置-标度偏移模型的例子,即对于 $X_i \in IR^1$

$$Y_i = \alpha + X_i\beta + (\gamma + \delta X_i)U_i, 其中 U_i \perp\!\!\!\perp X_i$$

但只考虑 $\alpha = \beta = \gamma = 0$ 和 $\delta = 1$ 的情况。该模型的条件分位数在 X 不为零时是线性

---

③ 进一步的讨论见 Koenker(2005)。
④ 严格的证明过程通常利用(7.11)的凸性,并应用 Pollard 的凸性引理。

的,但是在 $X=0$ 时斜率改变。当 $X=1$ 时,条件分位数为 $Q_{Y|X}^{\tau}(1)=F_U^{-1}(\tau)$,当 $X=-1$ 时,条件分位数为 $Q_{Y|X}^{\tau}(-1)=-F_U^{-1}(1-\tau)$。因此,可以如(7.6)所示对分位数建模,斜率在 $X=0$ 时变化。只把分位数假设成线性模型是不正确的。图 7.4 中显示了 $\tau=0.75$ 的条件分位数,左图表示 U 是标准正态时的条件分位数,右图表示均匀误差时的条件分位数。由于正态分布是关于零对称的,$F_U^{-1}(\tau)$ 和 $-F_U^{-1}(1-\tau)$ 的值是相同的,因此左图中零的左右两侧的斜率的绝对值相同。在右图中,斜率的符号没有改变,但是斜率大小发生了变化,尽管条件中值仍然是线性的。

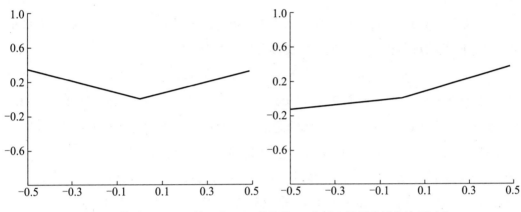

图 7.4 模型 $Y_i=X_iU_i$ 的两个 0.75 分位数,一个对应于标准正态的 U(左),一个对应于均匀误差(右)

同样,由于许多原因,在所需估计的分位数上可能会发生分位数交叉。有趣的是,即使我们用一个简单的线性模型(7.11)分别估计所有分位数函数,也不能保证至少在设计点的中心 $\bar{X}=\frac{1}{n}\sum X_i$,估计出的分位数函数 $Q_{Y|X}^{\tau}(\bar{X})=\bar{X}'\hat{\beta}^{\tau}$ 在 $\tau\in[0,1]$ 上是非递减的。[5] 另一方面,如果模型设置确实是正确的,则显示交叉分位数的估计值也不会是有效的,因为它们不满足 $Q_{Y|X}^{\tau}$ 在 τ 中必须非递减。存在同时估计所有分位数的参数(线性)分位数回归的算法,但需要完善目标函数,使得 $Q_{Y|X}^{\tau}$ 在 τ 中非递减。

7.1.2 线性回归分位数估计量

我们有基于线性规划(linear programming, LP)的成熟算法,如果要估计各种 τ 的 β_0^{τ},这些算法将尤其有趣。改写以下形式的估计量[仍使用式(7.7)中定义的 ρ_{τ}]

---

[5] 见 Koenker(2005)中的定理 2.5。

$$\hat{\beta}^{\tau} = \underset{\beta}{\arg\min} \sum_{i=1}^{n} \rho_{\tau}(Y_i - X_i'\beta)$$

$$= \underset{\beta}{\arg\min} \sum_{i=1}^{n} \tau(Y_i - X_i'\beta) \mathbb{1}\{Y_i > X_i'\beta\} - (1-\tau)(Y_i - X_i'\beta) \mathbb{1}\{Y_i < X_i'\beta\}$$

因此,估计量使正残差的加权和最小化。考虑残差 $r_{1i} = |Y_i - X_i'\beta| \mathbb{1}\{Y_i > X_i'\beta\}$ 和 $r_{2i} = |Y_i - X_j'\beta| \mathbb{1}\{Y_i < X_j'\beta\}$,使得

$$\hat{\beta}^{\tau} = \underset{\beta}{\arg\min} \sum_{i=1}^{n} \tau r_{1i} + (1-\tau) r_{2i}, \text{其中 } r_{1i} - r_{2i} = Y_i - X_i'\beta, r_{1i}, r_{2i} \geqslant 0$$
(7.12)

给定 i,两个残差 r_{1i} 和 r_{2i} 中只有一个不为零。可以证明,该解与在 β, r_1 和 r_2 上最小化的 LP 问题的解是相同的。现在定义以下线性规划问题:

$$\min_{z} c'z \quad \text{s. t.} \quad Az = Y_n, z \in S \quad (7.13)$$

其中 $A = [X \vdots I \vdots -I]$ 是维数为 $n \times (\dim(X) + 2n)$ 的矩阵,列向量 c 为 $(\mathbf{0}'_{\dim(X)}, \tau \mathbf{1}'_n, (1-\tau)\mathbf{1}'_n)'$,其中 $\mathbf{1}_n$ 是由 n 个 1 组成的向量。列向量 z 的长度为 $\dim(X) + 2n$,集合 S 为 $IR^{\dim(X)} \times IR^{2n}_{+0}$。设 z 为 $(\beta', r'_{1n}, r'_{2n})'$ 正好再现了表达式(7.12)。在(7.13)中,标量 $c'z$ 在 z 上最小化,其中 z 满足线性约束 $Az = Y_n$,且除了第一个 $\dim(X)$ 分量 z 为非负数。后者指系数 β,而前者表示非负残差 r_{1i} 和 r_{2i}。将最小化问题表示为如(7.13)所示的规范形式后,就可使用传统线性规划(LP)算法估计 z,从而估计 β。[6]

如前所述,人们通常对估计 τ 的各种值的 β^{τ}_0 感兴趣,例如所有十分位或所有百分位。对于有限数量的观测,只有有限数量的不同估计值,见习题 1。此外,不同 τ 的估计值 $\hat{\beta}^{\tau}$ 将相互关联,这对于检验各个斜率是否相等很重要。所有分位数的估计值在数值上是相关的这一事实也表明,如果能高效执行算法的话,那么同时估计分位数的算法应该是非常快速的。如果我们想通过估计"全部"百分位数来估计条件分布,这是很有帮助的。

为了推导置信区间和检验假设,需要知道或估计出 $\hat{\beta}^{\tau}$ 的分布。Koenker(2005,第 3 章)推导出了线性分位数回归模型的精确分布,对于大样本量而言,这类模型的计算成本很高。推导 $\hat{\beta}^{\tau}$ 的分布在非线性情况下会变得更难。因此,基于渐近理论的近似可能对大样本 n 的情况更有帮助。

为了说明上的便利,考虑独立同分布误差的情况,并假设一个线性分位数回归模型,其中 X 包括常数 1,

$$Y = X'\beta^{\tau}_0 + U, \quad Q^{\tau}_{U|X} = 0$$

---

[6] 例如,Koenker(2005,第 6 章)介绍了这些算法。

设 $\hat{\beta}^\tau$ 是从最小化问题(见上文)中获得的估计量,$\tau \in (0,1)$。在下面的假设下,我们可以得出它的一致性和统计性质:

假设 Q1 设 F_i 是 Y_i 的条件累积分布函数(或者简单地说是 U_i 的累积分布函数),允许存在异方差。于是我们假设对于任何 $\varepsilon > 0$,有

$$\sqrt{n}\left(\frac{1}{n}\sum_{i=1}^n F_i(X_i'\beta_0^\tau - \varepsilon) - \tau\right) \xrightarrow{n \to \infty} -\infty \quad \text{且}$$

$$\sqrt{n}\left(\frac{1}{n}\sum_{i=1}^n F_i(X_i'\beta_0^\tau + \varepsilon) - \tau\right) \xrightarrow{n \to \infty} \infty$$

这个条件要求在点 0 处误差项 U 的密度以适当的速率从零开始向外发散。如果 U 在 ε 邻域中的密度为零,则前面两个表达式将为零。这些条件要求 U 在 ε 邻域中具有正密度,因此这些条件是简单的识别条件。下一个假设与数据矩阵 X 有关。

假设 Q2 存在实数 $d > 0$ 和 $d' > 0$,使得

$$\liminf_{n \to \infty} \inf_{\|\beta\|=1} \frac{1}{n}\sum_{i=1}^n \mathbb{1}\{|X_i'\beta| < d\} = 0, \quad \limsup_{n \to \infty} \sup_{\|\beta\|=1} \frac{1}{n}\sum_{i=1}^n (X_i'\beta)^2 \leqslant d'$$

这些条件确保 X_i 观测值不是共线性的,即不存在 β 使得对于每个观测到的 X_i 满足 $X_i'\beta = 0$。第二部分控制 X_i 的增长率,且当 $\frac{1}{n}\sum X_i X_i'$ 趋向于正定矩阵时,第二部分成立。可以使用其他条件集来证明一致性,例如,通过权衡关于 U 密度的某些条件与关于 X 设计的条件。

假设 Q1 和 Q2 通常足以使估计量获得一致性。为了检验估计量的渐近分布,需要更强的条件。我们仍然假设 Y_i 是独立同分布的观测值,其条件分布函数为 $F_i = F_{Y_i|X_i}$。为了便于标记,我们设 $\xi_i^\tau = Q_{Y_i|X_i}$。然后我们需要施加以下假设:

假设 Q3 对于所有 i,累积分布函数 F_i 是绝对连续的,其密度函数 f_i 一致连续且在零点处跳跃,并且在点 $f_i(\xi_i^\tau)$ 处趋于无穷。

假设 Q4 存在正定矩阵 $\mathcal{D}_0$ 和 $\mathcal{D}_1$,使得

$$\lim \frac{1}{n}\sum_{i=1}^n X_i X_i' = \mathcal{D}_0, \quad \lim \frac{1}{n}\sum_{i=1}^n f_i(\xi_i^\tau) X_i X_i' = \mathcal{D}_1, \quad \lim_{n \to \infty} \max_i \frac{1}{\sqrt{n}}\|X_i\| = 0$$

于是,在假设 Q3 和 Q4 下,系数估计值在分布上收敛为

$$\sqrt{n}(\hat{\beta}^\tau - \hat{\beta}_0^\tau) \xrightarrow{d} N(0, \tau(1-\tau)\mathcal{D}_1^{-1}\mathcal{D}_0\mathcal{D}_1^{-1})$$

证明过程包括三个步骤。第一,可以证明函数

$$Z_n(\delta) = \sum_{i=1}^n \rho_\tau\left(U_i - \frac{X_i'\delta}{\sqrt{n}}\right) - \rho_\tau(U_i), \text{其中 } U_i = Y_i - X_i'\beta_0^\tau$$

在 δ 上是凸函数,并且在分布上收敛到函数 $Z_0(\delta)$。第二,由于 $Z_0(\delta)$ 也是凸的,

最小化值是唯一的,且 arg min $Z_n(\delta)$ 在分布上收敛到 arg min $Z_0(\delta)$。第三,可以证明 $\sqrt{n}(\hat{\beta}^\tau - \beta_0^\tau)$ 相当于 $Z_n(\delta)$ 的最小化值。因为后者

$$Z_n(\delta) \xrightarrow{d} -\delta'W + \frac{1}{2}\delta'\mathcal{D}_1\delta \text{,其中 } W \sim N(0, \tau(1-\tau)\mathcal{D}_0)$$

由于左侧和右侧在 δ 中是凸函数,并且有唯一的最小化值,于是有

$$\arg\min Z_n(\delta) \xrightarrow{d} \arg\min\left(-\delta'W + \frac{1}{2}\delta'\mathcal{D}_1\delta\right) = \mathcal{D}_1^{-1}W \sim N(0, \tau(1-\tau)\mathcal{D}_1^{-1}\mathcal{D}_0\mathcal{D}_1^{-1})$$

(7.14)

最后证明函数 $Z_n(\delta)$ 在 $\sqrt{n}(\hat{\beta}^\tau - \beta_0^\tau)$ 处确实取到最小值。为了验证这一点,请注意通过一些计算,可以检查 $Z_n(\sqrt{n}(\hat{\beta}^\tau - \beta_0^\tau)) = \sum_{i=1}^n \rho_\tau(Y_i - X_i'\hat{\beta}^\tau) - \rho_\tau(U_i)$。根据线性分位数回归估计量的定义,第一项此时达到最小值。第二项与 δ 无关。因此,arg min $Z_n(\delta) = \sqrt{n}(\hat{\beta}^\tau - \beta_0^\tau)$,且借助(7.14),它就表示 $\hat{\beta}^\tau$ 的渐近分布。

考虑一个简单的单变量分位数回归的例子,其中 X 只包含一个常数。于是

$$\sqrt{n}(\hat{\beta}^\tau - \beta_0^\tau) \xrightarrow{d} N\left(0, \frac{\tau(1-\tau)}{f_Y^2(Q_Y^\tau)}\right)$$

(7.15)

当 $\tau(1-\tau)$ 较大时,方差较大,且 $\tau(1-\tau)$ 的最大值为 0.5。因此,这部分方差分量在分位数尾部(即 τ 过小或过大时)较小。另一方面,当密度 $f_Y(Q_Y^\tau)$ 较小时,方差较大,这通常会增加尾部的方差。如果密度 $f_Y(Q_Y^\tau)$ 非常小,收敛速度会比 $\sqrt{n}$ 慢,因为我们预计在那里观察到的观测值很少。

由于(7.15)的正态性,我们可以很容易地扩展上述推导,以获得几个分位数的联合分布,如 $\hat{\beta}^\tau = (\hat{\beta}^{\tau_1}, \cdots, \hat{\beta}^{\tau_m})$:

$$\sqrt{n}(\hat{\beta}^\tau - \beta_0^\tau) \xrightarrow{d} N(0, \Omega), \Omega_{ij} = \frac{\min(\tau_i, \tau_j) - \tau_i\tau_j}{f(F^{-1}(\tau_i)) \cdot f(F^{-1}(\tau_j))}, \Omega = \{\Omega_{ij}\}_{i,j}^{m,m}$$

使用与习题 3 中要求的类似的导数,我们可以计算出线性分位数回归估计量的影响函数表达式,即对于 $\tau \in (0,1)$,有

$$\sqrt{n}(\hat{\beta}^\tau - \beta_0^\tau) = \mathcal{D}_1^{-1}\frac{1}{\sqrt{n}}\sum_{i=1}^n X_i \cdot (\tau - \mathbb{1}\{Y_i - \xi_i^\tau < 0\}) + O(n^{-\frac{1}{4}}(\ln\ln n)^{\frac{3}{4}})$$

见 Bahadur(1966) 和 Kiefer(1967)。可以进一步证明对于一些 $0 < \varepsilon < 1$,在区间 $\tau \in [\varepsilon, 1-\varepsilon]$ 上,这个表达式一致成立。

如果 β^τ 保持不变,这些 $\hat{\beta}^\tau$ 允许我们预测 X 的不同分布下的 Y 的无条件分位数(或者说 X 对于 U 的分布的贡献)。事实上,由于我们有(见习题 2)

$$Q_Y^\tau = F_Y^{-1}(\tau) \Leftrightarrow \int\left(\int \mathbb{1}\{Y \leqslant Q_Y^\tau\}dF_{Y|X}\right)dF_X$$

$$= \int \Big(\int_0^1 \mathbb{1}\{F_{Y|X}^{-1}(t \mid X) \leqslant Q_Y^\tau\} dt \Big) dF_X = \tau \tag{7.16}$$

你可以根据 $F_{Y|X}^{-1}(t \mid X)$ 的一致估计值 $\hat{\beta}^t$ 来预测 Q_Y^τ，其中 $t=0 \leqslant t_1 < \cdots < t_J \leqslant 1$，$t_1$ 接近于 0，t_J 接近于 1。你只需要应用(7.16)的经验对应部分，即

$$\hat{Q}_Y^\tau = \inf\Big\{q : \frac{1}{n}\sum_{i=1}^n \sum_{j=1}^J (t_j - t_{j-1}) \mathbb{1}\{x_i\hat{\beta}^{t_j} \leqslant q\} \geqslant \tau\Big\} \tag{7.17}$$

例 7.4 Melly(2005)使用线性分位数回归方法复制了 Juhn, Murphy 和 Pierce(1993)研究的整个分布的各个部分，而不仅仅是均值。这使他得以研究 1973—1989 年美国按性别划分的工资不平等的发展情况。具体而言，他模拟了 1973 年的(假设的)工资分布，该人群的特征分布与 1989 年观察到的一样，但分位数回报 $\beta_j^{t_j}(j=1,\cdots,J)$ 还是使用 1973 年的分位数。因此，他可以量化分析这 16 年中收入不平等的变化有多少是由人群特征的变化引起的。然后，他计算了 β^τ 与中值收益的偏离的变化，即 $\beta_{89}^{0.5} - \beta_{73}^{0.5} + \beta_{73}^\tau$，以便估计出如果中值回报与 1989 年一样，而残差分布与 1973 年一样将会是什么分布。综上，在这些条件下，他可以计算出从 1973—1989 年收入不平等的变化有多少是由于回报和/或 X 的变化引起的。

或者，如果不使用(7.16)和(7.17)，我们可以首先从 $U[0,1]$ 中随机抽取 $t_i(j=1,\cdots,n)$，简单地生成一个特征为 $\{x_j^*\}_{j=1}^m$ 的"目标总体"的人为样本 $\{y_j^*\}_{j=1}^m$(例如，在上面的例子中，取 1989 年的 x)，从真实样本 $\{(y_i,x_i)\}_{i=1}^n$ 的"源总体"(在以上的例子中是 1973 年的总体)估计相应的 $\hat{\beta}^{t_j}$，然后设置 $y_j^* := x_j\hat{\beta}^{t_j}$。于是，通过该人为样本 $\{y_j^*\}_{j=1}^m$ 可以揭示出目标总体中 Y 的分布；参考 Machado 和 Mata(2005)。

尽管上述的线性分位数回归无疑是目前使用最广泛的方法，我们最后还是引入了非参数分位数回归。人们已经发现了由线性模型扩展至非线性参数模型的方法，但直接进行非参数方法，即局部分位数回归(local quantile regression)可能是最有启发性的。与前几章类似，我们将通过局部多项式平滑来实现这一点。让我们从一维 X_i 的情形开始，我们的目标是在 $X=x$ 处估计条件分位数函数 $Q_{Y|X}^\tau(x)$。局部线性分位数回归估计量是下式的解 a：

$$\min_{a,b} \sum \rho_\tau\{Y_i - a - b(X_i - x)\} \cdot K\Big(\frac{X_i - x}{h}\Big)$$

将其扩展至高阶多项式的方法是显而易见的，但在实践中似乎很少使用。注意，局部常数回归分位数不会交叉，而(高阶)局部多项式可能会交叉，这取决

于带宽的选择。关于渐近性⑦，收敛速度是已知的（见下文），而方差通常是通过模拟方法（即刀切法、靴带法或子样本抽样法）估计的。设

$$Y = g(X) + U, \text{其中 } Q_{U|X}^\tau = 0$$

g 属于 Hölder 连续函数族 $C^{k,a}$（即有 k 个连续可微导数，且 k 阶导数在指数 α 上 Hölder 连续）。结果表明，当选择与 $n^{-\frac{1}{2(k+a)+\dim(X)}}$ 成比例的带宽 h 时，函数的估计值 $\hat{g}$ 几乎肯定会收敛于 g，如下所示：

$$\|\hat{g} - g\| = O(n^{\frac{(k+a)}{2(k+a)+\dim(X)}} \cdot \sqrt{\ln n})$$

因此，这个结果类似于条件期望的非参数估计。

7.2　分位数处理效应

截至目前，我们已经考虑了 $Q^\tau_{Y|X}$ 的估计，即可观测变量之间的（分位数）关系。正如本书一直强调的，实证研究的主要兴趣并不在于估计边际效应，而在于估计总体效应，在我们的案例中，就是处理变量 D 的全部因果效应。或者，你可以说我们关心的是估计潜在的结果。

我们再次从最简单的设置开始，其中 D 是二元变量，$(Y^1, Y^0) \in IR^2$ 是潜在的结果。我们可能关心的是这些潜在结果的分位数，即

$$Q^\tau_{Y^1} \text{ 与 } Q^\tau_{Y^0}, \text{其中 } Q^\tau_{Y^d} = \inf_q \Pr(Y^d \leqslant q) \geqslant \tau, d = 0, 1$$

（Y^d 的 τ 分位数）或分位数之间的差异，甚至是结果差异 $Q^\tau_{Y^1-Y^0}$ 的分布。但人们很少对后者感兴趣。相反，人们可能会对增加"处理组"的比例的直接影响感兴趣，例如一个国家加入工会的工人比例 $p = \Pr(D=1)$ 对 Y（比如工资）分布的 τ 分位数的直接影响。注意，单条件分位数回归的系数⑧ $\beta^\tau = F_Y^{-1}(\tau | D=1) - F_Y^{-1}(\tau | D=0)$ 通常不同于

$$\partial Q^\tau(p)/\partial p = \{\Pr(Y > Q^\tau | D = 1) - \Pr(Y > Q^\tau | D = 0)\}/f_Y(Q^\tau) \tag{7.18}$$

此方程可由下面的隐式微分得到

$$F_Y(Q^\tau) = p \cdot \{\Pr(Y \leqslant Q^\tau | D = 1) - \Pr(Y \leqslant Q^\tau | D = 0)\} + \Pr(Y \leqslant Q^\tau | D = 0)$$

并使用

---

⑦　Chaudhuri（1991）在一篇相当专业的论文中对此进行了介绍。文章中没有给出渐近偏差和方差。
⑧　例如，见 Firpo, Fortin 和 Lemieux（2009）。

$$2f_Y(Q^\tau) = p \cdot \{f_Y(Q^\tau | D=1) - f_Y(Q^\tau | D=0)\} + f_Y(Q^\tau | D=0)$$

大多数文献都集中在研究 $Q_{Y^1}^\tau - Q_{Y^0}^\tau$ 上,尽管研究 $Q_{Y^1}^\tau / Q_{Y^0}^\tau$ 可能同样有趣。为了估计 $Q_{Y^1}^\tau$ 和 $Q_{Y^0}^\tau$,只需要识别假设 Y^1 和 Y^0 的边缘分布,而为了估计 $Q_{Y^1-Y^0}^\tau$,需要确定关于 Y^1 和 Y^0 联合分布的假设。但由于对边际分布的了解不足以确定联合分布,因此后者更具挑战性。假设 Y^1 和 Y^0 的分布完全相同,因此对于每个分位数,差值 $Q_{Y^1}^\tau - Q_{Y^0}^\tau$ 为零。如果每个个体的处理效应都为零,就可能会发生这种情况。然而,这也可能是个体的处理效应相互抵消的结果,即一些个体有负的处理效应,而另一些个体有正的处理效应。与此同时,$Q_{Y^1-Y^0}^\tau$ 可能仍然是正的或负的,因为它观察的是差异的分布,而分位数的差异 $Q_{Y^1}^\tau - Q_{Y^0}^\tau$ 只是测量两个结果分布的差距。

例如,如果处理没有改变个体的顺序,即对于任何两个个体,$Y_i^0 > Y_j^0$ 意味着 $Y_i^1 > Y_j^1$,而 $Y_i^0 = Y_j^0$ 意味着 $Y_i^1 = Y_j^1$,那么 $Q_{Y^1}^\tau - Q_{Y^0}^\tau$ 给出了结果分布中第 τ 个个体的处理效应。这通常仍不同于 $Q_{Y^1-Y^0}^\tau$,因为 $Q_{Y^1-Y^0}^\tau$ 指的是处理效应的分位数,例如 90% 的从处理中获益最多的人。另一种解释方法是,对所有分位数的积分就是期望值,即

$$\int_0^1 Q_{Y^1}^\tau d\tau = E[Y^1] \text{ 与 } \int_0^1 Q_{Y^1-Y^0}^\tau d\tau = E[Y^1 - Y^0]$$

因此,我们得到了关系式

$$\int_0^1 (Q_{Y^1}^\tau - Q_{Y^0}^\tau) d\tau = E[Y^1 - Y^0] = \int_0^1 Q_{Y^1-Y^0}^\tau d\tau$$

它没有为我们提供在特定分位数 τ 上关于 $Q_{Y^1-Y^0}^\tau$ 的信息。

然而,为了解释分位数处理效应,需记住我们通常不会对结果函数 $Y = \varphi(D, X, U)$ 施加秩不变性假设。因此我们并没有强制规定,在 Y^1 分布中处于第 90 百分位的个体也将在 Y^0 分布中处于第 90 百分位。因此,即使 Y^1 的分布在一阶随机支配 Y^0(例如如果工资右移),也不确定在处理后每个个体的工资是否会增加。在 Y^0 分布中处于第 90 百分位的个体可能在 Y^1 分布中处于第 20 百分位。因此,分布的差异并不能提供个体处理效应的分布。它们可能有助于限制个体处理效应的分布,但这些界限通常很宽且不具信息性。为了能够将分位数处理效应解释为个体处理效应,我们需要一些关于 $\varphi(.,.,U_i)$ 的单调性假设。

总之,由于分位数处理效应是总结处理分布影响的直观方法,我们将注意力集中在它们上:

$$\Delta^\tau = Q_{Y^1}^\tau - Q_{Y^0}^\tau \tag{7.19}$$

分位数处理效应也可以定义在处理组上,即处理组的 QTE(QTET)

$$\Delta_{D=1}^{\tau} = Q_{Y^1|D=1}^{\tau} - Q_{Y^0|D=1}^{\tau} \tag{7.20}$$

值得注意的是我们通常单独识别 $Q_{Y^1}^{\tau}$ 和 $Q_{Y^0}^{\tau}$（或 $Q_{Y^1|D=1}^{\tau}$ 和 $Q_{Y^0|D=1}^{\tau}$）。因此，除了差分 Δ^{τ}，我们还可以检查其他参数，例如处理对不相等度量的影响，如分位数间隔。一个典型的不相等度量是十分位数之间的比率，可以定义为

$$\frac{Q_{Y^1}^{0.9}}{Q_{Y^1}^{0.1}} - \frac{Q_{Y^0}^{0.9}}{Q_{Y^0}^{0.1}} \quad \text{或者为} \quad \frac{Q_{Y^1}^{0.9}}{Q_{Y^1}^{0.1}} \bigg/ \frac{Q_{Y^0}^{0.1}}{Q_{Y^0}^{0.9}}$$

对于下面的讨论，区分无条件 QTE 和条件 QTE 是很重要的。关于无条件 QTE，见方程(7.19)给出了总体中 D 的影响。关于条件 QTE, $\Delta_X^{\tau} = Q_{Y^1|X}^{\tau} - Q_{Y^0|X}^{\tau}$ 给出了 D 对具有特征 X 的个体的子总体的影响，其中 X 可能包含一些在前面章节中讨论过的混杂变量。在研究条件效应和无条件效应时，它们各自的右边的式子都很有趣。在某些应用中，条件效应 Δ_X^{τ} 可能是最重要的，例如在检验处理效应异质性的假设时。从非参数视角上看，条件效应 Δ_X^{τ} 只能实现非参数收敛速度，因此可能会受到维数诅咒的影响，除非施加了可加性等附加结构。总之，如果 X 中包含许多变量，则通常以低精度估计 Δ_X^{τ}，除非施加函数形式的限制。

另一方面，没有任何参数限制的无条件 QTE 可以（至少在一定的正则条件下）以 $\sqrt{n}$ 速度进行估计。因此，人们期望无条件 QTE 估计比条件 QTE 估计更精确。就公共政策评估而言，无条件 QTE 也可能更具吸引力，因为它比控制了 X 向量的条件 QTE 更容易传达给决策者（和公众）。事实上，直到今天，条件分位数依然很容易导致混淆和错误解释。至于均值，条件分位数函数是多维函数；相比之下，无条件 QTE 总结了处理对整个总体的影响，因此是一个一维函数。

我们将以一种略显非传统的方式组织本章的其余部分。对于随机对照试验，无条件分位数处理效应的计算是很容易的——你只需分别比较观察到的 Y^1 和 Y^0 的分位数。因此，我们直接考虑 CIA 下分位数处理效应的估计。CIA 下的条件 QTE 就是标准的分位数估计，尽管 CIA 分别作用于处理组和对照组，以便我们随后比较两组的结果。因此，如何有效地估计 CIA 下的无条件 QTE 变得更有趣。这一思想将推广到无条件 QTE 的工具变量估计。最后我们将对条件 QTE 的工具变量估计进行评述。然后我们用整整一节阐述运用 RDD 对 QTE 进行估计，这样做的原因至少有两个：第一，在标准分位数回归分析中不存在类似于用 RDD 估计 QTE 的情况；第二，运用 RDD 对 QTE 进行估计将是特别有趣的，因为通常 RDD 估计量对异常值非常敏感，但分位数估计对异常值不敏感。

7.2.1 估计分位数处理效应时的可观测变量选择

如前所述,沿着本书的结构,我们从选择无条件 QTE 估计量的可观测变量开始。[⑨] 换言之,我们在以 X 为条件时 D 是外生的时候,进行处理效应的估计(分位数的 CIA)。同样,我们的识别策略将是完全非参数的,即不依赖于任何关于函数形式的假设。

显然,如果选择问题可以通过对一组协变量 X 进行控制来解决,例如

$$Y^d \perp\!\!\!\perp D \mid X \tag{7.21}$$

并且如果给定了公共支撑区间 $\text{Supp}(X|D) = \text{Supp}(X)$,那么预期的潜在结果的分布为

$$F_{Y^d}(a) = \int_E [1\!\!1\{Y \leqslant a\} \mid X, D = d] dF_X \tag{7.22}$$

分位数可以通过求分布函数的反函数得到,即

$$Q_{Y^d}^\tau = F_{Y^d}^{-1}(\tau)$$

前提是 $F_{Y^d}(\tau)$ 是可逆的。此式说明我们可以很好地定义分位数 $Q_{Y^d}^\tau$,因此这不是对 QTE 估计的限制,而是一个基本假设。为了估计(7.22),对于所有可观测个体 $i = 1, \cdots, n$ 及其 x_i,你现在可以通过一致的(例如非参数回归)方法估计出 $E[1\!\!1\{Y \leqslant a\} \mid X = x_i, D = d]$,然后取代表你感兴趣的人群的样本(即全体,或仅处理组,或仅对照组)的平均值。或者通过倾向得分进行加权得到

$$F_{Y^d}(a) = E\left[\frac{1\!\!1\{Y \leqslant a\} \cdot 1\!\!1\{D = d\}}{\Pr(D = d \mid X)}\right], 见 (7.22)$$

此倾向得分加权表达式可由下式进行估计:

$$\frac{1}{n} \sum_{i=1}^n 1\!\!1\{Y_i \leqslant a\} \cdot 1\!\!1\{D_i = d\} / \Pr(D_i = d \mid X_i)$$

对于一些观测到的 x_i,如果估计出的概率 $\Pr(D = d|X)$ 非常小,此估计值可能在有限样本中不太精确。关于倾向得分的权重,也可以回顾本书的第 3 章。

例 7.5 Frölich(2007b)使用倾向得分匹配估计量来分析英国的性别工资差距。根据他的数据集,他研究了使用参数和非参数估计量的影响,研究了解释不同阶段抽样方案的估计量,还研究了结果对带宽和核选择(包括配对匹配)的敏感性。他控制了各种混杂因素,比如年龄、全日制或非全日制工作、私营或公营

---

⑨ 还可与 Melly(2005)、Firpo(2007)和 Frölich(2007b)进行比较。

部门以及个人的专业教育学位学科。他可以证明学科是工资差距中最重要的部分,但即使控制了所有可观察的特征,仍有33%的工资差距无法解释。[10] 其次,正如预期的那样,收入差距随着收入分位数的增大而增大,即 $Q_{Y^m}^\tau - Q_{Y^f}^\tau$（$m$＝男性,$f$＝女性）和 $Q_{Y^m}^\tau / Q_{Y^f}^\tau$ 随 τ 增大而增大。

这些考量对于某些应用场景和通常的识别都很有意义。但正如本章开头所讨论的,如果我们对两个分位数之间的差异及其渐近性质特别感兴趣,那么直接估计分位数可能比先估计整个分布函数更方便。为此,请注意上一个等式意味着

$$\tau = F_{Y^d}(Q_{Y^d}^\tau) = E\left[\frac{\mathbb{1}\{Y \leqslant Q_{Y^d}^\tau\} \cdot \mathbb{1}\{D = d\}}{\Pr(D = d \mid X)}\right]$$

因此,无论 (Y, X) 是来自处理组还是对照组,对于任意 d,我们都可以识别 $Q_{Y^d}^\tau$,通过

$$Q_{Y^d}^\tau = \arg\mathop{zero}_{\beta} E\left[\frac{\mathbb{1}\{Y < \beta\} \cdot \mathbb{1}\{D = d\}}{\Pr(D = d \mid X)} - \tau\right] \tag{7.23}$$

这可以看作是下式的一阶条件：

$$Q_{Y^d}^\tau = \arg\min_{\beta} E\left[\frac{\mathbb{1}\{D = d\}}{\Pr(D = d \mid X)} \cdot \rho_\tau(Y - \beta)\right] \tag{7.24}$$

因此,一旦我们估计出了倾向得分 $\Pr(D=d|X)$,并有权重 $\dfrac{\mathbb{1}\{D=d\}}{\Pr(D=d|X)}$,就可以使用传统的单变量分位数回归估计步骤。注意所有的权重都是正的,所以我们的函数是凸函数,可以用线性规划来求解。

在实践中,我们所需做的全部就是预测所有观测到的 x_i 的倾向得分函数 $\Pr(D=d|X=x_i)$,并用相应的样本均值代替(7.23)中的期望值。同样,你也可以考虑使用(7.22),用 $Q_{Y^d}^\tau$ 代替 a,然后用下式估计无条件分位数：

$$Q_{Y^d}^\tau = \arg\mathop{zero}_{\beta} \int E[\mathbb{1}\{Y \leqslant \beta\} \mid X, D = d] dF_X - \tau$$

通过对 $E[\cdots | x_i, D=d]$ 的一致估计量求平均值来替换 $\int [\cdots] dF_x$。

为了探究(7.23)和(7.24)的关系,我们将式子进行如下改写：

$$E\left[\frac{\mathbb{1}\{D = d\}}{\Pr(D = d \mid X)}\rho_\tau(Y - \beta)\right]$$

---

[10] 应当指出的是,差距的"已解释"部分也可能是由于歧视。众所周知,与受教育年限、需求等无关,由男性主导的学科分支或领域的薪酬系统性地高于由女性主导的领域。

$$= \tau E\left[\frac{1\{D=d\}}{\Pr(D=d\mid X)}(Y-\beta)\right] - E\left[\frac{1\{D=d\}}{\Pr(D=d\mid X)}(Y-\beta)1\{Y<\beta\}\right]$$

$$= \tau E\left[\frac{1\{D=d\}}{\Pr(D=d\mid X)}(Y-\beta)\right] - \iint\int_{-\infty}^{\beta}\frac{1\{D=d\}}{\Pr(D=d\mid X)}(Y-\beta)dF_{YXD}$$

利用莱布尼兹规则，关于 β 求微分，假设积分和微分的阶数可以互换，一些简单的代数计算就可以得出一阶条件是

$$0 = -\tau E\left[\frac{1\{D=d\}}{\Pr(D=d\mid X)}\right] + \iint\int_{-\infty}^{\beta}\frac{1\{D=d\}}{\Pr(D=d\mid X)}dF_{YXD}$$

$$= -\tau + \iint\int_{-\infty}^{\beta}\frac{1\{D=d\}}{\Pr(D=d\mid X)}1\{Y<\beta\}dF_{YXD}$$

$$= E\left[\frac{1\{D=d\}}{\Pr(D=d\mid X)}1\{Y<\beta\}\right] - \tau$$

进而得出(7.23)。

在讨论二元变量 D 的 QTEΔ^τ 估计量的统计性质时，回忆(7.19)，我们可以基于(7.23)或(7.24)的经验结果，考虑直接使用一致的非参数估计量来预测倾向得分 $p(X_i)$ 的情况。现在使用在第 2.2.3 节中所学的半参数估计。由(2.63)可得，用来在已知 $p(x)$ 时估计(7.23)的影响函数 ψ 是

$$g_d^\tau(Y,X,D) = -\frac{(1-d)-D}{(1-d)-p(X)}(1\{Y \leqslant Q_d^\tau\} - \tau)/f_{Y^d}, \quad d=0,1$$

注意，这只是普通的分位数回归乘以（必要的）倾向权重的影响函数。如果我们能足够好（即具有足够快的收敛速度[⑪]）地非参数估计 $p(x)$，那么(2.63)到(2.64)适用于 $|\lambda|=0, m(x):=p(x)$ 和 $y:=d$（在上一个等式中）。我们可以得到非参数先验估计的调整因子：

$$\alpha_d^\tau(D,X) = -\frac{D-p(X)}{(1-d)-p(X)}E[g_d^\tau(Y)\mid X,D=d]$$

因此，影响函数是

$$\psi_d^\tau(Y,D,X) = g_d^\tau(Y,X,D) - \alpha_d^\tau(D,X)$$

因此我们有

$$\sqrt{n}(\hat{\Delta}^\tau - \Delta^\tau) = \frac{1}{\sqrt{n}}\sum_{i=1}^{n}\psi^\tau(Y_i,D_i,X_i) + o_p(1) \xrightarrow[n\to\infty]{} N(0,V_\tau)$$

---

⑪ 正如我们在前几章中所讨论的，这要求 $\dim(x) \leqslant 3$ 或者使用基于对 $p(\cdot)$ 的高阶平滑度假设的偏误减小方法。

其中　$V_\tau = E[\{\psi_d^\tau(Y,D,X)\}^2] = E[\{g_d^\tau(Y,X,D) - \alpha_d^\tau(D,X)\}^2]$

$$= E\Big[\sum_{d=0}^{1} \frac{\text{Var}[(\mathbb{1}\{Y \leqslant Q_d^\tau\} - \tau)/f_{Y^d} \mid X, D=d]}{(1-d) - p(X)}$$

$$+ \Big\{E\Big[\frac{\mathbb{1}\{Y \leqslant Q_0^\tau\} - \tau}{f_{Y^0}} \mid X, D=0\Big]$$

$$- E\Big[\frac{\mathbb{1}\{Y \leqslant Q_1^\tau\} - \tau}{f_{Y^1}} \mid X, D=1\Big]\Big\}^2\Big] \quad (7.25)$$

方差的一个自然估计量是 $\frac{1}{n}\hat{V}_\tau$，其中 $\hat{V}_\tau = \frac{1}{n}\sum_{i=1}^{n}\{\hat{g}_d^\tau(Y_i,X_i,D_i) - \hat{\alpha}_d^\tau(D_i, X_i)\}^2$，用（非参数或半参数）估计值代替 g_d^τ, α_d^τ 中的所有未知参数和函数就得到了 $\hat{g}_d^\tau, \hat{\alpha}_d^\tau$。

最后需注意的是，同样的推理方法也可以应用于 QTET $\Delta_{D=1}^\tau$ 的估计。估计量就是最小化加权损失函数和的两个解的差：

$$\hat{Q}_{Y^1|D=1}^\tau = \arg\min_q \sum_{i=1}^{n} \frac{D_i}{\sum_{l=1}^{n} D_l} \rho_\tau(Y_i - q) \text{ 以及}$$

$$\hat{Q}_{Y^0|D=1}^\tau = \arg\min_q \sum_{i=1}^{n} \frac{1-D_i}{\sum_{l=1}^{n} D_l} \frac{p(X_i)}{1-p(X_i)} \rho_\tau(Y_i - q)$$

（ρ_τ 即(7.7)定义的形式）同样，实践中必须预测倾向分数 $p(x_i)$。

7.2.2 内生性下的分位数处理效应：工具变量

如果观察到的控制变量 X 的数量不足以使条件独立性假设 $Y^d \perp\!\!\!\perp D \mid X$ 成立，工具变量技术可能可以克服内生性问题。在第 4 章中，我们使用过一个三角不可分离（triangular non-separable）模型：

$$Y = \varphi(D, X, U), \quad D = \zeta(Z, X, V) \quad (7.26)$$

其中 φ 和 ζ 是未知函数，Z 是工具变量，X 是附加的控制变量，U 和 V 是可能相关的不可观测的异质性。（注意，我们允许 X 与 U 和/或 V 相关。）假设 Z 被排除在函数 φ 之外，即 Z 除了通过 D 与 Y 没有其他关系。Y 和 D 的相应的潜在结果是

$$Y^d = \varphi(d, X, U) \quad \text{与} \quad D^z = \zeta(z, X, V) \quad (7.27)$$

从前面的章节我们已经知道，(7.26)中的排除限制假设不足以使我们成功识别处理效应。正如我们在第 4 章中所讨论的，我们还需要单调性假设，即函数

ζ在 z 上是弱单调(weakly monotonous)的。在不损失一般性的情况下,我们将其标准化为递增函数,即假设外生地增加 Z 的值永远不会使 D 的值下降(或者也可以用 $-Z$ 来检查)。

假设 D 是二元变量,我们定义

$$z_{\min} = \min_{z \in Z} \Pr(D^z = 1) \quad 与 \quad z_{\max} = \max_{z \in Z} \Pr(D^z = 1)$$

由于单调性假设,对于顺从者 i,$D_i^{z_{\min}} < D_i^{z_{\max}}$,对于始终接受者或从不接受者 i,$D_i^{z_{\min}} = D_i^{z_{\max}}$。(如果 Z 是二元变量,显然 $z_{\min}=0$ 和 $z_{\max}=1$。)通过满足 $z_i=z_{\min}$ 和 $z_i=z_{\max}$ 的观测值,我们可以确定所有顺从者的处理效应,无论工具变量的数量多少或者它们是离散的还是连续的。渐近理论要求存在正质点,即 $\Pr(Z=z_{\min})>0$ 且 $\Pr(Z=z_{\max})>0$。这就排除了连续的工具变量,除非它们是兼具离散和连续属性的变量,并且在 $z_{\min}$ 和 $z_{\max}$ 处具有正质量。

同样,"顺从者"子总体是可以确定处理效应的最大的子总体(largest subpopulation)。如果工具变量 Z 足够强大,可以将所有人从 $D=0$ 移到 $D=1$,我们就能得出整个总体的平均处理效应(ATE)(但同时这也表明 $D|X$ 实际上是外生的,或者 $Z|X$ 是内生的)。如果 Y 是有界的,我们可以推导出总处理效应的边界,因为顺从者子总体的规模也是确定的。我们关注顺从者的 QTE:

$$\Delta_c^\tau = Q_{Y^1|c}^\tau - Q_{Y^0|c}^\tau \tag{7.28}$$

式中 $Q_{Y^1|c}^\tau = \inf_q \Pr(Y^1 \leq q|\text{顺从者}) \geq \tau$。

总结、识别和估计仅基于那些 $Z_i \in \{z_{\min}, z_{\max}\}$ 的观测值。[12] 在下文中,我们将自始至终假设 $z_{\min}$ 和 $z_{\max}$ 是已知的(而不是估计出来的),且 $\Pr(Z=z_{\min})>0$,$\Pr(Z=z_{\max})>0$。为了简化标记,我们之后将分别使用 0 和 1,而不是使用 $z_{\min}$ 和 $z_{\max}$。此外,我们只参考有效利用的样本 $\{i: Z_i \in \{0,1\}\}$ 或者换言之,我们假设 $\Pr(Z=z_{\min}) + \Pr(Z=z_{\max}) = 1$。对于单个二元工具变量 Z 应用此假设显然成立。在其他 $\Pr(Z=z_{\min}) + \Pr(Z=z_{\max}) < 1$ 的应用中,结果仅适用于 $\{i: Z_i \in \{0,1\}\}$ 的子样本。

通过只考虑 Z 的支撑区间的端点,将 Z 记为 0 和 1,并使用二元处理变量 D,我们可以像第 4 章那样定义总体分类,即四组 $\mathcal{T} \in \{a, n, c, d\}$(始终接受处理、从不接受处理、顺从者和逆反者),其中我们需要假设

假设 IV-1

(i) 顺从者的存在性:$\Pr(\mathcal{T}=c)>0$

---

[12] 与第 4 章中的边际处理估计量不同,我们没有研究 Y 的变化或者 Z 变化时顺从者总体的变化。

(ii) 单调性：$\Pr(\mathcal{T}=d)=0$

(iii) 独立工具变量：$(Y^d,\mathcal{T}) \perp\!\!\!\perp Z \mid X$

(iv) 共同支撑区间：$0<\pi(X)<1$ a.s.

其中 $\pi(x)=\Pr(Z=1 \mid X=x)$，我们还是将 $\pi(x)$ 称为"倾向得分"，尽管它其实是指工具变量 Z，而不是处理 D。

假设 IV-1(i) 要求工具变量具有一定的效力，至少有一些个体会对该变量产生反应。工具变量的强度可以用顺从者的概率质量表示。第二个假设体现了单调性，因为它要求对于所有个体，D^z 关于 z 弱递增（或对于所有个体弱递减）。第三个假设暗含要求排除限制（⇒三角形限制）和外生工具变量限制。换言之，Z_i 必须独立于个体 i 的潜在结果；那些观察到 $Z_i=z$ 的个体的相关不可观测特征不应与 $Z_j\neq z$ 的个体 j 不同。如第 4 章所述，除非工具变量是随机分配的，否则这些限制很难成立。然而，若以多个协变量 X 为条件，这些限制将变得更可信。

请注意，我们允许 X 是内生的，允许 X 以任何一种方式与（7.26）中的 U 和 V 相关。这在许多应用中可能是很重要的，尤其是当 X 包含滞后变量（因变量）时，这些滞后项很可能与不可观测的能力 U 有关。第四个假设要求在 $Z=0$ 和 $Z=1$ 子总体中，X 的支撑区间是相同的。之所以这样假设，是因为我们先通过以 X 为条件使得工具变量假设成立，但随后对 X 进行积分以获得无条件的处理效应。[13] 我们进一步假设分位数是唯一的，并且被良好地定义；这不是出于识别的需要，而是为了更方便地得到渐近理论。

假设 IV-2 随机变量 $Y^1 \mid c$ 和 $Y^0 \mid c$ 是连续的，且其密度分别在 $Q^\tau_{Y^1\mid c}$ 和 $Q^\tau_{Y^0\mid c}$ 的邻域内为正。

在假设 IV-1 和 IV-2 下，为了识别 QTE，自然地，我们先查看潜在结果的分布函数，然后求逆以获得顺从者的 QTE，例如 $\Delta^\tau_c = Q^\tau_{Y^1\mid c} - Q^\tau_{Y^0\mid c}$。可以看出，潜在结果的分布是

$$F_{Y^1\mid c}(u) = \frac{\int (E[\mathbb{1}\{Y\leqslant u\}D \mid X, Z=1] - E[\mathbb{1}\{Y\leqslant u\}D \mid X, Z=0])dF(x)}{\int (E[D \mid X, Z=1] - E[D \mid X, Z=0])dF(x)}$$

$$= \frac{E[\mathbb{1}\{Y\leqslant u\}DW]}{E[DW]} \tag{7.29}$$

---

[13] 另一组假设也可以产生相同的估计量，其用以 X 为条件时顺从者和逆反者具有相同平均处理效应的假设替换了单调性假设。

$$F_{Y^0|c}(u) = \frac{\int (E[\mathbb{1}\{Y \leqslant u\}(D-1) \mid X, Z=1] - E[\mathbb{1}\{Y \leqslant u\}(D-1) \mid X, Z=0]) dF(x)}{\int (E[D \mid X, Z=1] - E[D \mid X, Z=0]) dF(x)}$$

$$= \frac{E[\mathbb{1}\{Y < u\}(1-D)W]}{E[DW]} \tag{7.30}$$

权重是

$$W = \frac{Z - \pi(X)}{\pi(X)(1-\pi(X))}(2D-1) \tag{7.31}$$

此时我们可以利用事实得出顺从者的比例 P_c 是

$$P_c = \int (E[D \mid X, Z=1] - E[D \mid X, Z=0]) dF(x)$$

$$= E\left[\frac{E[DZ \mid X]}{\pi(X)} - \frac{E[D(1-Z) \mid X]}{1-\pi(X)}\right]$$

通过一些代数计算可以证明它等于 $E\left[D\dfrac{Z-\pi(X)}{\pi(X)\{1-\pi(X)\}}\right]$。因此,我们可以通过两个矩条件的解的差 $q_1 - q_0$ 来估计 QTE:

$$E[\mathbb{1}\{Y < q_1\}DW] = \tau E[(1-D)W] \quad \text{与} \quad E[\mathbb{1}\{Y < q_0\}(1-D)W] = \tau E[DW] \tag{7.32}$$

或类似地(见习题 4):

$$E[\{\mathbb{1}\{Y < q_1\} - \tau\}WD] = 0 \quad \text{与} \quad E[\{\mathbb{1}\{Y < q_0\} - \tau\}W(1-D)] = 0 \tag{7.33}$$

为了证明该式就是 QTE 估计,请注意,这些矩条件等价于加权的分位数回归表达式,即以下优化问题的解:

$$(\alpha, \beta) = \arg\min_{a,b} E[\rho_\tau(Y - a - bD) \cdot W] \tag{7.34}$$

其中和之前一样, $\rho_\tau(u) = u \cdot (\tau - \mathbb{1}\{u<0\})$。实际上,解 a 对应于 $Q_{Y^0|c}^\tau$,解 b 对应于 $\Delta_c^\tau = Q_{Y^1|c}^\tau - Q_{Y^0|c}^\tau$。因此, $\hat{\Delta}_c^\tau$ 的加权分位数估计量为

$$(\hat{Q}_{Y^0|c}^\tau, \hat{\Delta}_c^\tau) = \arg\min_{a,b} \frac{1}{n}\sum_{i=1}^n \rho_\tau(Y_i - a - bD_i)\hat{W}_i \tag{7.35}$$

其中 $\hat{W}_i$ 如(7.31)所示,但使用了个体 i 的 $\pi(X_i)$ 预测值。实践中的一个问题是,样本目标函数(7.35)通常是非凸的,因为对于 $Z_i \neq D_i$, W_i 是负数,因此 $\hat{W}_i$ 也是负数。这会使优化问题复杂化,因为可能存在局部优化。在这里这个问题不是很严重,因为我们只需要估计 $D=1$ 总体中的一个标量,而在 $D=0$ 总体中估计另一个标量。换言之,我们可以把(7.35)写成

$$\hat{Q}_{Y^1|c}^{\tau} = \arg\min_{q_1} \frac{1}{n}\sum_{i=1}^{n}\rho_{\tau}(Y_i - q_1)D_i\hat{W}_i \ \text{与}$$

$$\hat{Q}_{Y^0|c}^{\tau} = \arg\min_{q_0} \frac{1}{n}\sum_{i=1}^{n}\rho_{\tau}(Y_i - q_0)(1-D_i)\hat{W}_i \tag{7.36}$$

在总体 $D=1$ 和 $D=0$ 中，这是两个独立的一维估计问题，因此我们可以很容易地使用图形检查目标函数的网格搜索方法（grid-search method）来寻找局部极小值。

为了说明 QTE-IV 估计量的渐近统计性质，我们需要更多的假设，即

假设 IV-3 我们假设以下条件成立：

(i) 数据 $\{(Y_i; D_i; Z_i; X_i)\}_{i=1}^{n}$ 是独立同分布，其中 $\mathcal{X} \subset IR^q$ 是紧支撑集。

(ii) 在 X 的支撑区间 $\mathcal{X}$ 上，倾向得分 $\pi(x)$ 界于 0 到 1 之间。

(iii) 未知函数的平滑性：特别地，$\pi(x)$ 是二次连续可微的，且其二阶导数是 Hölder 连续的；$f(x)$ 是 $(r-1)$ 次连续可微的，且其 $(r-1)$ 阶导数是 Hölder 连续的；$F_{Y|d,z,x}(y)$ 对 y 连续可微。

(iv) $\hat{\pi}(x)$ 的均匀一致性，即在概率上 $\sup_{x \in \mathcal{X}}|\hat{\pi}(x) - \pi(x)| \to 0$。

很明显，由于非参数和半参数估计的维数诅咒，维数 q 和平滑度 r 之间存在直接关系。与我们所有的半参数估计量一样，我们的目标是保持 $\hat{\pi}$ 的收敛速度足够快，以便使 QTE 估计量达到一个 $\sqrt{n}$ 的收敛速度。如果我们成功了，即 $\hat{\pi}$ 的偏误以比 $\sqrt{n}$ 更快的速度收敛且方差仍然趋于零，那么就能得到 $\sqrt{n}(\hat{\Delta}_c^{\tau} - \Delta_c^{\tau}) \to N(0, V_{\tau}^{IV})$，其中

$$V_{\tau}^{IV} = \frac{1}{P_c^2 f_{Y^1|c}^2(Q_{Y^1|c}^{\tau})} E\left[\frac{p(X,1)}{\pi(X)} F_{Y|D=1,Z=1,X}(Q_{Y^1|c}^{\tau})\{1 - F_{Y|D=1,Z=1,X}(Q_{Y^1|c}^{\tau})\}\right]$$

$$+ \frac{1}{P_c^2 f_{Y^1|c}^2(Q_{Y^1|c}^{\tau})} E\left[\frac{p(X,0)}{1-\pi(X)} F_{Y|D=1,Z=0,X}(Q_{Y^1|c}^{\tau})\{1 - F_{Y|D=1,Z=0,X}(Q_{Y^1|c}^{\tau})\}\right]$$

$$+ \frac{1}{P_c^2 f_{Y^0|c}^2(Q_{Y^0|c}^{\tau})} E\left[\frac{1-p(X,1)}{\pi(X)} F_{Y|D=0,Z=1,X}(Q_{Y^0|c}^{\tau})\{1 - F_{Y|D=0,Z=1,X}(Q_{Y^0|c}^{\tau})\}\right]$$

$$+ \frac{1}{P_c^2 f_{Y^0|c}^2(Q_{Y^0|c}^{\tau})} E\left[\frac{1-p(X,0)}{1-\pi(X)} F_{Y|D=0,Z=0,X}(Q_{Y^0|c}^{\tau})\{1 - F_{Y|D=0,Z=0,X}(Q_{Y^0|c}^{\tau})\}\right]$$

$$+ E\left[\frac{p(X,1)v_{11}^2(X) + (1-p(X,1))v_{01}^2(X)}{\pi(X)} + \frac{p(X,0)v_{10}^2(X) + (1-p(X,0))v_{00}^2(X)}{1-\pi(X)}\right]$$

$$- E\left[\pi(X)\{1-\pi(X)\}\left\{\frac{p(X,1)v_{11}(X) + (1-p(X,1))v_{01}(X)}{\pi(X)}\right.\right.$$

$$\left.\left.+ \frac{p(X,0)v_{10}(X) + (1-p(X,0))v_{00}(X)}{1-\pi(X)}\right\}^2\right] \tag{7.37}$$

其中，$p(X,z) = \Pr(D=1|X, Z=z)$ 是一个特殊的条件倾向得分，P_c 是顺从者的比例，$\vartheta_{dz}(x) = \dfrac{\tau - F_{Y|D=d, Z=z, X}(Q^d_{Y|c})}{P_c \cdot f_{Y^d|c}(Q^d_{Y|c})}$，顺从者潜在结果的边缘密度是

$$f_{Y^1|c}(u) = \frac{1}{P_c} \int f_{Y|X, D=1, Z=1}(u) p(X,1) - f_{Y|X, D=1, Z=0}(u) p(X,0) dF_X$$

$$f_{Y^0|c}(u) = \frac{-1}{P_c} \int f_{Y|X, D=0, Z=1}(u)\{1 - p(X,1)\} - f_{Y|X, D=0, Z=0}(u)\{1 - p(X,0)\} dF_X$$

方差来自两个部分：第一，如果权重已知，方差来自以 W 为权重进行的加权；第二，方差来自权重的估计值。为了获得 $\sqrt{n}$ 一致性，如果 X 包含三个以上的连续回归项，则需要高阶核，否则可以使用常规核函数。确切地说，核的阶数应该大于 $\dim(X)/2$。可以证明，无论 $\pi(x)$ 是已知的还是用一个 $o(n^{-1/2})$ 阶的偏误估计出来，估计量都将达到半参数有效边界。

现在请记住，这些权重 W 在实践中有时可能是负的，这会导致非凸优化问题。或者，你可以使用调整后的正的权重。通过对（7.34）应用迭代期望参数获得这些权重，从而得到

$$(\alpha, \beta) = \arg\min_{a,b} E[\rho_\tau(Y-a-bD) \cdot W] = \arg\min_{a,b} E[\rho_\tau(Y-a-bD) E[W|Y,D]]$$

其中权重始终为正（见习题 5）：

$$W^+ := E[W|Y,D] = E\left[\frac{Z-\pi(X)}{\pi(X)(1-\pi(X))} \Big| Y,D\right](2D-1) \tag{7.38}$$

因此，它们可以用于构建用线性规划表示的估计量。使用了 W^+ 而非 W 的样本目标函数在 (a,b) 中是全局凸的，因为它是凸函数的和，于是我们可以在有限次迭代中得到全局最优解。然而，我们需要首先估计 W^+。虽然 $W^+ = E[W|Y,D]$ 总是非负的，但一些的估计值 $\hat{W}^+_i$ 可能恰好是负的。实践中目标函数将又变成非凸的函数。由于当样本量趋于无限时，$\hat{W}^+_i$ 为负的概率变为零，因此可以使用权重 $\max(0, \hat{W}^+_i)$ 作为替代。换言之，在后续的估计中我们舍弃负的 $\hat{W}^+_i$。

与前几章讨论的论点类似，我们通常加入协变量 X 以使工具变量假设（排除限制和工具变量的外生性）更合理。此外，包括协变量 X 可以使我们得到更有效的估计值。对于因果模型，一般有四种不同情况的协变量。协变量 X 可以：①既影响 Z，也影响 D 或 Y；②影响 Z，但既不影响 D 也不影响 Y；③影响 D 或 Y，但不影响 Z；④既不影响 Z，也不影响 D 或 Y。[14] 出现情况①时，应在回归项 X 中包括协变量，否则估计量通常会不一致。在情况②和④中，应该通常不包括协变量，

---

[14] 还有其他可能性，即 X 本身可能在由 Z、D 或 Y 出发的因果路径上。

因为它会降低估计量的有效性,也可能导致共同支撑假设不成立的问题。然而,在情况③中,包含协变量有助于减少渐近方差。[15]

最后,我们对条件 QTE 估计(即以 X 为条件的分位数处理效应)进行评价。当考虑非参数估计量时,条件 QTE 应该是局部估计量。因此,当 X 包含连续回归项时,完全非参数估计的收敛速度将慢于 $\sqrt{n}$。早期文献在进行条件 QTE 估计时通常附加函数形式假设。这些文献通常对处理效应异质性施加限制,例如 QTE 不随 X 的变化而变化,事实上,这通常暗示条件 QTE 与无条件 QTE 等价。这些较强的假设可以使估计量再次达到 $\sqrt{n}$ 一致性。

下面我们简要介绍可以很容易地扩展至半参数甚至非参数估计的一个流行的方法。[16] 我们仍然假设处理选择决策函数是单调的,并且只能识别出顺从者的条件 QTE,即

$$Q^\tau_{Y^1|X,c} - Q^\tau_{Y^0|X,c}$$

假设以 X 为条件,顺从者中 Y 的 τ 分位数是线性的,即

$$Q^\tau(Y|X, T=c) = \alpha_0^\tau D + X'\beta_0^\tau \tag{7.39}$$

其中 D 和 Z 是二元的。如果已知顺从者子总体,则可以通过下式估计出此简单线性分位数回归的 α 和 β:

$$\arg\min_{a,b} E[\rho_\tau(Y - aD - X'b) | T=c] \tag{7.40}$$

显然,由于我们事先不知道哪些观测值属于顺从者,上述步骤是不可能直接实现的。但和以前一样,使用一个包含倾向 $\pi(X) = \Pr(Z=1|X)$ 的适当加权函数可以使上述步骤变得可行。首先注意,对于任意绝对可积函数 $\xi(\cdot)$ 我们有

$$E[\xi(Y,D,X)|T=c]P_c = E[W \cdot \xi(Y,D,X)] \tag{7.41}$$

其中 P_c 是顺从者的比例,权重是

$$W = 1 - \frac{D(1-Z)}{1-\pi(X)} - \frac{(1-D)Z}{\pi(X)} \tag{7.42}$$

为了证明(7.41),请注意 D 和 Z 是二元变量且参与决策是单调的(排除了逆反者和冷漠的个体),P_a 是始终参与者的比例,P_n 是从不参与者的比例,P_c 是顺从者的比例,我们得到

$$E[W \cdot \xi(Y,D,X)] = E[W \cdot \xi(Y,D,X)|T=c]P_c$$

$$E[W \cdot \xi(Y,D,X)|T=a]P_a + E[W \cdot \xi(Y,D,X)|T=n]P_n$$

代入 W 的定义并利用工具变量 Z 的外生性得到

---

[15] Frölich 和 Melly(2013)表明,在这种情况下,半参数有效边界降低。

[16] 这里介绍的版本基本上是 Abadie, Angrist 和 Imbens(2002)提出的估计量。

$$E[W \cdot \xi(Y,D,X)] = E[\xi(Y,D,X)|T=c]P_c$$

这表明通过加权分位数回归来估计系数 α、β 的过程是基于

$$\arg\min_{a,b} E[W \cdot \rho_\tau(Y-aD-X'\beta)] \tag{7.43}$$

其中忽略了 P_c，因为它不影响最小化值。

由于(7.40)在 (a,b) 中是全局凸的，因此函数(7.43)也是凸的，因为目标函数(7.43)除了相乘项 P_c 之外其他都与(7.40)相同。但是与之前一样，对于 $D_i \neq Z_i$ 的个体 i，权重 W_i 是负的，因此样本

$$\arg\min_{a,b} \frac{1}{n}\sum W_i \cdot \rho_\tau(Y_i - aD_i - X_i'b) \tag{7.44}$$

在 (a,b) 上可能不是全局凸的。这种分段线性但非凸的目标函数的算法可能无法找到全局最优解，(7.44)也没有线性规划表达式。在无条件 QTE 的工具变量估计中，我们可能使用可以证明总为非负的权重 $W^+:=E[W|Y,D,X]$ 来代替 W。这允许我们使用传统的线性规划算法，但是权重 $E[W|Y,D,X]$ 的估计需要额外的参数假设或高维非参数回归。[17] 不幸的是，对于 W^+，其估计值 $\hat{E}[W|Y,D,X]$ 可能是负的，因此需要再进行一次修改以使我们能使用线性规划算法。我们也可以使用权重(7.31)而非(7.42)，两者都会产生 α 和 β 的一致估计，但我们不清楚哪个更有效。对于顺从者，W 随 X 变化，而 W^+ 对于他们来说始终等于 1。无论如何，这两种类型的权重通常都是无效的，因为它们不包含 τ 分位数处误差项的条件密度函数。因此，如果一个人主要想估计一个具有参数形式的条件 QTE，则需要开发出更有效的估计量。

7.3 内生性下的分位数处理效应：RDD

在本章关于分位数处理效应的开头部分，我们提到，即使人们对于处理的分布效应不感兴趣，也可以使用分位数方法来降低模型对异常值的敏感性。这一论点对断点回归设计（RDD）方法而言尤为重要，因为接近断点阈值的观测值通常相对较少。这就是为什么我们在这里铺陈更多的篇幅来介绍用 RDD 方法估计 QTE。

另一方面，在第 6 章中，我们了解到所谓的 RDD 方法就是工具变量方法的一

---

[17] 请注意，不能使用权重 $W^+ = E[W|Y,D]$，因为这里有必要以 X 为条件。

种替代方法。[18] 因此，通过将 RDD 定义为工具变量并援引参考上一节的内容，我们便可以节省本节的篇幅了。但我们决定以此为契机通过求经验累积分布函数的逆来概述一种不同的估计方法，同时给出 RDD-QTE 估计的更多细节。

我们首先回顾一下 RDD 方法中使用的两种设计的定义。清晰设计是指给定变量 Z，每个人的处理指标 D 在阈值 z_0 处发生变化，Z 通常表示与自然边界（行政、地理、文化、年龄限制等）的距离。于是我们可以写出

$$D = 1\{Z \geqslant z_0\} \tag{7.45}$$

在清晰设计中，所有个体都正好在 z_0 处改变项目参与状态。然而，在许多应用中，处理决定包含了一些自由裁量的因素。执行者可能对接受项目的个体有一定的自由裁量度，或者他们可能会部分地基于计量经济学家没有观察到的标准来做出决定。这种情况就是所谓的模糊设计，D 也可以依赖于其他（部分观察到或完全未观察到的）因素，但在 z_0 处，处理概率的变化还是不连续的，即

$$\lim_{\varepsilon \to 0} E[D|Z = z_0 + \varepsilon] - \lim_{\varepsilon \to 0} E[D|Z = z_0 - \varepsilon] \neq 0 \tag{7.46}$$

当(7.46)的左侧等于 1 时，这就构成了清晰设计，即模糊设计的特例。因此下面的讨论集中在更一般的模糊设计上。

设 $\mathcal{N}_\varepsilon$ 是关于 z_0 的对称 ε 邻域，将 $\mathcal{N}_\varepsilon$ 划分为 $\mathcal{N}_\varepsilon^+ = \{z: z \geqslant z_0, z \in \mathcal{N}_\varepsilon\}$ 和 $\mathcal{N}_\varepsilon^- = \{z: z < z_0, z \in \mathcal{N}_\varepsilon\}$。根据在 $\mathcal{N}_\varepsilon$ 上对距离 z 的反应，我们可以把总体划分为五个（我们已经熟知的）子总体：

$\mathcal{T}_\varepsilon = a$，如果 $D(z) = 1 \quad \forall z \in \mathcal{N}_\varepsilon^-$ 以及 $D(z) = 1 \quad \forall z \in \mathcal{N}_\varepsilon^+$

$\mathcal{T}_\varepsilon = n$，如果 $D(z) = 0 \quad \forall z \in \mathcal{N}_\varepsilon^-$ 以及 $D(z) = 0 \quad \forall z \in \mathcal{N}_\varepsilon^+$

$\mathcal{T}_\varepsilon = c$，如果 $D(z) = 0 \quad \forall z \in \mathcal{N}_\varepsilon^-$ 以及 $D(z) = 1 \quad \forall z \in \mathcal{N}_\varepsilon^+$

$\mathcal{T}_\varepsilon = d$，如果 $D(z) = 1 \quad \forall z \in \mathcal{N}_\varepsilon^-$ 以及 $D(z) = 0 \quad \forall z \in \mathcal{N}_\varepsilon^+$

$\mathcal{T}_\varepsilon = ind$，如果 $D(z)$ 在 $\mathcal{N}_\varepsilon^-$ 或 $\mathcal{N}_\varepsilon^+$ 上非常数

在本书中，我们已经在不同地方讨论过这些群体。第五组（标记为不明确的）是指在 $\mathcal{N}_\varepsilon$ 邻域上反应不单调的人，例如，随着 z 值的增加，他们可能首先从 $D = 0$ 切换到 1，然后又切换回 0。显然，对于二元工具变量，定义这样一个组的意义不大。在 RDD 中，工具变量不是 Z 本身，而是（如果有的话）$1\{Z \geqslant z_0\}$，这样一个群体是可能存在的。但是，出于识别原因，我们必须通过假设把这些个体和逆反者一起排除。请注意，在清晰设计中，对于任何 $\varepsilon > 0$，每个人都是一个顺从

---

[18] 有些人可能会争辩说，这并不是一种不同的方法，因为人们可以将 RDD 解释为一种特殊的工具变量。但正如我们在那一章中所讨论的，这种方法的主要倡议者更倾向于把它解释为随机实验的一个特殊案例。

者(根据定义)。我们的基本假设如下:

假设 RDD-1 存在一些正的 $\bar{\varepsilon}$,使得对于每个正的 $\varepsilon \leqslant \bar{\varepsilon}$

(i)存在顺从者 $\lim_{\varepsilon \to 0} \Pr(\mathcal{T}_\varepsilon = c | Z = z_0) > 0$

(ii)单调性 $\lim_{\varepsilon \to 0} \Pr(\mathcal{T}_\varepsilon = t | Z \in \mathcal{N}_\varepsilon) = 0$,对于 $t \in \{d, ind\}$

(iii)独立的 IV $\lim_{\varepsilon \to 0} \Pr(\mathcal{T}_\varepsilon = t | Z \in \mathcal{N}_\varepsilon^+) - \Pr(\mathcal{T}_\varepsilon = t | Z \in \mathcal{N}_\varepsilon^-) = 0$,对于 $t \in \{a, n, c\}$

(iv) IV 排除 $\lim_{\varepsilon \to 0} F_{Y^1 | Z \in \mathcal{N}_\varepsilon^+, \mathcal{T}_\varepsilon = t}(u) - F_{Y^1 | Z \in \mathcal{N}_\varepsilon^-, \mathcal{T}_\varepsilon = t}(u) = 0$,对于 $t \in \{a, c\}$

             $\lim_{\varepsilon \to 0} F_{Y^0 | Z \in \mathcal{N}_\varepsilon^+, \mathcal{T}_\varepsilon = t}(u) - F_{Y^0 | Z \in \mathcal{N}_\varepsilon^-, \mathcal{T}_\varepsilon = t}(u) = 0$,对于 $t \in \{n, c\}$

(v)在阈值处的密度 $f_Z(z)$ 在 z_0 处可微且 $f_Z(z_0) > 0$

这些假设要求对于每个足够小的邻域,阈值类似于局部工具变量。假设 RDD-1(i)要求 $E[D|Z]$ 实际上在 z_0 处是不连续的,即我们假设一些个体正好在 z_0 处改变其处理状态。然后,(ii)要求在 z_0 的一个很小的邻域中,工具变量与 $D(z)$ 之间存在弱单调关系。此外,(iii)和(iv)要求类型是连续的,且潜在结果的分布是 Z 在 z_0 处的函数。最后,(v)要求存在接近 z_0 的观测值。

在假设 RDD-1 下,我们可以确定局部顺从者潜在结果的分布函数。定义 $F_{Y^d|c}(u) = \lim_{\varepsilon \to 0} F_{Y^d | Z \in \mathcal{N}_\varepsilon, \mathcal{T}_\varepsilon = c}(u)$,并且如第 6 章所示,$1^+ = \mathbb{1}\{Z \geqslant z_0\} = 1 - 1^-$。于是我们可以得到局部顺从者潜在结果的分布函数:

$$F_{Y^1|c}(u) = \lim_{\varepsilon \to 0} \frac{E[\mathbb{1}\{Y \leqslant u\}(1^+ - p_\varepsilon) | Z \in \mathcal{N}_\varepsilon, D = 1]}{E[1^+ - p_\varepsilon | Z \in \mathcal{N}_\varepsilon, D = 1]}$$
$$F_{Y^0|c}(u) = \lim_{\varepsilon \to 0} \frac{E[\mathbb{1}\{Y \leqslant u\}(1^+ - p_\varepsilon) | Z \in \mathcal{N}_\varepsilon, D = 0]}{E[1^+ - p_\varepsilon | Z \in \mathcal{N}_\varepsilon, D = 0]} \quad (7.47)$$

式中对于 $\varepsilon > 0$, $p_\varepsilon = \Pr(Z \geqslant z_0 | Z \in \mathcal{N}_\varepsilon)$。综合假设 RDD-1(v)和 $\mathcal{N}_\varepsilon$ 的对称性,根据洛必达法则,有 $\lim_{\varepsilon \to 0} p_\varepsilon = \lim_{\varepsilon \to 0} \Pr(Z \geqslant z_0 | Z \in \mathcal{N}_\varepsilon) = \frac{1}{2}$。这将使上述公式简化为

$$F_{Y^1|c}(u) = \lim_{\varepsilon \to 0} \frac{E[\mathbb{1}\{Y \leqslant u\}(2 \cdot 1^+ - 1) | Z \in \mathcal{N}_\varepsilon, D = 1]}{E[2 \cdot 1^+ - 1 | Z \in \mathcal{N}_\varepsilon, D = 1]}$$
$$F_{Y^0|c}(u) = \lim_{\varepsilon \to 0} \frac{E[\mathbb{1}\{Y \leqslant u\}(2 \cdot 1^- - 1) | Z \in \mathcal{N}_\varepsilon, D = 0]}{E[2 \cdot 1^- - 1 | Z \in \mathcal{N}_\varepsilon, D = 0]} \quad (7.48)$$

然而,在蒙特卡洛模拟中,我们发现当使用 p_ε 的非参数估计量时,潜在分布

的估计量表现得更好。原因可能是多方面的，因此我们不在这里展开讨论。[19]

由于在清晰设计中，对于每个 1^+ 的人，$D=1$，而对于每个 1^- 的人，$D=0$，即每个人在 z_0 处都是一个顺从者，因此总体的潜在结果为

$$F_{Y^1}(u) = \lim_{\epsilon \to 0} E[\mathbb{1}\{Y \leqslant u\} | Z \in \mathcal{N}_\epsilon, D=1]$$

$$F_{Y^0}(u) = \lim_{\epsilon \to 0} E[\mathbb{1}\{Y \leqslant u\} | Z \in \mathcal{N}_\epsilon, D=0]$$

与上述类似，对于潜在累积分布函数，我们还从假设 RDD-1 中获得了局部顺从者潜在结果的分位数的识别公式，即

$$Q_{Y^1|c}^\tau = \lim_{\epsilon \to 0} \arg\min_q E[\rho_\tau(Y-q)(1^+ - p_\epsilon) | Z \in \mathcal{N}_\epsilon, D=1]$$

$$Q_{Y^0|c}^\tau = \lim_{\epsilon \to 0} \arg\min_q E[\rho_\tau(Y-q)(p_\epsilon - 1^+) | Z \in \mathcal{N}_\epsilon, D=0]$$

式中，$\rho_\tau(u) = u \cdot (\tau - \mathbb{1}\{u<0\})$ 是检查函数。我们同样可以设 $p_\epsilon = 0.5$。

关于分位数处理效应（QTE）$\Delta_{\mathrm{QTE}}^\tau = Q_{Y^1|c}^\tau - Q_{Y^0|c}^\tau$，我们可以直接将其确定为

$$(Q_{Y^0|c}^\tau, \Delta_{\mathrm{QTE}}^\tau) = \lim_{\epsilon \to 0} \arg\min_{a,b} E[\rho_\tau(Y-a-bD)(1^+ - p_\epsilon)(2D-1) | Z \in \mathcal{N}_\epsilon] \tag{7.49}$$

这就是局部线性分位数回归问题。因此，可以通过单变量加权分位数回归得到分位数。尽管回归很简单，我们还是应该注意到，如果一些权重是负的，加权分位数回归的目标函数就不是凸的。通常我们将无法使用传统的线性规划算法。我们不会为了针对这一调整后的情景重复上一节的讨论和估计过程，而是将简要地研究分布函数的非参数估计量，并从这些分布函数的逆中得出相应的分位数估计量。

我们可以通过在 z_0 附近用局部回归法估计分布函数。具体而言，设 K_i 是某些取决于 Z_i 和 z_0 之间的距离以及收敛于 0 的带宽 h 的核权重。那么，得到 p_ϵ 的一致估计量如 $\sum \mathbb{1}_i^+ K_i / \sum K_i$ 后，分布函数 $F_{Y^1|c}$ 的自然估计量为（见习题 7）

$$\begin{aligned}
\hat{F}_{Y^1|c}(u) &= \frac{\sum_{i=1}^n \mathbb{1}\{Y_i \leqslant u\} D_i (1_i^+ - \hat{p}_\epsilon) K_i}{\sum_{i=1}^n D_i (1_i^+ - \hat{p}_\epsilon) K_i} \\
&= \frac{\dfrac{\sum_{i:1_i^+=1} \mathbb{1}\{Y_i \leqslant u\} D_i K_i}{\sum_{i:1_i^+=1} K_i} - \dfrac{\sum_{i:1_i^+=0} \mathbb{1}\{Y_i \leqslant u\} D_i K_i}{\sum_{i:1_i^+=0} K_i}}{\dfrac{\sum_{i:1_i^+=1} D_i K_i}{\sum_{i:1_i^+=1} K_i} - \dfrac{\sum_{i:1_i^+=0} D_i K_i}{\sum_{i:1_i^+=0} K_i}}
\end{aligned} \tag{7.50}$$

---

[19] 注意 (7.47) 的分子和分母中有 1^+，但 (7.48) 中有 1^- 并不是一个误设；见习题 6。

当然这只是沃尔德估计量的修正版本。我们定义一个随机变量 V，右极限 $m_V^+ = \lim_{\varepsilon \to 0} E[V|Z=z_0+\varepsilon]$，左极限 $m_V^- = \lim_{\varepsilon \to 0} E[V|Z=z_0-\varepsilon]$。假设在 (7.50) 中，变量 V 代表 $\mathbb{1}\{Y \leqslant u\} \cdot D$ 或 $\mathbb{1}\{Y \leqslant u\} \cdot (1-D)$ 或 $(1-D)$ 或 D。在所有情况下，V 都有有界支撑，因此刚刚定义的极限函数也是有界的。此时分布函数 $F_{Y^1|c}$ 的估计量为

$$\hat{F}_{Y^1|c}(u) = \frac{\hat{m}^+_{\mathbb{1}\{Y\leqslant u\}D} - \hat{m}^-_{\mathbb{1}\{Y\leqslant u\}D}}{\hat{m}^+_D - \hat{m}^-_D}$$

同样，对于对照组结果，我们可以使用

$$\hat{F}_{Y^0|c}(u) = \frac{\hat{m}^+_{\mathbb{1}\{Y\leqslant u\}(1-D)} - \hat{m}^-_{\mathbb{1}\{Y\leqslant u\}(1-D)}}{\hat{m}^+_{1-D} - \hat{m}^-_{1-D}}$$

在这里应用局部线性权重看起来是合适的，因为我们有效地估计了边界点（z_0 的左右两侧）的条件均值，于是我们的每个 m_V^+ 都是下式的解 a：

$$\arg\min_{a,b} \sum_{i=1}^n \{V_i - a - b(Z_i - z_0)\}^2 \mathbb{1}_i^+ K\left(\frac{Z_i - z_0}{h}\right)$$

类似地，我们可通过仅使用 z_0 左侧的观测值估计 m_V^-。上述四个不同形式的 V 都是如此。

通常，了解估计量的统计特性是非常有帮助的，以便于使用估计量得出结论或构造置信区间等。为了说明它们，我们首先必须指定更多的正则条件。

假设 RDD-2　假设以下条件成立：

(i) 数据 $\{(Y_i, D_i, Z_i)\}\}$ 是独立同分布，并且 $\mathcal{X}$ 是一个紧支撑集。

(ii) 平滑性和极限的存在性：函数 $E[\mathbb{1}\{Y\leqslant u\}|Z, D=0]$，$E[\mathbb{1}\{Y\leqslant u\}|Z, D=1]$ 和 $E[D|Z]$ 在 z_0 有左、右极限，这些函数关于 Z 在 z_0 处是二次连续可微的，其二阶导数在 z_0 的左、右 ε 邻域中是 Hölder 连续的，且在 $\mathbb{R}$ 的紧支撑子集（例如 $\mathcal{Y}$）上均匀。

(iii) 密度 f_Z 大于 0，并且在 z_0 处二次连续可微，其二阶导数在 z_0 的 ε 邻域中是 Hölder 连续的。

(iv) 顺从者比例 $P_c = m_D^+ - m_D^-$ 大于 0。

(v) 对于带宽 h，有 $nh \to \infty$，并且 $\sqrt{nh} \cdot h^2 \to \Xi < \infty$。

(vi) 核 K 是对称有界的，在紧支撑集外为零，且积分为 1。

这些条件已经在第 6 章讨论过了。回想一下，条件 (iv) 相当于假设我们有一个强力的工具变量，并且条件 (v) 平衡了估计量的偏误和方差。于是，对于 $\Xi > 0$，平方偏误和方差的阶数相同。你可能想改进这个假设以获得更快的偏误收敛速度。

为了简化符号，阈值两边的所有函数都使用相同的带宽。此方法当然也允许不同的带宽，只要带宽的收敛速度相同。回想一下核常数的定义：$\kappa_l = \int u^l K(u) du$, $\dot{\kappa}_l = \int_0^\infty u^l K(u) du$, $\bar{\kappa} = \dot{\kappa}_2 \dot{\kappa}_0 - \dot{\kappa}_1^2$ 和 $\ddot{u}_l = \int_0^\infty u^l K^2(u) d_u$。于是我们可以得出：

定理 7.1 如果满足假设 RDD-1 和 RDD-2，顺从者的分布函数[即 $F_{Y^0|c}(u)$ 和 $F_{Y^1|c}(u)$]的估计量 $\hat{F}_{Y^0|c}(u)$ 和 $\hat{F}_{Y^1|c}(u)$ 联合收敛，使得

$$\sqrt{nh_n}(\hat{F}_{Y^j|c}(u) - F_{Y^j|c}(u)) \to G^j(u), \quad j \in \{0,1\}$$

在 $\mathcal{Y}$ 上均匀有界实函数的集合上，有时用 $\ell^\infty(\mathcal{Y})$ 表示，其中 $G^j(u)$ 是高斯过程，其均值函数 $b_j(u) =$

$$\frac{\bar{\mu}_2^2 - \bar{\mu}_1 \bar{\mu}_3}{2\bar{\mu}} \frac{\Xi}{P_c} \left\{ \frac{\partial^2 m^+_{\mathbb{1}\{Y \leq u\}(D+j-1)}}{\partial z^2} - F_{Y^j|c}(u) \frac{\partial^2 m^+_D}{\partial z^2} - \frac{\partial^2 m^-_{\mathbb{1}\{Y \leq u\}(D+j-1)}}{\partial z^2} + F_{Y^j|c}(u) \frac{\partial^2 m^-_D}{\partial z^2} \right\}$$

其中对于随机变量 V，有 $\frac{\partial^2 m^+_V}{\partial z^2} = \lim_{\varepsilon \to 0} \frac{\partial^2 E[V|Z=z_0+\varepsilon]}{\partial z^2}$，且有类似的左极限 $\frac{\partial^2 m^-_V}{\partial z^2}$，[20] 并且方差函数为 ($j,k \in \{0,1\}$)

$$v_{j,k}(u,\tilde{u}) = \frac{\bar{\mu}_2^2 \ddot{\mu}_0 - 2\bar{\mu}_2 \bar{\mu}_1 \ddot{\mu}_1 + \bar{\mu}_1^2 \ddot{\mu}_2}{\bar{\mu}^2} \frac{1}{P_c^2 f_Z(z_0)} (\omega^+_{j,k}(u,\tilde{u}) + \omega^-_{j,k}(u,\tilde{u}))$$

其中 $\omega^+_{j,k}(u,\tilde{u}) = \lim_{\varepsilon \to 0} \text{Cov}\{(D+j-1)(\mathbb{1}\{Y \leq u\} - F_{Y^j|c}(u)),$
$(D+k-1)(\mathbb{1}\{Y \leq \tilde{u}\} - F_{Y^k|c}(\tilde{u})) \mid Z \in \mathcal{N}^+_\varepsilon\}$

类似的左极限是 $\omega^-_{j,k}(y,\tilde{y})$。[21]

因此，在特定值 $u \in \mathcal{Y}$ 下计算的分布函数的估计量服从渐近联合正态分布，即

$$\sqrt{nh_n}(\hat{F}_{Y^j|c}(u) - F_{Y^j|c}(u)) \sim N(b_j(u), v_{j,j}(u,u)), \quad j \in \{0,1\}$$

如果我们选择 $\Xi = 0$，偏误函数 $b_j(u)$ 就会消失，从而需为待估计的函数选择一个欠平滑带宽。这样做的好处是简化了渐近级数。渐近协方差是用 $P_c^2 f_Z(z_0)$ 重新缩放的目标函数的协方差之和。

描述结果 Y 上处理效应的一种可行方法是通过 $F_{Y^1|c}(u) - F_{Y^0|c}(u)$ 估计顺从者的分布处理效应(distribution treatment effect, DTE)，例如 Δ^u_{DTE}。它的一个自然的估计量是 $\hat{\Delta}^u_{\text{DTE}} = \hat{F}_{Y^1|c}(u) - \hat{F}_{Y^0|c}(u)$，可以证明在假设 RDD-1 和假设 RDD-2 成立时，此

---

[20] 注意，第一个分数是一个只依赖于核的常数，例如 $-\frac{11}{190}$ 对于 Epanechnikov。

[21] 注意，第一个分数是一个只依赖于核的常数，例如 $\frac{56832}{12635}$ 对于 Epanechnikov。

估计量在 $\ell^\infty(\mathcal{Y})$ 上收敛于高斯过程：
$$\sqrt{nh_n}(\hat{\Delta}^u_{\text{DTE}} - \Delta^u_{\text{DTE}}) \to G^1(u) - G^0(u)$$
它的均值函数是 $b_1(u) - b_0(u)$，协方差函数是 $v_{1,1}(u,\tilde{u}) + v_{0,0}(u,\tilde{u}) - 2v_{0,1}(u,\tilde{u})$。

让我们回到分位数处理效应。只有当结果连续且其密度也连续时，它才具有明确的渐近分布。因此，我们需要额外的假设。

假设 RDD - 3 $F_{Y^0|c}(u)$ 和 $F_{Y^1|c}(u)$ 都是连续可微的，其密度函数 $f_{Y^0|c}(u)$ 和 $f_{Y^1|c}(u)$ 连续，且它们在集合 $\mathcal{Y}$ 中，有上界且在零点处跳跃。

我们可以通过类似(7.49)的方法来估计分位数处理效应。但这个最小化问题也是一个非凸优化问题，因为有些权重是正的，而有些权重是负的。需要通过网格搜索或算法来解决非凸问题。但它们并不能保证找到一个全局最优值。相反，可以使用一个直接的策略，即对估计出的分布函数求逆。有人可能会发现类似的问题，特别是当估计出的分布函数是非单调的时候，即当我们增加 u 时，$\hat{F}_{Y^1|c}(u)$ 可能会下降。但这只是一个小样本问题，因为单调性假设确保了估计出的分布函数是渐近严格递增的。对估计出的分布函数进行单调化处理的一种快速而简单的方法是进行重新排列。重新排列不影响估计量的渐近性质，但却能使我们获得逆函数。这些程序通常由一系列闭合步骤组成，而且非常快速。

定理 7.2 若满足假设 RDD-1 至 RDD-3，则估计量 $\hat{Q}_{Y^0|c}(\tau)$ 和 $\hat{Q}_{Y^1|c}(\tau)$ 在 $\ell^\infty((0,1))$ 上联合收敛于高斯过程：
$$\sqrt{nh_n}(\hat{Q}_{Y^j|c}(\tau) - Q_{Y^j|c}(\tau)) \to -f_{Y^j|c}(Q_{Y^j|c}(\tau))^{-1} G^j(Q_{Y^j|c}(\tau))$$
$$:= \tilde{G}^j(\tau), j \in \{0,1\}$$
其中，均值函数是 $\tilde{b}_j(\tau) = -f_{Y^j|c}(Q_{Y^j|c}(\tau))^{-1} b_j(Q_{Y^j|c}(\tau))$，协方差函数是 $\tilde{v}_{j,k}(\tau,\tilde{\tau}) = f_{Y^j|c}(Q_{Y^j|c}(\tau))^{-1} f_{Y^k|c}(Q_{Y^k|c}(\tilde{\tau}))^{-1} v_{j,k}(Q_{Y^j|c}(\tau), Q_{Y^k|c}(\tilde{\tau}))$，$b_j$ 和 $v_{j,k}$ 如定理 7.1 所示。此外，对于顺从者的 QTE 的估计量 $\hat{\Delta}^\tau_{\text{QTE}}$，我们有
$$\sqrt{nh_n}(\hat{\Delta}^\tau_{\text{QTE}} - \Delta^\tau_{\text{QTE}}) \to \tilde{G}^1(\tau) - \tilde{G}^0(\tau)$$
均值函数为 $\tilde{b}_1(\tau) - \tilde{b}_0(\tau)$，协方差函数为 $\tilde{v}_{1,1}(\tau,\tilde{\tau}) + \tilde{v}_{0,0}(\tau,\tilde{\tau}) - 2\tilde{v}_{0,1}(\tau,\tilde{\tau})$。

此定理还说明两个分布函数的平滑函数满足函数中心极限定理。这在实践中非常有用，正如我们将在例 7.6 中看到的那样。首先我们来阐述以下定理：

定理 7.3 设 $\xi(u, F_{Y^0|c}, F_{Y^1|c})$ 是一个在 $\ell^\infty(\mathcal{Y})$ 取值的函数，它关于

$(F_{Y^0}|c, F_{Y^1}|c)$ 可微,且相切于一系列导数为 (ξ_0', ξ_1') 的连续函数。[22] 如果假设 RDD-1 和 RDD-2 成立,那么嵌入式估计量 $\hat{\xi}(u) \equiv \xi(u, \hat{F}_{Y^0|c} \hat{F}_{Y^1|c})$ 在 $\ell^{\infty}((0,1))$ 上收敛如下:

$$\sqrt{nh_n}(\hat{\xi}(u) - \xi(u)) \rightarrow \xi_0'(u) G^0(u) + \xi_1'(u) G^1(u)$$

当我们对此分布的一个导数或一个参数感兴趣时这是非常有用的。假设我们对收入分配的洛伦兹曲线或基尼系数感兴趣。

例 7.6 我们应用定理 7.3 推导潜在结果的洛伦兹曲线估计量的极限分布和基尼系数。估计值的定义如下:

$$L^j(\tau) = \frac{\int_0^\tau Q_{Y^j|c}(t) dt}{\int_0^1 Q_{Y^j|c}(t) dt}, \quad \hat{L}^j(\tau) = \frac{\int_0^\tau \hat{Q}_{Y^j|c}(t) dt}{\int_0^1 \hat{Q}_{Y^j|c}(t) dt}$$

我们可以找到从分布函数到洛伦兹曲线的映射 Hadamard 导数,例如 Barrett 和 Donald(2009)。利用该结果,我们得到了一个简单的嵌入式估计量的极限分布,即

$$\sqrt{nh_n}(\hat{L}^j(\tau) - L^j(\tau)) \longrightarrow \frac{\int_0^\tau \widetilde{G}^1(t) dt - L^1(\tau) \int_0^1 \widetilde{G}^1(t) dt}{\int_0^1 Q_{Y^1|c}(t) dt} =: \mathcal{L}(\tau)$$

(7.51)

如定理 7.2 那样定义 $\widetilde{G}^j$,均值函数是

$$b_j^l(\tau) = \frac{\int_0^\tau \widetilde{b}_j(t) dt - L^j(\tau) \int_0^1 \widetilde{b}_j(t) dt}{\int_0^1 Q_{Y^j|c}(t) dt}$$

协方差函数是

$$v_{j,k}^l(\tau, \widetilde{\tau}) = \frac{1}{\int_0^1 Q_{Y^j|c}(t) dt \int_0^1 Q_{Y^k|c}(t) dt}$$

$$\cdot \left(\int_0^\tau \int_0^{\widetilde{\tau}} \widetilde{v}_{j,k}(t, \widetilde{t}) d\widetilde{t} dt + L^j(\tau) L^k(\widetilde{\tau}) \int_0^1 \int_0^1 \widetilde{v}_{j,k}(t, \widetilde{t}) d\widetilde{t} dt \right)$$

$$- L^j(\tau) \int_0^1 \int_0^{\widetilde{\tau}} \widetilde{v}_{j,k}(t, \widetilde{t}) d\widetilde{t} dt - L^k(\widetilde{\tau}) \int_0^\tau \int_0^1 \widetilde{v}_{j,k}(t, \widetilde{t}) d\widetilde{t} dt$$

基尼系数的定义和估计量就是

---

[22] 我们真正需要的是所谓的 Hadamard 可微性或紧可微性;例如,见 Gill(1989),第 100 页。

$$g^j = 1 - 2\int_0^1 L^j(t)dt, \quad \hat{g}^j = 1 - 2\int_0^1 \hat{L}^j(t)dt$$

我们的嵌入式估计量服从渐近正态分布,其偏误为 $-2\int_0^1 b_j^l(t)dt$,方差为 $4\int_0^1\int_0^1 v_j^l, k(t,\tilde{t})d\tilde{t}dt$,且

$$\sqrt{nh_n}\{\hat{g}^j(\tau) - g^j(\tau)\} \rightarrow 2\int_0^1 \mathcal{L}(t)dt, 定义参见(7.51)$$

出于前面章节中讨论的原因,合并额外的协变量 X 是有用的。我们建议以完全非参数的方式加入协变量,然后假设以 X 为条件的 RDD-1 成立。即使有人认为 RDD 在不包含协变量时就已经是有效的,他们可能还是希望在加入协变量时检查结果的稳健性。如前所述,加入协变量可能会提高估计的精度。纳入协变量的另一个原因是 z_0 处的阈值可能会影响协变量。在某些条件下,我们可以先获得条件处理效应,然后通过控制 X 区分直接效应和间接效应。接着,共同支撑限制将帮助我们识别出无条件效应,通常通过对条件处理效应在 X 上进行积分求得。因此,我们需要

假设 RDD-4 假设 RDD-1(i)、(ii)和(v)成立。假设以 X 为条件的 RDD-1(iii)和(iv)成立。进一步假设:

(vi) 共同支撑区间 $\lim_{\varepsilon \to 0} \text{Supp}(X|Z \in \mathcal{N}_\varepsilon^+) = \lim_{\varepsilon \to 0} \text{Supp}(X|Z \in \mathcal{N}_\varepsilon^-)$

在这些假设下,我们可以获得与上述定理中类似的表达式,但现在权重变成了函数 $p_\varepsilon(x) = \Pr(Z \geq z_0 | X = x, Z \in \mathcal{N}_\varepsilon)$,我们有
$(Q_{Y^0|c}^\tau, \Delta_{\text{QTE}}^\tau)$

$$= \lim_{\varepsilon \to 0} \arg\min_{a,b} E\left[\rho_\tau(Y - a - bD)\frac{1^+ - p_\varepsilon(X)}{p_\varepsilon(X)(1 - p_\varepsilon(X))}(2D - 1) \mid Z \in \mathcal{N}_\varepsilon\right]$$

这表明我们可以通过简单的加权分位数回归估计无条件 QTE,其中协变量 X 只通过 $p_\varepsilon(x)$ 在权重表达式中出现。同样,上面表达式中的权重有时是正的,有时是负的,因此传统的线性规划可能由于潜在的非凸性而失败。

7.4 文献和计算机软件注释

7.4.1 拓展阅读和文献注释

Koenker 和 Bassett(1978)提出并推导了条件分位数模型的参数(线性)估计

量的统计性质。由于该估计量能描绘异质性效应,其理论性质已被广泛研究,并在许多实证研究中得到应用。Chaudhuri(1991)分析了条件 QTE 的非参数估计方法。Hoderlein 和 Mammen(2007)作出了新贡献,他们考虑了不可分离模型中的边际效应。

Abadie,Angrist 和 Imbens(2002)、Chernozhukov 和 Hansen(2005)以及 Chernozhukov 和 Hansen(2006)等已经提出了线性工具变量分位数回归估计。Chernozhukov,Imbens 和 Newey(2007)以及 Horowitz 和 Lee(2007)研究了条件分位数函数的非参数工具变量估计方法。此外,他们并不准备利用预测 D 的关系式的单调性,而是假定确定 Y 的关系式具有单调性。最后,在一系列论文中,Chesher 用结构方程检验了条件分布效应的非参数识别,见 Chesher(2010)及其参考文献。

关于带宽的选择,请注意,对于半参数估计量,一阶渐近性通常不依赖于带宽值,只要满足足够的平滑条件,并且在非参数步骤中应用了所有必要的减小偏误的方法。这显然意味着一阶渐近性对选择带宽值没有帮助。因此,一方面,这些方法必须基于二阶近似。另一方面,众所周知,在实践中这些近似值对有限样本几乎没有用处。总而言之,带宽选择问题到目前为止仍是一个开放的待研究领域。

Frölich 和 Melly(2013)讨论了现有估计量之间的关系。例如,Abadie,Angrist 和 Imbens(2002)研究了估计条件 QTE 的参数方法(用简单的线性模型)。我们可以尝试通过使用(7.42)中的权重调整该方法以估计无条件 QTE,但不在参数模型中包括 X。然而,这种方法不能产生一致估计,因为它会收敛到处理组和对照组的顺从者之间的 τ 分位数的差,即:

$$F_{Y^1|c,D=1}^{-1}(\tau) - F_{Y^1|c,D=0}^{-1}(\tau)$$

这个差值的意义不大,因为我们比较处理组的结果 Y^1 与对照组结果 Y^0 之间的差异。因此,在一般情况下,权重(7.42)仅对估计条件分位数有用。如果想用非参数方法估计无条件 QTE,应该使用(7.31)中的权重,而不是(7.42)中的权重。当 X 是空集时,例如随机分配 Z 时,那么(7.31)和(7.42)中的权重应该是成比例的,从而使两种方法都收敛到相同的极限。

通常,当人们谈论分布效应时,他们想到的是由新的 X 分布引起的 $Y=\varphi(X,U)$ 分布的变化,但保持 U 的分布不变,也即 D 对 Y 的影响完全通过 X 传导。注意,在这种情况下,人们不一定对研究 X 与 Y 的因果关系感兴趣,而可能对由 F_X 变为 F_X^* 所引起的 F_Y 到 F_Y^* 的变化感兴趣。这意味着人们视 F_X^* 为已知或者至少是可预测的。人们经常把原总体的分布定义成 F_X 和 F_Y,而把目标总体的分布定义成 F_X^* 和 F_Y^*。我们感兴趣的当然只是那些目标分布的变化(从 F_Y 到 F_Y^*)完全是由从 F_X 到 F_X^* 的变化引起的情况。

在第 7.1.2 节中,我们已经看到了 Machado 和 Mata(2005)以及 Melly(2005)提出的两种方法,关于后一种方法,回顾(7.16)和(7.17)。我们可以将之与 Gosling, Machin 和 Meghir(2000)提出的相关方法进行比较。Firpo, Fortin 和 Lemieux(2009)的目的是估计 F_X 的边际变化对 F_Y 的局部效应。对于分位数,这些局部效应可以通过回归(在某些条件下的)等价表达式来近似得到,此表达式包含了重新定位中心点后的在 X 上的 Y 分位数的影响函数。他们在参数和非参数估计中研究了这一方法。Chernozhukov, Fernández Val 和 Melly(2013)回顾了这一问题,在联合形式框架中总结了不同的方法,并讨论了一般条件下的推断理论。

考虑到 $F_Y(y) = \int F(y,x)dx = \int F(y \mid x)dF_X$ 可以很好地由 $\frac{1}{n}\sum_{i=1}^{n} F(y \mid x_i)$ 近似,对于预测 $F_Y^*(y) = \int F^*(y \mid x)dF_X^* \approx \frac{1}{n^*}\sum_{j=1}^{n^*} F^*(y \mid x_i)$,你所需的全部准备就是,$F^*(y|x)$ 的一个合理的估计量,以及分布 F_X^* 或者目标总体中的样本 $\{x_i\}_{i=1}^{n^*}$。现有的方法需要假设可以从可用数据中估计 $F^*(y|x)$,或者简单地说 $F_Y^*(y) = E[F(y|X^*)]$,这其实就是,若 $Y = \varphi(X,U)$,我们还有 $Y^* = \varphi(X^*,U)$,且 U 与 x 和 x^* 无关。注意该假设没有排除 Y 的条件矩对 X 的依赖性,但要求矩函数必须和 (Y^*, X^*) 的相同。有些人可能会认为这是一个很强的限制,另一些人可能会说这正是反事实分布。关于实现这一想法的简单而相当灵活且有效的方法,见 Dai, Sperlich 和 Zucchini(2016)。Rothe(2010)研究了基于这一思想的 $F_Y^*(y)$ 的纯非参数估计量的渐近性质。

7.4.2 计算机软件注释

如本章所述,分位数处理效应主要指潜在结果分位数的差异,此差异可以是比率形式,也可以是绝对差异。

R 中的函数 quantile 和 Stata 中的命令 _pctile 可以用作计算(潜在)结果样本分位数的起点。这在随机设计且不包含协变量时是有用的。

存在协变量时,在可观测变量选择的假设下,我们需要对分位数回归进行拟合。在 R 中，软件包 quantreg 提供了一个丰富有用的函数库。这个软件包中的 rq 函数可用于估计线性分位数回归函数，而 nlrq 可用于估计非线性分位数回归。此外，lprq 可以估计局部多项式分位数回归估计值。该软件包还包含一个函数 kuantile，它模拟了通用函数 quantile，但该函数计算大样本的分位数的速度更快。关于其他命令，请参阅 CRAN 手册。

对于某些估计方法，我们首先需要获得倾向得分的预测值（如前几章所述）。这些倾向得分预测值可用于计算权重 $W = \frac{1\{D=d\}}{\Pr(D=d|x)}$。为了获得分位数 Q_Y^τ，你可以使用 rq 进行一元分位数回归并设置选项 weights=W。你可以使用软件包中的 bootstrap 函数 boot.rq 来构建标准误和置信区间。

Stata 中相应的函数命令是 qreg、iqreg、sqreg、bqreg，它们分别提供分位数回归、四分位数区间回归、实时分位数回归和靴带法分位数回归。在这些命令中，只有 qreg 允许使用权重，sqreg 和 bsqreg 可用于估计方差-协方差估计量（通过靴带法）。

由于在内生性环境并且存在一个合理的工具变量（比如 Z）时，分位数处理效应就是 $(\hat{Q}_Y^\tau, \hat{\Delta}^\tau) = \arg\min_{a,b} \frac{1}{n} \sum_{i=1}^{n} \rho_\tau(Y_i - a - bD_i) \hat{W}_i$ 的解，因此我们可以首先计算出一些权重，比如 $\hat{W} = \frac{z - \pi(x)}{\pi(x)(1-\pi(x))}(2D-1)$，然后使用上述方法对加权分位数进行单变量估计。此外，R 中软件包 library("McSpatial") 的函数 qregspiv 允许对具有一个内生解释变量的任何模型运行分位数工具变量估计，该函数最初是为处理特殊的 AR 模型而创建的。在 Stata 中，ivreg 命令可以处理多达两个内生处理变量。

关于分位数 DID 估计，请参见第 5 章的相关部分。对于在断点回归设计中的分位数处理效应估计，Stata 中有相应的命令即 rddqte，详见 Frölich 和 Melly(2008)、Frölich 和 Melly(2010)以及 Frandsen, Frölich 和 Melly(2012)。若要安装 ado 和帮助文件，请查阅网址 http://froelich.vwl.uni-mannheim.de/1357.0.html。为了在 R 中使用类似的技术，可以使用上面提到的函数 lprq。

7.5 习题

1. 考虑线性分位数回归问题中对 β^τ 的估计；回忆(7.11)。人们可能经常估

计各种不同 τ 值时的 β_0^{τ},例如所有十分位数或所有百分位数。证明在有限数量的观测值中,只有有限数量的估计值呈现不同的数值。你可以从只有两个观测值的样本开始,然后试着估计中位数和四分位数。

2. 用代换法证明等式(7.16)。

3. 使用 GMM 框架时估计量的渐近性:在一定的正则条件下,GMM 框架可以用来表示

$$\sqrt{n}(\hat{\beta}-\beta_0^{\tau}) \xrightarrow{d} N(0, \Sigma_{\tau})$$

其中 $\Sigma_{\tau}=\tau(1-\tau) \cdot E[f_{U|X}(0|X) \cdot XX']^{-1} \cdot E[XX'] \cdot E[f_{U|X}(0|X) \cdot XX']^{-1}$

如果我们希望加强假设,使得对于每个分位数 $\tau \in (0,1)$,$Q_{U|X}^{\tau}=0$ 都成立,这意味着 U 和 X 之间完全独立,方差矩阵可简化为

$$\Sigma_{\tau}=\frac{\tau(1-\tau)}{f_U(0)^2} \cdot E[XX']^{-1}$$

使用精确识别出的 GMM 估计量的结果推导出渐近方差:

$$E[(\tau-\mathbb{1}\{Y<X'\beta_0\}) \cdot X]=0$$

4. 证明由条件(7.33)得到的估计量与由条件(7.32)得到的估计量相等。

5. 证明(7.38)中定义的权重 W^+ 确实是正的。

6. 注意在(7.47)中,分子和分母都有 1^+。因此,你预计在(7.48)中也有 1^+,这当然是正确的。证明在(7.48)中用 1^- 代替 1^+ 等同于当前公式。

7. 推导(7.50)中给出的估计量和公式。

8. 讨论参数分位数回归中出现的标准问题,但这些问题在使用局部常数估计量时消失了。当使用局部线性估计时,这些标准问题中的哪一些也会(局部地)发生?

8
动态处理评估

在前面的章节中,我们研究了处理 D 对结果变量 Y 的影响。处理开始于某个时间点 t_0,然后在一段时间过后(如 t_0+t)我们测量处理组和对照组的结果变量。我们通常会控制 t_0 时或之前测得的变量 X_{i,t_0},例如过往的就业情况和收入。到目前为止,只有采用双重差分时,我们才试图探索动态情况;而使用所有其他方法时,我们很大程度上忽略了时间这一因素。

在评估劳动力市场项目时,我们可以将 $Y_{t_0+t}^d$ 视为某个时间点的就业状况。或者,我们也可以从持续时间或风险模型的角度来研究失业状况等的变化。$Y_{t_0+t}^d$ 的期望值就是生存概率。在后一种情况下,我们只会衡量对失业持续时间的影响,而不会考虑对再次失业的影响。

截至目前,我们还没有考虑决定或结果的序贯处理过程。我们甚至可以更进一步,把一个人在参加培训项目之前处于失业状态的时间和培训项目对他之后等待工作的时间的影响(或者简单地说是对风险率的影响)结合起来。

虽然有关动态处理效应估计的文献也在迅速增加,但本章仅就其建模和估计方法给出一些基本的想法。现有的文献对于技术部分着墨很多。这里,我们的目的是给出一些直观的见解,显然这意味着我们将对模型进行一些简化和限制。Abbring 和 Heckman(2007)对动态处理效应进行了更全面也更偏向于技术的概述。

8.1 动机和简介

虽然在一些情况下,前几章的框架可能适用,但在其他情况下,需要更仔细地对待时间和动态处理分配。例如,考虑在评估积极的劳动力市场政策时出现的几个问题。

例 8.1 项目开始的时间 t_0 本身可能与失业者未被观察到的特征有关。因此，t_0 本身可能是重要的控制变量。这里的 t_0 可以表示日历时间（如季节性影响），也可以表示过程时长（如当前失业状态持续时间）。

在某些项目中，人们停止参与的时间 t_1 通常本身已经是项目的结果。在培训项目中找到工作的人的项目持续时间 $t_1 - t_0$ 自然比在此期间没有找到工作的人更短。换言之，如果有人在培训期间找到了一份工作，他会比计划提前停止培训。于是，找到工作是处理持续时间短的原因，而不是结果。这意味着我们不能说因为他接受处理的持续时间短，所以他就找到了工作。

从这个例子可以看出，出于这个原因，测量处理起始点 t_0 而不是终止点 t_1 的影响更合理。然而，人们也可能对该项目的持续时间 $t_1 - t_0$ 的影响感兴趣。一个可能的简便方法就是把以 X_{t_0} 为条件时更可能是外生变量的**预期项目持续时间**（intended programme duration）作为衡量指标。混杂变量通常也包括时变变量，于是我们可能需要一个更明确的模型。

例 8.2 Ashenfelter(1978)指出，参与劳动力市场项目的决定与个体的过往收入及就职情况高度相关。近期的就业负面冲击常常促使个体参加培训项目。因此，项目开始前几个月的就业情况是参与项目决策的一个重要影响因素，但它也可能与潜在的就业结果相关。

如上所述，将时间 t_0 作为控制变量通常很重要。当然，不参与项目的个体（对照组）自然是没有项目开始时间的。我们可以模拟这些个体的潜在开始时间，从而构造一个不太精准的解决方案。

例 8.3 回想例 8.2。由于"非参与者"通常没有明确的项目开始时间，因此对于这些个体我们并不能定义他们的项目前几个月的就业情况。为了解决这个问题，Lechner(1999)建议根据参与者开始时间的分布为"非参与者"设定假设的开始时间，并删除那些指定的开始时间将导致不一致的"非参与者"观测值。因此，如果失业是参加积极的劳动力市场项目的基本资格条件，就舍弃指定的开始时间在失业期结束后的那些观测值，因为找到工作的人不可能参与此项目。Lechner(2002b)进一步分析了假定的开始时间的分配。他不仅考虑开始时间的无条件分布，还考量控制了混杂变量的条件分布。这种条件分布可以通过对开始时间在协变量上进行回归，并拟合各非参与者在协变量值上的条件分布的均值来模拟得到。在他的研究中，这两种方法得出了相似的结果。

除了模拟非参与者的开始时间,还可以缩短处理定义窗口的长度,以使参与者和非参与者更加相似。处理定义窗口(treatment definition window)是用于定义静态模型中的处理状态的时期。在这个窗口的初始点定义处理的资格标准,从而确定可能以 0 到 1 的概率开始接受处理的观测值的风险集。在窗口的终点,我们可以很清楚地看到在这段时间谁开始接受处理。这样的窗口通常是根据处理过程的时间来定义的。

例 8.4 回想例 8.2 和例 8.3,并想一想在某一天登记的失业者。如果在失业的第一天接受项目,那么长度为"1 天"的处理定义窗口将这些人定义为处理组,其他人则被定义为对照组。同样,对于已经失业 29 天的人,长度为"1 天"的处理定义窗口把在第 29 天开始接受处理的所有人定义为处理组,而把第 29 天仍不接受处理的人定义为对照组(当然,我们只使用那些在第 29 天登记状态仍然是失业的人)。对于那些不属于风险集的人,即那些不再失业或已经开始接受培训的人,我们不将其视作处理。风险集只包含那些有资格并且可能被分配到某个项目的个人。

对于极短的处理定义窗口,例如本例中的"1 天",我们可能只能获得极少的处理组观测值,因此估计可能非常不精确。此外,处理效应可能很小,可能不是我们主要关心的:长度为"1 天"的处理定义窗口将对比今天与"不是今天但可能是明天"开始参与项目的效应。许多对照组的人可能会在几天后接受处理,因此这就类似于实验环境中的替代偏误,即对照组的人得到补偿或不同的处理。然而,在某些情况下,对比今天与"不是今天但可能是明天"开始参与项目的处理效应可能确实是研究人员感兴趣之处。

例 8.5 Frölich(2008)的例子就反映了此种情况。他研究了政府就业问题负责人的政策选择问题。在与失业者的每次会面中,负责人的目标是选择最优的行动方案,例如在活跃的劳动力市场项目中作出选择。在下次会面中,他将重新考虑就业情况,并可能采取不同的行动方案。今天,负责人可能会选择不实施任何项目,但如果失业的人在四周后仍处于失业状态,那么执行不同的行动(即不同的处理)可能是合适的。

有时一个非常大的处理定义窗口可能是我们最感兴趣的处理效应,例如一年(将在第一年就开始处理的所有人定义为处理组,并将这整一年中都没有参加处理的人定义为对照组)。然而,根据 Fredriksson 和 Johansson(2008)提出的专业术语,此时识别问题的定义是"以未来为条件"(conditioning on the future)的。在处理定义窗口的起始点,人们可以想象两个相互竞争的过程:一个是人们被送至某个项目,一个是人们自己找到了工作。即使两个人的特征完全相同,也可能碰巧一个人在 8 周后找到工作,而另一个人本可以在 10 周后找到工作,却已在第 9 周被送至项目。在这种情况下,第一个人将被定义为未经处理者,而第二个人则被定义为接受处理者。这显然带来了一个问题,因为对于原本完全相同的这两类人来说,目前处理效应为零(或者说没有处理效应),未经处理者是那些幸运地很早就找到工作的人,而接受处理者是那些没有很快找到工作的不幸的人。当处理定义窗口非常长时,你甚至可以想象这样一种极端情况:所有未经处理者都可能是在项目开始前找到工作的人,而所有接受处理者都是那些在某个时间能找到工作但项目恰好在这之前开始的人。显然,这种情况会导致估计有偏,偏向于被如此定义的未经处理者。因此,如果处理组和对照组之间除动态分配过程中的运气不同外,在不可观察变量方面没有差异,那么处理效应是被低估的。如果每个失业者最终都必须参加某个项目,除非他在此之前找到了工作,这种偏误可能最严重。另外,如果每个失业者最终接受某项处理(假设没有发生其他事件)的概率明显低于 1,那么我们预料这种偏误将更小。

在大多数应用中,我们并不能清楚预判偏误的正负,因为除动态分配过程中的运气差异外,处理组和对照组之间还可能存在其他系统性差异。也就是说,可能还有其他未被观测到的原因导致一些人没有得到处理,即使他们也处于失业状态。

为了克服这一"以未来为条件"的问题,我们必须缩短处理定义窗口的长度。但这很可能再次带来问题,即许多被定义为未经处理者实际上可能在不久之后就得到了处理,如前所述。另一种方法是分析估计量对不同窗口长度的敏感性。如果缩短窗口的长度,由"以未来为条件"产生的偏误将减小,但方差会增大。与此同时,许多未经处理者可能很快就会接受处理,从而将模糊上述处理效应的定义。如果现有数据允许,我们可以衡量有多少人会出现这种情况。因此,在解释处理效应时,应该始终检查在此后期间对照组中有多大比例的人实际接受了处理(即有多少人被归类为未经处理者后实际接受了处理)。如果这个比例很小,我们将更确信我们衡量的是处理与不处理之间的效应,而不是今天与"不是今天但可能是明天"之间的处理效应。[①]

[①] 关于一个合适的例子,请参见 Lechner, Miquel 和 Wunsch(2011)。

我们将讨论两种可能的方法来解决"以未来为条件"的问题。首先,我们介绍能减轻这一问题的离散时间动态模型(discrete-time dynamic models)。然而若处理定义窗口长度较短,如一天、一周或者一个月,那么我们可以使用一个试图加总随着时间推移而产生的影响的连续时间模型(continuous-time model)。如果结果变量 Y 是生存概率,例如在单一时期失业数据的情况下,则使用后一种方法似乎尤为合理。

例 8.6 Fredriksson 和 Johansson(2008)提出了一个非参数风险模型,以估计关于每一天开始处理的处理效应,由此人们可从中推导出潜在结果的生存函数。直觉如下。再次思考针对失业者的培训项目的例子。在每一天 t(项目进行中的时间),风险集由那些仍然失业并且还没有参加培训的人组成。在第 t 天这些人面临加入培训和找到工作(或者说,退出失业状态)两种可能。假设以一些观察到的协变量 X_t 为条件时,对于所有仍处于风险集中的个人来说,这些是概率相等的随机事件。即以 X_t 和仍在风险集中为条件后,处理是仅根据白噪声做出的。换言之,我们假设在控制 X_t 和风险集后没有未观察到的混杂因素。因此,我们可以用非参数方法估计进入处理组和成功就业的风险率,由此推导出潜在的生存函数。

连续时间模型往往避免了"以未来为条件"这一问题。但是此模型对处理效应的异质性有一定的限制,而离散时间模型不需要这种限制。在以下问题的讨论中这一点表现得尤其明显,在这些问题中,连续时间内可能的处理顺序是无限的。

在开始之前,我们再补充一个为什么在许多情况下静态模型不足以评估处理效应的原因。如本章开头所述,在许多应用中,我们可能会对序贯项目的影响感兴趣:第一个项目,比如 A,后面紧跟着另一个项目,比如 B。我们可能还想将该顺序与其逆顺序进行比较,即先实施项目 B,然后是项目 A。由于实施第二个处理可能正是第一个处理的结果(成功或失败),在静态模型中很难或根本不可能拆分这些影响。为了避免这类问题,人们可以将重点放在评估第一个项目的效应(从第一个项目开始时就开始衡量),同时将第二个项目视为随第一个项目内生地变化的结果。因此,我们可以估计第一个项目以及任何可能的后续项目的总体效应。从这个例子中我们已经注意到,中间结果变量(即对于某些 t 值的 Y_t)可能是影响处理顺序的重要变量。正如前几章所讨论的,静态模型的一个一般规则是人们通常不应控制已受处理影响的变量。但我们将在下面看到,对这些变量进行某种类型的控制仍然很重要,甚至是不可避免的。如果我们想进一步厘清每一个项目(例如 A 和 B)的影响,我们当然需要一个更复杂的模型设置。

8.2 动态潜在结果模型

我们可以通过两种方式在评估框架中引入时间维度:要么考虑多个离散时期(有限长度)的处理顺序,要么考虑时间是连续的。我们首先检查离散时间段的建模框架,该框架允许多种可能的处理顺序、不同的开始时间、不同的处理持续时间等。当处理只能在特定的时间点(例如每季度)开始时。② 或当我们仅在离散时间段内观察数据时,可以直接使用这个模型。③ 当处理可以(几乎)在连续时间上启动时,离散时间模型可能比连续时间模型有优越性,因为它不会对处理效应的异质性施加强烈的限制。离散时间模型把时间划分为离散的时间段,在这些时间段中可以选择不同的处理顺序。

例 8.7 Lechner 和 Miquel(2010)研究了 20 世纪 90 年代联邦德国政府资助的培训项目对就业的影响。他们将 1992 年 1 月至 1993 年 12 月期间失业的第一个月定义为参照期(即他们的零时期)。由于数据中没有足够的随时间变化的信息以支持月度分析,因此他们将月度信息汇总为季度信息。在找到工作之前,他们考虑以下三种可能的状态:参加由政府提供的职业技能培训项目(T),参加由政府提供的再培训项目以获得不同职业的职业学位(R),或者只是继续失业并领取福利和服务(U)。在一年内的单一失业期中有许多可能的项目序列,例如 UUUU、RRRR、TTTT,但也可能是 UTTT、UURR 等,如果个人在四个季度内找到了工作,也会出现序列较短的情况。Lechner 和 Miquel(2010)只研究了 RRRR、TTTT 和 UUUU 对一年(或四个季度)后实现就业的影响之间的差异。

由于处理效应不受处理序列的限制,离散时间模型不能直接扩展到连续时间,因为不同序列的数目将是无限的。因此,对于这些序列中的大多数序列,观测值的数量将为零。显然,对于连续时间模型,我们将需要更多的限制,这将在后面讨论。在应用中,时间几乎总是可以被视为离散的,因为信息通常是按时间

---

② 在评估学校教育政策时,每个学年都是一个离散的时间段。
③ 同样,小学教育、初中教育和高中教育也可以视为一个序列。

(小时、天、周、月等)收集的。重要的一点是在特定的时间段内可以观察到多少接受处理的观测值,以及可以检查多少不同的处理顺序。

潜在结果模型的灵活多时期扩展在生物计量学中已经发展了一段时间。[④] 在本章中,我们重点介绍 Lechner 和 Miquel(2001)、Lechner 和 Miquel(2010)以及 Lechner(2008)的阐述和扩展,其在思路和符号上更接近本书余下内容中面向社会科学应用的部分。识别是基于序列条件独立性假设的,也可以称之为顺序"选择可观测变量"假设。正如我们将看到的,能够观察中间结果变量通常对于识别很重要。研究者可以在失业登记者的行政资料中查阅这些信息。在许多其他应用中,通常不存在这些信息,因此,作为估计策略的一部分,收集这些数据是很重要的。

为了介绍基本思想,假设有几个时期 τ,并且在每个时期内,可以选择处理 0 或 1。根据这个设置,我们可以很容易地扩展到多个时期和多个处理的情况。在稍后的某个时间 t 测量结果变量。此外,存在一个初始时期,在这个时期中,我们可以得到开始任何处理之前的协变量的信息,即在没有实施任何处理的情况下,存在一个零时期,我们可以在此期间测量潜在的混杂变量(处理前)。更准确地说,我们定义了一个时期 0。处理也可以发生在时期 0 以前,但我们无法确定其效应。

回顾例 8.7 的劳动力市场项目:在一个时期的起始点,每个被观察到的人都处于失业状态,此时我们测量到一些关于此人和他的过往工作经历的信息。设 $D_\tau \in \{0,1\}$ 为在 τ 时期内选择的处理,$\underline{D}_\tau$ 为一直持续到 τ 时期的处理序列,其中 $\underline{d}_\tau$ 是此随机变量的一个特定实现值。$\underline{D}_1$ 可能的数值集是 $\{0,1\}$。$\underline{D}_2$ 可能的数值集是 $\{00,10,01,11\}$。$\underline{D}_3$ 的可能实现值为 000、001、010、011、100、101、110、111 等。我们将潜在结果定义为 $Y_T^{\underline{d}_\tau}$,这是在某个时间 T 选择了特定的序列 $\underline{d}_\tau$ 时观察到的结果。在下面我们用符号 t 和 τ 来表示处理顺序,用符号 T 表示衡量结果的时间。因此,对于两个处理时期,我们区分 $Y_T^{\underline{d}_1}$ 和 $Y_T^{\underline{d}_2}$。观察到的结果 Y_T 对应于实际选择的序列。为了具体说明我们测量这些变量的时机,我们假设处理开始于一个时期的起始点,而结果 Y(以及后来引入的其他协变量 X)是在时期结束时测量的。我们由此得到观测规则,即联系潜在结果与实际结果之间的规则:

$Y_1 = D_1 Y_1^1 + (1-D_1) Y_1^0$

$Y_2 = D_1 Y_2^1 + (1-D_1) Y_2^0$

$\quad = D_1 D_2 Y_2^{11} + (1-D_1) D_2 Y_2^{01} + D_1 (1-D_2) Y_2^{10} + (1-D_1)(1-D_2) Y_2^{00}$

Y_2^{11} 和 Y_2^1 之间的区别是:潜在的结果 Y_2^{11} 是如果通过外部干预使一个特定的

[④] 例如,参见 Robins(1986)、Robins(1989)、Robins(1997)、Robins(1999)以及 Robins、Greenland 和 Hu(1999)中的离散处理情况,参见 Robins(1998)以及 Gill 和 Robins(2001)中的连续处理情况。

个体 i 服从序列 11，在第二阶段结束时将发生的结果；潜在的结果 Y_2^1 是如果通过外部干预，个体 i 首先被送到项目 1，然后无论 i 在第二阶段将要选择哪个项目，那么在第二阶段结束时能观察到的结果，即第一阶段是由外部干预确定的，而第二阶段的处理是给定第一个项目的分配后，由个人或负责人确定的。请注意，第二个项目的选择可能会受到第一个项目的影响。这意味着

$$Y_T^1 = D_2^1 Y_T^{11} + (1 - D_2^1) Y_T^{10} \tag{8.1}$$

其中 D_2^1 是第一个时期选择项目 1 时第二个时期的潜在处理选择。类似地，D_3^1 是第一个时期选择项目 1 时第三个时期选择的项目；D_3^{11} 是前两个时期选择项目 1 时第三个时期选择的项目。通过类比，我们得到

$$Y_T^1 = D_2^1 D_3^1 Y_T^{111} + (1 - D_2^1) D_3^1 Y_T^{101} + D_2^1 (1 - D_3^1) Y_T^{110} + (1 - D_2^1)(1 - D_3^1) Y_T^{100}$$

同理

$$Y_T^{11} = D_3^{11} Y_T^{111} + (1 - D_3^{11}) Y_T^{110}$$

观察到的结果 Y_T 是如果个体选择全部项目序列的结果。

例 8.8 我们可能对学校投入对认知发展的影响感兴趣。人们可以把教育看作学年的序列。然而，从一年到下一年的变化通常相当有限，因此可能很难识别一些序列。一个更有趣的方法是将教育视为幼儿园、小学、初中、高中和高等教育的序列。沿着这个序列，我们可以考虑加入许多不同的输入序列。如私立学校与公立学校、小班与大班、传统教育与高度重视外语的教育、教师工资低与高，等等，于是出现了几个有趣的研究问题。对学校教育的投资有互补效应还是替代效应？对学前教育的早期投资会增加继续教育的回报还是降低回报（即边际收益递减）？如果有固定预算，应该在哪个阶段投入最多？人们可以比较一个开始时教育支出高（例如小班）而随后支出较低的序列与情况刚好反过来的一个序列。

观察到的学校教育顺序显然是内生的，下一步的决定几乎肯定取决于前一步的成功。下面概述的策略基于序列条件独立性假设，我们需要前一阶段的测试成绩或等级，即协变量 X。例如，儿童就读的中学类型明显取决于其小学毕业时的教育成果（等级、考试成绩），如果不观察这些等级或成绩，我们将很难进行识别。[5]

在转向内生性问题以及识别和估计问题前，我们先讨论各种大家可能感兴

---

[5] Lechner(2004)中阐述的另一个例子思考了不同生育顺序的劳动力供给效应，例如第一个生育期诞育两名子女，第二个生育期诞育零个子女，与每个生育期只生一名子女的对比。

趣的平均处理效应。为了使讨论更容易，我们以劳动力市场项目序列为例，考虑以下典型的序列问题。

我们可以关注处理的开始时间（starting times）[或时机（timing）]：在失业期内，某些人项目开始的时间较晚，而其他人项目开始的时间较早。对于那些从不参加培训项目的人，他们不存在所谓的"开始日期"。假设我们用季度来定义时间。然后我们可以比较序列 001 和 0001，即比较在失业后的第三季度和第四季度开始参加项目的人。比较序列 1 和 001 有助于检查刚失业几天就参加项目和半年后才参加项目的效应。我们还可以比较序列 1 和 000，其中后一组指的是在前 9 个月没有接受任何处理。另一种选择是比较序列 00 到 01，即比较在第二季度接受处理与在第二季度不接受处理但可能在之后立即接受的人。[6] 在检查"等待效应"时，我们可能需要一些最短的项目持续时间，例如，比较 11 与 0011，或 111 与 00111。请注意，对于其中几个比较，Fredriksson 和 Johansson（2008）关于"以未来为条件"可能会引入偏误的警告仍然适用。为了减小此类偏误（尽管在实证研究中通常可以推测其方向），应该始终使用较短的时期长度。如果数据量足够，在确定序列时，可以使用月份而不是季度的时期长度。如果数据量有限，我们可以使用各种替代的时间窗口长度（月度、季度）的定义，并比较估计结果。对于较短的时期，结果的偏误理应降低，但方差可能会增大。

我们也可以研究处理持续时间（treatment durations）：例如，为了检查不同的处理持续时间的效应，我们可以比较序列 010 和 011。我们已经提及，在评估研究中如果受试者可以在处理期内选择退出，那么处理持续时间具有潜在内生性。如果处理是不愉快的或处理发出了一个退出信号，那么个人将选择在项目尚运行时离开该项目。然而，这种自然数据损失已经反映出该项目的一个影响。[7] 在某些情况下，这可能是我们最感兴趣的部分。不过，在其他情况下，持续接受处理的影响可能更有趣。因此，我们可能想要比较 1 与 11，或者 10 与 110。前一个比较是指处理至少持续一个或两个时期，而后一个比较是指持续时间恰好为一个或两个时期。

最后，我们可能还想研究处理序列（sequences of treatments）的影响：我们可以对不同的处理序列感兴趣，例如 010001 和 0101。特别是当我们扩展先前的设置，使得在每个时期都有多个处理选项，例如 {0,1,2,3}，比如无援助、求职援助、

---

[6] 最后一个例子被用于 Sianesi（2004）、Fredrikson 和 Johansson（2008）以及 Frölich（2008）。

[7] 在静态模型中，规避此问题的一种方法是仅考虑计划持续时间的效应，例如 Lechner, Miquel 和 Wunsch（2011）所展现的那样。

技能培训和就业项目时,比较序列 123 与 132,或 101 与 1001 是有趣的。人们应该先接受技能培训还是参加就业项目?如果一个项目已经完成,人们是否应该紧接着参加下一个项目,还是在这两个项目之间留出一段时间,以便让个人专注于自己的求职活动?若选择第二个和任何后续项目会受到前一个项目的结果的影响,那么我们将无法应用上一节所述的静态模型。于是,我们必须包括中间结果以控制选择。

因此,很多序列可能是有趣的。然而,在指定这些序列时,应记住,指定的处理序列越长,完全遵循该序列的观测值就越少。因此,即使数据集包括几千个观测值,也可能出现样本过小的问题。比较两个相当不同的序列(例如 1110 和 00001110)时,将产生额外的复杂情况。很有可能那些遵循特定序列(如 00001110)的个体之间的 X 特征是相对同质的。如果遵循序列 1110 的个体之间的 X 特征也是相对同质的,那么这两个群体之间的共同支撑区间将相对较小。删除共同支撑区间外的观测值后,00001110 和 1110 之间的处理效应可能只取决于一个非常特殊的子总体,这降低了外部有效性。

序列非常长的另一个问题是,如果我们通过一些(序列)条件独立性假设识别处理效应,我们必须包括协变量 $X_0, X_1, \cdots, X_{\tau-1}$ 以识别序列 d_τ 的影响,当 τ 增大时,必须加入越来越多的变量。因此,会出现协变量的数量过多的情况,这时我们可以只包括四个滞后项 $X_{t-1}, X_{t-2}, X_{t-3}, X_{t-4}$,因为它们可能已经收集了过去的 X 中包含的大部分信息。

此外,人们通常希望在模型中包括随时间变化的协变量 X_t;我们把直到时期 t 收集的 X_t 变量定义为 $\underline{X}_t$。$\underline{X}_t$ 还可以包括从过去直到 Y_t 的结果变量。因此,我们允许变量 X_t 已经受到处理的影响,我们甚至可以定义这些变量的潜在值 X_t^d。记住,我们在一个时期的终点观察 X_t。因此,在一个时期 τ 的起始点,观察到的 X_t 值是直到 $\tau-1$ 期的值。在上述积极的劳动力市场政策的例子中,(除了其他变量)X_t 可以是失业者的就业能力。项目负责人评估失业者的就业能力,这种评估结果会随着时间的推移而改变。如果培训项目是有效的,人们会期望在参加培训之后,就业能力得到提高。当然,其他因素比如动机、心理状态或家庭组成也会随着时间的推移而改变,例如,Lechner 和 Wiehler(2011)研究了劳动力市场项目与生育能力之间的交互作用。

我们现在可以定义大量不同的平均处理效应。设 $\underline{d}'_{\tau'}$、$\underline{d}''_{\tau''}$ 和 $\underline{d}'''_{\tau'''}$ 是三个可能具有不同长度 τ'、τ''、τ''' 的序列。定义处理效应为

$$\alpha_T^{\underline{d}'_{\tau'}, \underline{d}''_{\tau''}}(\underline{d}'''_{\tau'''}) = E[Y_T^{\underline{d}'_{\tau'}} - Y_T^{\underline{d}''_{\tau''}} \mid \underline{d}'''_{\tau'''}], \text{对于} \quad \tau''' \leq \tau', \tau''$$

该式表示观察到子总体采取了序列 $\underline{d}_{\tau'''}^{'''}$ 后,序列 $\underline{d}_{\tau'}^{'}$ 和序列 $\underline{d}_{\tau''}^{''}$ 之间的处理效应。注意,三个序列的长度和处理类型可以有所区别。因此,我们可以比较相同长度的两个序列,例如 01 与 10,以及不同长度的序列,例如 01 与 1。第二个例子是延迟开始处理的效应,即处理开始于第 2 时期与第 1 时期。序列 $\underline{d}_{\tau'''}^{'''}$ 定义了那些我们意图研究处理效应的子总体。我们假设 $\tau''' \leqslant \tau', \tau''$,因为我们不关心那些已经精致定义的(子)总体的处理效应,而是关心那两个因果关系尚未确定的序列。同时我们需要更强的识别条件。

如果 $\tau''' = 0$,则该处理效应为动态平均处理效应(DATE):

$$\alpha_T^{\underline{d}_{\tau'}^{'}, \underline{d}_{\tau''}^{''}} = E[Y_T^{\underline{d}_{\tau'}^{'}} - Y_T^{\underline{d}_{\tau''}^{''}}]$$

然而,当 $\underline{d}_{\tau'''}^{'''} = \underline{d}_{\tau'}^{'}$ 时,我们能得到处理组的动态平均处理效应(DATET):

$$\alpha_T^{\underline{d}_{\tau'}^{'}, \underline{d}_{\tau''}^{''}}(\underline{d}_{\tau'}^{'}) = E[Y_T^{\underline{d}_{\tau'}^{'}} - Y_T^{\underline{d}_{\tau''}^{''}} \mid \underline{d}_{\tau'}^{'}]$$

当 $\underline{d}_{\tau'''}^{'''} = \underline{d}_{\tau''}^{''}$ 时,我们能得到对照组的动态平均处理效应(DATEN):

$$\alpha_T^{\underline{d}_{\tau'}^{'}, \underline{d}_{\tau''}^{''}}(\underline{d}_{\tau''}^{''}) = E[Y_T^{\underline{d}_{\tau'}^{'}} - Y_T^{\underline{d}_{\tau''}^{''}} \mid \underline{d}_{\tau''}^{''}]$$

如果没有对效应异质性的任何限制,这些效应可能会非常不同。

此外,我们只考虑 $T \geqslant \max(\tau', \tau'')$,这意味着我们只将序列完成后的时期作为最终结果变量。研究 $T < \max(\tau', \tau'')$ 的情况是没有意义的,因为我们假设处理只会对未来的时期产生影响,而不会对处理前的时期产生影响。我们将该假设称为无预期效应(anticipation effects)假设。如果存在预期效应,我们就必须把预期开始点定义成处理开始点。例如,如果我们在数据中观察到一名失业者在 6 月份开始了一项培训项目,我们还知道该人在 5 月初就已经了解到这一项目,那么我们可以将 5 月份视为处理开始的日期。如果推荐项目的日期和项目开始的日期非常接近,并且没有观察到推荐项目的日期,我们就可以忽略可能的预期效应。

如果我们不能假设参与是外生的,即没有随机实验,那么我们需要控制混杂因素。在下面讨论的某些条件下,可以通过依序控制混杂因素来确定处理效应。请注意,我们也可以在由外生协变量 X 严格定义的区块内识别这些处理效应。我们需要更仔细地考虑由受处理影响的协变量定义的区块,并且通常需要对这种情况设定更强的识别条件。

从上述定义中,我们得到了一个有助于将各种处理效应相互关联起来的有用结果,例如不同长度的控制集 $\underline{d}_{\tau'''}^{'''}$ 的预期结果的关系。定义 $(\underline{d}_{\tau'''}^{'''}, v_1, v_2, \cdots, v_\delta)$ 是长度为 $\tau''' + \delta$ 的序列,它以子序列 $\underline{d}_{\tau'''}^{'''}$ 开始,后接二元取值(0—1)的处理 v_1, $v_2, \cdots, v_\delta$。通过迭代期望,我们可以得到

$$E[Y_T^{d_\tau'} | \underline{d}_\tau'''] = \sum_{v_1=0}^{1} \cdots \sum_{v_\delta=0}^{1} E[Y_T^{d_\tau'} | (\underline{d}_{\tau''}''', v_1, v_2, \cdots, v_\delta)]$$
$$\cdot \Pr(D_{\tau''+1} = v_1, \cdots, D_{\tau''+\delta} = v\delta | \underline{d}_\tau''') \tag{8.2}$$

这意味着，如果可以确定某一精致定义的特定总体的处理效应，即更长的序列 τ''' 所定义的总体，那么我们也可以用加权平均确定一个被粗糙定义的总体的处理效应。换言之，如果我们能估计右边的概率和期望值，那么我们就自动得到左边的相对粗糙定义的总体的潜在平均结果的估计值。显然，一般来说，识别精致定义的子总体上的处理效应是更难的。

8.2.1 与静态模型等效

为了获得一些关于动态处理效应的直觉，我们首先考虑一些非常强的假设，它们允许我们使用简单的静态模型的工具。在下一小节中，我们将放松这些假设。设 Θ_τ 是直到 τ 时期的所有可能的处理序列的集合。首先要注意的是，如果每个时期只有一个二元处理变量，那么集合 Θ_τ 的元素个数是 2^τ。

对于处理模型，我们从一组相当强势的 CIA 开始，即我们假设所有可能的处理序列 $\underline{d}_\tau$ 的潜在结果都与以 X_0 为条件时的实际序列 $\underline{D}_\tau$ 无关。

假设 SCIA 强条件独立性假设

$$Y_T^{\underline{d}_\tau} \perp\!\!\!\perp \underline{D}_\tau | X_0 \quad \forall \underline{d}_\tau \in \Theta_\tau \tag{8.3}$$

加上共同支撑区间条件：[8]

$$0 < \Pr(\underline{D}_\tau = \underline{d}_\tau | X_0) < 1 \quad \text{a.s.} \quad \forall \underline{d}_\tau \in \Theta_\tau \tag{8.4}$$

我们假设在考虑了零时点观察到的信息 X_0 后，随后采取的整个处理序列与其潜在结果无关。这意味着人们拥有的关于未来潜在结果的所有重要信息（因此会影响其参与处理的决定）已经包含在 X_0 中。换言之，我们假设研究者在初始阶段有足够的信息，因此每个阶段的处理分配可以被视为以 X_0 为条件的随机分配。这种假设是合理的，例如对于一个所有处理分配都是在初始阶段进行并且随后不改变分配的方案。或者更准确地说，任何对原处理计划的修改都不是由与潜在结果相关的新信息引起的。因此，选择不取决于随时间变化的 X，也不取决于前一时期的处理结果，因为整个处理序列是根据 X_0 中包含的信息在起始

---

[8] 回想一下，a.s. 的意思是几乎必然（almost surely），即除度量值（或者说被观察到的概率）为零的集合外，这个陈述对于所有的 x_0 值都是正确的。用公式表述就是 $\Pr(\Pr(\underline{D}_\tau = \underline{d}_\tau | X_0) \in (0,1)) = 1 \quad \forall \underline{d}_\tau \in \Theta_\tau$。

点选择[9]出来的。

在许多情况下,这种假设可能相当强,因此我们将在下一小节中予以放宽。但理解这一假设的作用是有帮助的。如 Lechner 和 Miquel(2001)的研究所示,在上述假设下,可以确定直到 τ 期的所有处理效应(包括 DATET 和 DATEN),以及对于较粗糙的子总体的处理效应。这一假设还可以识别以下类型的效应:

$$E[Y_T^{111} - Y_T^{000} \mid \underline{D}_\tau = (101)]$$

其中我们识别处理效应的总体与比较潜在结果的总体没有共同的初始子序列(initial subsequence)。即我们需要识别服从序列 101 的结果 Y_T^{000}。两个序列 101 和 000 在第一个元素中就已不同。正如我们稍后将看到的,当条件独立性假设被放宽时,这种影响就更难确定。

上述设置基本上可以归结为多项目的静态模型识别法。此时有 $\underline{d}_\tau \in \Theta_\tau$ 种不同类型的处理(在本例中就是序列),并且对 X_0 的控制消除了选择偏误问题。因此,可以采用传统的估计多重处理的匹配或二次加权方法。

为了与后面的小节进行比较,我们还注意到假设(8.3)可以等价地按序列写成

$$Y_T^{\underline{d}} \perp\!\!\!\perp \underline{D}_t \mid X_0, \underline{D}_{t-1} \quad \forall\, t \leqslant \tau \quad 且 \quad \underline{d}_\tau \in \Theta_\tau \tag{8.5}$$

因此,控制了直到 $t-1$ 期的处理序列后,处理 D_t 的选择仅取决于 X_0 和一些与潜在结果无关的随机噪声或信息。同样,这一假设意味着此时的动态处理模型基本上是静态的处理模型,因为任何 0 期后可能出现的与潜在结果相关的新信息都不影响选择过程。

8.2.2 序列条件独立性假设

前面讨论了一些在许多应用中可能限制性太强的识别条件。特别是,上述假设不允许序贯处理选择依赖于中间结果变量。下面我们将放松这一假设。我们首先思考序贯条件独立性假设,它允许控制包括中间结果变量的内生变量。

假设 WDCIA 弱动态条件独立性假设

$$Y_T^{\underline{d}} \perp\!\!\!\perp D_t \mid \underline{X}_{t-1}, \underline{D}_{t-1} \quad \forall\, t \leqslant \tau \quad 且 \quad \underline{d}_\tau \in \Theta_\tau \tag{8.6}$$

---

[9] 它实际上意味着,如果最初已经选择了完整的处理序列,那么我们将不会得到与观察到的处理序列有系统性不同的序列。

$$0 < \Pr(\underline{D}_t = \underline{d}_t | \underline{X}_{t-1}, \underline{D}_{t-1}) < 1 \quad \text{a.s.} \quad \forall t \leq \tau \quad \text{且} \quad \underline{d}_t \in \{0,1\} \quad (8.7)$$

其中 X_t 可能包含 Y_t。

这个假设比之前的假设弱,因为它确实允许处理选择依赖于那些是先前处理结果的函数的可观测变量。为了验证这种假设是否可信,我们必须知道哪些变量影响处理状态和结果的变化,以及是否可以观察到这些变量。只考虑两个时期时,WDCIA 意味着

(a) $Y\frac{d_2}{T} \perp\!\!\!\perp D_1 | X_0 \quad \forall \underline{d}_2 \in \Theta_2$

(b) $Y\frac{d_2}{T} \perp\!\!\!\perp D_2 | \underline{X}_1, D_1 \quad \forall \underline{d}_2 \in \Theta_2$

(c) $0 < \Pr(D_1 = 1 | X_0) < 1 \quad \text{且} \quad 0 < \Pr(D_2 = 1 | \underline{X}_1, D_1) < 1 \quad \text{a.s.}$

其中 $\underline{X}_1$ 可能包括 Y_1。在此假设下,第一个处理选择与控制了 X_0 后的潜在结果无关。同样,第二个处理选择与控制了那个时点能观察到的所有变量后的潜在结果无关。这些控制变量包括 X_0, X_1 以及到目前为止所做的处理选择(D_1),通常还包括中间结果变量 Y_1。从某种意义上说,这与静态模型类似,但不同之处在于我们在估计的某些步骤中加入了中间变量。前提当然是这些中间结果变量的信息是可得的。

共同支撑假设(8.7)要求在数据中可以观察到每个处理路径。即第二部分假设指出,对于密度不为零的所有($\underline{X}_1 = x, D_1 = d$)的值,$D_2 = 0$ 和 $D_2 = 1$ 两种选择的概率都为正。注意,这个共同支撑限制只需要序贯成立,因此弱于

$$\Pr(D_1 = d_1, D_2 = d_2 | \underline{X}_1) > 0 \quad \text{a.s.} \quad \text{对于所有} \ d_1, d_2 \in \{0,1\} \quad (8.8)$$

例如,当 $D_1 = 1$ 时,$\underline{X}_1$ 的某些值可能具有零密度,但当 $D_1 = 0$ 时可能具有正密度。假设对于这些 $\underline{X}_1$ 的值,我们有 $\Pr(D_2 = 1 | \underline{X}_1, D_1 = 1) = 0$。对于 $\underline{X}_1$ 的值和 $D_1 = 1$,由于限制集的概率质量为零,因此共同支撑条件(8.7)仍然成立。但是(8.8)不成立。

例 8.9 回顾一下我们关于积极的劳动力市场政策的例子,但现在假设禁止重复参与一个培训项目。那么,如果 $D_1 = 1$,则资格状态(包括在混杂因素 X_1 的向量中)永远不会是 1,而如果 $D_1 = 0$,它有正概率 1。因此,$\Pr(D_2 = 1 | \underline{X}_1 =$ 有资格, $D_1 = 1)$ 为零,事件($\underline{X}_1 =$ 有资格, $D_1 = 1$)的发生概率为零。另一方面,(8.8)不成立,因为 $\Pr(D_1 = D_2 = 1 | \underline{X}_1 =$ 有资格) $= 0$,但发生 $\underline{X}_1 =$ 有资格的概率为正。

不过,在许多应用中,共同支撑假设可能还是过强。假设只允许失业者参加处理。于是

$$\Pr(D_2=1 | D_1, Y_1=\text{不再失业})=0$$

这意味着对于那些在第一次培训后找到工作的人来说,不可能有 $D_2=1$。

为了更好地理解根据 WDCIA(8.6)识别的效应,请思考上面简单的两时期模型示例中的 $E[Y_T^{11} | D_1=0]$。就第一个时期而言,利用迭代预期和 WDCIA,我们可以写出

$$\begin{aligned}
E[Y_T^{11} | D_1=0] &= E[E[Y_T^{11} | X_0, D_1=0] | D_1=0] \\
&= E[E[Y_T^{11} | X_0, D_1=1] | D_1=0] \\
&= E[E[E[Y_T^{11} | X_0, X_1, D_1=1] | X_0, D_1=1] | D_1=0] \\
&= E[E[E[Y_T^{11} | X_0, X_1, D_2=11] | X_0, D_1=1] | D_1=0] \\
&= E[E[E[Y_T | X_0, X_1, \underline{D}_2=11] | X_0, D_1=1] | D_1=0] \\
&= \int E[Y_T | \underline{X}_1, \underline{D}_2=11] dF_{X_1 | X_0, D_1=1} dF_{X_0 | D_1=0}
\end{aligned}$$

这一等式一方面表明潜在结果是可以确定的,另一方面也提出了一种估计它的方法。我们首先需要用非参数方法估计 $E[Y_T | \underline{X}_1, \underline{D}_2=11]$,然后根据分布 $dF_{X_1 | X_0, D_1=1}$ 和 $dF_{X_0 | D_1=0}$ 进行序贯(sequentially)调整。正如后面所述,这种调整可以通过匹配或加权来完成。此时的估计量比静态模型更复杂,因为我们必须对 X 分布的差异进行两次调整。通常,当我们考虑长度为 τ 的处理序列时,我们必须调整 τ 次。

更一般地说,在 WDCIA 假设下,如果可以观察到必要的条件变量,则可为长度为 $\tau \leqslant T$ 的任何序列 $\underline{d}_\tau$ 确定总体平均潜在结果

$$E[Y_T^{\underline{d}_\tau}]$$

此外,我们可以确定在第一阶段处理状态为 0 或 1 的子总体中任何序列 $\underline{d}_\tau$ 的平均结果

$$E[Y_T^{\underline{d}_\tau} | D_1=d_1]$$

然而,如果我们感兴趣的是由较长序列定义的子总体的平均效应(尤其是 $D_1=D_2=0$),情况就变得更加困难。在第一个时期和之后的时期中,由处理状态定义的总体之间的区别是,在第一个时期,处理选择是随机以外生变量为条件的,这是初始限制所有人都 $D_0=0$ 的结果。在第二个时期和之后的时期中,这些处理的随机性是以内生变量为条件的,即已经被第一部分处理影响了的变量。作为静态框架的自然扩展,WDCIA 假设对于实证研究是有吸引力的。然而,如果感兴趣的序列在第一阶段不同,WDCIA 并不能确定处理组的经典处理效应。

与上一小节的更强的假设 SCIA(8.3)相比,应用此假设并不能确定所有的

处理效应。只要观察到影响序列中下一个处理分配和结果的信息集,即使这些信息基于内生变量,也足以确定平均处理效应(DATE)。然而,这一假设不足以确定处理组的处理效应(DATET)。为了理解为什么不能识别 DATET,尝试通过迭代期望来识别 $E[Y_T^{00}|\underline{D}_2=11]$ 是一个有用的练习,见习题 4。原因是感兴趣的子总体(即完成序列的参与者)已经根据序列的中间结果发生了变化(即被选中)。这与静态模型大不相同,在静态模型中,通常认为识别 ATET 比识别 ATE 更容易。

然而,对于被精致定义的子总体,我们依然可以识别出他们的一些处理效应。第一个结果是比较只在最后一个时期内有不同处理的序列,即它们在 $\tau-1$ 之前具有相同的初始子序列(initial subsequence),并且只在 τ 时期上不同。这与之前的结果基本相同,只不过是时期 $\tau-1$ 起了之前时期 0 的作用,在时期 $\tau-1$ 之前处理序列一致。在这种情况下,内生性问题的危害不大,因为在比较两个序列时,识别处理效应时需要控制的潜在内生变量 $\underline{X}_{\tau-1}$ 和 $\underline{Y}_{\tau-1}$,已经被 $\tau-1$ 时期的相同的以往处理序列影响了。可以看出,[⑩]在给定 WDCIA 的情况下,如果序列 $(\underline{d}_{\tau-1},d_{\tau}')$ 和 $(\underline{d}_{\tau-1},d_{\tau}'')$ 除最后一个时期外是相同的,我们就能识别潜在结果

$$E[Y_T^{(\underline{d}_{\tau-1},d_{\tau}')}|\underline{D}_{\tau}=(\underline{d}_{\tau-1},d_{\tau}'')] \tag{8.9}$$

根据(8.2)的结果,对于粗糙定义的子总体,这还意味着

$$E[Y_T^{(\underline{d}_{\tau-1},d_{\tau}')}|\underline{D}_{\tau-1}=\underline{d}_{\tau-1}] \tag{8.10}$$

例如,我们可以识别 $E[Y_T^{11}]$,$E[Y_T^{11}|D_1=0]$,$E[Y_T^{11}|D_1=1]$,$E[Y_T^{11}|\underline{D}_2=10]$ 和 $E[Y_T^{11}|\underline{D}_2=11]$,但不能识别 $E[Y_T^{11}|\underline{D}_2=00]$ 或 $E[Y_T^{11}|\underline{D}_2=01]$。因此我们不能识别出序列 10 和 01 之间的 ATET。

(8.10)的结果实际上扩展到了对于结果 Y 序列较长的情况。一旦 WDCIA 成立,我们所需要的全部就是 Y 的初始(子)序列与我们以之为条件的 D 的序列相同。用公式表述就是,对于序列 $\underline{d}_{\tau-\omega}$,其中 $1 \leq \omega < \tau$,以及以相同的子序列开始的较长序列 $(\underline{d}_{\tau-\omega},d_{\tau-\omega+1},\cdots,d_{\tau})$,在 WDCIA 成立时,我们可以确定平均潜在结果

$$E[Y_T^{(\underline{d}_{\tau-\omega},d_{\tau-\omega+1},\cdots,d_{\tau})}|\underline{D}_{\tau-\omega}=\underline{d}_{\tau-\omega}] \tag{8.11}$$

当然,可以识别的相关子总体可能是更粗糙的,但不可能是更精致的。与(8.9)相比,期望值的条件集"少了一个时期"。识别不止在一个时期上存在不同的序列的难度更大:使参与者与特定序列中的非参与者具有可比性所需的控制

[⑩] 例如,见 Lechner 和 Miquel(2001,定理 3b)。

变量 $\underline{X}_{t-1}$ 和 $\underline{Y}_{t-1}$ 可能会受到序列中所有事件的影响。然而，由于序列不同，这些事件也可能不同，从而导致一些额外的识别损失。

例 8.10 回想上述的两时期例子。很明显，WDCIA 意味着 $Y_T^{11} \perp\!\!\!\perp D_2 \mid X_1, X_0, D_1$。若有

$$Y_T^{11} \perp\!\!\!\perp D_1 \mid X_1, X_0 \tag{8.12}$$

我们可以推断出 $Y_T^{11} \perp\!\!\!\perp (D_1, D_2) \mid X_1, X_0$。然而，WDCIA（8.6）并不（也不应该）意味着（8.12）成立。可以从图 8.1 中（为了便于说明，我们忽略了 D_0 和 X_0）清楚地看到（8.12）的含义。一般来说，我们希望允许 X_1 潜在地受到 D_1 的影响，因为 X 是在时期结束时测量的，而处理 D 则发生于时期起始点，但是如（8.12）那样对 X_1 进行控制，将"阻塞" D_1 对 Y_T 总体影响的一部分。换言之，X_1 是 D_1 的一个结果变量，因此控制住它是不合理的。只有没有指向 X_1 的因果关系时，（8.12）才成立，即不允许 D_1 对 X_1 产生任何影响。

图 8.1 条件（8.12）的因果关系图

对于 $E[Y_T^{11} \mid D_1]$ 的识别，这不是一个问题，但对于例如 $E[Y_T^{11} \mid D_2]$ 的识别，这一点很重要，参见习题 6，因为 X_1 决定了我们关注的第二个时期的总体。因此，一方面，我们必须在第二个时期以 X_1 为条件来控制选择问题；另一方面，我们不能以此变量为控制变量，因为这可能会使第一阶段的选择独立性失效。

为了不仅仅识别出（8.11），并且还识别出 DATET、DATEN 或其他处理效应，我们必须限制 X_τ 的潜在内生性，从而需要更强的序列独立性假设。事实上，回想（8.11），对于 $\omega = 1$，我们希望找到一个允许我们识别直到 τ 时期的所有效应的条件。

假设 SDCIA 强动态条件独立性假设

(a) $(Y_T^{\underline{d}}, X_t) \perp\!\!\!\perp D_t \mid \underline{X}_{t-1}, \underline{D}_{t-1}$ $\forall t \leq \tau - 1$ 且 $\underline{d}_\tau \in \Theta_\tau$，

(b) $Y_T^{\underline{d}} \perp\!\!\!\perp D_t \mid \underline{X}_{t-1}, \underline{D}_{t-1}$ $t = \tau$ 且 $\underline{d}_\tau \in \Theta_\tau$，

(c) $0 < \Pr(\underline{D}_t = \underline{d}_t \mid \underline{X}_{t-1}) < 1$ a.s. $\forall_t \leq \tau$ 以及 $\underline{d}_\tau \in \Theta_\tau$

现在比较 SDCIA 与 WDCIA 的两时期陈述（直接在原始假设之下给出的那

段陈述)。注意,可以通过简单计算证明假设(a)意味着 $Y_T^d \perp\!\!\!\perp D_1 | X_0, X_1$。再结合假设(b),我们能得到 $Y_T^d \perp\!\!\!\perp (D_1, D_2) | X_1$。这是因为 $A \perp\!\!\!\perp (B, C)$ 等价于 $A \perp\!\!\!\perp B | C$ 以及 $A \perp\!\!\!\perp C$。有了上述假设,我们可以推导 $E[Y_T^{11} | \underline{D}_2 = 00]$:

$$E[Y_T^{11} | \underline{D}_2 = 00] = E[E[Y_T^{11} | X_1, X_0, \underline{D}_2 = 00] | \underline{D}_2 = 00]$$
$$= E[E[Y_T^{11} | X_1, X_0, D_1 = 0] | \underline{D}_2 = 00]$$
$$= E[E[Y_T^{11} | X_1, X_0, D_1 = 1] | \underline{D}_2 = 00]$$
$$= E[E[Y_T^{11} | X_1, X_0, \underline{D}_2 = 11] | \underline{D}_2 = 00]$$
$$= E[E[Y_T | X_1, X_0, \underline{D}_2 = 11] | \underline{D}_2 = 00]$$

显然,我们同样可以推导出 $E[Y_T^{00} | \underline{D}_2 = 11]$。这个结果有两个意义:第一,我们可以确定 DATET。第二,我们只需同时在 X_1 和 X_0 的分布上进行调整,因此可以使用我们所学的多处理静态模型的方法。换言之,我们不必求助于更复杂的序列匹配或加权方法(我们稍后将详细讨论这些方法,在仅使用 WDCIA 时)。

SDCIA 中的假设(a)还暗示 $X_1 \perp\!\!\!\perp D_1 | X_0$,即在第一个时期结束时观察到的变量 X_1 不受第一个时期开始时的 D_1 的影响。因此,X_t 依然必须是外生的,即 D_t 对 X_t 没有影响。(最终)这一假设禁止 X_t 中包括中间结果。换言之,处理分配还是根据初始信息、处理历史和截至此时期所披露的新信息来决定的,但不允许披露的信息是由过去的处理引起的。参与决策可能基于期初观察到的时变混杂因素的值,只要它们不受该期处理的影响。因此,X_t 仍然是外生的,不允许 X_t 中包含 Y_t。

请注意,这是一个关于可观测变量的陈述,其含义可能与时间序列计量经济学中的因果关系概念有关,X_1 不是由先前处理导致的格兰杰结果。SDCIA 隐含的这个条件是可检验的,它一方面是一个优势,但另一方面也表明 SDCIA 可能比严格必要的假设更强。

我们将讨论 X_1^d 的潜在值的其他表达式,即如果应用了特定的处理,将观察到的 X_1 的值。有些人可能会认为 SDCIA(a) 就意味着 $X_1^{d_1} = X_1^{d_1'}$,但这两种说法并不完全相等。为了研究用潜在值形式表述的 CIA,我们首先回到 WDCIA。当使用 WDCIA 时,对于控制变量我们不需要施加任何清楚的外生性条件。这可能令人惊讶,因为众所周知,如果我们在控制变量中包括结果,我们总会估计出零效应。[11] 显然,以可观测的(可能受处理影响的)控制变量为条件的 CIA 并不是

---

[11] 例如,见 Rosenbaum(1984)、Rubin(2004) 和 Rubin(2005) 关于这种所谓的内生性偏误的阐述。

"最佳"(即在给定应用中,能最直观、最容易地判断其合理性)的识别条件,因为它混杂了选择效应与其他内生性问题。有时在表达处理潜在混杂变量真正需要的条件时,它是明确的。例如,WDCIA 意味着在第二个时期

$$E[Y_T^{d_1}|\underline{X}_1,D_1=1]=E[Y_T^{d_1}|\underline{X}_1,\underline{D}_2=11]$$

等价地,我们可以得出一个潜在混杂变量的表达式,即

$$E[Y_T^{d_1}|\underline{X}_1^{d_1=1},D_1=1]=E[Y_T^{d_1}|\underline{X}_1^{d_2=11},\underline{D}_2=11]$$

这说明 WDCIA 实际上是一组关于选择和内生性偏误的联合假设。

我们将在本小节最后讨论 WDCIA 和 SDCIA 的以潜在混杂因素表示的替代假设集(分别称为 WDCIA-P 和 SDCIA-P)。我们只关注简单的两时期模型,以便于集中讨论关键问题。可以看出,这些替代假设与上述原始版本的假设密切相关。然而,WDCIA 并不直接意味着这种新的 WDCIA-P 成立,反之亦然。SDCIA 和 SDCIA-P 之间也是同理。可以证明在 WDCIA 和 WDCIA-P 下,我们能识别出相同的处理效应。总之,以下假设并不完全等同于我们之前的讨论,但几乎相同。它们为我们解释 WDCIA 和 SDCIA 提供了一种直觉,但这是不可验证的。

假设 WDCIA-P 基于潜在混杂变量的弱动态条件独立性

(a) $Y_T^{d_t} \perp\!\!\!\perp D_t | \underline{X}_{t-1}^{d_t}, \underline{D}_{t-1} \quad \forall t \leqslant 2 \quad 且 \underline{d}_2 \in \Theta_2$

(b) $F(X_0^{d_2}|D_1=d_1)=F(X_0^{d_1'}|D_1=d_1) \quad \forall \underline{d}_2 \in \Theta_2$

(c) $F(X_1^{d_1,d_2'}|X_0^{d_1,d_2'},D_1=d_1)=F(X_1^{d_1}|X_0^{d_1},D_1=d_1) \quad \forall \underline{d}_2 \in \Theta_2$ (8.13)

其中 X_t 可以包括 Y_t。共同支撑要求与之前相同。

条件独立性条件(a)看起来像之前,只不过现在用潜在混杂因素来表述。新增内容是后面给出的外生性条件。直观地,(8.13)指出,给定 D_1,D_2 应该对时期 0 中的混杂变量(分布)没有影响;如果同时给定 $X_0^{d_1}$,则 D_2 应该对时期 1 中的混杂变量没有影响,参见(c)。暗示这一点的一个更强的假设是,如果在开始前处理对混杂因素没有影响,即对于任何 $\underline{d}_2$ 和 $\underline{d}_2'$ 存在 $X_0^{d_2}=X_0^{d_2'}$,以及对于任何 $\underline{d}_2$ 和 $\underline{d}_2'$ 有 $X_1^{d_1,d_2}=X_1^{d_1,d_2'}$。这就排除了预期对混杂因素的影响。用面板数据计量经济学的专业术语来说,X_t 的值是"预先确定的"。它可能取决于处理序列的过去值,但不取决于 D_t 的当前值或未来值。总之,这意味着我们不仅排除了对结果变量的预期效应,因为这使我们无论如何都识别不出处理效应,还排除了对混杂因素 X 的预期效应。

在控制混杂变量方面,强动态 CIA 的要求几乎与弱动态 CIA 的要求是等价的:

假设 SDCIA-P 基于潜在混杂变量的强条件独立性

(a) $(Y_T^{d_2}, X_1^{d_2}) \perp\!\!\!\perp D_1 \mid \underline{X}_0^{d_2} \quad \forall \underline{d}_2 \in \Theta_2$

(b) $Y_T^{d_2} \perp\!\!\!\perp D_2 \mid \underline{X}_1^{d_2}, D_1 \quad \forall \underline{d}_2 \in \Theta_2$

(c) $F(X_0^{d_2'} \mid \underline{D}_2 = \underline{d}_2) = F(X_0^{d_2} \mid \underline{D}_2 = \underline{d}_2) \quad \forall \underline{d}_2, \underline{d}_2' \in \Theta_2$

(d) $F(X_1^{d_2'} \mid X_0^{d_2'}, \underline{D}_2 = \underline{d}_2) = F(X_1^{d_2} \mid X_0^{d_2}, \underline{D}_2 = \underline{d}_2) \quad \forall \underline{d}_2, \underline{d}_2' \in \Theta_2$ (8.14)

与 WDCIA-P 相比，上述外生性条件要求对于 d_1, d_1', d_2, d_2' 的任何值，$X_1^{d_1, d_2} = X_1^{d_1', d_2'}$。这不仅意味着和以前一样，$D_2$ 对 X_1 的因果效应为零（没有预期效应），还意味着 D_1 对 X_1 的因果效应也为零。因此，该假设要求 X_t 不受 D_t 的当前或未来值的影响。这个假设远远超出了 WDCIA-P 所要求的无预期条件，因为它还排除了使用中间结果作为控制变量的情况。因此，正如我们之前在讨论 SDCIA 时已经指出的，此时的识别本质上可以归结为具有多个处理的静态模型，如果认为该假设合理的话，可以使估计更简单。在许多应用中，SDCIA 可能过强了。然而，如果新的信息 X_t 确实会影响下一个时期的结果和处理选择，而且到目前为止这些新信息不受处理历史变化的影响，那么 SDCIA 是有道理的。

8.2.3 序列匹配或倾向得分加权

到目前为止，我们只讨论了识别。正如人们可能已经注意到的那样，所有的平均潜在结果（通过比较这些结果可以得到处理序列的各种平均效应）都用条件均值表示，有时也用条件概率表示。假设你已经阅读了前面关于匹配和倾向得分加权的章节，一旦你可以用观察到的结果的期望值表示所有我们需要的潜在结果的均值，那么估计就是很简单直接的。然后，我们可以运用匹配和倾向得分加权的主要估计思想，只不过现在根据上标进行扩展，该上标显示了（可观测）变量所属的处理序列。事实上，所有上述已经确定的效应都可以被视为服从相关处理序列的子总体的观测结果的加权平均值。例如，我们已经证明

$$E[Y_T^{11} \mid D_1 = 0] = \iint E[Y_T \mid \underline{X}_1, \underline{D}_2 = 11] dF_{X_1 \mid X_0, D_1 = 1} dF_{X_0 \mid D_1 = 0}$$

或者 $\quad E[Y_T^{11}] = \iint E[Y_T \mid \underline{X}_1, \underline{D}_2 = 11] dF_{X_1 \mid X_0, D_1 = 1} dF_{X_0}$ (8.15)

从现在开始，显然我们可以应用与静态情况相同的非参数（匹配）估计量。

然而，实际操作中可能会出现一些复杂情况，从而引发问题（鉴于我们只有有限的样本）。我们已经提到，如果我们考虑非常长的序列，例如 10 与 0000010，

那么实际服从这些序列的观测值可能非常少。我们还进一步讨论了长序列的观测值之间可能更加同质，使得比较两个长序列时共同支撑区间可能相当小。另一个潜在的问题是，在我们的序列匹配估计中，我们常常不得不控制连续变量：虽然我们可以简单地通过 X_0 的经验分布函数来估计(8.15)中的 dF_{x_0}，但是如果 X_0 包含一个连续变量，那么估计 $dF_{X_1|X_0,D_1=1}$ 将是不可能的。如果对 $dF_{X_1|X_0,D_1=1}$ 和 dF_{X_0} 施加参数形式，估计并不会变得简单很多。如果我们假设 SDCIA，实际上并不存在这个问题。此时，我们可以确定

$$E[Y_T^{11}|\underline{D}_2=00] = \int E[Y_T|\underline{X}_1,\underline{D}_2=11]dF_{X_1,X_0|\underline{D}_2=00}$$

$$E[Y_T^{11}|D_1=0] = \int E[Y_T|\underline{X}_1,\underline{D}_2=11]dF_{X_1,X_0|D_1=0}$$

$$E[Y_T^{11}] = \int E[Y_T|\underline{X}_1,\underline{D}_2=11]dF_{X_1,X_0}$$

其中 $D_1=0$ 和 $\underline{D}_2=00$ 具有正概率质量。因此在 SDCIA 假设下，我们得到了一个更简单的估计量。当然，由于 SDCIA 成立意味着 WDCIA 也成立，因此（下面概述的）对于 WDCIA 的方法在这里也适用。事实上，这可以用于检查在 SDCIA 和 WDCIA 下识别出的参数。

在关于倾向得分匹配和/或加权的章节中，我们已经说明这些方法通常被视为一种半参数工具，以便于提高估计量的性能。[12] 对于我们在这里讨论的问题，如果不是必要的话，半参数工具更具吸引力，因为在有连续的混杂因素时会出现上面提到的一些问题。与匹配类似，倾向得分加权估计量是很简单的，只是符号有点复杂。定义 $p^{d_1}(x_0)=\Pr(D_1=d_1|X_0=x_0)$ 和 $p^{d_2|d_1}(\underline{x}_1)=\Pr(D_2=d_2|\underline{X}_1=\underline{x}_1,D_1=d_1)$，我们有

$$E\left[\frac{Y_T}{p^{1|1}(\underline{X}_1)p^1(X_0)}|\underline{D}_2=11\right] \cdot \Pr(\underline{D}_2=11)$$

$$= \int \frac{\Pr(\underline{D}_2=11)}{p^{1|1}(\underline{X}_1)p^1(X_0)} E[Y_T|\underline{X}_1,\underline{D}_2=11]dF_{X_1,X_0|\underline{D}_2=11}$$

$$= \int \frac{\Pr(\underline{D}_2=11)}{p^{1|1}(\underline{X}_1)p^1(X_0)} E[Y_T|\underline{X}_1,\underline{D}_2=11]\frac{\Pr(\underline{D}_2=11|X_1,X_0,D_1=1)}{\Pr(D_2=1|D_1=1)}dF_{X_1,X_0|D_1=1}$$

$$= \int \frac{\Pr(D_1=1)}{p^1(X_0)} E[Y_T|\underline{X}_1,\underline{D}_2=11]dF_{X_1|X_0,D_1=1}dF_{X_0|D_1=1}$$

$$= \int \frac{\Pr(D_1=1)}{p^1(X_0)} E[Y_T|\underline{X}_1,\underline{D}_2=11]dF_{X_1|X_0,D_1=1}\frac{\Pr(D_1=1|X_0)dF_{X_0}}{\Pr(D_1=1)}$$

---

[12] 如果倾向得分是用参数方法估计的，正如实践中经常做的那样，那么这是半参数化的。

$$= \int E[Y_T | \underline{X}_1, \underline{D}_2 = 11] dF_{X_1 | X_0, D_1 = 1} dF_{X_0} = E[Y_2^{11}]$$

这与(8.15)相同。因此,一个自然估计量是

$$\Big\{\sum_{i:\underline{D}_{2,i}=11} \hat{\omega}_i Y_T\Big\} \Big/ \Big\{\sum_{i:\underline{D}_{2,i}=11} \hat{\omega}_i\Big\}, \text{其中 } \hat{\omega}_i = \frac{1}{\hat{p}^{1|1}(\underline{X}_1)\hat{p}^1(X_{0,i})}$$

可以用非参数方法估计条件概率。但是当序列变得很长时,参数估计可能更可取,因为完全遵循这个长序列的观测值减少了,但是控制变量 $\underline{X}_\tau$ 的个数增加了。类似地,

$$E[Y_T^{11} | \underline{D}_1 = 0] = E\Big[\frac{Y_T}{p^{1|1}(\underline{X}_1) p^1(X_0)} \cdot p^0(X_0) | \underline{D}_2 = 11\Big] \cdot \frac{\Pr(\underline{D}_2 = 11)}{\Pr(\underline{D}_1 = 0)}$$

虽然我们在这里推导了"接受两次处理"即序列 11 的潜在结果的均值表达式,但序列 00、01 和 10 的推导过程与此相同。Lechner(2008)研究了基于最近邻回归的各种匹配估计量。

关于倾向得分匹配,我们可以证明倾向得分也满足平衡性质,这使得序列匹配估计变得更简单。(否则,你可能会直接通过控制变量进行匹配。)其思想如下:注意,对于 WDCIA 下的两时期情形,我们有

$$Y_T^{d_i} \perp\!\!\!\perp D_1 | p^1(X_0) \quad \text{以及} \quad Y_T^{d_2} \perp\!\!\!\perp D_2 | p^{1|D_1}(\underline{X}_1) \tag{8.16}$$

(参考习题 5),还有⑬

$$Y_T^{d_i} \perp\!\!\!\perp D_2 | p^{1|D_1}(\underline{X}_1), D_1 \quad \text{以及} \quad Y_T^{d_2} \perp\!\!\!\perp D_2 | p^{1|D_1}(\underline{X}_1), p^1(X_0), D_1 \tag{8.17}$$

因此,我们可以用我们认为对结果变量特别重要的额外控制变量来增强倾向得分,以便改善小样本的性质。此外,这意味着我们可以使用相同的倾向得分来分别评估性别或年龄组的影响。我们得到了

$$E[Y_T^{11}] = \iint E[Y_T | p^{1|1}, p^1, \underline{D}_2 = 11] dF_{p^{1|1} | p^1, D_1 = 1} dF_{p_1}$$

因此一个潜在的估计量为

$$\frac{1}{n} \sum_{i=1}^{n} \left(\frac{\sum_{j:D_1,j=1} m^{11}(p_j^{1|1}, p_j^1) \cdot K\left(\frac{p_j^1 - p_i^1}{h}\right)}{\sum_{j:D_1,j=1} K\left(\frac{p_j^1 - p_i^1}{h}\right)} \right)$$

其中,$m^{11}(p^{1|1}, p^1) = \hat{E}[Y_T | p^{1|1}, p^1, D_2 = 11]$

如果检查两个以上的时期,则需要更多的倾向得分。这意味着(非参数)匹

---

⑬ 事实上,除了 $p^{d_i}(x_i)$,我们也可以用任何具有性质 $E[p^{d_i}(X_i) | b_i(X_i)] = p^{d_i}(X_i)$ 的平衡分数 $b(x_i)$ 来表示。

配估计量的维数随着处理序列长度的增加而增加,即使我们使用一个由参数方法估计的倾向得分。原因是当我们对 Y^{11} 感兴趣时,我们必须(在匹配中)控制 $p^{1|1}$ 和 p^1。当我们对 Y^{111} 感兴趣时,我们需要 $p^{1|11}$、$p^{1|1}$ 和 p^1。事实上,所需的倾向得分的最小数量对应于处理序列的长度,处理序列 d_τ 所需的倾向得分数量为 τ。

上述模型中的一个关键假设是共同支撑假设,即几乎可以确信 $0<\Pr(D_2=1|\underline{X}_1,D_1)<1$。换言之,对于 X_0 和 X_1 的每一个值,$D_2=1$ 或 $D_2=0$ 被选中的概率为正。然而,在某些应用中,可能的处理的集合取决于 X_1 的值。例如,如果我们研究一个针对失业者的特定培训项目,那么对于 X_1 显示其已找到工作的个体,可能不存在处理选项 $D_2=1$。此时,给定时期 t 中可得的处理的集合随 X_{t-1} 变化,截至目前讨论的模型必须根据该设置进行调整。

8.3 持续时间模型和处理时机

如果我们关心的处理结果是时间(time),或者说是从一个给定的状态(例如失业)到另一个状态(例如找到工作)的持续时间(duration),那么会发生什么?例如,人们可以研究失业持续时间的模式,甚至是影响失业期长度的因素。其他例子包括从政治决策到实施的持续时间,或者学费对大学学习时长的影响。这些是持续时间(或生存)分析旨在解决的问题。持续时间的统计方法在其他学科(生物计量学、工程学、医学统计学等)中已经发展了很长一段时间。然而,在计量经济学中,它的使用仍然少得多。

因此,在我们开始研究(动态)处理对持续时间的影响之前,我们首先(在第 8.3.1 节中)简要介绍持续时间分析中的一些基本定义和概念。之后,在第 8.3.2 节中,我们引入竞争风险(competing risks)的概念,这是我们分析持续时间的处理效应估计的基础。

8.3.1 简要介绍计量经济学中的持续时间分析

现在设 Y 是一个项目的持续时间(duration of a process),或是退出一种状态的时间(time to exit from a state)。我们的目的是研究 Y 的分布,以及某个协变量(处理变量)对此分布的影响。我们用 $f(t)$ 表示持续时间的密度函数,用 $F(t)=$

$\Pr(Y<t) = \int_{s=0}^{t} f(s)ds$ 表示持续时间的分布函数。后者实际上表示直到时间 t 才退出状态的概率，其密度为 $f(t) = \frac{dF(t)}{dt}$。那么，在一个状态至少生存到时间 t 的生存概率（probability of survival）就是 $S(t) = \Pr(Y>t) = 1 - F(t)$。对于连续时间，这等于 $S(t) = \Pr(Y \geqslant t)$。中值持续时间（median duration），$t=M$，由 $S(M) = 0.5$ 表示。

然而，在持续时间分析中，持续时间模型的基本组成部分是用 $\lambda(t)$ 表示的退出率或风险函数（exit rate or hazard function）。它表示在时间 t 从初始状态的瞬时退出率（instantaneous exit rate），是在时间 t 持续时间密度与持续时间分布函数的比值，如我们下面将展示的那样。对于离散时间，我们有 $\Pr(t \leqslant Y \leqslant t+dt | Y \geqslant t)$，平均概率是 $\frac{\Pr(t \leqslant Y \leqslant t+dt | Y \geqslant t)}{dt}$。

具体而言，对于离散时间，我们有

$$F(t) = \Pr(Y \leqslant t) = \sum_{l=1}^{t} \Pr(Y=l) = \Pr(Y < t+1)$$

$$S(t) = \Pr(Y > t) = 1 - \sum_{l=1}^{t} \Pr(Y=l) = \Pr(Y \geqslant t+1)$$

[所谓的生存函数（survival function）]和风险率（参见习题6）为

$$\lambda(t) = \Pr(Y=t)/\Pr(Y \geqslant t) = \Pr(Y=t)/\{1 - \Pr(Y \leqslant t-1)\} \quad (8.18)$$

对于连续时间，我们可以收敛到特定的风险率 $\lambda(t)$，具体而言

$$\begin{aligned}
\lambda(t) &= \lim_{dt \to 0}\left\{\frac{P(t \leqslant Y \leqslant t+dt | Y \geqslant t)}{dt}\right\} = \lim_{dt \to 0}\frac{1}{dt}\left\{\frac{P(t \leqslant Y \leqslant t+dt, Y \geqslant t)}{P(Y \geqslant t)}\right\} \\
&= \lim_{dt \to 0}\frac{1}{dt}\left\{\frac{P(t \leqslant Y \leqslant t+dt)}{P(Y \geqslant t)}\right\} = \lim_{dt \to 0}\frac{1}{dt}\left\{\frac{P(Y \leqslant t+dt) - P(Y \leqslant t)}{P(Y \geqslant t)}\right\} \\
&= \frac{1}{S(t)}\lim_{dt \to 0}\left\{\frac{P(Y \leqslant t+dt) - P(Y \leqslant t)}{dt}\right\} = \frac{1}{S(t)}\lim_{dt \to 0}\left\{\frac{dP(Y \leqslant t)}{dt}\right\} \\
&= \frac{1}{S(t)}\lim_{dt \to 0}\left\{\frac{dF(t)}{dt}\right\} = \frac{f(t)}{S(t)}
\end{aligned}$$

第一个简单的持续时间依赖性概念是当 $\frac{d\lambda(t)}{d(t)} < 0$ 时，就说 $\lambda(t)$ 具有负持续时间依赖（negative duration dependence）。相反，当 $\frac{d\lambda(t)}{d(t)} > 0$ 时，就说 $\lambda(t)$ 具有正持续时间依赖。典型的例子是罢工持续时间是负持续时间依赖的，而失业持续时间是正持续时间依赖的。显然，持续时间依赖的潜在模式取决于 $\lambda(t)$ 的形式，因此 $\lambda(t)$ 的形式通常被认为是持续时间分析的主要组成部分。最简单的风险率

具有恒定的退出率(零持续时间依赖),但$\lambda(t)$通常既不是恒定的也不是单调的。

由于部分读者可能不熟悉持续时间分析,所以这里有必要提及一些函数之间的基本关系。由上可知,我们有

$$\lambda(t)=\frac{f(t)}{S(t)}=\frac{1}{S(t)}\frac{dF(t)}{dt}=\frac{1}{S(t)}\left[-\frac{dS(t)}{dt}\right]=-\frac{d\log S(t)}{dt}=-\frac{d\log[1-F(t)]}{dt}$$

因此,在 0 到 t 上对 $\lambda(\cdot)$ 积分,有

$$\Lambda(t)=\int_{s=0}^{t}\lambda(s)ds=\int_{s=0}^{t}-\frac{d\log[1-F(s)]}{ds}ds=[-\log[1-F(s)]]_{0}^{t}$$
$$=-\log[1-F(t)]+\log[1-F(0)]=-\log[1-F(t)]$$
$$=-\log S(t) \quad ,\text{因为}\quad F(0)=0$$

你可以把 $\Lambda(t)$ 看作持续时间从 0 到 t 所面临的风险之和。因此,通过重新排列,我们可以用风险率来表示生存函数和密度

$$S(t)=\exp\left[-\int_{s=0}^{t}\lambda(s)ds\right] \tag{8.19}$$

$$f(t)=\exp\left[-\int_{s=0}^{t}\lambda(s)ds\right]\lambda(t) \tag{8.20}$$

显然,对于连续时间 $F(t)=\exp[-\Lambda(t)]$,这表明 $\Lambda(t)$ 具有参数为 1 的指数分布,而 $\log\Lambda(t)$ 有极限值 Type 1(或 Gumbel)分布,其密度为 $f(\epsilon)=\exp[\epsilon-\exp(\epsilon)]$。与上述计算类似,可以证明,对于离散时间,概率 $\Pr(Y=t)$ 可以用风险率表示。让我们考虑在持续时间分析中使用的典型分布。

例 8.11 在基础统计学课程中,经典例子是指数分布。它有一个恒定的风险率,$\lambda(t)=\lambda_0$,其中 $\lambda_0>0$。要推导出 $S(t)$,首先注意 $\frac{d\log S(t)}{dt}=-\lambda_0$。这意味着对于某些 k,$\log S(t)=k-\lambda_0 t$。因此,对于给定的 $K>0$

$$S(t)=\exp(k-\lambda_0 t)=K\exp(-\lambda_0 t)=\text{epx}(-\lambda_0 t)$$

因为 $S(0)=1$,所以有

$$\Lambda(t)=\lambda_0 t,\quad f(t)=\lambda_0\exp(-\lambda_0 t)$$
$$F(t)=\frac{\lambda(t)-f(t)}{\lambda(t)}=\frac{\lambda_0-\lambda_0\exp(-\lambda_0 t)}{\lambda_0}=1-\exp(-\lambda_0 t)$$

此指数分布显然是一个相当严格的设定,其主要缺点是零持续时间依赖性。我们还可以称这个过程是没有记忆(no memory)的,因为过去的时间对未来的风险率或剩余的生存时间没有影响。

例 8.12 另一个经典例子是 Weibull 分布。Weibull 风险率被定义为

$$\lambda(t)=\lambda_0\gamma(\lambda_0 t)^{\gamma-1} \quad \text{或者} \quad a\gamma t^{\gamma-1} \quad (\text{对于 } a=\lambda_0^\gamma)$$

其中 $\lambda_0, \gamma > 0$（因为不存在负退出率），生存函数和风险的导数为

$$S(t)=\exp[-(\lambda_0 t)^\gamma], \quad \frac{d\lambda(t)}{dt}=\lambda_0^2 \gamma * (\gamma-1) * (\lambda_0 t)^{\gamma-2}$$

中值持续时间可通过以下公式计算：

$$S(M)=\exp[-(\lambda_0 M)^\gamma]=0.5 \Rightarrow M=\frac{\log(2)^{1/\gamma}}{\lambda_0}$$

$\gamma > 1$ 时风险率为正，$\gamma < 1$ 时风险率为负。因此，参数 γ 定义了持续时间依赖的符号和程度。然而，请注意，Weibull 分布在 t 上是单调的，对于 $\gamma > 1$ 单调递增，对于 $\gamma < 1$ 单调递减。

Weibull 分布很受欢迎，因为它可以模拟正的或负的持续时间依赖关系。然而，它只是指数分布的单参数推广，且不允许风险率符号的变化。下一个例子就不同了。

例 8.13 尽管仍然使用一个参数，对数 logistic 分布是另一个风险率的指数分布的推广形式

$$\lambda(t)=\frac{\lambda_0\gamma(\lambda_0 t)^{\gamma-1}}{1+(\lambda_0 t)^\gamma} \quad (\text{对于 } \lambda_0, \gamma > 0)$$

$$\text{或者} = a\gamma t^{\gamma-1}(1+at^\gamma)^{-1} \quad (\text{对于 } a=\lambda_0^\gamma)$$

我们现在可以区分三种情况：对于 $\gamma=1$，从 $t=0$ 至 $t\to\infty$，风险率从 a 单调递减至 0；对于 $\gamma < 1$，它是单调递减的，但当 $t\to 0$ 时它是无界的；对于 $\gamma > 1$，它先递增到 $t=\{(\gamma-1)/\gamma\}^{1-\gamma}$，但随后又递减到 0。用 a 标记时，我们有

$$\int_0^t \lambda(s)ds = \log(1+at^\gamma) = -\log[(1+at^\gamma)^{-1}]$$

$$F(t)=1-(1+at^\gamma)^{-1}$$

$$S(t)=\frac{1}{(1+(\lambda_0 t)^\gamma)}$$

$$f(t)=a\gamma t^{\gamma-1}(1+at^\gamma)^{-2}$$

一个结论是 $\log(t)$ 具有 logistic 分布（见习题 7），其密度为

$$g(y)=\gamma\exp\{\gamma(y-\mu)\}/[1+\exp\{\gamma(y-\mu)\}]^2$$

期望为 $\mu=-\gamma^{-1}\log(a)$，方差为 $\pi^2/(3\gamma^2)$。这就是为什么它被称为对数-logistic (log-logistic)。

在图 8.2 中，可以看到指数型、Weibull 型和对数-logistic 型的分布。现在我

们现在也可以明白,为什么在观察和理解差异时观察风险率比观察生存(或累积分布)函数更容易。

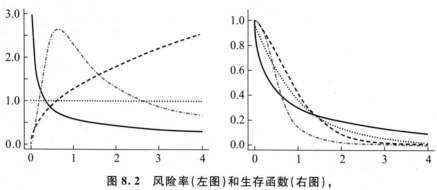

图 8.2 风险率(左图)和生存函数(右图),
指数型 $\lambda_0=1$(点线);Weibull 型 $\lambda_0=1.4, \gamma=0.5$(实线);
$\lambda_0=0.9, \gamma=1.5$(虚线)以及对数-logistic 型 $\lambda_0=1.9, \gamma=2.7$

估计特定分布的未知参数时,我们显然可以使用最大似然方法。即使我们从设置风险函数形式开始,我们总是可以根据(8.20)立即得到密度(对于连续情况)或根据(8.18)得到概率(对于离散情况)。具体而言,设 t 是连续的,考虑一个有 n 个观察到的(已完成)持续时间 $t_1, t_2, \cdots, t_n$ 的样本。假设 $\lambda(\cdot)$ 的形式由其未知的有限维参数 θ 给定,t_i 的密度是 $f(t_i; \theta) = \lambda(t_i; \theta) \cdot S(t_i; \theta)$,于是有似然和相应的对数似然值

$$L(\theta) = \prod_{i=1}^{n} f(t_i; \theta) = \prod_{i=1}^{n} \lambda(t_i; \theta) \cdot S(t_i; \theta)$$

$$l(\theta) = \sum_{i=1}^{n} \ln f(t_i; \theta) = \sum_{i=1}^{n} \ln \lambda(t_i; \theta) + \sum_{i=1}^{n} \ln S(t_i; \theta) \quad (8.21)$$

现在,我们可以很容易地进行最大似然估计以得到估计量 θ。

目前为止,我们假设所有的 t_i 都代表已完成的持续时间。实践中,数据被删减或截断时就会出现问题,这在持续时间分析中很常见。有时我们可能观察不到完整的持续时间,即面临右向删失(right-censoring),有时我们可能不观察事件的开始,即面临左向删失(left-censoring)。此外,对于某些个体,我们可能在样本期内观察到他们的多个持续时间(multiple durations)。这会导致数据的依赖性,但也有助于解决一些识别问题。我们称之为多时段数据(multi-spell data),另一些就是单时段数据(single-spell data)。

典型的抽样方案是流动抽样(flow sampling)和库存抽样(stock sampling)。在流动抽样中,我们随机从在时间区间 $[0, b]$ 内的给定时间点(已)进入初始状态的个体中抽样。在某个时刻我们必须停止观察这些样本,这就是右向删减。在

库存抽样的情况下,我们观察在时间点 b 处于初始状态的个体。我们未必清楚他们是在什么时候开始接受处理的,但是我们跟踪他们直到他们退出处理。显然,这些数据会受到左向删减甚至截断的影响。

我们首先讨论右向删减的问题,即考虑样本 $t_1, t_2, \cdots, t_n$ 中一些持续时间被右向删减的情况。每个个体 i 都有自己的删减时间,设为 c_i;再令 $\delta_i \in \{0, 1\}$ 表示观察到的持续时间是否完成,若已完成,$\delta_i = 1$,若未完成,$\delta_i = 0$。然后,我们可以进行类似于均值回归中的 Tobit 模型的估计:我们知道对于一个有删减的观测值,$Y > t_i$ 的概率为 $S(t_i; \theta)$,即个体 i 在初始状态下一直生存到研究结束。对于未删减的个体,我们得到了完整的信息,且可以使用 $f(t_i; \theta)$。因此,新的似然和相应的对数似然值为

$$L_r(\theta) = \prod_{\delta_i=1} f(t_i; \theta) \prod_{\delta_i=0} S(t_i; \theta) = \prod_{\delta_i=1} \lambda(t_i; \theta) S(t_i; \theta) \prod_{\delta_i=0} S(t_i; \theta)$$

$$l_r(\theta) = \sum_{\delta_i=1} \ln f(t_i; \theta) + \sum_{\delta_i=0} \ln S(t_i; \theta) = \sum_{\delta_i=1} \ln \lambda(t_i; \theta) + \sum_{i=1}^{n} \ln S(t_i; \theta)$$

(8.22)

为了使此最大似然估计量一致,需要潜在的持续时间的分布独立于 c_i 和从初始状态的起始点 a_i。

左向删减可以被同样对待,但是对于左向删减,我们需要更多的信息。现在想象一下,只能观察到在时间 b(仍然)处于初始状态的个体的持续时间 t_i,也即观察被限制在 $t_i > l_i$(对于 $l_i > 0$),其中 $l_i = b - a_i$,如上所述 a_i 是起始点。当 l_i 已知时,可以使用条件密度 $f(t_i | t_i > l_i; \theta) = \dfrac{\lambda(t_i; \theta) S(t_i; \theta)}{S(l_i; \theta)}$ 来计算对数似然(在没有右向删减的情况下)。总之,这给出了对数似然值

$$l_l(\theta) = \sum_{i=1}^{n} \ln \lambda(t_i; \theta) + \sum_{i=1}^{n} [\ln S(t_i; \theta) - \ln S(l_i; \theta)] \tag{8.23}$$

显然,问题是需要知道 l_i(分别要知道 b 和 a_i)。

最后,结合左向截断和右向删减得到对数似然值

$$l_{lr}(\theta) = \sum_{\delta_i=1} \ln f(t_i; \theta) + \sum_{\delta_i=0} \ln S(t_i; \theta) - \sum_{i=1}^{n} \ln S(t_i; \theta) \tag{8.24}$$

当有分组数据时,我们通常使用一些不同于上述离散时间或参数连续时间模型的方法。可以说,人们往往倾向于直接应用非参数方法。这个想法其实很简单。分组数据意味着时间条被划分为 $M+1$ 个区间:$[0, b_1), [b_1, b_2), \cdots, [b_M, \infty)$,其中对于所有 m,b_m 是给定的(实践中是由实证研究者选择)。现在我们用在第 m 个区间 $[b_{m-1}, b_m)$ 的退出 E_m 标记观测值。设 N_m 是那个时期中仍然处于

风险之中的人，也即保持初始状态（仍然活着）的人。那么对于所有 m，退出率的一个平凡估计量 $\hat{\lambda}_m = E_n/N_m$ 是很明显的。类似地，

$$\hat{\Pr}(Y > b_m | Y > b_{m-1}) = (N_m - E_m)/N_m \text{ 以及 } \hat{S}(b_m) = \prod_{r=1}^{m}(N_r - E_r)/N_r \tag{8.25}$$

这就是所谓的 Kaplan-Meier 估计量。如果假设随着样本量的增加，每个区间的观测值也会增加，那么这个估计量就是一致的。实际上，这意味着在每个区间内，我们都有一个"合理的"大数值 N_r。

正如其他章节中已经讨论过的，为了达到我们的目的，在模型中包含协变量是非常有帮助的（即使不是必要的）。我们将看到虽然标记改变了，但基本上我们所学的仍然适用。关键是条件风险的定义，以及对要包括的协变量所作出的假设。

一个重要的区别是把协变量 x_i 区分成时不变协变量（即不依赖于持续时间的变量）和时变协变量（x_{it}）。前者的典型例子显然是个人的性别，或学历水平（对于成人）。然而，我们必须小心处理时变协变量。正如我们在前几章中所做的，我们通常倾向于假设所包含的协变量不会受到过程的影响，它们必须是外生的。

例8.14 下面思考失业持续时间。如果 Y 是失业时长（以周为单位），那么 $\lambda(20)$ 是在第20周到21周之间找到工作的（近似）概率。在这里，"找到工作"反映出此人在第20周之前一直处于失业状态，但在第21周时改变了他的状态。概率（＝百分比）指的是在第20周仍然失业的人。典型的协变量包括教育、劳动力市场经验、婚姻状况、性别、种族和子女数量，但也包括宏观变量，如失业福利制度和失业率。如果在失业期开始时测量这些变量，并且它们在失业期间保持不变，那么它们可以被认为是时不变变量。当我们观察到这些协变量随时间变化（即作为实时时变协变量）时，那么当持续时间对这些变量（比如婚姻状况）有影响时，问题就出现了。但是，如果 X 对 Y 只有一个影响，那么这个影响是可以管理的。

为了便于阐释，我们从时不变协变量开始研究。此外，我们假设潜在持续时间的条件分布 $t_i^* | x_i$ 与 c_i 及 a_i（潜在删减和起点）无关。至少在连续时间上，最流行的建模方法是比例风险（proportional hazard, PH）设定：对于某些参数基准风险（baseline hazard）$\lambda_0(t)$，考虑

$$\lambda(t;x) = g(x) \cdot \lambda_0(t), \quad g(x), \lambda_0 > 0 \tag{8.26}$$

其中函数 $g(\cdot)$ 是未知的(可能是预先设定的,是未知参数构成的向量 β 的函数),被称为系统性(systematic)部分。典型的选择是 $g(x) = \exp(x'\beta)$。然后,$\log\{\lambda(t;x)\} = x'\beta + \ln \lambda_0(t)$,$\beta$ 中的元素可以用来测算向量 x 中对应元素的风险的半弹性。生存函数的定义变为

$$S(t) = \exp\left[-\int_{s=0}^{t} \exp(x'\beta)\lambda_0(s)ds\right] = \exp\left[-\exp(x'\beta)\int_{s=0}^{t}\lambda_0(s)ds\right]$$
$$= \exp[-\exp(x'\beta)\Lambda_0(t)]$$

于是我们又得到了(对数)似然的标准公式,这可以用于 PH 模型的最大似然估计。比例风险回归流行的一个原因是,对于比例风险,Cox(1972)推导出了关于 β 的部分最大似然估计方法(partial maximum likelihood estimation)。其优点是不需要关于 $\lambda_0(t)$ 的知识,即不需要进一步说明持续时间的确切分布。它被定义为下式的最大值(对于已完成的观测值):

$$L(\beta) = \prod_{t_i} \exp(x_i'\beta) \Big/ \sum_{j \in R_i} \exp(x_j'\beta) \tag{8.27}$$

其中 R_i 是在时间 t_i 处于风险的个体的集合,i 是在 t_i 时发生事件的个体。

例 8.15 回想例 8.12 和 Weibull 风险设定 $\lambda(t) = f(t)/S(t) = a\gamma t^{\gamma-1}$。如果我们用 $g(x) = \exp\{\beta_0 + x'\beta\}$ 代替 a,以便模拟风险对 x 的依赖性,那么我们就可以得到比例风险,其中 $\lambda_0(t) = \gamma t^{\gamma-1}$。

更一般地说,当 $g(x) = \exp\{\beta_0 + x'\beta\}$ 时,对于基准风险,我们得到

$$\log\left\{\int_0^t \lambda_0(s)ds\right\} = -\beta_0 - x'\beta + \in \tag{8.28}$$

其中 $\in$ 具有极值 Type 1 分布;回想一下(8.19)和(8.20)后的讨论。

这也显示了与持续时间回归分析的关联。然而,在(8.28)中,$\in$ 仅代表持续时间结果中的纯随机变化,而不捕捉任何其他个体的异质性。因此,我们稍后将介绍所谓的混合比例风险(mixed proportional hazard)。

加速风险函数(accelerated hazard functions, AHF)是替代流行的比例风险的一种方法,也被称为加速失败时间模型(accelerated failure time models)。对于给定的参数风险模型(如指数模型或 Weibull 模型),我们只需用下式代替 λ_0:

$$\lambda_0 = \exp(x'\beta)$$

此模型有多种多样的改进和扩展形式。

例 8.16 对于 Weibull 分布,参见例 8.12,加速风险函数得出

$$\lambda(t;x) = \lambda_0 \gamma (\lambda_0 t)^{\gamma-1} = \exp(x'\beta) \gamma (\exp(x'\beta) t)^{\gamma-1}$$

对于无持续时间依赖的指数风险,参考例 8.11,我们有简单的 $\lambda(t) = \lambda_0 = \exp(x'\beta)$。于是有预期持续时间

$$E[Y \mid X] = \frac{1}{\exp(x'\beta)}$$

对于"已完成"的持续时间,上式通常由线性回归模型估计:

$$-\log(t) = x'\beta + v, \quad \text{其中误差项 } v \text{ 满足若干假设}$$

适用 AHF 模型的其他分布包括对数正态分布、广义伽马分布、逆高斯分布等。其中,广义伽马分布是一个包括 Weibull、对数正态和伽马在内的三参数分布,因此非常灵活。然而,它们的受欢迎程度并不在于其灵活性,而是在于软件包的可用性,或者它的生存函数是否具有封闭解析形式的问题。

在例 8.15 中,我们看到在 PH 模型中将个体间未观察到的异质性包含在内是比较理想的。这可以直接通过所谓的混合比例风险模型(mixed proportional hazard,MPH)实现:

$$\lambda(t;x,v) = g(x) \lambda_0(t) v, \quad g(x), v, \lambda_0 > 0 \tag{8.29}$$

其中包含时不变(即仅个体特定)随机效应 v,其分布为 $F_v(v)$,且均值 $E[v] < \infty$。[14] 在识别(和估计)中,我们通常假设观测到的协变量 x 独立于未观测到的异质性 v。关于非参数化识别 MPH 的一整套技术假设,参见 van den Berg(2001)。与例 8.15 中的回归方程相比,我们现在有

$$\log \int_0^t \lambda_0(s) ds = -\beta_0 - x\beta - \log v + \epsilon$$

这比 PH 模型的结果更具灵活性,但限制性仍然比带有任意(有限方差)误差项的回归强。

在计算最大似然值时,注意当 $t_i(x_i;v_i) \sim F(t \mid x_i, v_i; \theta)$,并且 $v \sim F_v(v;\delta)$ 具有有限维未知参数 δ 时,有

$$t_i \mid x_i \sim H(t \mid x_i; \theta, \delta) = \int_0^\infty F(t \mid x_i, v; \theta) dF_v(v;\delta)$$

这意味着,我们可以用 H 或 $h = dH/dt$(而非 F 或 f)来构造似然值。此外我们有(控制 δ)

$$f(t \mid x) = \lambda(t;x) S(t \mid x) = \int_0^\infty \lambda(t;x,v) S(t \mid x,v) dF_v(v)$$

---

[14] 有时,如果想要确定 $g(x)$ 和/或 $\lambda_{0(t)}$ 的标度,我们也会设置 $E[v]=1$。否则,我们必须使这些函数标准化。

于是有(M)PH风险函数
$$\lambda(t;x) = g(x)\lambda_0(t)E[v|Y>t,x]$$
结果表明,它的负持续时间依赖性的绝对值比 $\lambda(t;x,v)$ 更大。

但是如何选择未观察到的异质性 F_v 在幸存者中的分布呢？Heckman 和 Singer(1984)研究了参数选择对估计的影响并提出了一个半参数估计量。Abbring 和 van den Berg(2007)指出,对于一大类 MPH 模型,此分布收敛到伽马分布。

例 8.17 如果我们使用伽马分布的异质性,那么我们就可以得到一个具有乘法异质性的一大类风险函数的已完成 $t_i|x_i$ 的分布。设 $\lambda(t;x,v) = v \cdot g(t|x)$ 后不作进一步的函数形式设置,且 $v \sim \Gamma(\delta, \delta)$,使得 $E[v] = 1$ 并且 $\text{Var}[v] = \delta^{-1}$。回想伽马分布的密度：$\delta^\delta v^{\delta-1} \exp\{-\delta v\}/\Gamma(\delta)$,并且对于 $t|x,v$,我们有
$$F(t|x_i, v_i) = 1 - \exp\left\{-v_i \int_0^t g(s|x_i) ds\right\} = 1 - \exp\{-v_i e(t; x_i)\}$$
其中, $e(t;x_i) = \int_0^t g(s|x_i) ds$。设 $e_i = e(t;x_i)$,那么嵌入伽马分布可得

因为 $E[v] = 1$。因此,对于任意 $g(t|x)$,持续时间的分布函数如下：
$$H(t_i|x_i; \theta, \delta) = \int_0^\infty [1 - \exp\{-v e_i\}] \delta^\delta v^{\delta-1} \exp\{-\delta v\}/\Gamma(\delta) dv$$
$$H(t|x_i; \delta) = 1 - [1 + e_i/\delta]^{-\delta} \text{ and } h(t|x_i; \delta) = g(t|x_i)[1 + e_i/\delta]^{-\delta}(\delta) dr$$
$$= 1 - [\delta/(\delta + e_i)]^\delta = 1 - [1 + e_i/\delta]^{-\delta}$$

对于分组持续时间数据,参考上文介绍的 Kaplan-Meier 估计量,若为有限维参数 θ 设定参数形式的风险 $\lambda(t;x)$,那么在函数中包含时不变协变量便显得非常简单而直接了。我们暂时假设没有任何删减。再次,我们又分出 $M+1$ 个时期,$[0, b_1), [b_1, b_2), \cdots, [b_M, \infty)$,其中 b_m 是给定的。然后我们可以通过最大似然法估计 θ：
$$\prod_{i=1}^n \{1 - \tilde{b}_{m_i}(x_i; \theta)\} \prod_{l=1}^{m_i-1} \tilde{b}_l(x_i; \theta) \text{ ,其中 } \tilde{b}_i(x_i; \theta) =: \exp\left\{-\int_{b_{i-1}}^{b_i} \lambda(s; x) ds\right\}$$
也即我们将每个时间间隔内的退出相加。对于右向删减观测值 i,我们可以从似然值中直接舍弃 $\{1 - \tilde{b}_{m_i}(x_i; \theta)\}$。

在不包含协变量的 Kaplan-Meier 估计中,我们设每个时间间隔内的退出率是恒定的。这里我们允许函数 $\lambda(\cdot)$ 连续,但只使用它的积分 $\tilde{b}_m$。一个非常流行的方法是设定分段常数比例风险(piece-wise-constant proportional hazards), $\lambda(t;x) = $

$g(x)\lambda_m$，其中 $m=1,\cdots,M$ 并且 $g(\cdot)>0$。这样的设定会导致时间维度上的不连续，但仅仅是理论上的不连续性，因为即使 λ_0 是连续的，对于比例风险，我们也只会使用 $\int_{b_m}^{b_{m-1}} \lambda_0(s)ds$。对于一般设定 $g(x)=\exp(x'\beta)$，我们可以得到 $\tilde{b}_m(x;\beta)=\exp[-\exp(x'\beta)\lambda_m(b_m-b_{m-1})]$。

最后，我们转向包含时变协变量的风险模型。为了便于标注，我们用 $x(t)$，$t\geqslant 0$ 表示协变量。只需对条件集稍加修改，我们就能得到关于风险函数的各种定义。为了达到我们的目的，可以采取以下步骤：我们（重新）定义风险为

$$\lambda\{t;X(t)\}=\lim_{dt\searrow 0}\Pr(t\leqslant Y<t+dt|Y\geqslant t,X\{u\}_0^t)/dt \tag{8.30}$$

其中 $X\{u\}_0^t$ 表示在时期 $[0,t]$ 中 X 的路径。此定义要求无论个体是否处于初始状态，都应该定义明确的 X 的完整路径。

对模型及其参数进行合理解释（至少在我们的场景中）的另一个必要条件是排除持续时间对 X 的（未来）值的影响。因此，我们可以假设，对于所有 t 和 $s>t$

$$\Pr(X\{u\}_t^s|Y\geqslant s,X(t))=\Pr(X\{u\}_t^s|X(t)) \tag{8.31}$$

于是我们也可以称这些变量为严格外生（strictly exogenous）的协变量。[15] 如果 X 的路径独立于实验主体是否还处于初始状态这一事实，我们就称之为外部（external）协变量。请注意，这些外部协变量都有明确的路径，且满足假设 (8.31)。

然而，在（混合）比例风险模型中，更常见的说法是 $X(t)$ 是一个可预测的过程（predictable process）。这并不意味着我们可以预测 X 的全部的未来可实现值；而基本上是指，时间 t 风险的所有协变量值必须在 t 之前已知且可观测。换言之，时间 t 上的协变量只会受到时间 t 之前发生的事件的影响，且这些事件是可以观测到的。[16]

例 8.18 类似性别和种族等的时不变协变量显然是可预测的。所有路径已知的协变量也是可预测的。一个例子是年龄，不过有人可能会认为知道年龄等同于知道出生日期，因此年龄是一个时不变协变量。另一个例子是失业补贴与失业持续时间的函数关系。如果制度已经规定了失业补贴，那么这条路径是完全已知的，因此是可预测的。对于随机过程，预测 X 就不那么明显了。如果一个

---

[15] 这些协变量也是序列外生的（sequentially exogenous），因为根据 $\lambda\{t,X(t)\}$ 的设定，我们是以当前和过去的协变量为条件的。

[16] 对于熟悉时间序列和面板数据分析的人来说，过程 X 的可预测性（predictability）与 X 的弱外生性（weak exogeneity）基本上是一样的，知道这一点可能会很有帮助。

随机变量 X 的现值只依赖于过去的和外部的随机变化,那么在上述定义的意义上它就是可预测的。反例是,个人有关于 X 的未来可实现值的内部信息(研究人员没有),这就会影响目前的风险。换言之,X 的可预测性未必意味着实证研究者或个人能够预测其未来值,而是意味着两者在与风险相关的信息的认知水平上是相同的。

关于比例风险模型中时变协变量的使用,我们应该说,严格意义上不存在包含时变协变量的比例风险,因为时间和协变量的影响不再是可分离的。然而,以下形式的模型

$$\lambda(t;X(t),v) = g\{X(t)\}\lambda_0(t)v$$

被称为具有时变协变量的混合比例风险(mixed proportional hazard with time-varying covariates)。同样,未观测到的异质性 v 通常被假定为时不变的。我们可以通过最大似然法进行估计,特别是当假设 v 的分布已知(最多为有限维参数)时,因为风险、生存函数和密度之间的上述所有关系仍然成立,使得确定了风险就能确定分布。

8.3.2 持续时间分析:从竞争风险模型到处理效应

到目前为止,我们只考虑了两个状态之间的竞争,例如失业与否。然而,尤其是在医学领域,当研究一种疗法时,显然总有病人因不同原因而死亡的风险,毕竟没有人会永远活下去。同样的道理也适用于工程学中的许多问题,因为即使我们只关注一个特定的螺栓,大多数机器也会在一段时间后损坏。这就引出了研究特定原因(cause-specific)的风险或特定原因的密度函数的概念。在文献中,人们通常称特定原因密度的积分为累积关联函数(cumulative incidence function)、子分布(subdistribution)、边际概率(marginal probability)或粗发生率(crude incidence)。然而总风险率仍定义为(对于连续时间)

$$\lambda(t;x) = \lim_{dt \to 0} \Pr(t \leqslant Y < t+dt \mid Y \geqslant t, x)/dt$$

为了描述具有特定原因的情况,我们只需添加一个原因指标,比如 $k \in \{1, 2, \cdots, M\}$:

$$\lambda_k(t;x) = \lim_{dt \to 0} \Pr(t \leqslant Y < t+dt, K=k \mid Y \geqslant t, x)/dt \tag{8.32}$$

根据总概率定律,我们可以立即得到 $\lambda(t;x) = \sum_{k=1}^{M} \lambda_k(t;x)$,由此得到

$$S_k(t \mid x) = \exp\{-\Lambda_k(t;x)\}, \quad \Lambda_k(t;x) = \int_0^t \lambda_k(s;x)ds \tag{8.33}$$

由此我们可以得出 $S(t\mid x)=\prod_{k=1}^{M}S_k(t\mid x)$。类似地,特定原因的密度为

$$f_k(t\mid x)=\lim_{dt\to 0}\Pr(t\leqslant Y<t+dt,K=k\mid x)/dt=\lambda_k(t;x)S(s\mid x) \quad (8.34)$$

其中 $f(t\mid x)=\sum_{k=1}^{M}f_k(t\mid x)$。同样地,我们也可以处理离散时间的情况。因此,已知密度后,模型中指定的所有参数便都可以通过最大(对数)似然值进行估计,无论你是直接从密度的函数设定开始,还是从风险模型或累积关联函数的建模开始。同样,在右向删减的情况下,你可以使用已完成的观测值的密度,对于删减的观测值,只使用其生存函数。对于左截断,你可以再次推导出以没有被截断为条件的密度,像我们之前做的那样。

我们通常称此模型为多退出时间点(multiple exit)或多因子(multivariate)持续时间模型。但人们经常将之称为竞争性风险模型(competing risks model),因为存在不同争先出现的失败原因。如果我们只对其中一个原因感兴趣,一种自然的方法就是将所有其他的原因都归类为删减的观测值。这一做法在很大程度上取决于我们是对整体退出率感兴趣,还是只对一个或两个特定原因的退出率感兴趣。模拟整体和/或特定原因的风险的方法至关重要。例如,如果我们了解某项治疗对不同子总体的持续时间的影响,则干预措施可以针对那些最有可能以合理费用获益的人。最明显的方法是应用(M)PH 模型表示特定原因的风险。[17] 如果对每个特定原因的风险函数使用 Cox(1972)的 PH 设定,则总体偏似然值(overall partial likelihood)就是通过将所有其他失败原因当作删减情况而获得的 M 个偏似然值的乘积。对于从 PH 至混合比例风险的扩展,即包括可能随个体和/或情况而变化的不可观测的个体(时不变)异质性 V,其工作原理与以前一样。但当假设的 V_{ik} 之间的依赖结构变得复杂时,估计很可能变得不可行。随着对更复杂的依赖结构或更灵活的函数形式的扩展,研究竞争性风险模型及其建模、估计和实施的文献仍在不断增加。

接下来,我们只关注在一个二元($M=2$)竞争性风险模型中识别处理效应的问题。我们考虑处于初始失业状态的人,并希望衡量处理对退出率(例如找到工作前失业的持续时间)的影响。那些离开初始状态的人不再有资格接受处理。换言之,我们可以想象四种情况:从来没有得到处理,也没有找到工作;得到处理但没有找到工作;在处理之后找到了工作;在处理之前找到了工作。每一次我们都能观察到"在初始状态"的持续时间 Y 和"在初始状态时等待处理"的 D。

---

[17] 同样流行的一种方法是明确构建累积关联函数的模型;见 Fine 和 Gray(1999)。

所以我们用 D 表示处理时间(treatment time),这通常指的是处理开始的时间点。与前几章一样,我们对 Y^d 感兴趣,即在给定 $d \geqslant 0$ 的情况下,改变状态(例如找到一份工作)前的潜在持续时间。与往常一样,对于观察到的实际持续时间,我们有 $Y = Y^D$。如果不进一步设定模型,我们能从一个合理的大的数据集合中确定概率

$$\Pr(Y>y, D>d, Y>D) = \Pr(Y>y, D>d | Y>D) \cdot \Pr(Y>D) \text{ 以及}$$
$$\Pr(Y>y, Y<D) = \Pr(Y>y | Y<D) \cdot \Pr(Y<D)$$

在我们的例子中,$\Pr(Y<D) = 1 - \Pr(Y>D)$ 表示在开始培训项目之前正好找到工作的人的比例,$\Pr(Y>y | Y<D)$ 是这个群体的累积分布函数。现在,如果可以从这些概率中揭示出处理效应,那么我们就称之为可识别的。与前几章类似,因果模型由匹配对 $(\{Y^d; d \geqslant 0\}, D)$ 给出。定义潜在结果的风险的方法与我们之前定义风险函数的方法相同,即

$$\lambda_{Y^d}(t) = \lim_{dt \to 0} \Pr(t \leqslant Y^d < t+dt | Y^d \geqslant t)/dt \tag{8.35}$$

它的积分和是 $\Lambda_{Y^d}(t) = \int_0^t \lambda_{Y^d}(y) dy$。

Abbring 和 van den Berg(2003b)表明,不幸的是,对于每个因果模型设定,都存在一个可观测的等效的设定,例如 $(\{\tilde{Y}^d; d \geqslant 0\}, \tilde{D})$,它满足随机分配,即 $\{\tilde{Y}^d; d \geqslant 0\} \perp\!\!\!\perp \tilde{D}$ 且无预期效应。换言之,两个概率 $\Pr(Y>y, D>d, Y>D)$,$\Pr(Y>y, Y<D)$ 可以同等地从有处理效应和没有处理效应的模型中推导出来。因此,如果没有结构模型和明确的无预期(no anticipation)规则,就无法从观测数据中发现处理效应。事实上,为了能够在合理的假设下确定处理效应,我们需要在个体或分层上有一些可观察到的变化,这可以是多个时期,也可以是多个可观察的特征 X。

显然,根据上述所有内容,最吸引人的结构似乎是具有不可观测异质性 V 和多个时期或可观测协变量 X 的混合比例风险。和前几章中所做的一样,我们从没有可观测变量 X 的情况开始。我们假设对于每个个体或分层我们至少观察到两个时期,比如 $(Y_1, D_1), (Y_2, D_2)$,为了便于标记,只使用这两个时期。虽然不可观测的异质性可以随时间而改变,但必须对个人或层而言是独一无二的(因此用 Y 的下标表示),不同时期的处理效应可能不同。下面给出一个有用的模型:

$$\lambda_{Y_k}(t; D_k, V) = \begin{cases} \lambda_{0, Y_k}(t) V_Y(t), & \text{当 } t \leqslant D_k \\ \lambda_{0, Y_k}(t) \alpha_k(t, D_k) V_Y(t), & \text{当 } t > D_k \end{cases} \quad k=1,2 \tag{8.36}$$

其中,$\lambda_{0, Y_k}(\cdot), V_Y(\cdot)$ 在有界区间上可积。为了进行识别,必须将基准风险或 V_Y

标准化；为了方便（但不损失一般性），我们设置 $\lambda_{0,Y_1}=1$。注意，模型对处理效应 α_k 是有限制的，因为它不能依赖于除 D_k 所捕捉的那些个体特征。

因此，识别策略与我们在前几章中看到的非常相似，特别是我们需要一种条件独立性假设：

假设 CIA-PH1（多时期竞争性风险模型的条件独立性假设） $Y_1 \perp\!\!\!\perp (Y_2, D_2) \mid (D_1, V_Y)$ 和 $Y_2 \perp\!\!\!\perp (Y_1, D_1) \mid (D_2, V_Y)$。

这看起来比我们到目前为止所作出的假设要弱，因为我们不再有类似 $Y_k \perp\!\!\!\perp D_k$ 或 $Y_k \perp\!\!\!\perp D_k \mid V_Y$ 的要求。后者已经是一个相当弱的要求，因为它没有规定我们可以在 V_y 中加入什么，不能加入什么。假设 CIA-PH1 似乎更弱，但同样地，如果每个个体或分层在同一个实验中暴露两次，我们才能确定处理效应。这是我们在前面几章中从未考虑过的情况。

现在我们将 N_d 定义为处理指标，即如果 $y<d$，则 $N_d(y)=0$，否则为 1，并且 $\{N_d(t): 0 \leqslant t \leqslant y\}$ 是直到 Y 的处理历史。然后可以证明在模型（8.36）中，对于 $Y_{(1)} := \min\{Y_1, Y_2\}$，有

$$\Pr(Y_1 = Y_{(1)} \mid Y_{(1)}, V_Y, \{N_{d_1}(t): 0 \leqslant t \leqslant Y_{(1)}\}, \{N_{d_2}(t): 0 \leqslant t \leqslant Y_{(0)}\})$$

$$= \begin{cases} [1+\lambda_{0,Y_2}(Y_{(1)})]^{-1}, & \text{当 } D_1, D_2 > Y_{(1)} \\ [1+\lambda_{0,Y_2}(Y_{(1)})/\alpha_1(Y_{(1)}, D_1)]^{-1}, & \text{当 } D_1 < Y_{(1)} < D_2 \\ [1+\lambda_{0,Y_2}(Y_{(1)})\alpha_2(Y_{(1)}, D_2)]^{-1}, & \text{当 } D_1 > Y_{(1)} > D_2 \\ [1+\lambda_{0,Y_2}(Y_{(1)})\alpha_2(Y_{(1)}, D_2)/\alpha_1(Y_{(1)}, D_1)]^{-1}, & \text{当 } D_1, D_2 < Y_{(1)} \end{cases}$$

$$= \Pr(Y_1 = Y_{(1)} \mid Y_{(1)}, \{N_{d_1}(t): 0 \leqslant t \leqslant Y_{(1)}\}, \{N_{d_2}(t): 0 \leqslant t \leqslant Y_{(0)}\})$$

回想我们设置了 $\lambda_{0,Y_1}=1$。很明显最后一个等式成立，因为没有一个表达式依赖于 V_Y。这是非常有用的，因为通过由条件集确定的子样本中观察到的 $Y_1 = Y_{(1)}$ 时的比例，我们可以直接估计出最后一个表达式。于是，对于第一组观察到的所有 $y_{(1)}$，可以得到 $\lambda_{0,Y_2}(\cdot)$，对于第二组观察到的所有 $(y_{(1)}, d_1)$，可以得到 $\alpha_1(\cdot)$，等等。实际上，用四个方程估计三个函数，可能导致过度识别。[18] 于是我们可以得到估计量。为了进一步推断，可以使用靴带法来获得方差估计值和置信区间。

在实践中，人们往往对研究处理 D 的风险函数感兴趣。同时，考虑不可观测

---

[18] 我们之所以说"可能"，是因为这还取决于每组观测值的可得性以及对未知函数的进一步设定。

部分(V_Y, V_D)具有共同因素的模型时,我们通常去掉V的时间依赖性。这导致下一个模型:

从(8.36)中取其风险率,用V_Y替代$V_Y(t)$,并增添:
$$\lambda_{D_k}(t; V_D) = \lambda_{0,D_k}(t) V_D, \quad k = 1, 2 \tag{8.37}$$

我们假设$(V_D, V_Y) \in IR_+^2$具有有限个期望但不是$\equiv 0$,来自一个(通常根据某些参数设定)联合分布G,且对于所有$t \in IR_+$,$\Lambda_{0,D_k} = \int_0^t \lambda_{0,D_k}(s) ds < \infty$ 和 $\Lambda_{0,Y_k} = \int_0^t \lambda_{0,Y_k}(s) ds < \infty$。控制下标$k$,有处理效应$\alpha: IR_+^2 \to (0, \infty)$,使得存在$\mathcal{A}(t,d) = \int_d^t \alpha(s,d) ds < \infty$ 和 $\widetilde{\mathcal{A}}(t,d) = \int_d^t \lambda_{0,Y}(s) \alpha(s,d) ds < \infty$,且在$\{(t,d) \in IR_+^2 : t > d\}$上连续。同样,为了得到完全的识别,而不仅仅是了解其乘积形式,你还需要标准化一些函数;例如,你可以设对于给定的t_0,$\Lambda_{0,D}(t_0) = \Lambda_{0,Y}(t_0) = 1$,而非设$\lambda_{0,Y_1} = 1$。[19] 很明显,将(8.37)代入(8.36)将简化而不是复杂化处理效应的识别。估计(8.36)的策略不变。根据估计程序,我们可以选择是否将条件独立性假设完善为如下版本:

假设 CIA-PH2(多时期竞争性风险模型的条件性独立性假设)　$(Y_1, D_1) \perp\!\!\!\perp (Y_2, D_2) | V$。

在目前的模型中,我们可以允许处理效应是时间的函数,它可能随D_k而变化。替代地,我们可以允许处理依赖于一些未观察到的异质性,但不依赖于D_k(除了在初始状态停留的时间超过D_k时才进行处理这一事实),例如模型采取以下形式:

$$\lambda_{Y_k}(t; D_k, V) = \begin{cases} \lambda_{0,Y_k}(t) V_Y, & \text{当 } t \leq D_k \\ \lambda_{0,\Delta_k}(t) V_\Delta, & \text{当 } t > D_k \end{cases} \quad k = 1, 2 \tag{8.38}$$

其中对于预先固定的$t_0 \in (0, \infty)$,有正态化后的结果$\Lambda_{0,\Delta_k}(t_0) = 1$,且$V = (V_Y, V_D, V_\Delta)$具有联合分布$\widetilde{G}$。于是,我们可以由比值$\{\lambda_{0,Y_k}(t) V_\Delta\} / \{\lambda_{0,Y_k}(t) V_Y\}$得到处理效应$\alpha_k$。

可以看出,在假设CIA-PH2下,我们可以识别(8.37)或(8.38)中的所有函数,因为它们可以用以下四种概率表示:

---

[19] 到目前为止,我们必须在整个时间标度上限制风险,因为异质性V可以随时间变化。

$$\Pr(Y_1 > y_1, Y_2 > y_2, D_1 > d_1, D_2 > d_2, Y_1 > D_1, Y_2 > D_2)$$
$$\Pr(Y_1 > y_1, Y_2 > y_2, D_2 > d_2, Y_1 < D_1, Y_2 > D_2)$$
$$\Pr(Y_1 > y_1, Y_2 > y_2, D_1 > d_1, Y_1 > D_1, Y_2 < D_2)$$
$$\Pr(Y_1 > y_1, Y_2 > y_2, Y_1 < D_1, Y_2 < D_2)$$

请注意,这些表达式等价于以下四个表达式(序列相同):

$$\Pr(Y_1 > y_1, Y_2 > y_2, D_1 > d_1, D_2 > d_2 | Y_1 > D_1, Y_2 > D_2) \cdot \Pr(Y_1 > D_1, Y_2 > D_2)$$
$$\Pr(Y_1 > y_1, Y_2 > y_2, D_2 > d_2 | Y_1 < D_1, Y_2 > D_2) \cdot \Pr(Y_1 < D_1, Y_2 > D_2)$$
$$\Pr(Y_1 > y_1, Y_2 > y_2, D_1 > d_1 | Y_1 > D_1, Y_2 < D_2) \cdot \Pr(Y_1 > D_1, Y_2 < D_2)$$
$$\Pr(Y_1 > y_1, Y_2 > y_2 | Y_1 < D_1, Y_2 < D_2) \cdot \Pr(Y_1 < D_1, Y_2 < D_2)$$

这些都可以从足够丰富的数据集中估计出来。事实上,我们简单地将样本分成四组 $(Y_1 > D_1, Y_2 > D_2)$, $(Y_1 < D_1, Y_2 > D_2)$, $(Y_1 > D_1, Y_2 < D_2)$, $(Y_1 < D_2)$,每个组各自的占比是第二列中的概率。在第一列中,我们可以得到这样一些概率,它们同时也对应于每个对应组别内的直接可观察到的占比。我们说"从足够丰富的数据集"是因为它要求对于所有可能的 (y_1, y_2, d_1, d_2) 组合的值,我们获得了足够多的观测值(或在适当的时间间隔内将它们合并),以获得这些概率(即占比)的可靠估计值。为避免此问题,我们通常会分别为基准风险和分布 G 以及 $\bar{G}$ 指定参数函数,以应用最大似然估计。

Abbring 和 van den Berg(2003c)给出了一些关于如何非参数地估计风险的提示。否则,你便简单地采用参数化的特定风险模型并应用最大似然估计。接下来将阐述的方法基本上也是如此。

很多时候对大多数个体或分层我们没有多时期的数据,大多是单时期的数据。为了简化说明,假设我们从现在开始对每个个体(或分层)只使用一个时期。然后我们需要观察和探索一些异质性,比如我们观察特征 X。显然,为了将它们包含在上述模型中,我们给出了原始的混合比例风险模型,其中包含可观测协变量(X)和不可观测协变量(V)。潜在的结果是持续时间 $Y^{x,v,d}$ 和 $D^{x,v}$,其中 $Y = Y^{X,V,D}$, $Y^d = Y^{X,V,d}$, $D = D^{X,V}$。当将这些特征作为控制变量时,我们得到了一种条件独立性假设,它更接近我们最初所说的 CIA。具体如下:

假设 CIA-PH3(单时期竞争性风险的条件独立性假设) 对于支撑区间 $\mathrm{supp}(X, V)$ 上的所有 (x, v),$Y^{x,v,d} \perp\!\!\!\perp D^{x,v}$,并且 $(Y^{x,v,D^{x,v}} \perp\!\!\!\perp D^{x,v})$ 的分布在 IR_+^2 上是绝对连续的。

一方面,这似乎比我们目前看到的所有 CIA 版本都更普遍,因为它允许以不

可观测 V 为条件。另一方面，回想一下，对于 MPH，通常需要假设 X 和 V 之间的独立性，这是匹配、倾向得分加权等所不需要的。假设的第二部分看起来是全新的。它允许处理和结果的其他变化，或者说是它们的随机性：尽管 (X, V) 包括了结果和分配的所有联合决定因素，比如触发相关行为反应的信息，但它们既不能完全确定 Y，也不能完全确定 D。

在这种情况下，在技术上简单设定我们所需要的无预期（no anticipation）性质是通过风险积分实现的：

假设 NA（无预期） 对于所有 $d_1, d_2 \in [0, \infty)$，所有 $t \leq \min[d_1, d_2]$ 和支撑区间 $\mathrm{supp}(X, V)$ 上的所有 (x, v)，我们有 $\Lambda_{Y^{x,v,d_1}}(t) = \Lambda_{Y^{x,v,d_2}}(t)$。

我们再次给出了两个允许识别处理效应的 MPH 竞争性风险模型的例子：一个例子允许处理效应是一个关于时间的函数，它可能依赖 (X, D)，而另一个例子允许处理效应依赖于 (X, V) 而不是 D。第一个模型是一个关于 D 的标准混合比例风险率，但 Y 有两种情况：

$$\lambda_D(t; X, V) = \lambda_{0,D}(t) g_D(X) V_D \tag{8.39}$$

$$\lambda_Y(t; X, V, D) = \begin{cases} \lambda_{0,Y}(t) g_Y(X) V_Y, & \text{当 } t \leq D \\ \lambda_{0,Y}(t) g_Y(X) \alpha(t, D, X) V_Y, & \text{当 } t > D \end{cases} \tag{8.40}$$

其中 $V = (V_D, V_Y) \in I\!R_+^2$，联合分布 G 与 X 无关，存在有限期望而不是 $V \equiv 0$。在预先设定的 x_0 处，函数 $g_D, g_Y, \lambda_{0,D}, \lambda_{0,Y}: \mathcal{X} \to (0, \infty)$ 得到标准化，例如 $g_Y(x_0) = g_D(x_0) = 1$，且 $\lambda_{0,Y}, \lambda_{0,D}$ 和 α 完全满足与之前相同的正则性条件[在等式(8.37)之后给出]。因此不难看出，给定假设 CIA-PH3 和 NA，并以 (X, V) 为条件，结果 Y 和处理 D 仅通过函数 $\alpha(\cdot)$ 相互依赖。因此，这个函数可以被解释为 D 对 Y 的处理效应。唯一需要确定的附加假设是

假设 SP1 系统部分，即 g_Y, g_D 在 x 中表现出不同的变化。[20]

通过所有这些假设，我们可以从概率 $\Pr(Y > y, D > d, Y > D)$ 和 $\Pr(Y > y, Y < D)$ 中识别出 $\Lambda_{0,D}, \Lambda_{0,Y}, g_D, g_Y, G$ 和 $\mathcal{A}$，进而我们可以从数据中求出这些变量。$\mathcal{A}$ 的导数揭示了处理效应 $\alpha(t, d, x)$。

和往常一样，人们可能会批评，处理效应不允许存在基于不可观测 V 的异质性。我们仍然可以得到这种结果，但代价是没有关于处理 D 的异质性。这种关于 D 的替代模型有一个标准的混合比例风险率，类似于模型 (8.39)—(8.40)，

---

[20] 技术上，有人会说：$[(g_Y(x), g_D(x)); x \in X]$ 在 $I\!R^2$ 上包含一个非空的开放二维集合。

但对于 Y 有一个类似于(8.38)的更灵活的风险率,即

$$\lambda_D(t;X,V) = \lambda_{0,D}(t)g_D(X)V_D \tag{8.41}$$

$$\lambda_Y(t;X,V,D) = \begin{cases} \lambda_{0,Y}(t)g_Y(X)V_Y, & \text{当 } t \leqslant D \\ \lambda_{0,\Delta}(t)g_\Delta(X)V_\Delta, & \text{当 } t > D \end{cases} \tag{8.42}$$

其中 $V=(V_D,V_\Delta,V_Y)\in IR_+^3$,$E[V_D V_\Delta]<\infty$,但不是 $V\equiv 0$,具有一个与 X 无关的联合(通常指定到某些参数)分布 $\widetilde{G}$,除此之外还有与模型(8.39)—(8.40)相同的正则性条件和标准化条件,这里也适用于 g_Δ 和 $\lambda_{0,\Delta}$。

显然,处理效应现在是

$$\alpha(t,x,V_Y,V_\Delta) = \frac{\lambda_{0,\Delta}(t)g_\Delta(x)V_\Delta}{\lambda_{0,Y}(t)g_Y(x)V_Y}$$

$$\alpha(t,x) = \int_0^\infty \frac{\lambda_{0,\Delta}(t)g_\Delta(x)u}{\lambda_{0,Y}(t)g_Y(x)v} d\widetilde{G}(u,v) \tag{8.43}$$

假设 SP2 系统部分 $g_\Delta,\{g_\Delta(x);x\in\mathcal{X}\}$ 的图像在 IR 中包含一个非空的开区间。

可以看出,假设 CIA-PH3、NA、SP1 和 SP2 共同保证了从概率 $\Pr(Y>y,D>d,Y>D)$ 和 $\Pr(Y>y,Y<D)$ 中识别出 $\Lambda_{0,D},\Lambda_{0,Y},\Lambda_{0,\Delta},g_D,g_Y,g_\Delta,\widetilde{G}$,从而识别出处理效应(8.43)。

虽然这些都是非参数识别结果(当然有些人认为是半参数识别结果,因为我们采用了明确的可分离结构),但实际中可用的大多数估计量都是基于这些 MPH 模型的参数设定。因此,一旦你已经设定了风险函数、G 和 $\widetilde{G}$,你也可以分别写出显式似然函数。然后,一个(完全)参数最大似然估计量可以与所有标准工具一起用于进一步的推断。这里的主要问题是典型的持续时间数据问题,如删减、截断等。然而,这些问题并不是处理效应评估文献中的特定问题,而是任何持续时间分析的特定问题,因此本书不再进一步讨论这些问题。对于我们已经指出的如何处理一些更简单的删减和截断的问题,请回顾第 8.3.1 节。

例 8.19 Abbring,van den Berg 和 van Ours(2005)研究了是否享有失业保险对求职持续时间的影响。在文章的理论部分,他们根据相应的最佳求职强度 s_1(拥有前)和 s_2(拥有时),为拥有失业保险前后的预期收入现值构建了 Bellman 方程。在一系列关于函数形式和代理人理性行为的假设下,对于给定的保留工资 w_1 和 w_2,他们得出了风险率

$$\lambda_{Y_k} = \lambda_{0,Y} s_k \{1-F(w_k)\}, \quad k=1,2$$

在实证研究中,他们通过下式,即函数整体是指数形式的,将 λ_{Y_t} 设定为关于一个大的可观测协变量 x 的集合的函数:

$$\lambda_Y = \lambda_{0,Y}(t) \exp\{x'\beta_Y + \alpha \mathbb{1}\{d<t\}\} V_Y$$

处理前后的风险差异被归结为对所有个体、处理和持续时间的恒定处理效应。该模型由关于处理的风险函数实现,具体为

$$\lambda_D = \lambda_{0,D(t)}(t) \exp\{x'\beta_D\} V_D$$

对于基准风险 $\lambda_{0,Y}(t)$ 和 $\lambda_{0,D}(t)$,取具有固定时间间隔的分段常数设定,并且对于 G 以及 V_Y 和 V_D 的分布,具有二元离散分布,其包含四个不受限制的点质量位置。当他们估计模型时(无论是针对整个样本还是按行业划分),他们发现在整个过程中 α 都显著为正,即在所有情况下,实施惩罚都显著提高了再就业率。

非参数估计和半参数估计的研究仍在进行中。但如本章开篇所述,到目前为止即使是参数模型,在实证经济学中也没有太多的应用。事实上,大多数使用了竞争性风险结构的实证研究都可以在生物计量学和工程学的文献中找到。

8.4 文献和计算机软件注释

8.4.1 拓展阅读和文献注释

正如我们在第 8.2.3 节中所看到的,通过序列匹配或序列逆概率加权(IPW),我们可以估计离散动态潜在结果模型。Lechner(2008)研究了序列匹配的有限样本性质,而 Lechner(2009)思考了 IPW 加权估计量。这两篇文章还细致地分析了在实施共同支撑限制时出现的有限样本问题。共同支撑区间的定义必须根据控制变量逐段调整。回顾第 3 章倾向得分加权中关于实施共同支撑条件的结论。在有限的样本中,何种方法更可靠仍是一个尚待解决的问题,但是 Lechner(2004)的研究结论是匹配方法更适合。

序列处理文献中对因果关系的理解和识别与时间序列计量经济学中的因果关系有什么联系?Lechner(2006)将上述基于潜在结果的因果关系概念(第 8.2 节)与时间序列计量经济学中常见的因果关系概念联系起来。在 Granger 和 Sims 倡导的因果概念中,给定所有其他可用信息,如果信息 D_t 有助于更好地预测 Y_{t+1},那么变量 D_t 就是导致 Y_{t+1} 的原因。思考 Granger-Sims 非因果关系:

D_t 不是 Y_{t+1} 的格兰杰原因，当且仅当 $Y_{t+1} \perp\!\!\!\perp D_t | Y_t, D_0, Y_0$

以及潜在结果非因果关系：

D_t 不是 Y_{t+1} 的格兰杰原因，当且仅当 $F_{Y_{t+1}^d}(u) = FF_{Y_{t+1}^d}(u)$

Lechner(2006)指出，这两个非因果关系定义中的任何一个成立都不意味着另一个成立。然而，如果满足 W-CIA（包括共同支撑假设），那么这两个非因果关系的定义中一个成立意味着另一个也成立。因此，如果我们假设有 W-CIA，那么这两个定义都可以用来测试非因果关系，并且我们可以从更直观的角度来解释它们。

回到第 8.3 节，目前关于持续时间分析的文献相当丰富。Kalbfleisch 和 Prentice(2002)以及 Crowder(1978)对失败时间数据的分析作出了全面而优秀的介绍，Crowder(1978)将重点放在了多变量生存分析和竞争性风险上，即本章所考虑的内容。Lancaster(1990)详细地概述了经济学中的持续时间分析。van den Berg(2001)对计量经济学中的持续时间分析进行了最新回顾。

几十年来，竞争性风险模型一直是生物计量学研究的焦点，例如 David 和 Moeschberger(1978)。你可以在 Beyersmann 和 Scheike(2013)中找到一个最新的流畅的简介。混合模型和 Cox 回归很早就已经应用到竞争性风险模型中，参见 Larson 和 Dinse(1985)或 Lunn 和 McNeil(1995)。然而，如前所述，仍有许多研究正在进行。关于加入时变协变量的最新研究有 Cortese 和 Andersen(2010)，关于半参数估计的最新研究有 Hernandez-Quintero, Dupuy 和 Escarela(2011)。Abbring 和 van den Berg(2003a)用工具变量分析基于风险函数的持续时间。尽管他们通常怀疑是否存在满足必要的外生性条件的工具，但他们提供了解决具有随机处理意向但服从度不完整的情况的方法。Abbring 和 van den Berg(2003b)介绍的识别本质上基于 Abbring 和 van den Berg(2003c)以及 Heckman 和 Honoré(1989)关于竞争性风险模型的结论。

在本章中，我们几乎将动态处理效应评估严格分为两个部分：第一部分是关于离散时间，我们分析几个处理、不同的处理持续时间和时机对任何类型的结果的影响；第二部分我们只考虑持续时间，即处理前的持续时间对离开初始状态的持续时间的影响。在第一部分（第 8.2 节）中，我们介绍了针对动态情况和多个处理的匹配和倾向得分估计量；在第二部分（第 8.3 节）中，我们只运用了持续时间分析中已知的工具。Fredriksson 和 Johansson(2008)提出的估计量使用了这两种方法的元素。他们考虑离散时间框架，但也想了解处理的时间点对持续时间的影响，即第 8.3 节中考虑的估计问题。然而，为此他们使用了（一般化的）匹配估计量。

8.4.2 计算机软件注释

由于第 8.2 节中分析动态处理的方法从估计的角度基本上与我们在前几章中研究的方法相同（取决于可得数据和使用的假设），我们也可以参考有关执行匹配估计方法和使用相关的可用软件包的相应章节。然而，到目前为止，序列方法（匹配或加权）的明确执行手段尚不可得，我们所用的序列方法是指依次估计各自的估计量。

在为第 8.3 节搜索合适的软件包时，我们可以集中关注具有时间维度的动态处理（即持续时间或生存方法）软件。例如，在 Stata 中，一个主要的命令是 stteffects，它允许结果模型是 Weibull 或加权均值的参数模型设定，可能伴随 Weibull 删减和 logit 处理模型。处理效应可以通过回归调整（指通过混杂变量进行的校正）、逆概率权重（即倾向加权）、逆概率加权回归调整（与双稳健估计思想相关）和加权回归调整来估计。然而，stteffects 中实现的估计量不能针对左截断进行调整，因此不能用于延迟输入数据。它既不能用于时变协变量，也不能用于多时段记录数据。若想进一步了解相关假设，请查阅其帮助文件和说明。类似地，在 R 中可以使用的软件包和命令的数量也在迅速增加，例如，survival 软件包、OIsurv 软件包和 KMsurv 软件包。

正如我们所看到的，在持续时间分析中，因果推理基本上也依赖于现有的方法，在这种情况下，是指为竞争性风险和多状态模型而开发的方法。因此，我们主要参考 de Wreede, Fiocco 和 Putter(2011) 的论文、Beyermann, Allignol 和 Schumacher(2012) 的著作，以及 Putter, Fiocco 和 Geskus(2006) 与 Putter(2014) 编写的 R 软件包 mstate 的教程。所有这些出版物都明确致力于使用统计软件 R。

然而应当指出，目前这是一个非常活跃的研究领域，每年都会涌现出新的估计方法、程序代码和软件包，因此在现阶段几乎不可能对此进行全面的综述。

8.5 习题

1. 请给出现实中我们不能用前几章中的任何一种方法来估计处理效应的例子。

2. 在二元处理变量情形下给出 $\tau''' = 2, \delta = 3$ 的(8.2)显式公式,并举例讨论。

3. 在第 8.2.1 节中,举例说明假设 SCIA 下的识别问题(即潜在的使假设不成立的情形,或者何时以及为什么假设成立)。

4. 证明假设 WDCIA 不足以预测 $E[Y_T^{00} | \underline{D}_2 = 11]$。[21] 那么对于 DATET 有什么结论?给出额外的假设使我们能够识别它。

5. 证明根据假设 WDCIA 可以得出(8.16)和(8.17)。

6. 对于离散情况,证明可以用风险率 $\lambda(t)$ 表示概率 $\Pr(T=t)$ 和累积分布函数 $F(T)$。

7. 回想例 8.13,并证明对于给定的风险率,$\log(t)$ 具有 logistic 分布。同时请计算均值。

8. 讨论如何用非参数方法估计模型(8.38)下面给出的概率。

9. 本章提出或指明的一些估计过程建立在序列(或多步)估计的基础上。讨论如何应用重新抽样方法来估计处理效应估计量的最终(全部步骤)方差。

---

[21] 提示:证明它不能被写成 $E[Y_T^{11} | \underline{D}_2 = 11]$ 的形式,这将对应于可观测的结果 $E[Y_T | \cdot, \underline{D}_2 = 11]$。

参考文献

Abadie, A. (2005): 'Semiparametric Difference-in-Differences Estimators', *The Review of Economic Studies*, 72, 1–19.

Abadie, A., J. Angrist and G. Imbens (2002): 'Instrumental Variables Estimates of the Effect of Subsidized Training on the Quantiles of Trainee Earnings', *Econometrica*, 70, 91–117.

Abadie, A. and G. Imbens (2006): 'Large Sample Properties of Matching Estimators for Average Treatment Effects', *Econometrica*, 74, 235–267.

—— (2008): 'On the Failure of the Bootstrap for Matching Estimators', *Econometrica*, 76, 1537–1557.

—— (2011): 'Bias-Corrected Matching Estimators for Average Treatment Effects', *Journal of Business and Economic Statistics*, 29, 1–11.

—— (2016): 'Matching on the Estimated Propensity Score', *Econometrica*, 84, 781–807.

Abbring, J. and J. Heckman (2007): 'Econometric Evaluation of Social Programs Part III: Distributional Treatment Effects, Dynamic Treatment Effects, Dynamic Discrete Choice, and General Equilibrium Policy Evaluation', in *Handbook of Econometrics*, ed. by J. Heckman and E. Leamer, pp. 5145–5303. Amsterdam and Oxford: North-Holland.

Abbring, J. and G. van den Berg (2003a): 'The Identifiability of the Mixed Proportional Hazards Competing Risks Model', *Journal of the Royal Statistical Society (B)*, 65, 701–710.

—— (2003b): 'The Nonparametric Identification of Treatment Effects in Duration Models', *Econometrica*, 71, 1491–1517.

—— (2003c): 'Social Experiments and Instrumental Variables with Duration Outcomes', *Journal of the Royal Statistical Society (B)*, 65, 701–710.

—— (2007): 'The Unobserved Heterogeneity Distribution in Duration Analysis', *Biometrika*, 94, 87–99.

Abbring, J., G. van den Berg and J. van Ours (2005): 'The Effect of Unemployment Insurance Sanctions on the Transition Rate from Unemployment to Employment', *The Economic Journal*, 115, 602–630.

Aitchison, J. and C. Aitken (1976): 'Multivariate Binary Discrimination by the Kernel Method', *Biometrika*, 63, 413–420.

Alatas, V., A. Banerjee, R. Hanna, B. Olken, R. Purnamasari and M. Wai-poi (2013): 'Self Targeting: Evidence from a Field Experiment in Indonesia', *MIT Working Paper*.

Albert, J. (2012): 'Distribution-Free Mediation Analysis for Nonlinear Models with Confounding', *Epidemiology*, 23, 879–888.

Altonji, J. (1995): 'The Effects of High School Curriculum on Education and Labor Market Outcomes', *Journal of Human Resources*, 30, 409–438.

Anderson, M., C. Dobkin and T. Gross (2012): 'The Effect of Health Insurance Coverage on the Use of Medical Services', *American Economic Journal: Economic Policy*, 4(1), 1–27.

Angrist, J. (1998): 'Estimating Labour Market Impact of Voluntary Military Service using Social Security Data', *Econometrica*, 66, 249–288.

Angrist, J., G. Imbens and D. Rubin (1996): 'Identification of Causal Effects using Instrumental Variables', *Journal of American Statistical Association*, 91, 444–472 (with discussion).

Angrist, J. and A. Krueger (1991): 'Does Compulsory School Attendance Affect Schooling and Earnings?', *Quarterly Journal of Economics*, 106, 979–1014.

(1999): 'Empirical Strategies in Labor Economics', in *Handbook of Labor Economics*, ed. by O. Ashenfelter and D. Card, pp. 1277–1366. Amsterdam: North-Holland.

Angrist, J. and V. Lavy (1999): 'Using Maimonides Rule to Estimate the Effect of Class Size on Scholastic Achievement', *Quarterly Journal of Economics*, 114, 533–575.

Angrist, J. & Pischke (2008): Mostly Harmless Econometrics. An empiricist's companion. Princeton University Press.

Arias, O. and M. Khamis (2008): 'Comparative Advantage, Segmentation and Informal Earnings: A Marginal Treatment Effects Approach', IZA discussion paper, 3916.

Arpino, B. and A. Aassve (2013): 'Estimation of Causal Effects of Fertility on Economic Wellbeing: Evidence from Rural Vietnam', *Empirical Economics*, 44, 355–385.

Ashenfelter, O. (1978): 'Estimating the Effect of Training Programmes on Earnings', *Review of Economics and Statistics*, 6, 47–57.

Athey, S. and G. Imbens (2006): 'Identification and Inference in Nonlinear Difference-in-Differences Models', *Econometrica*, 74, 431–497.

Bahadur, R. (1966): 'A Note on Quantiles in Large Samples', *Annals of Mathematical Statistics*, 37, 577–580.

Bailey, R. (2008): *Design of Comparative Experiments*. Cambridge: Cambridge University Press.

Baron, R. and D. Kenny (1986): 'The Moderator-Mediator Variable Distinction in Social Psychological Research: Conceptual, Strategic, and Statistical Considerations', *Journal of Personality and Social Psychology*, 6, 1173–1182.

Barrett, G. and S. Donald (2009): 'Statistical Inference with Generalized Gini Indices of Inequality and Poverty', *Journal of Business & Economic Statistics*, 27, 1–17.

Barrios, T. (2013): 'Optimal Stratification in Randomized Experiments', discussion paper, Harvard University OpenScholar.

Becker, S. and A. Ichino (2002): 'Estimation of Average Treatment Effects Based on Propensity Scores', *The Stata Journal*, 2, 358–377.

Beegle, K., R. Dehejia and R. Gatti (2006): 'Child Labor and Agricultural Shocks', *Journal of Development Economics*, 81, 80–96.

Begun, J., W. Hall, W. Huang and J. Wellner (1983): 'Information and Asymptotic Efficiency in Parametric-Nonparametric Models', *Annals of Statistics*, 11, 432–452.

Belloni, A., V. Chernozhukov, I. Fernández-Val and C. Hansen (2017): 'Program Evaluation and Causal Inference with High-Dimensional Data', *Econometrica*, 85, 233–298.

Belloni, A., V. Chernozhukov and C. Hansen (2014): 'Inference on Treatment Effects after Selection among High-Dimensional Controls', *Review of Economic Studies*, 81, 608–650.

Benini, B., S. Sperlich and R. Theler (2016): 'Varying Coefficient Models Revisited: An Econometric View', in *Proceedings of the Second Conference of the International Society for Nonparametric Statistics*. New York, NY: Springer.

Benini, G. and S. Sperlich (2017): 'Modeling Heterogeneity by Structural Varying Coefficients Models', Working paper.

Bertrand, M., E. Duflo and S. Mullainathan (2004): 'How Much Should We Trust Differences-in-Differences Estimates?', *Quarterly Journal of Economics*, 119, 249–275.

Beyersmann, J., A. Alligmol and M. Schumacher (2012): *Competing Risks and Multistate Models with R*. New York, NY: Springer.

Beyersmann, J. and T. Scheike (2013): 'Classical Regression Models for Competing Risks', in *Handbook of Survival Analysis*, pp. 157–177. CRC Press Taylor & Francis Group.

Bhatt, R. and C. Koedel (2010): 'A Non-Experimental Evaluation of Curricular Effectiveness in Math', mimeo.

Bickel, P., C. Klaassen, Y. Ritov and J. Wellner (1993): *Efficient and Adaptive Estimation for Semiparametric Models*. Baltimore, MD: John Hopkins University Press.

Black, D., J. Galdo and J. Smith (2005): 'Evaluating the Regression Discontinuity Design using Experimental Data', *mimeo*, Ann Arbor, MI: University of Michigan.

Black, D. and J. Smith (2004): 'How Robust is the Evidence on the Effects of College Quality? Evidence from Matching', *Journal of Econometrics*, 121, 99–124.

Black, S. (1999): 'Do "Better" Schools Matter? Parental Valuation of Elementary Education', *Quarterly Journal of Economics*, 114, 577–599.

Blundell, R. and M. C. Dias (2009): 'Alternative Approaches to Evaluation in Empirical Microeconomics', *Journal of Human Resources*, 44, 565–640.

Blundell, R. and J. Powell (2003): 'Endogeneity in Nonparametric and Semiparametric Regression Models', in *Advances in Economics and Econometrics*, ed. by L. H. M. Dewatripont and S. Turnovsky, pp. 312–357. Cambridge: Cambridge University Press.

Bonhomme, S. and U. Sauder (2011): 'Recovering Distributions in Difference-in-Differences Models: A Comparison of Selective and Comprehensive Schooling', *The Review of Economics and Statistics*, 93, 479–494.

Brookhart, M., S. Schneeweiss, K. Rothman, R. Glynn, J. Avorn and T. Stürmer (2006): 'Variable Selection for Propensity Score Models', *American Journal of Epidemiology*, 163, 1149–1156.

Brügger, B., R. Lalive and J. Zweimüller (2008): 'Does Culture Affect Unemployment? Evidence from the Barriere des Roestis', mimeo, Zürich: University of Zürich.

Bruhn, M. and D. McKenzie (2009): 'In Pursuit of Balance: Randomization in Practice in Development Field Experiments', Policy Research Paper 4752, World Bank.

Buddelmeyer, H. and E. Skoufias (2003): 'An evaluation of the Performance of Regression Discontinuity Design on PROGRESA', IZA discussion paper, 827.

Busso, M., J. DiNardo and J. McCrary (2009): 'Finite Sample Properties of Semiparametric Estimators of Average Treatment Effects', Unpublished manuscript, University of Michigan and University of California-Berkeley.

(2014): 'New Evidence on the Finite Sample Properties of Propensity Score Matching and Reweighting Estimators', *Review of Economics and Statistics*, 58, 347–368.

Cox, D. (1972): 'Regression Models and Life-Tables', *Journal of the Royal Statistical Society (B)*, 34, 187–220.

Cameron, C. and P. Trivedi (2005): *Microeconometrics: Methods and Applications*. Cambridge: Cambridge University Press.

Card, D., J. Kluve and A. Weber (2010): 'Active Labour Market Policy Evaluations: A Meta-Analysis', *Economic Journal*, 120(548), F452–F477.

Card, D. and A. Krueger (1994): 'Minimum Wages and Employment: A Case Study of the Fast-Food Industry in New Jersey and Pennsylvania', *American Economic Review*, 84, 772–793.

Card, D., D. Lee, Z. Pei and A. Weber (2015): 'Inference on Causal Effects in a Generalized Regression Kink Design', IZA discussion paper No 8757.

Carpenter, J., H. Goldstein and J. Rasbash (2003): 'A novel boostrap procedure for assessing the relationship between class size and achievement', *Applied Statistics*, 52, 431–443.

Carroll, R., D. Ruppert and A. Welsh (1998): 'Local Estimating Equations', *Journal of American Statistical Association*, 93, 214–227.

Cattaneo, M. (2010): 'Efficient Semiparametric Estimation of Multi-Valued Treatment Effects under Ignorability', *Journal of Econometrics*, 155, 138–154.

Cattaneo, M., D. Drucker and A. Holland (2013): 'Estimation of Multivalued Treatment Effects under Conditional Independence', *The Stata Journal*, 13, 407–450.

Cerulli, G. (2012): 'treatrew: A User-Written STATA Routine for Estimating Average Treatment Effects by Reweighting on Propensity Score', discussion paper, National Research Council of Italy, Institute for Economic Research on Firms and Growth.

—— (2014): 'ivtreatreg: A Command for Fitting Binary Treatment Models with Heterogeneous Response to Treatment and Unobservable Selection', *The Stata Journal*, 14, 453–480.

Chamberlain, G. (1994): 'Quantile Regression, Censoring and the Structure of Wages', in *Advances in Econometrics*, ed. by C. Sims. Amsterdam: Elsevier.

Chan, K., S. Yam and Z. Zhang (2016): 'Globally Efficient Nonparametric Inference of Average Treatment Effects by Empirical Balancing Calibration Weighting', *Journal of the Royal Statistical Society (B)*, 78, 673–700.

Chaudhuri, P. (1991): 'Global Nonparametric Estimation of Conditional Quantile Functions and their Derivatives', *Journal of Multivariate Analysis*, 39, 246–269.

Chay, K., P. McEwan and M. Urquiola (2005): 'The Central Role of Noise in Evaluating Interventions that Use Test Scores to Rank Schools', *American Economic Review*, pp. 1237–1258.

Chen, X., O. Linton and I. van Keilegom (2003): 'Estimation of Semiparametric Models when the Criterion Function is Not Smooth', *Econometrica*, 71, 1591–1608.

Chernozhukov, V., I. Fernandez-Val and A. Galichon (2007): 'Quantile and Probability Curves Without Crossing', MIT working paper.

Chernozhukov, V., I. Fernández-Val and B. Melly (2013): 'Inference on Counterfactual Distributions', *Econometrica*, 81, 2205–2268.

Chernozhukov, V. and C. Hansen (2005): 'An IV Model of Quantile Treatment Effects', *Econometrica*, 73, 245–261.

—— (2006): 'Instrumental Quantile Regression Inference for Structural and Treatment Effect models', *Journal of Econometrics*, 132, 491–525.

Chernozhukov, V., G. Imbens and W. Newey (2007): 'Instrumental Variable Estimation of Nonseparable Models', *Journal of Econometrics*, 139, 4–14.

Chesher, A. (2003): 'Identification in Nonseparable Models', *Econometrica*, 71, 1405–1441.

—— (2005): 'Nonparametric Identification under Discrete Variation', *Econometrica*, 73, 1525–1550.

—— (2007): 'Identification of Nonadditive Structural Functions', in *Advances in Economics and Econometrics*, ed. by R. Blundell, W. Newey and T. Persson, pp. 1–16. Cambridge: Cambridge University Press.

—— (2010): 'Instrumental Variable Models for Discrete Outcomes', *Econometrica*, 78, 575–601.

Claeskens, G., T. Krivobokova and J. Opsomer (1998): 'Asymptotic Properties of Penalized Spline Estimators', *Biometrika*, 96, 529–544.

—— (2009): 'Asymptotic Properties of Penalized Spline Estimators', *Biometrika*, 96, 529–544.

Cleveland, W., E. Grosse and W. Shyu (1991): 'Local Regression Models', in *Statistical Models in S*, ed. by J. Chambers and T. Hastie, pp. 309–376. Pacific Grove: Wadsworth & Brooks.

Collier, P. and A. Höffler (2002): 'On the Incidence of Civil War in Africa', *Journal of Conflict Resolution*, 46, 13–28.

Cortese, G. and P. Andersen (2010): 'Competing Risks and Time-Dependent Covariates', *Biometrical Journal*, 52, 138–158.

Cox, D. (1958): *Planning of Experiments*. New York: Wiley.

Croissant, Y. and G. Millo (2008): 'Panel Data Econometrics in R: The plm Package', *Journal of Statistical Software*, 27(2).

Crowder, M. (1978): *Multivariate Survival Analysis and Competing Risks*. CRC Press Taylor & Francis Group.

Crump, R., J. Hotz, G. Imbens and O. Mitnik (2009): 'Dealing with Limited Overlap in Estimation of Average Treatment Effects', *Biometrika*, 96, 187–199.

Curie, I. and M. Durban (2002): 'Flexible Smoothing with P-Splines: A Unified Approach', *Statistical Science*, 2, 333–349.

Dai, J., S. Sperlich and W. Zucchini (2016): 'A Simple Method for Predicting Distributions by Means of Covariates with Examples from Welfare and Health Economics', *Swiss Journal of Economics and Statistics*, 152, 49–80.

Darolles, S., Y. Fan, J. Florens and E. Renault (2011): 'Nonparametric Instrumental Regression', *Econometrica*, 79:5, 1541–1565.

Daubechies, I. (1992): *Ten Lectures on Wavelets*. Philadelphia, PA: SIAM.

David, H. and M. Moeschberger (1978): *The Theory of Competing Risks, Griffins Statistical Monograph No. 39*. New York, NY: Macmillan.

de Wreede, L., M. Fiocco and H. Putter (2011): 'mstate: An R Package for the Analysis of Competing Risks and Multi-State Models', *Journal of Statistical Software*, 38, 1–30.

Dette, H., A. Munk and T. Wagner (1998): 'Estimating the Variance in Nonparametric Regression – What is a Reasonable Choice?', *Journal of the Royal Statistical Society, B*, 60, 751–764.

Dette, H., N. Neumeyer and K. Pilz (2006): 'A Simple Nonparametric Estimator of a Strictly Monotone Regression Function', *Bernoulli*, 12, 469–490.

Dette, H. and K. Pilz (2006): 'A Comparative Study of Monotone Nonparametric Kernel Estimates', *Journal of Statistical Computation and Simulation*, 76, 41–56.

Donald, S. and K. Lang (2007): 'Inference with Difference-in-Differences and Other Panel Data', *Review of Economics and Statistics*, 89, 221–233.

Duflo, E. (2001): 'Schooling and Labor Market Consequences of School Construction in Indonesia: Evidence from an Unusual Policy Experiment', *American Economic Review*, 91, 795–813.

Duflo, E., P. Dupas and M. Kremer (2015): 'Education, HIV, and Early Fertility: Experimental Evidence from Kenya', *The American Economic Review*, 105, 2757–2797.

Duflo, E., R. Glennerster and M. Kremer (2008): 'Using Randomization in Development Economics Research: A Toolkit', in *Handbook of Development Economics*, ed. by T. Schultz and J. Strauss, pp. 3895–3962. Amsterdam: North-Holland.

Edin, P.-A., P. Fredriksson and O. Aslund (2003): 'Ethnic Enclaves and the Economic Success of Immigrants – Evidence from a Natural Experiment', *The Quarterly Journal of Economics*, 118, 329–357.

Eilers, P. and B. Marx (1996): 'Flexible Smoothing with B-Splines and Penalties', *Statistical Science*, 11, 89–121.

Engel, E. (1857): 'Die Produktions- und Konsumtionsverhältnisse des Königsreichs Sachsen', *Zeitschrift des statistischen Büros des Königlich Sächsischen Ministeriums des Inneren*, 8, 1–54.

Fan, J. (1993): 'Local Linear Regression Smoothers and their Minimax Efficiency', *Annals of Statistics*, 21, 196–216.

Fan, J. and I. Gijbels (1996): *Local Polynomial Modeling and its Applications*. London: Chapman and Hall.

Field, C. and A. Welsh (2007): 'Bootstrapping Clustered Data', *Journal of the Royal Statistical Society (B)*, 69, 366–390.

Fine, J. and R. Gray (1999): 'A Proportional Hazards Model for the Subdistribution of a Competing Risk', *Journal of the American Statistical Association*, 94:446, 496–509.

Firpo, S. (2007): 'Efficient Semiparametric Estimation of Quantile Treatment Effects', *Econometrica*, 75, 259–276.

Firpo, S., N. Fortin and T. Lemieux (2009): 'Unconditional Quantile Regressions', *Econometrica*, 77, 935–973.

Florens, J. (2003): 'Inverse Problems and Structural Econometrics: The Example of Instrumental Variables', in *Advances in Economics and Econometrics*, ed. by L. H. M. Dewatripont and S. Turnovsky, pp. 284–311. Cambridge: Cambridge University Press.

Florens, J., J. Heckman, C. Meghir and E. Vytlacil (2008): 'Identification of Treatment Effects Using Control Functions in Models With Continuous, Endogenous Treatment and Heterogeneous Effects', *Econometrica*, 76:5, 1191–1206.

Frandsen, B., M. Frölich and B. Melly (2012): 'Quantile Treatment Effects in the Regression Discontinuity Design', *Journal of Econometrics*, 168, 382–395.

Frangakis, C. and D. Rubin (1999): 'Addressing Complications of Intention-to-Treat Analysis in the Combined Presence of All-or-None Treatment-Noncompliance and Subsequent Missing Outcomes', *Biometrika*, 86, 365–379.

(2002): 'Principal Stratification in Causal Inference', *Biometrics*, 58, 21–29.

Fredriksson, P. and P. Johansson (2008): 'Dynamic Treatment Assignment: The Consequences for Evaluations using Observational Data', *Journal of Business and Economics Statistics*, 26, 435–445.

Fredriksson, P. and B. Öckert (2006): 'Is Early Learning Really More Productive? The Effect of School Starting Age on School and Labor Market Performance', *IFAU Discussion Paper 2006:12*.

Frölich, M. (2004): 'Finite Sample Properties of Propensity-Score Matching and Weighting Estimators', *Review of Economics and Statistics*, 86, 77–90.

(2005): 'Matching Estimators and Optimal Bandwidth Choice', *Statistics and Computing*, 15/3, 197–215.

(2007a): 'Nonparametric IV Estimation of Local Average Treatment Effects with Covariates', *Journal of Econometrics*, 139, 35–75.

(2007b): 'Propensity Score Matching without Conditional Independence Assumption – with an Application to the Gender Wage Gap in the UK', *Econometrics Journal*, 10, 359–407.

(2008): 'Statistical Treatment Choice: An Application to Active Labour Market Programmes', *Journal of the American Statistical Association*, 103, 547–558.

Frölich, M. and M. Lechner (2010): 'Exploiting Regional Treatment Intensity for the Evaluation of Labour Market Policies', *Journal of the American Statistical Association*, 105, 1014–1029.

Frölich, M. and B. Melly (2008): 'Quantile Treatment Effects in the Regression Discontinuity Design', *IZA Discussion Paper*, 3638.

(2010): 'Estimation of Quantile Treatment Effects with STATA', *Stata Journal*, 10, 423–457.

(2013): 'Unconditional Quantile Treatment Effects under Endogeneity', *Journal of Business & Economic Statistics*, 31, 346–357.

Gautier, E. and S. Hoderlein (2014): 'A Triangular Treatment Effect Model with Random Coefficients in the Selection Equation', Working Paper at Boston College, Department of Economics.

Gerfin, M. and M. Lechner (2002): 'Microeconometric Evaluation of the Active Labour Market Policy in Switzerland', *Economic Journal*, 112, 854–893.

Gerfin, M., M. Lechner and H. Steiger (2005): 'Does Subsidised Temporary Employment Get the Unemployed Back to Work? An Econometric Analysis of Two Different Schemes', *Labour Economics*, 12, 807–835.

Gill, R. (1989): 'Non- and Semi-Parametric Maximum Likelihood Estimators and the von Mises Method (Part 1)', *Scandinavian Journal of Statistics*, 16, 97–128.

Gill, R. and J. Robins (2001): 'Marginal Structural Models', *Annals of Statistics*, 29, 1785–1811.

Glennerster, R. & Takavarasha, K. (2013): Running Randomized Evaluations: A Practical Guide. Princeton University Press.

Glewwe, P., M. Kremer, S. Moulin and E. Zitzewitz (2004): 'Retrospective vs. Prospective Analyses of School Inputs: The Case of Flip Charts in Kenya', *Journal of Development Economics*, 74, 251–268.

Glynn, A. and K. Quinn (2010): 'An Introduction to the Augmented Inverse Propensity Weighted Estimator', *Political Analysis*, 18, 36–56.

Gonzalez-Manteiga, W. and R. Crujeiras (2013): 'An Updated Review of Goodness-of-Fit Tests for Regression Models', *Test*, 22, 361–411.

Gosling, A., S. Machin and C. Meghir (2000): 'The Changing Distribution of Male Wages in the U.K.', *Review of Economics Studies*, 67, 635–666.

Gozalo, P. and O. Linton (2000): 'Local Nonlinear Least Squares: Using Parametric Information in Nonparametric Regression', *Journal of Econometrics*, 99, 63–106.

Graham, B., C. Pinto and D. Egel (2011): 'Efficient Estimation of Data Combination Models by the Method of Auxiliary-to-Study Tilting (AST)', NBER Working Papers No. 16928.

(2012): 'Inverse Probability Tilting for Moment Condition Models with Missing Data', *Review of Economic Studies*, 79, 1053–1079.

Greene, W. (1997): *Econometric Analysis*, 3rd edn. New Jersey: Prentice Hall.

Greevy, R., B. Lu, J. Silver and P. Rosenbaum (2004): 'Optimal Multivariate Matching Before Randomization', *Biostatistics*, 5, 263–275.

Gruber, S. and M. van der Laan (2012): 'tmle: An R Package for Targeted Maximum Likelihood Estimation', *Journal of Statistical Software*, 51(13).

Hahn, J. (1998): 'On the Role of the Propensity Score in Efficient Semiparametric Estimation of Average Treatment Effects', *Econometrica*, 66(2), 315–331.

Hahn, J. and G. Ridder (2013): 'Asymptotic Variance of Semiparametric Estimators with Generated Regressors', *Econometrica*, 81(1), 315–340.

Hahn, J., P. Todd and W. van der Klaauw (1999): 'Evaluating the Effect of an Antidiscrimination Law Using a Regression-Discontinuity Design', NBER working paper, 7131.

Hall, P., R. Wolff and Q. Yao (1999): 'Methods for Estimating a Conditional Distribution function', *Journal of American Statistical Association*, 94(445), 154–163.

Ham, J. and R. LaLonde (1996): 'The Effect of Sample Selection and Initial Conditions in Duration Models: Evidence from Experimental Data on Training', *Econometrica*, 64, 175–205.

Ham, J., X. Li and P. Reagan (2011): 'Matching and Nonparametric IV Estimation, A Distance-Based Measure of Migration, and the Wages of Young Men', *Journal of Econometrics*, 161, 208–227.

Hansen, C. (2007a): 'Asymptotic Properties of a Robust Variance Matrix Estimator for Panel Data when T is Large', *Journal of Econometrics*, 141, 597–620.

(2007b): 'Generalized Least Squares Inference in Panel and Multilevel Models with Serial Correlation and Fixed Effects', *Journal of Econometrics*, 140, 670–694.

Härdle, W., P. Hall and H. Ichimura (1993): 'Optimal Smoothing in Single-Index Models', *Annals of Statistics*, 21, 157–193.

Härdle, W. and S. Marron (1987): 'Optimal Bandwidth Selection in Nonparametric Regression Function Estimation', *Annals of Statistics*, 13, 1465–1481.

Härdle, W., M. Müller, S. Sperlich and A. Werwatz (2004): *Nonparametric and Semiparametric Models*. Heidelberg: Springer Verlag.

Härdle, W. and T. Stoker (1989): 'Investigating Smooth Multiple Regression by the Method of Average Derivatives', *Journal of American Statistical Association*, 84, 986–995.

Hastie, T. and R. Tibshirani (1990): *Generalized Additive Models*. London: Chapman and Hall.

Have, D. S. T. T. and P. Rosenbaum (2008): 'Randomization Inference in a GroupRandomized Trial of Treatments for Depression: Covariate Adjustment, Noncompliance, and Quantile Effects', *Journal of the American Statistical Association*, 103, 271–279.

Haviland, A. and D. Nagin (2005): 'Causal Inferences with Group Based Trajectory Models', *Psychometrika*, 70, 557–578.

Hayes, A. (2009): 'Beyond Baron and Kenny: Statistical Mediation Analysis in the New Millennium', *Communication Monographs*, 76, 408–420.

Heckman, J. (2001): 'Micro Data, Heterogeneity, and the Evaluation of Public Policy: Nobel Lecture', *Journal of Political Economy*, 109, 673–748.

(2008): 'Econometric Causality', *International Statistical Review*, 76, 1–27.

Heckman, J. and B. Honoré (1989): 'The Identifiability of the Competing Risks Model', *Biometrika*, 76, 325–330.

Heckman, J., H. Ichimura and P. Todd (1998): 'Matching as an Econometric Evaluation Estimator', *Review of Economic Studies*, 65, 261–294.

Heckman, J., R. LaLonde and J. Smith (1999): 'The Economics and Econometrics of Active Labour Market Programs', in *Handbook of Labor Economics*, ed. by O. Ashenfelter and D. Card, pp. 1865–2097. Amsterdam: North-Holland.

Heckman, J. and B. Singer (1984): 'A Method for Minimizing the Impact of Distributional Assumptions in Econometric Models for Duration Data', *Econometrica*, 52, 277–320.

Heckman, J. and J. Smith (1995): 'Assessing the Case for Social Experiments', *Journal of Economic Perspectives*, 9, 85–110.

Heckman, J. and E. Vytlacil (1999): 'Local Instrumental Variables and Latent Variable Models for Identifying and Bounding Treatment Effects', *Proceedings National Academic Sciences USA, Economic Sciences*, 96, 4730–4734.

(2007a): 'Econometric Evaluation of Social Programs Part I: Causal Models, Structural Models and Econometric Policy Evaluation', in *Handbook of Econometrics*, ed. by J. Heckman and E. Leamer, pp. 4779–4874. Amsterdam and Oxford: North-Holland.

(2007b): 'Econometric Evaluation of Social Programs Part II: Using the Marginal Treatment Effect to Organize Alternative Econometric Estimators to Evaluate Social Programs, and to Forecast their Effects in New Environments', in *Handbook of Econometrics*, ed. by J. Heckman and E. Leamer, pp. 4875–5143. Amsterdam and Oxford: North-Holland.

Heckman, N. (1986): 'Spline Smoothing in a Partly Linear Model', *Journal of the Royal Statistical Society, B*, 48, 244–248.

Henderson, D., D. Millimet, C. Parmeter and L. Wang (2008): 'Fertility and the Health of Children: A Nonparametric Investigation', *Advances in Econometrics*, 21, 167–195.

Henderson, D. and C. Parmeter (2015): *Applied Nonparametric Econometrics*. Cambridge: Cambridge University Press.

Hernan, M., B. Brumback and J. Robins (2001): 'Marginal Structural Models to Estimate the Joint Causal Effect of Nonrandomized Trials', *Journal of American Statistical Association*, 96, 440–448.

Hernandez-Quintero, A., J. Dupuy and G. Escarela (2011): 'Analysis of a Semiparametric Mixture mowl for competing risks', *Annals of the Institute of Statistical Mathematics*, 63, 305–329.

Hirano, K., G. Imbens and G. Ridder (2003): 'Efficient Estimation of Average Treatment Effects Using the Estimated Propensity Score', *Econometrica*, 71, 1161–1189.

Hoderlein, S. and E. Mammen (2007): 'Identification of Marginal Effects in Nonseparable Models without Monotonicity', *Econometrica*, 75, 1513–1518.

—— (2010): 'Analyzing the Random Coefficient Model Nonparametrically', *Econometric Theory*, 26, 804–837.

Hoderlein, S. and Y. Sasaki (2014): 'Outcome Conditioned Treatment Effects', working paper at John Hopkins University.

Holland, P. (1986): 'Statistics and Causal Inference', *Journal of American Statistical Association*, 81, 945–970.

Hong, H. and D. Nekipelov (2012): 'Efficient Local IV Estimation of an Empirical Auction Model', *Journal of Econometrics*, 168, 60–69.

Horowitz, J. and S. Lee (2007): 'Nonparametric Instrumental Variables Estimation of a Quantile Regression Model', *Econometrica*, 75, 1191–1208.

Huber, M., M. Lechner and A. Steinmayr (2013): 'Radius Matching on the Propensity Score with Bias Adjustment: Tuning Parameters and Finite Sample Behaviour', Discussion paper at the University of St Gallen.

Huber, M., M. Lechner and C. Wunsch (2013): 'The Performance of Estimators Based on the Propensity Score', *Journal of Econometrics*, 175, 1–21.

Ichimura, H. (1993): 'Semiparametric Least Squares (SLS) and Weighted SLS Estimation of Single-Index Models', *Journal of Econometrics*, pp. 71–120.

Imai, K. (2005): 'Do Get-Out-of-the-Vote Calls Reduce Turnout?', *American Political Science Review*, 99, 283–300.

Imai, K., L. Keele and T. Yamamoto (2010): 'Identification, Inference and Sensitivity Analysis for Causal Mediation Effects', *Statistical Science*, 25, 51–71.

Imai, K. and I. Kim (2015): 'On the Use of Linear Fixed Effects Regression Estimators for Causal Inference', working Paper at Princeton.

Imai, K., G. King and C. Nall (2009): 'The Essential Role of Pair Matching in Cluster-Randomized Experiments, with Application to the Mexican Universal Health Insurance Evaluation', *Statistical Science*, 24, 29–53.

Imai, K., G. King and E. Stuart (2008): 'Misunderstandings between Experimentalists and Observationalists about Causal Inference', *Journal of the Royal Statistical Society (A)*, 171, 481–502.

Imbens, G. (2000): 'The Role of the Propensity Score in Estimating Dose-Response Functions', *Biometrika*, 87, 706–710.

—— (2001): 'Some Remarks on Instrumental Variables', in *Econometric Evaluation of Labour Market Policies*, ed. by M. Lechner and F. Pfeiffer, pp. 17–42. Heidelberg: Physica/Springer.

(2004): 'Nonparametric Estimation of Average Treatment Effects under Exogeneity: A Review', *Review of Economics and Statistics*, 86, 4–29.

Imbens, G. and J. Angrist (1994): 'Identification and Estimation of Local Average Treatment Effects', *Econometrica*, 62, 467–475.

Imbens, G. and K. Kalyanaraman (2012): 'Optimal Bandwidth Choice for the Regression Discontinuity Estimator', *Review of Economic Studies*, 79 (3), 933–959.

Imbens, G. and T. Lemieux (2008): 'Regression Discontinuity Designs: Guide to Practice', *Journal of Econometrics*, 142, 615–635.

Imbens, G. and W. Newey (2009): 'Identification and Estimation of Triangular Simultaneous Equations Models Without Additivity', *Econometrica*, 77, 1481–1512.

Imbens, G., W. Newey and G. Ridder (2005): 'Mean-Squared-Error Calculations for Average Treatment Effects', unpublished.

Imbens, G. and D. Rubin (2015): *Causal inference in Statistics and in the Social and Biomedical Sciences*. Cambridge: Cambridge University Press.

Imbens, G. and J. Wooldridge (2009): 'Recent Developments in the Econometrics of Policy Evaluation', *Journal of Econometric Literature*, 47, 5–86.

Jacob, R. and P. Zhu (2012): 'A Practical Guide to Regression Discontinuity', discussion paper, www.mdrc.org.

Jepsen, C., P. Mueser and K. Troske (2009): 'Labor-Market Returns to the GED Using Regression Discontinuity Analysis', mimeo, x(x).

Juhn, C., K. Murphy and B. Pierce (1993): 'Wage Inequality and the Rise in Returns to Skill', *Journal of Political Economy*, 101, 410–442.

Kalbfleisch, J. and R. Prentice (2002): *The Statistical Analysis of Failure Time Data*. Wiley Series in Probability and Statistics, Hoboken, NJ: Wiley.

Kane, T. (2003): 'A Quasi-Experimental Estimate of the Impact of Financial Aid on College-Going', *NBER Working Paper Series* 9703, 1–67.

Kasy, M. (2013): 'Why Experimenters Should Not Randomize, and What They Should Do Instead', discussion paper, Harvard University OpenScholar.

Kernan, W., C. Viscoli, R. Makuch, L. Brass and R. Horwitz (1999): 'Stratified Randomization for Clinical Trials', *Journal of Clinical Epidemiology*, 52, 19–26.

Kiefer, J. (1967): 'On Bahadur's Representation of Sample quantiles', *Annals of Mathematical Statistics*, 38, 1323–1342.

King, G., E. Gakidou, N. Ravishankar et al. (2007): 'A Politically Robust Experimental Design for Public Policy Evaluation, with Application to the Mexican Universal Health Insurance Progam', *Journal of Policy Analysis and Management*, 26, 479–506.

King, G. and I. Zeng (2006): 'The Dangers of Extreme Counterfactuals', *Political Analysis*, 14, 131–159.

Klein, R. and R. Spady (1993): 'An Efficient Semiparametric Estimator for Binary Response Models', *Econometrica*, 61, 387–421.

Kluve, J. (2010): 'The Effectiveness of European Active Labor Market Programs', *Labour Economics*, 17, 904–918.

Koenker, R. (2005): *Quantile Regression*. Cambridge: Cambridge University Press.

Koenker, R. and G. Bassett (1978): 'Regression Quantiles', *Econometrica*, 46, 33–50.

Köhler, M., A. Schindler and S. Sperlich (2014): 'A Review and Comparison of Bandwidth Selection Methods for Kernel Regression', *International Statistical Review*, 82, 243–274.

Koshevnik, Y. and B. Levit (1976): 'On a Non-Parametric Analogue of the Information Matrix', *Theory of Probability and Applications*, 21, 738–753.

Lalive, R. (2008): 'How Do Extended Benefits Affect Unemployment Duration? A Regression Discontinuity Approach', *Journal of Econometrics*, 142, 785–806.

Lalive, R., J. Wüllrich and J. Zweimüller (2008): 'Do Financial Incentives for Firms Promote Employment of Disabled Workers: A Regression Discontinuity Approach', mimeo, *University of Zürich*.

LaLonde, R. (1986): 'Evaluating the Econometric Evaluations of Training Programs with Experimental Data', *American Economic Review*, 76, 604–620.

Lancaster, T. (1990): *The Econometric Analysis of Transition Data*. Cambridge: Cambridge University Press.

Langrock, R., N. Heidenreich and S. Sperlich (2014): 'Kernel-Based Semiparametric Multinomial Logit Modelling of Political Party Preferences', *Statistical Methods and Applications*, 23, 435–449.

Larson, M. and G. Dinse (1985): 'A Mixture Model for the Regression Analysis of Competing Risks Data', *Applied statistics*, 34, 201–211.

Lechner, M. (1999): 'Earnings and Employment Effects of Continuous Off-the-Job Training in East Germany after Unification', *Journal of Business and Economic Statistics*, 17, 74–90.

(2001): 'Identification and Estimation of Causal Effects of Multiple Treatments under the Conditional Independence Assumption', in *Econometric Evaluation of Labour Market Policies*, ed. by M. Lechner and F. Pfeiffer, pp. 43–58. Heidelberg: Physica/Springer.

(2002a): 'Program Heterogeneity and Propensity Score Matching: An Application to the Evaluation of Active Labor Market Policies', *Review of Economics and Statistics*, 84, 205–220.

(2002b): 'Some Practical Issues in the Evaluation of Heterogeneous Labour Market Programmes by Matching Methods', *Journal of the Royal Statistical Society (A)*, 165, 59–82.

(2004): 'Sequential Matching Estimation of Dynamic Causal Models', Universität St Gallen Discussion Paper, 2004–06.

(2006): 'The Relation of Different Concepts of Causality in Econometrics', Universität St Gallen Discussion Paper, 2006–15.

(2008): 'Matching Estimation of Dynamic Treatment Models: Some Practical Issues', in *Advances in Econometrics, Volume 21, Modelling and Evaluating Treatment Effects in Econometrics*, ed. by T. Fomby, R. Carter Hill, D. Millimet, J. Smith and E. Vytlacil, Emerald Group Publishing Ltd, pp. 289–333.

(2009): 'Sequential Causal Models for the Evaluation of Labor Market Programs', *Journal of Business and Economic Statistics*, 27, 71–83.

(2011): 'The Estimation of Causal Effects by Difference-in-Difference Methods', *Foundations and Trends in Econometrics*, 4, 165–224.

Lechner, M. and R. Miquel (2001): 'A Potential Outcome Approach to Dynamic Programme Evaluation: Nonparametric Identification', Universität St Gallen Discussion Paper, 2001–07.

(2010): 'Identification of the Effects of Dynamic Treatments by Sequential Conditional Independence Assumptions', *Empirical Economics*, 39, 111–137.

Lechner, M., R. Miquel and C. Wunsch (2011): 'Long-Run Effects of Public Sector Sponsored Training in West Germany', *Journal of the European Economic Association*, 9, 742–784.

Lechner, M. and S. Wiehler (2011): 'Kids or Courses? Gender Differences in the Effects of Active Labor Market Policies', *Journal of Population Economics*, 24(3), 783–812.

Lee, D. (2008): 'Randomized Experiments from Non-Random Selection in U.S. House Elections', *Journal of Econometrics*, 142, 675–697.

Lee, D. and D. Card (2008): 'Regression Discontinuity Inference with Specification Error', *Journal of Econometrics*, 142, 655–674.

Lee, D. and T. Lemieux (2010): 'Regression Discontinuity Designs in Economics', *Journal of Econometrics*, 142, 615–674.

Leuven, E., M. Lindahl, H. Oosterbeek and D. Webbink (2007): 'The Effect of Extra Funding for Disadvantaged Pupils on Achievement', *Review of Economics and Statistics*, 89, 721–736.

Leuven, E. and B. Sianesi (2014): 'PSMATCH2: Stata Module to Perform Full Mahalanobis and Propensity Score Matching, Common Support Graphing, and Covariate Imbalance Testing', *Statistical Software Components*.

Li, Q. and J. Racine (2007): *Nonparametric Econometrics – Theory and Practice*. Princeton, NJ: Princeton University Press.

Little, R. and D. Rubin (1987): *Statistical Analysis with Missing Data*. New York, NY: Wiley.

Loader, C. (1999a): 'Bandwidth Selection: Classical or Plug-In?', *Annals of Statistics*, 27, 415–438.

(1999b): *Local Regression and Likelihood*. New York, NY: Springer.

Lu, B., E. Zanuto, R. Hornik and P. Rosenbaum (2001): 'Matching with Doses in an Observational Study of a Media Campaign against Drug Abuse', *Journal of the American Statistical Association*, 96, 1245–1253.

Lunceford, J. and M. Davidian (2004): 'Stratification and Weighting via the Propensity Score in Estimation of Causal Treatment Effects: A Comparative Study', *Statistics in Medicine*, 23, 2937–2960.

Lunn, M. and D. McNeil (1995): 'Applying Cox Regression to Competing Risks', *Biometrics*, 51, 524–532.

Machado, J. and J. Mata (2005): 'Counterfactual Decomposition of Changes in Wage Distributions Using Quantile Regression', *Journal of Applied Econometrics*, 20, 445–465.

Mammen, E. (1991): 'Estimating a Smooth Monotone Regression Function', *Annals of Statistics*, 19, 724–740.

(1992): *When Does Bootstrap Work: Asymptotic Results and Simulations. Lecture Notes in Statistics 77*. New York, NY and Heidelberg: Springer Verlag.

Manning, W., L. Blumberg and L. Moulton (1995): 'The Demand for Alcohol: The Differential Response to Price', *Journal of Health Economics*, 14, 123–148.

Markus Frölich & Martin Huber (2017): Direct and indirect treatment effects-causal chains and mediation analysis with instrumental variables, J. R. Statist. Soc. B (2017), 79, Part 5, pp. 1645–1666.

(2018): Including Covariates in the Regression Discontinuity Design, Journal of Business & Economic Statistics, forthcoming DOI: 10.1080/07350015.2017.142154

Markus Frölich, Martin Huber, Manuel Wiesenfarth (2017): The finite sample performance of semi- and non-parametric estimators for treatment effects and policy evaluation, Computational Statistics and Data Analysis 115 (2017) 91–102

Markus Frölich and Blaise Melly (2010): Estimation of quantile treatment effects with STATA, Stata Journal, 10 (3), 423–457.

Matsudaira, J. (2008): 'Mandatory Summer School and Student Achievement', *Journal of Econometrics*, 142, 829–850.

McCrary, J. (2008): 'Manipulation of the Running Variable in the Regression Discontinuity Design: A Density Test', *Journal of Econometrics*, 142, 698–714.

Mealli, F., G. Imbens, S. Ferro and A. Biggeri (2004): 'Analyzing a Randomized Trial on Breast Self-Examination with Noncompliance and Missing Outcomes', *Biostatistics*, 5, 207–222.

Melly, B. (2005): 'Decomposition of Differences in Distribution Using Quantile Regression', *Labour Economics*, 12, 577–590.

Meyer, B. (1995): 'Natural and Quasi-Experiments in Economics', *Journal of Business and Economic Statistics*, 13, 151–161.

Miguel, E. and M. Kremer (2004): 'Worms: Identifying Impacts on Education and Health in the Presence of Treatment Externalities', *Econometrica*, 72, 159–217.

Miguel, E., S. Satyanath and E. Sergenti (2004): 'Economic Shocks and Civil Conflict: An Instrumental Variables Approach', *Journal of Political Economy*, 112, 725–753.

Moffitt, R. (2004): 'The Role of Randomized Field Trials in Social Science Research: A Perspective from Evaluations of Reforms of Social Welfare Programs', *American Behavioral Scientist*, 47, 506–540.

—— (2008): 'Estimating Marginal Treatment Effects in Heterogeneous Populations', *Annales d'Economie et de Statistique*, 91/92, 239–261.

Mora, R. and I. Reggio (2012): 'Treatment Effect Identification Using Alternative Parallel Assumptions', WP Carlos III de Madrid, Spain.

Moral-Arce, I., S. Sperlich and A. Fernandez-Sainz (2013): 'The Semiparametric Juhn-Murphy-Pierce Decomposition of the Gender Pay Gap with an application to Spain', in *Wages and Employment: Economics, Structure and Gender Differences*, ed. by A. Mukherjee, pp. 3–20. Hauppauge, New York, NY: Nova Science Publishers.

Moral-Arce, I., S. Sperlich, A. Fernandez-Sainz and M. Roca (2012): 'Trends in the Gender Pay Gap in Spain: A Semiparametric Analysis', *Journal of Labor Research*, 33, 173–195.

Nadaraya, E. (1965): 'On Nonparametric Estimates of Density Functions and Regression Curves', *Theory of Applied Probability*, 10, 186–190.

Neumeyer, N. (2007): 'A Note on Uniform Consistency of Monotone Function Estimators', *Statistics and Probability Letters*, 77, 693–703.

Newey, W. (1990): 'Semiparametric Efficiency Bounds', *Journal of Applied Econometrics*, 5, 99–135.

—— (1994): 'The Asymptotic Variance of Semiparametric Estimators', *Econometrica*, 62, 1349–1382.

Newey, W. and J. Powell (2003): 'Instrumental Variable Estimation of Nonparametric Models', *Econometrica*, 71, 1565–1578.

Nichols, A. (2007): 'Causal Inference with Observational Data', *The Stata Journal*, 7, 507–541.

—— (2014): 'rd: Stata Module for Regression Discontinuity Estimation. Statistical Software Components', discussion paper, Boston College Department of Economics.

Pagan, A. and A. Ullah (1999): *Nonparametric Econometrics*. Cambridge: Cambridge University Press.

Pearl, J. (2000): *Causality: Models, Reasoning, and Inference*. Cambridge: Cambridge University Press.

Pfanzagl, J. and W. Wefelmeyer (1982): *Contributions to a General Asymptotic Statistical Theory*. Heidelberg: Springer Verlag.

Pocock, S. and R. Simon (1975): 'Sequential Treatment Assignment with Balancing for Prognostic Factors in the Controlled Clinical Trial', *Biometrics*, 31, 103–115.

Politis, D., J. Romano and M. Wolf (1999): *Subsampling*. New York, NY: Springer.

Powell, J., J. Stock and T. Stoker (1989): 'Semiparametric Estimation of Index Coefficients', *Econometrica*, 57, 1403–1430.

Putter, H. (2014): 'Tutorial in Biostatistics: Competing Risks and Multi-State Models Analyses Using the mstate Package', discussion paper, Leiden University Medical Center.

Putter, H., M. Fiocco and R. Geskus (2006): 'Tutorial in Biostatistics: Competing Risks and Multi-State Models', *Statistics in Medicine*, 26, 2389–2430.

Racine, J. and Q. Li (2004): 'Nonparametric Estimation of Regression Functions with Both Categorical and Continuous Data', *Journal of Econometrics*, 119, 99–130.

Ravallion, M. (2008): 'Evaluating Anti-Poverty Programs', in *Handbook of Development Economics*, ed. by T. Schultz and J. Strauss, pp. 3787–3846. Amsterdam: North-Holland.

Reinsch, C. (1967): 'Smoothing by Spline Functions', *Numerische Mathematik*, 16, 177–183.

Rice, J. (1986): 'Convergence Rates for Partially Splined Estimates', *Statistics and Probability Letters*, 4, 203–208.

Robins, J. (1986): 'A New Approach to Causal Inference in Mortality Studies with Sustained Exposure Periods – Application to Control of the Healthy Worker Survivor Effect', *Mathematical Modelling*, 7, 1393–1512.

(1989): 'The Analysis of Randomized and Nonrandomized AIDS Treatment Trials Using a New Approach to Causal Inference in Longitudinal Studies', in *Health Service Research Methodology: A Focus on Aids*, ed. by L. Sechrest, H. Freeman and A. Mulley, pp. 113–159. Washington, DC: Public Health Service, National Center for Health Services Research.

(1997): 'Causal Inference from Complex Longitudinal Data. Latent Variable Modelling and Applications to Causality', in *Lecture Notes in Statistics 120*, ed. by M. Berkane, pp. 69–117. New York, NY: Springer.

(1998): 'Marginal Structural Models', *Proceedings of the American Statistical Association*, 1997, 1–10.

(1999): 'Association, Causation, and Marginal Structural Models', *Synthese*, 121, 151–179.

Robins, J., S. Greenland and F. Hu (1999): 'Estimation of the Causal Effect of a Time-varying Exposure on the Marginal Mean of a Repeated Binary Outcome', *Journal of the American Statistical Association*, 94, 687–700.

Robins, J. and A. Rotnitzky (1995): 'Semiparametric Efficiency in Multivariate Regression Models with Missing Data', *Journal of American Statistical Association*, 90, 122–129.

Robins, J., A. Rotnitzky and L. Zhao (1995): 'Analysis of Semiparametric Regression Models for Repeated Outcomes in the Presence of Missing Data', *Journal of American Statistical Association*, 90, 106–121.

Robins, J. M., A. Rotnitzky and L. Zhao (1994): 'Estimation of Regression Coefficients When Some Regressors Are Not Always Observed', *Journal of the American Statistical Association*, 90, 846–866.

Roodman, D. (2009a): 'How to Do xtabond2: An Introduction to Difference and System GMM in Stata', *The Stata Journal*, 9, 86–136.

(2009b): 'A Note on the Theme of Too Many Instruments', *Oxford Bulletin of Economics and Statistics*, 71, 135–158.

Rose, H. and J. Betts (2004): 'The Effect of High School Courses on Earnings', *Review of Economics and Statistics*, 86, 497–513.

Rosenbaum, P. (1984): 'The Consequences of Adjustment for a Concomitant Variable That Has Been Affected by the Treatment', *Journal of Royal Statistical Society (A)*, 147, 656–666.

(2002): *Observational Studies*. Heidelberg: Springer Verlag.

Rothe, C. (2010): 'Nonparametric Estimation of Distributional Policy Effects', *Journal of Econometrics*, 155, 56–70.

Rothe, Christoph & Firpo, Sergio, 2013. "Semiparametric Estimation and Inference Using Doubly Robust Moment Conditions," IZA Discussion Papers 7564, Institute for the Study of Labor (IZA).

Rotnitzky, A. and J. Robins (1995): 'Semiparametric Regression Estimation in the Presence of Dependent Censoring', *Biometrika*, 82, 805–820.

—— (1997): 'Analysis of Semiparametric Regression Models with Non-Ignorable Non-Response', *Statistics in Medicine*, 16, 81–102.

Rotnitzky, A., J. Robins and D. Scharfstein (1998): 'Semiparametric Regression for Repeated Outcomes With Nonignorable Nonresponse', *Journal of the American Statistical Association*, 93, 1321–1339.

Roy, A. (1951): 'Some Thoughts on the Distribution of Earnings', *Oxford Economic Papers*, 3, 135–146.

Rubin, D. (1974): 'Estimating Causal Effects of Treatments in Randomized and Nonrandomized Studies', *Journal of Educational Psychology*, 66, 688–701.

—— (1980): 'Comment on "Randomization Analysis of Experimental Data: The Fisher Randomization Test" by D. Basu', *Journal of American Statistical Association*, 75, 591–593.

—— (2001): 'Using Propensity Scores to Help Design Observational Studies: Application to the Tobacco Litigation', *Health Services and Outcomes Research Methodology*, 2, 169–188.

—— (2004): 'Direct and Indirect Causal Effects via Potential Outcomes', *Scandinavian Journal of Statistics*, 31, 161–170.

—— (2005): 'Causal Inference Using Potential Outcomes: Design, Modeling, Decisions', *Journal of American Statistical Association*, 100, 322–331.

—— (2006): *Matched Sampling for Causal Effects*. Cambridge: Cambridge University Press.

Ruppert, D. and M. Wand (1994): 'Multivariate Locally Weighted Least Squares Regression', *Annals of Statistics*, 22, 1346–1370.

Särndal, C.-E., B. Swensson and J. Wretman (1992): *Model Assisted Survey Sampling*. New York, NY, Berlin, Heidelberg: Springer.

Schwarz, K. and T. Krivobokova (2016): 'A Unified Framework for Spline Estimators', *Biometrika*, 103, 121–131.

Seifert, B. and T. Gasser (1996): 'Finite-Sample Variance of Local Polynomials: Analysis and Solutions', *Journal of American Statistical Association*, 91, 267–275.

—— (2000): 'Data Adaptive Ridging in Local Polynomial Regression', *Journal of Computational and Graphical Statistics*, 9, 338–360.

Shadish, W., M. Clark and P. Steiner (2008): 'Can Nonrandomized Experiments Yield Accurate Answers? A Randomized Experiment Comparing Random and Nonrandom Assignments', *Journal of the American Statistical Association*, 103, 1334–1344.

Sianesi, B. (2004): 'An Evaluation of the Swedish System of Active Labor Market Programs in the 1990s', *Review of Economics and Statistics*, 86, 133–155.

Speckman, P. (1988): 'Kernel Smoothing in Partial Linear Models', *Journal of the Royal Statistical Society (B)*, 50, 413–436.

Sperlich, S. (2009): 'A Note on Nonparametric Estimation with Predicted Variables', *The Econometrics Journal*, 12, 382–395.

—— (2014): 'On the Choice of Regularization Parameters in Specification Testing: A Critical Discussion', *Empirical Economics*, 47, 275–450.

Sperlich, S. and R. Theler (2015): 'Modeling Heterogeneity: A Praise for Varying-coefficient Models in Causal Analysis', *Computational Statistics*, 30, 693–718.

Staniswalis, J. (1989): 'The Kernel Estimate of a Regression Function in Likelihood-Based Models', *Journal of American Statistical Association*, 84, 276–283.

Stein, C. (1956): 'Efficient Nonparametric Testing and Estimation', in *Proceedings of the Third Berkeley Symposium on Mathematical Statistics and Probability*, vol. 1. Berkeley, CA: University of California Press.

Stone, C. (1974): 'Cross-Validatory Choice and Assessment of Statistical Predictions', *Journal of Royal Statistical Society (B)*, 36, 111–147 (with discussion).

(1980): 'Optimal Rates of Convergence of Nonparametric Estimators', *Annals of Statistics*, 8, 1348–1360.

(1982): 'Optimal Global Rates of Convergence for Nonparametric Regression', *Annals of Statistics*, 10, 1040–1053.

Tan, Z. (2006): 'A Distributional Approach for Causal Inference Using Propensity Scores', *Journal of the American Statistical Association*, 101, 1619–1637.

(2010): 'Bounded, Efficient and Doubly Robust Estimation with Inverse Weighting', *Biometrika*, 97, 661–682.

(2013): 'Variance Estimation under Misspecified Models', working paper at the Department of Statistics, Rutgers University.

Telser, L. (1964): 'Iterative Estimation of a Set of Linear Equations', *Journal of the American Statistical Association*, 59, 845–862.

Tibshirani, R. and T. Hastie (1987): 'Local Likelihood Estimation', *Journal of American Statistical Association*, 82, 559–567.

Utreras, F. (1985): 'Smoothing Noisy Data under Monotonicity Constraints Existence, Characterization and Convergence Rates', *Numerische Mathematik*, 47, 611–625.

van den Berg, G. (2001): 'Duration Models: Specification, Identification, and Multiple Durations', in *Handbook of Econometrics*, pp. 3381–3460. Amsterdam: North Holland.

van der Klaauw, W. (2002): 'Estimating the Effect of Financial Aid Offers on College Enrollment: A Regression-Discontinuity Approach', *International Economic Review*, 43, 1249–1287.

(2008): 'Breaking the Link between Poverty and Low Student Achievement: An Evaluation of Title I', *Journal of Econometrics*, 142, 731–756.

Wahba, H. (1990): *Spline Models for Observational Data*. Philadelphia, PA: SIAM.

Wald, A. (1940): 'The Fitting of Straight Lines if Both Variables are Subject to Error', *Annals of Mathematical Statistics*, 11, 284–300.

Wand, M. (2003): 'Smoothing and Mixed Models', *Computational Statistics*, 18, 223–249.

Watson, G. (1964): 'Smooth Regression Analysis', *Sankhya*, 26:15, 175–184.

Wooldridge, J. (2002): *Econometric Analysis of Cross Section and Panel Data*. Cambridge, MA: MIT Press.

Yatchew, A. (2003): *Semiparametric Regression for the Applied Econometrician*. Cambridge: Cambridge University Press.

Zhao, Z. (2004): 'Using Matching to Estimate Treatment Effects: Data Requirements, Matching Metrics, and Monte Carlo Evidence', *Review of Economics and Statistics*, 86, 91–107.

Zhou, S., X. Shen and D. Wolfe (1998): 'Local Asymptotics for Regression Splines and Confidence Regions', *Annals of Statistics*, 26, 1760–1782.

关键术语表

accelerated hazard functions（AHF），加速风险模型
adjustment term，调整项
always takers，始终接受者
anticipation effects，预期效应
approximation bias，近似偏误
Ashenfelter's dip，Ashenfelter 下探
asymmetric loss function，非对称损失函数
attrition，减损
average direct effect，平均直接效应
average structural function（ASF），平均结构函数
average treatment effect（ATE），平均处理效应
 conditional，有条件的平均处理效应
 for treated compliers，对于接受处理的顺从者
 on the non-treated（ATEN），对于未被处理者
 on the treated（ATET），对于被处理者

back-door approach，后门方法
bandwidth，带宽
 local，局部带宽
baseline hazard，基线风险
bias stability（BS），偏误稳定性
bins，小舱
blocking，区块化
bootstrap，靴带法
 naive，朴素的靴带法
 wild，自适应抽样

canonical parametrisation，典范的参数设置
causal chains，因果链
causal effect，因果效应
cause-specific hazards，特定原因的风险
censoring，删失
 left-，左删失
 right-，右删失
changes-in-changes（CIC），双重变化
 reversed，逆向的
choice-based sampling，基于选择的抽样
common support，共同支撑区间
 condition（CSC），共同支撑区间条件
 problem，共同支撑区间问题
common trend（CT），共同趋势
competing risks，竞争性风险
compliance intensity，服从强度
compliers，顺从者
conditional DID（CDID），条件 DID
conditional independence assumption（CIA），条件独立性假设
 for instruments（CIA-IV），对于工具变量的条件独立性假设
conditional mean independence，条件均值独立性
conditioning on the future，以未来为条件
confounders，混杂变量
continuity，连续性
 Hölder，赫尔德连续
 Lipschitz，利普希兹连续
continuous-time model，连续时间模型

control function,控制函数
control variable approach,控制变量方法
control variables,控制变量
convergence,收敛性
counterfactual distribution functions,反事实分布函数
counterfactual exercise,反事实练习
cross-validation,交叉验证
    generalised,广义交叉验证
crude incidence,粗发病率
cumulative incidence function,累积关联函数
curse of dimensionality,维数诅咒

defiers,逆反者
DID-RDD approach,DID-RDD方法
difference-in-differences（DID）,双重差分
difference-in-differences-in-differences,三重差分
direct effect,直接效应
directed acyclic graph,有向无环图
directional derivatives,方向导数
discrete-time dynamic models,离散时间动态模型
displacement effect,置换效应
distributional structural function,分布结构函数
Do-validation,Do验证
Dominated (Bounded) Convergence Theorem,支配（有界）收敛定理
double robust estimator,双稳健估计量
drop-out bias,退出偏误

efficiency wage theory,效率工资理论
eligibility,资格标准
endogeneity,内生性
endogenous sample selection,内生样本选择
equivariance to monotone transformations,单调变换的等价

exact balance,精确平衡
exit rate,退出率
exogeneity,外生性
    conditional,条件外生性
    sequential,序列外生性
    strict,严格外生
    weak,弱外生性
external covariates,外部协变量

falsification tests,错误设定检验
first differencing,一阶差分
front-door adjustment,前门调整
fuzzy design,模糊设计

Granger-causality,格兰杰因果性
Granger-Sims non-causality,格兰杰-西姆斯非因果关系
Gumbel distribution,Gumbel分布

Hawthorne effect,霍桑效应
hazard function,风险函数

ideal design,理想设计
ignorability,可忽略性
ill-posed inverse problems,不适定反问题
independence,独立性
infinite nuisance parameter,有限干扰参数
influence function,影响函数
initial subsequence,初始子序列
instrumental variable,工具变量
    local,局部工具变量
    local estimator (LIVE),局部工具变量估计量
instruments,工具
integrated approach,综合法
intended programme duration,预期项目持续时间

intention to treat (ITT), 意向处理
intermediate outcomes, 中间结果
inverse probability tilting, 逆概率倾斜
inverse propensity weighted estimator, 逆倾向加权估计量
iterated expectation, 迭代期望

k-nearest neighbour (kNN), k-最近邻
Kaplan-Meier estimator, Kaplan-Meier 估计量
kernel, 核
 boundary, 边界核
 equivalent, 等价核
 higher-order, 高阶核
 product, 乘积核
 regression, 回归核函数
knots, 节点

largest subpopulation, 最大子总体
least favourable curve, 最不利曲线
leave-one-out estimate, 留一估计
Legendre polynomials, 勒让德多项式
linear programming (LP), 线性规划
local collinearity, 局部共线性
local linear estimator, 局部线性估计量
local parametric estimator, 局部参数估计量
local polynomial estimator, 局部多项式估计量
local quantile regression, 局部分位数回归
log-logistic distribution, 对数 logistic 分布

marginal probability, 边际概率
marginal randomisation, 边际随机化
marginal treatment effect (MTE), 边际处理效应
matched pairs, 匹配对
matching, 匹配
 estimators, 匹配估计量
matchingDID (MDID), 匹配 DID

mediation analysis, 中介分析
method of sieves, 筛分法
mixed design, 混合设计
multi-spell data, 多时期数据
multiple durations, 多个持续时间

negative duration dependence, 负持续时间相关
never takers, 从不接受者
no anticipation effects assumption, 无预期效应假设
non-and semi-parametric estimation, 非参数和半参数估计
non-response, 无响应
non-separable model, 不可分离模型
non-parametric, 非参数
 identification, 非参数识别
 regression, 非参数回归
 weighting estimators, 非参数加权估计量

omitted variable bias, 遗漏变量偏误
one-sided non-compliance, 单方面不服从

parallel path, 平行路径
partial effect, 局部效应
partial linear models (PLM), 部分线性模型
 additive, 部分线性加法模型
partial maximum likelihood estimation, 部分极大似然估计
path, 路径
pathwise derivative, 路径导数
perfect manipulation, 完美操纵
policy-related treatment effects (PRTE), 政策相关处理效应
policy-relevant treatment parameters, 政策相关处理参数
post-treatment variable, 后处理变量

potential outcome non-causality,潜在结果非因果关系
potential outcomes,潜在结果
power series,幂级数
pre-programme test,项目前检验
predictable-bias assumption,可预测偏误假设
projection matrix,投影矩阵
propensity score,倾向得分
    matching,倾向得分匹配
    weighting estimator,倾向得分加权估计量
proportional hazard(PH),比例风险
    mixed,混合比例风险
piece-wise-constant,分段常数比例风险
pseudo-treatment,伪处理
pseudo-treatment test,伪处理检验

quantile structural function(QSF),分位数结构函数

randomisation bias,随机化偏误
randomised controlled trials(RCT),随机对照试验
randomised phasing-in,随机分阶段实施
rank invariance assumption,秩不变性假设
regression method,回归方法
regression-to-the-mean effect,均值回归效应
regular parametric submodel,正则参数子模型
relevance condition,关联条件
restricted maximum likelihood(REML),限制性最大似然
ridge regression,岭回归

sample bias,样本偏误
sampling,抽样
    flow,流动抽样
    stock,库存抽样
selection bias,选择偏误
selection on observables,可观测变量的选择
selection on unobservables,不可观测变量的选择
semi-parametric efficiency,半参数有效性
semi-parametric variance bound,半参数方差边界
sharp design,清晰设计
single index model,单指数模型
single-spell data,单时期数据
small area statistics,小区域统计性质
smoothing,平滑
    bias,平滑偏误
    matrix,平滑矩阵
    parameter,平滑参数
    under-,欠平滑
Sobolev norm,Sobolev范数
sorting gain,排序收益
spillover effects,溢出效应
spline,样条
    B-,B样条
    cubic,三次样条
    natural cubic,自然三次样条
    P-,P样条
    smoothing,平滑样条
    thin plate,薄板样条
stable-unit-treatment-value-assumption(SUTVA),稳定单位处理值假设
stratification,分层
structural function,结构函数
    average(ASF),平均结构函数
    distribution(DSF),分配结构函数
    quantile(QSF),分位数结构函数
sub-distribution,子分布
subsampling,子抽样
substitution bias,替代偏误
substitution effect,替代效应
sup Sobolev norm,上确界Sobolev范数
sup-norm,上确界范数

surplus,增量
survival function,生存函数

tangent space,切线空间
tensor product,张量积
test of equality,等值检验
treatment,处理
    definition window,处理定义窗口
    durations,处理持续时间
    sequences of treatments,处理顺序
    starting times,处理启动时间
    time,处理时机

treatment effect heterogeneity,处理效应的异质性
triangularity,三角系统

validity,有效性
    external,外部有效性
    internal,内部有效性
varying coefficient model,变系数模型

Wald estimator,Wald 估计量
wavelets,小波
weighting,加权
window,窗口